विश्वविख्यात रचनाकार होमर की अमर कृति

ओडिसी

होमर

होमर यूनान के ऐसे प्राचीनतम रचनाकारों में से हैं जिनकी रचनाएँ आज भी उपलब्ध हैं। वे अपने समय की सभ्यता तथा संस्कृति की अभिव्यक्ति का प्रबल माध्यम माने जाते हैं। अन्धे होने के बावजूद उन्होंने दो महान ग्रन्थों की रचना की—'इलियड' और 'ओडिसी'। उनका कार्यकाल ईसा से लगभग 1000 वर्ष पूर्व था। हालाँकि इसके विषय में प्राचीन काल में जितना विवाद था, आज भी उतना ही है। कुछ लोग उनके समय को ट्रॉय-युद्ध के समय से जोड़ते हैं पर इतना तो तय है कि यूनानी इतिहास का एक पूरा काल 'होमर युग' के नाम से विख्यात है, जो 850 ई.पू. से ट्रॉय-युद्ध की तारीख 1194-1184 ई.पू. तक फैला हुआ है।

रमेश चन्द्र सिन्हा

रमेश चन्द्र सिन्हा का जन्म सन् 1941 में समस्तीपुर, बिहार में हुआ। उन्होंने पटना विश्वविद्यालय से एम.ए. (अंग्रेजी), पी-एच.डी. किया। पटना विश्वविद्यालय में अंग्रेज़ी के प्रोफ़ेसर रहे।

उनकी प्रकाशित कृतियाँ हैं—*द इंडियन ऑटोबायोग्राफीज़ इन इंग्लिश, थीम्स एंड लैंग्वेज, लैंग्वेज एंड लिट्रेचर, द वेनमस टीथ एंड अदर स्टोरीज़ : रीप्रेजेंटेटिव टेल्स फ्रॉम मॉर्डन बिहार, सोमा-चरित।*

बिहार राष्ट्रभाषा परिषद् द्वारा उनके उपन्यास *सोमा-चरित* को पुरस्कृत किया गया।

राजकमल प्रकाशन से **होमर** की एक और अमर कृति

इलियड

विश्वविख्यात साहित्यकार होमर की अनूठी कृति है—'इलियड'। ईसा पूर्व आठवीं सदी के उत्तरार्द्ध में होमर की यह कृति जनश्रुतियों में छाई हुई थी। आज भी अपने करुणा-विगलित विचार-प्रवाह के कारण 'इलियड' साहित्य-प्रेमियों का आकर्षण है। 'इलियड' की प्रसिद्धि का अनुमान इस तथ्य से हो जाता है कि होमर के जीवनकाल में ही 'इलियड' की भावपूर्ण पंक्तियों ने लोकगायन में अपना स्थान बना लिया था। यूनानी यह भी मानने लगे थे कि 'इलियड' म्यूज देवी की वाणी है। इसे पढ़ने से शौर्य और साहस की प्रेरणा मिलती है। 'इलियड' की कथा में ट्रॉय-युद्ध के एक महत्त्वपूर्ण किरदार एकिलीज के क्रोध और उसके युद्ध-विरत हो जाने से हुए यवनों के पतन का लोमहर्षक वर्णन है होमर के इस शाहकार में यवनों की सम्पूर्ण जीवन-शैली समाई हुई है। 'इलियड' में हेलेन के सौन्दर्य का उल्लेख पाठकों को विस्मयकारी सौन्दर्यबोध से भर देता है। भाग्य, उद्देश्य, मानवीय अस्मिता और अस्तित्व की अभिभूत कर देनेवाली अवधारणाओं ने इस ग्रन्थ को विश्वसाहित्य में विशिष्ट स्थान दिलाया है।

ओडिसी

होमर

अनुवाद एवं प्रस्तावना

रमेश चन्द्र सिन्हा

राजकमल पेपरबैक्स

पहला पुस्तकालय संस्करण
राजकमल प्रकाशन प्राइवेट लिमिटेड द्वारा
2012 में प्रकाशित

राजकमल पेपरबैक्स में
पहला संस्करण : 2012
पाँचवाँ संस्करण : 2026

राजकमल पेपरबैक्स : उत्कृष्ट साहित्य के जनसुलभ संस्करण

राजकमल प्रकाशन प्रा.लि.
1-बी, नेताजी सुभाष मार्ग, दरियागंज
नई दिल्ली-110 002
द्वारा प्रकाशित

शाखाएँ : अशोक राजपथ, साइंस कॉलेज के सामने, पटना-800 006
पहली मंजिल, दरबारी बिल्डिंग, महात्मा गांधी मार्ग, प्रयागराज-211 001
1, अनमोल सोराबजी सन्तुक लेन, धोबी तलाव, मरीन लाइंस, मुम्बई-400 002

वेबसाइट : www.rajkamalprakashan.com
ई-मेल : info@rajkamalprakashan.com

विकास कम्प्यूटर एंड प्रिंटर्स
ट्रॉनिका सिटी-201 102
द्वारा मुद्रित

मूल्य : ₹399

ODYSSEY
Epic by Homer
Translated by Ramesh Chandra Sinha

ISBN : 978-81-267-2184-9

समर्पण

जीवनसंगिनी

श्रीमती उषा सिन्हा

के योग्य

भूखे पेट से बढ़कर निर्लज्ज और कुछ नहीं होता। लाख कष्ट और मनस्ताप के होते हुए भी वह किसी आदमी को अपनी माँग मनवाने को मजबूर कर देता है।

—**ओडिसी,** अध्याय सात, पृ. 109

ऐसा है कि जिस दिन कोई आदमी ग़ुलाम बन जाता है, उसी दिन गर्जना करनेवाला ज़्यूस उसकी क्षमता आधी कर देता है।

—**ओडिसी,** अध्याय सत्रह, पृ. 252

पृथ्वी पर साँस लेने और चलनेवाले तथा उसके द्वारा पोषित जितने भी प्राणी हैं, उनमें मनुष्य सबसे कमज़ोर है। देखो, जब तक देवगण उसे समृद्धि देते हैं, जब तक उसके अंगों में फुरती रहती है, तब तक वह यही समझता है कि आगे उसका कभी अनिष्ट नहीं होगा। लेकिन जब महाभाग देवगण उसके पास दुख भेज देते हैं, तब वह उसे धैर्यपूर्वक सहता है और ऐसा उसे करना ही पड़ता है।

—**ओडिसी,** अध्याय अठारह, पृ. 264

अनुक्रम

प्रस्तावना : होमर और ओडिसी 7

देवसभा : टेलेमेकस और एथीनी 21
टेलेमेकस द्वारा प्रणययाचकों का विरोध 33
टेलेमेकस का नेस्टर से मिलना 45
टेलेमेकस की मेनिलेयस एवं हेलेन से भेंट 59
कैलिप्सो 82
नौसिकेया 95
ऐलसिनोअस के महल में ओडिसियस 104
फेयेशियनों के खेलकूद एवं नृत्य-संगीत 113
ओडिसियस का अपनी कहानी शुरू करना : साइक्लॉप्स 129
सर्सी 144
प्रेतात्माओं के लोक में ओडिसियस 159
सिला और कैरिबडिस : सूर्यदेव के मवेशी 176
ओडिसियस का इथाका पहुँचना 189
ओडिसियस और शूकर-संरक्षक यूमियस 201
टेलेमेकस का इथाका लौट आना 216
ओडिसियस और टेलेमेकस 231
भिखारी के भेस में ओडिसियस 244
राजमहल में भिखारी ओडिसियस 261
रानी और भिखारी : धाय यूरीक्लिया और ओडिसियस 273
ओडिसियस का अपमान 290
धनुष-परीक्षा 301
ओडिसियस का प्रणययाचकों से प्रतिशोध 313
ओडिसियस और पिनेलपी 327
प्रणययाचकों की प्रेतात्माएँ : ओडिसियस और लेयरटीज़ : लड़ाई का अन्त 338

प्रस्तावना : होमर और ओडिसी

इलियड के बाद होमर के दूसरे कालजयी महाकाव्य **ओडिसी** को हिन्दी में पहली बार प्रस्तुत करते हुए मुझे अपार हर्ष और तोष का अनुभव हो रहा है।

हिन्दी **इलियड** की भूमिका में मैंने होमर की विस्तार से चर्चा की है। उन तथ्यों को यहाँ दोहराना अनावश्यक है, लेकिन **ओडिसी** के सम्बन्ध में कुछ आधारभूत बातें बता देना उचित होगा।

ओडिसी में ट्रॉय के महासमर के प्रख्यात योद्धा ओडिसियस के घर लौटने की कथा कही गई है। ट्रॉय को ध्वस्त कर देने के पश्चात यवन सेना के बचे हुए लड़ाकों में से हरेक की घर-वापसी की कहानी दिलचस्प और महत्त्वपूर्ण है। परन्तु सबसे रोचक, रोमांचक तथा लम्बी कथा ओडिसियस की है जिसे होमर ने **ओडिसी** का कथानक बनाकर अमर कर दिया है। भले ही **इलियड** कला, कथाबंध एवं गठाव की दृष्टि से **ओडिसी** से श्रेष्ठ है, किन्तु रोचकता, कथाशैली और कथानक की संरचना में **ओडिसी** निश्चय ही उससे बीस पड़ता है। कथाकारिता में **ओडिसी** ने जो ऊँचाई हासिल की है, उसे छू पाना परवर्ती किसी कथाकार से सम्भव नहीं हो पाया है और आज भी इसका महत्त्व अक्षुण्ण है। इतिहास, पुरातत्त्व, समाजशास्त्र, राजनीतिशास्त्र—यहाँ तक कि मनोविज्ञान के खोजी विद्वानों एवं जिज्ञासुओं के लिए **इलियड** तथा **ओडिसी** का महत्त्व पहले से बढ़ा ही है।

हिन्दी पाठकों की सहूलियत के लिए पहले इसकी कथा संक्षेप में कह देना ज़रूरी है। इसी से मालूम हो जाएगा कि इसकी संरचना कितनी जटिल है। यही जटिलता कथा-प्रवाह को निरन्तर बनाए और पाठकों का औत्सुक्य जगाए रखती है।

ओडिसियस यूनान के पश्चिमी तट पर स्थित इथाका नामक एक छोटे और पथरीले टापू का राजा था। पिनेलपी से उसके विवाह के अधिक दिन नहीं हुए थे और उसकी पहली सन्तान पुत्र टेलेमेकस अभी-अभी पैदा हुआ था कि ट्रॉय का युद्ध शुरू हो गया। जैसा कि सर्वविदित है, वह महासमर

स्पार्टा के राजा मेनिलेयस की पत्नी हेलेन की ख़ातिर हुआ था। चूँकि मेनिलेयस का बड़ा भाई ऐगमेमनन मायसीनी और आरगौस के विशाल क्षेत्र का अधिपति था और निखिल यूनान में उसके समान प्रतापी दूसरा कोई राजा नहीं था, इसलिए यूनान के सभी छोटे-बड़े शासक उसके अधीन ट्रॉय पर चढ़ाई करने चल पड़े। उनमें इथाका का राजा ओडिसियस भी था जो अपनी चतुराई, उपायकुशलता एवं युद्धकौशल के लिए विख्यात था। दसवें साल जब इलियस यानी ट्रॉय का पतन हो गया और वह ओडिसियस की युक्ति से हुआ, तो अन्य योद्धाओं की तरह वह भी घर लौट चला। लेकिन लौटने में सबसे अधिक समय उसे ही लगा और सबसे अधिक दुख और कष्ट उसे ही उठाने पड़े। उसे लगभग बीस वर्षों तक इथाका से दूर रहना पड़ा। **ओडिसी** में ओडिसियस के अन्तिम केवल छह सप्ताह के कार्यकलाप का ही वर्णन है और छह सप्ताह में से दो रातें ओडिसियस द्वारा पिछले दस वर्षों की साहसिक यात्राओं का फेयेशियनों से (अध्याय 9 से 12) बखान करने में लग जाती हैं।

ट्रॉय की हार के बाद इथाका लौटने के दरमियान ओडिसियस सबसे पहले थ्रेसियनों के इसमैरस नगर पहुँचा जहाँ उसने लूटपाट की परन्तु अन्त में वह थ्रेसियनों द्वारा मार भगाया गया। तब उत्तर पवन उसे ग्रीस के दक्षिणी छोर पर स्थित मैलीया की ओर ले गया। अगर वह मैलीया का चक्कर काटकर आगे बढ़ जाता, तो चन्द दिनों में उसे इथाका में अपनी पत्नी और बेटे टेलेमेकस के पास पहुँच जाने में कोई दिक़्क़त न हुई होती। मगर ऐसा हुआ नहीं।

विनाशक हवाएँ ओडिसियस के जहाज़ों को दस दिनों तक अपार एवं अपरिचित उदधि में आगे ले जाती रहीं। ग्यारहवें दिन वे लोटसभक्षियों के प्रदेश जा पहुँचे। लोटस एक ऐसा फल है जिसको खाने से विस्मृति हो जाती है। वहाँ से बच-बचा कर ओडिसियस आगे चला किन्तु उसके जहाज़ साइक्लॉप्स नामक दैत्यों के द्वीप पहुँच गए। वहाँ ओडिसियस और उसके साथियों की जान बेहद ख़तरे में पड़ गई, क्योंकि उनका पाला गहरी गुफा में रहनेवाले पॉलिफीमस नामक नरभक्षी साइक्लॉप्स से पड़ गया जोकि समुद्राधिपति पॉसायडन का बेटा था। वह ओडिसियस के छह संगियों को खा गया। अन्त में बड़ी चतुराई से पॉलिफीमस की आँख बरबाद करके ओडिसियस अपने साथियों सहित वहाँ से किसी तरह भाग निकलने में कामयाब हुआ। लेकिन ओडिसियस पर पॉसायडन कुपित हो उठा और वह उसे समुद्र में दस साल भटकाता रहा।

साइक्लॉप्सों के यहाँ से चलकर ओडिसियस और उसके साथी हवाओं के अभिरक्षक ईयोलस के द्वीप पहुँच गए जहाँ वे एक मास बिरमे। चलते वक़्त ईयोलस ने ओडिसियस को एक थैला दिया जिसमें सारी तूफ़ानी हवाएँ बन्द थीं। जब ओडिसियस के जहाज़ इथाका के एकदम समीप आ गए, तो उसके साथियों ने लोभवश वह थैला खोल दिया जिससे तूफ़ानी हवाएँ एकबारगी बाहर आ गईं और सारे जहाज़ पुनः ईयोलस के द्वीप वापस पहुँच गए। इस बार लेकिन ईयोलस ने ओडिसियस को तिरस्कारपूर्वक वहाँ से भगा दिया। सात दिन भटकने के बाद वह नरभक्षी लीस्ट्रायगोनियनों के नगर लेमस जा पहुँचा। उन नरभक्षियों ने उसके सारे जहाज़ नष्ट कर दिए। वह केवल एक जहाज़ उसके जहाज़ियों के साथ बचाकर वहाँ से किसी भाँति भाग पाने में सफल हो पाया। तब वह संयोगवश जादूगरनी सर्सी देवी के टापू पहुँच गया। वहाँ उसके कुछ साथियों को उस जादूगरनी ने सूअर बना दिया। देवताओं के सन्देशवाहक हरमीज़ की मदद से ओडिसियस ने ख़ुद अपने को सूअर बन जाने से तो बचाया ही, सूअर बन गए अपने साथियों को भी पुनः मनुष्य-रूप में ले आने में वह कृतकार्य हुआ। फलतः सर्सी और ओडिसियस में प्रेम हो गया। ओडिसियस वहाँ एक साल ठहरा।

सर्सी के यहाँ सालभर रहने के बाद ओडिसियस के संगी घर लौटने को उतावले हो उठे लेकिन सर्सी ने उन्हें पाताल-स्थित हेडीज़ जाने को कहा ताकि ओडिसियस को थीब्ज़ के भविष्यद्रष्टा टायरेसियस की प्रेतात्मा से घर लौटने का रास्ता मालूम हो सके। ओडिसियस की हेडीज़-यात्रा का होमर ने जो वर्णन किया है, वह बड़ा ही मार्मिक है। टायरेसियस ने ओडिसियस को बताया कि अगर वह सदल-बल घर कुशलता से पहुँचना चाहता है, तो उसे थ्रिनेसिया में सूर्यदेव अपोलो के पवित्र मवेशियों का कोई नुकसान नहीं करना होगा। यदि उनका कोई अनिष्ट हुआ, तो ओडिसियस अपने सारे साथी खोकर बड़ी बुरी दशा में घर पहुँचेगा और वहाँ भी उसे भारी कठिनाइयों का सामना करना पड़ेगा। हेडीज़ से लौटकर ओडिसियस सर्सी के पास आया। सर्सी ने भी आगे के सफ़र की मुसीबतों से उसे आगाह कर दिया। तब वह वहाँ से चल दिया। सायरन बहनों एवं सिला तथा कैरिबडिस के ख़तरों से बच-बचाकर वह आख़िर थ्रिनेसिया जा पहुँचा लेकिन वहाँ उसके साथी भूख से व्याकुल होकर सूर्यदेव की पवित्र गायों को मारकर खाने लगे। इसके दंडस्वरूप ओडिसियस का जहाज़ समुद्र में नष्ट कर दिया गया। उसके सभी साथी डूब गए। केवल ओडिसियस बच

पाया। वह टूटे हुए जलयान की शहतीर के सहारे समुद्र में दस दिनों तक तैरता रहा और अन्त में कैलिप्सोदेवी के औजीजिया नामक टापू से जा लगा। कैलिप्सो उसे अपने प्रेमी के रूप में वहाँ आठ वर्षों तक रखे रही।

ट्रॉय छोड़ने के बाद ओडिसियस के इस तरह दस वत्सर बीते जिस अवधि में उसका इतने सारे अनजान प्रदेशों और लोगों से साबिक़ा पड़ा और अनेक रोमांचक अनुभव हुए। उधर इथाका में ओडिसियस की ग़ैरमौजूदगी में सब कुछ ठीक चल रहा था लेकिन ट्रॉय के पतन के बाद छठे साल इथाका और उसके पास-पड़ोस के द्वीपों के युवक शासक पिनेलपी से विवाह कर लेने की कामना से प्रणय-निवेदन करने और उसके नवयुवक बेटे टेलेमेकस को परेशान करने लगे। ओडिसियस का बाप लेयरटीज़ बूढ़ा हो चुका था। मगर पिनेलपी दिन में एक लम्बे-चौड़े वस्त्र पर गुलकारी करने और रात में उसे उधेड़ देने की अपनी युक्ति से उद्दंड प्रणयप्रार्थियों को टरकाती और समय काटती रही। प्रणय-निवेदक भी एक ही हठी और दुर्विनीत थे। वे ओडिसियस के महल में आकर जम गए और उसकी सम्पत्ति भकोसने, पिनेलपी पर विवाह के लिए दबाव डालने, दासियों के साथ काम-क्रीड़ा करने और टेलेमेकस को मार डालने का षड्यंत्र रचने लगे। इस भाँति इधर पिनेलपी अपने घर में घुल-तड़प रही थी और टेलेमेकस कुछ नहीं कर पाने की दशा में घोर उद्विग्नता में रह रहा था। उधर सर्सी के यहाँ ओडिसियस घर नहीं लौटने की वजह से बेहद दुखी और विषण्ण था। **ओडिसी** की कहानी ओडिसियस के कैलिप्सो के द्वीप पर आठ साल बीत जाने पर शुरू होती है और आगे उसके इथाका पहुँचने और प्रणय-निवेदकों से निबटने तक छह सप्ताह का समय लगता है।

ओडिसी का प्रारम्भ देवाधिदेव ज़्यूस की अध्यक्षता में देवसभा से होता है जिसमें एथीनी कैलिप्सो के यहाँ क़ैद ओडिसियस का पक्ष प्रस्तुत करती और उसके छुटकारे के लिए ज़्यूस से विनती करती है। इस पर ज़्यूस देवों के सन्देशवाहक हरमीज़ को कैलिप्सो के यहाँ भेजता है जिससे ओडिसियस के घर लौटने का मार्ग प्रशस्त हो जाता है। उधर, एथीनी ओडिसियस के मित्र मेंटौर के रूप में टेलेमेकस के पास जाकर उसे परिषद की बैठक बुलाने, प्रणय-निवेदकों को महल से हटा देने, माँ को उसके पिता के घर भेज देने और तब अपने पिता की खोज में नेस्टर और मेनिलेयस के यहाँ जाने को कहती है। एथीनी को टेलेमेकस पहचान लेता है।

दूसरे अध्याय में टेलेमेकस परिषद की बैठक बुलाता है। लेकिन उसे एथीनी की सलाह के मुताबिक कहने या करने की पूरी हिम्मत नहीं हो

पाती है। वह कमज़ोर स्वर में प्रणय-निवेदकों से महल छोड़ देने की अपील करता है और बाप की खोज में जाने की इच्छा ज़ाहिर करता है। इस पर वे उसकी खिल्ली उड़ाते हैं। भविष्यवक्ता हेलिथरसीज़ उनके विनाश की चेतावनी देता है किन्तु प्रणयप्रार्थियों पर इसका कोई असर नहीं होता। एथीनी से वार्तालाप के बाद टेलेमेकस एक जहाज़ लेता है और चुनिन्दा पोतवाहों के साथ गुप्त रूप से पायलस रवाना हो जाता है। एथीनी उसके संग जाती है, मेंटौर के रूप में।

तीसरे अध्याय में टेलेमेकस पायलस पहुँचता है जहाँ बूढ़ा नेस्टर उसका बड़े प्यार से स्वागत करता है मगर ओडिसियस के बारे में कुछ भी कह पाने में अपनी असमर्थता व्यक्त करता है। फिर भी उसे ट्रॉय के युद्ध में ओडिसियस के वीरतापूर्ण करतबों से अवगत कराता है। टेलेमेकस के कहने पर नेस्टर उसे स्पार्टा भेजने का प्रबन्ध कर देता है और टेलेमेकस नेस्टर के सबसे छोटे बेटे पिसीस्ट्राटस के संग स्पार्टा रुख़सत हो जाता है।

चौथे अध्याय में टेलेमेकस और पिसीस्ट्राटस स्पार्टा पहुँचते हैं जहाँ मेनिलेयस और हेलेन द्वारा उनका स्नेहपूर्ण स्वागत होता है। ट्रॉय से अपनी वापसी का मेनिलेयस टेलेमेकस से वर्णन करता और कहता है कि उसे वृद्ध समुद्रदेव प्रोटियस से मालूम हुआ है कि ओडिसियस जीवित है और एक टापू पर बन्दी है। वह टेलेमेकस से आग्रह करता है कि वह स्पार्टा में उसके साथ दस-बारह दिन रुक जाए मगर टेलेमेकस उसके इस आग्रह को सादर टाल देता है। उधर इथाका में प्रणय निवेदकों को जब पता चलता है कि टेलेमेकस अपने पिता की खोज में पायलस जा चुका है, तो उन्हें भारी अचम्भा होता है। तब वे अपने कुछ चुनिन्दा लोगों को एक ऐसी खाड़ी में जाकर घात में डट जाने को भेज देते हैं जहाँ से टेलेमेकस का वापसी में गुज़रना प्रायः तय है। पिनेलपी को भी जब बेटे के चले जाने की ख़बर मिलती है तो वह परेशान हो उठती है, किन्तु एक स्वप्न से उसे तसल्ली मिलती है।

पाँचवें अध्याय में फिर ओडिसियस का वर्णन है जहाँ एथीनी की विनती पर ज़्यूस हरमीज़ को कैलिप्सो के पास अपने इस सन्देश के साथ भेजता है कि वह ओडिसियस को मुक्त कर दे। ज़्यूस कहता है कि सागर में बीस दिन चलने के बाद ओडिसियस स्कीरिया पहुँचेगा। वहाँ के बाशिन्दे फेयेशियनों के द्वारा उसका बड़ा ही प्रेमपूर्ण स्वागत होगा और वे उसे इथाका सकुशल पहुँचा देंगे। हरमीज़ से ज़्यूस का सन्देश पाकर कैलिप्सो ओडिसियस को तुरन्त छोड़ देने को राज़ी हो जाती है और समुद्र-यात्रा के

वास्ते बेड़ा तैयार करने में ओडिसियस की सहायता करती है। इस तरह ओडिसियस स्कीरिया पहुँच जाता है, परन्तु रास्ते में पॉसायडन के कोप के कारण उसे भारी मुसीबतों का सामना करना पड़ता है। यहाँ उसे पुनः एथीनी की सहायता मिलती है।

छठे से लेकर बारहवें अध्याय तक सागर-तट पर ओडिसियस का स्कीरिया के राजा ऐलसिनोअस की बेटी नौसिकेया से भेंट हो जाना और उसकी तथा एथीनी की मदद से ओडिसियस का ऐलसिनोअस के महल में प्रवेश और वहाँ राजा-रानी के द्वारा उसके प्रीतिपूर्ण स्वागत का वर्णन है; फिर फेयेशियन अपने खेलकूद का आयोजन करते हैं जिसमें ओडिसियस अपने अपूर्व बल एवं कौशल का प्रदर्शन करता है; तब वह अपना परिचय देता है जिससे वहाँ के लोग विस्मित हो जाते हैं; तदनन्तर वह राजा ऐलसिनोअस और रानी एरिटी से ट्रॉय के पतन के बाद दो वर्षों के दरमियान हुए अपने रोमांचकारी अनुभव सुनाता है, जिनकी चर्चा पहले हो चुकी है।

तेरह से सोलह यानी चार अध्यायों में वर्णित घटनाएँ इथाका में घटित होती हैं। ओडिसियस को फेयेशियन जहाज़ी इथाका पहुँचा देते हैं। जब वह इथाका के तट पर जागता है, तो अपनी ही पितृभूमि को पहचान नहीं पाता है। एथीनी उसे बताती है कि यह इथाका है और उसके महल में प्रणय-निवेदकों का उत्पात हद को पार कर चुका है। वह ओडिसियस को बूढ़ा बना देती है और शूकर-संरक्षक यूमियस के झोंपड़े में जाने को कहती है। यूमियस अब भी अपने ग़ैरहाज़िर मालिक के प्रति पूर्ण निष्ठावान है, हालाँकि वह उसे पहचान नहीं पाता है। उधर, एथीनी स्पार्टा चली जाती है, टेलेमेकस को लिवा लाने। ओडिसियस अपने व्यवहार से यूमियस का दिल जीत लेता है। रात में वह उसके झोंपड़े में सोता है। इधर एथीनी लेकिडेमौन (स्पार्टा) में टेलेमेकस से घर लौटने को कहती है। टेलेमेकस जल्दी लौट पड़ता है और समय बचाने के ख़याल से पायलस में नेस्टर से मिले बिना सीधे जहाज़ पर सवार हो जाता है। लेकिन उसी समय उसकी शरण में एक भगोड़ा भविष्यवक्ता थीयोक्लायमीनस आ जाता है जिसे वह साथ कर लेता है। उसका जहाज़ इथाका सुरक्षित पहुँच जाता है। वह एथीनी की सलाह पर यूमियस से मिलता है। वहाँ उसकी भेंट अपने पिता से होती है, किन्तु पहचान नहीं पाता है। यूमियस को वह पिनेलपी के पास अपने लौट आने की ख़बर दे आने भेज देता है। तब एथीनी ओडिसियस को उसके सही रूप में टेलेमेकस के सामने प्रस्तुत कर देती है। बाप-बेटे

मिलकर प्रणयप्रार्थियों के वध की योजना बनाते हैं। ओडिसियस टेलेमेकस से महल के सारे हथियार भंडारगृह में जमा कर देने को कहता है। शाम को यूमियस अपने निवास लौट आता है। ओडिसियस पुनः बूढ़े के रूप में आ जाता है।

सत्रहवें अध्याय से घटनाचक्र में तेजी आती है। सत्रह से अध्याय बीस तक की कहानी यूँ है कि यूमियस के यहाँ से टेलेमेकस इथाका नगर पहुँचता है और अपने अतिथि थीयोक्लायमीनस को महल में बुलवाता है। थीयोक्लायमीनस भविष्यवाणी करता है कि बहुत ही जल्द ओडिसियस यहाँ आकर प्रणययाचकों से बदला लेगा। तब भिखारी के भेस में ओडिसियस को लेकर यूमियस नगर आ जाता है। महल के बाहरी फाटक के पास ओडिसियस की नज़र अपने प्यारे कुत्ते आरगस पर पड़ जाती है जो घूरे पर पड़ा अन्तिम साँस ले रहा है। आहट पाते ही कुत्ता आँखें खोल देता और अपने मालिक को अन्तिम बार देख लेता है। ओडिसियस अपने ही महल में भीख माँगता है। सबसे घमंडी प्रणययाचक ऐंटीनोअस द्वारा उसकी प्रताड़ना होती है। बाद में जब प्रणयप्रार्थी हट जाते हैं, तब ओडिसियस और टेलेमेकस मिलकर सारे हथियार भंडारगृह में ला छोड़ते हैं। उसके बाद भिखारी के भेस में ओडिसियस की बातचीत पिनेलपी से होती है। वह अपने पति को नहीं पहचान पाती लेकिन बूढ़ी धाय यूरीक्लिया उसे पहचान लेती है। ओडिसियस उसे यह भेद प्रकट करने से एकदम मना कर देता है। पिनेलपी कहती है कि कल यानी धनुर्धर अपोलो के सम्मान में होनेवाले उत्सव के दिन आयोजित धनुष-परीक्षा में जो व्यक्ति ओडिसियस के एक पुराने धनुष की प्रत्यंचा चढ़ाकर धरती पर गाड़े गए बारह कुल्हाड़ों के माथों में बने छेद बेलाग बेध देगा, उससे वह विवाह कर लेगी। अर्थात ओडिसियस का इथाका में आगमन बिलकुल सही समय पर होता है।

शेष चार अध्याय धनुष-परीक्षा से लेकर ओडिसियस और मारे गए प्रणययाचकों के सम्बन्धियों के बीच एथीनी द्वारा शान्ति स्थापित कराने की कहानी चित्रित करते हैं। धनुष-परीक्षा में प्रणययाचक सफल नहीं हो पाते। इस बीच ओडिसियस अपना सही परिचय शूकर-संरक्षक एवं बकरी के चरवाहे से दे देता है जो उसकी भदद करने को मुस्तैद हो जाते हैं। वे महल का बाहरी फाटक मज़बूती से बन्द कर देते हैं और यूरीक्लिया से ज़नानख़ाने के भी दरवाज़े अन्दर से लगा देने को कहते हैं। तब भिखारी के रूप में ओडिसियस धनुष लेकर उसकी प्रत्यंचा बड़ी सुगमता से चढ़ाकर तीर छोड़ता है। तीर धरती पर गाड़े गए कुल्हाड़ों के छेद पार कर जाता

है। उसके बाद ओडिसियस प्रणय-निवेदकों को अपने तीर का निशाना बनाना शुरू कर देता है। टेलेमेकस, यूमियस और बकरी के चरवाहे की सहायता से वह सारे प्रणययाचकों को मौत के हवाले कर देता है। पिनेलपी प्रारम्भिक हिचक के पश्चात अपने पति को पहचान लेती है। ओडिसियस तब अपने पिता लेयरटीज़ से मिलने उसके चक पर जाता है। निहत प्रणययाचकों के सगे-सम्बन्धी ओडिसियस से बदला लेने वहाँ पहुँच तो जाते हैं परन्तु उन्हें परास्त होकर भागना पड़ता है। अन्त में एथीनी ओडिसियस और उनके बीच मेल-मिलाप करा देती है। अर्थात **ओडिसी** की कहानी सुखान्त है जबकि **इलियड** की दुखान्त। **ओडिसी** बीस वर्षों से घर से दूर रहे ओडिसियस और चिरविरहिणी पिनेलपी के पुनः प्रेमाकुल मिलन की कहानी है।

कथानक के इस अति संक्षिप्त प्रस्तुतीकरण से यह स्पष्ट है कि **ओडिसी** का फलक बड़ा विस्तृत एवं व्यापक तथा इसकी संरचना जटिल है जिसके धागे अत्यन्त निपुणता से अलग करके फिर जोड़ दिए गए हैं। इस जटिल और विस्तृत कथानक के मध्य ओडिसियस का व्यक्तित्व सम्पूर्ण महाकाव्य पर इस तरह काबिज़ है कि पाठक का ध्यान हमेशा उसी पर केन्द्रित रहता है। इससे उत्पन्न प्रभाव कला की दृष्टि से बड़ा ही उत्कृष्ट है और ओडिसियस अविस्मरणीय पात्र बन जाता है, दुस्साहस और उपाय कुशलता में बेजोड़, वीरता और प्रत्युत्पन्नमतित्व में अनुपम। उसके साथ उसकी भार्या पिनेलपी के चित्रण में तो होमर ने एक मिसाल ही क़ायम कर दी है। पत्नी के रूप में उसके समान निष्ठावाली औरत समस्त यूरोप के साहित्य में दूसरी नहीं मिलेगी। इनके अतिरिक्त **ओडिसी** के और जितने भी मुख्य पात्र हैं, वे पाठक के मन पर अपनी छाप छोड़ जाते हैं। सर्सी हो या कैलिप्सो, नौसिकेया हो या यूरीक्लिया, ऐलसिनोअस हो या पॉलिफीमस, टेलेमेकस हो या ऐंटीनोअस–सबका व्यक्तित्व साफ़-साफ़ और अलग-अलग उभरकर सामने आता है। छोटे और कम महत्त्वपूर्ण पात्रों का भी अपना अस्तित्व है और उनका भी चित्रण इस तरह हुआ है कि वे अपनी-अपनी निजता का स्पष्ट बोध कराते हैं। होमर की चरित्र-चित्रण कला की ख़ूबी यही है कि वह पात्रों के व्यक्तित्व की परतें कथा-प्रवाह के साथ खोलता गया है।

ओडिसी में भी देवी-देवताओं की भूमिका है और उनके भी चित्रण में होमर ने अपने इसी कलालाघव का परिचय दिया है। वैसे ज़िक्र तो अनेक देवी-देवताओं का हुआ है, मगर प्रमुख भूमिका ज़्यूस-पुत्री एथीनी की है।

देवाधिदेव ज़्यूस, समुद्राधिपति पॉसायडन और देवताओं के सन्देशवाहक हरमीज़ की भूमिका महत्त्वपूर्ण है। समुद्र के अनेक देवी-देवताओं की भी चर्चा है जोकि सन्दर्भानुकूल है। कुल मिलाकर **ओडिसी** में दैवी हस्तक्षेप **इलियड** की अपेक्षा कम हुआ है।

होमर ने जितनी उपमाओं के प्रयोग **इलयिड** में किये हैं, उतनी **ओडिसी** में नहीं। हालाँकि **इलियड** की तरह ही ओडिसी की भी उपमाएँ दैनन्दिन जीवन से ली गई हैं और वे जीवन्त एवं सटीक हैं तथा कथन या सन्दर्भ की अभिव्यंजना और सम्प्रेषणीयता को सशक्त बना देती हैं।

क़िस्सागोई होमर की सबसे बड़ी ख़ूबी है जोकि **इलियड** से अधिक **ओडिसी** में दिखती है। **ओडिसी** का आकार **इलियड** से छोटा होते हुए भी इसका फलक उससे बड़ा है और यह मानवीय सम्बन्धों एवं क्रिया-कलापों के विशालतर क्षेत्रों को छूता है। इसमें तत्कालीन समाज के प्रायः सभी पक्षों एवं स्तरों का चित्रण हुआ है। इतने बड़े फलक को लेकर अगर होमर चाहता तो इसे **महाभारत** से भी अधिक विस्तार दे सकता था। किन्तु अनावश्यक वर्णन या विस्तार से कठोर परहेज़ करनेवाले महाकवि होमर ने इस विशाल कथानक को बहुत ही कम फैलाव दिया है। इसके पीछे सबसे बड़ा कारण कथा को तीव्र प्रवाह एवं प्रभावान्विति प्रदान करना है। यह होमर की दूसरी बड़ी विशेषता है। उसकी क़िस्सागोई की सफलता इसी से मालूम पड़ती है कि **ओडिसी** की कथा पाठक को बाँध लेती और उसके मन-मस्तिष्क पर अपना अमिट प्रभाव डाल जाती है। कोई आश्चर्य नहीं कि **ओडिसी** ने सम्पूर्ण विश्व के कथा-साहित्य को किसी न किसी रूप में प्रभावित किया है। होमर की ख़ासियत मानव-जीवन के प्रति उसकी समग्र दृष्टि है जो जीवन और जगत के मूल तत्वों के सही ज्ञान से तीक्ष्ण और निर्मल बन गई है। नित्य परिवर्तनशील इस संसार में सुख-दुख साथ चलते हैं और यह हमेशा संघर्षों से भरा है। इस तथ्य को होमर ने यथार्थतः रूपायित करने का प्रयत्न किया है, अपने को पूरी तरह असम्पृक्त रखकर। जीवन और जगत को देखने-परखने की उसकी यह यथार्थवादी दृष्टि फिर भी करुणा, कोमलता और सहानुभूति से भरी है। सत्य की कठोरता एवं नैष्ठुर्य के पीछे वह करुण रस की सार्वभौम तथा सार्वकालिक सत्ता का सन्धान करता है। उसके विचार से इस निष्ठुरता के बीच मनुष्य साहस, उत्साह एवं जिज्ञासावृत्ति के सहारे अपनी जीवन-यात्रा सफलतापूर्वक तय करता है। सच पूछा जाए तो **ओडिसी** मानवीय ऊर्जा का महाकाव्य है जिसका प्रतीकात्मक प्रतिनिधि ओडिसियस है। अविचल साहस, उद्दाम

उत्साह एवं अपरिमित जिज्ञासा से लबरेज़ महायोद्धा। यह मनुष्य की अपराजेय मानसिकता को अत्यन्त ओजपूर्ण शैली में व्यक्त करनेवाला कालजयी महाकाव्य है, यह अच्छाई की बुराई पर विजय का गायन करता है। अजब नहीं कि **इलियड** में खलनायक एक भी नहीं है, जबकि **ओडिसी** में खलनायक के रूप में प्रणययाचक हैं जिन्हें ओडिसियस अन्ततः समाप्त कर देने में सफल होता है।

इलियड के बाद जब मैंने **ओडिसी** के हिन्दी अनुवाद में हाथ लगाया, तो मुझे उतनी कठिनाई नहीं हुई जितनी **इलियड** में हुई थी। कारण स्पष्ट है। फिर भी, **ओडिसी** में कुछ ऐसे शब्द हैं जिनके लिए हिन्दी शब्द ढूँढ़ने में मेहनत करनी पड़ी। उदाहरण के लिए, Harpies और Asphodel को ही लें। Harpies के बारे में ऐसा कहा गया है कि ये पंखयुक्त आधिदैविक प्राणी हैं जिनकी उत्पत्ति वायु से हुई है। ये तीन बहनें हैं और ये लोगों को ऊपर झपट ले जाती हैं। इनके अनेक लक्षण चुड़ैल या डाकिनी से मिलते-जुलते हैं। इसलिए मैंने हिन्दी में इन्हें 'वात्याचुड़ैल' कहा है। कुछ विद्वानों के मत से इनकी अवधारणा भारत से आई लगती है। दूसरा शब्द Asphodel है। यह स्वर्ग में होनेवाला फूल है, इसलिए मैंने हिन्दी में इसे 'पारिजात' शब्द से अभिहित किया है। पहले अध्याय में 'पेसोई' नामक खेल का ज़िक्र है जो द्यूत या पाशक्रीड़ा से मिलता-जुलता है। चूँकि स्पष्ट नहीं मालूम है इसके बारे में, इसलिए मैंने इसे ज्यों का त्यों ले लिया है। Poet या Bard शब्दों को भी **इलियड** या **ओडिसी** के सन्दर्भ में समझ लेना ज़रूरी है। होमर में Poet के लिए aoidos शब्द आया है जिसका अर्थ गायक होता है। वह विपंची (lyre) के समान Kitharis या Phorminx नामक वाद्ययंत्र की धुन पर गाता फिरता है। इसलिए इसे हिन्दी में मैंने 'चारण' और 'गायक' या कहीं-कहीं 'कवि' शब्द से भी अभिहित किया है। अंग्रेज़ी में wife शब्द जिस अर्थ में प्रयुक्त होता है, उस अर्थ में मूल ग्रीक शब्द Gunai का प्रयोग नहीं होता। Gunai का सीधा अर्थ औरत है या संगशायिनी या सेजशायिनी। फिर भी अंग्रेज़ी में इसका प्रयोग Wife और हिन्दी में पत्नी, भार्या या सेजशायिनी के रूप में तो हो ही सकता है।

इलियड की भाँति **ओडिसी** का भी हिन्दी अनुवाद मैंने मूल ग्रीक से नहीं बल्कि अंग्रेज़ी से किया है। लेकिन मैंने अंग्रेज़ी में उपलब्ध अनेक प्रामाणिक अनुवादों को एक साथ देखते चलकर एवं होमर-सम्बन्धी अंग्रेज़ी में प्राप्त प्रायः सभी महत्त्वपूर्ण पुस्तकों तथा शोधलेखों का अवगाहन करके अपनी इस कमी की भरपाई की है। **ओडिसी** के जिन प्रसिद्ध अंग्रेज़ी

अनुवादों से मैंने काम लिया है उनके विभिन्न अनुवादक हैं–(1) एस.एच. बूचर एवं ऐंड्रू लैंग, (2) ए.टी.मरे, (3) ई. ह्वी रिउ, (4) सैमुएल बटलर, (5) टी.ई. शॉ (लॉरेंस ऑफ अरेबिया) तथा (6) रौबर्ट फैगल्स। इनके अतिरिक्त समय-समय पर चैपमैन द्वारा **ओडिसी** के अंग्रेज़ी पद्यानुवाद, जो कि अंग्रेज़ी में पहला अनुवाद है, से भी सहायता ली है। **इलयिड** के अनेक पाठकों की शिकायत है कि मुझे होमर पर लिखित पुस्तकों की भी सूची दे देनी चाहिए थी। चूँकि पुस्तकों की संख्या बहुत अधिक है, अतः स्थानाभाव के कारण मैं कुछ अत्यन्त महत्त्वपूर्ण एवं सन्दर्भानुकूल पुस्तकों के ही नाम दे रहा हूँ :

(1) Gilbert Murray, **The Rise of the Greek Epic,** Oxford 1907
(2) Andrew Lang, **The World of Homer,** London, 1910
(3) H.M. Chadwick, **The Heroic Age,** Cambridge, 1912
(4) S.E. Bassett, **The Poetry of Homer,** California, 1938
(5) Rhys Carpenter, **Folk Tale, Fiction and Saga in the Homeric Epics,** California, 1974 (1946)
(6) George Thomson, **Studies in Ancient Greek Society,** London, 1949
(7) **The Oxford Classical Dictionary,** Oxford, 1949
(8) H.L. Lorimer, **Homer and the Monuments,** London, 1950
(9) H.J. Rose, **A Handbook of Greek Mythology,** London, 1953
(10) Walter F. Otto, **The Homeric Gods,** London, 1954
(11) Robert Graves, **Greek Myths,** London, 1958 (1955)
(12) T.B.L. Webster, **From Mycenae to Homer,** London, 1958
(13) A.J.B. Wace and F.H. Stubbings (ed.), **A Companion to Homer,** London, 1962.
(14) M.I. Finley, **The World of Odysseus,** London, **1962**
(15) G.S. Kirk, **Homer and the Epic,** Cambridge, 1996 (1965)
(16) E.R. Dodds, **The Greeks and the Irrational,** California, 1968
(17) Milman Parry, **The Making of Homeric Verse** (edited by A. Parry), Oxford, 1971.
(18) C.M. Bowra, **Homer,** London, 1972.

इस विशाल एवं पवित्र साहित्यिक अनुष्ठान में मुझे अनेक विद्वानों के सुझावों से लाभ हुआ है जिनमें प्रमुख हैं–स्व. प्रो. आर.के. सिन्हा, भूतपूर्व अध्यक्ष, अंग्रेज़ी विभाग, पटना विश्वविद्यालय; प्रो. के.एम. तिवारी, प.वि.;

स्व. प्रो. ब्रजदेव प्रसाद राय, भूतपूर्व अध्यक्ष, प्राचीन भारतीय इतिहास एवं पुरातत्त्व विभाग, प.वि.; डॉ. समीर कुमार शर्मा, रीडर, अंग्रेज़ी विभाग, बी.एन. कॉलेज, प.वि.; डॉ. चतुरानन पांडेय, रीडर अंग्रेज़ी विभाग, बी.एन. कॉलेज, प.वि.; सुप्रसिद्ध साहित्यकार स्व. स्वामी प्रेम ज़हीर तथा प्रख्यात पत्रकार श्री रविरंजन सिन्हा। इन सबके प्रति मैं कृतज्ञ हूँ। साथ ही कृतज्ञ हूँ प्रो. नामवर सिंह का, जिनके सुझाव बड़े काम के सिद्ध हुए हैं।

इस क्षण मैं अपने परिवार के सभी सदस्यों के प्रति आभार प्रकट करता हूँ जिन्होंने इस कार्य में मेरी हर तरह से मदद की है। ख़ासतौर पर मैं अपनी पत्नी श्रीमती उषा सिन्हा के सामने नतमस्तक हूँ जिन्होंने गृहस्थी के बोझ से उबारकर मुझे इस काम में तल्लीन रहने की सहूलियत दी है। अभी मैं अपनी नातिन त्विषा (विनी) को याद करता हूँ जो **इलियड** और **ओडिसी,** दोनों के अनुवाद में गहरी दिलचस्पी लेती रही है। पौत्री तनया और पौत्र अनिंद्य का स्मरण करना वाज़िब होगा जो अपनी बचकानी हरकतों से अनुवाद-कार्य के मेरे बोझिल क्षणों को सहज ही हलक़ा करते रहे हैं।

अन्त में, मैं अपने स्वर्गस्थ माता-पिता को सश्रद्ध नमन करता हूँ। इसे संयोग ही कहेंगे अथवा विधाता का संकेत कि द्वितीय विश्वयुद्ध में मेरे पिता स्वर्गीय डॉ. ब्रह्मदेव नारायण सिन्हा भूमध्य सागर के उन्हीं क्षेत्रों में चिकित्सक के रूप में कार्यरत थे जो होमर से सीधे जुड़े हुए हैं।

इदं कविभ्यः पूर्वेभ्यो नमोवाकं प्रशास्महे।
वन्देमहि च तां वाचममृतामात्मनः कलाम् ॥

—रमेश चन्द्र सिन्हा

पटना
विजयादशमी
06.10.2011

देवसभा : टेलेमेकस और एथीनी

हे देवि,[1] मुझसे तू उस उपायकुशल नायक की गाथा का गान कर जो ट्रॉय का पवित्र दुर्ग ध्वस्त कर देने के बाद दूर-दूर तक भटकता रहा, जिसने अनेक प्रकार के लोगों के नगर देखे और उन लोगों की प्रवृत्तियों से परिचित हुआ और अपनी जान बचाने और अपने साथियों को वापस घर ले आने के प्रयास में जिसे समुद्र में मन को व्याकुल कर देनेवाले तरह-तरह के कष्ट झेलने पड़े। लेकिन लाख चाहकर भी वह अपने साथियों को बचा नहीं पाया, क्योंकि सूर्यदेव हाइपेरियन के मवेशियों को मार कर खा जाने की अपनी ही अधमता के कारण उनका नाश हो गया और गगनचारी देवता ने उन्हें घर लौट आने का दिन देख पाने के अवसर से सदा के लिए वंचित कर दिया। जहाँ कहीं से भी तुझे ये सब बातें मालूम हुई हैं, ज़्यूसपुत्री देवि, उनसे तू हमें भी अवगत करा।

ऐसा हुआ कि बाक़ी जो लोग युद्ध और समुद्र में विनाश के गर्त में जाने से साफ़ बच निकले, वे सब तो घर पहुँच गए। केवल ओडिसियस ही एक ऐसा योद्धा था जो स्वदेश अपनी पत्नी के पास पहुँच जाने को अत्यन्त लालायित होते हुए भी कैलिप्सो नाम की अप्सरा, जो एक रूपवती देवी भी थी, द्वारा मेहराबदार गुफा में क़ैद कर लिया गया, क्योंकि उसको वह अपना स्वामी बना लेना चाहती थी। ऋतुओं के आवर्तनों के बाद जब उसका अपने निवास-स्थान इथाका लौट आने का दैवनिश्चित समय हो गया, तब भी उसे परेशानियों से छुटकारा नहीं मिल पाया, अपने लोगों के बीच आ जाने पर भी नहीं। उस पर अन्य सभी देवता दयार्द्र हो चुके थे, किन्तु पॉसायडन का कोप देवतुल्य ओडिसियस पर तब तक निरन्तर बना रहा, जब तक वह स्वदेश नहीं पहुँच गया।

लेकिन अभी पॉसायडन सुदूर इथियोपियावासियों के यहाँ गया हुआ था। ये इथियोपियावासी जहाँ बसे हुए हैं, उसके आगे मनुष्य जाति का निवास नहीं है और

1. नृत्य, संगीत, नाटक, इतिहास, महाकाव्य आदि कलाओं एवं बौद्धिक कार्यकलापों की नौ अधिष्ठात्री देवियाँ हैं जो समवेत म्यूज़ों के नाम से जानी जाती हैं और जो ज़्यूस की बेटियाँ हैं। यहाँ कवि इतिहास की देवी क्लायो को सम्बोधित कर रहा है।

ये दो भागों में बँटे हुए हैं—कुछ वहाँ रहते हैं जहाँ सूर्यास्त होता है और कुछ वहाँ जहाँ सूर्योदय होता है। मेषों एवं वृषभों की विधिवत पवित्र बलि ग्रहण करने पॉसायडन अभी वहीं गया हुआ था। वहाँ बैठकर वह अपने सम्मान में हो रहे उत्सव का आनन्द ले रहा था, जबकि बाक़ी देवगण ओलिम्पस पर बने ज़्यूस के महल में इकट्ठे थे। उनके बीच सबसे पहले देवों और मानवों का जनक बोला। उस क्षण वह कुलीन ईजिस्थस के सम्बन्ध में सोच रहा था जिसे ऐगमेमनन के यशस्वी पुत्र ऑरेस्टीज़ ने मार डाला था। उसको ही ध्यान में रख ज़्यूस अमरों से बोला :

"अब तुम सब यह देखो कि मरणधर्मा मनुष्य किस तरह देवताओं को व्यर्थ दोष दिया करते हैं! वे कहते हैं कि उन पर सारी विपत्तियाँ हमारे ही कारण आती हैं, जबकि सच्चाई यह है कि वे दैवविहित सीमा से अधिक कष्ट अपने ही दुष्कर्मों के चलते पाते हैं। अभी ईजिस्थस को ही ले लो कि उसने दैवविहित सीमा को लाँघकर ऐगमेमनन की परिणीता को फाँस लिया और जब उसका पति वापस आया, तो उसे मार डाला, हालाँकि वह जानता था कि ऐसा करने पर उसका विनाश निश्चित है, क्योंकि हमने अपने तीक्ष्ण दृष्टि सन्देशवाहक आरगसहन्ता हरमीज़ को भेजकर उसे चेता दिया था कि वह न तो उस व्यक्ति की हत्या करे और न उसकी पत्नी को ही प्रेम-पाश में फाँसे। हरमीज़ ने उसे यह साफ़ कह दिया था, नहीं तो जब ऑरेस्टीज़ सयाना होने पर स्वदेश लौटेगा, तो ऐगमेमनन का बदला अवश्य लेगा। लेकिन वह इस हितकर परामर्श से ईजिस्थस का मन बदल नहीं पाया। फलस्वरूप ईजिस्थस को अभी अपने सारे दुष्कर्मों का अन्तिम मूल्य चुकाना पड़ा है।"

इस पर दीप्ताक्षी एथीनी देवी ने उसे जवाब दिया : "हे हम सबके पिता राजाधिराज क्रॉनस-नन्दन, वह व्यक्ति अपनी करनी के अनुरूप ही मृत्यु को प्राप्त हुआ है। ऐसे कुकृत्य करनेवाले सारे लोग इसी तरह विनष्ट हों! किन्तु मेरी छाती तो उस बुद्धिमान पर मन्दभाग्य ओडिसियस के लिए फटी जा रही है जो अपने बन्धु-बान्धवों से काफ़ी अरसे से अलग है और सागर से घिरे एक निर्जन द्वीप पर कष्ट भोग रहा है। समुद्र के मध्य भाग में स्थित उस पेड़ों-भरे द्वीप पर एक देवी रहती है जो मायावी एटलस की बेटी है। यह वही एटलस है जो समस्त सागरों की गहराइयों से अवगत है और अपने कन्धों पर धरती और आकाश को अलग रखनेवाले स्तम्भों को धारण किए हुए है। उसकी ही बेटी उस अभागे आदमी को अपने पास रोककर तकलीफ़ दे रही है। वह हमेशा तरह-तरह की चिकनी-चुपड़ी और कपटपूर्ण बातें कहकर उसके दिमाग़ से इथाका की याद मिटा देने में लगी रहती है। ऐसी दशा में वह मर जाना चाहता है, किन्तु मन की बस एक ही लालसा से जीवित है कि कब वह अपनी भूमि के धुएँ को ऊपर उठता देख ले। लेकिन, हे ओलिम्पस के स्वामी, तुम्हारा ध्यान इस चीज़ पर बिलकुल नहीं है। आश्चर्य! जब ओडिसियस

विशाल ट्रॉय भूमि पर था, तो क्या उसने यवन बेड़ों के सामने बलियाँ प्रदान कर तुम्हें प्रसन्न करने का प्रयास नहीं किया था? ओ ज़्यूस, तब तुम उस पर क्यों इतने कुपित हो?"

अभ्रसंचयी ज़्यूस ने तब उसे उत्तर दिया : "बिटिया, तुम्हारे होंठों के द्वार से कैसे निकली है यह बात? अरी, मैं उस दिव्य ओडिसियस को किस तरह भूल सकता हूँ जो मरणधर्मा मनुष्यों के बीच सबसे बुद्धिमान है और द्युलोकवासी अमरों को चढ़ावा चढ़ाने में सबसे आगे रहा है? बल्कि यह तो भूवेष्टक पॉसायडन है जो उस पर देवतुल्य पॉलिफीमस नामक साइक्लॉप्स को अन्धा कर देने के कारण अब भी अदम्य रोष से भरा है। साइक्लॉप्सों के बीच पॉलिफीमस सबसे शक्तिशाली है। अनुर्वर समुद्र के स्वामी फौरकिस की बेटी थोओसा नाम की अप्सरा उसकी माँ थी जो एक बार समुद्री कन्दरा में पॉसायडन के संग सोई थी। इसलिए जिस दिन पॉलिफीमस अन्धा बना दिया गया, उस दिन से भूकम्पक पॉसायडन ओडिसियस को उसके वतन से दूर भटका रहा है, हालाँकि उसने उसकी जान नहीं ली है। लेकिन देख, अब हम सब मिलकर उसके लौट आने के बारे में कोई ऐसी तरकीब सोच निकालें जिससे वह अपने घर पहुँच जाए। इससे पॉसायडन अपना रोष त्याग देगा, क्योंकि अकेला पड़ जाने पर वह किसी हालत में सभी अमरों का विरोध नहीं कर सकता।"

उसे तब एथीनी ने उत्तर दिया : "हे हम सबके पिता क्रॉनस-नन्दन, यदि महाभाग देवताओं की सचमुच यही इच्छा है कि चतुर ओडिसियस घर पहुँच जाए, तो हम अपने सन्देशवाहक आरगसहन्ता हरमीज़ को अविलम्ब औजीजिया भेज दें। वहाँ जाकर वह उस जूड़ेवाली परी को धैर्यवान ओडिसियस की वापसी के बारे में हमारा साफ़ निश्चय फ़ौरन सुना दे ताकि वह घर के वास्ते चल पड़े। इथाका मैं स्वयं जाऊँगी और वहाँ जाकर ओडिसियस के आत्मज के हृदय में शक्ति भरकर उसे इतना उत्साहित कर दूँगी कि वह लम्बी ज़ुल्फ़ोंवाले यवनों की सभा बुलाकर अपनी माँ के उन सब प्रणययाचकों को खरी-खोटी सुनाए जो उसके मेषों और मोटे-ताज़े मवेशियों को भारी संख्या में मार-मारकर खाए जा रहे हैं। तदनन्तर मैं उसे अपने निर्देशन में स्पार्टा और रेतीले पायलस ले जाऊँगी, जहाँ उसे अपने प्रिय पिता के लौटने के मुतल्लिक़ कुछ जानकारी मिल सकती है। इससे लोगों के बीच उसका सुयश होगा।"

यह कहकर उसने अपने पैरों से सोने के उन सुन्दर और अजर पदत्राणों को बाँध लिया जो उसका वायुवेग से जल और असीम थल, दोनों के ऊपर समान रूप से संवहन करते हैं। तब उसने तीक्ष्ण कांस्यफलकयुक्त अपना वह दुर्दान्त कुन्त थाम लिया जो वज़नी, विशाल और शक्तिशाली है। सर्वशक्तिमान पिता की वह पुत्री क्रुद्ध हो उठने पर उसी से पंक्ति के पंक्ति योद्धाओं का दमन कर डालती है। तब वह ओलिम्पस की चोटियों से नीचे की ओर झपट चली। इथाका पहुँचकर वह ओडिसियस

के महल के आगे स्थित प्रांगण के द्वार पर एक आगन्तुक के रूप में खड़ी हो गई। उस घड़ी वह टैफस के एक सरदार मेंटीज़ के भेस में थी और हाथ में कांस्य कुन्त लिए हुई थी। महल के दरवाज़े के आगे उसने पिनेलपी के उद्धत प्रणययाचकों को देखा। वे लोग अपने ही हाथों से मारे गए वृषभों के चमड़ों पर आराम से बैठकर पेसोई[1] खेल रहे थे। उनके अनुचरों और सहचर सामन्तों में से कुछ तो उनके वास्ते प्यालों में मदिरा और पानी का मिश्रण तैयार कर रहे थे, कुछ मेज़ों को पोंछनों से साफ़ करके लगा रहे थे और कुछ भारी मात्रा में मांस काट रहे थे।

उसको सबसे पहले देखा रूपवान नवयुवक टेलेमेकस ने ही, क्योंकि वह प्रणययाचकों के बीच इस कल्पना में उदास बैठा था कि कैसे उसका प्रभुत्वशाली पिता अभी अचानक कहीं से आकर इन सारे प्रणय-निवेदकों को मार-पीटकर महल से भगा देता और अपनी राजसी प्रतिष्ठा और स्वामित्व पुनः प्राप्त कर लेता। प्रणयप्रार्थियों के मध्य बैठा अभी वह यही सब सोच रहा था कि उसकी नज़र एथीनी पर जा पड़ी। वह सीधे बाहरी द्वारमंडप में चला गया, क्योंकि उसे अपने दरवाज़े पर किसी अतिथि का अधिक देर तक खड़ा रहना अच्छा न लगा। पास जाकर उसने उसका दाहिना हाथ थामकर उसका कांस्य कुन्त सँभाल लिया और उससे सौहार्दपूर्ण स्वर में बोला :

''स्वागत है, अभ्यागत! हमारे यहाँ तुम्हारा यथोचित सत्कार होगा। लेकिन पहले कुछ खा लो। तब तुम जिस अपेक्षा से यहाँ आए हो, उसके बारे में हमसे कहना।''

इतना कहकर वह लौट पड़ा और एथीनी उसके पीछे हो ली। ऊँचे महल में दाख़िल हो जाने पर उसने एथीनी का भाला लम्बे खम्भे से लगे चमचमाते कुन्ताधार पर टिका दिया जहाँ बलवान ओडिसियस के अनेक भाले रखे हुए थे। तब उसने देवी को ले जाकर ख़ूब नक़्क़ाशीदार एक ऐसी कुर्सी पर क्षौमास्तरण डालकर बिठा दिया जिसके नीचे पैरों के आराम के लिए पादपीठ भी रखा हुआ था। अपने वास्ते उसने एक जड़ाऊ कुर्सी खींच ली। बैठने की वह जगह उसने उद्दंड प्रणययाचकों से दूर इसलिए तजवीज़ की कि हो-हल्ले से उद्विग्न होकर मेहमान भोजन करने से कहीं इनकार न कर दें; यह भी कि वह घर से अनेक वर्षों से अनुपस्थित अपने पिता के सम्बन्ध में भी उससे कुछ पूछना चाहता था।

तब हाथ धुलाने के वास्ते एक दासी सोने की सुन्दर झारी में पानी ले आई। चाँदी की चिलमची में पानी उड़ेलकर उसने उनके हाथ धुला दिए और एक चमचमाती मेज़ खींचकर उनके सामने ले आई। उसके बाद विश्वस्त भंडारपालिका ने गेहूँ की रोटियाँ उनके आगे परोस दीं और महल में जो कुछ सुस्वादु भोज्य पदार्थ थे, उनको

1. प्राचीन ग्रीस का एक खेल, जो संगमरमर की गोलियों से खेला जाता था। अंग्रेज़ी में इसे ड्राफ्ट्स कहते हैं।

लाकर उन दोनों के आगे मेज़ पर उदारता से परोस दिया। एक मांस-परिवेषक ने उनके सामने अनेक तरह के मांस की बोटियों से भरे लकड़ी के कठौते रख दिए और सोने के पानपात्र भी, जिनमें एक भृत्य आकर मदिरा भर जाने लगा।

उसके बाद प्रणययाचक ऐंठते-अकड़ते आए और आकर कुर्सियों और ऊँची आसन्दियों पर पंक्तिबद्ध बैठ गए। अनुचरों ने उनके हाथ धुलाए और दासियों ने गेहूँ की रोटियों से भरे टोकरे उनके आगे रख दिए। बालानुचरों ने पात्रों को सुरा से भर दिया। तब वे अपने आगे प्रस्तुत स्वादिष्ट वस्तुओं पर हाथ साफ़ करने लगे। जब प्रणययाचक इच्छाभर खा-पी चुके, तब उनका ध्यान दूसरे प्रकार के आनन्द यानी नृत्य और संगीत की ओर गया जिनके बिना किसी भोज को पूर्ण नहीं माना जाता है। एक अनुचर ने सुन्दर विपंचिका फेमियस नामक गायक, जिसे प्रणयप्रार्थी ज़बरदस्ती अपनी सेवा में रखे हुए थे, के हाथों में रख दी। अहा, विपंचिका को छूते ही उसके कंठ से मधुर संगीत का स्वर फूट पड़ा।

उधर लेकिन टेलेमेकस अपना सिर दीप्ताक्षी एथीनी के सिर के समीप ले जाकर बोला ताकि दूसरे लोग उनकी बात न सुन पाएँ : "प्रिय अभ्यागत, मैं तुमसे जो कुछ कहूँगा उससे तुम भला रुष्ट तो नहीं होगे? उस ओर उन लोगों को देखो जो कितने मज़े में गीत और विपंचिका-जैसी चीज़ों का आनन्द ले रहे हैं। इतने ही मज़े में वे बिना किसी लागत के दूसरे का धन भकोस रहे हैं, एक ऐसे व्यक्ति का जिसकी सफ़ेद हड्डियाँ कदाचित किसी दूरस्थ देश में वर्षा के जल में सड़ती होंगी या खारे समुद्र की लहरों द्वारा लुढ़काई जाती होंगी। अगर ये लोग उसको इथाका लौट आया देख लें, तो स्वर्ण और वस्त्र से पहले ये अपने पैरों में तेज से तेज रफ़्तार पाना अधिक पसन्द करेंगे। लेकिन जैसा कि अब मालूम होता है, वह दुर्भाग्यवश समाप्त हो चुका है और हमारे लिए कहीं कोई सान्त्वना नहीं बची है; नहीं, तब भी नहीं यदि इस संसार का कोई मनुष्य आकर हमें यह बोले कि वह अवश्य लौट आएगा। हमेशा के लिए बीत चुका है वापस आने का उसका दिन। मगर देखो, तुम मुझे बताओ और यह स्पष्ट बताओ : तुम कौन हो और कहाँ से आए हो? कौन-सा तुम्हारा नगर है और तुम्हारे माँ-बाप कौन हैं? चूँकि मुझे ऐसा लगता है कि स्थलमार्ग से तुम यहाँ किसी हालत में नहीं आ सकते थे, इसलिए यह बताओ कि तुम किस तरह के जहाज़ से आए हो और जहाज़ी तुमको इथाका किस तरह ले आए हैं और वे लोग कौन थे? मुझे यह भी सच-सच बताओ कि क्या तुम इधर पहली बार आए हो अथवा मेरे पिता के अतिथि रह चुके हो, क्योंकि उस समय हमारे घर पर बहुत सारे अभ्यागत आते रहते थे और मेरा बाप भी विदेश-यात्राएँ खूब किया करता था?"

इस पर एथीनी ने उसे उत्तर दिया : "अवश्य ही मैं तुमसे सब कुछ साफ़-साफ़ बताऊँगा। मेरा नाम मेंटीज़ है, बुद्धिमान ऐंकिएलस का बेटा और समुद्रगामी टैफियनों

का राजा। तुम देख ही रहे हो कि मैं यहाँ आया हूँ। यह इसलिए कि मैं मदिरघन सागर में अपने जहाज़ और जहाज़ियों के साथ यात्रा करते हुए टेमेसा जा रहा हूँ जहाँ विजातीय भाषा बोलनेवाले लोग रहते हैं। वहाँ से मैं ताँबा लाने जा रहा हूँ और मेरा माल चमचमाता लोहा है। रास्ते में मैं यहाँ के तट पर रुक गया हूँ और मेरा पोत नगर से दूर उच्च भूमि की ओर वृक्षसंकुल नेईऔन पहाड़ी के नीचे रेथ्रौन बन्दरगाह में लगा है। हम जानते हैं कि हमारे और तुम्हारे बीच मैत्री सम्बन्ध पुश्तैनी हैं जो पुराने समय से क़ायम हैं। इसके बारे में तुम यदि आश्वस्त होना चाहते हो, तो जाओ और जाकर वृद्धनायक लेयरटीज़ से ही पूछ लो। मैंने सुना है कि वह अब नगर नहीं आता, बल्कि नगर से काफ़ी दूर अपने चक पर रहकर कठिन और सन्तापमय जीवन व्यतीत करता है। उसके साथ बस एक बूढ़ी नौकरानी रहती है। जब वह एक टीले पर स्थित अपने द्राक्षोद्यान से घूम-फिरकर बुरी तरह थका-माँदा लौटता है, तो वही नौकरानी उसे खिलाती-पिलाती है। लेकिन मैं अभी यहाँ इसलिए आया हूँ कि मैंने सच में सुना है कि तुम्हारा बाप घर वापस आ गया है। किन्तु देखो, पराक्रमी ओडिसियस अभी मरा नहीं है, देवगण उसे यहाँ आने से केवल रोके हुए हैं। वह धरती पर कहीं न कहीं अवश्य जीवित है। मुझे ऐसा लगता है कि वह अब भी विशाल समुद्र की उत्ताल तरंगों से वेष्टित किसी द्वीप पर रोक रखा गया है और क्रूर जंगली लोग उसे ज़बरदस्ती क़ैद किए हुए हैं। मैं कोई भविष्यवक्ता नहीं हूँ और न पक्षियों की उड़ान से शकुन उचारने में निपुण हूँ; तो भी मैं भविष्य बताऊँगा, क्योंकि अमरगण मुझे ऐसा करने को प्रेरित कर रहे हैं और मुझे ऐसा प्रतीत होता है कि वैसा घटित भी होगा। अब वह अधिक समय तक अपने प्रिय वतन से दूर नहीं रह पाएगा, वह चाहे लोहे की बेड़ियों में ही क्यों न जकड़ा हो। अनेकविध चतुर होने के कारण लौट आने का कोई न कोई उपाय वह ज़रूर ढूँढ़ निकालेगा। परन्तु सुनो, तुम बहुत लम्बे हो गए हो, इसलिए मुझे बताओ कि क्या तुम सचमुच ओडिसियस के आत्मज हो? चूँकि हम दोनों एक-दूसरे से कई बार मिल चुके थे, अतः मैं तो कह ही सकता हूँ कि तुम्हारे और तुम्हारे बाप के सिर और सुन्दर आँखों में आश्चर्यजनक समानता है। लेकिन हमारी भेंट ओडिसियस के ट्रॉय जाने के पहले हुई थी जहाँ अन्य यवन वीर अवतली पोतों से गए थे। उसके बाद न तो मैंने ओडिसियस को और न उसने मुझको कभी देखा है।''

तब विवेकशील टेलेमेकस ने उससे कहा, ''हाँ मित्र, मैं तुमसे सब कुछ स्पष्ट बताऊँगा। मेरी माँ कहती है कि मैं ओडिसियस का ही पुत्र हूँ। मगर इस सम्बन्ध में मेरी कोई जानकारी नहीं है। असल में कोई आदमी अपने जन्म के बारे में कुछ भी नहीं जानता। काश, मैं किसी ऐसे भाग्यवान व्यक्ति का बेटा होता जो अपनी सम्पदा के ही बीच बूढ़ा हुआ होता! लेकिन जब तुम जानना ही चाहते हो, तो

वस्तुस्थिति अभी ऐसी है कि मुझको जिसका बेटा बताया जाता है वह सबसे अभागा मनुष्य है।''

इस पर दीप्ताक्षी एथीनी देवी उससे बोली, ''जब पिनेलपी ने तुम्हारे जैसे श्रेष्ठ पुत्र को जन्म दिया है, तो निश्चय ही देवताओं ने तुम्हारे वंश को अकीर्तिकर भविष्य नहीं देने का फ़ैसला किया है। लेकिन अब मुझे सही-सही बताओ कि यह किस तरह का भोज या हंगामा है? इससे तुम्हारा क्या ताल्लुक़ है? क्या यह पूरे कुनबे की दावत है या कोई विवाह-भोज? वाह, मैं देख रहा हूँ कि यहाँ के सहभोज में भाग लेनेवाले अपना अंश नहीं लाते। समूचे महल में ये धृष्ट लोग बड़ी उच्छृंखलता से रंगरलियाँ मना रहे हैं। कोई भी शिष्ट पुरुष उनके ऐसे लज्जाजनक कृत्यों को देख क्रुद्ध हो उठेगा।''

तदुपरान्त टेलेमेकस ने उसे उत्तर दिया : ''महोदय, तुम जो इन सब चीज़ों के बारे में पूछते हो, तो जब तक मेरा पिता हमारे बीच रहा, तब तक हमारा घर समृद्धि और प्रतिष्ठा के रास्ते पर दिखा। परन्तु उसके बाद देवताओं की इच्छा कुछ और हो गई यानी वे अनिष्टकारी हो उठे और उन्होंने उसको हमारी नज़र से इस तरह ओझल कर दिया जिस तरह किसी दूसरे व्यक्ति को पहले कभी नहीं किया था। अन्य योद्धाओं की भाँति यदि वह ट्रोजनों की भूमि पर काम आ गया होता या लड़ाई को उसकी अन्तिम परिणति तक पहुँचा देने के बाद उसने अपने साथियों की बाँहों में दम तोड़ा होता, तब उसकी इस तरह मौत से मुझे उतना सदमा न हुआ होता; वैसी हालत में सारी यवन सेना मिलकर उसके लिए समाधि-स्तूप बनाती और अपने बेटे को भी वह आनेवाले दिनों के वास्ते भारी कीर्ति दे जाता। किन्तु उसे तो वात्याचुड़ैलें उड़ा ले गई हैं और इस भाँति उसका यशहीन अन्त हुआ है। वह नष्ट होकर हमारी दृष्टि और श्रवणशक्ति के परे जा चुका है, लेकिन मेरे लिए अश्रु और परिताप छोड़ गया है। फिर भी मेरा रोना और शोकाकुल होना केवल उसके कारण नहीं है; देवताओं ने मेरे ऊपर और भी कठिन विपत्तियाँ लाद दी हैं। ड्यूलिकियम, सामी और वृक्षाच्छादित जेकिन्थस द्वीपों के जितने सरदार तथा स्वयं पथरीले इथाका के जितने युवक सामन्त हैं, वे सब मेरी माँ से प्रणययाचना करने के साथ ही मेरे घर को भी बरबाद कर रहे हैं। जहाँ तक मेरी माँ का सवाल है, तो उसे पुनर्विवाह से घृणा है, लेकिन वह न तो साफ़ इनकार करती है और न इस मामले को ख़त्म कर देने का साहस ही जुटा पाती है। इस तरह वे सब मेरे घर को खाए जा रहे हैं और कोई ताज्जुब नहीं कि एक दिन वे मेरा भी ख़ात्मा कर दें।''

इस पर एथीनी उससे ख़ूब रोष से बोली : ''हा अभागे! तुम्हें दूर चले गए ओडिसियस की बेहद ज़रूरत है जो इन निर्लज्ज प्रणययाचकों को धक्के मारकर बाहर

निकाल देता। वह अभी शिरस्त्राण, ढाल और दो भालों के साथ अपने उसी शानदार रूप में आकर महल के बाहरी फाटक पर केवल खड़ा हो जाता, जिस रूप में मैंने उसे पहले-पहल अपने घर पर मदिरा पीते और आनन्द मनाते देखा था। उस दिन वह मरमीरस-पुत्र इलस से मिलकर एफ़िरी होते हुए मेरे यहाँ आया था। ओडिसियस अपने तीरों की कांस्य नोकों पर चढ़ाने के लिए भयंकर विष लेने तेज जलयान से वहाँ गया था। दैवभीरु होने के कारण इलस ने उसे विष देना बिलकुल अस्वीकार कर दिया। लेकिन मेरा बाप उसे बहुत मानता था, इसलिए उसने उसे वह दे दिया। क्या ही अच्छा होता यदि ओडिसियस अपनी उसी शक्ति के साथ इन प्रणययाचकों के बीच आ जाता! तब वे तुरन्त मार डाले जाते और उन्हें विवाह का कड़वा मज़ा मिल जाता, गोकि यह सब देवताओं के हाथ की बात है। वे ही तय करेंगे कि वह वापस आकर अपने महल में बदला लेगा या वापस नहीं आएगा। इन प्रणय-निवेदकों को महल से कैसे भगाया जाए, मैं तुम्हें अभी इस सम्बन्ध में परामर्श दूँगा। देखो, तुम मेरे शब्दों को ध्यान से सुनो। कल तुम यवन सामन्तों की सभा बुलाओ और देवताओं को साक्षी रख तुम अपनी मंशा उनके सामने साफ़-साफ़ रख दो। जहाँ तक प्रणययाचकों का प्रश्न है, तो उनसे कह दो कि वह अपनी-अपनी जगह चले जाएँ। जहाँ तक तुम्हारी माँ का सवाल है, तो वह अगर फिर विवाह करना चाहती है, तब उससे कह दो कि वह अपने बाप के घर चली जाए। उसका बाप धनी-मानी व्यक्ति है, इसलिए उसके घरवाले विवाह-भोज दें और अपनी चहेती बेटी को कोई आदमी जितना दहेज देता है, उससे बढ़-चढ़कर तुम्हारी माँ का पिता उसे दहेज दे। जहाँ तक तुम्हारा सवाल है, तो तुम्हें भी मैं राय दूँगा। यह उचित और माकूल है, इसलिए मुझे आशा है, तुम इस पर अमल करोगे। तुम्हारे पास जो सबसे बढ़िया जहाज़ है, उस पर बीस नाविकों को लेकर तुम अपने गुमशुदा पिता का पता लगाने निकल पड़ो। बहुत सम्भव है, कोई व्यक्ति इस सम्बन्ध में कुछ बता दे या तुम्हें ज़्यूस का ही कोई संकेत मिल जाए जो कि मनुष्यों को प्रायः ऐसे संकेत देता रहता है। तुम सबसे पहले पायलस जाओ और श्रद्धेय नेस्टर से पूछो। वहाँ से स्पार्टा जाना भूरे बालोंवाले मेनिलेयस के पास, क्योंकि घर लौटकर आनेवाले कवचित यवनों में वही सबसे अन्त में आया है। अगर यह ख़बर मिल जाए कि तुम्हारा पिता जीवित है और वापस आ रहा है, तब तुम्हें यह बरबादी एक साल और उठानी ही पड़ेगी। लेकिन यदि यह समाचार मिले कि वह मर चुका है, तब तुम अपने प्यारे वतन लौट आओ और पिता का समाधि-स्तूप खड़ा करके उसके अनुरूप अन्त्येष्टि के सारे अनुष्ठान कर डालो और तब अपनी माँ का विवाह किसी अन्य व्यक्ति से करा दो। यह कर लेने के बाद किस तरह इन प्रणययाचकों को, छल या बल से, मौत के घाट उतार दिया जाए इस पर तुम्हें अपने मन में विचार करना होगा। तुम अब बच्चे नहीं हो, इसीलिए तुम्हें बचकाने विचार छोड़ने होंगे। क्या तुमने

युवक ऑरेस्टीज़ के बारे में नहीं सुना है जिसे अपने यशस्वी पिता के हत्यारे विश्वासघाती ईजिस्थस को मार डालने के कारण सारे संसार में ख्याति मिली है? मेरे मित्र, मैं देखता हूँ कि तुम्हारा निखार बड़े ही सुन्दर और लम्बे-तगड़े युवक के रूप में हुआ है, इसलिए तुम भी पराक्रमी बनो ताकि आगे आनेवाली सन्ततियाँ तुम्हारी प्रशंसा करें। अधिक विलम्ब हो जाने के कारण मेरे नाविक मुझ पर झुंझलाते होंगे। अतः अब मैं अपने जहाज़ पर लौट जाऊँगा। तुम अब स्वयं ही इस मामले पर विचार करो और जो सब मैंने कहा है उस पर ध्यान दो।''

इस पर सावधान टेलेमेकस ने उसे जवाब दिया : ''महोदय, मुझसे तुम सचमुच उसी सहृदयता से यह सब कह रहे हो, जिस सहृदयता से कोई पिता अपने पुत्र से कहता है और मैं तुम्हारी बातें नहीं भूलूँगा। हालाँकि तुम जाने को उत्सुक हो, फिर भी मैं तुमसे यहाँ कुछ देर और रुक जाने का आग्रह करूँगा ताकि तुम स्नान करके तरोताजा हो जाओ। उसके बाद तुम यादगार के रूप में मुझसे कोई क़ीमती और ख़ूब सुन्दर उपहार, जैसा कि गहरे मित्र एक-दूसरे को देते हैं, ग्रहण कर अपने जहाज़ पर प्रसन्न मन जा सकोगे।''

तब एथीनी ने उसे उत्तर दिया : ''मैं अपनी यात्रा पर आगे जाने को उतावला हूँ, इसलिए अब मुझे मत रोको। जो भी उपहार देने की तुम्हारी इच्छा हो, वह जब मैं लौटूँ तो दे देना ताकि मैं उसे घर ले जाऊँ। अपने भंडार से सचमुच ख़ूब बढ़िया उपहार चुनकर दे देना जिसके एवज़ में तुम्हें भी उतने ही मूल्य का उपहार मिल जाएगा।''

यह कहते न कहते भूरी आँखोंवाली देवी एथीनी वहाँ से चल पड़ी और दूसरे ही क्षण समुद्री गरुड़ की भाँति उड़ गई, परन्तु टेलेमेकस के मन में शक्ति, साहस एवं उसके पिता के प्रति अधिकाधिक चिन्ता का समावेश कर गई। इस चीज़ को भाँपते ही वह विस्मयाभिभूत हो उठा। वह समझ गया कि उसके समीप कोई देवता ही आया था। तुरन्त वह प्रणययाचकों के बीच चला गया।

उस समय भी वह विख्यात गायक गा रहा था और प्रणययाचक उसे शान्ति से सुन रहे थे। उसका गायन ट्रॉय से लौट रहे यवनों और उन पर एथीनी द्वारा ढाई गई विपत्तियों के ही सम्बन्ध में था। दोमंज़िले पर अपने कमरे में बैठी आइकेरियस की सावधान बेटी पिनेलपी के कानों में गीत का भावोत्तेजक स्वर पड़ गया। वह झट अपनी दो परिचारिकाओं के संग ऊँची सीढ़ियों से नीचे उतर आई। जब वह प्रणय-निवेदकों के पास आ गई, तब उसने अपने आनन पर चमकीला अवगुंठन डाल लिया और विशाल छत को धारण करनेवाले एक खम्भे के बग़ल में खड़ी हो गई। उसकी दोनों विश्वस्त परिचारिकाएँ उसके दाएँ-बाएँ स्थित हो गईं। तब वह फूट-फूटकर रोने लगी और रो-रोकर उस दैवप्रेरित गायक से बोली :

''फेमियस, मनुष्यों और देवताओं के कार्यकलाप को लेकर कवियों द्वारा रचित अन्य अनेक गाथाओं को तुम जानते और उनको गाकर मरणधर्मा मानवों को मुग्ध कर देते हो। उनमें से ही किसी एक को गाकर इन प्रणयप्रार्थियों को सुनाओ और उन्हें शान्ति से मदिरा पीने दो। लेकिन अभी जो गीत तुम गा रहे हो, इसे मत गाओ। यह बड़ा ही करुण है और मेरे हृदय को छलनी कर देता है, क्योंकि जिन औरतों पर यह विपदा आई है, जिनका वर्णन इस गीत में है, उनमें सबसे दुखी और पीड़ित मैं ही हूँ। मैं जिसके शोक में दिन-रात डूबी रहती हूँ और जिसकी याद मुझे हमेशा सताती रहती है, वह श्रेष्ठतम पुरुष है और उसकी ख्याति हेलैस से लेकर आरगौस तक फैली है।''

लेकिन विचारशील टेलेमेकस उससे बोला : 'ऐ माँ, क्यों इस सच्चे गायक का अन्तःप्रेरित होकर हमें आनन्दित करना अच्छा नहीं लग रहा है? मेरे ख़याल से यह गायकों का नहीं बल्कि उस ज़्यूस का दोष है जो अन्नजीवी मनुष्य को सुख या दुख अपनी मरज़ी से देता है। इसलिए यदि वह यवनों के दुर्भाग्य का गीत गाता है, तो यह उसका क़ुसूर नहीं है और यह भी सही है कि लोग नवीनतम गीत को सबसे अधिक पसन्द करते हैं। तुम्हें अपना मन-मस्तिष्क इस बात को सहन करने के लिए तैयार रखना होगा कि केवल ओडिसियस ही ऐसा नहीं है जो ट्रॉय से नहीं लौटा है, बल्कि उसकी तरह और भी अनेक लोग नष्ट हो गए हैं। जो हो, पर अब अपने कक्ष में लौटकर करघे-तकुए आदि घर के कामों में लग जाओ और नौकरानियों से भी अपने-अपने काम में लग जाने को कह दो। सार्वजनिक भाषण करना मर्दों का काम है, मेरे लिए तो विशेष रूप से, क्योंकि मैं इस घर का स्वामी हूँ।''

आश्चर्यचकित पिनेलपी अपने कक्ष को लौट गई, क्योंकि बेटे की विवेकपूर्ण बात का उसके मन पर गहरा प्रभाव पड़ा। परिचारिकाओं के संग वह अपने ऊपर वाले कमरे में चली आई। यहाँ आकर वह अपने प्रिय पति के वास्ते ज़ोर-ज़ोर से रोने लगी और तब तक रोती रही जब तक कि दीप्ताक्षी एथीनी ने उसकी पलकों पर मधुर निद्रा नहीं डाल दी।

तभी विशाल बाहरी कक्ष के धुँधलके में इस सवाल पर प्रणययाचक भारी हो-हल्ला मचाने लगे कि पिनेलपी के संग उस रात कौन सोएगा। आख़िर बुद्धिमान टेलेमेकस ही उन सबों से बोला :

''मेरी माँ के प्रणययाचको, उद्दंडता की सारी सीमाएँ लाँघ चुके हो तुम लोग। ख़ैर, अभी तो हम बिना किसी उपद्रव के भोजन कर लें और आनन्द मनावें, क्योंकि ऐसे दैवी स्वर-सम्पन्न गायक को सुनना उत्तम वस्तु है। लेकिन कल सवेरे हम सब सभा में बैठें ताकि मैं अपना यह दो टूक प्रस्ताव रख सकूँ कि तुम लोग इस महल को छोड़ दो और बारी-बारी से एक-दूसरे के घर खाने-पीने की अपनी चीज़ों का उभोग करते हुए भोज अन्यत्र ही करो। परन्तु यदि तुम लोग केवल एक आदमी की सम्पत्ति

बिना किसी क्षतिपूर्ति के नष्ट कर देना अधिक उपयुक्त और अच्छा समझते हो, तब तुम इसे बेहिचक बरबाद करो। तब मैं अमरों से विनती करूँगा, ज़्यूस शायद प्रतिशोध की मंज़ूरी दे दे कि तुम सब इस महल में इस तरह ख़त्म कर दिए जाओ कि तुम्हारा बदला लेनेवाला भी कोई न बचे।''

टेलेमेकस का यह निर्भीक कथन सुनकर वे सब विस्मय से भर उठे और अपने-अपने होंठ काटने लगे। अन्त में यूपेईथीज़ के बेटे ऐंटीनोअस ने उसे उत्तर दिया, ''टेलेमेकस, अवश्य ही देवताओं के सिखाने पर तुम दम्भपूर्ण वाणी में इस प्रकार बढ़-चढ़कर बोल रहे हो। मगर ज़्यूस तुम्हें सागरवेष्टित इथाका का राजा कभी न बनने दे, यद्यपि उत्तराधिकारी होने के नाते इस पर तुम्हारा ही अधिकार है।''

टेलेमेकस ने अपने ऊपर संयम रख उसे उत्तर दिया : ''ऐंटीनोअस, तुम्हें मेरे इस बयान से क्रोध होगा कि ज़्यूस के हाथ से मैं यह पदभार भी लेने को ख़ुशी-ख़ुशी तैयार हूँ। क्या तुम इसे किसी आदमी के लिए सबसे बड़ी आफ़त समझते हो? नहीं, राजा होना वास्तव में कोई ख़राब चीज़ नहीं है। ऐसे व्यक्ति का घर तुरन्त धन से भर जाता है और स्वयं उसको अधिक से अधिक प्रतिष्ठा मिलती है। ख़ैर, समुद्रवेष्टित इथाका में यवन सामन्त बहुत हैं, बूढ़े भी, युवक भी। चूँकि पराक्रमी ओडिसियस की मृत्यु हो चुकी हे, इसलिए उनमें से ही किसी को यह राजपद मिलेगा लेकिन जहाँ तक मेरा प्रश्न है, तो मैं मालिक ज़रूर बनूँगा, कम से कम अपने घर और उन दासों का, जिनको महाबली ओडिसियस ने अपने भाले से मेरे लिए जीता है।''

इस बार पॉलीबस-पुत्र यूरीमेकस ने उसे उत्तर दिया : ''टेलेमेकस, सागरवेष्टित इथाका में यवनों का राजा कौन होगा, इसका निर्णय तो देवगण करेंगे। लेकिन इतना ज़रूर है कि तुम्हारी दौलत तुम्हारे पास रहेगी और तुम अपने घर के स्वामी होगे। इथाका जब तक क़ायम रहेगा, तब तक कोई आदमी तुम्हारी सम्पत्ति तुम्हारी इच्छा के विरुद्ध ज़बरदस्ती नहीं छीन पाएगा। परन्तु मित्र, मैं तुम्हारे इस अतिथि के बारे में तुमसे पूछूँगा कि वह कहाँ से आया है और उसका देश कौन-सा है? क्या वह तुम्हारे पिता के लौट आने का कोई समाचार लेकर आया है या किसी अपने काम से आया है? वह इस तरह उछलकर खड़ा हो गया और दूसरे ही क्षण चला गया कि उसने हमें जानने-सुनने का कोई मौक़ा ही न दिया। फिर भी चेहरे से वह कोई मामूली व्यक्ति नहीं मालूम पड़ा।''

टेलेमेकस ने उसे संजीदगी से जवाब दिया : ''यूरीमेकस, मेरा बाप कभी नहीं लौटेगा। इसलिए उसके आने के बारे में किसी भी ख़बर पर मैं अब कोई एतबार नहीं करता, वह चाहे कहीं से भी क्यों न आए। शकुन पर भी मैं कोई ध्यान नहीं देता, जिसके सम्बन्ध में मेरी माँ शकुनवक्ता को महल में बुलवाकर जिज्ञासा करती है। जहाँ तक उस आदमी का सवाल है, तो वह मेरे पिता का पुराना दोस्त है और

टैफस से आया है। उसने अपना परिचय बुद्धिमान ऐंकिएलस के पुत्र मेंटीज के रूप में दिया है और वह समुद्रगामी टैफसवासियों का शासक है।"

टेलेमेकस ने उसे उस आगन्तुक के बारे में ऐसा कह तो दिया मगर मन ही मन जानता था कि वह और कोई नहीं बल्कि एक अनश्वर देवता था। तब प्रणययाचक पुनः नृत्य और गीत का आनन्द लेने में मस्त हो गए और इस तरह संध्या हो आई। रात का अँधेरा होने तक वे मौज-मस्ती में डूबे रहे। उसके बाद वे विश्राम करने अपने-अपने घर चले गए।

इधर विचारमग्न टेलेमेकस अपने बिछावन की ओर चला जो कि ऊँचे बुर्ज-स्थित उसके कमरे में था। वह कमरा सुन्दर प्रांगण की ओर खुलता था और वहाँ से चारों तरफ़ का दृश्य साफ़-साफ़ दिखाई पड़ता था। टेलेमेकस के आगे-आगे विश्वस्त बूढ़ी दासी यूरीक्लिया जलती मशाल लेकर चली। वह पीसेनौर-पुत्र ओप्स की बेटी थी और लेयरटीज़ ने धन देकर उसे बहुत पहले उस समय खरीदा था जब वह अपनी तरुणाई के प्रथम चरण में थी; पूरे बीस मवेशियों का मूल्य चुकाया था लेयरटीज़ ने। उसको उसने घर में अपनी प्रिय पत्नी के बराबर सम्मान दिया था, लेकिन पत्नी के क्रोध से बचने की ख़ातिर उसके संग वह कभी नहीं सोया। अभी वही दासी जलती मशाल लेकर टेलेमेकस के आगे चली। महल की नौकरानियों में टेलेमेकस को वही सबसे अधिक मानती थी, क्योंकि बाल्यावस्था में उसका लालन-पालन उसने ही किया था। तब टेलेमेकस ने अपने सुनिर्मित कक्ष का दरवाज़ा खोला। वह शय्या पर बैठ गया और अपना मुलायम अँगरखा उतारकर चतुर बूढ़ी दासी के हाथों में सौंप दिया, जिसने अँगरखे को तह-जाँतकर लकड़ी के सुसंहत पलंग के पास खूँटी पर टाँग दिया। तब वह कक्ष से बाहर आ गई और चाँदी का हस्तक पकड़कर उसने दरवाज़ा लगा दिया और चर्मपट्टी खींचकर अर्गला चढ़ा दी। ऊर्णावरण में लिपटा टेलेमेकस सारी रात एथीनी द्वारा इंगित यात्रा के बारे में मन ही मन सोचता-विचारता रहा।

टेलेमेकस द्वारा प्रणययाचकों का विरोध

गुलाबी उँगलियोंवाली उषा की पहली किरणों के प्रकट होते ही ओडिसियस का लाड़ला बेटा बिछावन से उठ गया। कपड़े पहन लेने के बाद उसने अपने सुन्दर पैरों से मज़बूत पादुकाएँ बाँध लीं और कन्धे से तेज तलवार लटकाकर कमरे से निकल पड़ा। उस घड़ी वह किसी देवता के समान दिख रहा था। उसने मुक्तकंठ उद्घोषकों को तत्क्षण आदेश दिया कि वे लम्बी ज़ुल्फोंवाले यवनों को सभा के लिए बुला लें। उद्घोषकों ने सभा की घोषणा कर दी और शीघ्र ही यवन एकत्र हो गए। जब सभी आ गए और सभा पूर्णतया जुट गई, तब टेलेमेकस हाथ में कांस्य कुन्त लेकर सभा के लिए चल पड़ा। वह अकेला नहीं था, उसके साथ दो तेज कुत्ते थे। एथीनी ने उसके ऊपर ऐसी अद्‌भुत कान्ति फैला दी थी कि जब वह नज़दीक आया, तो उसको देखकर वे सब अचम्भित हो उठे। बूढ़े पार्षदों ने उठकर उसे रास्ता दिया और वह आकर अपने पिता के आसन पर आसीन हो गया।

तब उनके बीच सबसे पहले ईजिप्टियस बोला जिसका शरीर वयसाधिक्य से झुक चुका था और जो संख्यातीत विद्याओं में निपुण था। वह सबसे पहले बोला, इसके पीछे कारण यह था कि उसका प्यारा बेटा ऐंटीफस अवतली पोतों से शक्तिशाली घोड़ों के देश इलियस गया था, लेकिन ओडिसियस के जो साथी ख़ूँख़्वार साइक्लॉप्स द्वारा मेहराबदार गुफा में मार दिए और आग में पकाकर खा डाले गए, उनमें वह अन्तिम था। ईजिप्टियस के तीन और बेटे थे जिनमें यूरीनोमस प्रणययाचकों में से एक था। बाक़ी दो बेटे बाप की खेती-बाड़ी देखने में लगे थे। किन्तु उस बेटे को ईजिप्टियस भूल नहीं पाया था और अब भी उसके लिए दुखी और शोकाकुल रहता था। उसकी ही ख़ातिर अश्रुपात करते हुए वह सभा से बोला :

"इथाकावासियो, मैं अभी जो कुछ कहूँगा, उसे तुम सब ध्यान से सुनना। जिस दिन वीर ओडिसियस अवतली पोतों से चला गया, उस दिन से हमारी सभा की बैठक कभी नहीं बुलाई गई है। वह कौन है जिसके दिमाग़ में हमारी यह सभा बुलाने की बात आई है? युवकों या वृद्धों के बीच वह कौन है जिसने इसकी इतनी उत्कट आवश्यकता समझी है? क्या हमारी सेना की वापसी के बारे में हमसे पहले उसको

कोई ख़बर मिल गई है, जिसे वह हमारे सामने पक्के तौर पर प्रस्तुत करना चाहता है अथवा जनहित की कोई बात हमें बताना चाहता है? जो भी हो, उसे मैं सच्चा आदमी समझता हूँ और हमारा आशीर्वाद उसके साथ है। उसके एवज़ में ज़्यूस उसे कोई अच्छी चीज़ देने की कृपा करे, उसकी मनोकामना पूरी करे!"

ओडिसियस का दुलारा बेटा इस शुभ कथन को सुनकर बड़ा प्रसन्न हुआ। अब वह अपने को रोक नहीं पाया और सभा के बीच खड़ा हो गया। सभा की कार्यवाही में निपुण उद्‌घोषक पीसेनौर ने उसके हाथ में दंड थमा दिया। टेलेमेकस ने पहले उस वृद्ध व्यक्ति को सम्बोधित करते हुए अपनी वक्तृता आरम्भ की :

"वृद्ध महोदय, जिसने यह सभा बुलाई है, वह दूर नहीं है, जैसा कि तुम्हें शीघ्र मालूम हो जाएगा। वह व्यक्ति मैं हूँ, क्योंकि सबसे भारी विपदा मेरे ऊपर आई है। मुझे न तो सेना की वापसी के बारे में तुम लोगों से पहले कोई ख़बर मिली है, जिसे मैं तुम्हारे सामने पक्के तौर पर रख सकूँ और न मुझे यहाँ किसी आम समस्या को ही रखना और उस पर बोलना है। मैं तो यहाँ केवल अपनी समस्या रखना चाहता हूँ, क्योंकि मेरे घर के ऊपर विपत्ति, दोहरी विपत्ति आ पड़ी है। पहली, मैंने अपना यशस्वी जनक खो दिया है जो पहले तुम्हारा राजा हुआ करता था और जो तुम लोगों से एक सहृदय पिता की भाँति व्यवहार करता था। लेकिन दूसरी विपदा इससे भी दारुण है जो निश्चय ही मेरे घर एवं मेरे जीवन-निर्वाह के सारे साधनों को पूर्णतः नष्ट कर डालेगी। यहाँ के जो बड़े-बड़े सामन्त हैं, उनके ही बेटे मेरी माँ से विवाह करने को इच्छुक हैं और उसे बुरी तरह परेशान किए हुए हैं गोकि ऐसा करना वह बिलकुल नहीं चाहती है। कायर ये इतने हैं कि उसके पिता आइकेरियस के पास जाने का इन्हें साहस नहीं है ताकि वह प्रणयोपहार निश्चित करके इनमें से जो उसकी नज़र में जँच जाए उसे अपनी बेटी सौंप दे। परन्तु ऐसा न करके वे पूरे समय महल में वृषभों, भेड़ों और मोटे-ताज़े बकरों को मार-मार कर भोज मनाने और बेहिसाब आबदार सुरा पीने में बिताते हैं। फलस्वरूप हमारी विशाल सम्पत्ति समाप्त होती जा रही है और इस घर को विनाश से बचाने के लिए यहाँ ओडिसियस के समान कोई दूसरा मर्द भी नहीं है। जहाँ तक मेरा प्रश्न है, तो मैं उसके सदृश बलवान नहीं हूँ कि उनसे अपनी रक्षा आप कर सकूँ। बल्कि उसके समान शक्तिशाली और रणकुशल कभी नहीं हो सकता। शक्तिवन्त और साधन सम्पन्न होने पर मैं अपनी रक्षा अवश्य करता, क्योंकि जो सब यहाँ हो रहा है, वह बर्दाश्त के बाहर है और जिस तरह मेरी दौलत बरबाद की जा रही है, वह घातक और अपमानजनक है। ऐसे कुकृत्यों के प्रति तुम लोग अपने मन में क्षोभ करो और आसपास के अन्य द्वीपवासियों के अभिमत का भी ख़याल करो। तुम्हें देवताओं का भी भय मानना चाहिए कि वे इन पापकर्मों से तुम लोगों पर कहीं कुपित न हो उठें। मेरे मित्रो, मैं ओलिम्पसवासी ज़्यूस एवं

थेमिस, जो लोगों की सभाएँ बुलाती और भंग करती है, की दुहाई देकर तुम सबसे विनती करता हूँ कि मुझको अपने आप पर छोड़ दो और निज की पीड़ा में छीजने को अकेला ही रहने दो। हाँ, यदि मेरे वीर पिता ओडिसियस ने शक्तिशाली जंघाकवच धारे यवनों का दुष्टतावश कभी कोई अहित किया हो, जिसके बदले में तुम उसी दुष्टता से मेरा अपकार करने हेतु इन प्रणययाचकों को प्रोत्साहित कर रहे हो, तब बात दूसरी है। अगर स्वयं तुम लोग मेरे धन एवं पशुओं को खा जाते तो मेरे लिए यह बेहतर होता। वैसी स्थिति में कुछ न कुछ प्रतिपूर्ति होने में अधिक देर न लगती, क्योंकि तब हम सारे नगर से निवेदन करते और घर-घर जाकर अपना धन लौटा देने का तब तक आग्रह करते जब तक हमें सारे का सारा फिर वापस नहीं मिल जाता। लेकिन तुम लोगों के रुख़ से मेरा दिल जिस पीड़ा से भरा जाता है, उसका अभी कोई उपचार नज़र नहीं आता।''

इस तरह बोलते-बोलते वह क्रोध से भर उठा और दंड को भूमि पर पटक वह फूट-फूटकर रोने लगा। लोग उस पर दयार्द्र हो उठे। बाक़ी सब तो चुप ही रहे, किसी को उसे कड़े शब्दों में उत्तर देने का साहस न हुआ; एक ऐंटीनोअस ही ऐसा था जिसने उसे जवाब दिया :

''ओ उद्धत और शेख़ीबाज़ टेलेमेकस, यह सब बोलकर तुमने किस तरह हमारा पानी उतार दिया है और सारा कलंक हम पर मढ़ दिया है? देखो, दोष यवन प्रणय-याचकों का नहीं बल्कि तुम्हारी माँ का है जिसके समान धूर्त औरत और कोई नहीं है। यह इसलिए कि तीन क्या, अब तो चौथा वर्ष भी बीत रहा है जब से वह यवनों के मन को छले जा रही है। वह सबको आशा दिलाती है, हर एक से वादा करती और सबको अपना सन्देश भेजती है, परन्तु इरादा उसका कुछ और है। हमें धोखा देने के वास्ते उसने एक और युक्ति कर रखी है। अपने कमरे में वह एक कारचोब पर महीन बानों का ख़ूब विशाल कपड़ा डालकर उस पर गुलकारी करने लगी और हमसे सीधे बोली : 'ओ मेरे युवा प्रणययाचको, चूँकि राजा ओडिसियस का अब अन्त हो चुका है, इसलिए तुम लोग मुझसे विवाह कर लेने को आतुर हो। लेकिन जब तक मैं यह कफ़न बुनकर तैयार नहीं कर लेती, तब तक तुम लोग धैर्य से प्रतीक्षा करो। मैं नहीं चाहती कि इसके धागे यूँ ही नष्ट हो जाएँ। यह वृद्धनायक लेयरटीज़ का कफ़न है जिसे मैं उस दिन के वास्ते तैयार कर रही हूँ जब वह नाशकारी मृत्यु द्वारा धराशायी कर दिया जाएगा। मृत्यु, जो अन्त में सबको धराशायी कर देती है। इस तरह इस देश की कोई यवन औरत मुझे यह कहकर दोष नहीं देगी कि जिस आदमी के पास इतनी दौलत थी, वह बिना किसी कफ़न के दफ़न कर दिया गया।' ''

''उसके इस कथन को हमने भद्रतावश मान लिया। वह दिन में उस विशाल वस्त्र को बुनती और रात में मशाल की रोशनी में उसे खोल डालती थी। पूरे तीन साल

तक वह इस चीज़ को चालाकी से छुपाए रही और हम यवनों को छलती रही। लेकिन ऋतुओं के आवर्तन के साथ जब चौथा साल शुरू हुआ, तब अन्ततः उसकी एक दासी ने, जो यह भेद जानती थी, हमें बता दिया और हमने उसे वह सुन्दर वस्त्र उधेड़ते पकड़ लिया। भारी अनिच्छा से ही सही मगर उसे वह मजबूरन पूरा करना पड़ा। परन्तु अब प्रणययाचक तुम्हारे प्रश्न का यही उत्तर देंगे जिसे तुम और सारे यवन हृदयंगम कर लें। तुम माँ से कह दो कि वह यहाँ से चली जाए और जो व्यक्ति उसे पसन्द आ जाए उससे वह अपने बाप की आज्ञा से शादी कर ले। लेकिन यदि वह उत्कृष्ट हस्तकला में एथीनी-प्रदत्त अपने विलक्षण कौशल, तीक्ष्ण बुद्धि एवं उपायकुशलता के बल पर यवन पुत्रों को आगे भी अनेक दिनों तक परेशान करती रहेगी, तो करती रहे अपनी बला से! उसके समान धूर्त औरत आज क्या पहले भी न तो सुनी और न जानी गई है। प्राचीन काल में सुकेशवती यवन महिलाओं के बीच हुई टायरो, ऐल्कमेनी तथा चमकीले किरीटवाली मायसीनी भी कपटबुद्धि में इसकी बराबरी नहीं कर सकती थीं। इनमें से कोई कल्पना में भी पिनेलपी के समान नहीं थी। परन्तु कम से कम अभी तो वह अपनी बुद्धि का प्रयोग ग़लत ढंग से कर रही है। देवताओं ने उसके मन में जिस प्रयोजन को बिठा दिया है, उस प्रयोजन में वह जब तक दृढ़ता से लगी रहेगी, तब तक प्रणयप्रार्थी तुम्हारी धन-सम्पत्ति भकोसते रहेंगे। यह सही है कि अपने लिए वह भारी यश का अर्जन कर रही है किन्तु तुम्हारी आजीविका के लिए यह खेदजनक है। इसलिए मैं कह देता हूँ कि वह जब तक यवनों में से किसी एक का वरण कर उससे विवाह नहीं कर लेगी, तब तक हम न तो अपने घर लौटेंगे और न ही अन्यत्र जाएँगे।''

तब बुद्धिमान टेलेमेकस ने उसे गम्भीर स्वर में उत्तर दिया : ''ऐंटीनोअस, जिस नारी ने मुझे जन्म दिया और पाला-पोसा है, उसे मैं घर से ज़बरदस्ती नहीं निकाल सकता और अभी तो हरगिज़ नहीं जब मेरा पिता यहाँ से बहुत दूर भूमंडल के किसी भाग में जीवित या मृत अवस्था में पड़ा हुआ है। इतना ही नहीं, यदि मैं अपनी इच्छा से माँ को घर से निकाल भी दूँ, तो मुझे आइकेरियस को भारी हरज़ाना देना होगा जोकि मेरे लिए बड़ा कठिन होगा। उसका पिता मेरा अनिष्ट तो करेगा ही, घर से निकाले जाने के कारण मेरी माँ भी अभिशाप की भयानक देवियों का आवाहन करेगी जिससे मुझ पर दैवी कोप आ पड़ेगा। मेरी लोकनिन्दा होगी, सो अलग। अतः मैं यह काम कदापि नहीं करूँगा। नहीं-नहीं, तुम्हारे दिल में अगर थोड़ी भी शर्म-हया बाक़ी है, तो तुम लोग मेरा महल छोड़ दो और बारी-बारी से एक-दूसरे के घर खाने-पीने की अपनी चीज़ों का उपभोग करते हुए भोज अन्यत्र ही करो। परन्तु यदि तुम लोग केवल एक व्यक्ति की सम्पत्ति बिना किसी क्षतिपूर्ति के नष्ट कर देना अधिक उपयुक्त और अच्छा समझते हो, तब इसे बेहिचक बरबाद करो।

तब मैं अमरों से विनती करूँगा, ज़्यूस शायद प्रतिशोध की मंजूरी दे दे कि तुम सब इस महल में इस तरह ख़त्म कर दिए जाओ कि तुम्हारा बदला लेनेवाला भी कोई न बचे।''

टेलेमेकस की इस विनती के उत्तर में दीर्घदृष्टि ज़्यूस ने ऊँचे पर्वत शिखर से दो गरुड़ भेज दिए। वे दोनों एक-दूसरे के अगल-बग़ल अपने-अपने पंख फैलाए हवा के झोंके के साथ तेजी से उड़ते हुए आए। जब वे सभा के ठीक ऊपर आ गए जहाँ का वातावरण अनेक कोलाहल से भरा था, तब वे चक्कर लगाने, शक्तिशाली डैनों को फड़फड़ाने और उन सब लोगों के चेहरों को मारक दृष्टि से देखने लगे। वे अपने चंगुलों से एक-दूसरे के गाल और गर्दन को दोनों तरफ़ फाड़ने लगे और ऐसा करते हुए वे दोनों दाहिनी ओर जन-संकुल नगर के मकानों के ऊपर से उड़ते हुए तेजी से चले गए। जब लोगों की नज़र उन पर पड़ी, तो वे विस्मय से भर उठे और यह आगे किस तरह की घटना का पूर्वाभास दे रहा है, इस पर आपस में विचार करने लगे। आख़िरकार उनके बीच वृद्ध सामन्त हेलिथरसीज़ ही बोला। वह मेस्टौर का पुत्र था और अपनी पीढ़ी का सर्वश्रेष्ठ भविष्यवक्ता एवं पक्षियों की उड़ान का व्याख्याकार था। सबकी भलाई के लिए ही वह उनसे बोलने को प्रस्तुत हुआ :

''ओ इथाका के लोगो, मैं अभी जो कुछ कहने जा रहा हूँ, उसे तुम सब ध्यान से सुनो। ख़ासतौर से प्रणययाचकों को इन शकुनों के बारे में कहना चाहता हूँ, क्योंकि उनके ऊपर प्रचंड विपत्ति आती दिख रही है। ओडिसियस अपने लोगों से अधिक काल तक अलग नहीं रहेगा, बल्कि बहुत सम्भव है, अभी वह नज़दीक आ गया हो और इन प्रणयप्रार्थियों में से हरेक के वास्ते नृशंस मृत्यु के बीज बो रहा हो। इसका अर्थ यह हुआ कि वह इनके साथ-साथ इथाका के निर्मल आकाश के नीचे रहनेवाले हमारे जैसे अन्य अनेक लोगों के लिए भी घातक सिद्ध होगा। ऐसा होने के पहले ही इस दुष्कृत्य को कैसे रोका जाए, इस पर हम विचार करें। बल्कि बेहतर तो यही होगा कि वे ख़ुद ही इसे रोक दें और उन्हें शीघ्र पता चल जाएगा कि यही करना वाजिब है। मैं कोई अनाड़ी भविष्यवक्ता नहीं हूँ बल्कि भविष्यवाणी मैं पक्के और अचूक ज्ञान के आधार पर करता हूँ। जिस समय यूनानी इलियस के लिए प्रस्थान कर रहे थे और बुद्धिमान ओडिसियस उनके संग जा रहा था, उस घड़ी उससे जो कुछ कहा था, एकदम वही सब अभी घटित हो रहा है। मैंने कहा था कि घोर कष्ट उठाते हुए वह बीसवें साल घर वापस आएगा, अपने सभी साथियों को गँवाकर, और यहाँ उसे कोई पहचानेगा भी नहीं। तुम सब देख लो कि मेरी भविष्यवाणी पूरी-पूरी सच उतर रही है।''

उसे उत्तर दिया पॉलीबस के बेटे यूरीमेकस ने : ''अबे बुड्ढे, अब घर जाओ और वहाँ जाकर अपने बच्चों से भविष्यवाणी करो ताकि वे आगे किसी संकट में न

पड़ें। जहाँ तक इन शकुनों की व्याख्या का प्रश्न है, तो यह मैं तुमसे बेहतर ढंग से कर सकता हूँ। आख़िर बहुत सारे पक्षी सूरज की रोशनी में इधर-उधर उड़ते फिरते हैं, मगर सभी नियति के संकेत नहीं देते। जहाँ तक ओडिसियस का सवाल है, तो वह सुदूर किसी स्थान पर नष्ट हो चुका है और उसके साथ यदि तुम भी नष्ट हो गए होते, तो वह बड़ा अच्छा हुआ होता। तब तुम इतनी भविष्यवाणियाँ नहीं बकबकाते होते और न पहले से नाराज़ टेलेमेकस के रोष को ही इतना लहकाए होते। मेरा अनुमान है कि तुम अपने परिवार के लिए उपहार पाने की उम्मीद में हो। वह शायद तुम्हें देने की कृपा कर दे। अब मैं साफ़-साफ़ कहूँगा और मेरा कहा होकर रहेगा। आदमी तुम उम्रदराज़ हो और पुरानी जनश्रुतियों का तुम्हें बहुत ज्ञान है, इसलिए यदि इस लड़के को अपनी बातों से बहकाते और क्षुब्ध करते हो, तब पहले तो वह स्वयं भारी विपत्ति में पड़ेगा और उसकी मदद भी कोई नहीं करेगा। फिर, अरे बुड्ढे, हम तुम पर जुर्माना लाद देंगे जो तुम्हें देना होगा और वह इतना होगा कि तुम्हारा दिल खीज उठेगा और तुम्हें भारी पीड़ा होगी। टेलेमेकस को भी सलाह दूँगा और सबके सामने दूँगा। वह अपनी माँ को हुक्म दे कि वह अपने पिता के घर चली जाए और माँ के घरवाले विवाह-भोज दें और कोई व्यक्ति अपनी चहेती बेटी को जितना दहेज देता है, उससे बढ़-चढ़कर वे उसे दहेज दें। मेरा विश्वास है कि उसके पहले हम यवन पुत्र अपनी अशिष्ट एवं अवांछित प्रणययाचना बन्द नहीं करेंगे। इसके चलते चाहे जो हो, क्योंकि डरते हम किसी से नहीं हैं। न तो हम वाक्पटु टेलेमेकस से डरते और न भविष्यवाणियों पर ही कोई ध्यान देते हैं। बुड्ढे, तुम्हारी भविष्यवाणी पर तो कतई नहीं जो तुम व्यर्थ बकते फिरते हो। इससे तुम्हारे प्रति घृणा और बढ़ जाती है। जब तक उसकी माँ शादी को लेकर यवनों को टरकाती रहेगी, तब तक टेलेमेकस को सम्पत्ति के नाश होते रहने की पीड़ा झेलनी ही पड़ेगी और उसकी क्षतिपूर्ति भी कभी नहीं होगी। इस बीच हम यह अनुपम पारितोषिक प्राप्त करने की प्रत्याशा में एक-दूसरे से दिन-प्रतिदिन प्रतिस्पर्धा करते रहेंगे और अपनी-अपनी हैसियत के मुताबिक़ किसी दूसरी औरत के पीछे शादी करने के ख़याल से नहीं जाएँगे।"

टेलेमेकस ने विवेकपूर्ण उत्तर देते हुए उससे कहा : "ओ यूरिमेकस तथा अन्य उद्धत प्रणययाचको, चूँकि देवताओं एवं समस्त यवनों को इस बात की जानकारी हो चुकी है, इसलिए इस सम्बन्ध में अब और चर्चा-चिरौरी नहीं करूँगा। लेकिन देखो, तुम मुझे बीस नाविकों के साथ एक जहाज़ दे दो ताकि वे मुझको मेरे गन्तव्य तक ले जाएँ और ले आएँ। मैं अपने गुमशुदा पिता का पता लगाने स्पार्टा और रेतीले पायलस तक जाऊँगा। बहुत सम्भव है, कोई व्यक्ति इस सम्बन्ध में मुझे कुछ बता दे या ज़्यूस का ही कोई संकेत मिल जाए जो कि मनुष्यों को प्रायः ऐसे संकेत देता रहता है। अगर यह ख़बर मिल जाए कि मेरा पिता जीवित है और वापस आ रहा

है, तब मुझे यह बरबादी एक साल और उठानी ही पड़ेगी। लेकिन यदि यह समाचार मिले कि वह मर चुका है, तब मैं अपने प्यारे वतन लौट आऊँगा और पिता का समाधि-स्तूप खड़ा करके उसके अनुरूप अन्त्येष्टि के सारे अनुष्ठान करूँगा और तब माँ का विवाह किसी अन्य व्यक्ति से करा दूँगा।''

इतना बोलकर वह बैठ गया। तब उनके बीच खड़ा हुआ ओडिसियस का साथी मेंटौर। जहाज़ी बेड़े से प्रस्थान करते समय ओडिसियस ने अपने समूचे घर की देखभाल का भार इसे ही सौंप दिया था और हिदायत दे दी थी कि वह सारी चीज़ें सुरक्षित रखे और पूरा घर बूढ़े लेयरटीज़ की इच्छाओं का सम्मान करे। भले के विचार से ही वह उनको सम्बोधित करते हुए बोला :

''इथाका के लोगो, मैं जो कहने जा रहा हूँ, उसे तुम सब ध्यान से सुनो। अब किसी भी राजदंडधारी राजा को दयालु, उदार और न्यायपरायण नहीं होना चाहिए। यही देख लो कि ओडिसियस कितना बढ़िया राजा था और अपने शासितों के प्रति एक पिता के समान उदार था। लेकिन उन लोगों में से आज एक भी उसे याद नहीं करता। फिर भी ऐसा नहीं है कि मैं इन उद्धत प्रणययाचकों द्वारा दुष्टतावश किए जा रहे भयानक दुष्कृत्यों का बुरा मानता हूँ। वे तो अपनी जान जोखिम में डालकर ही ओडिसियस की सम्पदा उग्रता से नष्ट कर रहे हैं और उसके बारे में कहते हैं कि वह लौटकर फिर कभी नहीं आएगा। मैं तो बाक़ी लोगों पर क्रुद्ध हूँ यह देखकर कि तुम लोग किस तरह चुप बैठे हो और प्रणययाचकों की न तो कोई भर्त्सना करते और न उनको बलपूर्वक दबाते हो, जबकि संख्या में तुम लोग कितने अधिक और वे लोग कितने कम हैं।''

उसे जवाब दिया यूईनौर-पुत्र लीयोक्रीटस ने : ''अरे उन्मत्त मेंटौर, क्या समझकर तू ऐसा बोल गया कि लोग हमें दबा दें? नहीं, भोज को लेकर एक आदमी का बहुतों से लड़ाई करना मुश्किल है। अगर इथाका का ओडिसियस ख़ुद आ जाए और महल में भोज मनाते हम कुलीन प्रणयप्रार्थियों को मार भगाने की बात तहे दिल से सोच ले, तो उसके लिए उत्कंठित उसकी पत्नी को उसके लौट आने से कोई हर्ष नहीं होगा। जब वह उन लोगों से, जो संख्या में उससे बहुत अधिक हैं, लड़ेगा तब उसका अन्त बड़ा बुरा होगा। इसलिए तुम्हारा कहना सही नहीं है। जहाँ तक आम लोगों का सवाल है, तो देखो, तुम लोग यहाँ से अपने-अपने घर चले जाओ, किन्तु मेंटौर और हेलिथरसीज़ इस परिवार के पुराने मित्र होने के कारण टेलेमेकस की यात्रा का प्रबन्ध करेंगे। लेकिन मुझे ऐसा लगता है कि इथाका में अभी काफ़ी समय तक रहकर वह ख़बरें बटोरता रहेगा और इस यात्रा पर कभी नहीं निकल पाएगा।''

उसका यह बोलना था कि उन लोगों ने हड़बड़ाकर सभा भंग कर दी। वे तब अपने-अपने निवास लौट गए, जबकि प्रणययाचक प्रतापी ओडिसियस के महल की ओर बढ़ चले।

उधर टेलेमेकस एकान्त समुद्र-तट पर चला गया और मटमैले सागर के जल से हाथ धोकर एथीनी की विनती करने लगा : "तू मेरी प्रार्थना सुन, तू जो कल मेरे घर अपने देवत्व में पधारी थी और मुझे आदेश दिया था कि मैं बहुत दिनों से लुप्त अपने पिता की वापसी की कोई ख़बर पाने जहाज़ से धुँधले सागर की यात्रा करूँ। किन्तु मेरे इस प्रयोजन को यवन, मुख्यतः से उद्धत प्रणययाचक, दुष्टतावश बाधित कर रहे हैं।"

उसने यह प्रार्थना की और एथीनी उसके सामने मेंटौर का रूप और वाणी धारण कर आ गई। उसका अभिवादन कर वह पुंखित शब्दों में बोली :

"टेलेमेकस, तुम्हारा बाप अपने वचन और कर्म, दोनों को पूरा करनेवाला पुरुष था, इसलिए अगर उसके ख़ून का एक भी क़तरा और उसके ओजपूर्ण व्यक्तित्व का अल्पांश भी तुम्हारे अन्दर मौजूद है, तो तुम अब न तो भयभीत और न विमूढ़चेता ही हो पाओगे। यदि ऐसा है तो तुम यात्रा करोगे और वह निष्फल नहीं रहेगी। परन्तु यदि तुममें उसका और पिनेलपी का रक्त नहीं है, तब मेरी समझ से तुम सफलकाम नहीं होंगे। सचमुच बहुत कम बच्चे अपने पिता के समान होते हैं। देखो, अधिकतर बदतर होते हैं, बल्कि कम ही बच्चे अपने पिता से बेहतर होते हैं। लेकिन चूँकि तुममें ओडिसियस की बुद्धि का पर्याप्त अंश मौजूद है और चूँकि तुम अब भयाक्रान्त और विमूढ़चेता भी नहीं होंगे, इसलिए इस कार्य में तुम्हें सफलता मिलने की अच्छी आशा है। ये नासमझ प्रणययाचक तुम्हें क्या कहते हैं या इनका क्या मक़सद है, इन सब बातों से तुम अभी कोई मतलब मत रखो। बुद्धिमान और न्यायशील ये बिलकुल नहीं हैं और इन्हें पता ही नहीं कि मृत्यु इनके समीप आ चुकी है और काली नियति इन्हें एक दिन में समाप्त कर देगी। दूसरी ओर, तुम जिस यात्रा पर निकलने का पूरा मन बना चुके हो, उसमें अब अधिक विलम्ब नहीं होगा—मैं तुम्हारे बाप का इतना गहरा और विश्वस्त मित्र रहा हूँ कि तुम्हारे लिए एक तेज जहाज़ प्रस्तुत कर दूँगा और स्वयं तुम्हारे साथ चलूँगा। अब तुम घर जाकर प्रणययाचकों से मिलो और रसद-पानी का इन्तज़ाम करके उनको बर्तनों में रखो; मदिरा को घड़ों में तथा जीवनदायी जौ के आटे को अच्छे ढंग से सिले चमड़े के थैलों में। इस बीच मैं नगर से ऐसे जहाज़ी झटपट जुटा देता हूँ जो स्वेच्छा से तुम्हारे साथ जाने को तैयार हों। समुद्रवेष्टित इथाका में बहुत सारे नए-पुराने जहाज़ हैं। उनमें जो सबसे अच्छा होगा, उसे ही तुम्हारे वास्ते चुन लूँगा और हम शीघ्र पाल-मस्तूल आदि लगाकर उसे विशाल सागर में उतार देंगे।"

ज़्यूस-तनया एथीनी यह बोली और टेलेमेकस ने देवी की वाणी सुनकर अब विलम्ब करना उचित नहीं समझा। वह खिन्न मन से तुरन्त घर को चल पड़ा। वहाँ जाने पर उसने उद्धत प्रणयप्रार्थियों को विशाल कक्ष में बकरों को खलियाते और

सूअरों को झुलसाते देखा। उसे देखकर ऐंटीनोअस हँसा और सीधे उसके पास आ गया। टेलेमेकस का हाथ अपने हाथ में लेकर वह उससे बोला :

"उद्धत और शेख़ीबाज़ टेलेमेकस, तुम अपने दिल से नुकसानदेह बात बोलने और करने का विचार बिलकुल निकाल दो। मैं चाहता हूँ कि तुम पहले के ही समान हमारे साथ खाओ-पियो। यवन लोग तुम्हारे वास्ते सारी चीज़ें, एक पोत तथा चुनिन्दा नाविक, अवश्य जुटा देंगे ताकि तुम अपने प्रतापी पिता का समाचार लाने पवित्र पायलस जल्दी जा सको।"

इस पर टेलेमेकस ने उसे उत्तर दिया : "ऐंटीनोअस, मैं तुम लोगों के समान फ़सादियों के संग बैठकर शान्तिपूर्वक भोजन कदापि नहीं कर सकता और न सहज मन से कोई आनन्द ही मना सकता हूँ। ओ प्रणययाचको, यह क्या कम है कि जब मैं बालक था, तो तुम लोग मेरी होनेवाली सम्पत्ति का उत्तम अंश पहले ही नष्ट कर चुके हो? लेकिन अब जबकि मैं सयाना हो गया हूँ और दूसरों के मुँह से सुन-सुनकर सारी बात समझ चुका हूँ और मेरा आत्मबल बढ़ रहा है, तो मैं सहायता के वास्ते पायलस जाकर अथवा इसी नगर में रहकर तुम लोगों के दारुण अन्त का कोई न कोई उपाय अवश्य करूँगा। तुम सबों की समझ को भले ही यह अनुकूल प्रतीत हो कि मुझे न तो अपना कोई जलयान और न कोई नाविक मिलेगा, फिर भी मैं किसी दूसरे के जहाज़ पर एक मुसाफ़िर बनकर जाऊँगा और ज़रूर जाऊँगा और जिस सफ़र की चर्चा की है, वह बेकार नहीं जाएगी।"

यह बोलते न बोलते उसने अपना हाथ ऐंटीनोअस के हाथ से धीरे से खींच लिया। इस पर प्रणययाचक, जो महल में दावत की तैयारी कर रहे थे, उसका उपहास करने और उस पर ताना मारने लगे। उनमें से कोई दर्पोद्धत युवक ऐसा ही बोल उठा :

"सचमुच टेलेमेकस हम लोगों को नष्ट कर देने की योजना बना रहा है। हमें मार डालने पर वह इस तरह आमादा है कि रेतीले पायलस या अगर हो सका तो सुदूर स्पार्टा से अपने साथियों को बुला लाएगा। या नहीं तो उर्वर एफ़िरी चला जाएगा और वहाँ से ज़हरीली जड़ी-बूटियाँ ले आएगा। उनको पानपात्र में डालकर वह हम सबका अन्त कर देगा।"

फिर एक दूसरा उद्धत युवक कह उठा : "कौन जानता है कि अगर वह अवतली पोत से जाए, तो ओडिसियस की भाँति ही वह अपने साथियों से दूर भटककर कहीं समाप्त न हो जाए। वैसी हालत में हमारा काम बहुत बढ़ जाएगा, क्योंकि तब उसकी सारी सम्पत्ति हमें आपस में बाँटनी होगी। इतना ही नहीं, हमें यह महल उसकी माँ और उससे शादी करनेवाले मर्द को सुपुर्द करना होगा।"

वे इसी तरह बोलते रहे, मगर टेलेमेकस पिता के ऊँचे और विशाल तहख़ाने में चला गया जहाँ स्वर्ण और कांस्य का अम्बार लगा था, कपड़े सन्दूकों में अटे पड़े थे

और सुगन्धित जैतून का तेल प्रचुर मात्रा में था। वहाँ दीवार से क़रीने से लगे पीपों में पुरानी मधुर मदिरा रखी हुई थी, देवताओं के योग्य अमिश्रित पेय। वह ओडिसियस के वास्ते रख छोड़ी गई थी जब वह काफ़ी क्षति और दुख उठाकर वापस आ जाता। उस तहख़ाने के दोनों सुसंहत और शक्तिशाली चूलदार किवाड़ बन्द थे। उसकी निगरानी के लिए दरवाज़े पर यूरीक्लिया नामक अनुभवी और चतुर भंडारपालिका दिन-रात मुस्तैद रहती थी; वह ओप्स की बेटी और पीसेनौर की पोती थी। उसे ही तहख़ाने के अन्दर बुलाकर टेलेमेकस ने कहा : "ओ माँ, मैं जानता हूँ कि तुमने सबसे अच्छी सुरा हतभाग्य राजा ओडिसियस के वास्ते रख छोड़ी है यह सोचकर कि मृत्यु और काली नियति से बचकर वह शायद कहीं न कहीं से आ पहुँचेगा। उसके बाद जो सबसे अच्छी मदिरा है, वही मधुर मदिरा कुछ घड़ों में ढालकर मुझे दे दो। इस तरह बारह घड़े मदिरा से भर दो और उनके ढक्कन लगा दो। साथ ही तुम मुझे अच्छी तरह से सिले चमड़े के थैलों में जौ का आटा दे दो, बीस तूँबी[1] जौ का बारीक पिसा हुआ आटा। यह बात मुझको छोड़कर और कोई न जानने पाए। ये सब चीज़ें एक साथ रख दो, मैं शाम को उस समय ले जाऊँगा जब मेरी माँ अपने ऊपरवाले कमरे में सोने चली जाएगी। देखो, मैं अपने पिता की वापसी का समाचार लेने स्पार्टा और पायलस जा रहा हूँ। बहुत सम्भव है, इस सम्बन्ध में वहाँ कुछ मालूम हो जाए।"

उसका यह कहना था कि उसकी प्यारी धाय यूरीक्लिया ज़ोर-ज़ोर से बिलख उठी और बिलखते हुए ही उससे मार्मिक स्वर में बोली : "आह, प्यारे बच्चे, तुम्हारे मन में यह विचार कहाँ से आया है? तुम जो अपने माँ-बाप के इकलौते बेटे और इतने दुलारे हो, इस विशाल धरती पर कैसे भटकते फिरोगे? जहाँ तक ज़्यूस-सम्भूत ओडिसियस का सवाल है, तो वह अपने वतन से दूर किसी अनजान जगह समाप्त हो चुका है। यह भी जान लो कि तुम जैसे ही यहाँ से चले जाओगे, वे लोग (प्रणययाचक) तुम्हारे विरुद्ध षड्यन्त्र रचेंगे और तुम्हें धोखे से मारकर तुम्हारी यह सारी सम्पत्ति आपस में बाँट लेंगे। नहीं, तुम यहीं अपनी भूमि पर पूरी तरह जमे रहो। अनुर्वर समुद्र में भटकने और कष्ट झेलने की तुम्हें कोई ज़रूरत नहीं है।"

तब टेलेमेकस ने उसे उत्तर दिया : "धाय, तुम हिम्मत रखो, क्योंकि इस योजना के पीछे एक देवता का हाथ है। मगर प्रतिज्ञा करो कि मेरी माँ से इस सम्बन्ध में कम से कम आज के ग्यारहवें या बारहवें दिन तक कुछ नहीं कहोगी अथवा उस समय तक नहीं कहोगी जब मुझको नहीं देखकर वह मेरे चले जाने के बारे में ख़ुद ही जान जाएगी। मैं नहीं चाहता कि वह अपने सुन्दर आनन को आँसू से विकृत करे।"

---

1. प्राचीन ग्रीस में माप की इकाइयाँ समान नहीं थीं, फिर भी परिमाण की माप के लिए gourd यानी तूँबी का प्रचलन था। एक तूँबी की माप प्रायः 0.04 लीटर के बराबर हुआ करती थी।

यह सुनकर उस वृद्धा ने देवताओं को साक्षी रख पक्की शपथ ले ली कि वह इस बात को प्रकट नहीं करेगी। विधिवत शपथ ले लेने के पश्चात उसने तुरन्त उसके लिए घड़ों में मदिरा ढाल दी और अच्छी तरह सिले चमड़े के थैलों में जौ का आटा भर दिया। उसके बाद टेलेमेकस विशाल कक्ष में जाकर प्रणययाचकों की मंडली में शामिल हो गया।

इसी बीच एथीनी के मन में एक और क़दम उठाने की बात आ गई। वह टेलेमेकस के रूप में नगर में घूम-घूमकर प्रत्येक नाविक से कह आई कि वे सब शाम के वक़्त मेरे जलयान के समीप एकत्र हो जाएँ। इतना ही नहीं, उसने फ्रौमियस के प्रसिद्ध बेटे नोईमौन से एक जहाज़ देने को कहा और नोईमौन ने बड़ी प्रसन्नता से वादा भी कर दिया।

तदनन्तर जब सूरज डूब गया और सारे रास्तों पर अन्धकार गहराने लगा, तब वह देवी उस पोत को खींचकर समुद्र में ले गई। उसने उसको नौपृष्ठोंवाले जहाज़ के अनुरूप सभी उपकरणों से सज्जित कर बन्दरगाह के एक किनारे लगा दिया। तभी सारे चुनिन्दा नाविक वहाँ जमा हो गए और देवी ने सबको उत्साह से भर दिया।

उसके बाद एथीनी के मन में कुछ और काम कर डालने का विचार आ गया और उसने राजा ओडिसियस के घर की राह पकड़ी। वहाँ जाकर उसने प्रणययाचकों के ऊपर मधुर तन्द्रा डाल दी और चूँकि उस समय वे सुरा पान कर रहे थे, इसलिए उनकी बुद्धि ऐसी मार दी कि उनके हाथों से प्याले छूटकर गिर गए। नींद से उनकी पलकें इतनी बोझिल हो गईं कि उनका वहाँ अब बैठ पाना सम्भव न हुआ। वे सब उठ गए और विश्राम करने हेतु नगर में अपने-अपने निवास की ओर चल दिए। तब मेंटौर का रूप और वाणी धारणकर एथीनी ने टेलेमेकस को सुअवस्थित महल से बाहर बुलाकर कहा :

"टेलेमेकस, शक्तिशाली जंघाकवच धारे तुम्हारे साथी तुम्हारी आज्ञा की प्रतीक्षा में जहाज़ पर तैयार बैठे हैं। बल्कि अब हम चल ही दें ताकि उनके प्रस्थान में कोई विलम्ब न हो।"

इतना कहकर एथीनी तेजी से चल पड़ी और टेलेमेकस उसके पीछे उसी तेजी से हो लिया। जब वे समुद्र-तट पर जहाज़ के समीप पहुँचे, तो उन्होंने पाया कि लम्बी ज़ुल्फ़ोंवाले युवक नाविक वहाँ मौजूद हैं। बलवान राजकुमार टेलेमेकस तुरन्त उनसे तत्क्षण बोला : "मित्रो, रसद ले आने मेरे साथ चलो। सारा रसद-पानी तहख़ाने में रखा है। यह बात न तो मेरी माँ और न किसी नौकरानी को मालूम है। केवल एक औरत को इसका पता है।"

यह कहकर वह चल दिया और वे सब उसके साथ हो लिए। इस तरह ओडिसियस के प्यारे बेटे की आज्ञा से उन लोगों ने सारा सामान लाकर नौतली पोत

में रख दिया। तदनन्तर टेलेमेकस जहाज़ पर सवार हो गया। एथीनी उसके पहले जहाज़ के दुम्बाल पर बैठ चुकी थी। टेलेमेकस ने उसके ही बग़ल में अपना स्थान ले लिया। तब नाविक रस्सियाँ ढीली करके जहाज़ पर चढ़ गए और कगरों पर जा बैठे। दीप्ताक्षी एथीनी की कृपा से अनुकूल पश्चिम पवन बहने और शीघ्र ही मदिरघन सागर पर सनसनाने लगा।

तब टेलेमेकस ने नाविकों को यथास्थान उपकरण लगा देने का आदेश दिया और वे ऐसा करने को प्रस्तुत हो गए। उन्होंने चीड़ के बने मस्तूल को खड़ा करके खोखली धानी (चौखटे का छिद्र) में डाल दिया और उसे मोहरारस्सों से सुदृढ़ कर दिया। तब सफ़ेद पाल को चमड़े की बटी हुई रस्सियों से तान दिया। पाल का पेट हवा से फूल उठा और आगे बढ़ रहे जलपोत की गलही के चतुर्दिक गहरी नीली लहरें ज़ोर-ज़ोर से फुफकारने लगीं। इस तरह लहरों को चीरता हुआ जलयान अपने गन्तव्य की ओर चल पड़ा। जब वे वेगवान काले पोत में यह सब करके निश्चिन्त हो गए, तब उन्होंने मिश्रणपात्रों को सुरा से लबालब भर दिया और शाश्वत अमरों विशेषकर ज़्यूस की दीप्ताक्षी कन्या को मद्यार्पण किया। इस भाँति वह जलयान सारी रात उषाकाल के आने तक लहरों को चीरता आगे बढ़ता रहा।

टेलेमेकस का नेस्टर से मिलना

लेकिन जब सूरज अमर्त्यों तथा अन्नदायिनी धरा पर मर्त्यों को प्रकाश देने के लिए मनोहर जलाशय को छोड़कर पीताभ नभ में तेजी से ऊपर उठने लगा, तब वे नेलियस के सुदृढ़ दुर्गवाले पायलस नगर को पहुँच गए। वहाँ के लोग उस समय सागर-तट पर कृष्णकेशी भूकम्पक देवता (पॉसायडन) को सर्वांग काले वृषभों की बलि दे रहे थे। उनके नौ दल थे और प्रत्येक दल में पाँच सौ व्यक्ति थे और प्रत्येक दल के पास बलि देने को नौ-नौ वृषभ थे। जिस घड़ी वे लोग बलिपशुओं के अन्तर्‌अवयवों की परीक्षा चखकर कर रहे थे और उनकी जाँघों के टुकड़े देवता की वेदी पर जला रहे थे, उसी समय ये लोग तट से सीधे जा लगे। इन्होंने पाल समेट लेने के बाद भव्य जहाज़ को लंगर डालकर बाँध दिया और तब तट पर उतर गए। टेलेमेकस भी पोत से उतर गया किन्तु उसके पहले एथीनी उतर चुकी थी। तभी एथीनी उससे बोली :

"टेलेमेकस, अब तुम्हें घबराने और झेंपने की कोई ज़रूरत नहीं है; नहीं, बिलकुल नहीं। पयोनिधि को पार कर यहाँ आने का तुम्हारा उद्‌देश्य यही है कि तुम अपने पिता के बारे में पता कर सको कि वह धरती में कहाँ धँस गया है और उसकी मृत्यु किस प्रकार हुई है। इसलिए देखो, तुम सीधे अश्वदमक नेस्टर के समीप चलो और इस सम्बन्ध में उसको कोई गुप्त ख़बर मिली है, तो हम उसे जानने का प्रयत्न करें। उससे सच्ची बात बताने का आग्रह करो। बहुत बुद्धिमान होने के कारण वह झूठ नहीं बोलेगा तुमसे।"

इस पर टेलेमेकस ने उत्तर दिया : "मेंटौर, वक्तृत्वकला का अभ्यास न होने से मैं उसके समीप कैसे जाऊँगा और उसका अभिवादन किस तरह करूँगा? ऐसा है कि बड़े बुजुर्गों से जिरह करने में किसी भी युवक को झिझक हो सकती है।"

इस पर एथीनी उससे पुनः बोली : "टेलेमेकस, कुछ तो तुम स्वयं अपने मन में सोचकर बोलोगे और कुछ दैवी प्रेरणा से। मेरे विचार से ऐसा नहीं है कि तुम्हारा जन्म एवं लालन-पालन देवताओं की इच्छा के बिना हुआ है।"

यह कहकर एथीनी तेजी से चल पड़ी। वह उसके पीछे हो लिया। ये दोनों विभिन्न दलों में विभक्त पायलसवासियों के समूह के निकट पहुँच गए। वहाँ नेस्टर

अपने बेटों के संग बैठा था और उनके चतुर्दिक उसके लोग भोज की तैयारी में मांस के कुछ टुकड़ों को भून और कुछ में सीखचें भोंक रहे थे। ज्यों ही उनकी नज़र इन दोनों आगन्तुकों पर पड़ी कि वे सब इनके नज़दीक आ गए और स्वागत में इनके हाथ पकड़-पकड़ इनसे आसन ग्रहण कर लेने का आग्रह करने लगे। नेस्टर-तनय पिसीस्ट्राटस ने सबसे आगे बढ़कर स्वागत में इनके हाथ थाम लिए और भोज में शामिल होने के वास्ते इनको ले जाकर रेतीले सागर-तट पर अपने पिता और भाई थ्रेसीमिडीज़ के बग़ल में बिछे मुलायम ऊर्णास्तरण पर बिठा दिया। इन्हें मांस के भीतरी अंश देने के बाद उसने स्वर्ण-चषक में मदिरा ढाली और उसे चर्मधर ज़्यूस की पुत्री पैलस एथीनी को प्रतिश्रुत करते हुए उससे कहा :

"मेरे अतिथि, अब तुम स्वामी पॉसायडन की विनती करो जिसके सम्मान में आयोजित इस अनुष्ठान में तुम संयोग से पधारे हो। विधिवत मद्यार्पण एवं प्रार्थना करके मधुमधुर आसव का यह चषक तुम अपने इस मित्र को दे दो ताकि वह भी इससे अर्घ्य अर्पित करे। मुझे विश्वास है कि वह भी अमरों की विनती करता है, क्योंकि देवताओं के बिना मनुष्य इस संसार में जीवित नहीं रह सकता। वह उम्र में तुमसे छोटा है, बल्कि प्रायः मेरी उम्र का है, इसलिए मैं यह स्वर्ण-चषक पहले तुम्हें देता हूँ।"

यह बोलकर उसने मधुर मदिरा का चषक उसके हाथ में दे दिया। स्वर्ण-चषक पहले उसको देने की उस आदमी की बुद्धिमानी और विवेकशीलता से एथीनी प्रफुल्लित हो उठी और झट स्वामी पॉसायडन की एकाग्र विनती करने लगी :

"हे भूवेष्टक पॉसायडन, मेरी विनती सुन और हम जो तेरे याचक हैं, हमारी कामना पूरी कर। सबसे पहले तू नेस्टर और उसके बेटों को यश दे। तदनन्तर समस्त पायलसवासियों पर वैसी ही उत्कृष्ट कृपा कर, जैसी उत्कृष्ट पशुबलि वे तुझको विधिवत अर्पित कर रहे हैं। अन्त में ऐसा कर कि मैं और टेलेमेकस जिस कार्य के लिए तीव्रगामी काले पोत से यहाँ आए हैं, उसे पूरा करके हम दोनों अपने घर सकुशल लौट जाएँ।"

इस तरह उसने यह विनती की और यह विनती उसने स्वयं पूरी की। तब उसने टेलेमेकस को दो हत्थोंवाला वह सुन्दर चषक दे दिया। ओडिसियस के लाड़ले ने भी उसी तरह प्रार्थना की। तदुपरान्त जब मांस के बाहरी भाग भी पक गए और सीखचों से निकाल लिए गए और मांस-खंडों को लोगों के बीच बाँट दिया गया, तब उत्कृष्ट भोज शुरू हो गया। जब वे सब खा-पीकर परितृप्त हो गए, तब उनके बीच सबसे पहले जेरीनिया का प्रसिद्ध रथाधिपति नेस्टर ही बोला :

"ये आगन्तुक भोजन का आनन्द ले चुके हैं, अतः अब इनका परिचय जानने का सुयोग आ गया है। अतिथियो, तुम दोनों कौन हो और समुद्रपथ से कहाँ से आए

हो? क्या व्यापार करने निकले हो या खारे सागर में उन जलदस्युओं की तरह दुस्साहसिक भ्रमण करते फिर रहे हो जो अपनी जान हथेली पर रख दूसरे लोगों का अनिष्ट करते फिरते हैं?"

इस पर टेलेमेकस ने उसे बेखटके उत्तर दिया, क्योंकि स्वयं एथीनी उसके मन को निर्भय कर चुकी थी ताकि वह अपने गुमशुदा पिता के बारे में पूछे और लोगों से बड़ाई पाए :

"ओ यवनों के महान गौरव नेलियस-सुत नेस्टर, जब यह पूछते हो कि हम कहाँ से आए हैं, तो मैं अवश्य ही तुमसे सब कुछ बताऊँगा। हम नेईऔन पहाड़ी की तलहटी में बसे इथाका से आए हैं और यहाँ आने का हमारा क्या प्रयोजन है, यह भी मेरा बिलकुल निजी मामला है। मैं अपने पिता धैर्यवान राजा ओडिसियस के सम्बन्ध में दूर-दूर तक फैली अफ़वाहों के पीछे घूम रहा हूँ जिससे कि मुझे कहीं सच्ची ख़बर सुनने को मिल जाए। लोग कहते हैं कि उसने कभी तुम्हारे संग लड़ाई में भाग लिया और ट्रोजनों के नगर को ध्वस्त कर दिया था। ट्रोजनों के ख़िलाफ़ जंग में भाग लेनेवाले बाक़ी जितने भी लड़ाके थे, उनमें से हरेक के बारे में हमें मालूम है कि किसकी दर्दनाक मौत कहाँ हुई है। किन्तु योद्धा की मृत्यु भी क्रॉनस-तनय ने छिपा रखी है। कोई भी व्यक्ति निश्चयपूर्वक यह नहीं कह सकता कि वह किस स्थान पर मरा है, कि वह दुश्मनों के हाथों ज़मीन पर मार दिया गया है या ऐम्फीट्रायटी[1] की लहरों के बीच समुन्दर में डूब मरा है। मैं तुम्हारे समीप याचक के रूप में अभी इसलिए आया हूँ कि यदि संयोगवश तुमने अपनी आँखों से उसका दुखद अन्त देखा है या दूसरे किसी भटके हुए यात्री से उसके बारे में कुछ सुना है, तो तुम स्वेच्छा से मुझे उसके सम्बन्ध में बताओ। ऐसा लगता है कि उसकी माता ने उसे बेहद कष्ट पाने के निमित्त ही उत्पन्न किया था। अपनी बात को सहानुभूति के कारण या दयावश मृदुल मत बनाना, बल्कि ओडिसियस को तुमने जिस रूप में देखा है उसका बयान मुझसे सीधे शब्दों में करना। आह, तुमसे विनती है कि ट्रोजनों के देश में, जहाँ तुम यवनों को भारी मुसीबतें झेलनी पड़ी थीं, मेरे पिता ओडिसियस ने यदि तुम्हारे

---

1. समुद्र का स्वामी पॉसायडन एक ऐसी औरत की तलाश में था जो उसकी पत्नी के रूप में सागर की गहराइयों में सहजता से रह सके। पहले उसकी नज़र जलपरी थेटिस पर पड़ी, लेकिन थेटिस ने यह भविष्यवाणी कर दी कि उससे उत्पन्न उसका कोई भी पुत्र उससे बलवान होगा। इससे घबराकर उसने उससे विवाह करने का इरादा छोड़ दिया। तब उसकी नज़र दूसरी जलपरी ऐम्फीट्रायटी पर पड़ी, किन्तु वह डरकर एटलस की पहाड़ी में जा छुपी। फिर भी काफ़ी प्रयास के बाद पॉसायडन ने उसे अपनी पत्नी बना ही लिया। होमर ने इस तथ्य का उल्लेख नहीं किया है, उसने **ऐम्फीट्रायटी** का प्रयोग केवल समुद्र के अर्थ में किया है।

कहने पर कोई बात बोलने या करने का वचन दिया और उसे पूरा किया हो, तो वह सब अभी याद करके मुझे सच्चाई से अवगत कराओ। मेरी तुमसे यही विनती है।"

इस पर जेरीनिया के रथाधिपति नेस्टर ने उसे उत्तर दिया : "मेरे मित्र, तुमने मुझे वे सारे दुख याद करा दिए जो दुर्दान्त होते हुए भी हम यवन पुत्रों को उस देश में झेलने पड़े थे; एकिलीज़ के नेतृत्व में लूटपाट करने के लिए जहाज़ों से धुन्धभरे सागर में इधर-उधर भटकते समय और राजा प्रायेम के शक्तिशाली दुर्ग के चतुर्दिक संग्राम करते समय जो सब दुख भोगने पड़े थे। वहीं हमारे सर्वोत्तम लड़ाके मारे गए। वीर ऐजैक्स वहीं पड़ा है, वहीं एकिलीज़ पड़ा है, विचार-विमर्श में देवों की बराबरी करनेवाला पेट्रोक्लस भी वहीं पड़ा है और वहीं पड़ा है मेरा वीर और शक्तिवन्त लाड़ला ऐंटीलोकस, जो लड़ाई एवं तेज दौड़ने में सबको मात करता था। इनके अतिरिक्त हमें वहाँ और भी अनेक मुसीबतें झेलनी पड़ी थीं। नश्वर मनुष्यों में ऐसा कौन है जो यह कथा पूरी तरह कह सके? यह किसी से सम्भव नहीं है, उस दशा में भी नहीं यदि तुम पाँच क्या छह वर्षों तक यहाँ बैठे रहो और वीर यवनों ने उस अवधि में जो-जो कठिनाइयाँ झेलीं उन सबके बारे में उससे पूछते रहो। कहानी पूरी होने के पहले ही तुम थक जाओगे और अपने घर की राह पकड़ लोगे। पूरे नौ वर्षों तक हम प्रयत्नशील रहे और ट्रोजनों को नष्ट कर देने के लिए हर तरह की तरकीब आज़माते रहे। आख़िर बड़ी मुश्किल से क्रॉनस-तनय ने ऐसा होने दिया। वहाँ ट्रॉय में एक भी आदमी ऐसा नहीं था जो बुद्धिमत्ता में उसकी बराबरी करने का साहस करे, क्योंकि युद्ध की सभी कलाओं में अप्रतिम ओडिसियस बाक़ी सब लोगों को मात करता था—तुम्हारा बाप ओडिसियस, यदि तुम सचमुच उसके पुत्र हो। तुम्हें देखकर मुझको वास्तव में आश्चर्य हो रहा है, यही कि तुम ठीक उसकी तरह बोलते हो, यह देखकर कोई विश्वास नहीं करेगा कि एक लड़का किसी बुज़ुर्ग के समान बोले। अब यह जान लो कि वहाँ रहते समय मेरे और ओडिसियस के बीच न तो सभा और न ही परिषद में कभी कोई मतभेद हुआ, बल्कि हम दोनों में पूर्ण मतैक्य रहा। यवनों के मामलों का निष्पादन सर्वोत्तम रूप से किस तरह हो, इसका ही ध्यान रख हम दोनों पूरी समझदारी और सावधानी से उन्हें युक्तियुक्त राय देते थे। मगर सभी यवन विवेकशील या सदाचारी नहीं थे, इसलिए जब प्रायेम का दुरारोह नगर ध्वस्त कर देने के बाद हम लोग वहाँ से चले और एक देवता ने यवन बेड़े को तितर-बितर कर दिया, तब ज़्यूस की इच्छा से यवनों का घर लौटना बड़ा दर्दनाक साबित हुआ। हुआ यह कि शक्तिशाली पिता की पुत्री दीप्ताक्षी एथीनी देवी के घातक क्रोध के कारण उनमें से अनेक विनष्ट हो गए। उसने ऐट्रियस के दोनों बेटों के बीच विवाद पैदा कर दिया। उन दोनों ने उतावली में आकर विधि-विधान का ख़याल किए बिना सूर्यास्त के समय समस्त यवन सेना की सभा बुला ली। देखो कि

यवन पुत्र शराब के नशे में धुत होकर सभा में आ गए। ऐट्रियस के दोनों पुत्रों ने सैन्य सभा बुलाने की अपनी-अपनी मंशा से उनको अवगत कराया। मेनिलेयस ने सारे यवनों को आदेश दिया कि वे समुद्र का प्रशस्त पृष्ठ लाँघकर घर लौटने की बात सोचें परन्तु यह ऐगमेमनन को एकदम नहीं भाया। उसकी इच्छा थी कि समग्र वाहिनी वहाँ रुक जाए और एथीनी के विकट रोष को प्रशमित करने हेतु विधिवत पवित्र पशुबलि अर्पित करे। मगर उस मूर्ख को मालूम नहीं था कि उसे मना पाना सम्भव नहीं है; वैसे भी अमरों का मन फेर पाना आसान नहीं है। अस्तु, वे दोनों खड़े-खड़े एक-दूसरे को कठोर शब्द कहने लगे, उधर शक्तिशाली जंघाकवच धारे यवन भयंकर निनाद करते हुए उठ खड़े हो गए, क्योंकि वे दो विचारों में बँट चुके थे। चूँकि ज़्यूस हम लोगों का विनाश करने के उपाय में जुटा हुआ था, इसलिए उस रात हम एक-दूसरे के प्रति अनिष्टकर बातें सोचते हुए सोए। प्रातःकाल हम लोगों में से आधे लोग जहाज़ों को शान्त खारे समुद्र में खींच ले गए और उन पर अपने सामान और अधोमेखलित युवतियों को लाद दिया। इस भाँति आधे लोग ऐट्रियस-तनय सेनापति ऐगमेमनन के साथ वहीं रुक गए, जबकि बाक़ी हम लोग, जो संख्या में आधे थे, जलयानों पर सवार होकर समुद्रमार्ग से चल पड़े। दैवयोग से गहराई में महातरंगों के नहीं रहने से शान्त समुद्र में जहाज़ बड़ी तीव्र गति से चलने लगे। जब हम टेनिडौस आ गए, तब घर पहुँचने की आतुरता में हमने देवताओं को बलि अर्पित की। हमारा इतनी जल्दी घर पहुँच जाना बेरहम ज़्यूस को मंज़ूर न हुआ, कि उसने हमारे बीच पुनः अनर्थकारी फूट डाल दी। फलस्वरूप कुछ लोग अपने वक्र पोत मोड़कर लौट पड़े। वे थे नानाविध चतुर ओडिसियस के साथी, जो ऐगमेमनन को फिर अपना समर्थन देना चाहते थे। लेकिन यह जानकर कि देवता अब हमें किस तरह विपत्ति में डालना चाहता है, मैं अपने साथ आ रहे सारे जहाज़ लेकर घर की ओर भाग चला। टीडियस का रणकुशल बेटा (डायोमिडीज़) भी घर की ओर भागा और अपने साथियों को भी ऐसा करने को उत्प्रेरित कर दिया। स्वर्णकेशी मेनिलेयस हमारे कुछ ही दूर पीछे आ रहा था। उसने हमें लेस्बौस में आ पकड़ा जहाँ हम आगे की लम्बी समुद्र-यात्रा पर विचार कर रहे थे कि क्या हमें पथरीले कियौस से उत्तर से होते हुए बाईं ओर पसिरीया द्वीप को छोड़ते हुए निकल जाना चाहिए अथवा तूफ़ानी मिमैस के सामने से होते हुए कियौस के दक्षिण का मार्ग पकड़ना चाहिए। इसलिए हमने देवता से कोई संकेत देने की प्रार्थना की और उसने संकेत दिया। उसके अनुसार हमें संकट से शीघ्रातिशीघ्र बच निकलने के लिए समुद्र के बीचोबीच होते हुए यूबिया पहुँच जाना था। तभी अनुकूल हवा तेज गति से बहने लगी और हमारे यान मीनसंकुल समुद्रपथ पर ख़ूब तेजी से चल पड़े। परिणाम हुआ कि वे रात में ही जेरीस्टस पहुँच गए। सागर का इतना विशाल फैलाव

पार कर लेने की ख़ुशी में हमने पॉसायडन को वृषभों की अनेक रानें चढ़ाईं। टीडियस-तनय अश्वदमक डायोमिडीज़ और उसके साथियों ने चौथे दिन ही अपने सजीले जलयान आरगौस के तट से लगा दिए। लेकिन मैं पायलस की ओर बढ़ गया। देवता द्वारा भेजी गई अनुकूल हवा जब से बहने लगी, तब से वह कभी थमी नहीं। प्यारे बच्चे, इसलिए बाक़ी जिन लोगों को मैं पीछे छोड़ आया, उनकी मुझे न तो कोई ख़बर मिली और न उनके बारे में कुछ जान ही पाया कि कौन-कौन यवन बचे और कौन नष्ट हो गए। तो भी यहाँ घर बैठे मुझे जो सब सुनने को मिला है, उसमें से जो जानने योग्य है, वह तुम्हें अवश्य मालूम हो जाएगा। मैं कुछ छुपाऊँगा नहीं तुमसे। लोग कहते हैं कि वीर एकिलीज़ के प्रसिद्ध पुत्र के नेतृत्व में ख़ूँख़्वार कुन्तधर मरमिडौन सुरक्षित लौट आए हैं तथा सुरक्षित लौट आया है पोईयेस का प्रतापी पुत्र फिलौक्टेटीज़। ईडोमेनियस भी युद्ध से बच गए अपने लोगों का दल लेकर क्रीट पहुँच गया, उनमें से एक को भी सागर लील नहीं पाया। दूर रहते हुए भी तुमने ऐट्रियस के बेटे के बारे में सुना ही होगा कि घर आने पर कैसे ईजिस्थस ने षड्यंत्र रचकर उसे मार डाला। लेकिन तब ईजिस्थस को भी इसका भयानक हिसाब चुकाना पड़ा। इसलिए कितना बढ़िया होता है किसी मृतक का अपने पीछे पुत्र छोड़ जाना। तुम देख लो कि ऑरेस्टीज़ ने अपने बाप के हत्यारे से किस तरह बदला लिया, उस धोखेबाज़ ईजिस्थस से, जिसने प्रतापी ऐगमेमनन की हत्या की थी। मैं तुम्हें एक लम्बे और ख़ूब आकर्षक पुरुष के रूप में देख रहा हूँ, इसलिए मेरे मित्र, तुम भी वीर बनो ताकि आनेवाली पीढ़ियाँ तुम्हारी प्रशंसा करें।''

तब टेलेमेकस ने उसे उत्तर दिया : ''ओ यवनों के महान गौरव नेलियस-पुत्र नेस्टर, प्रतिशोध उसने सचमुच उचित लिया है और उसका यश यवनों ने दूर-दूर तक इतना फैला दिया है कि आनेवाली सन्तति भी उसे याद करेगी। अहा, उसकी तरह देवगण मुझे भी शक्ति-संवीत कर देते और मैं अपनी माँ के उद्दंड प्रणययाचकों से उनके निष्ठुर अतिचार एवं मेरे विरुद्ध नीचतापूर्ण षड्यंत्र का बदला ले लेता। किन्तु देवताओं ने मेरे और मेरे जनक के लिए ऐसे सुख का वस्त्र बुना ही नहीं है। जो हो, मगर यह सब तो अब मुझे हर हालत में सहना ही होगा।''

इस पर नेस्टर बोला : ''प्यारे दोस्त, तुम जो कह रहे हो, इससे मुझे स्मरण हो रहा है उस बात का, जिसके बारे में मैंने लोगों से सुन रखा है। लोगों का कहना है कि बहुत सारे प्रणययाचक तुम्हारी माँ से विवाह करने के विचार से तुम्हारी इच्छा के विरुद्ध तुम्हारे घर में उत्पात मचाए हुए हैं। अब यह बताओ कि क्या तुम यह उत्पीड़न स्वेच्छा से सह रहे हो या किसी देवता की वाणी का अनुसरण करते हुए

समूचे प्रदेश के निवासी तुमसे घृणा करते हैं?[1] कौन जानता है कि ओडिसियस एक दिन अकेले या अपनी पूरी यवन सेना के साथ आ धमके और प्रणययाचकों के अत्याचार का बदला ले ले? अहा, यदि तुम्हें एथीनी का उतना ही स्नेह मिल जाए, जितना उदार स्नेह विख्यात योद्धा ओडिसियस को ट्रोजनों के देश में मिला था जहाँ यवन घोर संकट में पड़े थे, क्योंकि किसी मनुष्य को देवताओं का प्रत्यक्षतः उतना स्नेह मिलते मैंने कभी नहीं देखा था, जितना स्नेह एथीनी ने प्रत्यक्ष रूप में उसको दिया था,–यदि उसका तुम्हें वैसा ही स्नेह मिल जाए और वह तुम्हारी उतनी ही चिन्ता करने को उद्यत हो जाए, तब उन प्रणयप्रार्थियों में से कुछ तो निश्चय ही विवाह की बात साफ़ भुला देंगे।"

टेलेमेकस ने तब उसे जवाब दिया : "वृद्ध महोदय, तुम जो कह रहे हो, यह सच साबित होगा, ऐसा सोचने का मैं साहस नहीं कर सकता। तुम्हारा यह कहना मेरी समझ में नहीं आ रहा है और मैं विस्मित हूँ। अगर देवगण चाहें तब भी ऐसा होने की कम से कम मुझको तो कोई उम्मीद नहीं है।"

इस पर दीप्ताक्षी एथीनी देवी उससे फिर बोली : "टेलेमेकस, तुम्हारे होंठों के द्वार से यह कैसी बात निकली? यदि कोई देवता चाहे तो वह किसी मनुष्य को बहुत दूर से भी उसके घर आसानी से सुरक्षित ले आ सकता है। जहाँ तक मेरा प्रश्न है, तो मैं वापस आने और गृहागमन का सुख पाने के पहले भ्रमण का अधिकाधिक कष्ट उठाना अधिक पसन्द करूँगा, बनिस्बत इसके कि वापस आते ही अपने घर में उसी तरह अविलम्ब मार दिया जाऊँ, जिस तरह घर लौटते ही ऐगमेमनन अपनी पत्नी और ईजिस्थस के हाथों छल से मार दिया गया। लेकिन यह जान लो कि मौत सबको आती है। स्वयं देवगण भी अपने किसी प्रिय पात्र को उस घड़ी नहीं बचा सकते जब सारे लोगों का अन्त कर देनेवाली विनाशक मृत्यु अपना भयानक हाथ उस पर डाल देती है।"

उसे उत्तर देते हुए बुद्धिमान टेलेमेकस ने कहा : "मेंटौर, हमारी चिन्ता कितनी ही गहरी क्यों न हो मगर अब हम इस विषय पर बात न करें। जिस आदमी की हम चर्चा कर रहे हैं, उसके घर लौट आने की अब कोई सम्भावना नहीं है। इसके बहुत पहले अमरगण उसकी मृत्यु और काली नियति की योजना पूरी कर चुके हैं। इसलिए मैं अभी नेस्टर से, जो कि ज्ञान और विवेक में अन्यतम व्यक्ति है, किसी दूसरे विषय के बारे में पूछूँगा और जानना चाहूँगा। वह, जैसा कि लोग कहते हैं, तीन पीढ़ियों से राजा रहा है और देखने में वह मुझे एक देवता ही प्रतीत होता है। ओ नेलियस-तनय नेस्टर, अब तुम मुझे सच-सच बताओ कि विशाल भूभाग के स्वामी

1. कोई आकाशवाणी या भविष्यवाणी या किसी विचित्र आवेग या आवेश से स्फूर्त। आगे अध्याय 16 में भी ऐसा ही उल्लेख है।

ऐट्रियस-पुत्र ऐगमेमनन का अन्त कैसे हुआ? मेनिलेयस कहाँ था? धूर्त ईजिस्थस उसे कैसे मार पाया, क्योंकि जिसका उसने वध किया, वह उससे बहुत अधिक वीर था। क्या मेनिलेयस उस समय यवन देशीय आरगौस में मौजूद न रहकर विदेशों में भटक रहा था जिस कारण ईजिस्थस को ऐगमेमनन की हत्या करने का साहस हुआ?''

इस पर जेरीनिया के रथाधिपति नेस्टर ने उसे उत्तर दिया : ''हाँ मेरे बच्चे, मैं तुम्हें सब कुछ सच-सच बताऊँगा। ट्रॉय से लौट आने पर मेनिलेयस यदि ईजिस्थस को महल में जीवित पा लेता, तो क्या हुआ होता, इसका तुम स्वयं ही सही अनुमान कर सकते हो। लोग उसकी लाश पर मिट्टी का स्तूप नहीं खड़ा करते, बल्कि नगर के बाहर पड़े उसके मृत शरीर को कुत्ते और मांसभक्षी पक्षी भकोस जाते। कोई यवन औरत उसके लिए रोई भी न होती। इतना भयानक कुकृत्य था उसका। उस समय जब हम ट्रॉय में पड़े थे और अनेकानेक दुस्साहसिक लड़ाइयाँ लड़ रहे थे, तब अश्वों की चरागाहों से पूर्ण आरगौस के मध्य भाग में वह ख़ूब इत्मीनान से ऐगमेमनन की पत्नी को तरह-तरह की लुभावनी बातों से फुसला रहा था। रानी क्लाइटिमनेस्ट्रा चूँकि बड़ी समझदार महिला थी, इसलिए शुरू में उसके ऊपर ईजिस्थस की अनुचित हरकतों का सचमुच कोई असर न हुआ। इसके अतिरिक्त उसके साथ एक चारण रहता था जिसे ऐगमेमनन ट्रॉय जाते समय कठोर आदेश दे गया था कि वह उसकी पत्नी की हमेशा निगरानी करे। लेकिन जब उसके विनाश की दैवनिश्चित घड़ी आ पहुँची, तब ईजिस्थस ने उस चारण को ले जाकर एक निर्जन टापू पर पक्षियों का शिकार बन जाने को छोड़ दिया और क्लाइटिमनेस्ट्रा को अपने घर लिवा ले गया, इच्छुक प्रेमी की इच्छुक प्रेमिका। जिस बड़े काम के होने की कोई आशा न थी, उसे कर देने की ख़ुशी में उसने देवताओं की पवित्र बलिवेदियों पर रानों के अनेक टुकड़ों की आहुति दी और मन्दिरों पर सोने एवं बुनी हुई वस्तुओं के अनेक चढ़ावे सजा दिए। उस बीच मैं और मेनिलेयस, दोनों ट्रॉय से समुद्रमार्ग द्वारा एक साथ लौट रहे थे और हम दोनों में बड़ी मैत्री थी। जब हम एथेंस के अन्तरीप-स्थित पवित्र सूनियम पहुँच रहे थे, तो वहाँ फीबस अपोलो ने अपने मृदुल बाणों से मेनिलेयस के पोतवाहक ओनीटर-पुत्र फ्रौंटिस को मार डाला। उस समय फ्रौंटिस अपने हाथों से तेजी से चलते हुए जहाज़ का चप्पू थामे हुए था। झंझावात के बीच जहाज़ चलाने में उसके समान निपुण सारी मानव जाति में दूसरा कोई नहीं था। मेनिलेयस आगे जाने को व्यग्र था, तो भी उसे अपने मित्र को दफ़न करके उसका अन्तिम संस्कार कर देने तक वहाँ रुकना पड़ा। अब वह स्वयं जलयानों को ले चला और मदिरघन सागर में तीव्र गति से चलकर जब वह मैलीया के खड़े कगार के पास पहुँचा, तो दूर-दूर तक गर्जना करनेवाले ज़्यूस ने सनसनाती हवा के झोंकों के साथ पर्वत के

समान उत्ताल तरंगों को उन पर डालकर यात्रा को भारी कष्टपूर्ण बना दिया और वहाँ बेड़े को दो भागों में अलग कर दिया। एक को वह क्रीट के उस इलाक़े की ओर ले गया जहाँ यारडेनस नदी के किनारे सिडोनियन रहते हैं। अब यह सुनो कि गोरटिन प्रदेश की सीमा पर कुहरे से भरे समुद्र में एक खड़ी चट्टान है जो चिकनी है। वह सागर की सतह से काफ़ी ऊपर निकली हुई है और वहाँ दक्षिण-पश्चिम हवा दाईं तरफ़ अन्तरीप की ओर फीस्टस नामक स्थान की सीध में ख़ूब उत्ताल तरंगों को हाँक ले जाती है। एक छोटा-सा पत्थर ही पानी के ज़ोरदार बहाव को रोकता है। बेड़े का एक हिस्सा वहीं पहुँच गया। लोग तो किसी तरह बच गए मगर लहरों द्वारा चट्टान पर पटक दिए जाने से जहाज़ नष्ट हो गए। बेड़े का दूसरा भाग, जिसमें काले अगवाड़वाले पाँच जलयान थे, हवा एवं लहरों द्वारा मिस्र ले जाया गया। इस प्रकार उधर मेनिलेयस विचित्र भाषा बोलनेवालों के बीच अपने जहाज़ों से घूमने-फिरने और भारी मात्रा में सोना एवं धन सम्पदा जमा करने में लगा था, इधर घर पर ईजिस्थस ने वह घृणित कार्य कर डाला। ऐगमेमनन की हत्या कर देने के बाद उसने स्वर्ण-समृद्ध मायसिनी पर सात वर्षों तक शासन किया और सारे लोगों को अपने अधीन रखा। लेकिन आठवें साल में एथेंस से वीर ऑरेस्टीज़ उस पर विनाश का कारण बनकर आ पड़ा और अपने बाप के हत्यारे का वध कर दिया—उसी कपटी ईजिस्थस का, जिसने उसके प्रतापी जनक की हत्या की थी। उसको मार देने के बाद उसने अपनी दुष्ट माँ और कायर ईजिस्थस की अन्त्येष्टि के मौक़े पर आरगौस निवासियों को भोज दिया। उसी दिन भीषण युद्धगर्जना करनेवाला मेनिलेयस अपने सारे जहाज़ों पर लदी भारी धनराशि लिए-दिए आ पहुँचा। इसलिए, मेरे मित्र, तुम अपने पीछे अपनी धन-सम्पदा और महल में ऐसे लम्पटों को, जो तुम्हारा सारा धन आपस में बाँटकर पूरी तरह खा-पका जाएँ, छोड़कर बहुत दूर लम्बे समय तक मत भटको। इससे तुम्हारी यह यात्रा बिलकुल बेकार हो जाएगी। फिर भी मैं तुम्हें मेनिलेयस के यहाँ जाने को अवश्य कहूँगा, क्योंकि हाल ही में वह एक अनजाने देश से लौटा है। वह क्षेत्र ऐसा है कि तूफ़ान अगर किसी आदमी को विशाल समुद्र में भटकाते हुए एक बार वहाँ पहुँचा दे, तो वह फिर घर लौट आने की कोई आशा नहीं करेगा। वह सागर इतना विस्तीर्ण और भयानक है कि पक्षी भी उसे एक साल में पार नहीं कर सकते। तुम अब अपने दल के साथ जहाज़ से चले जाओ या यदि तुम्हारी इच्छा स्थलमार्ग से जाने की हो, तो तुम्हारी ख़िदमत में रथ और घोड़े तैयार हैं और मेरे बेटे भी तुम्हारी आज्ञा का पालन करने को मुस्तैद हैं। वे तुम्हें रमणीक लेकिडेमौन ले जाएँगे जहाँ स्वर्णकेशी मेनिलेयस का निवास है। उससे तुम सच्ची बात बताने का आग्रह करो। बहुत बुद्धिमान होने के कारण वह झूठ नहीं बोलेगा तुमसे।"

उसने ऐसा कहा। उस समय तक सूरज डूब चका था और अँधेरा उतर आया था। तब उनके बीच एथीनी बोली : "हाँ वृद्ध महोदय, यह सब तुमने उचित कहा है। लेकिन चूँकि रोशनी पहले ही पश्चिम में डूब चुकी है और सोने का वक़्त हो गया है, इसलिए अब हमें घर चल देना चाहिए। किन्तु उसके पूर्व हम पॉसायडन तथा अन्य अमरों को चढ़ावे चढ़ाने के लिए बलि-पशुओं की जीभें काट लें और मिश्रण-पात्र में आसव तैयार कर लें। देवताओं को नैवेद्य अर्पित करने में अधिक देर करना उचित नहीं होता।"

यह वाणी थी ज़्यूस-तनया की, जिस पर उन लोगों ने तुरन्त कान दिया। अनुचरों ने तब उनके हाथ धुला दिए और बालभृत्यों ने पेय से मिश्रण-पात्र भर दिए और सबको मदिरा परोस दी। उसके पहले वे हर प्याले में बारी-बारी से कुछ बूँदें देवता को अर्पित कर चुके थे। तब उन लोगों ने जीभें आग में डाल दीं और खड़े होकर उन पर मद्यार्घ्य दे दिया। जब वे मद्यार्घ्य देकर जीभर मदिरा पी चुके, तब एथीनी और टेलेमेकस पोत पर जाने को उद्यत हो गए। लेकिन नेस्टर ने उन्हें रोक लिया और उलाहने के स्वर में उनसे बोला :

"ज़्यूस ऐसा न करे और न अन्य अमरगण ऐसा करें कि तुम दोनों मेरा घर छोड़कर जहाज़ पर चले जाओ मानो मैं कोई वैसा ही साधनहीन ग़रीब आदमी होऊँ जिसके घर में उसके और उसके अतिथियों के आराम से सोने को ऊनी चादर और कम्बल पूरे न पड़ते हों। नहीं, ऐसा नहीं है। मेरे पास ऊनी चादर और सुन्दर कम्बल हैं। घर आए किसी भी अभ्यागत का स्वागत करने को जब तक मैं स्वयं जीवित हूँ या मेरे मरने के बाद मेरे लड़के रहेंगे, तब तक मैं कभी ऐसा सोच नहीं सकता कि मेरे मित्र ओडिसियस का प्यारा बेटा सोने के लिए जहाज़ के नौपृष्ठ पर चला जाएगा।"

इस पर एथीनी उससे फिर बोली : "हाँ प्रिय तात, तुमने यह सही कहा है। इससे अच्छी बात और क्या हो सकती है, इसलिए टेलेमेकस को तुम्हारा कहना मान लेना चाहिए। देखो, वह महल में सोने तुम्हारे साथ जाएगा। लेकिन जहाँ तक मेरा प्रश्न है, तो मैं जहाज़ को लौट जाऊँगा जिससे कि मैं अपने साथियों को सान्त्वना दे सकूँ और काम के बारे में उन्हें समझा सकूँ। यह तो मैं कर ही सकता हूँ, क्योंकि उम्र में उनके बीच सबसे बड़ा हूँ। बाक़ी सब तो टेलेमेकस के हमउम्र नौजवान हैं और मित्र होने के नाते उनके साथ आए हैं। वहाँ जाकर यह रात पोत के पेटे के पास सोकर बिताऊँगा परन्तु सवेरे बहादुर कौकोनियनों के प्रदेश के लिए चल दूँगा जहाँ मुझे अपने पुराने और महत्त्वपूर्ण दावे के मुतल्लिक़ बात करनी है। किन्तु तुम इस व्यक्ति को अपने किसी बेटे और रथ के साथ आगे की यात्रा पर भेज दो, क्योंकि वह तुम्हारे यहाँ अतिथि के रूप में आया है। उसे सबसे वेगवान और शक्तिशाली घोड़े देना।"

यह कहकर दीप्ताक्षी एथीनी एक समुद्री गरुड़ के रूप में चली गई। जिन्होंने उसे देखा, वे विस्मय से भर उठे। जब उस बूढ़े ने उसे अपनी आँखों से देखा, तो वह भी हैरान रह गया। उसने टेलेमेकस का हाथ थाम लिया और शाबाशी देते हुए उससे बोला :

"मेरे दोस्त, इतनी कम उम्र में यदि देवगण तुम्हारा सचमुच मार्गदर्शन कर रहे हैं, तब मुझे ऐसा लगता है कि तुम कभी कायर और कमज़ोर पुरुष साबित नहीं होगे। ओलिम्पसवासियों में ज़्यूसनन्दिनी को छोड़ वह और कोई नहीं हो सकती, वही जो लूट के माल प्रदान करनेवाली जलोद्भवा एथीनी है, वही जो सम्मान देने के लिए यवनों में तुम्हारे वीर पिता को हमेशा चुनती थी। हे राज्ञी, तू हम पर कृपालु हो और मुझको तथा मेरे पुत्रों और मेरी सम्मानिता पत्नी को भारी कीर्ति प्रदान कर। बदले में मैं तुझे चौड़े माथेवाली सालभर की एक ऐसी बछिया चढ़ाऊँगा जो अब तक सधाई नहीं गई है और जिसके कन्धे पर अब तक जुआ नहीं पड़ा है। तुझे ऐसी ही बछिया उसके सींग सोने से मढ़कर अर्पित करूँगा।"

उसने यह विनती की और एथीनी ने उसकी सुन ली। तब नेस्टर अपने भव्य महल को चल दिया। उसके पीछे उसके बेटे और दामाद भी हो लिए। जब वे राजमहल में दाख़िल हो गए, तब वे यथायोग्य छोटी-ब़ड़ी कुर्सियों पर आसीन हो गए। सबके आ जाने के बाद उस बूढ़े ने उनके वास्ते सुरापात्र में मधुर मदिरा अच्छी तरह घोल दी। वह मदिरा दस वर्ष से भी अधिक पुरानी थी और भंडारपालिका ने उसके मर्तबान का ढक्कन उसकी डोरी ढीली करके अभी-अभी खोला था। एक प्याले में आसव घोलकर उसे ज़्यूस की पुत्री एथीनी को अर्पित करते हुए उस बूढ़े ने आतुर स्वर से उसकी विनती की।

वे लोग आसव का अर्घ्य देकर जब जीभर पी चुके, तब सोने के लिए वे अपने-अपने घर चले गए। लेकिन नेस्टर ने ओडिसियस के बेटे टेलेमेकस को महल में ही सोने के वास्ते रोक लिया। वह द्वारमंडप के आगे ऊँची छतवाले दालान में लकड़ी के पलंग पर सोया। उसके बग़ल में सोया शक्तिशाली ऐशकुन्त धारण करनेवाला सेनानायक पिसीस्ट्राटस, जो कि नेस्टर के महल में उसके सभी पुत्रों के बीच अब तक कुँआरा था। स्वयं राजा अपने ऊँचे महल के भीतरी प्रकोष्ठ में सोने चला गया। उसकी राज्ञी पत्नी ने उसके लिए पलंग पर बिछावन लगा दिया।

जैसे ही गुलाबी उँगलियोंवाली उषा का आगमन हुआ कि नेस्टर बिस्तर से उठ गया और सीधे ऊँचे दरवाज़े के आगे रखे चिकने पत्थर पर जाकर बैठ गया। इसी सफ़ेद और चिकने पत्थर पर मंत्रणा में देवताओं की बराबरी करनेवाला नेलियस कभी बैठा करता था। किन्तु वह तो नियति के वशीभूत होकर बहुत पहले हेडीज़

के घर जा चुका था और आज उसी शिलाखंड पर यवनों का अभिरक्षक नेस्टर हाथ में राजदंड लिये बैठा था। उसके बेटे अपने-अपने कमरे से निकलकर उसके चारों ओर एकत्र थे–एकीफ्रौन, स्ट्रैटियस, परसियस, एरीटस तथा भव्य व्यक्तित्ववाला प्रेसीमिडीज़। सबके अन्त में छठा बेटा वीर पिसीस्ट्राटस आया। देवतुल्य टेलेमेकस को ले जाकर सबने अपने साथ बिठाया। तब उनके बीच सबसे पहले नेस्टर बोला :

"मेरे प्यारे बच्चो, तुम सब मेरी यह इच्छा शीघ्र पूर्ण करो। सभी देवताओं में सबसे पहले मैं एथीनी को प्रसन्न करना चाहता हूँ जो देवता (पॉसायडन) को उत्तम नैवेद्य देते समय मेरे सम्मुख साक्षात उपस्थित हुई थी। बल्कि तुम लोगों में से कोई अभी एक बछिया शीघ्रातिशीघ्र ले आने चरागाह चला जाए और उसका चरवाहा उसे हाँक ले आए। तुम लोगों में से कोई दूसरा व्यक्ति टेलेमेकस के पोत से दो को छोड़कर उसके बाक़ी सभी साथियों को बुला लाए। उस बछिया के सींग सोने से मढ़वाने के वास्ते तीसरा व्यक्ति जाकर स्वर्णकार लेयरकीज़ को यहाँ बुला लाए। बाक़ी तुम सब यहाँ मेरे साथ रहो और दासियों से अन्दर कह दो कि वे हमारे इस विशाल महल में भोज का इन्तज़ाम करें, बलिवेदी के चारों ओर हमारे लिए आसन और लकड़ियाँ लाकर रख दें और स्वच्छ जल ले आएँ।"

उसके ऐसा कहते ही वे सब काम जल्दी कर देने में लग गए। मैदान से बछिया आ गई, जलयान से टेलेमेकस के साथी आ गए और हाथों में निहाई, हथौड़ी एवं सँड़सी लिए स्वर्णकार आ गया। इन्हीं औज़ारों और उपकरणों से वह सोने का काम करता था। बलि को स्वीकार करने एथीनी भी आ गई। तब श्रद्धास्पद राजा नेस्टर ने सोना दिया और स्वर्णकार ने उस पर निपुणता से काम करके उससे बछिया के सींग इस ख़ूबसूरती से मढ़ दिए कि देवी अपना वह लुभावना चढ़ावा देखकर खुश हो उठे। उसके बाद स्ट्रैटियस और लम्बा-तगड़ा एकीफ्रौन सींग पकड़कर बछिया को आगे ले गए। गुलकारी किए हुए एक बर्तन में हाथ धोने का पानी लेकर भंडारगृह से एरीटस वहाँ आ गया। उसके दूसरे हाथ में जौ के आटे की टोकरी थी। समरधीर थ्रेसीमिडीज़ हाथ में तेज कुल्हाड़ी लेकर बछिया को काटने के निमित्त वहाँ तैयार खड़ा था और परसियस ख़ून के वास्ते एक कटोरा लिए हुए था। वृद्ध सारथी नेस्टर ने सबसे पहले हाथ धोने और जौ के दाने छींटने की विधियाँ कर लेने के बाद एथीनी की एकाग्र तत्परता से प्रार्थना की और बलिपशु के सिर से काटे गए बाल अग्नि को सौंप दिए।

उसके बाद जब उन्होंने विनती कर ली और जौ का आटा छींट दिया, तब नेस्टर के बेटे थ्रेसीमिडीज़ ने क़रीब खड़े होकर आघात किया। कुल्हाड़ी ने गर्दन की नसें काट दीं और बछिया की शक्ति शिथिल कर दी। इस पर औरतें–नेस्टर

की बेटियाँ, पुत्रवधुएँ और उसकी सम्मानिता पत्नी यूरिडायकी, जो क्लायमीनस की बेटियों में सबसे बड़ी थी–चीख़ उठीं। बलिपशु के सिर को युवकों ने पदमर्दिता पृथ्वी से ऊपर उठाया, जबकि सेनानायक पिसीस्ट्राटस ने उसका गला काट दिया। जब गाढ़ा लाल रक्त पूरा बह गया और हड्डियों से प्राण निकल गए, तब उन्होंने बछिया को शीघ्रता से काटकर खंडों में विभक्त कर दिया। उसकी जाँघों के विधिवत टुकड़े कर उनको चरबी की दो तहों में लपेट लिया और उन पर कच्चा मांस डाल दिया। उन खंडों को तब श्रद्धास्पद वृद्ध ने चैले पर पकाया और आग में आबदार सुरा की आहुति दी। उसके बग़ल में उस समय युवकगण पंचमुखी काँटे लिए खड़े थे। जब रानों के टुकड़े पूरी तरह पक गए और उन्होंने भीतरी भाग चखकर देख लिया, तब बाक़ी बचे मांस के छोटे-छोटे टुकड़े कर उनको सींखचों में भोंक दिया। हाथों से तेज सींखचे पकड़कर उन्होंने गोश्त को भून दिया।

इस बीच नेस्टर की सबसे छोटी बेटी रूपवती पौलीकैस्टी ने टेलेमेकस को स्नान करा दिया। जब उसने उसको नहलाकर जैतून के तेल से अभिषिक्त कर दिया और सुन्दर अँगरखा और चादर धारण करा दिया, तब वह स्नानगृह से किसी अनश्वर देवता के समान बाहर निकला। इस तरह वह जाकर प्रजापालक नेस्टर के बग़ल में बैठ गया।

जब उन्होंने गोश्त का बाहरी हिस्सा भूनकर सींखचों से निकाल लिया, तब वे खाने बैठ गए और विश्वस्त अनुचर सोने के प्यालों में मदिरा ढालने लगे। खा-पीकर जब वे परितृप्त हो गए, तब उनके बीच सबसे पहले नेस्टर बोला :

"देखो मेरे बेटो, तुम लोग टेलेमेकस के लिए लहराते अयालोंवाले घोड़े लाकर रथ में जोत दो ताकि वह आगे का सफ़र कर सके।"

उन्होंने आदेश पाते ही उसका पालन किया और तत्काल तेज घोड़े रथ में जोत दिए। भंडारपालिका ने रथ पर ज़्यूससंरक्षित राजकुमारों के खाने योग्य रोटियाँ, मदिरा और खाने-पीने की अन्यान्य चीज़ें रख दीं। टेलेमेकस ख़ूबसूरत रथ पर सवार हो गया। उसके बग़ल में नेस्टर का बेटा पिसीस्ट्राटस बैठ गया और हाथों में लगाम लेकर उसने घोड़ों को हाँकने के लिए चाबुक से छू दिया। घोड़े थे कि पायलस के दुरारोह दुर्ग को पीछे छोड़ मैदान की ओर बेहिचक उड़ चले। सारे दिन वे अपनी गर्दनों पर पड़े जुए को दाएँ-बाएँ झुलाते रहे।

सूर्यास्त के बाद पथों पर अन्धकार छा गया। तब तक वे ऐलफीयस के वंशज औरटीलोकस के पुत्र डायोक्लीज़ के फेरी-स्थित घर पर पहुँच गए। वहाँ उन्होंने रात्रि-विश्राम किया और डायोक्लीज़ ने अतिथि के योग्य उनका सत्कार किया।

जैसे ही गुलाबी उँगलियोंवाली उषा का आगमन हुआ कि घोड़े जोतकर वे अलंकृत रथ पर सवार हो गए। शीघ्र ही वे गूँजनेवाले द्वारमंडप को पीछे छोड़ मुख्य द्वार से बाहर निकल चले। पिसीस्ट्राटस ने चाबुक से घोड़ों को छुआ नहीं कि वे बेहिचक आगे उड़ चले। इस तरह वे गेहुँआरे क्षेत्र में प्रवेश कर गए और वहाँ से अपनी यात्रा के अन्तिम पड़ाव की ओर तीव्र वेग से चलते रहे। तेज घोड़े आगे भी यही रफ़्तार बनाए रहे। तब सूरज डूब गया और सारे रास्ते अन्धकार में डूब गए।

टेलेमेकस की मेनिलेयस एवं हेलेन से भेंट

इस भाँति वे कटी-फटी पहाड़ियों और तंग घाटियों के बीच बसे लेकिडेमौन आ गए और रथ हाँकते हुए सीधे विख्यात मेनिलेयस के महल पहुँच गए। वहाँ उन्होंने देखा कि महल में मेनिलेयस अपने पुत्र और पुत्री के विवाह के उपलक्ष्य में अनेक गोतिए-बन्धुओं को भोज दे रहा है। बेटी को वह व्यूहभंजक एकिलीज़ के बेटे के यहाँ वधू के रूप में भेज रहा था, क्योंकि ट्रॉय में ही पहले-पहल उसने ऐसा वचन दिया था और उसे प्रतिश्रुत किया था। दैवी इच्छा से वही विवाह अब सम्पन्न हो रहा था। इसलिए अभी वह बेटी को रथ एवं घोड़ों के साथ मरमिडौनों के प्रसिद्ध नगर विदा कर रहा था; दामाद उसका उन्हीं मरमिडौनों का शासक था। पतोहू के रूप में वह स्पार्टा के ही ऐलेक्टर की बेटी को अपने घर ले आ रहा था। जब देवताओं ने कनकाभ ऐफ्रोडायटी के समान रूपवती पुत्री हरमायोनी होने के बाद हेलेन के कोई सन्तान नहीं दी, तब एक दासी से मेनिलेयस को बड़ा ही प्यारा और पराक्रमी पुत्र मेगापेंथीज़ उत्पन्न हुआ। अतः अभी प्रतापी मेनिलेयस के पड़ोसी और सगे-सम्बन्धी ऊँचे एवं विशाल कमरे में भोजन कर रहे थे और आनन्द मना रहे थे। उनके बीच एक दिव्य गायक विपंची की धुन पर गा रहा था और उसी धुन पर सामने दो कलाबाज़ घूर्णन कर रहे थे।

इसी बीच वे दोनों, राजकुमार टेलेमेकस और नेस्टर का तेजस्वी पुत्र, रथ के साथ प्रवेश द्वार पर आकर रुक गए। उसी समय यशस्वी मेनिलेयस का बड़ा मुस्तैद सहचर सामन्त इटियोनियस बाहर निकला और उसकी नज़र उन पर पड़ गई। वह प्रजापालक मेनिलेयस को इसकी सूचना देने महल के अन्दर चला गया और बग़ल में खड़ा होकर उसके कान में धीरे-से बोला :

"राजा मेनिलेयस, यहाँ दो अजनबी आए हैं जो देखने से ज़्यूस महान के वंशज मालूम पड़ते हैं। आज्ञा हो तो हम उनके तेज घोड़े जुए से खोल दें या उन्हें किसी ऐसे आदमी के पास भेज दें जो उनका यथोचित सत्कार करे?"

इस पर सुनहले बालोंवाला मेनिलेयस बड़ा बिगड़कर उससे बोला : "ओ बोईथोअस-पुत्र इटियोनियस, इसके पहले तुम वास्तव में मूर्ख नहीं थे लेकिन अभी

एक बच्चे की तरह मूर्खतापूर्ण बात कर रहे हो। मैं और तुम अन्ततः घर लौट आए हैं और भविष्य में ज़्यूस हमें ऐसा दुख फिर कभी न दे। लेकिन लौटते समय दूसरों से हमें कितना आतिथ्य सत्कार मिला है! जल्दी जाकर उन आगन्तुकों के घोड़े खोल दो और भोज में शामिल होने के लिए उनको महल में ले आओ।''

यह सुनते ही इटियोनियस महल से भागा और चुस्त अनुचरों को भी अपने पीछे आने को कहता गया। इस प्रकार उन्होंने पसीने से लथपथ घोड़ों को जुए के नीचे से खोलकर अस्तबल में बाँध दिया और उनके आगे गेहूँ और मोतिया जौ मिलाकर डाल दिया। रथ को द्वार की चमचमाती दीवार से उठँगा देने के बाद उन दोनों को वे भव्य महल में ले गए। ज़्यूस-सम्पोषित राजा का महल देखकर वे दोनों विस्मित हो उठे। उन्हें लगा कि मेनिलेयस का ऊँचा महल सूरज या चन्द्रमा की आभा से उद्भासित है। महल को जीभर देख लेने के बाद वे दोनों चिक्कण स्नानागार में नहाने चले गए। परिचारिकाओं ने नहला-धुलाकर उन्हें जैतून के तेल से अभ्यंजित कर दिया और अँगरखे तथा ऊनी चोगे पहना दिए। तब वे ऐट्रियस-तनय मेनिलेयस के निकट कुर्सियों पर बैठ गए। एक दूसरी परिचारिका सोने की सुन्दर झारी में पानी ले आई और उसे चाँदी की चिलमची में उड़ेलकर उनके हाथ धुला दिए। उसके बाद वह एक चमचमाती मेज़ खींच ले आई और उसको उनके आगे लगा दिया। विश्वस्त भंडारपालिका गेहूँ की रोटियाँ और महल में खाने-पीने की और जो सब उत्तम वस्तुएँ थीं उनको भरपूर मात्रा में स्वेच्छा ले लाकर उनके आगे मेज़ पर रख गई। उसी बीच मांस-परिवेषक ने तश्तरियों में बहुत तरह के मांस के टुकड़े चुन-चुनकर परोस दिए और सोने के प्याले लगा दिए। तब मेनिलेयस उन दोनों का स्वागत करते हुए बोला :

''तुम दोनों भोजन का आनन्द लो। जब तुम खा-पी लोगे, तब हम तुम्हारा परिचय पूछेंगे। देखने से नहीं लगता कि तुम दोनों पर तुम्हारे वंश की छाप नहीं है, बल्कि तुम दोनों ऐसे पुरुषों की सन्तान मालूम पड़ते हो जो ज़्यूसपालित दंडधारी राजा होते हैं, क्योंकि निम्न कोटि के लोग तुम्हारे समान पुत्र उत्पन्न नहीं कर सकते।''

यह कहकर उसने वृषभ का भुना हुआ धड़, जो उसे सम्मान-स्वरूप परोसा गया था, उठाकर उनके आगे रख दिया। तब वे अपने सामने परोसे गए सुस्वादु व्यंजनों पर हाथ साफ़ करने लगे। जब वे खा-पीकर परितृप्त हो गए, तब टेलेमेकस नेस्टर-तनय के कान में इस तरह बोला कि बाक़ी दूसरे लोग कुछ सुन नहीं पाएँ :

''मेरे प्राणप्रिय पिसीस्ट्राटस, इन अनुगुंजित कक्षों को देखो कि ये काँसे, सोने, चाँदी, गजदन्त तथा कहरुबे की चमक से किस तरह उद्भासित हैं। भाँति-भाँति के

बहुमूल्य वस्तुओं का यहाँ इतना बड़ा भंडार है कि मैं सोचता हूँ कि ओलिम्पस-स्थित ज़्यूस के सौध का भीतरी भाग ऐसा ही होगा। मैं इसे जितना देख रहा हूँ, उतना ही विस्मय से भरा जा रहा हूँ।''

उसका यह बोलना मेनिलेयस ने सुन लिया। उनसे उसने गम्भीर स्वर में कहा :

''प्यारे बच्चो, सच्चाई यह है कि किसी भी मरणशील मनुष्य की तुलना ज़्यूस से नहीं की जा सकती, क्योंकि ज़्यूस की अट्टालिका शाश्वत है, उसकी सारी सम्पदा नित्य है। जहाँ तक मानवों का प्रश्न है, तो उनके बीच ऐसे बहुत ही कम होंगे या एक भी नहीं होगा जो दौलत में मेरी बराबरी कर पाए। काफ़ी कष्ट झेलने और दूर-दूर तक भटकने के बाद मैं आठवें साल जहाज़ों में धन भरकर यहाँ अपने घर पहुँचा। मैंने साइप्रस, फिनीशिया और मिस्र के चक्कर लगाए; मैं इथियोपियनों, साइडौनियनों, एरिम्बियनों तथा लीबियनों के बीच गया। लीबिया में भेड़ें साल में तीन बार बच्चे देती हैं और मेमने सींग लिए जनमते हैं। वहाँ राजा और चरवाहा किसी को भी पनीर या मांस या मीठे दूध की कोई कमी नहीं होती, क्योंकि भेंड़ें सालभर दूध देती हैं। उधर मैं उन देशों में घूम रहा था और धन बटोर रहा था, इधर मेरे भाई की हत्या एक आदमी ने धोखा देकर औचक कर दी। इसके पीछे मेरे भाई की घृणित पत्नी का कुचक्र था। इसलिए तुमसे कहता हूँ कि इस धन के स्वामित्व से मुझे कोई ख़ुशी नहीं है। जो भी तुम्हारे पिता हों, उनसे तुम दोनों सुन ही चुके होगे कि मुझे बहुत तकलीफ़ उठानी पड़ी है और मैंने इस सुदृढ़ और सुन्दर घर को बरबाद होने दिया है जो ख़ूब बेशक़ीमती चीज़ों से अटा पड़ा था। क्या ही अच्छा होता यदि इस धन का तिहाई भाग ही मेरे पास होता और मैं घर ही पर रह गया होता, मगर वे सब लोग अभी जीवित होते जो अश्वों की चरागाहों से भरे आरगौस से दूर स्थित ट्रॉय की विशाल भूमि पर बहुत पहले मार दिए गए। बात यह है कि जब मैं अपने महल में एकाकी बैठा होता हूँ, तब अकसर उन सबों के लिए शोक सन्तप्त हो उठता हूँ और दुख से रोने लगता हूँ। थोड़ी देर रो लेने पर मेरा मन सचमुच हलका हो जाता है और रोना बन्द हो जाता है। दुखी मैं उन सबके लिए होता हूँ, किन्तु सबसे अधिक सन्तप्त एक ख़ास व्यक्ति के लिए होता हूँ। जब उसके बारे में सोचता हूँ, तब मुझे खाना-सोना कुछ भी अच्छा नहीं लगता, क्योंकि यवनों में सबसे कठिन परिश्रम उसने ही किया था यानी ओडिसियस ने और कामयाबी भी सबसे अधिक उसे ही हासिल हुई थी। लेकिन उसके हिस्से में केवल मेहनत और परेशानी रही और वह जब तक हमसे दूर है, तब तक उसके कारण मेरे हिस्से में नितान्त पीड़ा है। हमें बिलकुल पता नहीं कि वह ज़िन्दा है या मर चुका है। मैं सोचता हूँ कि उसके लोग अब उसके लिए विलपते होंगे–बूढ़ा लेयरटीज़, एकनिष्ठ पिनेलपी और टेलेमेकस, जिसे वह घर में नवजात शिशु के रूप में छोड़कर चला गया था।''

उसका ऐसा बोलना था कि टेलेमेकस का मन अपने पिता के लिए शोक से भर उठा और पिता का नाम सुनते ही उसकी पलकों से आँसू धरती पर टपकने लगे। दोनों हाथों से बैंगनी रंग की चादर उठाकर उसने अपनी आँखें छिपा लीं। मेनिलेयस ने यह लक्ष्य कर लिया और अपने मन में विचारने लगा कि क्या वह उसे अपने बाप का परिचय खुद ही देने को छोड़ दे या ख़ुद उससे पूछे और उसके उत्तर की सच्चाई जाँच ले।

वह अभी इसी ऊहापोह में था कि हेलेन अपने सुगन्धित मेहराबदार कक्ष से निकलकर वहाँ आ गई। वह कनक-बाणधारिणी आर्टिमिस के समान दिख रही थी। उसके साथ ऐडरेस्टी आई जिसने उसके लिए सुन्दर कुर्सी डाल दी; ऐलकिपी मुलायम ऊन का गलीचा ले आई और फायलो चाँदी का सन्दूक, जिसमें सीने-पिरोने का सामान था। वह सन्दूक उसे पॉलीबस की पत्नी ऐलकैंड्री ने उपहार में दिया था। पॉलीबस मिस्र देशीय थीब्ज़ का निवासी था जहाँ के घरों में बेशक़ीमती चीज़ें भरी रहती हैं। उसने मेनिलेयस को दस टैलेंट सोना, दो तिपाइयाँ और चाँदी के दो स्नानटब नज़र किए थे। उसकी पत्नी ने हेलेन को अपनी ओर से बड़े सुन्दर तोहफ़े दिए थे—सोने का एक तकला और चाँदी का एक सन्दूक, जिसके नीचे पहिए लगे थे और ऊपरी किनारा जिसका सोने से परिष्कृत था। उसी सन्दूक को लाकर उसकी नौकरानी फायलो ने उसके बग़ल में रख दिया। उसमें बारीक कता हुआ धागा था और उसके ऊपर गहरे नीले रंग के ऊन के साथ तकला रखा हुआ था। इस भाँति हेलेन कुर्सी पर बैठ गई और उसने अपने पैर पादपीठ पर रख दिए। बैठते ही उसने अपने पति से वहाँ की गतिविधियों के बारे में पूछा :

"राजा मेनिलेयस, कुछ देर पहले हमारे घर आए इन मेहमानों ने क्या अपना परिचय दे दिया है? मेरे मन में जो विचार आ रहा है, उसे प्रकट करूँ या नहीं? मेरी इच्छा इसे प्रकट कर देने की है। बात यह है कि इस शख़्स को देखकर मुझे अचम्भा हो रहा है, इसलिए कि दो मर्दों या औरतों में इतनी समानता मैंने पहले कभी नहीं देखी है। इस लड़के और ओडिसियस में इतना साम्य है कि यह उसका बेटा छोड़ और कोई नहीं हो सकता। अवश्य यह टेलेमेकस है। जब यह नवजात शिशु था, तभी इसका बहादुर बाप इसे छोड़कर ट्रॉय चला गया था जहाँ तुम सब यवन मेरे लिए, मुझ निर्लज्ज औरत के लिए, दुस्साहसिक लड़ाई करने के इरादे से जा पहुँचे थे।"

उसे उत्तर देते हुए स्वर्णकेशी मेनिलेयस बोला : "रानी, जो समरूपता तुम देख रही हो, वह मैं भी देख रहा हूँ। ओडिसियस के भी हाथ-पैर ऐसे ही थे, उसकी आँखों की चेष्टाएँ भी ऐसी ही थीं, साथ ही, उसके सिर और बाल भी ऐसे ही थे।

हाँ, अभी-अभी जब मुझे ओडिसियस की याद आ गई और मैं कहने लगा कि मेरे लिए उसने कितना परिश्रम किया था और कितनी कठिनाइयाँ झेली थीं तो इसकी आँखों से आँसू टपकने लगे और अपना चेहरा इसने बैंगनी रंग की चादर से ढँक लिया।''

तब पिसीस्ट्राटस ने उसे जवाब दिया : ''ओ ऐट्रियस-पुत्र राजा मेनिलेयस, ओ जननायक, जैसा कि तुमने कहा है, यह व्यक्ति सचमुच ओडिसियस का बेटा है, मगर है यह बड़ा विनीत और शीलवान। चूँकि यहाँ पहली बार आया है, इसलिए इसने बिना पूछे तुमसे अपना परिचय देना उचित नहीं समझा और वह भी एक ऐसे पुरुष से, जिसकी वाणी सुनकर हम उतने ही आनन्दित हो रहे हैं, जितने किसी देवता की वाणी सुनकर होते हैं। ख़ैर, बात यह है कि नेस्टर ने मुझे मार्गदर्शक के रूप में इसके साथ भेजा है। यह तुमसे मिलने को इच्छुक है और मिलकर तुम्हारी राय लेना या इसे क्या करना चाहिए, यह जानना चाहता है। किसी बेटे का बाप जब दूर चला जाता है और संयोग से उसका साथ देनेवाला दूसरा कोई नहीं होता, तब उसे अपने घर में अनेक मुसीबतों का सामना करना पड़ता है। टेलेमेकस का अभी ऐसा ही हाल है। इसका पिता बाहर है और संकट से उबारने के लिए इसके नगर में इसका कोई मददगार भी नहीं है।''

इस पर मेनिलेयस ने उसे उत्तर दिया : ''अहा, मेरे घर एक प्रिय मित्र का बेटा आया है, मेरा सच्चा मित्र, जिसने मेरी ख़ातिर अनेक ख़तरे मोल लिए थे। कितना अच्छा होता यदि दूर-दूर तक गर्जना करनेवाले ज़्यूस की कृपा से हम दोनों तीव्रगामी पोतों से समुद्र के रास्ते वापस आ गए होते। मैं तब उसकी वापसी पर जितना तगड़ा उसका स्वागत करता, उतना तगड़ा स्वागत किसी अन्य यवन का नहीं करता। उसके रहने के वास्ते उसे आरगौस का कोई नगर दे देता और वहाँ महल बनवा देता। अपने अधिकार क्षेत्र में पड़नेवाले नज़दीक के नगरों में से किसी को खाली कराकर इथाका से बेटे के साथ उसकी सारी सम्पत्ति और उसके सारे लोगों को बुलाकर उसको वहाँ बसा देता। तब हम दोनों यहाँ आपस में बातचीत का सुख उठाते और हमारे ऊपर मौत की काली घटा छा जाने तक हम यानी मेज़बान और मेहमान, दोनों एक-दूसरे से अलग नहीं होते। लेकिन मुझे ऐसा लगता है कि किसी ईर्ष्यालु देवता को यह बिलकुल नहीं भाया होगा जिसने केवल उसी भाग्यहीन व्यक्ति को लौटने नहीं दिया है।''

उसका ऐसा बोलना था कि वहाँ मौजूद सारे लोग रोने लगे। आरगौसवाली हेलेन, जो स्वयं ज़्यूस की बेटी थी, रोने लगी। टेलेमेकस और मेनिलेयस रोने लगे। बल्कि पिसीस्ट्राटस की भी आँखें सूखी न रहीं, क्योंकि उसके दिमाग़ में महायोद्धा ऐंटीलोकस

की बात आ गई जिसे दीप्त उषा के प्रतापी पुत्र[1] ने मार दिया था। उसका ही स्मरण कर वह सटीक शब्दों में बोला :

"ओ ऐट्रियस-तनय, नेस्टर के महल में जब भी हम तुम्हारी चर्चा या तुम्हारे बारे में आपस में जिज्ञासा करते थे, तब वृद्ध नेस्टर हमेशा यही कहता था कि बुद्धिमत्ता में तुम मनुष्यों में सर्वोपरि हो। परन्तु अभी यदि सम्भव हो तो मेरा यह अनुरोध मान लो। ब्यालू करने के समय रोना मुझे अच्छा नहीं लगता। इसका मौक़ा हमें फिर कल नए दिन को मिलेगा। ऐसा नहीं है कि मैं किसी नश्वर मनुष्य के मरकर नियति को प्राप्त हो जाने पर रोना-धोना कोई दोष मानता हूँ। देखो, दयनीय मनुष्य के लिए हम बस इतना ही करते हैं कि हम अपने बाल मुड़ा लेते और गालों पर आँसू ढरका लेते हैं। मेरा भी एक भाई मरा है जो यवनों में किसी से कम वीर योद्धा नहीं था। तुम उसे जानते होगे लेकिन मैं उससे कभी नहीं मिल पाया और उसे कभी देख भी नहीं पाया। मगर लोग कहते हैं कि दौड़ने और संग्राम करने में वह सबको मात करता था।"

इस पर मेनिलेयस ने उसे जवाब दिया : "मेरे मित्र, देखो, तुम्हारी बातें बड़ी बुद्धिमत्तापूर्ण हैं। किसी उम्रदराज़ आदमी के लिए भी इससे अच्छा बोलना या करना सम्भव नहीं होता। ऐसा क्यों न हो जब तुम अपने पिता के आत्मज हो। इसी से तुम विवेकपूर्ण बातें करते हो। जिसके जन्म और विवाह में क्रॉनस-तनय सौभाग्य का धागा बुन देता है, उसके लड़के को पहचान लेना आसान होता है। यही देख लो कि उसने नेस्टर को आजीवन सर्वदा सौभाग्यशाली बनाया है, इस तरह कि बुढ़ापे में वह अपने महल में सुख-चैन से है और उसके बेटे बुद्धिमान और श्रेष्ठ कुन्तधर हैं। ख़ैर, अब रोना-धोना बन्द करके हम ब्यालू करने की फिर चिन्ता करें और हाथ धुलवा लें। जहाँ तक मेरा और टेलेमेकस का सवाल है, हम सुबह आपस में भरपूर बातें करेंगे, बल्कि पूरी सुबह।"

उसके ऐसा बोलने पर राजा मेनिलेयस के तत्पर सहचर सामन्त ऐसफेलियन ने उनके हाथ धुलवा दिए और वे अपने आगे परोसे गए सुस्वादु व्यंजनों पर हाथ साफ़ करने लगे।

तभी ज़्यूस-पुत्री हेलेन को एक विचार सूझ गया। उसने एक जड़ी उस पात्र में डाल दी जिससे वे मदिरा निकालकर पी रहे थे। जड़ी वह ऐसी थी कि उसको खाने

1. ऐंटीलोकस नेस्टर का बेटा और पिसीस्ट्राटस का बड़ा भाई था। वह ट्रॉय बाद में गया था और वहाँ उसने बड़ी वीरता दिखाई थी। तेज दौड़ने और भाला चलाने में निपुण होने के साथ-साथ देखने में भी वह बड़ा सुन्दर था। ट्रॉय के युद्ध में वह इथियोपिया के राजा मेमनौन के हाथों उस समय मारा गया जब वह संकट में पड़े अपने पिता की रक्षा करने गया था। मेमनौन का जन्म टिथोनस और उषा देवी औरोरा से हुआ था। इस भाँति वह एक देवी का पुत्र और प्रायेम का भतीजा था।

से सारा दर्द और क्रोध शान्त हो जाता था और हर तरह की तकलीफ़ की याद चली जाती थी। जाम में उसे एक बार घोल देने पर जो भी शख़्स उससे एक घूँट पी लेता था, उस दिन उसके गालों पर आँसू की एक भी बूँद नहीं ढरक सकती थी, वैसी हालत में भी नहीं अगर उसके माँ-बाप का देहान्त हो जाए, तब भी नहीं अगर उसकी आँखों के सामने उसका भाई या प्यारा बेटा तलवार से मार दिया जाए। ज़्यूस-पुत्री के पास ऐसे गुणों से सम्पन्न और लाभकारी अनेक सारी औषधियाँ थीं जो उसे मिस्र-निवासी थौन की पत्नी पोलीडेम्ना से उपहार में मिली थीं। दुनिया में सबसे अधिक जड़ी-बूटियाँ मिस्र की उपजाऊ मिट्‌टी ही देती है। उनमें से कुछ तो घोल के रूप में सेहतमन्द हैं, मगर ज़्यादातर ज़हरीली हैं। चिकित्साशास्त्र में वहाँ के बाशिन्दे इतने निपुण हैं कि दूसरे किसी मुल्क के लोग इसमें उनकी बराबरी नहीं कर सकते, क्योंकि वे पीऔन[1] की सन्तान हैं। बूटी मिला देने के बाद हेलेन ने मदिरा परोसने को कहा। तब वह फिर उनके बीच बोली :

"ऐट्रियस-सुत राजा मेनिलेयस एवं सुप्रसिद्ध जनों के पुत्रो, ज़्यूस सर्वशक्तिमान है, इसलिए वह अपनी मरज़ी से कभी इसका, कभी उसका भला और बुरा करता है। ख़ैर, अब हम महल में बैठकर भोजन करें और क़िस्से-कहानियों का मज़ा लें। मैं भी इस अवसर के अनुकूल तुम सबसे एक कहानी कहूँगी। धीर और साहसी ओडिसियस के जोखिम-भरे काम इतने थे कि उन सबको कह या गिन नहीं सकती। अहा, लेकिन उसका एक कृत्य तो मैं भुलाए नहीं भूलती जिसको उसने ट्रॉय की भूमि पर बड़े ही दुस्साहसिक ढंग से उस समय कर डाला था जब तुम यवन लोग भारी मुसीबत में फँसे थे। उसने कोड़े मार-मारकर अपना शरीर दाग़दार बना लिया और कन्धों से गन्दे-फन्दे कपड़े लपेटकर वह एक गुलाम की शक्ल में शत्रु के प्रशस्त मार्गोंवाले नगर में दाख़िल हो गया। इस तरह उसने कँगले का भेस कर लिया, हालाँकि यवन बेड़े पर उसका रूप बिलकुल भिन्न हुआ करता था। इसी शक्ल में वह ट्रोजनों के शहर में फिरने लगा और वे जान नहीं पाए कि वह कौन है। एक मैं ही ऐसी थी जो उस भेस में भी उसे ताड़ गई। मैं उससे सवाल करती रही और वह बड़ी होशियारी से सही जवाब टालता रहा। लेकिन अन्त में जब मैंने उसे नहलाने और तैलाभिषिक्त करने के बाद कपड़े दे दिए और पक्की शपथ लेकर कहा कि उसका भेद ट्रोजनों से तब तक नहीं बताऊँगी, जब तक वह अपने तेज जहाज़ों और सैन्य कुटीरों को लौट नहीं जाएगा। तब कहीं जाकर उसने मुझे यवनों की पूरी योजना बताई। लम्बी तलवार से अनेक ट्रोजनों को मारने के बाद वह यवनों के पास ढेर सारी ख़बरें लेकर लौट गया। उसके बाद तो अन्य ट्रोजन महिलाएँ ज़ोर-ज़ोर से रोने लगीं,

1. चिकित्सक के रूप में सूर्यदेव अपोलो का एक नाम। **इलियड** में इसका उल्लेख है, दे, अध्याय 5, पृ. 91, 106 (अनु. रमेश चन्द्र सिन्हा, नई दिल्ली, 1994)

किन्तु मैं मन ही मन ख़ुश थी, क्योंकि उस समय तक मेरी इच्छा फिर घर लौट जाने की हो चुकी थी और अन्ततः पछताने लगी थी—ऐफ्रोडायटी द्वारा दी गई अपनी उस विवेकशून्यता पर, जिसकी वजह से मैं अपनी छोटी बच्ची, अपने कोहबर और अपने ऐसे स्वामी को छोड़कर यहाँ चली आई थी जिसमें बुद्धि या रूप की कोई कमी नहीं थी।''

इस पर मेनिलेयस ने उसे उत्तर दिया : ''प्रिये, तुमने यह कहानी बड़े ही सुन्दर ढंग से कही है। मैंने बहुत देशों की यात्रा की है और अनेक प्रतापी नायकों से मंत्रणा करने और उनके विचार जानने का मुझे मौक़ा मिला है, किन्तु ओडिसियस के समान अदम्य साहसी पुरुष आज तक नहीं देख पाया हूँ। हम सब जो यवनों के चुनिन्दा सेनानायक थे, ट्रोजनों के ऊपर मृत्यु और विनाश लाने के लिए काठ के घोड़े के अन्दर बैठे थे। उसके भीतर ओडिसियस ने जो कुछ किया, वह उसके साहस और दृढ़संकल्प का उदाहरण है। हुआ यह कि उसी समय तुम वहाँ आ गई। निश्चय ही ट्रोजनों को गौरव देने की मंशा से किसी देवता ने तुम्हें ऐसा करने को प्रेरित कर दिया होगा, क्योंकि राजकुमार डेईफोबस तुम्हारे साथ आया था। उस खोखले घातपात्र के चारों ओर तुम यवन सेनापतियों के नाम बारी-बारी से प्रत्येक की पत्नी के स्वर में ज़ोर से पुकार-पुकारकर तीन बार फिरी और उसे छूकर देखा-परखा। मैं टीडियस-पुत्र डायोमिडीज़ तथा प्रतापी ओडिसियस के साथ बीच में बैठा था। हमने तुम्हारा पुकारना सुन लिया। मैं और डायोमिडीज़ तुरन्त उछलकर बाहर आ जाने या भीतर से ही तुम्हें जवाब देने को उद्यत हो उठे। परन्तु ओडिसियस ने हम दोनों को वहीं रोक दिया और हमारी व्यग्रता दबा दी। बाक़ी यवन पुत्र तो एकदम चुप रहे, लेकिन ऐंटीक्लस तब भी तुम्हें उत्तर देना चाह रहा था। पर ओडिसियस ने अपने सबल हाथों से उसका मुँह दृढ़ता से बन्द कर दिया और उसको तब तक दबाए रहा, जब तक कि तुम एथीनी की प्रेरणा से वहाँ से चली नहीं गई। इस तरह उसने सारे यवनों को बचा लिया।''

परन्तु टेलेमेकस ने उससे कहा : ''ओ राजा मेनिलेयस, ओ जननायक, यह तो और भी दुखद बात है कि इतना अधिक साहसी होते हुए भी वह दर्दनाक अन्त से बच नहीं पाया। अगर उसका हृदय लोहे का भी होता, तो भी वह बच नहीं सकता था। ख़ैर, अब हमें बिस्तर पर जाने की अनुमति दो ताकि हम निद्रा के वशीभूत होकर विश्राम का सुख ले पाएँ।''

उसके ऐसा कहते ही हेलेन ने दासियों को आज्ञा दी कि वे द्वारमंडप में चारपाइयाँ लगाकर उन पर पहले किरमिजी रंग के पतले कम्बल डालकर चादर बिछा दें और सबके ऊपर मोटे कम्बल पूरी तरह फैलाकर डाल दें। आदेश पाते ही दासियाँ हाथ में मशाल लेकर विशाल कक्ष से गईं और जाकर बिस्तर लगा दिए। तब अनुचर

अतिथियों को वहाँ ले गया। इस भाँति राजकुमार टेलेमेकस और नेस्टर का तेजस्वी बेटा द्वारमंडप में सो गए। लेकिन ऐट्रियस-सुत ऊँचे महल के सबसे पिछले प्रकोष्ठ में सोया, बदस्तूर, और उसके बग़ल में अनुपम सुन्दरी हेलेन लम्बा चोगा पहने लेट गई।

उषा के आते ही भीषण युद्धनिनादी मेनिलेयस बिछावन से उठ गया। उठकर उसने कपड़े पहने और कन्धे से तलवार लटका लेने और चमचमाते पैरों के नीचे मज़बूत चप्पल बाँध लेने के बाद जब वह अपने कमरे से निकला, तो वह एक देवता के समान दिख रहा था। वह सीधे जाकर टेलेमेकस के बग़ल में बैठ गया और अभिवादन करके उससे पूछा :

"राजकुमार टेलेमेकस, किस कारण तुम्हें प्रशस्त सागर को पारकर यहाँ इस रमणीक लेकिडेमौन आने की ज़रूरत आ पड़ी है? क्या यह आम लोगों के किसी मामले या अपने किसी निजी समस्या से सम्बन्धित है? इस बारे में तुम मुझे सच-सच बताओ।"

इस पर टेलेमेकस उससे बोला : "ओ राजा मेनिलेयस, ओ जननायक, मैं इसलिए आया हूँ कि शायद तुमसे मेरे पिता की कोई ख़बर मिल जाए। मेरे घर की चल सम्पत्ति भकोसी जा रही है और मेरी उपजाऊ ज़मीन पहले ही बरबाद की जा चुकी है। मेरा महल ऐसे बदमाशों से भरा है जो रोज़ झुंड की झुंड मेरी भेड़ों और मोटे-ताज़े मवेशियों को मार डालते हैं, वे और कोई नहीं बल्कि मेरी माँ के प्रणययाचक हैं। उनका अत्याचार हद को पार कर चुका है। मैं तुम्हारे पास याचक के रूप में अभी इसलिए आया हूँ कि यदि संयोगवश तुमने अपनी आँखों से मेरे पिता का दुखद अन्त देखा है या किसी भटके हुए यात्री से उसके बारे में कुछ सुना है, तो तुम स्वेच्छा से मुझे उसके सम्बन्ध में बताओ। ऐसा लगता है कि उसकी माँ ने उसे अत्यधिक दुख उठाने की ख़ातिर ही पैदा किया था। अपने कथन को तुम सहानुभूति के कारण या दयावश मृदुल मत बनाना, बल्कि उसे जिस अवस्था में देखा है, उसका बयान मुझसे सीधे शब्दों में करना। आह, तुमसे विनती है कि ट्रोजनों के देश में, जहाँ तुम यवनों को भारी मुसीबतें झेलनी पड़ी थीं, मेरे पिता वीर ओडिसियस ने यदि तुम्हारे कहने पर कोई बात बोलने या करने का वचन दिया और उसे पूरा किया हो, तो वह सब अभी याद करके मुझे सच्चाई से अवगत कराओ। मेरी तुमसे यही विनती है।"

यह सुनते ही मेनिलेयस भारी आक्रोश से भर उठा। वह टेलेमेकस से बोला : "सचमुच धिक्कार है उन घृणित कायरों को जो एक वीर पुरुष की शय्या पर सोना चाहते हैं! जब कोई हिरनी अपने नवजात दुधमुँहे बच्चों को किसी शक्तिशाली सिंह की माँद में सुलाकर स्वयं गिरिपृष्ठों और घासवाली घाटियों की ओर चरने निकल

जाती है और इस बीच वह सिंह अपनी माँद में लौट आता है, तब वह उन दोनों मृगछौनों को जिस निर्दयता से मार डालता है, उसी निर्दयता से ओडिसियस भी उन प्रणययाचकों को मार डालेगा। हे पिता ज़्यूस, हे एथीनी और अपोलो, तू सब ऐसा कर कि ओडिसियस उन लोगों पर उसी शक्ति से टूट पड़े जिस शक्ति से वह एक बार रमणीक लेस्बौस में चुनौती पाकर उठ खड़ा हुआ था और कुश्ती में फायलोमेलेईडीज़ को उठाकर बड़े ज़ोर से पटक दिया था। इस पर सारे यवन ख़ूब ख़ुश हुए थे। क्या ही अच्छा होता यदि उसी बल से भरपूर ओडिसियस प्रणयप्रार्थियों को भेंटता! तब वे सब आनन-फानन मौत के घाट उतार दिए जाते और विवाह का कड़वा मज़ा चख लेते। परन्तु जिस चीज़ को जानने के लिए तुम इतने व्यग्र हो, उसके बारे में मैं सत्य से हटकर कुछ नहीं कहूँगा और न तुम्हें छलूँगा ही। वृद्ध समुद्रदेव के अमोघ मुख से जो सब मैंने सुना है, वह सब तुमसे एक भी शब्द छुपाए या दबाए बिना कह डालूँगा।

"उस समय मैं मिस्र में था और घर आने को व्याकुल था। लेकिन देवगण मुझे वहाँ इसलिए रोके रहे कि मैंने उन्हें पवित्र पशुबलि विधिवत अर्पित नहीं की थी। उनकी इच्छा यही रहती है कि मनुष्य उनकी आज्ञा हमेशा याद रखे। हाँ, तो मिस्र के तट के सामने समुद्री तरंगों की हलचल के बीच फेरौस नामक एक द्वीप है। तेज और अनुकूल हवा होने पर अवतली पोत से वहाँ दिनभर में पहुँचा जा सकता है। वहाँ एक बढ़िया बन्दरगाह है जहाँ से जहाज़ी भरपूर मीठा पानी लेकर अपने शानदार जलयानों को महासमुद्र में आगे ले जाते हैं। वहीं देवताओं ने मुझे बीस दिनों तक रोक लिया था। उतने दिनों तक समुद्री हवा की साँस तक नहीं चली जिसके ही सहारे जहाज़ समुद्र के प्रशस्त पृष्ठप्रदेश पर तीव्र गति से चला करते हैं। यदि एक देवी तरस खाकर मेरी रक्षा न करती तो हमारा सारा रसद-पानी ख़त्म हो जाता और उसके साथ मेरे लोगों की सारी शक्ति चली जाती। वह देवी थी आइडोथिया, पुरातन समुद्रदेव शक्तिवन्त प्रोटिअस की बेटी। एक दिन मैं अकेला विचरण कर रहा था, क्योंकि भूख की मार से व्याकुल मेरे साथी मछली पकड़ने के वास्ते मुड़े हुए काँटे लेकर उस द्वीप पर दिनभर इधर-उधर भटकते फिरते थे। उसी समय वह देवी आ गई और मुझे देखते ही उसका हृदय द्रवित हो उठा। मैंने आज तक किसी को उतना प्रभावित नहीं किया होगा। वह सीधे आकर मेरे आगे खड़ी हो गई और मुझसे बेलौस पूछ बैठी :

"'अजनबी, क्या तुम निरे मूर्ख और मन्दबुद्धि हो अथवा जान-बूझकर लापरवाही बरत रहे हो? क्या तुम्हें तकलीफ़ में रहना ही भाता है? इतने दिनों से इस टापू पर बन्दी पड़े हो और यहाँ से निकलने का कोई उपाय भी नहीं करते, जबकि तुम्हारे साथी दिन ब दिन निराश होते जा रहे हैं।'

"वह यही बोली जिस पर मैंने उसे उत्तर दिया : 'तुम चाहे कोई देवी रहो लेकिन मैं तुम्हें सब कुछ बताऊँगा। यह जान लो कि मैं यहाँ स्वेच्छा से बन्दी नहीं हूँ। अवश्य ही मैंने व्योमनिवासी अमरों को रुष्ट कर दिया होगा, इसलिए मैं यहाँ क़ैद हूँ। ख़ैर, चूँकि देवगण सर्वज्ञ हैं, इसलिए यह बताओ कि किस देवता ने मेरा रास्ता रोककर मुझे यहाँ बाँध रखा है? यह भी बताओ कि जलचरों से भरे महासागर को पारकर मैं अपने घर किस तरह लौटूँगा?'

"मैंने ऐसा कहा और उस हितैषिणी देवी ने तुरन्त उत्तर दिया : 'हाँ महोदय, मैं तुम्हें साफ़ शब्दों में सब कुछ बताऊँगी। यहाँ मिस्र का वृद्ध समुद्रदेव प्रोटिअस आता रहता है जो पॉसायडन का अनुचर है। वह अमर है और वाणी उसकी अमोघ है। उसे प्रत्येक समुद्र की गहराइयों का ज्ञान है। कहते हैं कि वही मेरा जनक है। अगर तुम घात लगाकर उसे किसी तरह पकड़ लेते हो, तो वह दूरी और समय के साथ तुम्हारी यात्रा के बारे में सब कुछ बता देगा और यह भी बता देगा कि जलचरों से भरे महासमुद्र को पारकर तुम घर कैसे पहुँचोगे। इतना ही नहीं, ओ राजा, यदि चाहोगे तो वह यह भी कह देगा कि जितने दिनों तक तुम लम्बी और भयानक यात्राएँ करते रहे हो, उतने दिनों में तुम्हारे महल में कौन-कौन अच्छी और बुरी घटनाएँ घटी हैं।'

"उसके ऐसा बोलने पर मैंने उसे जवाब दिया : 'उस बूढ़े देवता को पकड़ने का तुम्हीं कोई उपाय करो, वरना अगर उसने संयोग से मुझको पहले देख लिया या मेरी उपस्थिति का उसे पता चल गया, तो वह इधर फटकेगा ही नहीं। किसी देवता को वश में कर पाना मरणधर्मा मनुष्य के लिए बड़ा कठिन है।'

"मैंने ऐसा कहा। इस पर वह दयालु देवी मुझसे झट बोली : 'हाँ महोदय, मैं अब सब कुछ साफ़-साफ़ बता ही देती हूँ। जब सूरज चलकर मध्य आकाश में आ जाता है, तब अमोघ वचनवाला वह वृद्ध समुद्रदेव खारे समुद्र से बाहर निकलता है। उसके पीछे-पीछे पश्चिम पवन आता है जिससे उठनेवाली सागर की श्यामल उर्मियाँ उसे ढँक लेती हैं। बाहर निकलकर वह एक गुफा के विवर में जाकर सो जाता है और उसके चारों तरफ़ झुंड की झुंड सीलें होती हैं, सागर की सुन्दर बेटियाँ। वे भी मटमैले जल से निकल आती हैं और उसको घेरकर सो जाती हैं। उनके शरीर से गहरे खारे समुद्र की दुर्गन्ध आती है। तुम्हारे जितने साथी हैं नौपृष्ठयुक्त जहाज़ों पर, उनमें सबसे साहसी तीन को तुम सावधानी से चुन लो। तुमको मैं खुद वहाँ कल पौ फटने के समय ले जाऊँगी और तुम सबको उचित स्थान पर तैनात कर दूँगी। अब उस बूढ़े देवता के सारे जादुई करतबों से तुम्हें अवगत करा देती हूँ। सबसे पहले वह सीलों की गिनती करता हुआ उनके बीच घूमेगा। जब वह सबको देखकर और गिनती मिलाकर आश्वस्त हो जाएगा, तब वह उनके बीच लेट जाएगा, जिस तरह चरवाहा

अपनी भेड़ों के बीच लेट जाता है। जैसे ही वह सो जाए कि तुम अपनी पूरी शक्ति और साहस लगाकर उसे दबोच लेना और छूटने का वह लाख प्रयास और संघर्ष करे मगर तुम उसे छोड़ना मत। छूट जाने के लिए वह धरती पर चलनेवाले तरह-तरह के प्राणियों के रूप धारण करेगा। यहाँ तक कि जल और धधकती आग के प्राणियों के भी रूप धरेगा। लेकिन तुम उसे ख़ूब दृढ़ता से पकड़े रहना और अधिकाधिक शक्ति से दबाते जाना। अन्त में वह अपनी सही शक्ल लेगा यानी वही शक्ल, जिसमें तुमने उसे पहले पहल देखा था, जब वह सोया हुआ था। तब, ओ वीरवर, तुम अपने बलशाली हाथ हटाकर बूढ़े को मुक्त कर देना और उससे पूछना कि कौन देवता तुम पर रुष्ट है और जलचरों से भरे सागर को किस प्रकार पार कर तुम अपने घर लौटोगे?

''इतना बोलकर उसने उर्मिल सागर में डुबकी लगा ली। तब मैं रेत पर खड़े जहाज़ों की ओर चला। पूरे रास्ते मेरा मन दुश्चिन्ता से अशान्त रहा। जब मैं समुद्र-तट पर खड़े जलयानों को पहुँच गया, तब हमने ब्यालू तैयार किया और अमृत निशा के आ जाने पर सागर-तट पर सो गए। जिस समय गुलाबी उँगलियोंवाली उषा का आना हुआ, उस समय मैं विस्तीर्ण पथोंवाले सिन्धु के किनारे-किनारे देवताओं से तत्परतापूर्वक विनती करते हुए जा रहा था। संग में वे तीन साथी भी थे जिन पर हर साहसिक कार्य के लिए मैं भरोसा किया करता था।

''इस बीच वह देवी, जिसने सागर के विशाल तल में गोता लगा लिया था, जल से बाहर आ चुकी थी। अपने पिता को छलने के विचार से वह अभी-अभी मारी गई चार सीलों की खालें साथ ले आई थी। उसने तट का बालू खोद-खोदकर गड्ढे बना दिए थे और हमारे इन्तज़ार में वहीं बैठी थी। जब हम उसके पास आ गए, तब उन गड्ढों में उसने हमें सुव्यवस्थित ढंग से लिटा दिया और हर आदमी के ऊपर खाल डाल दी। मगर समुद्री सील की भयंकर दुर्गन्ध से हम इतने उत्पीड़ित हो उठे कि हमारा वहाँ घात लगाना असह्य हो गया। किसी समुद्री पशु के साथ भला कौन सो सकता है? लेकिन उस देवी ने ही हमारी रक्षा की और हमारे आराम का उपाय कर दिया। उसने प्रत्येक व्यक्ति के नासारन्ध्रों में अत्यन्त सुवासित पराग लगा दिया जिससे पशु की दुर्गन्ध समाप्त हो गई। इस तरह हम सारी सुबह पूरे धैर्य से प्रतीक्षा करते रहे और तब झुंड की झुंड सीलें खारे समुद्र से निकल-निकलकर पछाड़ खाती लहरों के समीप सलीके से लेट गईं। ठीक दोपहर को वह बूढ़ा देवता भी लवणाब्धि से बाहर आया। उसने आकर अपनी मोटी-ताज़ी सीलों को देखा जो पहले से ही वहाँ सोई हुई थीं और चारों तरफ़ घूम-घूमकर उनको गिन लिया। उसे किसी छलछन्द का कोई अन्दाज़ा नहीं था, इसलिए उसने सीलों के बीच सबसे पहले हमारी गिनती लगाई। तब वह सो गया। उसके सोते ही हम उस पर चिल्लाते हुए टूट पड़े और

अपने हाथों से उसे जकड़ लिया। उधर वह वृद्ध देवता अपना छलबल भूला नहीं था। अब देखो कि सबसे पहले उसने कूर्चिल सिंह, तब क्रमशः साँप, तेंदुए और विशालकाय बनैले सूअर का रूप लिया। उसके बाद वह पानी की धारा और तब एक बड़े पुष्पित तरु के रूप में बदल गया लेकिन हम धैर्य खोए बिना उसे ख़ूब दृढ़ता से पकड़े रहे। आख़िर जब जादुई करतबोंवाला वह पुरातन देवता थक गया, तब वह मुखर हुआ और मुझसे पूछा :

" 'ऐट्रियस-तनय तुम्हें किस देवता ने मुझे इस तरह फाँसकर ज़बरन पकड़ लेने की तरकीब बताई है? ऐसा तुमने किस मक़सद से किया है?'

"इस प्रश्न का मैंने उसे उत्तर दिया : 'वृद्ध महोदय, चूँकि तुम सब कुछ जानते हो, इसलिए ऐसे प्रश्नों से मुझे क्यों भरमाते हो? तुम्हें मालूम है कि मैं इस टापू पर बहुत दिनों से बन्दी हूँ और यहाँ से निकलने का कोई उपाय भी नहीं खोज पा रहा हूँ। दिन-दिन मेरा मन निराशा से भरा जा रहा है। चूँकि देवगण सर्वज्ञ होते हैं, अतः यह बताओ कि किस देवता ने मेरा मार्ग अवरुद्ध कर मुझे यहाँ बाँध रखा है? यह भी बताओ कि जलचरों से भरे महासागर को पारकर मैं अपने घर किस तरह लौट सकूँगा?"

"मैंने ऐसा पूछा और उसने तुरन्त जवाब दिया : 'यह बात साफ़ है कि जहाज़ पर चढ़ने के पहले तुम ज़्यूस तथा अन्य देवताओं को उत्तम बलि अवश्य चढ़ाते ताकि मदिरघन समुद्र को पारकर तुम अपने देश शीघ्र से शीघ्र पहुँच जाते। लेकिन तुम्हारी नियति ऐसी है कि तुम जब तक नभपोषित नील नदी पुनः जाकर व्योमस्थ अमरों को पवित्र पशुबलि विधिवत अर्पित नहीं करोगे, तब तक तुम्हारे लिए अपने सगे-सम्बन्धियों को देख पाना और अपने वतन तथा सुदृढ़ भवन को पहुँच पाना सम्भव नहीं होगा। वैसा करने के बाद ही देवगण तुम्हें रास्ता देंगे जैसा कि तुम चाहते हो।'

"उसके ऐसा बोलने पर कि मुझे धुन्धभरा सागर पार कर पुनः मिस्र जाना पड़ेगा, लम्बी और ख़तरनाक यात्रा, तो मेरा दिल बैठ गया।

"तो भी मैंने उसे उत्तर दिया : 'वृद्ध महोदय, मैं तुम्हारे कथनानुसार यह सब अवश्य करूँगा। मगर देखो, अब तुम मुझे यह भी बताओ और विस्तार से सच-सच बताओ कि युद्ध के धागे का गोला समेट लिए जाने के बाद जब मैं और नेस्टर ट्रॉय से चल दिए, तब जिन यवनों को हम पीछे छोड़ आए, वे सब क्या जहाज़ों से घर सुरक्षित लौट गए अथवा उनमें से किसी ने दुर्घटनाग्रस्त होकर अपने जहाज़ पर या साथियों की बाँहों में दम तोड़ दिया?'

"मेरे इस सवाल का उसने तुरन्त जवाब दिया : 'ऐट्रियस-तनय, तुम मुझसे इतना कठोर प्रश्न क्यों पूछते हो? नहीं, इन चीज़ों के बारे में मुझसे जानना तुम्हारे

हक़ में अच्छा नहीं है। जानकर तुम्हारी आँखें सूखी नहीं रह पाएँगी, इतना मैं पहले ही कह देता हूँ, क्योंकि जिन लोगों के बारे में तुम पूछ रहे हो, उनमें से अनेक मर चुके हैं और अनेक बचे हुए हैं। घर लौट रहे कवचित यवन योद्धाओं में से दो ख़त्म हो गए हैं और जहाँ तक युद्धक्षेत्र का प्रश्न है, तो तुम स्वयं वहाँ उपस्थित थे। तीसरे योद्धा के सम्बन्ध में मुझे मालूम है कि वह अभी जीवित है, किन्तु विशाल महासमुद्र में फँसा पड़ा है। ऐजैक्स लम्बे चप्पुओं से युक्त अपने जलयानों के साथ समाप्त हो गया। पॉसायडन ने पहले उसके जहाज़ जायरेई की विशाल चट्टानों से टकरा दिए, लेकिन उसको समुद्र से उबार लिया। यद्यपि एथीनी उससे घृणा करती थी, तो भी यदि उसने अन्धमूढ़तावश घमंड-भरे उद्धत शब्द मुँह से नहीं निकाले होते, तो वह मृत्यु से बच जाता। उसने कहा कि देवताओं के द्वेष के बावजूद वह सागर के भयानक गर्त से बच निकला है। पॉसायडन ने उसकी यह भारी गर्वोक्ति सुन ली। उसने अपने शक्तिशाली हाथों में झट त्रिशूल लेकर जायरेई की वह चट्टान दो टुकड़ों में फाड़ दी। एक टुकड़ा जहाँ का तहाँ रह गया, किन्तु दूसरा, जिस पर बैठा ऐजैक्स अन्धमूढ़ता के वशीभूत हुआ था, समुद्र में जा गिरा। वह ऐजैक्स को विस्तीर्ण सागर की उत्ताल तरंगों के बीच ले गया। समुद्र का नमकीन पानी ढकोसकर ऐजैक्स वहीं नष्ट हो गया। जहाँ तक तुम्हारे अपने भाई का प्रश्न है, तो वह और उसके अवतली जलयान देवमहिषी हेरा की सहायता से विनष्ट होने से बच गए। लेकिन जब वह मैलीया का ऊँचा अन्तरीप पहुँचने को था कि भयानक तूफ़ान उठ गया और उसकी लाख इच्छा के विपरीत तूफ़ान उसे जलचरों से भरे समुद्र में उस क्षेत्र की सीमा की ओर झपट ले गया जहाँ पहले थायस्टीज़ और अब उसका बेटा ईजिस्थस रहता था। परन्तु उस रास्ते भी सुरक्षित लौटने की अच्छी सम्भावना दिखाई पड़ी, क्योंकि देवताओं ने हवा को बदलकर अनुकूल झंझावात में परिणत कर दिया। इस भाँति वे घर पहुँच गए। तब हर्ष से भरकर ऐगमेमनन ने अपने पूर्वजों की भूमि पर सच में पाँव रखे और अपनी मिट्टी का स्पर्श पाते ही उसे चूम लिया। अपनी भूमि देख उसके नेत्रों से ऊष्म आनन्दाश्रु झरने लगे लेकिन पहरेदार ने बुर्ज से ऐगमेमनन को देख लिया। इनाम में दो टैलेंट सोना देने का वादा करके धूर्त ईजिस्थस ने उस पहरेदार को वहाँ लाकर बिठा दिया था। वह एक साल से निगरानी कर रहा था ताकि ऐगमेमनन उसकी आँख बचाकर कहीं निकल न जाए और हमले की तैयारी न शुरू कर दे। इसलिए उसने सीधे महल जाकर राजा को यह ख़बर दे दी (ईजिस्थस ने ऐगमेमनन की अनुपस्थिति में गद्दी हथिया ली थी)। ईजिस्थस ने चालाकी से विश्वासघात करने की तुरन्त तैयारी कर ली। उसने नगर के सबसे बलवान बीस लोगों को चुनकर महल के एक भाग में घात में बिठा दिया और दूसरे भाग में दावत की तैयारी का हुक्म दे दिया। उसके बाद वह स्वयं रथ-घोड़े लेकर राजा ऐगमेमनन को

भोज में आमन्त्रित करने चला, लेकिन उसका दिमाग़ घृणित विचारों से भरा था। वह ऐगमेमनन को समुद्र-तट से अपने महल ले आया, परन्तु ऐगमेमनन को अपने आसन्न विनाश की भनक तक नहीं लगी। खिलाने-पिलाने के बाद उसको ईजिस्थस ने उसी तरह मार दिया, जिस तरह कोई आदमी एक बैल को उसकी नाँद पर मार देता है। न तो ऐट्रियस के बेटे का कोई साथी और न ईजिस्थस का ही कोई आदमी बच पाया। सब के सब उस महल में मार डाल गए।'

"उसका ऐसा बोलना था कि मेरा अन्तर्मन विदीर्ण हो गया। मैं रोने लगा और थहराकर बालू पर बैठ गया। मुझे लगा कि मेरा अब जीवित रहना और सूर्य का प्रकाश देखना सब बेकार है। लेकिन जब मैं जीभर रो और धरती पर लोट चुका, तब अमोघ वाणीवाला वह वृद्ध समुद्रदेव मुझसे फिर बोला :

" 'ऐट्रियस-तनय, तुम बहुत रो लिए। इस तरह असंयमित रुदन से हमें कोई लाभ होने का नहीं। बल्कि तुम जल्द से जल्द अपने देश पहुँचने का प्रयास करो। बहुत सम्भव है, ईजिस्थस को अब भी ज़िन्दा पा लो या तुम्हारे पहुँचने के पहले ही ऑरेस्टीज़ उसकी हत्या कर चुका हो और तुम शायद उसके अन्त्येष्टि-भोज में भाग ले सको।'

"उसके इस कथन से मेरे व्यथित मन को सान्त्वना मिली और अपने को संयमित करके मैंने उससे अधीरता से सीधे पूछा : 'दो के बारे में तो मैं जान गया, लेकिन अब यह बताओ कि तीसरा वह कौन है जो आज भी जीवित है किन्तु विस्तीर्ण महासागर के किसी क्षेत्र में बन्दी बना पड़ा है या मर चुका है? भले ही मुझे क्लेश हो मगर सुनने को प्रस्तुत हूँ।'

"मेरे ऐसा बोलते ही उसने चट उत्तर दिया : 'वह है लेयरटीज़ का बेटा और घर उसका इथाका है। मैंने उसे एक टापू पर कैलिप्सो के महल में बहुत रोते देखा है। कैलिप्सो उसको ज़बरन क़ैद किए हुई है और उसे घर नहीं लौटने देती है। सागर के विशाल पृष्ठ को पार कर अपने मुल्क लौट जाने के लिए उसके पास न तो चप्पुओंवाले जहाज़ और न नाविक हैं। लेकिन, ओ ऐट्रियस-तनय राजा मेनिलेयस, तुम्हारी नियति में अश्वों की चरागाहों से पूर्ण आरगौस में मरना नहीं बदा है। बल्कि अमरगण तुम्हें उठाकर संसार के अन्तिम छोर पर स्थित ईलिज़ियन[1] नामक प्रस्थ ले जाएँगे जहाँ सुनहले बालोंवाला रैडमैन्थस रहता है और जहाँ मनुष्य

1. उस समय के यवनों का विश्वास था कि मृत्यु के बाद मनुष्य की प्रेतात्माएँ हेडीज़ और पर्सेफनी के राज्य में रहने चली जाती हैं जो धरती के नीचे सीलन-भरा अन्धकारपूर्ण स्थान है। वहाँ अच्छी-बुरी सभी प्रेतात्माओं को जाना होता है। होमर के दोनों महाकाव्यों में इसका उल्लेख है। लेकिन **ओडिसी** में होमर ने ईलिज़ियन या ईलिज़ियम का भी उल्लेख किया है जो पृथ्वी के अन्तिम छोर पर है। वहाँ सदा आनन्द है और भाग्यवान मनुष्य मरते नहीं बल्कि देवताओं द्वारा वहाँ सदेह ले जाए जाते हैं।

का जीवन सबसे आरामदेह है। वहाँ न तो हिमपात होता है और न भारी तूफ़ान ही आता है। वर्षा भी वहाँ नहीं होती है। वहाँ बल्कि महासमुद्र से गुनगुनाता हुआ पश्चिम पवन हमेशा आकर मनुष्यों को शीतलता प्रदान करता है। हेलेन तुम्हारी पत्नी है अर्थात तुम ज़्यूस के दामाद हो, इस बात का ध्यान रख देवगण तुम्हारे लिए यह सब करेंगे।'

"इतना बोलकर उसने लहराते सागर में डुबकी लगा ली। लेकिन मैं अपने बहादुर साथियों को लेकर जलयानों की ओर चल पड़ा। रास्तेभर मेरा मन दुश्चिन्ता से अशान्त रहा। जब मैं समुद्र-तट पर खड़े जहाज़ों तक पहुँच गया, तब हमने ब्यालू तैयार किया और अमृत निशा के आने पर सागर-तट पर सो गए। उषा के आते ही सबसे पहले हम पोतों को उद्दीप्त लवणाब्धि में खींच ले गए और उन शानदार जहाज़ों पर मस्तूल और पाल यथास्थान लगा दिए। तब जहाज़ी भी उन पर सवार हो गए और कगरों पर बैठकर चप्पुओं से समुद्र का मटमैला पानी मारने लगे। नभपोषित नील नदी की धारा में एक बार फिर आ जाने और जहाज़ों को तट से बाँध देने के बाद मैंने पवित्र पशुबलि विधिवत अर्पित की। शाश्वत देवताओं का कोप इस भाँति शान्त करके मैंने ऐगमेमनन के नाम पर एक समाधि-स्तूप भी खड़ा कर दिया ताकि उसका यश सदा बना रहे। यह सब करके मैं घर के लिए चल पड़ा। अमरों द्वारा अनुकूल हवा दे देने के कारण मैं अपने प्रिय देश बहुत शीघ्र पहुँच गया। लेकिन देखो, अब तुम मेरे महल में ग्यारह-बारह दिनों तक ठहरो। उसके बाद ही तुमको ससम्मान विदा करूँगा। मैं तुम्हें उत्तम उपहार दूँगा—एक चमचमाता रथ और तीन घोड़े। इतना ही नहीं, मैं तुम्हें एक सुन्दर चषक भी दूँगा ताकि तुम अमरों को अर्घ्य अर्पित कर सको और इस तरह तुम्हारे हृदय में मेरी स्मृति आजीवन बनी रहे।"

तब विचारशील टेलेमेकस ने उसे उत्तर दिया : "ऐट्रियस-तनय, इतने दिनों तक मुझे यहाँ मत रोको। तुम्हारी बातें और कहानियाँ सुनकर मुझे अद्भुत आनन्द मिलता है, इतना कि मैं अपने माँ-बाप और घर-बार को भुलाकर तुम्हारे संग एक साल भी बैठ सकता था। परन्तु ऐसा है कि पायलस में मेरे साथी अब तक उकता चुके होंगे, तिस पर तुम मुझे और अधिक दिनों तक रोक रखना चाहते हो। मुझे तुम जो भी उपहार देना चाहते हो, वह ऐसा हो कि मैं उसे सँजो सकूँ। घोड़े मैं इथाका नहीं ले जा सकता। उनको तुम्हारी घुड़साल की शोभा बढ़ाने को ही छोड़ दूँगा, क्योंकि तुम एक ऐसे खुले मैदानी भाग के राजा हो जहाँ तिपतिया घास ख़ूब होती है और कुलंजन, गेहूँ एवं जई के साथ चौड़े पत्तोंवाला मोतिया जौ भी उपजता है। किन्तु इथाका में घोड़ों के दौड़ने के लिए न तो खुले मैदान और न घास के ही मैदान हैं। वहाँ तो बकरियों के लायक़ चरागाहें हैं जो मुझे अश्वों की चरागाहों से ज़्यादा सुहावनी दिखती

हैं। समुद्र की ओर ढालू जितने भी टापू हैं, वे सब घोड़े दौड़ाने योग्य नहीं हैं। इथाका तो बिलकुल नहीं।''

वह ऐसा बोला। भीषण युद्धनिनादी मेनिलेयस मुसकराया और अपने हाथ से उसका दुलार करते हुए बड़े ही स्नेहपूर्ण स्वर में उत्तर दिया : ''प्यारे बच्चे, तुम्हारा शिष्टवचन तुम्हारी कुलीनता का परिचायक है। अतएव मैं अपने उपहारों को बदल दूँगा, ऐसा करने में कोई कठिनाई नहीं है। मेरे महल में संचित वस्तुओं में जो सबसे सुन्दर और मूल्यवान है, उपहार में तुम्हें वही दूँगा। यानी ख़ूब सुन्दर ढंग से निर्मित एक मिश्रणपात्र। वह पूरा-पूरा चाँदी का है और ऊपरी किनारा उसका सोने का। स्वयं हेफ़ीस्टस ने उसे बनाया है। वह मिश्रणपात्र साइडौन के राजा वीरवर फीडिमस ने मुझे उस दिन दिया था जब मैं घर लौटते समय रास्ते में उसके महल में ठहरा था। अभी मैं तुम्हें वही दूँगा।''

दोनों का आपस में यही वार्तालाप हुआ। उसी बीच वे सब लोग जिन्हें उस रात के भोज का इन्तज़ाम करना और उसमें शरीक होना था, दैवी राजा के भवन में आ गए। वे अपनी भेड़ें हाँक ले आने के साथ-साथ मदिरा भी लेते आए थे; मदिरा, जिसे पीकर मनुष्य मस्त हो उठता है। उनकी सुवसनित पत्नियों ने उनके वास्ते गेहूँ की रोटियाँ भेज दी थीं। वे लोग महल में दावत की तैयारी में इसी भाँति लगे थे।

उधर वहाँ ओडिसियस के महल के सामने समतल सहन पर पहले की भाँति दम्भ से भरे प्रणययाचक चक्का और भाला फेंकने में अपना समय व्यतीत कर रहे थे। ऐंटीनोअस और देवतुल्य यूरीमेकस वहाँ एक साथ बैठे थे। उनके बीच वे दोनों निस्सन्देह सर्वप्रमुख एवं अनेक कलाओं में निष्णात थे। फ्रौनियस-सुत नोईमौन ने उनके पास आकर ऐंटीनोअस से एक सवाल किया :

''ऐंटीनोअस, टेलेमेकस रेतीले पायलस से कब लौटेगा, यह हमें मालमू है या नहीं? वह मेरा जहाज़ लेकर चला गया है, जबकि मुझे एलिस जाने के लिए उसकी ज़रूरत है। वहाँ कुल बारह खच्चरियाँ हैं मेरी। उनके साथ दुधमुँहे मगर तगड़े बछड़े हैं जो अब तक सधाए नहीं गए हैं। उनमें से एक को लाकर सधाना चाहता हूँ।

उसकी इस बात से वे सब हैरान रह गए। उन्हें कोई ख़याल ही न था कि टेलेमेकस पायलस चला गया है। बल्कि वे समझ रहे थे कि वह यहीं कहीं अपने चक पर मवेशियों के बीच या सूअर के चरवाहे के साथ है।

तब यूपेईथीज-पुत्र ऐंटीनोअस ने उससे पूछा : ''मुझे साफ़-साफ़ बताओ कि वह कब गया है और उसके साथ कौन-कौन युवक गए हैं? क्या उनको उसने इथाका नगर से चुना था या वे उसके दास और अनुचर थे जिन्हें ले जाने का उसे पूरा अधिकार था? बग़ैर कुछ छुपाए मुझे यह भी बताओ ताकि मैं पक्के तौर पर जान

सकूँ कि क्या वह तुम्हारा जहाज़ तुम्हारी इच्छा के ख़िलाफ़ ज़बरदस्ती ले गया है या उसकी गुज़ारिश पर तुमने उसे ख़ुशी से दिया है?"

इस पर नोईमौन ने उसे उत्तर दिया : "वह मैंने उसे स्वेच्छा से दिया है। उसकी हैसियत का इतना चिन्ताग्रस्त आदमी जब कुछ माँग बैठे, तब कोई क्या करे? ऐसी हालत में नकारना बड़ा मुश्किल होता है। उसके साथ जानेवालों का जहाँ तक प्रश्न है, तो वे हमारे बाद यहाँ के सर्वोत्तम युवक हैं। उनके नायक के रूप में जिस व्यक्ति को मैंने जहाज़ पर चढ़ते देखा है, वह मेंटौर या मेंटौर से बिलकुल मिलता-जुलता कोई देवता था। लेकिन एक बात से मैं बड़ा अचम्भित हूँ कि तेजस्वी मेंटौर को मैंने कल पौ फटने के समय देखा था, जबकि वह पायलस के लिए पहले ही रवाना हो चुका था।"

यह बोलकर वह अपने पिता के घर लौट गया। मगर वे दोनों अहंकारी व्यक्ति रोष से भर उठे और प्रणययाचकों को खेलना छुड़ाकर एक साथ बिठा दिया। यूपेईथीज़ का बेटा ऐंटीनोअस क्रुद्ध होकर उनके बीच बोला। विकट कोप से उसकी छाती फूल गई थी और आँखें उसकी दहकती आग मालूम पड़ती थीं :

"धिक्कार हो उसे! इस यात्रा पर इतनी होशियारी से निकलकर उसने बड़ा ही दुस्साहसिक काम कर डाला है और हम समझते थे कि वह ऐसा कभी नहीं कर पाएगा। हमारे विरोध के बावजूद वह छोकरा चुपचाप खिसक गया है और शहर के बेहतरीन युवकों को चुनकर उसने अपना जहाज़ समुन्दर में उतरवा भी लिया है। अब तो वह हमारे लिए और भी ख़तरनाक साबित होगा। लेकिन, ओ ज़्यूस, वह पूर्ण युवावस्था को प्राप्त हो, उसके पहले ही तू हम पर दया करके उसकी ताक़त ख़त्म कर दे। ख़ैर, मुझको तुम लोग एक तेज जहाज़ और उसके साथ बीस आदमी दे दो। इथाका और पथरीले सेमौस के बीच तंग समुद्री रास्ते पर उसकी वापसी तक मैं घात लगाकर इन्तज़ार करूँगा ताकि बाप की खोज में उसकी जलयात्रा का दुखद अन्त हो जाए।"

उसका यह प्रस्ताव सबने मान लिया और उसे वैसा ही करने को कहा। तदनन्तर वे उठकर ओडिसियस के घर चले गए।

लेकिन उधर पिनेलपी को प्रणययाचकों के इस गुप्त षड्यन्त्र की ख़बर तुरन्त मिल गई। इसके बारे में अनुचर मीडौन ने आकर उसे बता दिया। वे लोग जब प्रांगण में अपना षड्यन्त्र रच रहे थे, तो बाहर खड़े मीडौन ने उनका यह प्रयोजन सुन लिया और ख़बर लेकर सीधे महल के अन्दर पिनेलपी के पास चला गया। वह कमरे की दहलीज़ पर पहुँचा ही था कि पिनेलपी उससे पूछ बैठी :

"ओ अनुचर, दर्पीले प्रणययाचकों ने तुम्हें अभी यहाँ किस काम से भेजा है? क्या तुम यह कहने आए हो कि राजा ओडिसियस की दासियाँ अपने-अपने काम

छोड़कर उनके वास्ते भोज का इन्तज़ाम करें? क्या ही अच्छा होता अगर वे प्रणययाचना के लिए यहाँ एकत्र न हुए होते और आज यहाँ उनका यह भोज अन्तिम, बिलकुल अन्तिम सिद्ध होता, उन सबके लिए जो यहाँ लगातार इकट्ठे होकर संयत टेलेमेकस की भोजन सामग्रियाँ और धन-सम्पत्ति भकोसते जा रहे हैं। क्या बचपन में तुम लोगों को अपने-अपने पिता से ओडिसियस के बारे में मालूम नहीं हुआ था कि उनके बीच वह कैसा आदमी था? अपने लोगों में से किसी को भी उसने कभी कोई अनुचित बात नहीं कही और न किसी के साथ अनुचित व्यवहार ही किया, जैसा कि दैवसंरक्षित राजा किया करते हैं। ऐसा है कि कोई राजा यदि किसी को सताता है, तो किसी दूसरे पर अनुग्रह करता है। परन्तु ओडिसियस ने कभी किसी के साथ अन्याय नहीं किया। इससे बल्कि तुम लोगों की दुर्भावना स्पष्ट हो जाती है और तुम्हारे अनुचित कार्य सबके सामने ज़ाहिर हो जाते हैं। यह भी कि पूर्वकाल में किए गए उपकार के प्रति लोग कृतज्ञ नहीं रहते।''

इस पर बुद्धिमान मीडौन ने उसे उत्तर दिया : ''आह रानी, इतनी ही विपदा रहती तो बेहतर होता! तुम्हारे प्रणययाचक इससे अधिक दुखद एवं दारुण विपत्ति लाने की योजना बना रहे हैं। क्रॉनस-तनय से मेरी विनती है कि ऐसा वह कभी न होने दे। टेलेमेकस अपने पिता का पता लगाने पवित्र पायलस और रमणीक लेकिडेमौन गया है। घर लौटते समय उसे वे लोग तेजधार तलवार से मार डालने का निश्चय कर चुके हैं।''

उसका ऐसा कहना था कि पिनेलपी के घुटने शिथिल पड़ गए, हृदय निष्पन्द हो गया और आँखें आँसू से भर उठीं। अनेक काल तक अवाक रहने के बाद अन्त में वह लड़खड़ाती आवाज़ में उससे बोली :

''ओ अनुचर, मुझे यह बताओ कि मेरा बेटा यहाँ से क्यों चला गया? उसे तेज जलयानों से जहाँ-तहाँ जाने की ज़रूरत नहीं थी, वे ही जलयान जिन्हें नाविक जनशून्य महार्णव को पार करने के निमित्त पानी पर रथ के समान हाँकते हैं। क्या उसकी इच्छा है कि अब उसका भी नाम इस धरती से मिट जाए?''

तब चतुर मीडौन ने उसे जवाब दिया : ''मुझे नहीं मालूम कि वह किसी देवता के उकसावे पर या अपनी अन्तःप्रेरणा से पायलस गया है। लेकिन मक़सद उसका अपने पिता की वापसी के बारे में जानना है या अगर उसकी मौत हो गई है, तो वह किस हालत में हुई है, यह पता करना है।''

इतना कहकर वह ओडिसियस के महल से निकलकर वापस चला गया, किन्तु पिनेलपी के ऊपर क्षयकारिणी व्यथा का बादल आ पड़ा। उसके कमरे में कुर्सी थी, एक नहीं अनेक, मगर उस पर बैठ पाना उसे असह्य जान पड़ा। वह अपने सुसज्जित प्रकोष्ठ की दहलीज़ पर करुण स्वर से रुदन करती बैठ गई और महल की बूढ़ी और

युवती जितनी भी दासियाँ एवं परिचारिकाएँ थीं, वे सब आकर उसके चारों ओर सुबकने लगीं। पिनेलपी रो-रोकर उनसे बोली :

"मेरी बात सुनो, सहचरियो! मेरे समय में पैदा हुई और पली-बढ़ी जितनी भी औरतें हैं, उनमें मैं ही ऐसी हूँ जिसे ओलिम्पसपति ने सबसे अधिक दुख दिया है। बहुत साल पहले मैंने सिंह के समान अपने साहसी और महान पति को खो दिया। वह सब प्रकार से श्रेष्ठतम यवन था और उसका सुयश हेलैस से लेकर मध्य आरगौस तक फैला हुआ था। अब मेरा दुलारा बेटा अचानक यूँ चला गया मानो बवंडर उसे उड़ा ले गया हो। घर के किसी आदमी ने मुझसे उसके जाने की बात नहीं बताई और न मैं कुछ सुन ही पाई। जब तुम्हें भली भाँति मालूम था कि वह काले अवतली पोत से गया है, तो भी, ओ निष्ठुर औरतो, तुममें से किसी के भी दिमाग़ में मुझे पलंग पर से जगा देने का ख़याल न आया। अगर मुझे उसके इस सफ़र का इरादा पहले मालूम हो जाता, तो जाने को लाख उद्यत होते हुए भी उसे रुक जाना ही होता, वरना उसे महल में मेरी लाश छोड़कर जाना पड़ता। ख़ैर, लेकिन अब तुममें से कोई जल्दी जाकर डोलियस नामक मेरे पुराने दास को बुला लाओ। उसको मेरे बाप ने मुझे विवाह में दिया था, मेरे बाग की देखभाल करने के वास्ते। वह सीधे लेयरटीज़ के पास जाकर उसके आगे बैठ जाएगा और उसे एक-एक कर सारी बात सुना देगा। बहुत सम्भव है, लेयरटीज़ को कोई उपाय सूझ जाए और वह एकान्तवास से निकलकर उन लोगों को, जो उसके और ओडिसियस के राजवंश को नष्ट कर देने पर तुले हुए हैं, समझाए-बुझाए।"

इस पर भली धाय यूरीक्लिया ने उसे उत्तर दिया : "प्रिय स्वामिनी, तुम चाहो तो मुझे कठोर खड्ग से मार डालो या इस महल में ज़िन्दा रहने दो, किन्तु तुमसे मैं सच्ची बात नहीं छुपाऊँगी। मुझे इसका पता था। भोजन-सामग्री एवं मधुर सुरा और बाक़ी जो कुछ देने को उसने कहा, वह सब मैंने ही उसे दिया है। परन्तु उसने मुझसे दृढ़ प्रतिज्ञा करा ली थी कि तुमसे इस सम्बन्ध में कम से कम बारह दिनों तक कुछ नहीं कहूँगी या तब तक नहीं जब तक उसे नहीं देखकर तुम उसके चले जाने के बारे में खुद ही जान जाओगी। वह नहीं चाहता था कि तुम अपनी सुन्दर त्वचा आँसुओं से विकृत कर लो। लेकिन अब तुम जल से नहा-धोकर स्वच्छ परिधान धारण कर लो और परिचारिकाओं के साथ अपने ऊपरी कमरे में जाकर चर्मधर ज़्यूस की पुत्री एथीनी से विनती करो। वह तुम्हारे बेटे को मौत से भी बचा सकती है। मगर जहाँ तक लेयरटीज़ का सवाल है, तो उस बूढ़े की परेशानी मत बढ़ाओ। मेरी समझ से ऐसा नहीं है कि महाभाग देवगण आरसीसियस के वंश से केवल घृणा ही करते हों। इसी वंश का कोई न कोई व्यक्ति इस ऊँची अट्टालिका और इसके चारों ओर दूर-दूर तक फैले उर्वर खेतों का स्वामी रहेगा।"

उसके इन शब्दों से रानी का रोना और उसकी आँखों से आँसुओं का गिरना बन्द हो गया। तब उसने जल से स्नान करके स्वच्छ परिधान धारण कर लिया और परिचारिकाओं को लेकर ऊपर प्रकोष्ठ में चली गई। एक टोकरी में जौ का आटा डाल देने के बाद वह एथीनी देवी की विनती करने लगी :

"हे चर्मधर ज़्यूस की पुत्री अश्रान्त कुमारिके, यदि बुद्धिमान ओडिसियस ने अपने महल में तुझे बछड़े या मेष की चरबीदार रानों की आहुति दी है, तो मेरी विनती है कि तू अभी इसका ख़याल करके मेरे बेटे की रक्षा कर और उसे उद्धत एवं अत्याचारी प्रणययाचकों से दूर रख।"

प्रार्थना करके वह विधिवत ज़ोर से चिल्ला पड़ी। देवी ने उसकी विनती सुन ली। उधर बाहरी कक्ष के धुँधलके में प्रणययाचक ज़ोर-ज़ोर से बातें कर रहे थे। उनमें से कोई उद्धत युवक बोल उठा :

"निश्चय ही यह अतिप्रार्थिता रानी हममें से किसी एक से विवाह कर लेने की तैयारी कर रही है। उसे नहीं मालूम कि उसके बेटे की हत्या की व्यवस्था पक्की हो चुकी है।"

वे आपस में इसी तरह शेख़ी बघार रहे थे, लेकिन सच्चाई यह थी कि स्वयं उनको ही वस्तुस्थिति का ज्ञान नहीं था। तभी ऐंटीनोअस उनके बीच उग्र स्वर में बोल उठा :

"मेरे भलेमानस साथियो, इस तरह ज़ोर-ज़ोर से डींग मत मारो, नहीं तो महल में जाकर कोई यह ख़बर फैला देगा। बल्कि अब हम चुपचाप उठ चलें और जो बात हमने कही और सबने पसन्द की है उसे कर डालें।"

यह कहकर उसने सबसे साहसी बीस लोगों को चुन लिया और वे सब समुद्र-तट पर खड़े तीव्रगामी जलयान की ओर चल पड़े। सबसे पहले वे जहाज़ को खींचकर गहरे पानी में ले गए। उन्होंने तब मस्तूल और पालों को जहाज़ में रख दिया और चप्पुओं को चमड़े के छल्लों में ठीक से बैठा देने के बाद सफ़ेद पाल तान दिए। तब तक उनके मुस्तैद अनुचर उनके हथियार ले आए थे। जहाज़ को तट के आगे गहरे पानी में बाँधकर वे किनारे आ गए और ब्यालू करके शाम होने का इन्तज़ार करने लगे।

लेकिन चतुर पिनेलपी खाना-पीना छोड़कर अपने ऊपरी कमरे में पड़ी थी। वह बस एक ही चिन्ता से ग्रस्त थी कि क्या उसका वीर पुत्र मौत से बच निकलेगा या उद्धत प्रणययाचकों के हाथों मार दिया जाएगा? जब कोई सिंह लोगों की भीड़ द्वारा घेर लिया जाता है और उसके ऊपर वे अपना घेरा होशियारी से तंग करने लगते हैं, तब वह जिस तरह चिन्ता से व्याकुल हो जाता है, उसी तरह पिनेलपी भी घोर चिन्ता से व्याकुल हो गई थी। तभी उसे गहरी नींद आ गई और वह निढाल लेट गई। उसके अंग-प्रत्यंग शिथिल पड़ गए।

उसी समय दीप्ताक्षी एथीनी को एक दूसरा विचार सूझ गया। उसने एक प्रेतात्मा हू ब हू वीर आइकेरियस की बेटी इफथायमी के समान बनाई। इफथायमी से यूमीलस ने शादी की थी और वह फेरी में रहती थी। देवी ने उसे ही राजा ओडिसियस के महल में दुखिया पिनेलपी के निकट उसका रुदन और अश्रुपूर्ण विलाप रोकने के वास्ते भेज दिया। सिटकिनी का पट्टा होकर वह कमरे में दाख़िल हो गई और पिनेलपी के सिरहाने खड़ी होकर उससे बोली :

"ओ पिनेलपी, क्या तुम शोक से परिश्रान्त होकर सो गई हो? नहीं, सुख से जीनेवाले देवगण भी तुम्हें दुखी और रोते नहीं देखना चाहते हैं। तुम्हारा बेटा सकुशल घर लौट आएगा। देवताओं की नज़रों में उसने कोई अपराध नहीं किया है।"

स्वप्नलोक के द्वार पर मीठी नींद में सोई पिनेलपी ने उसे उत्तर दिया :

"बहन, तुम यहाँ किस मक़सद से आई हो? तुम तो बहुत दूर रहती हो और मुझसे शायद कभी मिली भी नहीं हो। तो भी कह रही हो कि मैं अपने हृदय को बेचैन कर देनेवाली इतनी सारी पीड़ाएँ और व्यथाएँ झटक दूँ। बहुत साल पहले मैंने सिंह के समान अपने साहसी और महान पति को खो दिया। वह सब प्रकार से श्रेष्ठतम यवन था और उसका सुयश हेलैस से लेकर मध्य आरगौस तक फैला हुआ था। अब मेरा लाड़ला बेटा चला गया है अवतली पोत से। वह अभी बच्चा है, जोखिम-भरे कामों एवं परिषद के वाद-विवादों में अनभ्यस्त। उसकी ख़ातिर मैं अपने स्वामी से अधिक दुखी हूँ और भय से काँपती हूँ कि जिनके पास वह गया है वहाँ अथवा समुद्र में ही उसे कुछ हो न जाए। उसके दुश्मन बहुत हैं जो उसे घर लौट आने के पहले ही धोखे से मार डालने को आतुर हैं।"

इस पर उस धुँधली प्रेतात्मा ने उसे उत्तर दिया : "हिम्मत रखो और अधिक मत डरो; क्योंकि देखो, उसका मार्गदर्शन करने उसके साथ एक ऐसी मित्र गई है, जिसका सान्निध्य पाने के लिए सब लोग प्रार्थना करते हैं अर्थात पैलस एथीनी, जिसके पास शक्ति है। उसने ही तुम्हारे दुख से दयार्द्र होकर उपरोक्त बातें कह देने को मुझे तुम्हारे समीप भेजा है।"

पिनेलपी उससे फिर बोली : "यदि सच में तुम दिव्य शक्ति से सम्पन्न हो और दैवी वाणी सुनी है, तब देखो, तुमसे मेरी विनती है कि तुम उस भाग्यहीन पुरुष के सम्बन्ध में मुझे बताओ कि क्या वह संयोगवश अब भी जीवित है और सूर्य का प्रकाश देखने में सक्षम है अथवा मरकर हेडीज़ के घर का निवासी बन चुका है?"

उसे जवाब देते हुए उस धुँधली प्रेतात्मा ने कहा : "उसके बारे में मैं कुछ नहीं कहूँगी कि वह ज़िन्दा है या मर चुका है। हवा के समान हलके शब्दों का प्रयोग करना बुरा है।"

यह कहकर वह प्रेतात्मा दरवाज़े की सिटकनी होकर बाहर सरक गई और हवा में खो गई। आइकेरियस की बेटी नींद से हड़बड़ाकर उठ पड़ी। रात्रि की निस्तब्धता में तीव्र गति से उसके निकट आया वह स्वप्न इतना जीवन्त था कि उसके हृदय को बड़ी सान्त्वना मिली।

उसी बीच प्रणयप्रार्थी जहाज़ लेकर जलमार्ग से जा रहे थे। वे अपने मन में टेलेमेकस की हत्या कर देने का निश्चय लिए हुए थे। इथाका और पथरीले सेमौस के बीच समुद्र में एक छोटा टापू है—ऐसटेरिस। जहाज़ों के ठहरने के उपयुक्त वहाँ दो प्रवेश द्वारोंवाला एक बन्दगाह है। वे यवन टेलेमेकस की घात में वहीं जाकर जम गए।

कैलिप्सो

जिस समय गर्वीले टिथोनस के बग़ल में लेटी उषा मर्त्यों और अमर्त्यों को प्रकाश देने अपने पलंग से उठी, उसी समय सबसे शक्तिशाली एवं व्योम में गर्जना करनेवाले देवता ज़्यूस के चतुर्दिक देवताओं की सभा जुटी। चूँकि ओडिसियस अब भी कैलिप्सो नामक अप्सरा के घर में क़ैद था, इसलिए एथीनी अपने इस अत्यन्त प्रिय व्यक्ति की ओर देवों का ध्यान खींचते हुए उसके कष्टों का वर्णन करने लगी :

"पिता ज़्यूस तथा अन्य सभी महाभाग अमरो, अब मैं मान चुकी हूँ कि किसी भी दंडधर राजा को दयालु, उदार और न्यायपरायण नहीं बल्कि हमेशा निष्ठुर और अन्यायी होना चाहिए। राजा ओडिसियस को ही देख लो। जिन लोगों पर वह कभी दयालु पिता के समान शासन करता था, उनमें से आज एक भी ऐसा नहीं है जो उसे याद करता हो, वरन अभी वह एक द्वीप पर घोर पीड़ा में पड़ा हुआ है। कैलिप्सो नामक अप्सरा अपने घर में उसे ज़बरदस्ती बन्द किए हुई है और उसके देश नहीं जाने देती है। उसके पास जहाज़, चप्पू, नाविक कुछ भी नहीं है कि वह समुद्र के विशाल पृष्ठ पर से जा सके। इतना ही नहीं, अब उसके प्यारे बेटे को, जो अपने पिता की ख़बर पाने पवित्र पायलस और रमणीक लेकिडेमौन गया हुआ है, घर वापस आते समय वे लोग मार डालने पर तुले हुए हैं।"

उत्तर में अभ्रसंचयी ज़्यूस बोला : "तुम्हारे होंठों के द्वार से ये कैसे शब्द निकले हैं! यह तो तुम्हारी ही योजना थी न, जिसके अनुसार ओडिसियस वापस आकर उन लोगों से अवश्य प्रतिशोध लेगा? जहाँ तक टेलेमेकस का प्रश्न है, तो वह सही-सलामत घर लौट आए और प्रणययाचक खाली हाथ अपने जहाज़ से वापस आ जाएँ, इसके लिए तुम अपनी पूरी चतुराई और शक्ति का प्रयोग करो।"

तदनन्तर वह अपने प्रिय पुत्र हरमीज़ से बोला : "हरमीज़, हमारे सन्देशवाहक होने के नाते तुम वेणीयुक्ता अप्सरा से जाकर मेरा यह निर्भ्रान्त निर्णय सुना दो कि धैर्यवान ओडिसियस को बिना किसी दैवी या मानवीय सहायता के घर लौट जाना है। वह मज़बूती से बने बेड़े से जाएगा और घोर कष्टों के बीच बीसवें दिन उर्वर स्कीरिया पहुँच जाएगा जो कि दैवी वंश के फेयेशियनों की भूमि है। वे लोग उसकी

एक देवता के समान हार्दिक अर्हणा करेंगे और उसे जहाज़ से उसके प्रिय देश विदा कर देंगे। तिस पर उसको वे काँसे, सोने और वस्त्रों का भंडार ही दे डालेंगे। यदि वह लूट के माल के अपने अंश को ट्रॉय से सकुशल ले गया होता तो वह भी उतना नहीं होता, जितना वे उसे अर्पित करेंगे। उसके भाग्य में अपने प्रियजनों को इसी भाँति देखना और अपने देश और ऊँची छतवाले अपने महल को इसी भाँति पहुँचना बदा है।''

उसकी इस आज्ञा का आरगसहन्ता सन्देशवाहक ने तत्क्षण पालन किया। उसने चरणों के नीचे तुरन्त सोने के उन सुन्दर और अजर पदत्राणों को बाँध लिया जो उसका वायुवेग से जल और असीम थल, दोनों के ऊपर समान रूप से संवहन करते हैं। उसने वह छड़ी भी ले ली जिससे वह अपनी इच्छा के अनुरूप मनुष्यों की आँखों में नींद डालता और निद्रित मनुष्यों को पुनः जगा देता है। उसको हाथ में लेकर शक्तिवन्त अरगसहन्ता उड़ चला। पियेरिया के ऊपर पहुँचने पर वह व्योम के ऊपरी भाग से कूदकर नीचे सागर की सतह पर आ गया और लहरों पर तीव्र गति से उस जलकाक की भाँति चलने लगा, जो अनुर्वर समुद्र की ख़तरनाक गर्तों के बीच से होकर मछलियों का पीछा करता और अपने सघन पंखों को खारे पानी से भिगो लेता है; अविच्छिन्न लहरों पर हरमीज़ उसी प्रकार तिरने लगा। उस दूरस्थ द्वीप तक आ जाने पर वह नीले समुद्र से निकलकर भूमि पर चलने लगा। अन्त में वह एक मेहराबदार गुफा के निकट पहुँचा जिसमें वेणीयुक्ता अप्सरा रहती थी। उसने उस परी को गुहा के भीतर ही पाया। वहाँ चूल्हे में आग ख़ूब धधक रही थी और देवदारु तथा चन्दन के जलते चैलों की सुगन्ध से द्वीप दूर-दूर तक सुवासित था। गुफा के भीतर वह अप्सरा करघे के सामने बैठी थी और सोने की ढरकी आगे-पीछे करके कपड़ा बुन रही थी और मधुर स्वर से गा रही थी। कन्दरा के चतुर्दिक हरा-भरा जंगल उगा था–भिदुर, पहाड़ी पीपल और सुगन्धित सरू का। उन पेड़ों पर दीर्घपंख उलूक, बाज़ और ज़ोर-ज़ोर से बोलनेवाले जलकाक, जो नित्य समुद्र जाते हैं, बसेरा लेते थे। गुफा के द्वार पर चारों ओर साधारण अंगूर की लताएँ इतस्ततः फैली हुई थीं जिनसे पके अंगूर के गुच्छे लटके हुए थे। वहाँ एक-दूसरे के समीप स्वच्छ जल के चार झरने थे जिनकी धाराएँ बड़े सुन्दर ढंग से बह रही थीं। चारों तरफ़ घास का सुहावना मैदान फैला था जहाँ नीलपुष्प और अजमोद बेतरह उपजे हुए थे। यदि कोई अमर्त्य देवता भी वहाँ चला जाता, तो उस दृश्य को देख अचम्भित हो उठता और अधिकाधिक आनन्द का अनुभव करता। देवों का सन्देशवाहक हरमीज़ भी आश्चर्य से भरकर वहाँ ठिठक गया। उस दृश्य का जीभर अवलोकन कर लेने के बाद ही वह विशाल विवर के भीतर फुरती से प्रविष्ट हुआ। रूबरू होते ही सुन्दर कैलिप्सो ने उसे पहचान लिया क्योंकि वह स्वयं एक देवी थी और अमरगण दूर रहते हुए भी एक-दूसरे से अपरिचित नहीं

होते। लेकिन हरमीज़ ने ओडिसियस को गुफा में नहीं पाया। वह तो और दिनों की भाँति तट पर बैठा रो रहा था और इस तरह अपने हृदय को अश्रु, आह और पीड़ा में घुलाते हुए वह अश्रुपूरित नेत्रों से अनुर्वर उदधि की ओर एकटक ताक़ता रहता था। रूपवती कैलिप्सो देवी ने हरमीज़ को पहले एक अत्यन्त चमकीली आसन्दी पर बिठाया और तब उससे पूछा :

"सोने की छड़ी धारण करनेवाले हरमीज़, तुम्हारा ससम्मान स्वागत है! किन्तु यह बताओ कि तुम किस प्रयोजन से यहाँ आए हो, क्योंकि इसके पहले तो तुम यहाँ शायद ही कभी आए थे? तुम्हारे मन में जो बात है, उसे कह डालो। यदि वह मैं कर सकती हूँ और नियति को वह मंज़ूर है,तो उसे कर डालने को प्रस्तुत हूँ। लेकिन पहले तुम अन्दर चलो ताकि मैं तुम्हारा अतिथि-सत्कार कर सकूँ।"

यह कहकर उसने देवान्न से लदी एक मेज़ खींचकर उसके आगे लगा दी और उसके वास्ते मदिरा का प्याला तैयार कर दिया। इस प्रकार देवों का सन्देशवाहक खाने-पीने लगा। खा-पीकर तरोताजा हो जाने पर उसने उत्तर दिया :

"मेरे यहाँ आने के बारे में तुम मुझसे उसी तरह पूछ रही हो, जिस तरह एक देवी को एक देवता से पूछना चाहिए। इसलिए तुम्हारी इस अच्छा के अनुरूप मैं तुमसे सारी बात सच-सच कहूँगा। मैं यहाँ अपनी मरज़ी से नहीं बल्कि ज़्यूस के आदेश से आया हूँ। नहीं तो कौन भला यह अनन्त लवणाब्धि पार करना चाहेगा जहाँ एक भी नगर नहीं है, जहाँ देवताओं को चढ़ावे और उत्तम पशुबलि विधिवत अर्पित करनेवाला एक भी मर्त्य नहीं है? परन्तु चर्मधर ज़्यूस की इच्छा का विरोध या उल्लंघन कर पाना बाक़ी किसी देवता से सम्भव नहीं है। उसका कहना है कि तुम्हारे साथ एक ऐसा व्यक्ति है जो ट्रॉय के दुर्ग के चतुर्दिक नौ साल संग्राम करने और दसवें साल उसे ध्वस्त करके घर लौट आनेवाले अपने साथियों में सबसे बदनसीब है। हुआ यह कि रास्ते में उसने और उसके साथियों ने एथीनी का अपमान कर दिया और एथीनी ने उन पर भयानक तूफ़ान और ऊँची लहरें ला दीं। परिणामस्वरूप उसके सभी विश्वस्त साथी नष्ट हो गए मगर हवा और लहरों ने उसे यहाँ पहुँचा दिया। अब ज़्यूस की आज्ञा है कि तुम उसको यहाँ से शीघ्र भेज दो, क्योंकि उसके भाग्य में उसे अपने प्रिय जनों से दूर नहीं मरना बल्कि उनको देखना और अपने देश और ऊँची छतवाले अपने महल को पहुँचना बदा है।"

उसके ऐसा कहते ही रूपवती कैलिप्सो देवी काँप गईं और मर्माहत स्वर में उससे बोली : "तुम सब देवगण निष्ठुर और बेहद ईर्ष्यालु हो। जब कोई देवी किसी मनुष्य के संग सहवास करती और उसका पति के रूप में विधिसम्मत वरण कर लेती है, तो यह तुम्हें कभी सहन नहीं होता। गुलाबी उँगलियोंवाली उषा का ऑरायन से प्रेम हो जाने पर आराम से रहनेवाले तुम देवगण ईर्ष्या से भर उठे थे और अन्त में स्वर्ण

सिंहासन से उठकर कुमारी आर्टिमिस ने उसे कोमल बाणों से और्टीजिया में मार डाला था। इसी तरह जब सुन्दर वेणीवाली डिमीटर प्रेम-विवश होकर ईयेसियन के साथ तीन बार जोती गई भूमि[1] पर सो गई, तो ज़्यूस को इसकी ख़बर लगते देर न लगी और उसने चमचमाता वज्र फेंककर ईयेसियन का वध कर दिया। उसी तरह अभी मेरे संग एक मरणधर्मा मनुष्य का रहना तुम देवों को बुरा लग रहा है। उस आदमी को मैंने उस समय बचाया था जब उसके तेज जहाज़ को ज़्यूस ने चमकीले वज्र से मदिरघन समुद्र में तोड़-फोड़ दिया और वह जहाज़ के पेटे की लम्बी लकड़ी पर बैठा बिलकुल अकेला बहा जा रहा था। सारे बहादुर साथी नष्ट हो चुक थे उसके, किन्तु हवा और लहरों ने उसे यहाँ पहुँचा दिया। खुले दिल से उसका मैंने स्वागत किया है, उसकी देखभाल की है और उससे कहा है कि मैं उसे अमरत्व और शाश्वत यौवन प्रदान करूँगी। लेकिन यह देखते हुए कि जब ज़्यूस अपना इरादा पक्का बना लेता है, तो दूसरा कोई देवता उसका विरोध या उल्लंघन नहीं कर सकता, इसलिए यदि ज़्यूस का यही आदेश और अनुज्ञा है, तो वह व्यक्ति इस अनुर्वर समुद्र में जहाँ चाहे चला जाए। किन्तु मैं उसके जाने में कोई सहायता नहीं कर सकती। मेरे पास जहाज़, चप्पू, नाविक कुछ भी नहीं है कि उसे सागर के प्रशस्त पृष्ठ पर कहीं भेज सकूँ। तो भी इतना ज़रूर है कि बिना कुछ छुपाए मैं उसे भली भाँति दिशा-निर्देश दे दूँगी ताकि वह स्वदेश सही-सलामत पहुँच जाए।''

तब आरगसहन्ता हरमीज़ ने उसे उत्तर दिया : ''हाँ, ज़्यूस के रोष का ध्यान रख तुम उसे तुरन्त जाने दो। वरना बाद में कहीं तुम्हें उसका गुस्सा न झेलना पड़े।''

यह कहकर आरगसहन्ता चला गया। लेकिन ज़्यूस का सन्देश सुनकर वह अप्सरा निर्भीकमना ओडिसियस की खोज में निकल पड़ी। उसने उसको वहीं उस तट पर बैठे पाया। उसकी आँखें आँसू से भीगी थीं और घर न लौटने के शोक में उसकी मधुर जीवनीशक्ति क्षीण होती जा रही थी। उस अप्सरा के प्रति उसका आकर्षण अब समाप्त हो चुका था, तो भी रात में मेहराबदार गुफा के अन्दर उसे मजबूरन उसके साथ सोना पड़ता था अर्थात एक अनिच्छुक प्रेमी के संग इच्छुक प्रेमिका। परन्तु दिन में कभी सागर-तट और कभी तट पर की चट्टानों पर बैठकर रोता था और इस तरह अपने हृदय को अश्रु, आह और पीड़ा में घुलाते हुए वह अश्रुपूरित नेत्रों से अनुर्वर उदधि की ओर एकटक ताकता रहता था। कमनीय देवी उसके समीप जाकर खड़ी हो गई और उससे बोली :

---

1. प्राचीन काल में हल से खेत में तीन कूँड़ काटना कृषिकर्म के आरम्भ के अवसर पर किए जानेवाले धार्मिक अनुष्ठानों का एक हिस्सा था। वह आनुष्ठानिक जुताई अनेक देशों में प्रचलित थी। चीन में सबसे पहले सम्राट तीन, तब राजकुमार पाँच-पाँच और मंत्री तथा सामन्त नौ-नौ कूँड़ काटते थे।

"ओ दुखी पुरुष, सुनो, अब तुम्हें इस द्वीप पर विलपते हुए नहीं रहना होगा और न अपना जीवन नष्ट करना पड़ेगा, क्योंकि यहाँ से तुम्हें भेज देने को मैं दिल से तैयार हूँ। बल्कि जाओ और जाकर कुल्हाड़े से लम्बी-लम्बी लकड़ियाँ काटकर ख़ूब चौड़ा बेड़ा तैयार कर लो जिस पर इतना ऊँचा नौ तल बनाओ कि तुम धुन्धभरा सागर पार कर सको। मैं उस पर भूख को दूर रखने के वास्ते भोजन सामग्री, पानी और तुम्हारी पसन्द की लाल मदिरा रख दूँगी। तुम्हें कपड़े भी दूँगी और तुम्हारे पीछे अनुकूल हवा भेज दूँगी ताकि यदि व्योम-निवासी देवताओं की, जो इच्छा और कर्म दोनों में मुझसे अधिक शक्तिवन्त हैं, तुम पर कृपा हो जाए तो तुम अपने वतन सुरक्षित पहुँच जाओगे।"

उसने ऐसा कहा जिससे धीर-वीर ओडिसियस काँप उठा और उससे पुंखित शब्दों में बोला : "देवि, इसके पीछे तुम्हारी मंशा कुछ और मालूम होती है। असल में तुम्हारा इरादा मुझे किसी भी तरह जाने देने का नहीं है, क्योंकि जिस कठिन और भयानक समुद्र के विशाल जलावर्त को तीव्रगामी सुदृढ़ जहाज़ ज़्यूस द्वारा भेजी गई अनुकूल हवा पाकर भी ख़ुशी-ख़ुशी पार नहीं कर पाते, उसे तुम मुझे एक बेड़े से पार कर जाने को कहती हो। ओ देवि, जब तक मैं तुम्हारी सद्भावना को लेकर आश्वस्त नहीं हो जाऊँगा और ऐसा तब होऊँगा जब तुम गम्भीर शपथ लेकर यह नहीं कह दोगी कि मुझे नुकसान पहुँचाने की तुम्हारे मन में कोई कपट योजना नहीं है, तब तक मैं ऐसे बेड़े पर हरगिज़ सवार नहीं होऊँगा।"

उसका यह कथन सुनकर कैलिप्सो मुसकरा उठी और अपने कर से उसे सहलाते हुए बोली :

"सोच-समझकर तुमने जो बात अभी कही है, यह तुम्हारी चतुराई और मेधाशक्ति को प्रदर्शित करती है। अब मैं नीचे पृथ्वी, ऊपर विस्तीर्ण नभ और जिसकी सौगन्ध महाभाग देवताओं के लिए सबसे बड़ी और सबसे भयंकर होती है, उस स्टिक्स के गिरते जल की सौगन्ध लेकर कहती हूँ कि मेरे मन में तुम्हें नुकसान पहुँचाने की कोई कपट योजना नहीं है। बल्कि मुझ पर यदि इस प्रकार का कोई विषम संकट आ पड़ा, तो मैं भी अपने लिए ऐसा ही उपाय सोचूँगी। सच्चे व्यवहार की मैं क़ायल हूँ और मेरे हृदय के भीतर लोहा नहीं वरन करुणा भरी है।"

यह कहकर लावण्यमयी देवी तुरन्त चल पड़ी और देवी के ठीक पीछे ओडिसियस हो लिया। देवी और वह मानव, दोनों उस मेहराबदार गुफा में पहुँच गए। ओडिसियस उसी आसन्दी पर बैठा जिस पर से हरमीज़ उठकर गया था। तब परी ने उसके आगे मनुष्य के खाने-पीने लायक़ अनेक प्रकार की सामग्रियाँ परोस दीं। वह देवी राजा ओडिसियस के सामने बैठ गई और परिचारिकाओं ने उसके आगे देवान्न और अमृत परोस दिए। इस तरह दोनों ही अपने-अपने आगे प्रस्तुत सुस्वादु व्यंजनों पर हाथ साफ़ करने लगे। जब वे खा-पीकर पूर्णतः परितृप्त हो गए, तब पहले कैलिप्सो ही बोली :

"ओ ज़्यूसकुल-सम्भूत लेयरटीज़ के नानाविध चतुर पुत्र ओडिसियस, क्या तुम अब अपने घर और प्रिय स्वदेश के लिए अविलम्ब चल देने को कृतसंकल्प हो? यदि ऐसा ही है, तो सौभाग्य तुम्हारा साथ दे! यद्यपि तुम्हें अपनी पत्नी को देखने की इतनी लालसा है और उसके लिए दिन-दिन हमेशा तरसते रहते हो, तथापि यदि तुम्हें भली भाँति मालूम हो जाए कि वतन पहुँचने में कितना कष्ट झेलना पड़ेगा, तो तुम मेरे पास यहीं रह जाओगे और मृत्यु भी तुम्हारे पास कभी नहीं आएगी। मेरा तो पक्का मानना है कि नाक-नक़्श और क़द-काठी में मैं तुम्हारी पत्नी से किसी भी तरह घटकर नहीं हूँ। वैसे भी रूपाकृति और सौन्दर्य में अमर देवियों के साथ नश्वर औरतों की तुलना और स्पर्धा बिलकुल ग़ैरवाजिब है।"

इस पर ओडिसियस ने उसे उत्तर दिया : "देवि, इस सवाल को लेकर मुझ पर गुस्सा मत करो। रानी, मैं स्वयं भली भाँति जानता हूँ कि रूप-लावण्य तथा क़द-काठी में बुद्धिमती पिनेलपी तुमसे हीन है। वह एक मर्त्य है, जबकि तुम जरा-मरण से रहित हो। बावजूद इसके मैं घर लौट जाने और वापसी का दिन देखने के लिए बहुत आतुर हूँ। हाँ, यदि किसी देवता ने मेरे बेड़े को मदिरघन समुद्र में नष्ट कर दिया, तो भी सहिष्णु मन से उसे बर्दाश्त कर लूँगा। पहले ही मैं युद्धक्षेत्र और समुद्र में अत्यधिक कष्ट झेल और जोखिम उठा चुका हूँ। इस बार एक संकट और सही।"

वह ऐसा ही बोला। तब तक सूरज डूब गया और अँधेरा छा गया। तदनन्तर वे दोनों गुफा के भीतरी भाग में चले गए और एक-दूजे के संग प्रेमानन्द में निमग्न हो गए।

जैसे ही उषा का आगमन हुआ कि ओडिसियस ने झटपट चादर और अँगरखा पहन लिया। उस अप्सरा ने भी चमचमाता लम्बा चोगा धारण कर लिया जोकि हलका और चित्ताकर्षक था। कमर से सोने की सुन्दर करधनी बाँधने और सिर पर अवगुंठन डालने के बाद उसने ओडिसियस को विदा करने की ओर ध्यान दिया। उसने उसको हाथ में ठीक से आ जानेवाला काँसे का एक विशाल दोधारा कुल्हाड़ा दिया जिसमें जैतून की मज़बूत बेंट दृढ़ता से लगाई गई थी। उसने एक तेज बसूला भी दिया। उसके बाद उसको वह द्वीप के आख़िरी छोर पर ले गई जहाँ बहुत दिनों के सूखे पके लम्बे-लम्बे पेड़ खड़े थे–भिदुर, पहाड़ी पीपल और गगनचुम्बी चीड़ के पेड़, जो पानी में आसानी से तैर सकते थे। वे लम्बे वृक्ष जहाँ उगे हुए थे, वह जगह उसे दिखाकर कैलिप्सो घर लौट गई और वह पेड़ों को काटने में जुट गया। उसका काम तेजी से होने लगा और उसने कुल बीस दरख़्त काट गिराए। कांस्य कुल्हाड़े से काटने-छाँटने और निपुणता से बसूला चलाकर चिकना कर लेने के बाद उन सबको उसने एक सीध में आयताकार व्यवस्थित कर लिया। इस बीच कैलिप्सो उसके लिए बरमा ले आई। उसने लकड़ी का प्रत्येक टुकड़ा छेदकर सबको गुज्झों और खत्तियों

से दृढ़तापूर्वक जोड़ दिया। कोई दक्ष बढ़ई बड़े मालवाही जहाज़ का पेटा जितना चौड़ा बनाता है, उतना ही चौड़ा ओडिसियस ने अपना बेड़ा बनाया। उस पर उसने नौतल का निर्माण किया जिसको उसने सटे-सटे खम्भों से जड़ दिया और अन्त में उसके ऊपर पट्टियाँ बैठा दीं। उसमें तब एक मस्तूल और मस्तूल के ऊपर एक पालडंडी लगा दी। इतना ही नहीं, बेड़े के पथनिर्देशन के लिए एक सुक्कान भी लगा दिया। फिर गलही से दुम्बाल तक पूरे बेड़े को बेंत (सरई) की टहनियों से घेरकर उस पर झाड़-झंखाड़ डाल दिया ताकि लहरों से बेड़े की रक्षा हो सके। इसी बीच कैलिप्सो देवी पाल बनाने के लिए कपड़ा ले आई और ओडिसियस ने पाल भी बड़े ढंग के बना लिए। उन पर उसने चढ़ाने-उतारने और नीचेवाले दोनों कोनों की रस्सियाँ भी लगा दीं। आख़िर में बेड़े को वह टेकनों की मदद से खींचकर शान्त लवणाब्धि में ले गया।

चौथे दिन जाकर उसका यह काम पूरा हुआ। पाँचवें दिन कैलिप्सो ने उसको नहला-धुलाकर और सुवासित परिधान पहनाकर उस द्वीप से विदा कर दिया। इसके अतिरिक्त उस देवी ने बेड़े पर दो मशकें रख दीं—एक में मदिरा और दूसरी बड़ी मशक में पानी। उसने चमड़े का एक थैला रख दिया जिसमें अन्न और रुचिकर व्यंजन भरे थे। साथ ही उसने अनुकूल मन्दोष्ण हवा भी भेज दी। ओडिसियस इससे ख़ूब ख़ुश हुआ और अनुकूल हवा देख पाल तान दिए। तब वह सुक्कान थामकर बेड़े का होशियारी से निर्देशन करने लगा और उसकी पलकों पर से नींद बिलकुल ग़ायब हो गई, क्योंकि उसकी नज़र टँग गई कृत्तिका और देर से अस्त होनेवाले स्वाति नक्षत्रों तथा सप्तर्षि पर जिसे लोग सतभैया भी कहते हैं। वह सदा अपने स्थान पर रहकर मृगशिरा को देखता रहता है और यही एक नक्षत्र है जो स्नानार्थ समुद्र में नहीं उतरता। कैलिप्सो ने ओडिसियस से कहा था कि समुद्र में चलते समय इस नक्षत्र को वह हमेशा अपने बाएँ रखे। दस और सात कुल सत्रह दिनों तक वह समुद्र में चलता रहा और अठारहवें दिन जाकर उसे फेयेशियनों की भूमि पर स्थित धुन्धभरी पहाड़ियाँ उस स्थान से दृष्टिगोचर हुईं जो उसके सबसे समीप थीं। वह भूमि धुँधले सागर में ढाल के समान दिखाई पड़ी।

उसी समय भूकम्पक देवता पॉसायडन इथियोपियनों के यहाँ से लौट रहा था। उसने काफ़ी दूर सोलिमी पहाड़ों से ही ओडिसियस को समुद्र में जाते देख लिया। वह प्रचंड क्रोध से भर गया और सिर हिलाकर मन ही मन बोल उठा : 'अब यह देखो कि जब मैं इथियोपियनों के बीच था, तो उसी अवधि में देवताओं ने ओडिसियस के बारे में अपना विचार आख़िर बदल ही लिया। अभी वह फेयेशियनों की भूमि के निकट पहुँच गया है जहाँ उसके घोर संकटों का सिलसिला समाप्त हो जाना विहित है। लेकिन मैं समझता हूँ कि अब भी मैं उसे कष्टों के रास्ते पर दूर तक ले जाऊँगा।'

यह कहकर उसने अपना त्रिशूल सँभाल लिया और बादलों को जमा करके सागर का पानी उद्वेलित कर दिया। सब प्रकार की हवाओं के झोंकों को उत्तेजित करके उसने समग्र धरती और महोदधि को मेघ से ढँक दिया। तब आकाश से तमिस्रा तीव्र गति से नीचे उतर आई। पूर्व, दक्षिण एवं प्रचंड पश्चिम पवन आपस में टकराने लगे तथा उपरले नभ से उतरकर उत्तर पवन उत्ताल तरंगों को लिए-दिए आ धमका। यह देख ओडिसियस का दिल दहलने लगा और घुटने काँपने लगे। वह अधीर होकर अपने ही निर्भीक मन से बोला :

"आह, मुझ अभागे पर आख़िर में कौन-सी विपदा आनेवाली है? लगता है कि उस देवी ने सब कुछ सच ही कहा था कि अपने देश पहुँचने के पहले समुद्र में मुझे अपने नियत अंश के कष्ट झेलने पड़ेंगे। वही अब घटित हो रहा है। देखो कि ज़्यूस ने विस्तीर्ण नभ को बादलों से किस तरह भर दिया है, अम्बुधि को किस तरह विक्षुब्ध कर दिया है और समस्त पवनों के झोंके किस तरह प्रचंड रूप से टूट पड़े हैं। मेरा सर्वनाश अब निश्चित है। वे यवन अनेकशः भाग्यशाली थे जो ऐट्रियस-पुत्रों की ख़ातिर विशाल ट्रॉयभूमि पर बहुत पहले काम आ गए। क्या ही अच्छा होता यदि मैं भी उसी दिन मृत्युगति को प्राप्त हो जाता, जिस दिन पीलियस-तनय एकिलीज़ के मृत शरीर के वास्ते लड़ते समय ट्रोजनों की भीड़ से मेरे ऊपर कांस्य अनीयुक्त कुन्त फेंके गए थे। तब मेरे योग्य मेरी अन्त्येष्टि होती और निखिल यवन देश में मेरा सुयश फैल जाता। लेकिन मेरे भाग्य में अब दयनीय मृत्यु ही बदी है।"

उसका बोलना समाप्त भी न हुआ था कि एक भीमाकार तरंग प्रचंड वेग से उसके ऊपर आ टूटी जिससे उसका बेड़ा चक्कर खा गया। वह बेड़े से फेंकाकर दूर जा गिरा और उसके हाथों से पतवार छूट गई। रेलपेल करती हवाओं के भयानक झोंकों से उसका मस्तूल बीच से टूट गया तथा पाल और पालडंडी दोनों समुद्र में दूर जा गिरे। बहुत देर तक ओडिसियस पानी में डूबा रहा और भयंकर लहरों के रेलमपेल में से शीघ्र नहीं निकल सका, क्योंकि कैलिप्सो द्वारा दिए गए परिधान उस पर भारी पड़ रहे थे। अन्ततः वह पानी की सतह पर निकल आया और मुँह से कड़वा नमकीन पानी थूकने लगा जो कि उसके सिर से तड़-तड़ गिर रहा था। वैसी ख़राब हालत में भी उसका ध्यान बेड़े से हटा नहीं था। उसकी तरफ़ वह लहरों के बीच झपटने लगा और उसे पकड़ पाने में सफल हो गया। उस पर चढ़कर वह उसके बीचोबीच बैठ गया। इस तरह उसने अपने को आसन्न मृत्यु से बचा लिया। विक्षुब्ध लहरें बेड़े को इधर-उधर उछालती हुई आगे ले चलीं। कटनी के मौसम में (सितम्बर-अक्टूबर) में जिस तरह उत्तर पवन कटसरैया के रोएँ के आपस में गुँथकर बने गोलाकार पिंड को खेतों में उछालता है, उसी तरह हवाएँ उस बेड़े को समुद्र में तेजी से इधर-उधर फिराने लगीं। कभी दक्षिण पवन उसे उछालकर उत्तर पवन को उसके साथ क्रीड़ा

करने दे देता था, तो कभी पूर्व पवन हटकर पश्चिम पवन को उसका पीछा करने छोड़ देता था।

लेकिन उस समय ऐसा हुआ कि उस पर कैडमस की बेटी सुन्दर गुल्फोंवाली ईनो यानी ल्यूकोथिया की नज़र पड़ गई। पहले वह मर्त्यों की भाषा बोलनेवाली मानव कन्या थी, किन्तु अब वह खारे समुद्र की गहराइयों में रहती और देवताओं से एक देवी के योग्य सम्मान पाती थी। वह भटके हुए ओडिसियस के कष्टों से पसीज उठी और लहरों से जलकाक की भाँति उड़कर मज़बूती से बँधे बेड़े पर जा बैठी। बैठते ही बोली :

"हतभाग्य पुरुष, भूकम्पक पॉसायडन तुम पर क्यों इतने भयंकर रूप से रुष्ट होकर तुम्हारी राह में तरह-तरह की विपत्तियाँ बिखेरता है? परन्तु लाख चाहकर भी वह तुम्हें पूर्णतः विनष्ट नहीं कर पाएगा। मेरे ख़याल से तुम बेवकूफ़ नहीं हो, इसलिए तुम वही करो जो मैं कहती हूँ। अपने ये वस्त्र उतार फेंको और बेड़े को हवाओं की मरज़ी पर भसने के लिए छोड़ दो। लेकिन स्वयं तुम हाथ से पानी मारते हुए उस फेयेशियन तट तक पहुँचने की कोशिश करो, जहाँ तुम्हारे प्रारब्ध में संकटों से छुटकारा पाना लिखा है। देखो, मेरा यह दिव्य दुपट्टा लेकर अपने सीने से लपेट लो। इससे तुम्हें न तो मरने और न कोई नुकसान होने का भय रहेगा। मगर जब तुम मुख्यभूमि का अपने हाथों से स्पर्श कर लोगे, तब इसे उतारकर मदिरघन समुद्र में तट से दूर फेंक देना और पीछे मुड़कर इसे मत देखना।"

यह कहकर देवी ने उसे वह दुपट्टा दे दिया और स्वयं क्षुब्ध सिन्धु में जलकाक की तरह पुनः डुबकी लगा ली और श्यामल जल ने उसे ढँक लिया। परन्तु धीर-वीर ओडिसियस सोच में पड़ गया और खिन्न होकर अपने निर्भीक मन से बोला :

"हाय अभागे! उसका कहना है कि मैं बेड़ा छोड़ दूँ। इसका मतलब अमरों में से किसी का मेरे लिए कोई नया फन्दा बुनना तो नहीं है? नहीं, उसकी यह सलाह अभी हरगिज़ नहीं मानूँगा, क्योंकि उसने जिस तट पर पहुँच जाने से मेरी विपत्तियों का अन्त हो जाना कहा है, उसकी झलक मैंने काफ़ी दूर से पाई थी। मैं निश्चय कर चुका हूँ कि मुझे क्या करना है और मेरी समझ से इस स्थिति में यही करना सर्वोत्तम होगा। यानी जब तक लकड़ियाँ गुज्झों में स्थित रहेंगी, तब तक बेड़ा नहीं छोड़ूँगा और मुसीबत चाहे जो आए, उसे धैर्यपूर्वक झेलूँगा। लेकिन जब बेड़े को लहरें तोड़कर बिखेर देंगी, तब मैं तैरूँगा। इस घड़ी इससे बेहतर क़दम दूसरा कोई नहीं हो सकता।"

जब वह इस ऊहापोह में था, तभी भूकम्पक पॉसायडन ने एक ख़तरनाक और विकराल तोरणाकार तरंगशीर्ष भेज दिया। वह उसके ऊपर आ गिरा। जिस तरह ज़ोरदार हवा का झोंका भूसे के ढेर को उछालकर तितर-बितर कर देता है, लहर ने भी उस बेड़े के लम्बे बल्लों को उसी तरह तितर-बितर कर दिया। मगर ओडिसियस

एक बल्ले पर उसी तरह सवार हो गया, जिस तरह कोई व्यक्ति घोड़े पर सवार होता है। कैलिप्सो द्वारा दिए गए परिधान उतारकर उसने दुपट्टा छाती के नीचे लपेट लिया। तब वह हाथ फैलाकर समुद्र में औंधे मुँह आ गया और ताबड़तोड़ तैरने लगा। तभी भूकम्पक पॉसायडन ने उसे देख लिया और सिर हिलाकर मन ही मन बोला : 'इतनी तकलीफ़ उठाने के बाद भी समुद्र में तुम्हें तब तक भटकना पड़ेगा, जब तक कि तुम ज़्यूस के प्रिय लोगों के निकट नहीं पहुँच जाओगे। फिर भी मेरा ख़याल है कि तुम यह नहीं सोचोगे कि मैंने तुम्हें आसानी से बख़्श दिया है।' इसके बाद उसने लम्बे अयालोंवाले अपने अश्वों को कोड़े लगाए और ईजेयी पहुँच गया जहाँ उसका ऐश्वर्यशाली सौध है।'

लेकिन उसी समय ज़्यूस-पुत्री एथीनी ने हस्तक्षेप किया। देखो, उसने अन्य सभी हवाओं की गति बाँध दी और उन्हें थमने और शान्त हो जाने का हुक्म दे दिया। उसने केवल तेज उत्तर पवन को लगा दिया जिससे ज़्यूस-वंशज ओडिसियस के आगे लहरें स्थिर हो जाएँ और वह मृत्यु तथा नियति से बचकर चप्पूप्रेमी फेयेशियनों के बीच पहुँच जाए।

दो दिन और दो रात वह सागर की स्फीताकार लहरों के बीच इधर-उधर बहता रहा। उसे हमेशा यही लगता था कि वह अब मरा कि तब मरा। लेकिन तीसरे दिन जब मनोहर वेणीवाली उषा पूर्ण प्रकाश लेकर आई, तब हवा एकाएक थम गई और चारों ओर निश्चल शान्ति छा गई। तभी ओडिसियस ने (जो कि एक उत्ताल तरंग के द्वारा क्षणभर के लिए ऊपर उठा लिया गया था) अचानक सामने देखा कि भूमि बहुत समीप है। किसी दुष्ट देवता के कोप के चलते लम्बे अरसे से बीमारी की कठिन पीड़ा से क्षीण होते जा रहे अपने पिता को दैवी कृपा से अकस्मात कष्टमुक्त होते देख बच्चों को जितनी ख़ुशी होती है, ओडिसियस को भी ज़मीन और उस पर के पेड़-पौधों को देख उतनी ही ख़ुशी हुई। वह सूखी भूमि पर पैर रखने की बेचैनी में ताबड़तोड़ आगे की ओर तैरने लगा, मगर जब वह तीर के नज़दीक श्रवणसीमा के भीतर आ गया, तब उसे पथरीले तट से टकराते सिन्धु का गर्जन सुनाई पड़ने लगा। कठोर किनारे से ऊँची लहरों के टकराने से भयंकर आवाज़ हो रही थी और समस्त वातावरण फेन-फुहारों से आच्छादित था। जहाज़ों के ठहरने के लिए वहाँ न तो कोई बन्दरगाह था, न कोई आश्रय-स्थल। उधर केवल भूनासिकाएँ, खड़ी चट्टानें और कटे-फटे नुकीले शिलाखंड थे। स्थिति की गम्भीरता समझते ही ओडिसियस के पैर काँपने लगे और दिल दहलने लगा। वह खिन्न होकर अपने ही निर्भीक मन से बोला :

''हाय, सारी आशाओं के विपरीत जब ज़्यूस ने मुझे पुनः भूमि देखने का मौक़ा दिया है और मैं गहरे समुद्र को चीरकर यहाँ तक आ गया हूँ, तो अब मटमैले पानी से निकलकर तीर पर उतरने की कोई जगह ही नहीं है। सामने बड़ी नुकीली चट्टानें

हैं जिनके चारों तरफ़ भीषण लहरें उफनती हुई ग़रज़ रही हैं; पीछे ऊपर की ओर सीधे खड़े चिकने शिलाखंड हैं; वहाँ सागर काफ़ी गहरा है। ऐसी हालत में मेरे लिए पाँव जमाकर इस संकट से बच निकलना किसी भी तरह सम्भव नहीं मालूम पड़ता। अगर किनारे की ओर बढ़ता हूँ, तो विशाल लहरें मुझे उठाकर नुकीले पत्थर पर पटक दे सकती हैं और मेरी सारी मेहनत बेकार साबित हो सकती है। परन्तु यदि समुद्र में घुसी किसी ऐसी भूजिह्वा की खोज में किनारे-किनारे उस ओर आगे बढ़ने की कोशिश करता हूँ जहाँ लहरें तिरछे टकराती हैं और जहाँ सागर से बचाव होता है, तो पूरा डर है कि कोई तूफ़ानी झोंका अचानक आकर मुझे कहीं मकरालय में न खींच ले जाए। तब मेरा चीख़ना-चिल्लाना भी एकदम बेकार होगा। अथवा कोई देवता ही समुद्र से किसी दैत्याकार जीव को मुझ पर आक्रमण करने भेज दे, क्योंकि सागर में ऐसे अनेक प्राणी उत्पन्न होते हैं और मैं जानता हूँ कि महान भूकम्पक देवता मुझ पर कितना रुष्ट रहता है।''

यह सब वह अभी सोच ही रहा था कि एक विशाल लहर उसे पथरीले तट की ओर उठा ले चली। उस क्षण यदि एथीनी उसे यह युक्ति न सुझा देती, तो उसका सारा चमड़ा उधड़ जाता, उसकी सारी हड्डियाँ टूट जातीं। उसने लपककर दोनों हाथों से पाषाण-खंड को मज़बूती से गह लिया और उसे महातरंग के आगे बढ़ जाने तक कराहते हुए पकड़े रहा। उस संकट से वह उबर तो गया मगर जब वह महोर्मि लौटी, तो उस पर बड़े वेग से आ पड़ी और उसे उठाकर पीछे गहरे सागर में दूर फेंक दिया। जब मसिक्षेपी मीन को उसके बिल से घसीटकर बाहर निकाला जाता है, तो अनेक सारे कंकड़ जिस तरह उसके चोषणांगों से चिपके चले आते हैं, उसी तरह ओडिसियस के बलवान हाथों की त्वचा चट्टानों से लगकर उधड़ गई। महातरंग ने उसे पूरी तरह ढँक लिया। उस घड़ी यदि एथीनी ने उसे निश्चयात्मक बुद्धि से काम लेने को अनुप्राणित न किया होता, तो भाग्यहीन ओडिसियस की वहाँ अकाल मृत्यु निश्चित थी। तीर से टकरानेवाली भीषण तरंगों के बाहर वह जी-जान लगाकर निकल आया और समुद्र में तैरने लगा, साथ ही अपनी नज़र किनारे पर इस ख़याल से लगाए रहा कि उसे कहीं ऐसी जगह मिल जाए जहाँ लहरें तिरछे टकराती हैं और जो समुद्र से बचाव के लिए उपयुक्त होती हैं। इस तरह तैरकर जब वह एक क्षिप्रधार नदी के मुहाने के नज़दीक पहुँच गया, तो उतरने के वास्ते वह जगह उसकी नज़र में सबसे माकूल लगी, क्योंकि वहाँ कोई चट्टान नहीं थी और हवाओं से सुरक्षा सम्भव थी। पानी की धार से उसे मालूम हो गया कि वह किसी नदी के मुहाने पर आ गया है और मन ही मन उस नद देवता की विनती कर उठा :

'हे स्वामी, तू जो कोई है मगर मेरी विनती सुन। मैं तेरे पास आ गया हूँ और तुझसे मेरी विनती है कि तू पॉसायडन और महासागर के कोप से मेरी रक्षा कर। अरे,

शरण में याचक के रूप में आ गए भूले-भटके व्यक्ति का भी अमरगण समादर करते हैं। उसी भाँति मैं भी भारी कष्ट उठाने के बाद अभी तेरी धारा की शरण में आ गया हूँ। मैं तेरे आगे याचक के रूप में ही उपस्थित हुआ हूँ। इसलिए, हे स्वामी, तू मेरे ऊपर दया कर।'

उसकी इस विनती से देवता ने अपनी धारा रोककर लहरों को शान्त कर दिया और उसके आगे पानी को स्थिर कर उसे अपने मुहाने पर सुरक्षित ले गया। लेकिन खारे समुद्र द्वारा पूरी तरह पस्त कर दिए जाने की वजह से ओडिसियस के घुटनों ने जवाब दे दिया और उसकी शक्तिशाली भुजाएँ शिथिल पड़ गईं। सारा शरीर उसका फूल उठा था और उसके मुँह और नाक से भारी मात्रा में नमकीन पानी फूट निकला। उस पर इतनी अधिक क्लान्ति छा गई कि उसकी साँस और बोली बन्द हो गई। वह प्रायः अचेत होकर गिर पड़ा। लेकिन जब उसकी साँस पुनः चलने लगी और संज्ञा लौट आई, तब उसने शरीर पर से देवी का दुपट्टा खोलकर लवणाब्धि की ओर बहती नदी में डाल दिया। नदी के बहाव के साथ तेज धारा दुपट्टे को आगे ले गई और ईनो ने उसे तुरन्त अपने हाथों में ले लिया। तब ओडिसियस नदी से निकलकर लँगड़ाते हुए चल पड़ा। वह नरकट के जंगल में घुसते ही लेट गया और आनन्ददायिनी धरती को चूमकर अपने साहसी मन से बड़े ही खिन्न स्वर में बोला :

"हाय अभागे, मेरे ऊपर अब कौन-सी विपदा आ पड़ेगी, अन्त में मेरा क्या होगा? अगर मैं नदी के पाट में सारी रात चौकस रहकर जागता हूँ, तो मुझे पूरा भय है कि कड़ाके के पाले और प्रचुर ओस से मेरा काम तमाम हो जाएगा, क्योंकि अभी ही तो क्लान्ति से मेरा अन्त नज़दीक आ गया था। सुबह होने के पहले नदी से बड़ी ठंडी बयार चलती है। लेकिन अगर इन पहाड़ों की ओर बढ़कर घने जंगल में चला जाता हूँ और झाड़ियों में जाकर लेट जाता हूँ, तो सम्भवतः ठंड और थकान से छुटकारा मिल जाए और मुझे अच्छी नींद आ जाए। मगर तब डर मुझे इस बात का है कि मैं कहीं जंगली जानवरों का शिकार और भोजन न बन जाऊँ।"

इस तरह विचार करने पर उसे दूसरा रास्ता ही अधिक उपयुक्त जँचा। वह आगे बढ़ा और थोड़ी ऊँचाई पर उसे झाड़-झंखाड़ से भरा वन मिला, जिसके चारों ओर खुली भूमि थी और जो नदी के क़रीब था। एक ही जड़ से निकले जैतून के दो पेड़ों, एक साधारण और दूसरा जंगली, की सघन डालियों के नीचे वह रेंगकर चला गया। वे दोनों आपस में इस तरह गुँथे थे कि उनके भीतर वर्षाकालीन हवा का कभी प्रवेश नहीं होता था, न कभी सूर्य की तेज किरणें अन्दर जा पाती थीं और न वर्षा का जल ही कभी भीतर टपक पाता था। ओडिसियस उनके अन्दर घुस गया। घुसने पर उसने देखा कि वहाँ ढेर के ढेर पत्ते गिरे पड़े हैं। इतने कि उनसे दो या तीन आदमी कठिन से कठिन जाड़े में भी अपने को ढँक सकते थे। ओडिसियस को यह देखकर बड़ी

ख़ुशी हुई और उसने तुरन्त अपने हाथों से पत्तों का बड़ा-सा बिछौना तैयार कर लिया। उसके मध्य भाग में लेटकर उसने गिरे हुए पत्तों को अपने ऊपर डाल लिया। पड़ोसियों से दूर सुनसान खेतों पर रहनेवाला कोई व्यक्ति, इस ख़याल से कि उसे आग के लिए अन्यत्र न जाना पड़े, अग्निबीज बचाए रखने के निमित्त लुआठे को जिस तरह धूसरवर्ण राख से पूरी तरह ढँककर रखता है, ओडिसियस ने भी अपने को पत्तों से उसी तरह पूरा-पूरा ढँक लिया। तब एथीनी ने उसकी आँखों पर निद्रा डालकर उसकी पलकें बन्द कर दीं ताकि क्लान्ति एवं पीड़ा से उसे शीघ्र मुक्ति मिल जाए।

नौसिकेया

इस तरह धीर-वीर ओडिसियस क्लान्ति एवं निद्रा के वशीभूत होकर वहाँ सो गया। इसी बीच एथीनी फेयेशियनों के देश और नगर पहुँच गई। फेयेशियन पहले कभी विस्तृत हाइपीरिया में निरंकुश साइक्लॉप्स के पड़ोस में निवसते थे। साइक्लॉप्स चूँकि अधिक बलवान थे और उनको बराबर लूटते-पाटते रहते थे, इसलिए उनके राजा नौसिथोअस ने उनको वहाँ से ले जाकर श्रमजीवी लोगों से बहुत दूर स्कीरिया नामक नए भूभाग में बसा दिया। उसने नगर के चारों ओर दीवार खींच दी और उसके अन्दर मकान बनवा दिए और देवताओं के लिए मंन्दिरों का निर्माण करा दिया। लोगों के बीच उसने ज़मीन का बँटवारा भी कर दिया। लेकिन यह सब करते-कराते वह मर गया और हेडीज़ के घर चला गया। अब वहाँ का शासक ऐलसिनोअस था जिसे देवताओं ने बुद्धिमत्ता देने की कृपा की थी। ओडिसियस की वापसी की ख़ातिर एथीनी ऐलसिनोअस के महल में पहुँच गई। वह सुसज्जित भीतरी शयनकक्ष की ओर चली गई, जिसमें वीर ऐलसिनोअस की कन्या नौसिकेया सो रही थी जो कि रूपाकृति में देवांगनाओं के समान थी। उसके समीप ही दरवाज़े के दोनों बाजू में दो परिचारिकाएँ सोई हुई थीं जिनको लालित्य और चारुता की देवियों ने भरपूर सौन्दर्य से संवलित किया था। दरवाज़े के दोनों चमकीले पल्ले बन्द थे।

परन्तु एथीनी हवा के झोंके की गति से उस लड़की की शय्या के निकट जाकर उसके सिरहाने खड़ी हो गई। उसने सुप्रसिद्ध समुद्रयात्री डिमैस की बेटी का रूप धारण कर लिया था, जो कि नौसिकेया की हमउम्र और अन्तरंग सहेली थी। दीप्ताक्षी एथीनी उसके ही रूप में राजकुमारी से बोली :

"नौसिकेये, तुम अपनी माँ की कितनी लापरदाह बेटी हो? देखो, तुम्हारे चमकीले वस्त्र जैसे-तैसे पड़े हैं। तुम्हारी शादी का दिन बहुत नज़दीक है। उस अवसर पर न केवल तुम्हें सुन्दर परिधान धारण करना होगा बल्कि जो लोग तुम्हें दूल्हे के घर ले जाएँगे, उन्हें भी अच्छे वस्त्र देने होंगे। ऐसी चीज़ों से लोग लड़की की तारीफ़ करते हैं और उसके माँ-बाप को ख़ुशी होती है। देखो, कल पौ फटते ही हम कपड़े धोने चल चलें। मैं हाथ बँटाने तुम्हारे संग जाऊँगी जिससे यह काम जल्द से जल्द पूरा

हो जाए, क्योंकि तुम अब अधिक दिनों तक कुँआरी नहीं रहोगी। सुनो, ये फेयेशियन तुम्हारे अपने लोग हैं और उनके सर्वोत्तम युवक तुमसे प्रणय याचना कर रहे हैं। इसलिए कल तड़के तुम राजा यानी अपने पिता से छकड़ा और खच्चर देने की विनती करो ताकि तुम पुरुषों के पहनावे ले जा सको, अँगरखे और ख़ूबसूरत चादरें। तुम्हारे लिए भी गाड़ी से जाना बेहतर होगा। कपड़े धोने हमें जहाँ जाना है, वह जगह नगर से काफ़ी दूर है। इसलिए तुम्हारा पैदल चलना ठीक नहीं होगा।''

ऐसा कहकर एथीनी ओलिम्पस चली गई जहाँ लोगों के कथनानुसार देवताओं का शाश्वत निवास है। वह स्थान न तो वायु से प्रकम्पित और न वर्षा से कभी भीगता ही है। बर्फ़ भी उससे दूर ही रहती है। नितान्त निरभ्र व्योम में स्थित वह स्थान स्वच्छ प्रकाश से सर्वदा भासमान रहता है। वहाँ महाभाग देवगण सर्वानुदिन आनन्दमग्न रहते हैं। उस कन्या को अपना सन्देश देकर एथीनी वहीं चली गई।

तुरन्त बाद नभरूपी उच्चासन पर उषा के आसीन होते ही सुवसनित नौसिकेया जाग गई। जागते ही उसे उस स्वप्न पर अचम्भा हुआ और वह उसके बारे में अपने प्रिय माँ-बाप से कहने महल के अन्य कमरों से होते हुए चल पड़ी। उन दोनों को उसने भवन के अन्दर ही पाया। उसकी माँ परिचारिकाओं के साथ अँगीठी के नज़दीक बैठी बैंगनी रंग का सूत कात रही थी। जब वह पिता से मिलने गई, तो वह फेयेशियन सरदारों द्वारा बुलाई गई परिषद में भाग लेने जा रहा था। प्रिय पिता के आगे खड़ी होकर वह बोली : ''प्रिय तात, क्या तुम मुझे मज़बूत पहियोंवाली एक बड़ी-सी गाड़ी दोगे ताकि मैं कपड़े नदी में ले जाकर धो सकूँ? वे सुन्दर परिधान हैं, मगर सभी गन्दे पड़े हैं। हाँ, तुम्हारे लिए भी यही शोभन है कि तुम परिषद में साफ़ कपड़े पहनकर जाओ। इतना ही नहीं, घर में तुम्हारे पाँच बेटे हैं जिनमें से दो विवाहित हैं, लेकिन बाक़ी तीन जवान और कुँआरे हैं जो नृत्य में जाते समय तुरन्त धोये कपड़ों के वास्ते आतुर रहते हैं। मुझे ही इन सब चीज़ों का ख़याल रखना पड़ता है।''

इससे अधिक वह नहीं बोल पाई, क्योंकि अपने विवाह की चर्चा बाप से करने में उसे लज्जा का अनुभव हुआ। लेकिन वह सब कुछ ताड़ गया और उत्तर में बोला :

''बिटिया, मैं तुझे खच्चर या कोई और चीज़ देने से कभी इनकार नहीं करता। तू जा, और नौकर तेरे लिए मज़बूत पहियोंवाला एक बड़ा छकड़ा तैयार कर देगा जिस पर कपड़े रखने को एक चौखटा भी लगा रहेगा।''

यह बोलकर उसने नौकरों को आज्ञा दे दी। नौकरों ने आज्ञानुसार हलकी चालवाली एक खच्चरगाड़ी महल के बाहर निकाल ली और खच्चरों को लाकर उसके जुए के नीचे जोत दिया। इसी बीच नौसिकेया ने अपने कमरे से शानदार वस्त्रों को लाकर चिकने शकट पर रख दिया। उसकी माँ ने एक टोकरे में नाना प्रकार के

पकवानों और भोजन-सामग्रियों को रख दिया और एक अजाचर्म के कुतुप में मदिरा भर दी। तब नौसिकेया छकड़े पर बैठ गई। माँ ने उसे सोने की झारी में जैतून का स्निग्ध तेल भी दे दिया ताकि वह और उसकी परिचारिकाएँ स्नान करने के बाद उसका लेपन कर सकें। तदनन्तर चाबुक और चमचमाती रासें थामकर नौसिकेया ने खच्चरों को हाँकने के वास्ते चाबुक से छू भर दिया। उसका स्पर्श पाते ही वे बिना कोई सुस्ती दिखाए राजकुमारी और कपड़ों को लेकर खुर टपटपाते चल पड़े। वह अकेली नहीं गई, उसके पीछे उसकी नौकरानियाँ भी गईं।

अन्ततः वे नदी की सुन्दर धार पर पहुँच गईं। वहाँ स्वच्छ पानी से हमेशा भरे रहनेवाले ऐसे कुंड थे, जिनमें निर्बाध रूप से इतना पानी आता और उपटकर बाहर बहता रहता था कि उससे चाहे जितने गन्दे कपड़े धोये जा सकते थे। लड़कियों ने उसी जगह खच्चरों को गाड़ी से खोलकर भँवरदार नदी के किनारे मधुमधुर तिपतिया घास चरने को छोड़ दिया। तब वे अपने हाथ से वस्त्रों को गाड़ी से उतारकर श्यामल जल से भरे कुंडों में ले गईं और आपस में होड़ लगाकर उनको पैरों से ताबड़तोड़ रौंदकर साफ़ करने लगीं। जब वे वस्त्रों को धोकर सारी गन्दगी साफ़ कर चुकीं, तब उनको उन्होंने समुद्र किनारे उस जगह क़रीने से फैला दिया, जहाँ सिन्धु के हिलकोरों द्वारा जमा कर दिए गए पत्थर के साफ़-सुथरे टुकड़े पड़े थे। तेज धूप में कपड़े सूख जाने की प्रतीक्षा में उन्होंने नहाकर शरीर पर जैतून के तेल का भरपूर लेप किया और नदी के तट पर दोपहर का खाना खाया। जब वे खाकर परितृप्त हो गईं, तब राजकुमारी और परिचारिकाएँ सिर के दुपट्टे उतारकर गेंद खेलने लगीं। उनके बीच गाने की अगुआई श्वेतबाहु नौसिकेया ने ही की। धनुर्धारिणी आर्टिमिस पहाड़ से उतरकर टेइजेटस अथवा एरिमैंथस की ऊँची भूमि पर जंगली सूअरों और कुलाँचते हिरनों के शिकार का आनन्द लेती है और इस खेल में उसका साथ देती हैं वनदेवियाँ। यह देखकर लीटो (आर्टिमिस की माँ) बड़ी प्रसन्न होती है। यद्यपि वे वनदेवियाँ ज़्यूस की ही बेटियाँ हैं और सुन्दर हैं, तथापि आर्टिमिस अपने सिर और भाल को ऊपर उठाए जिस तरह उन सबके बीच सुगमता से पहचानी जा सकती है, उसी तरह परिचारिकाओं के बीच वह राजकुमारी सबसे विशिष्ट दिखती थी।

लेकिन जब नौसिकेया यह सोचने लगी कि अब वस्त्रों को तहियाकर खच्चर जोत देने का समय हो गया है, तब एथीनी ने यह विचार किया कि ओडिसियस को जगा दिया जाए ताकि वह उस सुन्दर लड़की को देख ले और उसे वह फेयेशियनों के नगर ले जाए। इसलिए जब राजकुमारी ने गेंद एक परिचारिका की ओर फेंकी, तो वह उस लड़की को न मिलकर भँवरदार गहरी धारा में जा गिरी। इस पर वे सब ख़ूब ज़ोर से चीख़ने लगीं जिससे राजा ओडिसियस जाग गया। वह उठकर बैठ गया और मन में सोचने लगा :

‘हाय, अब मैं किस तरह के लोगों के देश में आ पहुँचा हूँ? देखना है कि क्या ये लोग निर्दयी, उच्छृंखल और असभ्य हैं, अथवा आतिथ्यकारी और दैवभीरु हैं? मैं बड़ी तेज चीख़ सुन रहा हूँ, शायद लड़कियों की चीख़ है यह। मैं समझता हूँ कि ये परियाँ होंगी—ऊँचे पहाड़ों, नदियों के स्रोतों और घास के मैदानों में रहनेवाली परियाँ। जो भी हो मगर ऐसा लगता है कि अब मैं मनुष्यों के समीप आ गया हूँ, मनुष्य की भाषा बोलनेवालों के समीप। उधर ही चलूँ और चलकर देखने का प्रयास कर ही लूँ।’

यह कहकर ओडिसियस सरककर झाड़ियों से बाहर निकला। मगर अपनी नग्नता छुपाने के निमित्त वह बलिष्ठ करों से सघन वन से एक पत्तेदार टहनी तोड़कर शरीर पर पहले ही डाल चुका था। वह उसी तरह निकल पड़ा जिस तरह हवा और वर्षा की परवाह किए बग़ैर कोई पहाड़ी सिंह अपने बल पर भरोसा करके मवेशियों, भेड़ों या घूमते हुए हिरनों के शिकार में आँखों से अंगार बरसाते हुए निकल पड़ता है। इतना ही नहीं, क्षुधातुर हो जाने पर वह पशुकुल पर धावा मारने सुरक्षित वासभूमि की ओर भी चल देता है। उसी तरह ओडिसियस के ऊपर ऐसी ज़रूरत आ पड़ी कि एकदम नंगा होते हुए भी वह उन सुन्दर वेणीवाली लड़कियों के पास जाने को विवश हो गया। खारे जल से देह बिगड़ जाने के कारण वह लड़कियों को बड़ा ख़ौफ़नाक दिखाई पड़ा, सो वे मारे डर के इधर-उधर भाग पराईं, पानी में घुसे भूखंडों की ओर। केवल ऐलसिनोअस की बेटी जहाँ की तहाँ खड़ी रही, क्योंकि एथीनी ने उसे साहस दे दिया और उसके अंगों को काँपने नहीं दिया। इसलिए वह अपने को ज़ब्त करके ओडिसियस के सामने खड़ी रही। लेकिन ओडिसियस ने सोचा कि क्या वह उस कमनीय लड़की के घुटने पकड़कर अनुनय करे या उससे थोड़ा हटकर जहाँ खड़ा है, वहीं खड़ा रहे और वस्त्र देने और नगर तक ले जाने के लिए उससे कोमल विनीत शब्दों में प्रार्थना करे। मन में विचार करने पर उसे अलग खड़ा रहकर कोमल शब्दों में अनुनय करना ही अधिक उचित प्रतीत हुआ क्योंकि घुटने छूने से वह लड़की शायद भड़क उठे। अतः वह तुरन्त मीठे किन्तु विचक्षण शब्दों में कहने लगा :

“ओ रानी, मैं तुमसे दया की भीख माँगता हूँ। लेकिन पहले यह बताओ कि तुम देवांगना हो या कोई मर्त्य मानवी? यदि कोई स्वर्गस्थ देवी हो, तब श्रीशोभा एवं देहयष्टि से तुम मुझे बहुत कुछ सर्वशक्तिमान ज़्यूस की तनुजा आर्टिमिस के समान दिखती हो। परन्तु यदि तुम पृथ्वी पर निवसनेवाले मनुष्यों में से किसी की बेटी हो, तब तीन बार धन्य हैं तुम्हारे पिता और महीयसी माता, तीन बार धन्य हैं तुम्हारे भ्रातृगण। तुम्हें नृत्य में भाग लेने जाते देख हर बार उनका हृदय प्रसन्नता से कितना प्रदीप्त हो उठता होगा, तुम जो उनके बीच अनुपमेय सुन्दरी के रूप में खिल रही हो! किन्तु सबसे भाग्यवान व्यक्ति तो वह होगा जो तुम्हें प्रणयोपहारों से वरण कर अपने

घर ले जाने में सफल होगा। मैंने तुम्हारे सदृश कमनीय किसी नर-नारी को आज तक नहीं देखा है और तुम्हें निरख-निरख विस्मय से भरा जाता हूँ। एक बार मैं बड़ी-सी सेना लेकर डीलौस गया था, जहाँ मुझे विफलता का मुँह देखना पड़ा। लेकिन वहाँ अपोलो की बलिवेदी के बिलकुल समीप मैंने खजूर का एक तरुण प्ररोह देखा था। विस्मय-विमुग्ध होकर मैं उस नए तरु को बहुत देर तक देखता रहा, क्योंकि उसके समान सुन्दर कोई दूसरा वृक्ष धरती से कभी उगा नहीं था। उसी भाँति तुम्हें देखकर मैं अचम्भित और आश्चर्यचकित हूँ। इसलिए तुम्हारे घुटने पकड़कर अनुनय करने से डर रहा हूँ, यद्यपि मैं दारुण विपत्ति में फँसा हुआ व्यक्ति हूँ। पूरे उन्नीस दिनों के बाद कल बीसवें दिन मैं मदिरघन समुद्र से बाहर निकल पाया हूँ। औजीजिया द्वीप से चलने के बाद इतने रोज़ मैं लहरों और प्रचंड हवाओं द्वारा समुद्र में लगातार इधर-उधर उछाला जाता रहा हूँ। अब किसी देवता ने मुझे यहाँ इस तट पर और-और मुसीबतें झेलने के वास्ते ला पटका है, क्योंकि मेरा विश्वास है कि मेरे दुखों का अभी अन्त नहीं होगा। उसके पहले देवगण मुझे और भी कष्ट देंगे। परन्तु ओ रानी, तुम मेरे ऊपर दया करो, क्योंकि इतने सारे कष्ट पाने के बाद मैं सबसे पहले तुम्हारे आगे उपस्थित हुआ हूँ। तुम्हारे देश और नगर के किसी दूसरे आदमी को मैं नहीं जानता। मुझे नगर का रास्ता बता दो और तन ढँकने को कोई पुराना वस्त्र दे दो। न हो तो वह बेठन ही दे दो जिसमें लपेटकर तुम परिधान यहाँ ले आई हो। देवगण तुम्हारी सारी मनोकामनाएँ पूरी करें, वर और घर दें। ऐसा पति दें जिसके साथ तुम्हारा विचार साम्य हो, क्योंकि घर में पति-पत्नी का एक मन-विचार का होना सबसे सुन्दर और महत्त्वपूर्ण दैवी उपहार है। इससे उनके शत्रु सन्तप्त और मित्र ख़ूब हर्षित होते हैं, लेकिन इसका भेद केवल वे दोनों ही जानते हैं।''

इस पर नौसिकेया ने उसे उत्तर दिया : ''अजनबी, तुम न तो दुष्ट और न मूर्ख ही मालूम पड़ते हो। वह तो ओलिम्पसवासी ज़्यूस है जो अच्छे और बुरे लोगों में से हरेक को अपनी इच्छा के अनुसार अच्छा या बुरा प्रारब्ध देता है। तुम्हारी इस दशा का दाता निस्सन्देह वही है और इसे हर हालत में भोगना है। चूँकि अब तुम हमारे नगर और देश में आ गए हो, इसलिए तुम कपड़ों के बिना नहीं रहोगे और तुम्हें वह सब मिलेगा जो शरण में आ गए मन्दभाग्य लोगों को मिलना चाहिए। मैं तुम्हें नगर का रास्ता बता दूँगी और यह भी बता दूँगी कि हम किस जाति के लोग हैं। इस नगर और देश पर फेयेशियनों का अधिकार है और मैं बेटी उस वीर ऐलसिनोअस की हूँ जिस पर फेयेशियनों की सारी शक्ति और प्रभुता कायम है।''

यह जवाब देकर उसने सुन्दर अलकोंवाली परिचारिकाओं को पुकार लगाई : ''रुक जाओ, लड़कियो! एक मनुष्य को देखकर तुम सब कहाँ भागी जा रही हो? उसे कोई दुश्मन मान बैठी हो क्या? फेयेशियनों की भूमि पर चढ़ाई करना आज के

किसी मर्त्य से सम्भव नहीं है और भविष्य में भी ऐसा करनेवाला कोई पैदा नहीं होगा, क्योंकि देवताओं का इन पर अत्यधिक स्नेह है। चारों ओर समुद्री लहरों से घिरे हुए हम लोग धरती के एक छोर पर बिलकुल अलग-थलग रहते हैं और अन्य मर्त्यों से हमारा कोई वास्ता नहीं है। बल्कि यह तो कोई असहाय आदमी है जो भटककर यहाँ आ गया है। चूँकि सभी अतिथि और भिखारी ज़्यूस रक्षित होते हैं, इसलिए इसके साथ हम अवश्य दयालुतापूर्ण व्यवहार करें। हमारे लिए जो तुच्छ है, वह ऐसे लोगों के लिए मूल्यवान सिद्ध हो सकता है। परिचारिकाओ, अतः तुम सब इस अजनबी को खिलाओ-पिलाओ और नदी में उस जगह ले जाकर इसे नहलाओ जहाँ तेज हवा से बचाव हो।''

उसका यह कहना था कि वे सब रुक गईं और एक-दूसरे से लौट आने को कहने लगीं। तब नौसिकेया की आज्ञा के अनुरूप वे ओडिसियस को सुरक्षित स्थान पर ले गईं। वहाँ ले जाकर उन्होंने उसे बिठा दिया और पहनने के वास्ते उसके आगे एक लम्बा अँगरखा और छोटी आस्तीन का एक चोगा रख दिया। सोने की झारी में जैतून का स्निग्ध तेल देने के बाद उन्होंने उसे नदी की धारा में स्नान कर लेने को कहा। इस पर ओडिसियस ने परिचारिकाओं से कहा : ''तुम सब कृपा करके यहाँ से थोड़ी देर के लिए हट जाओ ताकि मैं अपने कन्धों से नमकीन पपड़ियाँ स्वयं धो डालूँ और शरीर पर जैतून का तेल लगा लूँ। आख़िर मेरे बदन पर तेल बहुत दिनों से नहीं लगा है। लेकिन तुम्हारे सामने स्नान नहीं कर पाऊँगा, क्योंकि लड़कियों के रहते नंगा होने में लज्जा हो रही है मुझे।''

इस पर वे सब वहाँ से हट गईं और जाकर अपनी तरुणी स्वामिनी से सब कुछ बता दिया। उधर ओडिसियस ने पीठ और प्रशस्त कन्धों की त्वचा पर लगी नमकीन पपड़ियों को नदी के जल से धोकर साफ़ कर दिया और माथे पर जमे हुए समुद्र के नमकीन मैल को पोंछ लिया। इस भाँति जब उसने पूरा बदन धो-पोंछकर उस पर जैतून के तेल का लेप कर लिया और कुँआरी नौसिकेया द्वारा दिए गए वस्त्रों को धारण कर लिया, तब एथीनी की कृपा से वह अधिक लम्बा और शक्तिशाली दिखने लगा और उसके मस्तक पर सम्बुल यानी जलकुम्भी (हायसिंथ) के फूलों की तरह घने घुँघराले बाल लहरा उठे। जिस प्रकार हेफ़ीस्टस और एथीनी द्वारा शिल्प के सारे अंगों में प्रशिक्षित कोई निपुण कलाकार चाँदी के बर्तन पर सोने का काम करके उसे आकर्षक बना देता है, उसी प्रकार एथीनी ने ओडिसियस के सिर और कन्धे अधिकाधिक आकर्षक बना दिए।

तदुपरान्त ओडिसियस समुद्र-तट पर जाकर अलग बैठ गया। वह शोभाश्री से दमक रहा था। उसे देख राजकुमारी अचरज से भर गई और सुन्दर वेणीवाली अपनी परिचारिकाओं से बोली :

"मेरी श्वेतबाहु परिचारिकाओ, मैं जो कह रही हूँ उसे ध्यान से सुनो। यह व्यक्ति फेयेशियनों के यहाँ ओलिम्पसवासियों की इच्छा के बग़ैर नहीं आया है। थोड़ी देर पहले वह मुझे अशोभन लग रहा था, किन्तु अब वह विस्तीर्ण व्योम में रहनेवाले देवताओं के समान दिखता है। क्या ही अच्छा होता यदि ऐसा ही कोई पुरुष मेरा स्वामी होता और यहीं रहता और खुशी-खुशी हमारे बीच बस जाता! लेकिन देखो, मेरी परिचारिकाओ, अब इस अजनबी को खाना-पीना दो।"

उसके इस आदेश का तत्परता से पालन करते हुए उन्होंने ओडिसियस के आगे खाद्य एवं पेय सामग्रियाँ प्रस्तुत कर दीं। बहुत दिनों से भोजन नहीं किए रहने की वजह से धीर-वीर ओडिसियस ने खाने-पीने में बड़ी आतुरता की।

तब शुभ्रबाहु नौसिकेया ने अन्य बातों पर ध्यान दिया। कपड़े तहियाकर सुन्दर छकड़े पर रखने के बाद उसने मज़बूत खुरोंवाले खच्चर जुए के नीचे जोत दिए और स्वयं गाड़ी पर सवार हो गई। वह ओडिसियस को पास बुलाकर निर्देश देते हुए बोली : "अजनबी, अब तुम नगर चलने को तैयार हो जाओ। मैं तुम्हें अपने पिता के घर तक पहुँचा दूँगी और आशा करती हूँ कि वहाँ तुम्हारी भेंट सभी सम्भ्रान्त फेयेशियनों से हो जाएगी। लेकिन मैं जो कहती हूँ, वह तुम अवश्य करो और तुम काफ़ी चतुर व्यक्ति मालूम पड़ते हो। जब तक हम किसानों के खेतों और ग्राम्य क्षेत्रों से गुज़रते रहेंगे, तब तक तुम गाड़ी और खच्चरों के पीछे-पीछे परिचारिकाओं के साथ तेजी से चलोगे। सबके आगे मैं चलूँगी। अन्त में हम नगर पहुँच जाएँगे। उसके चारों तरफ़ बुर्जों के साथ ऊँची दीवारें हैं और दोनों ओर सुन्दर बन्दरगाह, जहाँ जाने के लिए सँकरा रास्ता है और बाँध के दोनों ओर वक्र पोत लगे रहते हैं। सब लोगों के जलयान यहीं लगे रहते हैं, क्योंकि प्रत्येक नागरिक का यहाँ अपना-अपना घाट है। पॉसायडन के भव्य मन्दिर के चतुर्दिक वह स्थान है जहाँ लोग सभा करते हैं और वह पत्थर के भारी टुकड़ों को मिट्टी में गहरे जमा-जमाकर बनाया गया है। वहाँ लोग पोतों के उपकरणों, लंगर के रस्सों और पालों की देखभाल किया करते और चिकने चप्पू बनाते हैं। ऐसा इसलिए कि फेयेशियन धनुष और तरकश की नहीं बल्कि जहाज़ों के मस्तूलों और चप्पुओं की परवाह करते हैं और परवाह करते हैं तीन मस्तूलोंवाले सजीले जलयानों की, जिनसे वे फेनिल सागर पर हँसी-खुशी यात्रा करते हैं।

"लेकिन मैं अपने लोगों की अशिष्ट एवं अप्रिय बातों से बचना चाहती हूँ ताकि बाद में कोई मुझे बदनाम न कर दे, क्योंकि यहाँ बदतमीज़ों की भी कमी नहीं है। ऐसे ही घटिया लोगों में से कोई हमको देखकर कहीं यह न बोल उठे :

" 'नौसिकेया के संग यह अजनबी कौन है, लम्बा और ख़ूबसूरत? उसे यह कहाँ मिल गया? निस्सन्देह यह उसका होनेवाला पति है। हमारे आसपास कोई दूसरे लोग नहीं रहते, इसलिए वह दुर्घटनाग्रस्त जहाज़ के किसी भटके हुए विदेशी यात्री को ले

आई है या उसकी आतुर विनती से कोई देवता ही स्वर्ग से आ पहुँचा है जो उसे सदा के लिए अपनी पत्नी बना लेगा। अच्छा हुआ कि वह स्वयं बाहर घूमकर विदेश से अपने लिए पति खोज लाई है, क्योंकि यहाँ इस देश के फेयेशियनों को असल में वह कुछ नहीं समझती, जबकि यहाँ उसके प्रणययाचक अनेक हैं और वे सब सम्भ्रान्त घर के हैं।' वे ऐसा ही बोलेंगे जिससे मेरी बदनामी होगी। यदि कोई लड़की, जिसके माँ-बाप अभी जीवित हों और सबके सामने जिसकी शादी नहीं हुई हो, सखी-सहेलियों की इच्छा के विपरीत अन्य पुरुषों के साथ मेलजोल करे, तो इसे मैं भी सचमुच कलंक की बात समझूँगी। लेकिन, ओ अजनबी, अगर तुम घर सुरक्षित लौटने में मेरे पिता की यथाशीघ्र सहायता चाहते हो, तो तुम्हें मेरा यह कहना करना पड़ेगा। सड़क के पास ही तुम्हें एथीनी को समर्पित पहाड़ी पीपलों का एक उपवन मिलेगा। उसमें पानी का एक झरना है और चारों तरफ़ घास का मैदान फैला है। वहीं पर मेरे पिता की भूसम्पदा और फलों का बाग है जो कि नगर से श्रवणसीमा के भीतर पड़ता है। तुम वहीं बैठ जाना और तब तक बैठे रहना, जब तक हम नगर में पिता के घर न पहुँच जाएँ। जब यह समझ लेना कि महल में हमारा प्रवेश हो गया होगा, तब फेयेशियनों के शहर में जाना और जाकर मेरे पिता ऐलसिनोअस के घर का पता पूछना। वह आसानी से मालूम हो जाता है। एक छोटा बच्चा भी तुम्हें वहाँ ले जाएगा, क्योंकि राजा ऐलसिनेअस का महल इतना भव्य और सुन्दर है कि अन्य किसी फेयेशियन का मकान वैसा नहीं बना है। जब प्रांगण पार करके महल में दाख़िल हो जाओगे, तब फुरती से बिना रुके तुम बड़े प्रकोष्ठ से होते हुए सीधे मेरी माँ के पास पहुँच जाना। वह अँगीठी के क़रीब बैठकर आग की रोशनी में बैंगनी रंग का सूत कातती रहती है, ऐसा कि देखकर लोग विस्मित हो जाते हैं। उसकी कुर्सी एक खम्भे से लगी होती है और उसके पीछे बैठी होती हैं उसकी परिचारिकाएँ। उसकी कुर्सी के नज़दीक ही मेरे पिता का सिंहासन होता है जिस पर बैठकर वह एक देवता के समान मद्यपान करता है। उस पर ध्यान न देकर तुम आगे बढ़ जाना और जाकर मेरी माँ के घुटने अपने हाथों से जकड़ लेना। तभी तुम जल्द और हँसी-ख़ुशी वापस जाने का दिन देख सकते हो, देश तुम्हारा चाहे कितना ही दूरस्थ क्यों न हो। अगर उनकी दया हो गई, तब तुम अपने मुल्क और अपने ऊँची छतवाले भवन पहुँच जाने और अपने बन्धु-बान्धवों को देख पाने की आशा कर सकते हो।"

यह कहकर उसने खच्चरों को चमचमाता कोड़ा लगाया और शीघ्र ही नदी की धारा पीछे छूट गई। खच्चर दुलकी चाल से खटखट चल रहे थे। नौसिकेया उनको इस तरह हाँक रही थी कि उसके पीछे ओडिसियस और परिचारिकाएँ पैदल उसी रफ़्तार से चल सकें। इसलिए चाबुक का इस्तेमाल वह चतुराई से कर रही थी। आख़िर सूरज डूब गया। तब तक वे एथीनी के पवित्र एवं प्रसिद्ध उपवन तक पहुँच

गए थे। तेजस्वी ओडिसियस वहीं ठहर गया। तुरन्त उसने चर्मधर ज़्यूस की पुत्री से विनती की : ''चर्मधर ज़्यूस की अश्रान्त कन्ये, तू मेरी विनती सुन। मेरी यह प्रार्थना सुननी होगी तुझे, क्योंकि जब शक्तिवन्त भूकम्पक ने समुद्र में मेरा बेड़ा नष्ट कर मुझे तवाह कर दिया था, तब तूने मेरी नहीं सुनी थी। तू ऐसा कर कि जब मैं फेयेशियनों के बीच जाऊँ, तो वे मुझ पर दया करें और अपना प्रियपात्र बना लें।''

उसने यह विनती की और एथीनी ने उसकी सुन ली। लेकिन चाचा (पॉसायडन) का ख़याल करके वह उसके आगे प्रत्यक्ष नहीं हुई, क्योंकि उसके चाचा का भयानक क्रोध देवतुल्य ओडिसियस पर उस घड़ी तक बना रहा, जब तक वह स्वदेश नहीं पहुँच गया।

ऐलसिनोअस के महल में ओडिसियस

धीर-वीर ओडिसियस वहाँ ऐसी विनती कर रहा था, जबकि राजकुमारी को दोनों बलिष्ठ खच्चर शहर की ओर लिए जा रहे थे। पिता के भव्य महल पहुँच जाने पर वह प्रवेशद्वार पर रुक गई। उसके चारों ओर उसके देवसदृश भाई इकट्ठे हो गए और गाड़ी से खच्चरों को खोलकर कपड़े महल में ले गए। परन्तु राजकुमारी अपने कक्ष में चली गई। वहाँ अन्तःपुर की दासी बूढ़ी यूरीमेडूसा ने उसके लिए आग जला दी। बहुत पहले एपायरिया से वह दासी वक्र पोतों द्वारा ले आई और ऐलसिनोअस को पारितोषिक के रूप में दे दी गई थी, क्योंकि ऐलसिनोअस समस्त फेयेशियनों का राजा था और लोग उसे देवता मानकर उसकी आज्ञा का पालन करते थे। उसने ही महल में नौसिकेया का लालन-पालन किया था। अब वह आग जलाकर भीतरी प्रकोष्ठ में राजकुमारी के लिए रात का भोजन तैयार किया करती थी।

उसी समय ओडिसियस नगर जाने को प्रस्तुत हो गया और एथीनी ने उसकी भलाई के वास्ते उसके चारों तरफ़ घना कुहरा डाल दिया ताकि संयोग से यदि कोई उद्धत फेयेशियन उसे मिल गया, तो कटु शब्दों में उसका परिचय पूछकर वह उसकी हँसी न उड़ा पाए। जब वह रमणीक नगर में प्रवेश करने ही वाला था कि एक नवयुवती कुमारिका के रूप में सिर पर घड़ा लिए एथीनी उससे मिलने आ गई और आकर उसके आगे खड़ी हो गई। ओडिसियस ने उससे पूछा :

"बिटिया, क्या तू मुझे राजा ऐलसिनोअस, जो यहाँ के निवासियों का शासक है, के महल का रास्ता दिखा सकती है? सुन, मैं दूर देश से यहाँ आया एक बड़ा ही पथश्रान्त परदेशी हूँ, इसलिए इस नगर और इसके आसपास के इलाक़े के किसी आदमी को नहीं जानता हूँ।"

इस पर एथीनी ने उसे उत्तर दिया : "ओ पितातुल्य परदेशी, वह भवन तुम्हें ज़रूर दिखा दूँगी जिसके बारे में तुम बोल रहे हो, क्योंकि वह मेरे कुलीन पिता के महल के ही पास है। लेकिन देखो, चलना तुम्हें चुपचाप होगा, जबकि रास्ता दिखाती मैं आगे-आगे चलूँगी। नज़र उठाकर किसी व्यक्ति को न तो देखना और न किसी से कुछ पूछना ही होगा। ऐसा इस कारण कि अजनबियों को यहाँ के बाशिन्दे पसन्द

नहीं करते और न दूसरे देश से आए आदमी का प्रेमपूर्ण स्वागत करते हैं। भूकम्पक देवता से मिली शक्ति के चलते उनका भरोसा अपने तीव्रगामी जलयानों पर है जिनसे वे समुद्र में दूर-दूर तक जाते हैं। उनके जहाज़ पंछी वा विचार के समान वेगवान हैं।''

यह कहकर एथीनी तेजी से चल पड़ी और वह देवी के पीछे उसी गति से हो लिया। शहर में जाते समय जब वह जहाज़ी फेयेशियनों के बीच से गुज़रा, तो उनमें से कोई उसे देख नहीं पाया। ऐसा इसलिए कि उसके प्रति सुन्दर वेणीवाली एथीनी के हृदय में स्नेह था और उस पर महिमाशालिनी देवी ने जादुई कुहरा डाल दिया था। वहाँ के बन्दरगाहों, सजीले जलयानों, नायकों के सभा-स्थलों तथा ऊँचे और लम्बे प्राचीरों, जिनके ऊपर खूँटे गड़े थे, को देखकर ओडिसियस दंग रह गया—सारा दृश्य आश्चर्यकारी! जब वे राजा के उत्कृष्ट महल तक पहुँच गए, तब पहले एथीनी ही बोली :

''देखो, ओ पितातुल्य विदेशी, यही वह सौध है जिसे दिखाने को कहा था तुमने। वहाँ तुम ज़्यूस-सम्पोषित शासकों को दावत में शामिल होते देखोगे। फिर भी तुम बेधड़क अन्दर चले जाना, क्योंकि देश-विदेश हर जगह जोखिम-भरे काम में सबसे अधिक कामयाबी निडर आदमी ही हासिल करता है। राजमहल में सीधे जाकर सबसे पहले रानी से मिलना। लोग उसे एरिटी[1] के नाम से पुकारते हैं और वह राजा ऐलसिनोअस के ही वंश में उत्पन्न हुई है। इस वंश का प्रथम पुरुष नौसिथोअस हुआ जो भूकम्पक पॉसायडन और वीर यूरिमीडन की सबसे छोटी कन्या परम सुन्दरी पेरिबोईया का बेटा था। यूरिमीडन दैत्याकार उद्धत मनुष्यों[2] का शासक था लेकिन उसने अपने उन्मत्त लोगों का नाश कर दिया और स्वयं भी असमय नष्ट हो गया। किन्तु पॉसायडन ने पेरिबोईया के संग रमण करके नौसिथोअस नामक तेजस्वी पुत्र को उत्पन्न किया जो कभी फेयेशियनों का राजा हुआ करता था। नौसिथोअस के रेक्सीनौर और ऐलसिनोअस नामक दो पुत्र हुए। रेक्सीनौर के विवाह के कुछ ही दिन हुए थे कि रजत कोदंडधारी अपोलो ने उसकी हत्या कर दी। उसके कोई बेटा नहीं हुआ था, मगर घर में वह एरिटी नामक एकमात्र सन्तान छोड़ गया था। ऐलसिनोअस ने उसे ही अपनी भार्या के रूप में ग्रहण किया है और उससे उसे जो आदर मिलता है, वह दुनिया की कोई दूसरी गृहिणी नहीं पाती है—वे सब गृहिणियाँ, जो अपने पति के स्वामित्व में घर चलाती हैं। हृदय का वही सच्चा सम्मान एरिटी पहले और आज

1. एरिटी का बड़ा ही व्यंजक अर्थ होता है—'किसी चीज़ के लिए जिसकी विनती की जाए।'
2. हीसियड के अनुसार, यूरेनस के वध के बाद उसके शरीर से शोणित की जो बूँदें पृथ्वी पर गिरीं, उनसे अन्य प्राणियों के अतिरिक्त बड़े ही बलवान विकटाकार जीवों का जन्म हुआ जो दैत्य यानी **जायंट** कहलाए। किन्तु होमर के अनुसार वे दैत्याकार बर्बर मनुष्य थे जो अपने राजा यूरिमीडन के हाथों नष्ट कर दिए गए।

भी पाती है–अपने स्वामी ऐलसिनोअस से, अपने प्यारे बच्चों से, अपने समस्त लोगों से, जो उसे देवी मानते हैं और नगर में जब भी निकलती है, तो उसका श्रद्धा से अभिवादन करते हैं। इसके पीछे वजह यही है कि उसमें संवेदनशील समझदारी की कोई कमी नहीं है। अनुकूल हो जाने पर वह मर्दों के भी झगड़ों का निबटारा कर देती है। यदि उसकी दया हो गई, तो तुम अपने वतन और अपने ऊँची छतवाले घर पहुँच जाने और अपने बन्धु-बान्धवों को देख पाने की आशा कर सकते हो।''

यह बोलकर दीप्त नेत्रोंवाली एथीनी रमणीक स्कीरिया को पीछे छोड़ अनुर्वर सिन्धु के ऊपर से होते हुए मैराथन और प्रशस्त पथोंवाले एथेंस जा पहुँची और एरिकथियस के विशाल भवन में प्रवेश कर गई। इस बीच ओडिसियस आगे ऐलसिनोअस के भव्य प्रासाद की ओर बढ़ा और उसके प्रवेशद्वार की कांस्य दहलीज़ पर पहुँचने के पहले अनेक प्रकार के विचारों से आक्रान्त होकर थोड़ी-थोड़ी देर यहाँ-वहाँ ठिठकता गया। ऐसा इस कारण कि ऐलसिनोअस की ऊँची अट्टालिका से मानो सूर्य एवं चन्द्रमा की तीव्र आभा फूट रही थी। दहलीज़ के दोनों ओर से लेकर अन्तःपुर तक की दीवारें कांसे और कँगनी के नीचे की चित्र वल्लरियाँ गहरे नीले रंग की थीं। विशाल महल के मुख्य द्वार के दरवाज़े सोने और काँसे की दहलीज़ के ऊपर चौखट चाँदी की बनी थी। दरवाज़े का सरदल चाँदी और हस्तक सोने का था। द्वार के दोनों तरफ़ सोने और चाँदी के कुत्ते खड़े थे जिनको हेफ़ीस्टस ने बड़ी निपुणता से ऐलसिनोअस के महल की निगरानी के वास्ते बनाया था, हमेशा-हमेशा के लिए अजर और अमर कुत्ते। कक्ष के भीतर दीवार के दोनों ओर यहाँ से वहाँ तक आसन्दियाँ लगी थीं, जिन पर औरतों द्वारा ख़ूब बारीकी से बुने गए हल्के आच्छादन बिछे थे। वहीं बैठकर फेयेशियन सरदार खाते-पीते थे, क्योंकि खाने-पीने का वहाँ कभी कोई अभाव नहीं था। राजभवन की रात्रिकालीन दावत में भाग लेनेवालों को रोशनी देने के लिए सुदृढ़ पीठिकाओं पर स्वर्ण-निर्मित युवक हाथों में मशाल थामे [illegible] थे। इतना ही नहीं, राजा के महल में पचास नौकरानियाँ थीं जिनमें से कुछ चक्कि[illegible] से पीतान्न पीसती हैं, तो कुछ करघे पर कपड़े बुनती और कुछ बैठकर सूत कातती हैं–उनके हाथ लम्बे पहाड़ी पीपल के पत्तों की तरह चंचल। उनके द्वारा बुने गए क्षौमवस्त्र इतने घने होते हैं कि उन पर जैतून का स्निग्ध तेल डाल देने पर नहीं गिर पाता है। फेयेशियन पुरुष विशाल सागर पर द्रुत वेग से जलयान चलाने में दुनिया भर में सबसे निपुण हैं, तो वहाँ की नारियाँ करघे पर सबसे कुशल, क्योंकि एथीनी ने उन्हें बारीक हस्तकलाओं में विशिष्ट पटुता के साथ बुद्धिमत्ता प्रदान की है। महल के प्रांगण के आगे मुख्य प्रवेशद्वार तक चार एकड़ भूमि पर विशाल उद्यान है, जिसके चारों तरफ़ बाड़ा लगा हुआ है। उसमें हरे-भरे लम्बे पेड़ उगे हुए हैं–नाशपाती, अनार, चिकने फलवाले सेब एवं मीठे अंजीर तथा पूर्णतः विकसित जैतून के वृक्ष। जाड़ा हो

या गर्मी, ये पेड़ सालभर फल देते हैं, कभी कोई कमी नहीं करते। यहाँ पश्चिम हवा हमेशा इस तरह बहती रहती है कि जब एक फल पकने लगता है, तो दूसरा आ जाता है। नाशपाती पर नाशपाती, सेब पर सेब और गुच्छ के गुच्छ अंजीर और अंगूर भी पकते रहते हैं, क्योंकि वहीं पर राजा का उर्वर द्राक्षोद्यान भी है। इस अंगूर-वाटिका के एक भाग में जहाँ ज़मीन समतल है, धूप में कुछ अंगूर सूख रहे हैं, जबकि कुछ अंगूर एकत्र किए और कुछ द्राक्षापेषणी से निचोड़े जा रहे हैं। सामने की सबसे अगली पंक्ति में फूल झड़कर अब अंगूर के कच्चे फल निकल रहे हैं, जबकि दूसरे काले पड़कर पकने को हो आए हैं। द्राक्षा की अन्तिम पंक्ति के बाद भूखंड पर बड़े सुन्दर ढंग से क्यारियाँ बनी हैं जिनमें हमेशा ताज़ी शाक-भाजियाँ लगी रहती हैं। इस बाग में पानी के दो सोते हैं। एक सोते से नालियाँ निकालकर पूरे बाग की सिंचाई की जाती है। इसके ठीक सामने दूसरा सोता प्रांगण के द्वार के नीचे से होकर ऊँचे महल के क़रीब निकलता है। नगर के वासी पानी इसी से लेते हैं। ऐलसिनोअस के महल को देवताओं ने ऐसे ही उत्कृष्ट उपहारों से अलंकृत किया था।

वहाँ खड़ा होकर ओडिसियस टकटकी बाँधे वह सब देखता रहा। जब वह विस्मय-विस्फारित नेत्रों से सब कुछ जीभर निरख चुका, तब वह तेजी से दहलीज़ पारकर भवन के अन्दर दाख़िल हो गया। वहाँ उसने देखा कि फेयेशियनों के नायक और पार्षद तीक्ष्णदृष्टि आरगसहन्ता देवता को मद्य अर्पित कर रहे हैं, क्योंकि रात्रि विश्राम के पूर्व अन्तिम चषक वे इसी देवता को चढ़ाते थे। एथीनी-प्रदत्त घने कुहरे से आच्छादित ओडिसियस विशाल कक्ष को पारकर सीधे एरिटी और राजा ऐलसिनोअस के नज़दीक जा पहुँचा और अपने हाथों से झट एरिटी के घुटने गह लिए। तभी उसके ऊपर फैला हुआ जादुई कुहरा तिरोहित हो गया और महल में मौजूद सभी लोग उसे देखकर एकदम शान्त हो गए। घोर अचरज से वे उसे ताक ही रहे थे कि ओडिसियस ने मिन्नत शुरू कर दी :

"देवतुल्य रेक्सीनौर की बेटी एरिटी, बहुत कष्ट झेलने के बाद मैं याचक के रूप में तुम्हारे और तुम्हारे पति और इन अतिथियों के पास आया हूँ। मेरी कामना है कि देवगण तुम्हें सुखी जीवन दें और हर कोई अपने घर की धन-सम्पत्ति तथा लोगों से प्राप्त सम्मान-अधिकार अपने बेटों को खुशी-खुशी सौंपकर ही इस दुनिया से विदा ले। लेकिन जहाँ तक मेरा निजी मामला है, तो मेरी गुज़ारिश है कि तुम लोग यहाँ से मेरी रवानगी का इन्तज़ाम इस तरह कर दो कि मैं अपने देश शीघ्र से शीघ्र पहुँच जाऊँ, क्योंकि लम्बे समय तक बन्धु-बान्धवों से दूर रहकर मैं पहले ही काफ़ी दुख पा चुका हूँ।"

यह कहकर वह अँगीठी की आग के पास राख पर बैठ गया लेकिन वहाँ मौजूद सब के सब लोग एकदम चुप रहे। अन्त में फेयेशियनों का एक वयोवृद्ध सरदार और

पार्षद एकिनियस उनके बीच बोला। वह वक्तृता में निपुण और पुरानी बातों का जानकार था। भले के विचार से वह उनसे बोला :

"ऐलसिनोअस, यह शिष्ट और उचित नहीं कि यह अभ्यागत अँगीठी के पास ज़मीन पर पड़ी राख पर बैठ जाए और ये लोग तुम्हारे हुक्म के इन्तज़ार में चुपचाप बैठे रहें। सुनो, अब तुम इस अतिथि से उठकर रजतजड़ित कुर्सी पर बैठ जाने को कहो। तब अनुचरों को आदेश दो कि वे मिश्रणपात्र में मदिरा मिलाकर तैयार कर दें ताकि हम सम्मान्य याचकों के संरक्षक एवं गर्जना करनेवाले ज़्यूस को मद्य अर्पित कर सकें। भंडारपालिका से कहो कि अतिथि के ब्यालू के लिए जो कुछ हो, उसे प्रस्तुत करे।"

जब राजा ऐलसिनोअस ने उसका यह कहना सुन लिया, तब उसने बुद्धिमान एवं चतुर ओडिसियस को हाथ पकड़कर अँगीठी के पास से उठाया। उसका सबसे प्रिय पुत्र वीर लेयोडेमैस उसके ठीक बग़ल में एक चमचमाती कुर्सी पर बैठा था। उसने बेटे से उसे खाली कर देने को कहा और ओडिसियस को ले जाकर उसी कुर्सी पर बिठा दिया। एक परिचारिका सोने की सुन्दर झारी में पानी ले आई और उसे चाँदी की चिलमची में उड़ेलकर ओडिसियस के हाथ धुला दिए। उसके बाद उसने एक चिक्कण मेज़ खींचकर उसके आगे लगा दी और विश्वस्त भंडारपालिका ने गेहूँ की रोटियाँ लाकर उसके सामने परोस दीं। मेज़ पर उसने और भी अनेक सुस्वादु पकवान रख दिए। उसके पास जो कुछ भी था, उसे देने में उसने कोई कोताही नहीं की। इस तरह जब ओडिसियस खा-पी चुका, तब राजा ऐलसिनोअस अपने अनुचर से बोला :

"पौंटोनोअस, मिश्रणपात्र में मदिरा डालकर कक्ष में उपस्थित सब लोगों के प्याले भर दो ताकि हम सम्मान्य याचकों के संरक्षक एवं गर्जना करनेवाले ज़्यूस को मद्य अर्पित कर सकें।"

उसने यह आदेश दिया। इस पर पौंटोनोअस ने मिश्रणपात्र में मधुमधुर मदिरा तैयार कर ली और प्रत्येक प्याले में उसकी कुछ बूँदें देवता को अर्पित करने के बाद वह सबको परोस दी। जब वे मद्यार्पण करके जी भर पी चुके, तब ऐलसिनोअस उनके बीच बोला :

"ओ फेयेशियन नायको एवं पार्षदो, मैं अन्तःकरण की प्रेरणा से जो कहने जा रहा हूँ, उसे ध्यान से सुनो। अब चूँकि दावत ख़त्म हो चुकी है, इसलिए तुम लोग घर जाकर विश्राम करो। सवेरे हम पार्षदों की पूरी सभा बुलाएँगे और अभ्यागत का महल में स्वागत और देवताओं को उत्तम बलि अर्पित करेंगे। उसके बाद हम इस आगन्तुक को यहाँ से भेजने का उपाय सोचेंगे कि कैसे वह हमारे संरक्षक पोत से बिना किसी कष्ट और दुर्घटना के शीघ्र से शीघ्र अपने देश सुखपूर्वक लौट जाए,

निवासी वह चाहे बहुत दूर का ही क्यों न हो। हम ऐसा करेंगे कि अपनी भूमि पर पाँव रखने तक बीच रास्ते में उसे कोई बाधा और तकलीफ़ न हो। उसके बाद तो उसे वे सारी चीज़ें बर्दाश्त करनी ही पड़ेंगी जो नियति और निर्मम औरतों ने तकली से उसके भाग्य के धागे में माता के गर्भ से आते समय ही कात दी होंगी। लेकिन यदि वह स्वर्ग से आया हुआ कोई अनश्वर देवता है, तब इसके पीछे अमरों का हमारे विरुद्ध अवश्य कोई छलछन्द प्रतीत होता है। ऐसा इसलिए कि पहले हमने जब भी पवित्र पशुबलि विधिवत अर्पित की है, तब देवगण हमारे बीच प्रत्यक्ष रूप से प्रकट होकर एक ही मेज़ पर भोज में सम्मिलित हुए हैं। इतना ही नहीं, यदि अकेले यात्रा कर रहे हमारे किसी आदमी से उसकी भेंट हो गई है, तो उन्होंने कभी किसी छद्मवेश का प्रयोग नहीं किया है, क्योंकि साइक्लॉप्स तथा दैत्याकार जंगली जातियों की तरह ही हम उनके निकट सम्बन्धी हैं।''

इस पर अनेकविध चतुर ओडिसियस ने उसे उत्तर दिया : ''ऐलसिनोअस, तुम अपने मन में ऐसा विचार एकदम मत लाओ, क्योंकि व्योमवासी अमरों के समान न तो मेरा रूप है, न देहाकृति। मैं तो बस एक मरणशील मनुष्य हूँ। समस्त मानव जाति में जो लोग दुख के भार से तुम्हारी नज़र में सबसे अधिक दबे हुए हैं, कष्ट में पड़ा हुआ मैं अपने को उनमें से ही एक मानता हूँ। देवताओं की इच्छा से मुझे एक के बाद एक ज़ितने भी संकट झेलने पड़े हैं, उनका वर्णन करने पर दुख की लम्बी कथा बन जाएगी। सारी व्यथाओं के बावजूद अब मुझे भोजन कर लेने दो। भूखे पेट से बढ़कर निर्लज्ज और कुछ नहीं होता। लाख कष्ट और मनस्ताप के होते हुए भी वह किसी आदमी को अपनी माँग मनवाने को मजबूर कर देता है। मेरा दिल दुख से भरा है, लेकिन पेट मुझे खाने-पीने को विवश करता जा रहा है और सारी व्यथाएँ एकदम भुलाकर जीभर खा लेने का आदेश दे रहा है। ख़ैर, कल पौ फटने के साथ ही तुम मुझे मेरे देश पहुँचा देने की कोशिश शुरू कर दो। मैं अभागा आदमी हूँ और काफ़ी दुख उठा चुका हूँ। आह, मेरी बड़ी इच्छा है कि मर जाने के पहले मैं अपनी धन-दौलत, अपने दास, अपना ऊँचा और विशाल मकान एक नज़र देख लूँ।''

वह ऐसा बोला और उससे वे सहमत हो गए। अतिथि का बयान सही मानकर उन्होंने उसे उसके गन्तव्य तक पहुँचा देने का आदेश दे दिया। जब वे देवता को मद्यार्पण कर जीभर पी चुके, तब सोने के लिए वे अपने-अपने घर चले गए, लेकिन तेजवन्त ओडिसियस महल में ही रहा। उसके साथ बैठे थे एरिटी और देवतुल्य ऐलसिनोअस। परिचारिकाओं ने भोज के सामान हटा दिए। तब शुभ्रहस्ता एरिटी उनके बीच सबसे पहले बोली, क्योंकि वह ओडिसियस के शानदार वस्त्रों को पहचान गई थी जिन्हें उसने स्वयं अपनी दासियों की सहायता से बनाया था–लम्बा अँगरखा और छोटी आस्तीन का चोगा। इसलिए वह पुंखित शब्दों में उससे बोली :

"महोदय, मैं तुमसे साफ़-साफ़ पहले यह पूछने की गुस्ताख़ी कर रही हूँ कि तुम कौन हो और कहाँ से आए हो? ये कपड़े तुम्हें किसने दिए हैं? क्या तुमने यह नहीं कहा कि महासागर में भटकते हुए तुम संयोग से यहाँ आ गए हो?"

इस पर ओडिसियस ने उसे उत्तर दिया : "ओ रानी, स्वर्गस्थ देवताओं ने मुझे इतने दुख-सन्ताप दिए हैं कि आदि से अन्त तक उन सबको कह पाना मुश्किल है। इसलिए तुम अपने प्रश्नों से जितना जानना चाहती हो, उतना मैं बता देता हूँ। यहाँ से बहुत दूर समुद्र में औजीजिया नाम का एक टापू है। वहाँ एटलस की बेटी सुन्दर अलकोंवाली कैलिप्सो रहती है जो एक कपटी और भयानक देवी है। न तो किसी देवता और न किसी मरणधर्मा मनुष्य का उसके साथ समागम होता है। लेकिन किसी देवता ने मुझ अभागे को उसके घर बिलकुल अकेला पहुँचा दिया। हुआ यह कि जब ज़्यूस ने जाज्वल्यमान वज्र से मेरा जलयान फाड़कर मदिरघन समुद्र में चूर-चूर कर दिया, तब मेरे सभी विश्वस्त साथी नष्ट हो गए, किन्तु मैंने उस पोत के पेटे की शहतीर हाथों से कसकर गह ली और इस तरह नौ दिनों तक पानी में तिरता रहा। दसवें दिन अँधेरी रात में देवगण मुझे औजीजिया द्वीप के पास ले आए जहाँ वेणीवाली भयंकर कैलिप्सो देवी रहती है। उसने मेरा स्वागत किया और ख़ूब जतन और प्रेम से मेरा भरण-पोषण किया और कहा कि वह मुझे अमरत्व तथा शाश्वत यौवन दे देगी। लेकिन मेरा अन्तर्मन वह कभी जीत नहीं पाई। मैं पूरे सात वर्ष वहाँ रहा, किन्तु कैलिप्सो के दिए हुए अनश्वर परिधान को अपने अश्रुजल से भिगोता रहा। जब कालचक्र से आठवें वर्ष का आरम्भ हुआ, तब अन्ततः उसने मुझे वहाँ से चले जाने को कहा। ऐसा उसने ज़्यूस के किसी सन्देश के कारण कहा हो या स्वयं उसका ही इरादा बदल गया हो। इसलिए उसने मुझे प्रचुर मात्रा में भोजन-सामग्री एवं मधुर मदिरा देकर तथा दिव्य परिधान पहनाकर दृढ़ता से बँधे बेड़े से विदा कर दिया। उसने अनुकूल मन्दोष्ण हवा भी भेज दी। मैं दस और सात, कुल सत्रह दिनों तक महोदधि में चलता रहा। अठारहवें दिन मुझे तुम्हारी भूमि पर अवस्थित पहाड़ियों की छाया दृष्टिगोचर हुई। मेरा दिल ख़ुशी से भर उठा, मगर मुझ मन्दभाग को अब भी कठिन दुख का साथी बना रहना था। वह इस तरह कि भूकम्पक पॉसायडन ने तूफ़ान लाकर मेरा रास्ता रोक दिया और समुद्र में इतनी ऊँची तरंगें उठा दीं कि बेड़े पर मेरा बना रहना असम्भव हो गया। मैं तो बस लगातार कराहने लगा। तभी झंझावात ने बेड़ा छिन्न-भिन्न कर दिया। जहाँ तक मेरा सवाल था, तो मैं तैरकर ही जलावर्त में आगे बढ़ने लगा और तब तक तैरता रहा जब तक हवा और लहरों ने मुझे तट के पास पहुँचा नहीं दिया। लेकिन जब किनारे पहुँचने का प्रयास करने लगा, तो मुझे लगा कि वह घोर असुविधाजनक जगह है और लहरें मुझे विशाल चट्टानों पर पटक दे सकती हैं। इसलिए वहाँ से पीछे हटकर दूसरी दिशा में तैर चला। अन्त में मैं नदी

तक पहुँच गया और वह स्थान सर्वोत्तम जँचा, क्योंकि वहाँ कोई चट्टान नहीं थी और हवा से भी बचाव था। मैं अपनी बची-खुची ताक़त बटोरकर समुद्र से निकल आया और तट पर निढाल पड़ गया। तभी अमृत रात्रि आ गई। मैं उठ खड़ा हुआ और उस बरसाती नदी से कुछ दूर हटकर झाड़ियों के बीच लेट गया और पूरे शरीर पर ढेर के ढेर पत्ते बिखेर लिए। उसी समय किसी देवता ने मुझ पर निद्रा डाल दी। हृदय की सारी पीड़ाओं के बावजूद मैं पत्तों के बीच रातभर और अगले दिन सवेरे और दोपहर तक सोया रहा। जब सूरज ढलने लगा, तो मधुर निद्रा ने मुझे छोड़ दिया। जागने पर देखा कि तुम्हारी बेटी की सहेलियाँ सैकत तट पर खेल रही हैं और उनके बीच वह किसी देवी के समान शोभायमान है। अतएव मैंने उससे विनम्र याचना की और उसने बुद्धिमत्ता का प्रदर्शन करते हुए मेरे साथ जैसा व्यवहार किया, वैसे व्यवहार की आशा तुम उसके समान कम वयस के मनुष्यों से नहीं कर सकती थी, क्योंकि नवयुवकों में विवेक की हमेशा कमी होती है। उसने मुझे यथेष्ट मात्रा में रोटी के साथ-साथ आबदार सुरा दी और जब मैं नदी में नहा-धो चुका, तो ये वस्त्र दिए। हालाँकि मैं घोर दुखी और पीड़ित हूँ, तो भी मैंने तुम्हें अपनी कहानी पूरी सच्चाई से कह दी है।''

इस पर ऐलसिनोअस बोल उठा : ''महोदय, लेकिन मेरी बेटी ने एक काम अवश्य अच्छा नहीं किया कि तुम्हें वह अपनी परिचारिकाओं के साथ यहाँ नहीं ले आई, जबकि सबसे पहले इल्तिज़ा तुमने उससे ही की थी।''

इस पर ओडिसियस उससे बोला : ''महानुभाव, इस मामले में यह लड़की निर्दोष है, इसलिए इसे मत झिड़को। उसने कहा कि मैं उसकी संगिनियों के ही साथ चलूँ लेकिन भय और लज्जा के कारण मैंने ही ऐसा नहीं किया। मुझे डर हुआ कि उसके संग देखकर तुम्हारा मन मेरे प्रति कहीं शंका से न भर उठे क्योंकि इस धरती पर हम मनुष्य जाति के लोग शंकालु और असहिष्णु होते हैं।''

पुनः उत्तर देते हुए ऐलसिनोअस ने कहा : ''महाशय, अकारण क्रोध करना मेरे स्वभाव में नहीं है, प्रत्येक वस्तु में उचित सीमा के भीतर कार्य करना सर्वोत्तम होता है। तुम कितने अच्छे व्यक्ति हो और हम दोनों के विचार कितने मिलते हैं! क्या ही अच्छा होता अगर पिता ज़्यूस और एथीनी तथा अपोलो की कृपा से तुम्हारे समान पुरुष यहाँ रह जाता और उसका विवाह मेरी बेटी से हो जाता और वह मेरा दामाद कहलाता। अगर तुम स्वेच्छा से यहाँ बस जाओ, तो मैं तुम्हें घर और धन-दौलत दे दूँ। हाँ, मगर तुम्हारी इच्छा के ख़िलाफ़ फेयेशियन तुम्हें यहाँ नहीं रखेंगे। पिता ज़्यूस की आँखों को भी यह प्रीतिकर नहीं लगेगा। जहाँ तक तुमको यहाँ से भेजने का सवाल है, तो इसके बारे में कोई शक मत करो। बल्कि वह दिन मैं अभी मुकर्रर कर देता हूँ और वह दिन कल ही होगा। इस सफ़र के दौरान तुम गहरी नींद में रहोगे

और स्थिर पानी को नाविक चप्पुओं से काटते हुए तब तक चलते रहेंगे, जब तक तुम अपने देश और घर या जहाँ कहीं जाना चाहते हो वहाँ पहुँच नहीं जाओगे, वह जगह चाहे यूबिया से भी दूर क्यों न हो। यह वही यूबिया है जिसके बारे में हमारे वे लोग जो उसे देख चुके हैं, बताते हैं कि वह सबसे दूरस्थ स्थान है। वे लोग सुनहले बालोंवाले रैडमैन्थस को लेकर गीया (यानी पृथ्वी माता) के बेटे टायटियस के पास जा रहे थे। वहाँ भी हमारे आदमी चले गए और एक दिन में ही यात्रा पूरी करके घर लौट आए। फिर भी थके नहीं। तुम स्वयं देख लोगे कि किस तरह मेरे जहाज़ सर्वोत्कृष्ट हैं और किस तरह मेरे युवा नाविक चप्पुओं की धार से खारे पानी को काटने में औरों को मात करते हैं।''

उसके ऐसा बोलते ही ओडिसियस हर्ष से भर उठा और तुरन्त उच्च स्वर से ज़्यूस की विनती करने लगा : ''हे पिता ज़्यूस, तू ऐसा कर कि ऐलसिनोअस का यह सब कहना पूरी तरह फलित हो जाए, जिससे उसका यश इस अन्नदायिनी धरा से कभी न मिटे और मैं अपने देश पहुँच जाऊँ।''

उन दोनों के बीच यही बातचीत हुई। श्वेतहस्ता एरिटी ने नौकरानियों को आज्ञा दी कि वे बाहरी दालान में चारपाई लगा दें और उस पर बैंगनी रंग के उत्कृष्ट कम्बल बिछाकर उन पर चादर फैला दें और ऊपर से ओढ़ने के वास्ते मोटे ऊनी कम्बल डाल दें। आदेश पाकर वे विशाल कक्ष से मशाल लिए बाहर चली गईं। जब वे फुरती से बिछौना कर चुकीं, तब ओडिसियस के पास आकर बोलीं :

''ओ अभ्यागत, अब उठो और जाकर सो जाओ। तुम्हारा बिछावन तैयार है।''

उनके ऐसा कहते ही उसे सोने की बेहद ज़रूरत महसूस हुई, कि सोना कितना आवश्यक और लाभप्रद है। इस तरह ओडिसियस ऊँची छतवाले बाहरी दालान में चूलदार पलंग पर सो गया। उधर ऐलसिनोअस ऊँचे महल के अन्तःपुर में अपनी राज्ञी पत्नी द्वारा पलंग पर किए गए बिछावन पर जाकर सो गया। पत्नी उसके बग़ल में लेट गई।

फेयेशियनों के खेलकूद एवं नृत्य-संगीत

जैसे ही उषा प्रकट हुई कि राजा ऐलसिनोअस शय्या से उठ गया। उसी समय ज़्यूस का वंशज पुरभेत्ता ओडिसियस भी जाग गया। ऐलसिनोअस उसे जहाज़ों के समीप बने फेयेशियनों के सभा-स्थल पर अपने साथ ले गया। इस तरह वे दोनों वहाँ जाकर चिकने पत्थर पर एक-दूसरे के बग़ल में बैठ गए। उधर एथीनी ओडिसियस की वापसी की योजना के तहत ऐलसिनोअस के उद्घोषक के रूप में नगर में घूमने लगी। वह हर नागरिक के पास खड़ी होकर बोलती :

"ओ फेयेशियन नायको एवं पार्षदो, तुम लोग अब सभा में जल्दी चलो ताकि ऐलसिनोअस के महल में कल आए विदेशी के बारे में तुम्हें जानकारी मिल सके। वह महासागर में बहुत भटक चुका है और देखने में अनश्वर देवताओं के समान है।"

इन शब्दों से उसने हर एक को सचेष्ट एवं उत्कंठित कर दिया। फलस्वरूप वे आने लगे और जल्दी ही सारे आसन और पूरा सभा-स्थल लोगों से भर गया। उनमें से बहुत लोग लेयरटीज़ के बुद्धिमान बेटे को देखकर विस्मय से भर उठे, क्योंकि एथीनी ने उसके मस्तक और कन्धों को अत्यधिक आकर्षक बना दिया था। इतना ही नहीं, उसने उसे देखने में अधिक लम्बा और शक्तिशाली इसलिए कर दिया कि वह समस्त फेयेशियनों का प्रेम, श्रद्धा और सम्मान जीत ले और आगे चलकर फेयेशियनों द्वारा शौर्यपूर्ण करतबों में उसकी जो परीक्षा ली जानेवाली थी, उसमें वह सफल हो जाए। इस तरह जब वे सब वहाँ आकर एकत्र हो गए, तब ऐलसिनोअस उन्हें सम्बोधित करते हुए बोला :

"ओ फेयेशियन नायको एवं पार्षदो, अन्तःकरण की प्रेरणा से मैं जो कहने जा रहा हूँ, उसे ध्यान से सुनो। यह विदेशी घूमता-भटकता मेरे घर आ गया है। मैं नहीं जानता कि वह कौन है और यह भी नहीं मालूम कि वह पूरब या पश्चिम के किस देश से आया है। इसका आग्रह है कि हम इसे अपने संरक्षण में इसके घर पहुँचा दें और इसकी विनती है कि हम इसका पक्का आश्वासन दें। इसलिए हम पहले की तरह ही इसे भी भेजने की शीघ्रता करें। मेरे घर आए मेहमान को वापस भेजने में

मेरी ओर से किसी मदद के अभाव में यहाँ अधिक दिनों तक प्रतीक्षा करने का कष्ट कभी नहीं, कभी नहीं उठाना पड़ता है। देखो, हम एक ऐसा काला जहाज़ अनुकूल लवणाब्धि में उतार दें जिसकी यह पहली समुद्रयात्रा हो। तब नगर के पचास-दो बावन ऐसे उत्कृष्ट युवक पोतवाह चुन लिए जाएँ जो जहाज़ चलाने में सर्वोत्तम साबित हो चुके हैं। जब वे चप्पुओं को कगरों से कसकर बाँध लेंगे, तब तट पर लौट आएँगे और मेरे महल में आकर जल्दी-जल्दी भोजन कर लेंगे। मैं सबके लिए उत्तम भोजन का इन्तज़ाम कर दूँगा। उत्कृष्ट जहाज़ियों को मेरी यही आज्ञा है। किन्तु, ओ राजदंडधारी राजाओ, तुम लोगों से मैं अपने विशाल प्रासाद में आने को कहूँगा ताकि हम इस अभ्यागत का बड़े कक्ष में स्वागत-सत्कार कर सकें। कोई इसकी अवहेलना न करे। इसके अतिरिक्त दिव्य गायक डीमोडोकस को मेरा आदेश है कि वह भी वहाँ आ जाए। लोकहृदय को चाहे जिस किसी विषय के गायन से हर्षोत्फुल्ल कर देने की कला में देवता ने उसके समान निपुणता दूसरे किसी गायक को नहीं प्रदान की है।"

इतना कहकर वह आगे चल दिया और उसके पीछे सारे राजदंडधारी शासक चल पड़े। एक अनुचर दिव्य गायक को बुलाने चला गया लेकिन बावन चुनिन्दा युवक उसके आदेशानुसार अनुर्वर समुद्र के किनारे चले गए। समुद्र किनारे उस जलयान के पास पहुँच जाने पर वे सबसे पहले उसे खींचकर गहरे पानी में ले गए। तब उन्होंने उस काले जहाज़ पर मस्तूल और पाल रख दिए और चमड़े के छल्लों में चप्पुओं को व्यवस्थित ढंग से बैठा देने के बाद सफ़ेद पाल फहरा दिए। तट से आगे कुछ दूर हटकर उन्होंने पानी में जहाज़ को लंगर डालकर खड़ा कर दिया और तब ऐलसिनोअस के विराट सौध आ गए। वहाँ प्रांगण, बरामदे और कमरे बहुत सारे युवा एवं वृद्ध जनों से भरे हुए थे। तब वे ऐलसिनोअस ने उनके बीच बारह भेड़ों, चमकीले दाँतोंवाले आठ शूकरों तथा दो मोटे-ताज़े वृषभों की बलि चढ़ाई। उन सबको छील-काटकर उन्होंने बड़े ही शानदार भोज की तैयारी कर ली।

उसी समय वह अनुचर उस लोकप्रिय गायक को वहाँ लिवा लाया जिस पर म्यूज़ की सबसे अधिक कृपा थी और जिसे म्यूज़ ने मंगल और अमंगल, दोनों ही प्रदान किए थे; सुमधुर गायन का वरदान दिया था, तो उसके नेत्रों की ज्योति हर ली थी। पौंटोनोअस ने अतिथियों के बीच उसके लिए रजतजड़ित कुर्सी ऊँचे खम्भे से अड़ाकर लगा दी और उसकी पटुस्वर विपंची ठीक उसके सिर के ऊपर खम्भे में लगी खूँटी से टाँग दी और हाथ पकड़कर बता दिया कि उसे वह कैसे उतारेगा। तब उसके आगे उसने सुन्दर मेज़ लगाकर उस पर रोटियों की टोकरी और मदिरा का चषक रख दिया ताकि वह जब चाहे पी सके। उसके बाद वे सब अपने-अपने परोसे गए सुस्वादु भोजन पर हाथ साफ़ करने लगे। जब वे इच्छाभर खा-पी चुके,

तब म्यूज़ ने कवि को विख्यात वीर पुरुषों के करतबों के गायन करने की प्रेरणा दे दी। वह उस गाथा को गाने लगा जिसकी प्रसिद्धि विस्तीर्ण व्योम तक फैल चुकी थी अर्थात ओडिसियस और पीलियस-तनय एकिलीज़ के बीच झगड़े की कहानी कि वे दोनों कैसे एक बार देवताओं के सम्मान में आयोजित भव्य समारोह में परस्पर कोप ज्वलित शब्दों में विवाद करने लगे थे। दो सर्वोत्तम यवन योद्धाओं को झगड़ते देख नृपति ऐगमेमनन मन ही मन बड़ा खुश हुआ था, क्योंकि जब वह देववाणी सुनने पवित्र पायथों में पत्थर की दहलीज़ लाँघकर खड़ा हुआ, तो फ़ीबस अपोलो ने ऐसा ही घटित होने की भविष्यवाणी की थी। उन्हीं दिनों सर्वशक्तिमान ज़्यूस की युक्ति से ट्रोजनों और यवनों पर विपत्तियों की पहली लहर आने लगी थी।

इसी विषय का गीत उस यशस्वी गायक ने गाया, लेकिन ओडिसियस ने बलिष्ठ करों से बैंगनी रंग की अपनी बड़ी-सी चादर पकड़ ली और उसे सिर के ऊपर खींचकर अपना सुन्दर चेहरा ढँक लिया, क्योंकि फेयेशियनों के सामने अश्रुपात करने में उसे लज्जा का अनुभव हुआ। दिव्य गायक गाते-गाते बीच में जब भी ठहर जाता, तो ओडिसियस आँसू पोंछ अपने सिर पर से चादर हटा लेता और दो हत्थोंवाले चषक से देवताओं को मद्यार्पण करने लगता। उस गाथा के गायन से अभिभूत फेयेशियन सरदारों के आग्रह पर जब वह पुनः गाने लगता, तो ओडिसियस सिर ढँककर फिर सुबकने लगता। ऐलसिनोअस को छोड़ वहाँ मौजूद कोई व्यक्ति उसे रोते हुए लक्षित नहीं कर पाया। चूँकि ऐलसिनोअस उसके बग़ल में बैठा था, इसलिए उसने उसका गम्भीर रूप से सुबकना सुन लिया। वह चप्पुप्रेमी फेयेशियनों से तत्काल बोला :

"ओ फेयेशियन नायको एवं पार्षदो, हम अच्छे भोजन के साथ अच्छे भोज की संगिनी विपंची से भी पूर्णतः परितृप्त हो चुके हैं। अतः अब हमें विभिन्न खेलकूदों का ऐसा प्रदर्शन करना चाहिए कि यह परदेशी घर लौटकर अपने लोगों से कह सके कि मुक्केबाज़ी, कुश्ती, लम्बी कूद और दौड़ में हम अन्य सभी मनुष्यों से किस तरह बढ़े-चढ़े हैं।"

यह बोलकर वह आगे-आगे चल पड़ा। बाक़ी लोग उसके पीछे हो लिए। उस अनुचर ने पटुस्वर विपंची खूँटी से टाँग दी और डीमोडोकस का हाथ थामकर उसे विशाल कक्ष के बाहर उसी रास्ते ले चला जिस रास्ते अन्य फेयेशियन सरदार खेलकूद देखने गए थे। इस प्रकार वे सब सभा-स्थल पहुँच गए और उनके साथ लोगों की बहुत भारी भीड़ चली आई। तब खेलकूद में भाग लेने के निमित्त अनेक सम्भ्रान्त युवक उठ खड़े हुए। वे थे–एक्रोनियस, ओकियेलस, इलेट्रियस, नौटियस, प्रिमनियस, ऐमकियेलस, एरिटमियस, पौंटियस, प्रोरियस, थोऔन, एनाबेसिनियस एवं

ऐम्फीलेयस जो टेक्टौन का पोता और पोलिनियस का बेटा था। उनके साथ ही आगे बढ़ आया मनुजहन्ता एरीज़ के समान दिखनेवाला नौबोलस-पुत्र यूरियेलस, जो रूप और डील-डौल में फेयेशियनों के बीच अप्रतिम लेयोडेमैस के बाद सबसे आकर्षक व्यक्ति था। प्रतापी ऐलसिनोअस के लेयोडेमैस, हेलियस तथा देवतुल्य क्लायटोनियस नामक तीनों बेटे भी खड़े हो गए। अब यह देखो कि पहली बाज़ी उन्होंने दौड़ की रखी। शुरू से ही वे पूरा ज़ोर लगाकर अधिक से अधिक गति से दौड़ने लगे। सभी एक साथ ख़ूब तेजी से आगे भागे, इसलिए निर्दिष्ट पथ पर धूल छा गई। परन्तु तेजस्वी क्लायटोनियस बेशक सबसे तेज दौड़ रहा था। वह लौटकर जनसम्मर्द के समीप निर्णायक घेरे तक बाक़ी सब दौड़ाकों को उतनी ही दूर पीछे छोड़कर पहुँच गया, जितनी दूर परती ज़मीन पर खच्चर हल से दिनभर में कूँड़ काट पाते हैं। तब उन्होंने कुश्ती में ज़ोर आजमाया जोकि अधिक कठिन कला है। इसमें यूरियेलस ने सबको हरा दिया। कूद में ऐम्फीलेयस सर्वश्रेष्ठ रहा। भार फेंकने में इलेट्रियस और मुक्केबाज़ी में ऐलसिनोअस का सुयोग्य पुत्र लेयोडेमैस प्रथम रहा। इस प्रकार जब वे खेलकूद का लुत्फ़ ले चुके, तब ऐलसिनोअस-तनय लेयोडेमैस उनके बीच बोला :

"सुनो मेरे मित्रो, अब हम इस परदेशी से पूछें कि वह किसी खेल में निष्णात या कम से कम अभ्यस्त है या नहीं? देखने से तो वह कमज़ोर नहीं मालूम पड़ता है। बलिष्ठ गरदन, जाँघों, पुष्ट टाँगों और बाँहों से तो ख़ूब ताक़तवर दिखाई देता है। विपत्तियों से केवल निष्पिष्ट हो गया है। मेरे विचार से किसी भी आदमी को, वह चाहे अत्यन्त बलशाली क्यों न हो, समुद्र से बढ़कर पस्त कर देनेवाला और कोई नहीं है।"

इस पर यूरियेलस बोला : "लेयोडेमैस, यह बात तुमने सचमुच अवसरानुकूल कही है। तुम स्वयं जाकर उसे यह बताओ और चुनौती दो।"

यह सुनकर ऐलसिनोअस का श्रेष्ठ पुत्र भीड़ के बीच जाकर खड़ा हो गया और ओडिसियस से बोला : "ओ पितातुल्य अभ्यागत, तुम यदि किसी खेल में निपुण हो, तो उसमें अपनी कुशलता का परिचय दो। तुम्हें किसी न किसी खेल का अभ्यास ज़रूर होगा, क्योंकि मनुष्य के जीवन में हस्त एवं पाद लाघव से प्राप्त यश सबसे महत्त्वपूर्ण होता है। अतएव आओ, अपने मन से चिन्ता दूर करके एक बार प्रयत्न तो करो। तुम्हारी वापसी में अब और अधिक विलम्ब नहीं होगा। देखो, तुम्हारा जलयान समुद्र में उतार दिया गया है और तुम्हारे साथ जानेवाले पोतवाह तैयार हैं।"

तब ओडिसियस ने उसे जवाब दिया : "लेयोडेमैस, मुझसे इस चीज़ की अपेक्षा करके तुम क्यों मुझे चिढ़ा रहे हो? मेरा दिल इतना दुखी है कि खेलकूद के बारे में

अभी सोच नहीं सकता। मैं इतने लम्बे अरसे तक कष्ट पा चुका हूँ और इतना अधिक दुख भोग चुका हूँ कि घर लौटने की लालसा में तुम्हारी इस सभा में बैठकर अभी राजा और तुम सब लोगों से सहायता की भीख माँगता हूँ।''

मुँह पर ही उसका अपमान करते हुए यूरियेलस ने कहा : ''बिलकुल नहीं, ओ परदेशी, खेलकूद में माहिर आदमी तो बहुत हैं, मगर तुम्हारी गिनती मैं उन लोगों में नहीं करता। बल्कि मैं तो तुम्हें कगरित पोत से आने-जानेवाला तिज़ारती जहाज़ियों का सरदार समझता हूँ, जिसके दिमाग़ में हमेशा घर आ रहे या बाहर जा रहे माल की चिन्ता रहती है और जिसके ध्यान में धन पाने का लोभ समाया होता है। खिलाड़ी तो तुम एकदम नहीं दिखते।''

इस पर ओडिसियस ने उसे क्रुद्ध नेत्रों से देखते हुए उत्तर दिया : '''महोदय, मैं तुम्हें नहीं जानता, परन्तु तुम्हारा ऐसा बोलना उचित नहीं था। तुम बल्कि दम्भी और उद्धत मालूम पड़ते हो। सच्चाई यह है कि किसी मनुष्य को देवगण सारे नैसर्गिक गुणों से एक साथ संवलित नहीं करते—न तो रूप से, न बुद्धिमत्ता और वाक्पटुता से। देखने में कोई व्यक्ति अदना-सा होता है, किन्तु उसकी वाणी को देवता ऐसी रुचिरता दे देता है कि जब वह स्निग्ध शालीनता और पूर्ण विश्वास के साथ धाराप्रवाह बोलने लगता है, तो हर्षविभोर श्रोतागण उसे देखते रह जाते हैं और जनसभा में वह अतिविशिष्ट हो उठता है। जब वह नगर में निकलता है, तो लोग उसे इस तरह निहारते हैं मानो वह कोई देवता हो। कोई आदमी अमरों के समान रूपवान होता है मगर उसकी वाणी सर्वथा आकर्षणहीन होती है। तुम्हारे साथ भी बहुत कुछ ऐसा ही है, कि रूप और क़द-काठी में तो ख़ूब शानदार हो, ऐसे कि कोई देवता भी तुमसे सुन्दर व्यक्ति की रचना नहीं कर सकता था, किन्तु तुम्हारे पास समझदारी नाम की कोई चीज़ है ही नहीं। हाँ, लेकिन असंगत बात बोलकर तुमने मेरा रोष अवश्य जगा दिया है। मैं खेलकूद में एकदम अनाड़ी नहीं हूँ, जैसा कि तुम कहते हो। वरना मेरा दावा है कि जब मैं अपने यौवनकाल में शक्ति से भरपूर था, तो एक अग्रणी खिलाड़ी हुआ करता था। लेकिन कष्ट और आफ़त झेलते-झेलते अब पस्त हो गया हूँ, क्योंकि लड़ाइयों और समुद्र की दारुण लहरों से मुझे बहुत गुज़रना पड़ा है। ख़ैर, चूँकि तुम्हारे कथन से मैं मर्माहत हो गया हूँ और तुमने मुझे उत्तेजित कर दिया है, इसलिए सारी पीड़ा के बावजूद मैं इन खेलों में भाग लेने का प्रयास करूँगा।''

यह कहकर वह जो अँगरखा पहने था, उसे उतारे बिना ही उछलकर खड़ा हो गया। उसने झट सबसे विशाल एवं भारी चक्र उठा लिया। वह उन सभी चक्रों से बहुत अधिक बड़ा और वज़नी था, जिनका प्रयोग फेयेशियावासी भार फेंकने की प्रतियोगिता में किया करते थे। उसने अपने बलिष्ठ करों से उसे एक ही बार घुमाकर फेंका और वह पाषाण-खंड सनसनाता हुआ आगे उड़ चला। प्रबल वेग से जा रहे

शिलाखंड से सहमकर जहाज़ियों के रूप में प्रसिद्ध लम्बे चप्पुओंवाले वे फेयेशियन दुबककर ज़मीन पर बैठ गए। ओडिसियस के हाथ से सुगमता से प्रक्षिप्त वह पत्थर उड़कर अब तक फेंके गए बाक़ी सब पत्थरों से आगे जा गिरा। पुरुष-रूप में एथीनी ने वह स्थान चिह्नित करके ओडिसियस को शाबाशी देते हुए घोषणा की :

"ओ अभ्यागत, कोई अन्धा आदमी भी हाथ से टटोलकर तुम्हारे रोपणबिन्दु का पता कर लेगा, क्योंकि तुम्हारा पत्थर बाक़ी सब पत्थरों की भीड़ में नहीं बल्कि उससे बहुत आगे गिरा है। कम से कम इस प्रतियोगिता के बारे में निश्चिन्त रहो कि किसी भी फेयेशियन का चक्र यहाँ तक या इससे आगे नहीं जा सकेगा।"

उसकी इस उक्ति से ओडिसियस ख़ूब ख़ुश हुआ और दर्शकों के बीच एक सच्चा मित्र पाकर उसे बड़ा तोष हुआ। तब वह फेयेशियनों से मौज-भरे लहज़े में बोला :

"युवको, यदि चाहो तो वहाँ तक चक्र फेंककर देख लो। मैं समझता हूँ कि अगर मैं दूसरी बार चक्र फेंकूँगा तो वह वहाँ या उससे भी आगे चला जाएगा। तुम लोगों ने मुझे इतना उत्तेजित कर दिया है कि तुममें से जिस किसी की इच्छा और हौसला हो, वह आगे आकर मुक्केबाज़ी या कुश्ती या दौड़ में ही मेरा मुक़ाबला करके देख ले। मैं किसी भी प्रतियोगिता से पीछे नहीं हटूँगा। चूँकि लेयोडेमैस मेरा मेज़बान है, इसलिए उसे छोड़ बाक़ी कोई फेयेशियन मेरा मुक़ाबला करने आगे आ जाए। उस आदमी से कोई कैसे भिड़ सकता है जिसने उसका सदाशयता से स्वागत किया है? मूर्ख और बेकार है वह व्यक्ति, जो अनजाने देश में स्वागत करनेवाले अपने मेज़बान को ही किसी प्रतियोगिता में चुनौती दे डालता है। ऐसा मनुष्य अपनी दशा आप ही बिगाड़ लेता है। जहाँ तक और लोगों का सवाल है, तो मैं किसी से होड़ लेना न तो अस्वीकार करता हूँ और न किसी को तुच्छ मानता हूँ, बल्कि उन्हें आमने-सामने देख और परख लेना चाहता हूँ, क्योंकि मनुष्यों के बीच जितने भी खेलकूद और व्यायाम प्रचलित हैं, उन सबमें मेरी भागीदारी कोई नगण्य नहीं है। मुझे भली भाँति मालूम है कि चमचमाता धनुष किस तरह चलाया जाता है। अगर मेरे अनेक साथी मेरे नज़दीक खड़े होकर शत्रुओं के जमावड़े पर निशाना ले रहे हों, तब सबसे पहले मेरा ही तीर दुश्मन को मार गिराएगा। हम यवन जब ट्रॉय भूमि पर थे, तो केवल फिलौक्टेटीज़ ही ऐसा था जो धनुर्विद्या में मुझे मात करता था। मेरा तो दावा है कि समस्त भूमंडल पर उसे छोड़ बाक़ी जितने अन्नावलम्बी मर्त्य अभी जीवित हैं, उन सबसे मैं बहुत अधिक दक्ष हूँ। परन्तु पुराने ज़माने के लोगों की बराबरी कर पाना मेरे लिए सम्भव नहीं था, न तो हेराक्लीज़ की और न ईकेलियावासी यूरिटस की, जो धनुर्विद्या में अमरों से स्पर्धा करते थे। इसलिए प्रतापी यूरिटस का विनाश शीघ्र हो गया यानी जब वह अपने महल में वृद्धावस्था से अभी बहुत दूर था तभी। हुआ यह कि तीर चलाने में चुनौती देकर उसने अपोलो को क्रुद्ध कर दिया और वह उसके

हाथों मार दिया गया। जहाँ तक भाला फेंकने का सवाल है, तो वह मैं किसी भी मनुष्य के द्वारा फेंके गए तीर से भी आगे फेंक सकता हूँ।[1] केवल दौड़ में, बहुत सम्भव है, फेयेशियनों में से कोई मुझसे आगे निकल जाए, क्योंकि समुद्री लहरों द्वारा बुरी तरह तोड़ दिए और जहाज़ पर रसद ख़त्म हो जाने की वजह से मैं अब भी कमज़ोर हूँ।''

उसने ऐसा कहा। बाक़ी लोग तो चुप ही रहे, मगर ऐलसिनोअस ने उसे जवाब दिया :

''ओ परदेशी, तुम्हारी यह उक्ति हमारी सभा में किसी को बुरी नहीं लगी है। अभी सभा में नज़दीक खड़े होकर उस व्यक्ति ने जिस तरह तुम्हारी हँसी उड़ाई है, विवेकपूर्ण भाषा के प्रयोग में अभ्यस्त कोई भी मर्त्य तुम्हारे पराक्रम की उस तरह हँसी कदापि नहीं उड़ाता। इसी से खिसियाकर तुम अपने स्वाभाविक शौर्य का प्रदर्शन करने पर उतारू हो गए हो। ख़ैर, अब मेरी बात ध्यान से सुनो ताकि बाद में जब तुम अपनी पत्नी और बच्चों के साथ बैठकर भोजन करते रहोगे, तब किसी दूसरे सरदार को यह बताना कि हम अपना पौरुष किस प्रकार की चीज़ों में दिखाते हैं और ज़्यूस ने हमारे पूर्वजों के समय से लेकर आज तक हमें किन-किन कृत्यों में दक्षता सौंपी है। हम गोकि उतने अच्छे मुक्केबाज़ और पहलवान नहीं हैं, तो भी दौड़ाक हम बहुत तेज हैं और जहाज़ी के रूप में हमारा कोई मुक़ाबला नहीं है। सुभोजन, नृत्य-संगीत, तरह-तरह के वस्त्र धारण करना, उष्ण जल से स्नान एवं कामक्रीड़ाएँ हमें बेहद प्रिय हैं। ओ फेयेशिया के सर्वोत्तम नर्तको, अब तुम उठकर अपनी कला का ऐसा प्रदर्शन करो कि यह परदेशी घर वापस जाकर अपने बन्धु-बान्धवों को बता सके कि हम नौकायन, द्रुत धावन तथा नृत्य-संगीत में और सब लोगों से कितने आगे हैं। तुममें से कोई तुरन्त महल चला जाए और जाकर डीमोडोकस के निमित्त पटुस्वर विपंची ले आए जो वहीं कहीं रखी है।''

देवतुल्य ऐलसिनोअस का ऐसा बोलना था कि एक अनुचर राजमहल से स्पन्दमान विपंची ले आने को झट खड़ा हो गया। उसके अलावा नौ ख़ास आदमी भी खड़े हो गए जो खेलों के निर्णेता एवं नियमों के पालन करानेवाले थे और जो सभा में व्यवस्था बनाए रखने को ज़िम्मेदार थे। उन्होंने नृत्य के लिए सहन को समतल करके उस पर काफ़ी बड़ा एवं सुन्दर मंडल बना दिया। उस अनुचर ने पटुस्वर विपंची लाकर डीमोडोकस को थमा दी। डीमोडोकस मंडल के मध्य जाकर बैठ गया और उसके चतुर्दिक नृत्यनिपुण नवयुवक खड़े होकर पैरों से अनुकूल सहन पर ताल

---

1. यहाँ भरसक धनुष से नहीं बल्कि हाथ से तीर फेंकने की बात हो। पहले लोग निशाने पर तीर भाले की तरह हाथ से भी चलाते थे। एस.ओ.आर. रॉबर्टसन-लक्सफोर्ड ने अमरीकी रेड इंडियनों को साठ से सत्तर गज तक तीर फेंकते देखा है (**क्लासिकल रिव्यू, XXIII, 151**)

देने लगे। उनके पद संचालन से अचम्भित ओडिसियस की आँखें टँग गईं। उनका लास्य ओडिसियस टकटकी बाँधे जितना देखता था, अचरज से वह उतना ही भरा जाता था।

तभी गायक ने विपंची का स्पर्श किया और कोमल स्वर से गाने लगा। एरीज़ और मनोहर शिखावाली ऐफ्रोडायटी का प्रेम-प्रसंग ही उसके गीत का विषय था, कि कैसे वे पहले पहल हेफ़ीस्टस के घर गुप्त रूप से एक संग सोए और किस तरह एरीज़ ने ऐफ्रोडायटी को अनेक उपहार देकर स्वामी हेफ़ीस्टस की परिणय-शय्या लांछित कर दी। लेकिन हीलियस यानी सूर्यदेव ने उनकी कामक्रीड़ा देख ली और तुरन्त जाकर हेफ़ीस्टस को बता दिया। अत्यन्त कटु यह समाचार सुनते ही हेफ़ीस्टस प्रतिशोध लेने का निश्चय करके भट्ठी की ओर चला गया। विराट निहाई को आधान पर रख उसने ऐसे फन्दे बना डाले जिनको कोई न तो तोड़ और न ढीला कर सकता था और जिनमें दोनों प्रणयीजन अचल रूप से आबद्ध हो जाते। एरीज़ पर क्रुद्ध हेफ़ीस्टस कुटिल पाशों को गढ़ लेने के बाद उस कक्ष में चला गया जहाँ उसकी परिणय-शय्या बिछी थी। उस पलंग के पैरों के चारों ओर उसने फन्दे लगा दिए और अनेक फन्दों को ऊपर मुख्य शहतीर से भी लटका दिया। वे पाश इतनी चतुराई से गढ़े गए थे, मकड़ी के जाले के समान सूक्ष्म, कि महाभाग देवगण भी उनको नहीं देख सकते थे। जब वह पलंग के चारों ओर जाल लपेट चुका, तब उसने सुरम्य लेम्नौस नगर जाने का बहाना किया जो कि उसकी नज़र में सबसे प्रिय नगर था। लेकिन स्वर्णरासधारी एरीज़ की भी आँखें बन्द नहीं थीं। उसने विख्यात शिल्पी हेफ़ीस्टस को लम्बी यात्रा पर निकलते देख लिया। अतः वह रुचिर शिखावाली सिथीरिया (ऐफ्रोडायटी) के प्रेम में अधीर होकर सुप्रसिद्ध शिल्पी हेफ़ीस्टस के घर जा पहुँचा। इधर ऐफ्रोडायटी भी अपने शक्तिवन्त पिता ज़्यूस के यहाँ से अभी-अभी लौटी थी और बैठने ही जा रही थी कि एरीज़ सौध के अन्दर दाख़िल हो गया। उसका हाथ थाम वह मनुहार-भरे शब्दों में बोला :

"आओ प्रिये, हम शय्या पर चल चलें और प्रेम का आनन्द लें, क्योंकि हेफ़ीस्टस अभी यहाँ नहीं है। जहाँ तक मुझे पता है, वह पहले ही लेम्नौस जा चुका है, बर्बर भाषा बोलनेवाले सिंटियनों के बीच।"

उसके इस कथन से ऐफ्रोडायटी को लगा कि उसके संग सोना आनन्ददायक होगा। वे दोनों पलंग पर जाकर सो गए, परन्तु चतुर हेफ़ीस्टस के बनाए कपट पाश में वे इस प्रकार निबद्ध हो गए कि अपना कोई अंग वे न तो हिला-डुला और न उठा ही सकते थे। आख़िर उन्हें ज्ञात हुआ कि निकल भागने का अब कोई उपाय नहीं है। तभी विख्यात शिल्पी देवता पंगुल हेफ़ीस्टस लेम्नौस पहुँचने के पहले ही उनके नज़दीक लौट आया, क्योंकि पहरे पर लगे सूर्यदेव ने उसे सब कुछ बता

दिया। सो खिन्न मन हेफ़ीस्टस घर पहुँचकर द्वारमंडप में खड़ा हो गया और भीषण क्रोध में आकर वह विकट स्वर से चीख़-चीख़ समस्त देवताओं को पुकारने लगा।

"हे पिता ज़्यूस एवं अन्य महाभाग अमरगण, तुम सब यहाँ आकर हास्यास्पद के साथ-साथ एक बीभत्स दृश्य देख लो। ज़्यूस-तनया ऐफ्रोडायटी हमेशा मेरा अपमान इसलिए करती रहती है कि मैं लँगड़ा हूँ। वह अपना दिल विनाशकारी एरीज़ को इस कारण दे बैठी है कि वह सुन्दर है और उसके अंग-प्रत्यंग सुघड़ हैं, जबकि मैं जन्म से ही विकलांग हूँ। तो भी इसमें मेरे माँ-बाप को छोड़ किसी दूसरे का दोष नहीं है—मुझे पैदा ही नहीं किया होता! लेकिन अभी तुम सब देखोगे कि वे दोनों मेरे बिछावन पर चढ़कर किस तरह कामासक्त सोये हुए हैं और मैं यह देखकर व्याकुल हूँ। फिर भी मैं समझता हूँ कि प्रबल प्रेम के होते हुए भी वे अब इस मुद्रा में एक क्षण भी नहीं रह पाएँगे। संग-शयन की उनकी इच्छा बहुत शीघ्र समाप्त हो जाएगी और वे इस बन्धपाश में उस घड़ी तक पड़े रहेंगे, जब तक इसका बाप एक-एक कर वे सारे प्रणयोपहार मुझे वापस नहीं कर देगा जो मैंने इस निर्लज्ज लड़की से विवाह करने के एवज़ में उसे दिए थे। ऐसा इसलिए कि उसकी बेटी सुन्दर किन्तु विवेकहीन है।"

उसका यह कहना था कि देवताओं की भीड़ उसके कांस्य तलवाले सौध के सामने एकत्र हो गई। भूवेष्टक पॉसायडन आया, भाग्यदायक हरमीज़ आया और आया धनुर्धर राजकुमार अपोलो। मगर देवियाँ लाज से अपने-अपने घर में ही रहीं। इस तरह भाग्यदायक देवगण द्वारमंडप में खड़े हो गए और हेफ़ीस्टस की चतुराई देख महाभाग देवताओं के बीच निरन्तर हँसी उठने लगी। एक देवता बग़ल में खड़े किसी दूसरे देवता की ओर देखते हुए इस भाँति बोल उठता :

"बुरे काम कभी फलित नहीं होते! तेज से मन्द आगे निकल जाता है। देखो, पंगुल और मन्द होते हुए भी हेफ़ीस्टस ने अपने कौशल से ओलिम्पसवासी देवताओं में सबसे तेज एरीज़ को परास्त कर दिया है। अब तो एरीज़ को व्यभिचार के लिए जुर्माना देना पड़ेगा।" वे आपस में इसी तरह बोलने लगे। लेकिन ज़्यूस के प्रतापी पुत्र अपोलो ने हरमीज़ से कहा :

"ओ भाग्यदायक एवं सन्देशवाहक ज़्यूस-तनय हरमीज़, क्या तुम भी पाश में इसी दृढ़ता से बँधकर कनकमयी ऐफ्रोडायटी के संग शय्या पर सोना चाहोगे?"

इस पर आरगसहन्ता सन्देशवाहक ने उसे उत्तर दिया : "ओ धनुर्विद्या के स्वामी मेरे अपोलो, कदाचित ऐसा हुआ होता! मैं तो तुम सब देव-देवियों की नज़रों के सामने इनसे भी तिगुने कठिन पाशों में आबद्ध होकर कनकाभ ऐफ्रोडायटी के साथ सोना पसन्द करता।"

उसके ऐसा बोलने पर सारे मरणहीन देवता हँसने लगे। केवल पॉसायडन को हँसी नहीं आई। वह सुप्रसिद्ध शिल्पी हेफ़ीस्टस से एरीज़ को बन्धन-मुक्त कर देने की विनती करने लगा। आतुर वाणी में उससे बोला :

"उसे छोड़ देने की मेरी तुमसे मिन्नत है। मैं वादा करता हूँ कि अमरों की उपस्थिति में वह खुद ही तुम्हें पूरा-पूरा वाजिब हरजाना भर देगा।"

इस पर शक्तिशाली भुजाओंवाले देवता ने उसे उत्तर दिया : "भूआलिंगी पॉसायडन, ऐसा करने को मुझे मत कहो। विश्वासघाती के वचन का कोई भरोसा नहीं होता। एरीज़ अगर फन्दा और हरजाना दोनों से छूटकर चलते बना, तो मैं अमरों के सामने तुम्हें बाँधकर कैसे रख सकूँगा?"

भूकम्पक पॉसायडन ने तब उसे जवाब दिया : "हेफ़ीस्टस, यदि एरीज़ जुर्माना दिए बग़ैर भाग निकलता है, तो मैं ही तुम्हें सारा भुगतान कर दूँगा।"

उससे बलिष्ठ बाँहोंवाला यशस्वी देवता बोला : "अब तो तुम्हें न नहीं कह सकता और ऐसा करना उचित भी नहीं होगा।"

यह कहकर बलशाली हेफ़ीस्टस ने बन्धन खोल दिए। इतने मज़बूत फन्दों से छूटते ही वे दोनों उछलकर खड़े हो गए और वहाँ से बेतहाशा भागे, एरीज़ थ्रेस की ओर और हासानुरक्ता ऐफ्रोडायटी साइप्रस के पेफौस नामक स्थान की ओर जहाँ उसका कुंज तथा सदा सुगन्धित बलिवेदी थी। वहाँ लालित्य एवं चारुता की देवियों ने उसे नहलाया और उसका उस अक्षय तेल से अभ्यंजन किया जिसका प्रयोग अविनाशी देवगण किया करते हैं। तब उन्होंने उसे विस्मय-विमुग्ध कर देनेवाला मंजुल परिधान पहना दिया।

यही वह गीत था जिसका उस विख्यात चारण ने गायन किया। उसे सुनकर ओडिसियस का ह्रदय हर्ष से भर उठा। उसी तरह जहाज़ियों के रूप में प्रसिद्ध दीर्घ चप्पुओंवाले फ़ेयेशियन भी ख़ूब आनन्दित हुए।

ऐलसिनोअस ने तब हेलियस और लेयोडेमैस को अलग से नाचने को कहा, क्योंकि उनके साथ दूसरा कोई स्पर्धा नहीं कर सकता था। अपने हाथों में उन्होंने बैंगनी रंग की एक ख़ूबसूरत गेंद ले ली जिसे कुशल शिल्पी पॉलीबस ने उनके लिए ही बनाया था। दोनों में से एक ने पीछे झुककर उसे धुँधले आकाश की ओर फेंका। तभी दूसरा धरती से ऊपर उछला और इसके पूर्व कि उसके पाँव ज़मीन पर पड़ें, उसने गेंद सुगमता से पकड़ ली। गेंद सीधे ऊपर फेंकने का करतब दिखाने के बाद वे दोनों एक-दूसरे के हाथ में गेंद उछाल-उछाल वदान्य पृथ्वी पर नृत्य करने और मंडल के चारों तरफ़ खड़े अन्य युवक ताल देने लगे जिससे वातावरण शब्दायमान हो उठा।

आख़िर प्रतापी ओडिसियस को ऐलसिनोअस से बोलना पड़ा : "ओ राजा ऐलसिनोअस, कुछ देर पहले तुमने बड़े गर्व से कहा था कि तुम्हारे नर्तक दुनिया में

सर्वश्रेष्ठ हैं। सुनो, तुम्हारी यह गर्वोक्ति बिलकुल सच है। इन्हें देख मैं आश्चर्यचकित हूँ।''

उसके इस अभिमत से शक्तिवन्त राजा ऐलसिनोअस बड़ा प्रसन्न हुआ और फेयेशियनों से तत्क्षण बोला :

''ओ फेयेशियन नायको एवं पार्षदो, सुनो, यह आगन्तुक मुझे बड़ा बुद्धिमान मालूम पड़ता है। इसलिए आओ, अब हम इसे यथोचित आतिथ्योपहार दें। देखो, यहाँ के निवासियों पर शासन करने और प्रभुत्व रखनेवाले बारह प्रतापी राजा हैं, मैं तेरहवाँ हूँ। अभी तुममें से हर कोई एक-एक नया चोगा और छोटी आस्तीन का अँगरखा तथा एक टैलेंट शुद्ध सोना ले आओ। इस तरह सभी उपहार जमा करके हम अभ्यागत के करों में ले जाकर जल्दी सौंप दें ताकि वह ख़ुशी-ख़ुशी ब्यालू करे। परन्तु यूरियेलस को चाहिए कि वह अपनी ओर से कोई उपहार लेकर स्वयं उसके पास जाए और स्निग्ध वाणी में उसकी क्षतिपूर्ति करे, क्योंकि उसके साथ वह शिष्टता से पेश नहीं आया है।''

उसने यह कहा और सबने उसका अनुमोदन किया और वैसा करने को तत्पर हो गए। हर किसी ने उपहार ले आने के लिए अपना-अपना अनुचर भेज दिया किन्तु यूरियेलस ने राजा से अपनी बात कही :

''मेरे सबसे सम्मानित राजा ऐलसिनोअस, मैं तुम्हारी आज्ञा के अनुरूप तुम्हारे अतिथि की क्षतिपूर्ति अवश्य करूँगा। मैं उसे पूर्णतः काँसे की बनी एक तलवार दूँगा। उसकी मूठ चाँदी की है और कोष उसका ताजा कटे गजदन्त का है। उसके लिए यह तलवार बड़ी मूल्यवान होगी।''

यह कहकर उसने उसके हाथ में रजतजड़ित वह तलवार रख दी और अचूक शब्दों में उससे बोला :

''अभिवादन है, ओ पितातुल्य अभ्यागत! मेरे शब्दों से यदि तुम्हें क्लेश हुआ है, तो उन्हें वात्याचुड़ैलें शीघ्र झपट ले जाएँ। देवगण ऐसा करें कि तुम पितृभूमि वापस जाकर अपनी सेजसंगिनी को पुनः देख लो, क्योंकि बन्धु-बान्धवों से दूर रहकर तुम बहुत दिनों तक कष्ट भोग चुके हो।''

इस पर ओडिसियस ने उसे उत्तर दिया : ''तुम्हारा भी अभिवादन है, मेरे मित्र! यह तलवार देकर तुमने कोमल वाणी में मेरी जो क्षतिपूर्ति की है, इसके लिए देवगण तुम्हें आनन्द प्रदान करें और इस तलवार की कमी तुम कभी मत महसूस कर पाओ।''

इतना कहकर उसने वह रजतजड़ित खड्ग अपने कन्धों से लटका लिया। उस समय सूरज डूब गया। उधर गर्वीले अनुचर उसको दिए गए उत्कृष्ट उपहार ऐलसिनोअस के महल में ले आने और ऐलसिनोअस के बेटे उनको ले जाकर अपनी आदरणीया माँ के आगे रखने लगे। आख़िर में राजा ऐलसिनोअस आगे-आगे चला।

बाक़ी लोग उसके पीछे हो लिए। अन्दर जाकर वे सब ऊँचे आसनों पर बैठ गए। तब ऐलसिनोअस एरिटी से बोला :

"प्रिये, यहाँ मेरे पास एक सुन्दर सन्दूक ले आओ जो सबसे बढ़िया हो, वही। उसमें तुम अपनी ओर से एक नया चोगा और एक नया अँगरखा रख दो। अतिथि के वास्ते आग पर कड़ाह गर्म कराके गुनगुना पानी तैयार करा लो जिससे कि यह परदेशी स्नान करने के बाद फेयेशियन सरदारों के दिए गए सारे उपहार समुचित ढंग से सज्जित देख ले और तब भोजन करने और चारण का गायन सुनने का आनन्द निश्चिन्त होकर ले सके। मैं भी उसे सोने का एक मनोहर चषक दूँगा ताकि अपने जीवन के आनेवाले दिनों में इससे जब वह ज़्यूस एवं अन्य देवताओं को मद्यार्पण करे, तो उसे मेरी याद आ जाए।"

उसके ऐसा बोलते ही एरिटी ने परिचारिकाओं से जल्द से जल्द विशाल कड़ाह आग पर चढ़ा देने को कहा। स्नानपात्र में पानी भर देने के लिए उन्होंने कड़ाह जलती आग पर चढ़ा दिया और उसमें पानी डालकर नीचे लकड़ी के कुन्दे धधका दिए। इस तरह आग कड़ाह के पेटे के चारों ओर लपलपाने लगी और पानी गर्म होने लगा। इसी बीच एरिटी अतिथि के निमित्त कोषागार से एक सुन्दर सन्दूक ले आई और उसमें फेयेशियनों के द्वारा अभ्यागत को दिए गए उत्कृष्ट उपहार, सोना और वस्त्र, रख दिए। तदनन्तर उसमें अपनी ओर से ख़ूब उत्तम चोगा और अँगरखा रख वह पुंखित शब्दों में अतिथि से बोली :

"अब यह ढक्कन खुद देख लो और उस पर गाँठ बाँध दो वरना जब तुम जहाज़ से घर जाते समय मीठी नींद लेते रहो, तो रास्ते में कोई आदमी तुम्हारी ये चीज़ें कहीं चुरा न ले।"

उसका यह परामर्श सुनकर ओडिसियस ने तत्क्षण ढक्कन दृढ़ता से लगाकर उस पर विचित्र गाँठ उसी तरह बाँध दी, जिस तरह सर्सी ने उसे कभी बाँधना सिखा दिया था। उसके तुरन्त बाद भंडारपालिका ने कहा कि वह स्नानागार में जाकर नहा ले। गुनगुना पानी देख वह बड़ा ख़ुश हुआ, क्योंकि जब तक वह सुन्दर वेणीवाली कैलिप्सो के यहाँ रहा, तब तक उसे किसी देवता के समान ही अनवरत आराम मिला; किन्तु उसका घर छोड़ने के बाद उसे इस तरह का कोई सुख नहीं मिला था।

जब परिचारिकाओं ने उसे नहलाकर जैतून के तेल का अभ्यंजन कर दिया और सुन्दर अँगरखा और चोगा पहना दिया, तब वह स्नानगृह से निकलकर मदिरापान कर रहे सरदारों के बीच उपस्थित होने के लिए चल पड़ा। देवप्रदत्त सौन्दर्य से संवलित नौसिकेया उस समय विशाल छत को धारे स्तम्भ के पास खड़ी थी। वह अपनी आँखों के आगे ओडिसियस को देख आश्चर्य से भर उठी और उससे अचूक शब्दों में बोली :

"अलविदा, ओ परदेशी! तुम अपने देश में भी मुझे कभी-कभी याद कर लेना, क्योंकि सबसे पहले मैंने ही तुम्हारी जान बचाई है।"

इस पर ओडिसियस ने उसे उत्तर दिया : "वीर ऐलसिनोअस की बेटी नौसिकेया, हेरापति ज़्यूस से मेरी प्रार्थना है कि वह मुझे वापसी का दिन दिखा दे और मैं अपने घर पहुँच जाऊँ। वह यदि ऐसा कर देता है, तो मैं वहाँ भी तुम्हारी पूजा एक देवता के समान आजीवन करता रहूँगा, क्योंकि, भद्रे, तुमने मुझे जीवन दिया है।"

वह ऐसा बोला और जाकर राजा ऐलसिनोअस के बग़ल में ऊँचे आसन पर बैठ गया। उस घड़ी वहाँ खाना परोसा और मदिरा मिलाई जा रही थी। तभी अनुचर लोकसमादृत मधुरकंठ कवि डीमोडोकस को लेकर वहाँ आ गया। उसे ले जाकर उसने भोजन करनेवालों के बीच बिठा दिया और वह अपने पीछे लम्बे खम्भे से उठंग गया। ओडिसियस ने एक श्वेतदन्त सूअर की रीढ़ से कुछ अंश काट लिया जिसके दोनों तरफ़ काफ़ी चरबी थी। रीढ़ वह इतनी बड़ी थी कि काटने के बाद भी उसके पास उसका ज़्यादा भाग बच गया। परोसैये से उसने कहा :

"सुनो अनुचर, इसे ले जाकर डीमोडोकस को दे दो, खाने के वास्ते। मैं दुखी हूँ, तो भी उसे मेरी शुभकामना पहुँचा दो। कवियों को संसार के सभी मनुष्यों से श्रद्धा-सम्मान मिलता है, क्योंकि म्यूज़ उन्हें संगीत की विभिन्न पद्धतियों की शिक्षा देती है और समस्त कविजाति से प्यार करती है।"

उसके ऐसा बोलते ही अनुचर ने मांस का वह टुकड़ा ले जाकर डीमोडोकस को दे दिया। उसे पाकर वह बड़ा ख़ुश हुआ। तब वे सब अपने आगे परोसे गए सुस्वादु भोजन पर हाथ साफ़ करने लगे। जब वे इच्छाभर खा-पी चुके, तब ओडिसियस ने डीमोडोकस से कहा:

"डीमोडोकस, मर्त्यों में सबसे अधिक प्रशंसा मैं तुम्हारी करता हूँ। अवश्य ही ज़्यूस-तनया म्यूज़ या स्वयं अपोलो ने तुम्हें पढ़ाया होगा। यह मैं इसलिए कह रहा हूँ कि यवनों के अच्छे-बुरे प्रारब्ध यानी उनकी सारी उपलब्धियों, कष्टों और घोर परिश्रम के बार में तुम इतने सच्चे ढंग से गायन करते हो कि ऐसा मालूम पड़ता है कि तुम स्वयं वहाँ मौजूद थे अथवा किसी ऐसे व्यक्ति से यह सब सुना है जो वहाँ मौजूद था। लेकिन सुनो, अब तुम विषय बदल दो और काठ का घोड़ा किस तरह तैयार किया गया, इसका गायन करो। वह कपट घोटक एपीयस ने एथीनी की मदद से बनाया था और पराक्रमी ओडिसियस ने इलियस को ध्वस्त कर देनेवाले योद्धाओं को उसमें बिठाकर उसे क़िले के अन्दर दाख़िल करा देने की योजना बनाई थी। अगर तुम यह सब सचमुच सही-सही गा दोगे, तो मैं दुनिया के तमाम लोगों से कहूँगा कि देवता ने किस तरह तुम्हें गायन की विलक्षण प्रतिभा से विभूषित किया है।"

उसने ऐसा कहा और चारण दैवी प्रेरणा से भरकर गायन करने और चारणकला में अपनी प्रवीणता का परिचय देने लगा। गाथा उसने वहाँ से आरम्भ की जहाँ ऐसा हुआ कि यवनवाहिनी अपने सैन्य कुटीरों में आग लगा देने के बाद सुकगरित पोतों पर सवार होकर चली गई, जबकि यशस्वी ओडिसियस की अगुआई में उस घोड़े के भीतर छिपे यवन योद्धा ट्रोजनों के सभा-स्थल पर बैठे थे। आख़िर ख़ुद ट्रोजन ही तो उसे घसीटकर अपने क़िले में ले गए थे। इस तरह घोड़ा वहाँ खड़ा था और उसके चारों तरफ़ बैठे ट्रोजन आपस में व्यग्रता से बहस कर रहे थे। बहस से उनके सामने तीन तरीक़े दिखाई पड़े : या तो उस खोखली लकड़ी को निष्ठुर कुन्त से फाड़ देना, अथवा इसे खींचकर पहाड़ी की चोटी पर ले जाना और वहाँ से नीचे चट्टानों पर फेंक देना, या नहीं तो देवताओं को तुष्ट करने के लिए विराट भेंट के रूप में इसे यहीं छोड़ देना। अन्ततः तीसरा रास्ता ही अपनाया गया, क्योंकि उनके भाग्य में उनका अवसान उस समय होना निश्चित था जब उनकी मृत्यु और संहार के रूप में सबसे जाँबाज़ यवन योद्धाओं को अपने अन्दर बिठाए काठ का वह विशाल अश्व नगर में दाख़िल हो जाता। तदनन्तर उस चारण ने गाया कि यवन पुत्रों ने किस तरह माँद-स्वरूप उस खोखले घोड़े से बाहर आकर दुर्ग को ध्वस्त कर दिया। उसने यह भी गाया कि प्रत्येक लड़ाके ने कहाँ और किस तरह नगर का विनाश किया और ओडिसियस के बारे में गाया कि देवतुल्य मेनिलेयस के साथ वह डेईफोबस के मकान पर कैसे एरीज़ के समान टूट पड़ा। उसने बताया कि वहाँ ओडिसियस को भयानक लड़ाई करनी पड़ी किन्तु दुर्दान्त एथीनी की कृपा से वह अन्ततोगत्वा विजयी हुआ।

यही वह गीत था, जिसे उस मशहूर कवि ने गाया। लेकिन ओडिसियस का हृदय द्रवित हो उठा और पलकों के नीचे उसके गाल नेत्रजल से भीग गए। कोई औरत उस क्षण अपने प्रिय स्वामी के ऊपर गिरकर बिलख उठती है जिस क्षण उसका स्वामी अपने नगर और बच्चों को दुर्दिन से बचाने की ख़ातिर नगर और साथियों के सामने धराशायी हो जाता है। उसे मरते और बड़ी कठिनाई से साँस लेते देख वह उसका शरीर अपनी बाँहों में भरकर ज़ोर-ज़ोर से रोने लगती है। तभी पीछे से आकर दुश्मन उसकी झुकी पीठ और कन्धों पर भाले के डंडे से आघात करके उसे गुलाम की घोर दुख और श्रम से भरी ज़िन्दगी जीने के लिए ले जाते हैं। तब अत्यधिक करुण पीड़ा से जिस तरह उसके कपोल विकृत हो जाते हैं, उसी तरह ओडिसियस के नेत्रों से भी सकरुण अश्रु गिरने लगे लेकिन वहाँ उपस्थित बाक़ी कोई आदमी उसका रोना लक्षित नहीं कर पाया। उसके एकदम नज़दीक बैठा ऐलसिनोअस ही एकमात्र ऐसा व्यक्ति था जिसने उसका रोना और गम्भीर रूप से आहें भरना देख और सुन लिया। चप्पू चलाने में निपुण फेयेशियनों के बीच वह तुरत बोल उठा :

‘‘फेयेशिया के नायको और पार्षदो, सुनो! डीमोडोकस को चाहिए कि वह पटुस्वर विपंची से हाथ हटा ले, क्योंकि उसका यह गाना सबको अच्छा नहीं लग रहा है। जिस पल से हमारा भोजन और इस दिव्य चारण का मर्मस्पर्शी गायन शुरू हुआ है, उस पल से ही यह परदेशी शोकार्त होकर निरन्तर विलाप किए जा रहा है। मुझे ऐसा महसूस होता है कि इसका हृदय कठिन व्यथा से घिर गया है। बल्कि चारण गायन बन्द कर दे जिससे कि मेज़बान और मेहमान, सभी समान रूप से आनन्द मना सकें। अभी यही करना अच्छा होगा। इतना ही नहीं, सम्मान्य अतिथि के लिए सारी चीज़ें तैयार हैं—जहाज़ और वे सब प्यारे-प्यारे तोहफ़े जो हमने उसे प्रेमवश दिए हैं। थोड़ी समझदारी वाले लोग भी अभ्यागत और शरणार्थी को भाई का स्थान देते हैं। इसी बात का ख़याल करके तुम भी मेरे पूछने पर छलवश कुछ मत छिपाना। सच-सच बता देना तुम्हारे लिए निश्चय ही समीचीन होगा। अपना तुम वह नाम बताओ जिस नाम से तुम्हारे माँ-बाप और तुम्हारे नगरवासी और पास-पड़ोस के लोग तुम्हें पुकारते थे। चाहे निम्न कुल का हो या उच्च कुल का, ऐसा कोई मनुष्य नहीं है जो पैदा होने की घड़ी से ही बिना किसी नाम का हो। जन्म लेते ही हर व्यक्ति को उसके माँ-बाप नाम दे देते हैं। तुम अपने स्थान, देश और नगर के नाम भी बोल दो ताकि तुम्हें वहाँ ले जानेवाले हमारे जहाज़ रास्ता समझ लें। औरों के जहाज़ों में कर्ण और निर्यामक अवश्य होते हैं, मगर फेयेशियनों के जहाज़ कर्ण और निर्यामक के बग़ैर चला करते हैं। उनके जलयान पोतवाहों की इच्छा और विचार ख़ुद ही जान लेते हैं। वे मनुष्य जाति के तमाम शहरों और उर्वर भूमियों से परिचित हैं और कुहरे तथा बादलों से ढँके गहरे खारे समुद्र में बरबाद होने की चिन्ता से मुक्त होकर तीव्र गति से चलते हैं। तो भी एक बात मैंने अपने पिता नौसिथोअस से बहुत पहले सुनी थी। वह कहा करता था कि चूँकि हम प्रत्येक आगन्तुक को निरापद पहुँचा देते हैं, इसलिए पॉसायडन हम पर नाराज़ रहता है। वह कहता था कि एक दिन फेयेशियनों का कोई सुनिर्मित जलयान ऐसा ही काम करके घर लौटता रहेगा, तो धुँधले समुद्र में वह देवता उसे नष्ट कर देगा और हमारा नगर विशाल पर्वत से ढँक देगा। यही बात वह वृद्ध राजा कहा करता था। अब उस देवता की मरज़ी कि वह ऐसा करे या नहीं करे।

‘‘ख़ैर, अब यह साफ़-साफ़ बताओ कि अपने भ्रमण के दौरान तुम कौन-कौन देश जा चुके हो। मुझे उन मुल्कों के बाशिन्दों और उनके सुहावने नगरों के बारे में बताओ। यह कहो कि उनमें से किस-किस जाति के लोग निष्ठुर, बर्बर और अन्यायी हैं; इसी तरह कौन से लोग देवभीरु और मेहमाननवाज़ हैं? यह भी बताना कि यवनों पर जो कुछ बीता, उसकी और इलियस के पतन की कहानियाँ सुनकर तुम अन्तर्मन की किस पीड़ा से आकुल होकर रो पड़े हो? यह सब देवताओं का किया हुआ है

और मनुष्य के वास्ते मृत्यु का धागा वे इसलिए बुन डालते हैं कि ऐसे विषय पर बना गान आगे की पीढ़ियाँ भी श्रवण कर पाएँ। क्या विवाह-सम्बन्ध से बने तुम्हारे किसी वीर स्वजन, तुम्हारे दामाद या ससुर का इलियस में अन्त हो गया था जो कि अपने कुल और वंश के बाद सबसे निकट के सम्बन्धी होते हैं? या नहीं तो क्या वह तुम्हारा कोई स्नेही मित्र था, एक वीर और सच्चा पुरुष? सहृदय मित्र सहोदर भाई से कम प्यारा नहीं होता।"

ओडिसियस का अपनी कहानी शुरू करना : साइक्लॉप्स

उसके बाद ओडिसियस ने उसे उत्तर दिया : "ओ परम यशस्वी राजा ऐलसिनोअस, सचमुच बड़ा आनन्ददायक होता है किसी चारण को सुनना, वह भी इस चारण को जिसका स्वर देवताओं के स्वर के समान है। बल्कि मेरे विचार से तो इससे बढ़कर पूर्ण और रुचिर आनन्द देनेवाला दूसरा कोई अवसर नहीं होता जब विशाल कक्ष में व्यवस्थित ढंग से बैठकर सारे लोग आह्लाद से खाना खा रहे और गायक को सुन रहे हों, उनके आगे मेज़ों पर रोटी-मांस लदे हों और चारों ओर घूम-घूमकर चषकवाहक मदिरा से प्याले भरते जा रहे हों। मुझे दुनिया में सबसे अच्छी चीज़ प्रायः यही मालूम पड़ती है। लेकिन तुम तो मेरे दारुण कष्टों के बारे में जानने को उत्सुक हो। मगर तब इसका अर्थ यह होगा कि मनोवेदना से मैं और भी सन्तप्त हो जाऊँगा। स्वर्गस्थ देवताओं ने मुझे इतने प्रकार के कष्ट दिए हैं कि मेरी समझ में नहीं आता कि अपनी कहानी कहाँ से शुरू और कहाँ इसका अन्त करूँ? ख़ैर, सबसे पहले मैं अपना नाम बता देता हूँ। इसे तुम जान लो ताकि जब मैं निर्ममता के इस दौर से निकल जाऊँ, तब मेज़बान के रूप में मुझे तुम्हारी ख़ातिरदारी करने का मौक़ा मिले, हालाँकि यहाँ से काफ़ी दूर देश पड़ता है घर मेरा। मैं ओडिसियस हूँ, लेयरटीज़ का बेटा। सारी दुनिया मुझे अनेकविध चतुर व्यक्ति के रूप में जानती है और मेरी ख्याति स्वर्ग तक पहुँच चुकी है। निवासी मैं निर्मल आकाशवाले इथाका का हूँ जहाँ लहराते जंगलों से भरा और चारों ओर से दिख पड़नेवाला नेरिटन नामक पर्वत है। उसके चतुर्दिक एक-दूसरे के पास-पास अनेक टापू हैं—ड्यूलिकियम, सामी, वृक्षों से भरा जेकिन्थस। इथाका की उपत्यका भूमि मुख्य तट से काफ़ी दूर समुद्र में पश्चिम दिशा की ओर स्थित है, जबकि दूसरे द्वीप उससे हटकर पूरब में उषा एवं सूरज के सम्मुख हैं। वह बीहड़ मगर वीर पुरुषों का पोषक द्वीप है। जहाँ तक मेरे विचार का प्रश्न है उसके बारे में, तो मैं कह सकता हूँ कि किसी भी मनुष्य को उसका देश सबसे सुखद और मनोरम दिखाई पड़ता है। लावण्यमयी देवी कैलिप्सो मुझे अपना स्वामी बना लेने की आकांक्षा से अपनी मेहराबदार गुफा में रख लेना चाहती थी। उसी तरह ईईया की मायाविनी सर्सी भी मुझे अपना स्वामी बना लेने की इच्छा से अपने सौध में रोक

रखना चाहती थी। लेकिन मेरा मन जीत पाने में वे कामयाब नहीं हो पाईं। हालाँकि कोई व्यक्ति अपने जननी-जनक से बहुत दूर जाकर किसी दूसरे देश के ऐश्वर्यशाली मकान में भले ही रहता हो, तो भी सच्चाई यह है कि उसके लिए उसका वतन और उसके माँ-बाप निस्सन्देह सबसे प्रिय होते हैं। जो हो, मगर अब मैं तुमसे उन मुसीबतों का बयान करूँगा जिन्हें ट्रॉय से घर लौटने के दरमियान ज़्यूस ने मुझे झेलने को मजबूर कर दिया।

"जिस हवा के सहारे इलियस से चला था वही हवा मुझे कीकोनीज़ों के इसमैरस नगर ले आई। नगर लूटकर मैंने उसके निवासियों को मार डाला। उनकी औरतों और मूल्यवान सम्पत्ति को नगर से लेकर अपने लोगों के बीच इस तरह वितरित कर दिया कि अपने-अपने हिस्से को लेकर किसी को कोई शिकायत नहीं रही। तब मैंने आदेश दिया कि हम वहाँ से यथाशीघ्र तुरन्त भाग चलें, किन्तु हमारे साथी मेरी आज्ञा अनसुनीकर देने की बेवकूफ़ी कर बैठे। समुद्र-तट पर वे शराब पीने और भारी तादाद में भेड़ और मोटे-ताज़े मवेशी मारने लगे। इस बीच बचे हुए कीकोनीज़ उस प्रदेश के भीतरी भाग में बसे अन्य कीकोनीजों के बीच जाकर गुहार करने लगे। अन्दरूनी भाग के कीकोनीज़ संख्या में तो अधिक थे ही, बहादुरी में भी बढ़े-चढ़े थे और दुश्मन से रथ पर सवार होकर और ज़रूरत पड़ने पर पैदल लड़ाई करने में माहिर थे। इस तरह वे अहले सुबह जमा हो गए और वे अनुकूल ऋतु में फूटे फूल-पत्तों की भाँति संख्या में अनगिनत थे। उस घड़ी ऐसा लगा कि हम अभागों को बुरी तरह पीड़ित करने के लिए ही ज़्यूस की अनिष्टकारिणी नियति हमारे पास खड़ी है। वे तेज जहाज़ों के नज़दीक श्रेणीबद्ध होकर संग्राम करने लगे और दोनों सेनाओं की ओर से कांस्य कुन्त फेंके जाने लगे। सारी सुबह, जब तक पवित्र दिन चढ़ता रहा, हम आक्रमणों का सामना करते हुए उन्हें मार भगाते रहे, गोकि संख्या में वे हमसे बहुत अधिक थे। परन्तु दिन ढलने के साथ जब बैलों को हल से खोलने का समय हो गया, तब कीकोनीजों ने व्यूह तोड़कर यवनों को पीछे धकेल दिया। हर जहाज़ के मेरे छह-छह साथी मारे गए। हममें से जो मृत्यु और विनाश से बच गए, वे निकल भागे।

"हम वहाँ से दुखी मन आगे बढ़े। हालाँकि हमारे प्रिय साथी मारे जा चुके थे, तो भी हम मौत से बच निकलने की वजह से खुश थे। इसके पहले कि मेरे पोत आगे बढ़ते, हमने कीकोनीज़ों के द्वारा भूमि पर निहत अपने अभागे साथियों के नाम तीन बार विधिवत पुकारे। तभी अभ्रसंचयी ज़्यूस ने उत्तर पवन को हमारे जहाज़ के विरुद्ध भयानक वेग से जगा दिया, धरती और समुद्र को बादलों से समान रूप से ढँक दिया और आसमान से अँधेरा तेजी से नीचे उतर पड़ा। तूफ़ान के बल पर जहाज़ सरपट भागने लगे और पाल के चिथड़े हो गए। मौत के डर से हमने पाल उतारकर पेटों में डाल दिए और पूरी शक्ति लगाकर जलयानों को खेकर भूमि की ओर ले गये।

इस तरह हम ज़मीन पर लगातार दो दिन और दो रात थकान और पीड़ा से पस्त होकर पड़े रहे। मगर तीसरे दिन जब सुन्दर कबरीवाली उषा पूर्ण प्रकाश ले आई, तब हमने मस्तूल खड़े करके सफ़ेद पाल तान दिए। जहाज़ों का निर्देशन हवा और कर्णधार पर छोड़कर बाक़ी हम सब बैठ गए। ऐसा था कि मैं बिना किसी दुर्घटना के अपने देश पहुँच जाता, किन्तु जब मैलीया का चक्कर काटकर आगे बढ़ रहा था कि लहर, सागर की धारा और उत्तर पवन–तीनों मिलकर मुझे सही रास्ते से धकेलकर किथेरा के सामने से बहा ले चले।

''उस पल से लेकर पूरे नौ दिनों तक मैं ध्वंसकारी पवनों द्वारा मकरालय में बहाया जाता रहा। मगर दसवें दिन हम लोटसभक्षियों[1] की भूमि पहुँच गए जोकि लोटस के सुरभित फल खाकर जीवित रहते हैं। पानी लेने हम तट पर उतर गए। मेरे साथियों ने तुरन्त तेज जहाज़ों के पास दिन का खाना खा लिया। जब हम खाना-पीना कर चुके, तब मैंने कुछ चुनिन्दा साथियों को यह पता करने भेजा कि वहाँ किस तरह के अन्नजीवी मनुष्य निवसते हैं। इसके लिए दो को चुना और सन्देशवाहक के रूप में तीसरा आदमी भी साथ कर दिया। वे अविलम्ब चल पड़े और लोटसभक्षी लोगों से जा मिले। ऐसा हुआ कि लोटसभक्षियों ने हमारे साथियों को जान से मार देने के बजाय चखने को लोटस दे दिए। उनमें से जिसने भी लोटस के मधुमधुर फल खाए, उसे ख़बर लेकर लौट जाने की इच्छा ही जाती रही। बल्कि वे लोटसभक्षियों के साथ रहने का इरादा करके हमेशा लोटस खाने लगे। वे यह बिलकुल भूल गए कि उन्हें घर भी वापस जाना है। इसलिए उन्हें जहाज़ पर ले आने के लिए मुझे बल प्रयोग करना पड़ा। वे बड़ी अनिच्छा से रोते हुए आए। मैं उन्हें घसीटकर ले आया और अवतली जलयान के कगरों के नीचे डालकर बाँध दिया। उधर अन्य साथियों को तेज जहाज़ पर तत्काल सवार हो जाने की आज्ञा दे दी ताकि कोई लोटस खाकर घर लौटना न भूल जाए। वे झटपट पोतों पर चढ़कर कगरों पर सुव्यवस्थित ढंग से बैठ गए और सागर के मटमैले पानी में चप्पू चलाने लगे।

''वहाँ से हम खिन्न मन आगे बढ़े। तब हम दुष्ट तथा निरंकुश साइक्लॉप्सों के देश जा पहुँचे। वे अमरों पर भरोसा करके हाथ से न तो ज़मीन जोतते और न कोई पौधा लगाते हैं। बल्कि यह जान लो कि सारी चीज़ें बग़ैर उनके जोते-बोए ख़ूब उपज जाती हैं–जौ और गेहूँ के साथ-साथ अंगूर, जिसकी लम्बी-लम्बी लताएँ रसीले फलों

---

1. लोटस या कमल लोकप्रिय नाम है, जो अनेक तरह की वनस्पतियों के लिए प्रयुक्त होता है। यवनों का लोटस झड़बेर जाति का जिजिफस लोटस (Zyzyphus lotus) है। इसका फल बड़ा होता है। इससे रोटी और ख़मीर उठाकर शराब बन सकती है। पुराने ज़माने में ग़रीबों का यह भोजन हुआ करता था और इसके फल से बनी मदिरा सन्तुष्टि और विस्मरण लानेवाली समझी जाती थी।

से लदी होती हैं और जो ज़्यूस की वर्षा से बढ़ती जाती हैं। उनके यहाँ न किसी परिषद की सभा होती है, न न्याय के लिए कोई विधि-विधान है। वे ऊँची पहाड़ियों के शीर्ष पर स्थित मेहराबदार गुफाओं में रहते हैं। प्रत्येक साइक्लॉप्स अपनी पत्नी और बच्चों का विधिकर्ता होता है और वे पड़ोसियों का कोई ख़याल नहीं करते।

''साइक्लॉप्सों की उस भूमि के बन्दगाह से न तो बहुत दूर और न बहुत क़रीब एक निर्जन किन्तु वृक्षों से भरा छोटा टापू है जहाँ अनगिनत जंगली बकरे रहते हैं। वहाँ कोई मनुष्य आता-जाता नहीं है। सो वे निर्भय घूमते हैं। दूसरी जगहों में तो शिकारी जंगल-पहाड़ों में मुसीबत झेलते हुए भटकते फिरते हैं, मगर यहाँ कोई शिकारी नहीं आता। इतना ही नहीं, वहाँ न कोई पशुकुल है, न कोई खेती-बाड़ी; वहाँ की जनशून्य भूमि न कभी जोती और न कभी बोई गई है। वह तो बस मिमियाते बकरों का पोषण करती है। साइक्लॉप्सों के पास लाल अगवाड़वाला कोई जहाज़ नहीं है। उस द्वीप में एक भी पोतशिल्पी नहीं है जो कगरित जलपोत बनाकर जनसंकुल नगरों की यात्रा करने की उनकी इच्छा पूरी करता। इससे उनका द्वीप एक अच्छे उपनिवेश में तब्दील हो जाता, क्योंकि जलयानों से ही लोग समुद्र लाँघकर प्रायः विभिन्न देशों के बीच आया-जाया करते हैं। बात यह है कि वहाँ की मिट्टी किसी भी तरह हीन नहीं है, अपितु मटमैले लवणाब्धि के किनारे-किनारे पानी से भरपूर मैदानी भाग होने से मौसम के मुताबिक सारी चीज़ें पैदा होती हैं। अंगूर की बेलें कभी सूखती नहीं हैं। ज़मीन समतल है, जोतने योग्य, और मिट्टी ख़ूब उर्वर है, इसलिए ऋतु के अनुरूप वे भारी फ़सल ले सकते थे। वहाँ बन्दरगाह भी बढ़िया है, ऐसा कि लंगर डालने और रस्सा बाँधने की कोई ज़रूरत नहीं है। जहाज़ को बस तट पर खींच रखना काफ़ी होगा। जहाज़ी वहाँ तब तक ठहर सकते हैं, जब तक उनकी इच्छा हो और अनुकूल हवा चलने लगे। बन्दरगाह के एक सिरे पर मीठे पानी का सोता है जो पहाड़ी पीपल के पेड़ों से घिरी एक गुफा से निकलता है। दैवी प्रेरणा से ही हम उस ओर बढ़े, क्योंकि उस समय रात का अँधेरा छाया हुआ था, कहीं कोई रोशनी नहीं थी और जहाज़ों के चारों ओर घना कुहरा भी फैला हुआ था। और तो और, मेघों से ढँके होने के कारण आकाश से चन्द्रमा भी अपना प्रकाश नहीं दे रहा था। इसलिए हमारे जहाज़ जब तक तट से नहीं लगे, तब तक किसी को वह द्वीप दिखाई नहीं पड़ा और न हम किनारे की ओर लुढ़कती लम्बी-लम्बी लहरों को ही देख पाए। जलयानों को तट पर डालने और उनके सारे पाल उतार देने के बाद हम भी सागर-तट पर उतर गए और वहीं गहरी नींद में सो गए। दीप्त उषा के आने तक हम सोते रहे।

''ज्यों ही उषा की पहली किरणें झलक उठीं कि हम वह द्वीप देखकर विस्मय से भर गए और उसके अन्वेषण में निकल पड़े। उसी समय अप्सराओं ने, जो चर्मधर

ज़्यूस की बेटियाँ हैं, जंगली बकरों को इधर-उधर घूमने को प्रेरित कर दिया ताकि मेरे दल को भोजन-सामग्री मिल जाए। जहाज़ों से हम झट वक्र धनुष और लम्बे भाले ले आए और तीन दलों में सन्नद्ध होकर बकरों पर प्रहार करने लगे। दैवी कृपा से हम जल्द ही काफ़ी शिकार पाने में सफल हो गए। मेरे साथ बारह जहाज़ थे। प्रत्येक जहाज़ के हिस्से में नौ-नौ बकरे पड़े, किन्तु केवल मेरे वास्ते दस बकरे विशेष रूप से रख छोड़े गए।

''इस तरह वहाँ पूरे दिन सूर्यास्त होने तक हम बैठकर प्रचुर मात्रा में मांस और मधुर मदिरा का आनन्द लेते रहे। हमारे जहाज़ों में रखी लाल मदिरा बिलकुल ख़त्म नहीं हुई थी बल्कि अब भी कुछ बच रही थी, क्योंकि हमने जब कीकोनीज़ों के अभेद्य दुर्ग को ध्वस्त किया था, तो हमारे हर आदमी ने मर्तबानों में इसका भारी मात्रा में संग्रहण कर लिया था। तब हम साइक्लॉप्सों की भूमि की ओर देखने लगे। ऐसा मालूम पड़ा कि वे नज़दीक ही रहते हैं, क्योंकि धुआँ देखने के साथ-साथ हमने लोगों और भेड़-बकरियों की आवाज़ भी सुनी। सूरज के डूब जाने पर जब अन्धकार छा गया, तब हम सागर-तट पर लेट गए। जैसे ही उषा की प्रथम रश्मियाँ चमक उठीं कि मैंने साथियों की सभा बुलाकर उनसे कहा :

'' 'मेरे प्यारे साथियो, बाक़ी तुम सब यहीं रहो, लेकिन मैं अपने जहाज़ और जहाज़ियों को लेकर यह जानने जाऊँगा कि यहाँ के आदमी किस तरह के हैं–निष्ठुर, बर्बर और अन्यायी हैं अथवा दैवभीरु और अतिथि-सत्कार करनेवाले हैं।'

''यह कहकर मैं जहाज़ पर सवार हो गया और साथियों को हुक्म दिया कि वे भी सवार हो जाएँ और रस्से खोल दें। इस तरह वे भी फ़ौरन जहाज़ पर चढ़ गए और कगरों पर सलीक़े से बैठकर समुद्र के मटमैले पानी में चप्पू चलाने लगे। मुख्यभूमि पहुँच जाने पर, जो कि नज़दीक थी, हमने सागर से सटे तट पर एक ऊँची गुफा देखी जिस पर जयपत्र के पेड़ (Laurel or bay tree) छाजन का काम कर रहे थे और जहाँ भेड़-बकरियों के अनेक झुंड बैठाए जाते थे। गुफा के मुँह के चारों तरफ़ मिट्टी में गहरे गड़े पत्थरों तथा लम्बे-लम्बे चीड़ एवं ओक के छतनार वृक्षों से घिरा ऊँचा प्रांगण था। उस कन्दरा में एक विकटाकार आदमी सोया करता था जो कि अकेले ही अपनी भेड़-बकरियों के झुंड दूर-दूर तक चराने ले जाता था। अपने लोगों से उसका कोई परिचय-सम्बन्ध नहीं था, बल्कि एकदम अलग रहकर निरंकुश जीवन व्यतीत करता था। असल में वह विचित्र रूपाकृतिवाला एक दानव था जो अन्नजीवी मानव के समान प्रतीत नहीं होता था। मालूम पड़ता था वह उस वृक्षाच्छादित चोटी के सदृश, जो ऊँची पहाड़ियों के बीच अन्य सभी चोटियों से भिन्न और एकाकी दिखती है।

''तब मैंने अपने प्रिय साथियों में से सबसे साहसी बारह को चुन लिया। बाक़ी को जहाज़ की रक्षा करने के वास्ते उसके समीप रहने की आज्ञा देकर मैं निकल

पड़ा। उस समय मेरे पास अजाचर्म के कुतुप में ख़ूब सुगन्धित एवं असरदार मदिरा थी। वह मदिरा मुझे दी थी यूऐनथीज़-पुत्र मैरौन ने, जो इसमैरस के अधिष्ठाता देवता अपोलो का पुजारी था। उसने इसलिए दी थी कि हमने उसके साथ उसकी पत्नी और बच्चों की श्रद्धावश रक्षा की थी, क्योंकि वह फीबस अपोलो के सघन उपवन में रहता था। उसने मुझे अत्यन्त उत्कृष्ट उपहार दिए : ख़ूब उम्दा ढंग से तैयार किया गया सात टैलेंट सोना, शुद्ध चाँदी का मिश्रणपात्र और वह मदिरा, जिसे उसने बारह मर्तबानों में ढाल दिया था, सुवासित और निखालिस, देवताओं के योग्य पेय। इसकी जानकारी उसके घर के किसी नौकर और नौकरानी को नहीं हो पाई। यह बात केवल उसको और उसकी प्रिय पत्नी और एक भंडारपालिका को ही ज्ञात थी। जब भी वे उस सुस्वादु लाल आसव का पान करते, तो वह पुजारी एक प्याले आसव में उसका बीस गुना पानी मिलाता। तो भी मिश्रणपात्र से अद्‌भुत सुगन्ध निकलती थी और उस मद्य से मुँह मोड़ लेना सचमुच प्रीतिकर नहीं होता था।

"वही मदिरा एक बड़े कुतुप में भरकर मैं साथ ले आया और चमड़े के एक थैले में खाद्य सामग्री भी रख ली, क्योंकि मुझे इसका आभास हो गया था कि हमारा पाला किसी ऐसे बेहद शक्तिवन्त अजनबी से पड़ सकता है जिसे दैवी विधान और मानवीय नियमों से कोई मतलब नहीं होगा।

"शीघ्र ही हम वह गुफा पहुँच गए। लेकिन हमने उस गुफा के भीतर उसके निवासी को नहीं पाया। वह अपनी मोटी-ताज़ी भेड़-बकरियों को चराने चरागाह गया हुआ था। इसलिए हम गुफा में चले गए और वहाँ की चीज़ें ध्यान से देखने लगे। वहाँ पनीर से भरे टोकरे थे। बाड़ों में मेमने और बकरी के बच्चे भरे थे, लेकिन वे सब अपने-आप ही अलग-अलग झुंड में बँट गए थे—मौसम के पहले चरण के मेमनों का एक दल था, तो ग्रीष्मकालीन मेमनों का दूसरा और नवजात मेमनों का भी दल अलग था। उसके सभी सुनिर्मित बर्तन यानी मटके और कटोरे, जिनमें वह दूध दुहता था, पनीर के पानी से भरे पड़े थे। मेरे साथियों ने मुझसे निवेदन किया कि हम सबसे पहले पनीर ले जाएँ, फिर तुरन्त लौटकर मेमनों और बकरी के बच्चों को बाड़ों से हाँककर अपने तीव्रगामी जहाज़ पर ले जाएँ और खारे समुद्र के सफ़र पर आगे चल पड़ें। परन्तु मैंने उनकी सुनी नहीं। (हालाँकि ऐसा करना कितना अच्छा होता!) मैं तो उस दानव से रूबरू होने के लिए इस कारण रुक गया कि मैं देखना चाहता था कि अतिथि के रूप में मुझे वह कौन-सा उपहार देता है। लेकिन उसका आना मेरे साथियों के हेतु हर्ष का विषय सिद्ध नहीं हुआ।

"तब हमने आग जला ली और पनीर लेकर पहले देवताओं को आहुति चढ़ाई और फिर स्वयं खा लिया। उसके बाद कन्दरा के ही भीतर बैठकर हम उस दानव

के आने की प्रतीक्षा करने लगे। अन्ततः वह अपने रेवड़ों को हाँकते हुए आ पहुँचा। रात का भोजन तैयार करने के लिए वह सूखी लकड़ियों का बड़ा भारी बोझा उठाए हुए था। गुफा के अन्दर उसने वह बोझा इतने ज़ोर से पटका कि डर के मारे हम विवर के भीतरी भाग में भाग गए। इस बीच वह मोटे-ताज़े रेवड़ों को गुहा के अन्दर चौड़े भाग में ले आया अर्थात उन भेड़-बकरियों को जिनका वह दूध दुहता था, किन्तु मेढ़ों और बकरों को बाहर विशाल प्रांगण में ही छोड़ दिया। उसके बाद उसने पत्थर का एक विशाल एवं वज़नी टुकड़ा उठाकर विवर के मुँह पर लगा दिया। जो पाषाण-खंड उसने लगाया, वह इतना भारी था कि बीस-दो बाईस पहियोंवाली गाड़ियाँ भी उसे ज़मीन पर से नहीं उठा सकती थीं। तब वह बैठ गया और एक-एक कर सभी मेषियों और मिमियाती बकरियों को दुह लिया और हर छोटे मेमने को उसकी माँ के साथ छोड़ दिया। उसने तत्काल आधा सफ़ेद दूध मथ लिया और सारा पनीर इकट्ठा करके बेंत के टोकरों में रख छोड़ा। बाक़ी आधा दूध उसने मटकों में रख दिया ताकि रात में उसे लेकर पी सके। यह सब जल्दी-जल्दी कर-कराकर जब उसने फिर आग जलाई, तो उसकी नज़र हम पर पड़ी। वह हमसे पूछने लगा :

" 'अजनबियो, तुम सब कौन हो और समुद्र-पथ से कहाँ से आए हो? क्या तुम तिजारत के लिए निकले हो या समुद्र में उन जलदस्युओं की तरह दुस्साहसिक भ्रमण करते फिर रहे हो जो अपनी जान हथेली पर रख दूसरे लोगों का अनिष्ट करते फिरते हैं?'

"पूछा तो उसने ऐसा ही मगर उसकी भारी आवाज़ और ख़ौफ़नाक शक्ल-सूरत के डर से हमारा दिल दहल गया। तो भी साहस बटोरकर मैंने उसे उत्तर दिया :

" 'देखो, हम लोग यवन हैं। ट्रॉय से वापस हम अपने घर के लिए चले थे, लेकिन पथ और दिशा हमारे वश की बात नहीं थी। कभी इस हवा, तो कभी उस हवा के द्वारा हम सागर के विशाल क्षेत्र में रास्ते से भटका दिए गए और ऐसा लगता है कि ज़्यूस की यही योजना भी थी हमारे लिए। हम उस ऐट्रियस-पुत्र ऐगमेमनन के सैनिक के रूप में जाने जाते हैं जिसकी प्रसिद्धि आसमान के नीचे आज सबसे अधिक इसलिए है कि उसने बड़े ही शक्तिशाली नगर को ध्वस्त और बहुत लोगों का वध किया है। लेकिन यहाँ तुम्हारे सामने हम इस वजह से उपस्थित हुए हैं कि अतिथि के रूप में हमें तुमसे शायद कोई भेंट या उपहार मिल जाए जैसा कि अतिथियों को पाने का हक़ बनता है। बल्कि महोदय, तुम देवताओं का आदर और ख़याल करो। हम अभ्यागत हैं और अतिथि-देव ज़्यूस समादरणीय अतिथियों के साथ चलता है और याचकों तथा प्रवासियों की ओर से प्रतिशोध लेनेवाला होता है।'

"मैंने यह कहा और उसने तड़ाक बड़ा ही निर्मम उत्तर दिया : 'परदेशी, तुम जो मुझे देवताओं से डरने और उनके कोप से बचने को कह रहे हो, तो इसका मतलब

यही हुआ कि या तो तुम बुद्धिहीन हो या दूर देश से आए हो। हम साइक्लॉप्स चर्मधर ज़्यूस और अन्य महाभाग देवताओं की कोई परवाह नहीं करते, क्योंकि हम वास्तव में उनसे शक्तिशाली हैं। यदि स्वयं न चाहूँ तो ज़्यूस की शत्रुता मोल लेने के भय से तुम्हें या तुम्हारे साथियों को छोड़नेवाला नहीं हूँ। लेकिन यह बताओ कि यहाँ आते समय तुमने अपना सुनिर्मित जलयान कहाँ लगाया है? क्या उसे द्वीप के अन्तिम छोर पर या नज़दीक ही लगाया है? मुझे इसकी सही जानकारी चाहिए।'

"ऐसा पूछकर उसने मुझे फाँस लेना चाहा। लेकिन दुनिया का काफ़ी तजरबा होने की वजह से मैं उसकी मंशा ताड़ गया। इसलिए उसे छलछन्दयुक्त शब्दों में उत्तर दिया :

" 'जहाँ तक मेरे जहाज़ का सवाल है, तो उसे पॉसायडन ने तुम्हारे देश की सीमा के पास पत्थर पर पटककर तोड़-फोड़ दिया। हवा उसे खुले समुद्र से इधर ले आई और भूकम्पक ने उसे एक अन्तरीप के नज़दीक बरबाद कर दिया। लेकिन मैं अपने लोगों को लेकर पूरी तरह तबाह होने से बच निकला हूँ।'

"मैंने यह कहा मगर उस हृदयहीन प्राणी ने मुझे कोई जवाब नहीं दिया। उलटे वह झपटा और हाथ बढ़ाकर मेरे दो साथियों को एक ही साथ पकड़कर ज़मीन पर इस तरह पटक दिया मानो वे पिल्ले हों। उनका भेजा बलबलाकर तेजी से बाहर निकलने लगा जिससे वहाँ की धरती भीग गई। तब उसने उनके टुकड़े-टुकड़े कर रात के भोजन की तैयारी कर ली। उनका वह पहाड़ी सिंह की तरह भक्षण करने लगा और मांस, अँतड़ी एवं हड्डी सबको पूरा-पूरा भकोस जाने के बाद ही रुका। बाक़ी हम लोगों को तो वह नृशंस दृश्य देखकर काठ मार गया और हम ज़्यूस की ओर हाथ उठाकर रोने लगे। नर-मांस से विशाल उदर भर लेने के बाद उसने दूध पिया। तब वह साइक्लॉप्स गुफा के भीतर भेड़ों के बीच पसरकर सो गया।

"मेरे दुस्साहसी मन में पहला विचार यह आया कि मुझे बग़ल से तेज तलवार खींचकर उसके नज़दीक चला जाना चाहिए और हाथ से टटोलकर उसकी छाती के उस स्थान पर तलवार घुसेड़ देनी चाहिए जहाँ मध्यच्छद यकृत को थामे रखता है। परन्तु पुनर्विचार करने पर मैंने अपने को रोक लिया, क्योंकि वैसी हालत में हमारा वहाँ विनष्ट हो जाना निश्चित था। जिस वज़नी पत्थर को उसने विशाल द्वार पर रख दिया था, उसे हम अपने हाथों से किसी भी तरह हटा नहीं सकते थे। इसलिए उस समय तो हम केवल सुबकते और दीप्त उषा की प्रतीक्षा करते रहे।

"तदनन्तर जब उषा का आगमन हुआ, तब उस साइक्लॉप्स ने फिर आग जलाई और एक के बाद एक सभी उत्कृष्ट मेषियों और बकरियों को दुह लिया और हर मेमने को उसकी माँ के साथ छोड़ दिया। यह सब जल्दी-जल्दी कर-कराकर उसने पुनः मेरे दो लोगों को पकड़कर दिन का खाना तैयार कर लिया। भोजन कर लेने के बाद वह

द्वार पर लगा विशाल शिलाखंड सुगमता से हटाकर मोटी-ताज़ी भेड़-बकरियों को कन्दरा से बाहर हाँक ले गया और पत्थर को दरवाज़े पर उसी आसानी से लगा दिया, जिस आसानी से कोई आदमी तरकस पर उसका ढक्कन लगा देता है। ज़ोर-ज़ोर से सिसकारी देता वह साइक्लॉप्स पुष्ट भेड़-बकरियों को पहाड़ियों की ओर हाँक ले गया। लेकिन मैं वहाँ रहकर अपने मन में कुटिल युक्तियों पर विचार करने लगा कि मैं उससे बदला ले लेने में किस तरह सफल हो जाऊँ और एथीनी मुझे यश प्रदान कर दे।

"जो तरकीब मेरी समझ से सबसे अच्छी जँची, वह यह थी। भेड़ों के बाड़े के पास एक डंडा पड़ा था बहुत बड़ा, जिसे साइक्लॉप्स जैतून के पेड़ से काट लाया था। वह अब भी हरा था। उसने उसको प्रयोग में लाने के लिए पकने को छोड़ दिया था। जब हमने उसे देखा, तो वह बीस चप्पुओं से युक्त चौड़े पेंदेवाले काले मालवाही जहाज़, जो महासागर की लम्बी यात्रा पर जाता है, के मस्तूल के समान विशाल दिखाई दिया। वह उतना ही मोटा और लम्बा मालूम पड़ा। वहीं जाकर मैंने उससे छह फुट लम्बा भाग काट लिया और उसे चिकना देने के वास्ते साथियों को सौंप दिया। जब उन्होंने उसे चिकना लिया, तब मैंने उसका एक सिरा नुकीला कर लिया और तुरन्त आग की लपटों में डालकर उसे सख़्त कर दिया। तब उसे गुफा के अन्दर पड़ी (भेड़-बकरियों की) विष्ठा के ढेर में छिपाकर रख छोड़ा और अपने लोगों को हुक्म दिया कि वे गुट्टी डालकर उन व्यक्तियों का चुनाव कर लें जो वह सलाख़ उठाकर जब साइक्लॉप्स गहरी नींद में हो तो उसकी आँख में घुसेड़कर घुमाने में मेरी मदद करें। गुट्टी उन्हीं चार जने के पक्ष में गिरी जिन्हें मैं स्वयं चुनना चाहता था और पाँचवाँ सदस्य तो मैं स्वयं हुआ ही। शाम को वह भरपूर रोयेंदार भेड़ों को चराकर लौटा और तत्काल ही एक-एक कर सभी मोटे-ताज़े चौपायों को गुफा के अन्दर हाँक ले आया। कन्दरा के बाहरवाले विशाल प्रांगण में एक को भी नहीं छोड़ा। शायद किसी आशंका से या किसी देवता ने उसे ऐसा करने को सुझा दिया हो। उस विशाल पत्थर को उठाकर गुहा का मुँह बन्द कर देने के उपरान्त उसने एक क्रम से सारी भेड़-बकरियों को दुह लिया और प्रत्येक भेड़ के साथ उसका मेमना छोड़ दिया। जल्दी-जल्दी यह सब कर-कराकर उसने पुनः और दो व्यक्तियों को पकड़कर रात का भोजन तैयार कर लिया। तब मैं हाथ में उत्तेजक सुरा से भरा लबलब (Ivy)[1] का एक प्याला लेकर उसके आगे खड़ा हो गया और उससे बोला :

" 'साइक्लॉप्स, नर-मांस खाने के बाद तनिक यह मदिरा पीकर देखो कि हमारे जहाज़ में किस तरह का पेय रखा हुआ है। सुनो, मैं इसे मद्यार्घ्य के रूप में तुम्हें इस

1. प्याला लबलब यानी Ivy की लकड़ी का बना हो या शायद उस पर लबलब का चित्र बना हो।

आशा से अर्पित करने ले आया था कि तुम कदाचित मुझ पर दया करोगे और घर लौटने में मेरी मदद करोगे। लेकिन तुम्हारी भयंकर नृशंसता बर्दाश्त के बाहर है। ओ निष्ठुर हृदय, तुम्हारे ये अनुचित एवं निरंकुश कारनामे देखकर बाक़ी कोई भी मनुष्य कैसे कभी तुम्हारे पास आ पाएगा?'

''मैंने यह कहा और वह प्याला लेकर पूरी मदिरा गटक गया। उतनी सुवासित सुरा पीने से उसे बड़ा आनन्द मिला और उसने पुनः मदिरा माँगी :

'' 'मुझे यह फिर देने की मेहरबानी करो और झटपट अपना नाम भी बता दो ताकि मैं तुम्हें अतिथि के योग्य ऐसा उपहार दे दूँ जिसे पाकर तुम प्रसन्न हो जाओ। साइक्लॉप्सों के वास्ते यहाँ की उदार धरती गुच्छ-गुच्छ रसीले अंगूर भारी तादाद में पैदा करती है जो ज़्यूस की वर्षा से ख़ूब बढ़ते-फैलते हैं। परन्तु यह पेय तो मकरन्द और पीयूष से ही तैयार किया गया है।'

''उसने ऐसा कहा और उद्दीप्त सुरा मैंने उसे पुनः थमा दी। वह मैंने उसे तीन बार दी और तीनों बार उसने पूरी पी जाने की मूर्खता की। जब उसकी मति मदिरा के वश में हो गई, तब मैं उससे विनीत शब्दों में बोला :

'' 'ओ साइक्लॉप्स, मैं किस नाम से प्रसिद्ध हूँ, यह तुमने पूछा था। यह मैं बता तो दूँगा मगर अतिथि-योग्य जो उपहार देने की तुमने प्रतिज्ञा की थी, वह मुझे अवश्य देना। मेरा नाम कोईनहीं[1] है और मेरे माँ-बाप तथा मेरे सभी संगी-साथी मुझे कोई नहीं नाम से पुकारते हैं।'

''मैंने ऐसा ही कहा और उस निष्ठुर हृदय प्राणी ने मुझे झट उत्तर दिया :

'' '**कोई नहीं**[1] के जितने साथी हैं, उन्हें मैं पहले खाऊँगा, उसको सबसे अन्त में। तुम्हारे लिए यही उपहार होगा।'

''ऐसा कहते न कहते वह लड़खड़ाकर वहीं बैठ गया और सहन पर पसर गया। अपनी विशाल गरदन उसने एक ओर मोड़ ली और शीघ्र ही वह सारे मनुष्यों को जीत लेनेवाली निद्रा के वशीभूत हो गया। नशे की अधिकता के चलते वह कै करने लगा और मुँह से उसके शराब और नर-मांस के टुकड़े बड़े वेग से निकलने लगे। तब गर्म करने के वास्ते वह बल्ला मैंने राख के ढेर में गहरा घुसेड़ दिया और साथियों का हौसला बुलन्द किए रहा ताकि उनमें से कोई डरकर मेरे पीछे से कहीं हट न जाए। जब जैतून का वह डंडा, जो अभी तक हरा था, गर्म होकर इतना लाल हो उठा कि अब उसमें आग लग जाती, जब नज़दीक जाकर मैंने उसे आग से निकाल लिया। मेरे चारों ओर मेरे साथी खड़े हो गए। ऐसा मालूम पड़ा कि उस समय किसी देवता ने हमारे भीतर भारी साहस फूँक दिया है। मेरे साथियों ने जैतून का वह नुकीला बल्ला पकड़कर उस साइक्लॉप्स की आँख में घुसेड़ दिया। ऊपर से मैं अपना भार डालकर

1. ओडिसियस ने अपना नाम Oudeis बताया जिसका अर्थ **कोई नहीं** होता है।

वह डंडा घुमाने लगा। कोई बढ़ई जब जहाज़ की बल्ली में बरमे से छेद करता है, तब नीचे से उसके सहयोगी तस्मे को दोनों छोर से पकड़कर जिस भाँति तेजी से उसे चलाते हैं जिससे बरमा लगातार घूमने लगता है, लहकती नोकवाले उस बल्ले को पकड़कर हम उसकी आँख में उसी भाँति तेजी से घुमाने लगे और गर्म बल्ले के चारों ओर से लहू फूट निकला। आग की गर्मी से उसकी भौंहें और पलकें झुलस गईं और आँख का गोलक पूरी तरह जल गया। यहाँ तक कि ज्वाला से उसकी जड़ें कड़कड़ाकर जल गईं। जब कोई लुहार कुल्हाड़े या बसूले पर पानी चढ़ाने के लिए उसे ख़ूब ठंडे पानी में डुबोता है, तब जिस तरह वह छनछना उठता है, हालाँकि लोहे में जल्दी शक्ति लाने का यही तरीक़ा है, साइक्लॉप्स की आँख जैतून के डंडे के चतुर्दिक उसी तरह छनछना उठी। वह बड़े ख़ौफ़नाक ढंग से चीख़ने-चिल्लाने लगा जिससे पत्थर की गुफा गूँजने लगी और हम डर के मारे हड़बड़ाकर भाग गए। इस बीच उसने अपने हाथों से उस रक्तरंजित लुआठे को आँख से निकालकर दूर फेंक दिया। पीड़ा से पागल होकर वह बड़े ज़ोर से चीख़-चीख़कर दूसरे साइक्लॉप्सों को पुकारने लगा जो कि उसके इर्दगिर्द खुली वातिक पहाड़ियों की गुफाओं में रहते थे। उसकी पुकार सुनकर वे हर तरफ़ से आ-आकर उसकी कन्दरा के चारों ओर एकत्र हो गए और उससे पूछने लगे कि आख़िर उसे कौन-सी तकलीफ़ हो रही है :

" 'तुम पर, ओ पॉलिफीमस, कौन-सा संकट आ पड़ा है कि इस अमृत निशा में इस प्रकार ज़ोर-ज़ोर से चिल्ला रहे हो? क्या कोई मरणशील मनुष्य तुम्हारी भेड़-बकरियाँ ज़बरदस्ती हाँके लिए जा रहा है या कोई छल से या बलपूर्वक तुम्हारी हत्या करने का प्रयास कर रहा है?'

"इस पर बलवान पॉलिफीमस ने कन्दरा के भीतर से उन्हें उत्तर दिया : 'दोस्तो, छल या बल से मेरी हत्या **कोई नहीं** कर रहा है।'

"तब वे पुंखित शब्दों में उससे बोले : 'यदि कोई मनुष्य तुम्हें अकेले में मार नहीं रहा है, तब अवश्य ही सर्वशक्तिमान ज़्यूस द्वारा भेजे गए किसी रोग से तुम ग्रस्त हो गए हो जिससे बच पाना सम्भव नहीं होता। अब तो तुम केवल अपने पिता पॉसायडन से ही विनती करो।'

"वे यही सब कहकर वहाँ से चले गए, जबकि मैं मन ही मन यह सोचकर हँसने लगा कि चालाकी से कहे गए मेरे नाम ने किस तरह उन्हें ठग लिया है। लेकिन भारी पीड़ा से कराहते हुए उस साइक्लॉप्स ने हाथ से टटोल-टटोलकर कन्दरा के द्वार पर लगा पत्थर हटा लिया और बाँहें फैलाकर दरवाज़े पर इस मतलब से बैठ गया कि भेड़ों के साथ निकल भागते हममें से किसी को भी वह पकड़ ले, इतना मूर्ख समझ लिया था उसने शायद मुझे! किन्तु मैं तो वह तरीक़ा सोच रहा था जिसकी कामयाबी पर मैं और मेरे साथी मौत से उबर सकते थे। मेरे दिमाग़ में उस आदमी की भाँति

तरह-तरह के उपाय और छलछन्द आ-जा रहे थे जिसके सामने आसन्न मृत्यु से प्राण-रक्षा का प्रश्न आ खड़ा होता है। उस घड़ी जो युक्ति मुझे सर्वोत्तम लगी, वह यह थी। भेड़ों के झुंड में बड़े ही सुन्दर, विशाल और घने बालोंवाले मेढ़े थे जो कि सुपोषित और जिनके ऊन गहरे बैंगनी रंग के थे। मैं चुपचाप उन मेढ़ों को बेंत की उन्हीं लचीली टहनियों से बाँधने लगा जिन पर वह निरंकुश दैत्य सोया करता था। तीन-तीन मेढ़े मैंने एक साथ बाँधे; तीन में से बीच का मेष मेरे एक आदमी को लेकर चलता, जबकि बाक़ी दो दोनों ओर चलकर मेरे उस साथी की रक्षा करते। इस तरह मेरे एक आदमी को तीन दुम्बे ले जाते। परन्तु जहाँ तक मेरा सवाल था, तो मैंने उस रेवड़ के सबसे अच्छे मेष की पीठ थाम ली जो कि तरुण एवं सर्वाधिक बलवान था। उसके रोयेंदार पेट से लिपटकर मैंने अपना मुँह ऊपर की ओर कर लिया और उसके अद्भुत बाल ख़ूब धैर्य से पकड़ लिए। उस समय हम इसी विषण्ण अवस्था में दीप्त उषा के आने की प्रतीक्षा करने लगे।

''ज्यों ही उषा की आभा प्रकट हुई कि रेवड़ के मेढ़े चरागाह जाने को दौड़ पड़े। किन्तु मेढ़ियाँ बाड़ों में मिमियाने लगीं, क्योंकि दूहे नहीं जाने की वजह से थन उनके फटे जा रहे थे। जब मेढ़े अपने भारी पीड़ाग्रस्त मालिक के सामने खड़े हो गए, तो वह उन सबकी पीठ पर हाथ फेरने लगा। मगर उस अहमक को यह मालूम नहीं हो पाया कि मेरे लोग उसके सघन ऊनवाले मेढ़ों की छाती के नीचे बँधे हैं। सबके अन्त में वह मेष आया जो अपने ऊन तथा मेरी चतुराई के भार से दबा था। तब उसके ऊपर हाथ रखकर ताक़तवर पॉलिफीमस उससे बोला :

'' 'मेरे प्यारे मेढ़े, बताओ कि गुफा से तुम सबसे आख़िर में क्यों निकले हो? पहले तो तुम दूसरे मेषों से कभी पीछे नहीं रहते थे बल्कि हमेशा बड़ी आन से सबसे आगे चलकर चरागाह की मुलायम घास खाते और नदी पर सबसे पहले पहुँच जाते थे। शाम को भी तुम्हारी इच्छा सबसे आगे घर पहुँच जाने की रहती थी। मगर अभी तो तुम सबसे पीछे रह गए हो। ज़रूर तुम अपने मालिक की आँख को लेकर दुखी हो। एक दुष्ट आदमी ने पहले शराब पिलाकर मेरी अक़्ल मार दी और तब अपने बदमाश साथियों की मदद से मेरी आँख फोड़ डाली, उसी **कोई नहीं** ने जिसकी बरबादी अब भी दूर नहीं है। आह, मैं जो महसूस कर रहा हूँ, अगर तुम भी वैसा ही कर पाते और तुम्हें बोलने की ताक़त मिल जाती, तब बता सकते थे कि मेरे ख़ौफ़ से वह कहाँ छिपा हुआ है। तब मैं पटक-पटककर उसका भेजा गुफा के सहन पर चारों तरफ़ बिखेर देता और मेरा दिल उस दर्द से हलका हो जाता जो उस नाचीज़ **कोई नहीं** ने मुझे दिया है।'

''इतना बोलकर उसने मेढ़े को बाहर जाने के लिए छोड़ दिया। जब हम कन्दरा और बाहर प्रांगण से थोड़ी दूर आगे निकल आए, तब सबसे पहले मैंने अपने को

मेष के नीचे से मुक्त किया, फिर साथियों को खोल दिया। हम उन लम्बी टाँगोंवाले ख़ूब चरबीदार मेढ़ों को बड़ी तेजी से हाँक ले चले और बार-बार पीछे मुड़कर देखते हुए जहाज़ तक पहुँच गए। मृत्यु से बचकर हमें लौट आया देखकर हमारे साथी बड़े खुश हुए, किन्तु जो साथी मार दिए गए थे, उनके लिए वे विलप उठे और आँसू बहाने ही वाले थे कि मैंने भौंह चढ़ाकर ऐसा करने से उन्हें रोक दिया और इशारे से ही आदेश दिया कि वे उन सुन्दर ऊनवाले मेषों को जहाज़ में डालकर समुद्र की यात्रा पर चल पड़ें। अतः वे झट पोत पर सवार होकर कगरों पर जा बैठे और सलीक़े से जगह ले लेने के बाद चप्पुओं से मटमैले समुद्र का पानी आलोड़ित करने लगे। जब हम कुछ दूर आगे निकल गए, उतनी ही दूर जितनी दूर तक मनुष्य की पुकार सुनी जा सकती है, तब मैं साइक्लॉप्स से व्यंग्य-भरे स्वर में चिल्लाकर बोला :

''साइक्लॉप्स, आख़िर तुम एक कमज़ोर आदमी के साथियों को अपनी मेहराबदार गुफा में दबोचकर खा जाने में सफल नहीं हो पाए। तुम्हें घर आए अतिथियों को भकोस जाने में कोई शर्म नहीं आई, इसलिए, ओ हृदयहीन, तुम्हारे निकृष्ट कर्मों का पर्दाफ़ाश होना ही था। यही कारण है कि ज़्यूस तथा अन्य देवताओं से तुम्हें इसका प्रतिफल मिला है।'

''मेरा ऐसा कहना था कि घोर रूप से क्रुद्ध होकर उसने एक विशाल पहाड़ी के ऊपरी भाग को तोड़कर हमारे ऊपर फेंका। वह पत्थर काले अगवाड़वाले जलपोत के ठीक आगे आ गिरा। पाषण-खंड के गिरते ही समुद्र में ऊँची उछाल आई जिसका उलटा तरंगवेग खुले समुद्र में आती लहर से मिलकर जहाज़ को तेजी से भूमि की ओर ले चला और जहाज़ प्रायः तट तक पहुँच गया। तब मैंने हाथ में एक लम्बा लग्गा लेकर पोत को ज़मीन से दूर पीछे धकेल दिया और सिर के इशारे से साथियों से कहा कि इस विनाशकारी स्थिति से बच निकलने के लिए वे चप्पू जी-जान से चलाएँ, इसलिए वे चप्पुओं पर पिल पड़े और जहाज़ को आगे खे चले। लेकिन जब हम समुद्र में पहले से दुगुनी दूरी आगे निकल गए, तब मेरी इच्छा हुई कि साइक्लॉप्स को फिर से कुछ सुनाऊँ पर मेरे साथियों ने चारों तरफ़ से मुझे कोमल स्वर से बरजने की कोशिश की :

''अड़ियल मूर्ख, क्यों तुम इस नरपशु को फिर से भड़काना चाहते हो? जो विशाल शिलाखंड उसने समुद्र में अभी-अभी फेंका था, वह हमारा जहाज़ भूमि तक लौटा ले गया था और हम वहाँ अपनी मौत निश्चित समझ बैठे थे। अगर हमारी किसी तरह की आवाज़ या आहट उसे सुनाई पड़ जाती, तो वह नुकीला शिलाखंड फेंककर हमारे सिर और हमारे जहाज़ की लकड़ियों को चूर-चूर कर देता। तुम देख ही चुके हो कि वह पत्थर कितनी दूर और कितनी ताक़त से फेंकता है।'

''ऐसा वे बोले मगर मेरे दर्पीले हृदय पर इसका कोई प्रभाव नहीं पड़ा। आन्तरिक रोष से भरकर मैंने उससे चीख़कर कहा :

'' 'अबे साइक्लॉप्स, यदि मरणशील मनुष्यों में से कोई तुमसे यह पूछे कि किसने तुम्हारी आँख इस कुत्सित ढंग से फोड़ दी है, तब उसे बताना कि इसे फोड़नेवाला लेयरटीज़ का बेटा नगरविध्वंसक ओडिसियस था जो इथाका का निवासी है।'

''मुझे उसने कराहते हुए उत्तर दिया : 'आह, बहुत पहले की गई भविष्यवाणी मुझ पर अन्ततः घटित हो ही गई है। यहाँ टेलेमस नाम का एक भविष्यवक्ता रहता था, यूरीमस का बेटा, जो भविष्य कथन में सबसे अच्छा था। मन से निर्भीक और तन से ताक़तवर वह साइक्लॉप्सों के बीच भविष्यद्रष्टा के रूप में वृद्धावस्था को प्राप्त हुआ था। यह सब जो हुआ है, इसके बारे में वह मुझसे कह चुका था कि ओडिसियस के हाथों मेरी आँख चली जाएगी। लेकिन उस भविष्यवाणी के अनुसार मैं समझता था कि यहाँ आनेवाला वह आदमी विशाल और सुदर्शन होगा और होगा शक्तिसंवीत। मगर वह आदमी तो बौना और कमज़ोर निकला, एकदम नाचीज़, जिसने मुझे मदिरा से बेबस करके मेरी दृष्टि हर ली है। ख़ैर, ओडिसियस, तुम ज़रा इधर आ जाओ ताकि तुम्हारे आगे अभ्यागत के योग्य उपहार प्रस्तुत कर दूँ और तब भूकम्पक देवता के अनुग्रह से तुम यहाँ से जल्द से जल्द जा सकोगे, क्योंकि मैं उसका पुत्र हूँ और वह भी अपने को मेरा पिता मानता है। अगर उसकी इच्छा हुई तो वह स्वयं ही मुझे चंगा कर देगा। यह काम कोई दूसरा महाभाग देवता या मरणशील मनुष्य नहीं कर सकेगा।'

''वह यही बोला लेकिन मैंने उसे उत्तर दिया : 'जिस दृढ़ निश्चय से मैं तुम्हारे प्राण और जीवन हरकर तुम्हें हेडीज़ के घर भेज देना चाहता था, उसी दृढ़ निश्चय से मैं कहता हूँ कि तुम्हारी आँख भूकम्पक भी नहीं ठीक कर पाएगा।'

''मैंने ऐसा कहा और साइक्लॉप्स ने नक्षत्रों को धारण करनेवाले व्योम की ओर हाथ उठाकर स्वामी पॉसायडन से विनती की : 'हे पॉसायडन, हे भूआवेष्टक कृष्णकेशी देवता, तू मेरी यह प्रार्थना सुन। यदि मैं सचमुच तेरा बेटा हूँ और तू अपने को सचमुच मेरा पिता मानता है, तो ऐसा कर कि लेयरटीज़ का बेटा नगरविध्वंसक ओडिसियस, जो इथाका का निवासी है, घर कभी नहीं पहुँच पाए। तो भी यदि उसके भाग्य में अपने सगे-सम्बन्धियों को देख लेना तथा अपने वतन और सुनिर्मित भवन को पहुँच जाना लिखा है, तब तू ऐसा कर कि वह अपने सारे साथियों को खोकर पराये जहाज़ से देर से और बुरी हालत में पहुँचे और घर में उसे उपद्रवों का सामना करना पड़े।'

''उसने यही विनती की और कृष्णकेशी देवता ने उसकी सुन ली। साइक्लॉप्स ने तब पहले से भी बड़ा पत्थर उठाकर अकूत शक्ति के साथ एक बार घुमाकर फेंका।

वह पत्थर काले अगवाड़वाले जहाज़ के ठीक पीछे आ गिरा, सुक्कान को लगभग छूता हुआ। शिलाखंड के गिरने से समुद्र आन्दोलित हो गया और उससे उठी लहर जलयान को धकेलकर किनारे से दूर ले चली।

"इस तरह हम उस द्वीप पर पहुँच गए जहाँ हमारे अन्य पोत लगे थे और हमारे लौट आने की आशा छोड़ हमारे साथी विषण्ण और निराश बैठे थे। वहाँ पहुँचकर हम अपना जहाज़ रेत पर लगाकर किनारे आ गए। उसके बाद हमने जहाज़ से साइक्लॉप्स के मेष उतारकर आपस में बाँट लिए। मैंने इस बात का ध्यान रखा कि कोई भी आदमी अपने वाजिब हिस्से से वंचित न रहे। परन्तु शक्तिशाली जंघाकवच पहने हमारे साथियों ने मेढ़ों के बँटवारे में केवल मेरा ख़ास ध्यान रखा और मुझे वही मेढ़ा दे दिया जिससे लिपटकर मैं बाहर आया था। मैंने तट पर उसे घनघटानिवासी क्रॉनस-तनय सर्वेश्वर ज़्यूस को अर्पित करके उसकी रानों के टुकड़े अग्नि में जलाए। लेकिन ज़्यूस ने मेरे द्वारा अर्पित बलि पर कोई ध्यान नहीं दिया, बल्कि वह तो मेरे नौतलयुक्त जलयानों तथा विश्वस्त साथियों को पूरी तरह बरबाद कर देने के बारे में सोच रहा था। इस भाँति हम सारे दिन सूर्यास्त हो जाने तक भरपूर मांस और मधुर मदिरा का आनन्द लेते रहे। सूरज डूबने पर जब अँधेरा छा गया, तब हम समुद्र किनारे सो गए। जैसे ही गुलाबी उँगलियोंवाली उषा की किरणें छिटकीं कि मैंने साथियों को जगाकर आज्ञा दी कि वे जहाज़ पर सवार होकर लंगर का रस्सा खोल दें। इसलिए वे तुरत-फुरत जलयान पर चढ़कर कगरों पर बैठ गए और सुव्यवस्थित ढंग से आसीन होकर सागर के पानी में चप्पू चलाने लगे।

"उस जगह से हम चल पड़े। मौत के मुँह से बच निकलने के कारण हम ख़ुश थे, लेकिन हमारा मन दुख से बोझिल भी था उन प्रिय साथियों के लिए जिनको हम खो चुके थे।"

सर्सी

"उसके उपरान्त हम ईयोलिया नामक द्वीप पहुँच गए। वहाँ हिप्पोटैस-पुत्र ईयोलस रहता था जो अमरों का प्रिय पात्र था। जलनिधि में तैरता हुआ प्रतीत होनेवाला वह द्वीप चारों ओर काँसे की अविरल दीवार से घिरा था और उसके नीचे समुद्र से निकली सीधी खड़ी चट्टानें थीं। उसकी बारह सन्तानें भी उसके ही साथ महल में रहती हैं; छह पुत्रियाँ और छह यौवनोत्फुल पुत्र। यह देखो कि उसने अपनी बेटियों का विवाह अपने पुत्रों से कर दिया। वे सब हमेशा अपने प्रिय पिता और स्नेहमयी माता के साथ भोजन का आनन्द लेते हैं और उनके आगे अनगिनत स्वादिष्ट भोज्य पदार्थ प्रस्तुत रहते हैं। दिन में भूने जाते मांस की सुगन्ध से महल भरा रहता है और सारा प्रांगण भोज के कोलाहल से गुंजायमान रहता है। रात में वे अपनी-अपनी साध्वी पत्नी के संग जड़ाऊ पलंग पर कम्बल ओढ़कर सोते हैं। हम उनके ही नगर और भव्य महल पहुँच गए। वहाँ राजा ने मेरा एक मास तक प्रेमपूर्वक सत्कार किया और मुझसे तरह-तरह की जानकारियाँ लेता रहा—इलियस और यवनों के जहाज़ों के लौटने के बारे में। मैंने उसे पूरी कहानी सिलसिलेवार सुना दी। इसके एवज़ में मैंने भी उसे कहा कि अब वह मुझे विदा दे और यात्रा में मेरी मदद करे। उसने भी मेरे आग्रह को अस्वीकार नहीं किया, बल्कि मुझे शीघ्र सुरक्षित वापस भेजने की तैयारी में लग गया। उसने मुझे एक थैला दिया जिसे मेरे लिए उसने नौ साल का वृषभ मरवाकर उसके चमड़े से तैयार करवाया था। उसमें उसने समस्त तूफ़ानी हवाओं की शक्ति बन्द कर दी, क्योंकि क्रॉनस-तनय ने उसे हवाओं का संरक्षक नियुक्त किया था ताकि वह अपनी इच्छा से हवाओं को जगा या शान्त कर सके। उसने जहाज़ के खाव में उस थैले को रखकर चाँदी की चमचमाती डोरी से इस तरह कसकर बाँध दिया कि उससे थोड़ी भी हवा बाहर न निकल पाए। उसके बाद उसने हमें और हमारे जलयान आगे भेजने के वास्ते पश्चिम पवन को बहने का आदेश दे दिया। लेकिन हमारी लापरवाही के चलते वह ऐसा नहीं कर पाया और हम भारी विपत्ति में पड़ गए।

"समुद्र में हम नौ दिन और नौ रात लगातार सफ़र करते रहे। दसवें दिन मेरी जन्मभूमि दृष्टिगोचर होने लगी। हम इतने क़रीब पहुँच गए कि किनारे पर लोगों का

आग जलाना दिखाई पड़ने लगा। तभी बुरी तरह थक जाने के कारण मुझे गहरी नींद आ गई, क्योंकि जल्द से जल्द स्वदेश पहुँच जाने की कामना से मैं पाल के नीचेवाले कोने की रस्सी किसी दूसरे साथी को न देकर हमेशा ख़ुद ही थामे बैठा था। इस बीच मेरे साथी आपस में बतियाने लगे कि मैं हिप्पोटैस के उदारमना पुत्र ईयोलस द्वारा उपहार में दिया गया चाँदी-सोना घर लिए जा रहा हूँ। वे मेरे बारे में एक-दूसरे की ओर देखते हुए इसी तरह बात करने लगे :

" 'देखो, वह जिस किसी नगर और देश के बाशिन्दों के बीच जाता है, हर जगह के लोगों से वह ख़ूब प्यार और आदर पाता है। ट्रॉय के लूट के माल में से बहुत सारी बहुमूल्य वस्तुएँ वह अपने साथ लिए जा रहा है, जबकि यात्रा में हमेशा उसके संग रहकर भी हम खाली हाथ घर लौट रहे हैं। अभी ईयोलस ने मित्रतावश उसे मुक्त भाव से ये सारी चीज़ें दी हैं। अच्छा हो कि आओ, हम झटपट देख ही लें कि वे कौन-कौन तोहफ़े हैं और थैले में कितना चाँदी-सोना है?'

"ऐसा ही वे बोले और उनका यही अनिष्टकारी विचार उन पर हावी हो गया। ख़रीते को उन्होंने ढीला कर दिया और सारी हवाएँ बाहर निकल पड़ीं। देखते न देखते मेरे साथी भयानक तूफ़ान की चपेट में आकर स्वदेश से दूर खुले समुद्र की ओर ले जाए जाने लगे। वे सब तो रोने लगे। मेरी नींद टूट गई, मगर मैं अपने निर्भीक मन में विचारने लगा कि क्या मुझे जहाज़ से कूदकर समुद्र में डूब मरना चाहिए या यह सब चुपचाप सहते हुए ऐसी हालत में भी जीवित लोगों के बीच रहना चाहिए? आख़िर मैंने अपना दिल यह सब बर्दाश्त करने की ख़ातिर कड़ा कर लिया और मुँह ढँककर जहाज़ में चुपचाप पड़ा रहा। लेकिन सारे जलयान मेरे रोते-कलपते साथियों सहित तूफ़ानी हवा के द्वारा पुनः ईयोलिया द्वीप ले जाए गए।

"वहाँ हम किनारे उतर गए और पानी ले लिया। बिना वक़्त गँवाए हमारे साथियों ने दोपहर का कलेवा जहाज़ों के क़रीब कर लिया। खा-पी लेने के बाद एक सन्देशवाहक और एक जहाज़ी साथी लेकर मैं ईयोलस के भव्य महल के लिए रवाना हो गया। वहाँ मैंने उसे अपनी पत्नी और लड़के-लड़कियों के संग खाना खाते पाया। इसलिए हम अन्दर दाख़िल होकर दरवाज़े की चौखट के पास दहलीज़ पर बैठ गए। लेकिन वे सब हमें देखकर विस्मय से पूछ बैठे :

"यहाँ फिर कैसे आ गए, ओडिसियस? किस देवता ने तुम्हारे साथ ऐसी दुष्टता की है? हमने तो तुम्हारी यात्रा निरापद बनाने का पूरा उपाय कर दिया था ताकि तुम अपने देश और घर अथवा जहाँ कहीं जाना चाहते वहाँ पहुँच जाते।

"वे ऐसा बोले किन्तु मैंने उन्हें बोझिल हृदय से कहा, 'मेरे ही साथी मेरी विपत्ति का कारण बने हैं और कारण बनी है मेरी प्राणघातिनी नींद। लेकिन सुनो मेरे मित्रो, अब तुम्हीं इस नुकसान की भरपाई करो क्योंकि तुम्हारे पास सामर्थ्य है।'

"उनसे मैंने इन्हीं मृदुल शब्दों में चिरौरी की किन्तु वे सब चुप ही रहे। केवल उनका बाप उत्तर में बोला : 'इस द्वीप को छोड़कर तुरन्त सीधे चले जाओ तुम, जो कि जीवित मनुष्यों में सबसे अधम और घृणित हो। जिससे महाभाग देवगण घृणा करते हैं, उसका सत्कार या उसके सफ़र में सहायता मैं कदापि नहीं कर सकता। जल्दी भागो, क्योंकि देखो, तुम्हारा लौट आना तुम्हारे प्रति मृत्युहीन देवताओं के विद्वेष का सूचक है।'

"यह कहकर उसने मेरे लाख रोने-कलपने के बावजूद मुझे अपने महल से भगा दिया। तब हम विषण्ण मन समुद्र-यात्रा पर आगे चल पड़े। अबकी कोई अनुकूल हवा न होने की वजह से हमारे लोगों को कठिन रूप से चप्पू चलाना पड़ रहा था। फिर भी उनका प्रयास निष्फल सिद्ध होता था और उनकी हिम्मत पस्त होती जाती थी।

"समुद्र में हम छह दिन और छह रात अनवरत चलते रहे। सातवें दिन लीस्ट्रायगोनियनों के उच्चस्थ नगर टेलीपायलस, जहाँ राजा लेमस का दुर्ग है, जा पहुँचे। वहाँ वह चरवाहा जो अपनी भेड़-बकरियों को हाँके लिए आता है (दूध दुहने के लिए), उस चरवाहे का अभिवादन करता है जो अपनी भेड़-बकरियों को लेकर चराने बाहर जाता होता है और वह उस अभिवादन का उत्तर देता है। जो आदमी वहाँ सोना नहीं चाहे, वह दुगुना मेहनताना पा सकता है, एक पशुपालक का काम करके, दूसरा सफ़ेद भेड़ों के रेवड़ को चराकर। ऐसा इसलिए कि वहाँ प्रातः और सांयकाल एक-दूसरे के बहुत क़रीब हैं। हम तब वहाँ के उम्दा बन्दरगाह में दाख़िल हो गए। उसके दोनों तरफ़ खड़ी चट्टानों का लम्बा सिलसिला है और उसके मुँह पर भूनासिकाएँ आमने-सामने इस तरह निकलती हैं कि प्रवेश संकीर्ण बन गया है। उसी के भीतर हमारे बाक़ी जहाज़ी साथी वक्र पोतों को ले गए। सारे जलयान एक-दूसरे के समीप उस परिवेष्टित बन्दरगाह में बाँध दिए गए, क्योंकि वहाँ कोई बड़ी या छोटी लहर नहीं आती थी और चारों ओर शुभ्र शान्ति छाई थी। लेकिन मैंने अपना जहाज़ पट्टन के बाहर उसके अन्तिम छोर पर लगाया और रस्सा एक पत्थर से बाँध दिया। मैं एक ऊँचे पत्थर के टीले पर चढ़कर पर्यवेक्षण के लिए खड़ा हो गया। उस स्थान के चारों ओर मनुष्य या पशु किसी की गतिविधि का कोई निशान नहीं था। उस क्षेत्र से हमें केवल ऊपर उठता हुआ धुआँ दिखाई पड़ा। तब मैंने एक दल यह पता लगाने भेजा कि उस भूमि पर निवास करनेवाले अन्नजीवी मनुष्य किस तरह के हैं। इस काम हेतु मैंने दो जहाज़ी साथियों को भेजा। तीसरा सन्देशवाहक के तौर पर गया। तट छोड़ने के बाद उन्हें एक समतल सड़क मिली जिसे पकड़कर वे आगे बढ़े। उस सड़क से गाड़ियाँ ऊँची पहाड़ियों से लकड़ी लेकर क़स्बे को जाया करती थीं। क़स्बे के बिलकुल क़रीब उन्हें एक ल्म्बी-तगड़ी लड़की मिली जो पानी ले रही थी। वह

लीस्ट्रायगोनियनों के प्रधान ऐंटीफेटीज़ की बेटी थी और आर्टेसिया नामक स्वच्छ धार सोते से पानी लेने आई थी। उसी सोते से सारे नगर को पानी मिलता था। उन्होंने पास जाकर उस लड़की से पूछा कि उस प्रदेश का राजा कौन है और वह किन लोगों पर शासन करता है? उनको उसने झट अपने पिता का ऊँचा भवन दिखा दिया। वे भव्य महल जा पहुँचे जहाँ उनका सामना राजा की बीवी से हो गया। वह पहाड़ के समान विशालकाय थी। उसे देखकर वे तीनों घृणा एवं भय से भर गए। उसने देर किए बग़ैर अपने पति राजा ऐंटीफेटीज़ को सभा-स्थल से बुलवा लिया। ऐंटीफेटीज़ ने मेरे लोगों को बुरे ढंग से मार डालने की तरकीब सोच ली। मेरे एक साथी को चट दबोचकर वह दोपहर के भोजन की तैयारी करने लगा लेकिन मेरे बाक़ी दो साथी उछलकर भाग पराए और भागकर बेड़े तक आ गए। तब वह राजा क़स्बे में 'पकड़ो-पकड़ो' का शोर मचाने लगा और उसकी पुकार सुनते ही चारों तरफ़ से तगड़े-तगड़े लीस्ट्रायगोनियन आकर वहाँ बहुत भारी संख्या में जमा हो गए जो कि मनुष्य नहीं बल्कि निरंकुश दैत्य मालूम पड़ते थे। वे खड़ी चट्टानों पर चढ़ गए और वहाँ से हम लोगों पर इतने बड़े-बड़े पत्थर फेंकने लगे जिनको कोई आदमी मुश्किल से उठा सकता है। मारे जाते हुए लोगों और टूटते हुए जहाज़ों के फलस्वरूप मेरे बेड़े से भयावह रोर उठने लगी। वे बरछों से मेरे साथियों को उसी तरह मारकर बीभत्स भोजन के तौर पर घर ले गए जिस तरह लोग मछलियों को मारकर ले जाते हैं। जब वे गहरे बन्दरगाह में मेरे मित्रों की हत्या कर रहे थे, तभी मैंने कमर से तलवार निकालकर अपने काले अगवाड़वाले जहाज़ के रस्से काट दिए। इस गर्हित अवस्था से बच निकलने के आशय से मैंने जहाज़ियों को चट चप्पू सँभाल लेने को कहा। मृत्यु के भय के चलते वे सब एक मन से सागर के जल को आलोड़ित करने लगे। मैं यह देखकर हर्ष से भर उठा कि मेरा जलयान उन खड़ी चट्टानों को पीछे छोड़ खुले समुद्र की ओर उड़ा जा रहा है। मगर बाक़ी सारे जहाज़ वहाँ बरबाद हो चुके थे।

"वहाँ से हम चल पड़े। मौत के मुँह से बच निकलने के कारण हम ख़ुश थे, मगर मन हमारा दुख से बोझिल भी था उन प्रिय साथियों को लेकर जिन्हें हम खो चुके थे। तब हम ईईआ नामक द्वीप जा पहुँचे, जहाँ वेणीवाली सर्सी का निवास था, जो बोलती तो मनुष्य की भाषा थी लेकिन थी वह भयंकर देवी, मायावी ईईटीज़ की सहोदरा। वे दोनों समस्त मानव जाति के प्रकाशदायक हीलियस से उत्पन्न हुए थे और माता उनकी ओकिएनस की पुत्री पर्सी थी। उसी टापू के किनारे पहुँचकर हमने उसके सुरक्षित बन्दरगाह में अपना जहाज़ चुपचाप लगा दिया। मुझे ऐसा प्रतीत हुआ कि कोई देवता ही हमारा मार्गदर्शन कर रहा है। तब हम जो थकान और क्लेश से पीड़ित थे, दो दिन और दो रात तट पर पड़े रहे। लेकिन तीसरे दिन

जब उषा पूर्ण प्रकाश लेकर आ गई, तो भाला और तेज करवाल लेकर मैं जल्दी से जहाज़ को पीछे छोड़ एक ऐसी ऊँची जगह पर चला गया जहाँ से चारों ओर दूर-दूर तक देखा जा सके। मैं मनुष्यों की गतिविधियों का कदाचित कोई चिह्न देखना और उनकी बोली की कहीं से कोई ध्वनि सुन लेना चाहता था। अतएव एक ऊँची चट्टान पर चढ़ गया जो पर्यवेक्षण के उपयुक्त थी। वहाँ से विस्तृत भूभाग के उस स्थान से धुआँ ऊपर उठते देखा जहाँ घने झाड़-झंखाड़ और जंगल के मध्य सर्सी का घर अवस्थित था। चूँकि धुएँ के बीच आग की चमक भी दिख जाती थी, इसलिए अपने मन में विचार करने लगा कि क्या मुझे पता करने के सबब वहाँ जाना चाहिए? सोचने पर यह बात अधिक जँची कि पहले मुझे सागर-तट पर लगे पोत पर जाकर अपने लोगों को दोपहर का भोजन करा देना चाहिए, तब उन्हें अन्वेषण के निमित्त भेजना चाहिए। मैं लौट गया और जब जलयान के क़रीब आ गया, तभी किसी देवता ने मेरी लाचारी पर रहम खाकर रास्ते के ठीक आगे एक विशाल बारहसिंगा भेज दिया। वह बारहसिंगा धूप से व्याकुल होकर जंगल में अपनी चरागाह से निकलकर नदी में पानी पीने जा रहा था। नदी से निकलकर वह ज्यों ही ऊपर आया कि मैंने उसकी पीठ के बीचोबीच रीढ़ पर भालामार दिया। कांस्य कुन्त उसके साफ़ आर-पार हो गया। एक चीख़ के साथ वह धूल में गिर पड़ा और उसकी साँस जाती रही। उसके ऊपर पाँव रखकर घाव से कुन्त निकाल लिया और कुन्त को उसके पास ही ज़मीन पर रख छोड़ा। तब मैंने बेंत और सरपत की टहनियों को तोड़ लिया और उनको भाँजकर चार हाथ (छह फुट) लम्बी रस्सी बना ली जो एक छोर से दूसरे छोर तक अच्छी तरह बटी थी और उससे उस विशाल जानवर के पैर बाँध दिए। चूँकि वह शिकार इतना बड़ा था कि उसे कन्धे पर एक हाथ से थामकर ले जाना मेरे लिए असम्भव था, इसलिए उसे अपनी गरदन से लटकाकर भाले का सहारा लेते हुए जलयान तक ले आया। जहाज़ के सामने उसे पटक देने के बाद अपने साथियों में से हरेक के पास जाकर मैंने हर्षदायी शब्दों से उन्हें उत्साहित कर दिया :

" 'दोस्तो, हमारी हालत लाख ख़राब होते हुए भी हम हेडीज़ के घर नियति-निश्चित तिथि के पूर्व कदापि नहीं जा सकते। इसलिए देखो, इस जलयान में खाने-पीने की सामग्री जब तक बची है, यह समझ लो कि हम भूख से नहीं मरेंगे।'

"मैंने ऐसा कहा और उन्होंने मेरी बात पर तुरन्त ध्यान दिया। वे अपने सिर पर लगे आवरण हटाकर अनुर्वर समुद्र के किनारे पड़े उस बारहसिंगे को आँख फाड़-फाड़कर देखने लगे, इतना बड़ा था वह शिकार। जब उनकी आँखें जुड़ा गईं, तब उन्होंने हाथ धोकर बड़ा ही उत्कृष्ट भोजन तैयार कर लिया। इस तरह हम सारे दिन सूर्यास्त होने तक भरपूर मांस और मधुर मदिरा का भोज मनाते रहे। लेकिन

सूरज के डूब जाने पर जब अन्धकार छा गया, तब हम सागर-तट पर सो गए। उषा की किरणें जैसे ही चमक उठीं कि मैंने साथियों को इकट्ठा करके उनसे कहा :

" 'साथियो, हम बड़ी मुश्किल में पड़े हैं, इसलिए मेरी बात सुनो। देखो दोस्तो, हमें अभी नहीं मालूम कि मनुष्यों का प्रकाशदाता सूरज किधर डूबता है और किधर उगता है। इससे हमें पश्चिम और पूरब का कोई पता नहीं है। ऐसी हालत में हम तुरन्त विचार कर लें। शायद कोई सूरत निकल आए। हालाँकि कोई भी सूरत मेरे ख़याल से दिखाई नहीं पड़ती। ऐसा है कि एक ऊँची चट्टान पर चढ़कर जब मैंने मुआयना किया, तो यह टापू चारों ओर अनन्त समुद्र से घिरा दिख पड़ा। इसका ज़्यादा हिस्सा सपाट है और इसके बीच में स्थित घने झाड़-झंखाड़ और जंगल के भीतर से मुझे धुआँ उठता दिखाई पड़ा है।'

"मैंने ऐसा कहा लेकिन लीस्ट्रायगोनियन ऐंटीफेटीज़ के कारनामों और उद्धत नरभक्षी साइक्लॉप्स की निरंकुश बर्बरता को याद कर वे हताश हो उठे और ज़ोर-ज़ोर से रोने लगे। उनकी आँखों से आँसू की बड़ी-बड़ी बूँदें गिरने लगीं। मगर उनके रोने-धोने से कोई लाभ नहीं हुआ।

"तब मैंने अपने हथियारबन्द साथियों को दो दलों में बाँट दिया और दोनों के नायक नियुक्त कर दिए। एक का नायक मैं हुआ और देवतुल्य यूरीलोकस दूसरे का। उसके बाद हमने चटपट कांस्य शिरस्त्राण में गुट्टियाँ डालकर उसे हिला दिया और जो गुट्टी उछलकर बाहर आई वह निर्भीक यूरीलोकस की थी। वह अपने साथ बीस दो बाईस लोगों को लेकर चल दिया। वे सभी रो रहे थे और हम भी जो पीछे रह गए थे विलप रहे थे। वन के बीच विशाल खुले हुए भाग में उन्हें सर्सी का महल मिला जो चिक्कण पाषाण-खंडों से निर्मित था। महल के चारों तरफ़ सिंह और पहाड़ी भेड़िए घूम रहे थे जिनको सर्सी ने मायाबूटी देकर अपने वश में कर लिया था। लेकिन वे जानवर मेरे साथियों पर नहीं टूटे, बल्कि पिछली टाँगों पर खड़े होकर अपनी लम्बी-लम्बी पूँछ हिलाने और चारों ओर से उन्हें प्रेमपूर्वक लुरियाने लगे जैसे कुत्ते भोज से लौटे अपने मालिक को चारों ओर से प्रेमपूर्वक लुरियाते हैं, क्योंकि उनको खुश करने के लिए वह हमेशा कुछ न कुछ कौरा ज़रूर ले आता है; वैसे ही मज़बूत पंजोंवाले सिंहों और भेड़ियों ने उन्हें चारों तरफ़ से प्रेमपूर्वक लुरियाया। लेकिन उन विचित्र एवं भयानक जन्तुओं को देखकर वे ख़ौफ़ से सुन्दर कवरीवाली देवी के महल के बाहरी द्वार पर ही ठिठक गए जहाँ से उन्हें अन्दर गा रही सर्सी का मधुर स्वर सुनाई पड़ा। वह बारीक सूत से देवियों की हस्तकला के ही अनुरूप अतीव मनोहर एवं अलौकिक वस्त्र बुनने के क्रम में अपने विशाल और अविनाशी करघे पर आगे-पीछे करते समय गाती भी जा रही थी। तब सबसे पहले मेरा परम प्रिय एवं विश्वासी साथी पोलिटीज़, जो मेरे सैन्य दल का एक नायक हुआ करता था, अपने लोगों से बोला :

“ ‘दोस्तो, इस घर के भीतर अवश्य कोई मानवी या देवी विशाल करघे पर आगे-पीछे करते समय मधुर स्वर से गा रही है जिससे सारा वातावरण गुंजायमान है। आओ, हम उसे तुरन्त आवाज़ दें।’

“उसके ऐसा कहते ही उन्होंने उसे कसकर आवाज़ दी। दूसरे ही पल आगे आकर उसने चमचमाता दरवाज़ा खोल दिया और उनसे भीतर आ जाने को कहा। वे बग़ैर सोचे-समझे उसके साथ अन्दर चले गए। केवल यूरीलोकस बाहर रह गया; उसे वहाँ किसी धोखे का सन्देह जो हो गया था। बाक़ी लोगों को घर में ले जाकर सर्सी ने कुर्सियों और ऊँची आसन्दियों पर बिठा दिया और खाने को पनीर और जौ के आटे का मिश्रण तथा पीने को पीले शहद के साथ प्रैमनियन[1] मदिरा परोस दी। लेकिन खाने-पीने की उन सभी चीज़ों में उसने बड़ी नुकसानदेह बूटियाँ मिला दी थीं ताकि वे अपना वतन बिलकुल भूल जाएँ। उन्होंने उसके द्वारा दिए गए प्यालों को ज्योंही खाली किया कि उसने उन्हें छड़ी से मारा और ले जाकर खोभार में बन्द कर दिया। अब वे सूअरों का रूप ले चुके थे। उनके सिर और बाल सूअरों के समान हो गए थे और सूअरों की तरह ही बोलने भी लगे थे। मगर बुद्धि उनकी पहलेवाली रह गई, वह नहीं बदली। इस तरह वे खोभार में क़ैद हो गए और रोते रहे। सर्सी ने उनके आगे खाने को ओक, करंज तथा गिलास के वे ही फल फेंक दिए जिनको खाकर पंक में लोटनेवाले सूअर मुटा जाते हैं।

“तब यूरीलोकस अपने साथियों पर आई दारुण विपत्ति का दुःसंवाद देने जलयान को लौट आया। गहरे दुख से उसका हृदय इतना आहत था कि लाख चाहकर भी वह एक शब्द भी नहीं बोल पाया। उसकी आँखों में आँसू थे और मन उसका शोक से सन्तप्त। अचम्भित होकर जब हमने उससे बार-बार पूछा, तब कहीं जाकर वह हमारे शेष संगियों के सर्वनाश के बारे में बोल पाया :

“ ‘तुम्हारे आदेश के अनुसार ही, ओ प्रतापी ओडिसियस, हम जंगल में धँस पड़े। वन के खुले हुए प्रशस्त भाग में हमें चिक्कण पाषाण-खंड से निर्मित एक भव्य महल मिला। उसके भीतर भारी-भरकम करघे पर आगे-पीछे करती एक देवी या मानवी स्पष्ट स्वर से गा रही थी। हमारे साथियों ने उसे ज़ोर से आवाज़ दी। उसने झट आकर चमचमाता दरवाज़ा खोल दिया और उनसे अन्दर आ जाने को कहा। वे बिना सोचे-समझे उसके संग भीतर चले गए। लेकिन मैं बाहर ही रह गया, क्योंकि मुझे वहाँ किसी धोखे का सन्देह हो गया। वे सभी ग़ायब हो गए, उनमें से एक भी बाहर नहीं आया, हालाँकि मैं वहाँ काफ़ी देर तक बैठकर सतर्कता से देखता रहा।’

---

1. दवा के रूप में काम आनेवाली एक प्रकार की मदिरा जिसके उद्‌भव के बारे में कोई पता नहीं है।

‘‘उसका यह बोलना था कि मैंने अपने कन्धों पर रजतखचित दीर्घ कांस्य खड्ग डाल लिया और धनुष को भी लटका लिया और उससे कहा कि वह मुझे उसी रास्ते से वहाँ ले चले जिस रास्ते वह आया था। लेकिन वह अपने हाथों से मेरे घुटने पकड़कर बिलखते हुए पुंखित शब्दों में मुझसे चिरौरी करने लगा :

‘‘ ‘आह, मुझे ज़बरदस्ती वहाँ मत ले जाओ, ओ ज़्यूस-संरक्षित राजा! बल्कि यहीं छोड़ दो मुझे। मैं ख़ूब जानता हूँ कि तुम न तो स्वयं लौट पाओगे और न अपने किसी साथी को ही ले आने में कामयाब होगे। अच्छा तो यही होगा कि हमारे जो साथी यहाँ हैं, उन्हें ही लेकर हम जल्दी से जल्दी भाग चलें। इस तरह हम अब भी सर्वनाश से बच सकते हैं।’

‘‘यही वह बोला लेकिन मैंने उसे जवाब दिया : ‘यूरीलोकस, तू यहीं रह और इस जलयान पोत के पास ही खाना-पीना कर। किन्तु मैं तो अवश्य जाऊँगा। यह मेरी घोर विवशता है।’

‘‘तब मैं जलयान और सागर-तट पीछे छोड़ आगे की ओर चल दिया। यह देखो कि मैं उस मायावन के खुले हुए भाग से होते हुए जादूगरनी सर्सी के आलीशान महल के समीप आ गया। जब उस भवन के एकदम क़रीब पहुँच गया, तब कनकदंडधर हरमीज़ मेरे आगे एक ऐसे नवयुवक की शक्ल में उपस्थित हो गया जिसकी मसें अभी-अभी भीगी हों यानी यौवन की सबसे कमनीय अवस्था। वह मेरा हाथ भींचकर स्वागत करते हुए बोला :

‘‘ ‘आह, अभागे, यह भूभाग तुम्हारे लिए बिलकुल अनजाना है, फिर भी तुम अभी इस वन में निपट अकेले किधर जा रहे हो? तुम्हारे संगी सर्सी के महल में बनी बड़ी-सी शूकरशाले में बन्द पड़े हैं। क्या तुम उन्हें छुड़ा लाने वहाँ जा रहे हो? लेकिन मुझे ऐसा लगता है कि वहाँ से तुम भी कभी नहीं लौट पाओगे बल्कि उनके ही साथ रह जाओगे। फिर भी मैं तुम्हें इस संकट से उबारूँगा और तुम्हारी रक्षा करूँगा। सुनो, यह शक्तिशाली बूटी ले लो और इसे लेकर सर्सी के घर जाओ। यह तुम पर आनेवाले अनिष्टों को दूर रखेगी। अब तुम्हें सर्सी के सारे जादुई तरकीबों से अवगत करा देता हूँ। वह तुम्हारे लिए शोरबा तैयार करेगी और उस मिश्रण में कुछ जड़ी-बूटियाँ मिला देगी। तो भी तुम्हें सम्मोहित नहीं कर पाएगी। मैं जो जादुई बूटी दे रहा हूँ, वह उसे नाकामयाब कर देगी। अब मैं आगे की सब बात बता देता हूँ। ऐसा होगा कि तुम्हें वह तब अपनी लम्बी छड़ी से मारेगी। इस पर तुम अपनी जाँघ के बग़ल से तलवार खींचकर उसके ऊपर इस तरह झपटना मानो तुम उसे मार डालने को बेताब हो। वह डरकर पीछे हट जाएगी और तुमसे अपने संग सोने को कहेगी। उस देवी की शय्या का तिरस्कार मत करना जिससे कि वह तुम्हारे साथियों को छोड़ दे और तुम्हारा प्रेमपूर्ण अतिथि-सत्कार करे। लेकिन पहले उससे महाभाग देवताओं की पक्की सौगन्ध

अवश्य ले लेना कि वह तुम्हें किसी परेशानी में डालने की अब कोई योजना नहीं करेगी। नहीं तो जब तुम उसके साथ नग्नावस्था में सोए रहोगे, तो वह तुम्हारे साहस और पौरुष का हरण कर लेगी।'

''यह कहकर आरगसहन्ता ने ज़मीन से उखाड़कर वह बूटी मुझे देते हुए उसके उद्भव के बारे में बता दिया। उसका मूल काला था परन्तु फूल था उसका श्वेत, दूध के समान। देवगण उसे मॉली कहते हैं। मरणधर्मा मनुष्य के लिए उसे उखाड़ पाना बड़ा ही कठिन है। ख़ैर, देवताओं के लिए सब कुछ सम्भव है।

''तदनन्तर हरमीज़ जंगल-भरे द्वीप से उच्चस्थ ओलिम्पस की ओर रवाना हो गया लेकिन मैं सर्सी के घर की तरफ़ घोर रूप से चिन्ताकुल चल पड़ा। अन्ततः मैं सुन्दर कुन्तलवाली देवी के महल के मुख्य द्वार के आगे पहुँचकर रुक गया और वहाँ खड़े होकर मैंने ज़ोर से आवाज़ दी। देवी ने मेरी पुकार सुन ली और तुरन्त आकर चमचमाता दरवाज़ा खोल दिया। मुझसे उसने अन्दर आने का कहा। मैं बुझे हुए मन से उसके संग हो लिया। इस तरह उसने मुझे भीतर ले जाकर रजतकीलयुक्त नक़्क़ाशीदार कुर्सी पर बिठाया जिसके नीचे पादपीठ रखा हुआ था। तब उसने मेरे पीने के लिए सोने के प्याले में शोरबा तैयार किया जिसमें उसने दुष्टतावश जादुई औषधि भी डाल दी। जब उसने मुझे वह शोरबा दिया और उसे पूरा पी जाने पर भी मैं सम्मोहित नहीं हुआ, तब वह मुझे छड़ी से मारकर तेज आवाज़ में बोली :

'' 'अब तुम खोभार में चले जाओ और अपने बाक़ी साथियों के संग कीचड़ में लेट जाओ।'

''उसने ऐसा कहा मगर अपनी जाँघ के पास से खड्ग खींचकर सर्सी पर यूँ झपटा मानो मैं उसे मार डालने को उतावला हूँ। वह ज़ोर से चीख़कर चट नीचे बैठ गई और मेरे घुटनों से लिपटकर मर्माहत शब्दों में विलप-विलप कर बोली :

'' 'कौन हो तुम और कहाँ से आए हो? कहाँ तुम्हारा नगर है और कहाँ के तुम्हारे माँ-बाप हैं? मैं यह देखकर हैरान हूँ कि इस जादुई औषधि को पी लेने के बाद भी तुम सम्मोहित नहीं हुए। ऐसा है कि जिस किसी मनुष्य ने इसे एक बार पीकर गले के नीचे उतारा है वह इसके सम्मोहन से कभी बच नहीं पाया है। लेकिन मैं समझती हूँ कि तुम्हारी बुद्धि ऐसी है कि यह किसी जादू-वादू से प्रभावित होने वाली नहीं है। निश्चय ही तुम उपायकुशल ओडिसियस हो जिसके बारे में स्वर्णदंडधर आरगसहन्ता मुझसे प्रायः कहा करता था कि ट्रॉय से लौटते समय वह तीव्रगामी काले जलयान से यहाँ आएगा। ख़ैर, अब अपना खड्ग म्यान में डाल दो। आओ, हम दोनों अभी एक संग पलंग पर चल चलें और प्रेमालिंगन में निद्रित होकर एक-दूसरे का विश्वास पाने का प्रयास करें।'

"यही वह बोली। इस पर मैंने उसे उत्तर दिया : 'नहीं, सर्सी! तुम जो कहती हो कि मैं तुम्हारे प्रति सदय हो जाऊँ, तो यह कैसे सम्भव है जब तुम मेरे साथियों को सूअर बनाकर अपने महल में रखे हुई हो और जब मैं तुम्हारे पास आया हूँ, तो छलने के उद्‌देश्य से चाहती हो कि मैं तुम्हारे कक्ष में जाकर तुम्हारे संग सो जाऊँ ताकि मुझे नग्नावस्था में पाकर तुम मेरे साहस और पौरुष का हरण कर लो? नहीं, मैं तुम्हारे साथ शय्या पर हरगिज़ नहीं जाऊँगा। ऐसा तभी करूँगा जब तुम, देवि, इस बात की पक्की सौगन्ध ले लो कि मेरे अहित के लिए तुम फिर कोई दूसरी ख़तरनाक योजना नहीं बनाओगी।'

"मैंने ऐसा कहा और मेरे कहने के अनुसार उसने मेरा अनिष्ट नहीं करने की तुरन्त शपथ ले ली। जब उसने विधिवत सौगन्ध ले ली, तब मैं सर्सी के सुन्दर पलंग पर गया।

"इस बीच सर्सी के घर की चार परिचारिकाएँ कार्यरत हो गईं। उसके महल में काम करनेवाली वे परिचारिकाएँ निर्झरों, उपवनों तथा खारे समुद्र में गिरनेवाले पवित्र नदों से उत्पन्न हुई थीं। उनमें से एक ने कुर्सियों पर क्षौम के नमदे डालकर ऊपर से बैंगनी रंग के सुन्दर वस्त्रास्तरण बिछा दिए। दूसरी ने कुर्सियों के आगे चाँदी की मेज़ें खींचकर रख दीं और रोटियाँ रखने के वास्ते उन पर सोने की टोकरियाँ लगा दीं। तीसरी ने चाँदी के कटोरे में मधुमधुर मदिरा मिला दी और सोने के प्याले लगा दिए। चौथी पानी ले आई और बड़े कड़ाह के नीचे काफ़ी आग जला दी। पानी गर्म हो उठा और जब वह चमचमाते कांस्य कड़ाह में ख़ौलने लगा, तब उस देवी ने एक दूसरे कड़ाह में गर्म और ठंडा पानी फेंटकर मेरे बर्दाश्त करने लायक़ पानी तैयार करके मुझे स्नानकुंड में बिठा दिया और मेरे सिर तथा कन्धों पर तब तक पानी उड़ेलती रही जब तक मेरी थकान, जिससे मैं पस्त हो चुका था, दूर नहीं हो गई। जब वह नहलाकर मेरे ऊपर जैतून के तेल का भरपूर लेपन करके मुझे उत्कृष्ट लम्बा अँगरखा और छोटी आस्तीन का चोगा पहना चुकी, तब मुझे बड़े कक्ष में ले जाकर रजतकीलयुक्त नक़्क़ाशीदार कुर्सी पर बिठा दिया जिसके नीचे पादपीठ रखा हुआ था। एक परिचारिका सोने की सुन्दर झारी में पानी ले आई और उसे चाँदी की चिलमची में उड़ेलकर मेरे हाथ धुला दिए। उसके बाद वह मेरे आगे एक चिक्कण मेज़ खींच ले आई और विश्वस्त भंडारपा7लका ने गेहूँ की रोटियाँ लाकर मेरे सामने परोस दीं। मेज़ पर उसने और भी अनेक सुस्वादु पकवान रख दिए। उसके पास जो कुछ भी था, उसे देने में उसने कोई कोताही नहीं की। तब उसने मुझसे खाने को कहा किन्तु मेरी इच्छा भोजन करने की नहीं हुई। मैं तो दूसरे विचारों में खोया हुआ था और मेरे मन में अनिष्ट की आशंका थी।

"जब सर्सी ने देखा कि मैं भोजन से हाथ खींचे यूँ ही बैठा हुआ हूँ और बेहद

उदास हूँ, तब वह मेरे समीप आकर बेलाग पूछ बैठी :

" 'ओडिसियस, किस कारण तुम विषाद से भरे मूक बैठे हो और खा-पी नहीं रहे हो? क्या तुम्हारे मन में सचमुच किसी और छल की आशंका है? लेकिन डरना तुम्हें बिलकुल नहीं चाहिए, क्योंकि पहले ही मैं तुम्हें किसी प्रकार की क्षति नहीं पहुँचाने की पक्की शपथ ले चुकी हूँ।'

"कहा तो उसने यही, किन्तु मैंने उसे जवाब दिया : 'आह सर्सी, कोई भी सच्चा इनसान अपने साथियों को आज़ाद कराके आमने-सामने देख लेने के पहले खाने-पीने का साहस कैसे करेगा? अगर तुम मुझसे खाने-पीने को गम्भीरतापूर्वक कहती हो, तो मेरे विश्वस्त संगियों को अभी मुक्त कर दो ताकि मैं उन्हें अपनी आँखों से देख लूँ।'

"मेरा ऐसा कहना था कि सर्सी हाथ में छड़ी लेकर कमरे से बाहर निकल गई। उसने खोभार के दरवाज़े खोलकर उन लोगों को जो मोटे-ताज़े पूर्ण वयस्क सूअर की शक्ल में थे बाहर निकाल दिया। वे उसके आगे खड़े हो गए और उसने घूम-घूमकर हर एक के शरीर पर एक दूसरी जादुई औषधि का लेप कर दिया। फिर तो देखते ही देखते उनके तन पर के कड़े बाल, जो सर्सी के विष से उग आए थे, गिर गए। वे पुनः मनुष्य हो गए और पहले से भी अधिक जवान, सुन्दर और लम्बे दिखने लगे। मुझको वे तुरन्त पहचान गए और एक-एक कर सबने मुझसे हाथ मिलाया। हर्ष से उनका हृदय इतना आलोड़ित हो उठा कि वे ज़ोर-ज़ोर से रोने लगे। उनके रोदन से सम्पूर्ण भवन घोर रूप से अनुगुंजित हो उठा। स्वयं देवी भी दयार्द्र हो गई।

"तब कमनीय देवी समीप आकर मुझसे बोली : 'ज़्यूस-सम्भूत लेयरटीज़ के अनेकविध चतुर पुत्र ओडिसियस, अब तुम समुद्र-तट से लगे अपने जहाज़ पर वापस चले जाओ। सबसे पहले जहाज़ को खींचकर ऊपर सूखी भूमि पर डाल दो और अपने सामान एवं जहाज़ के साज कन्दरा में रख छोड़ो। वहाँ से तब बाक़ी विश्वस्त साथियों को लेकर यहाँ चले आओ।'

"उसने ऐसा कहा और मेरा गर्वीला मन इसे मान गया। इस तरह मैं समुद्र-तट पर लगे उस जलयान पर जा पहुँचा। वहाँ मैंने पाया कि मेरे प्रिय साथी पोत पर बुरी तरह रो रहे हैं और ख़ूब आँसू बहाए जा रहे हैं। जब गाएँ भरपेट चरकर चरागाह से बथान लौटती हैं, तब बछड़े बाड़ा तुड़ाकर जिस तरह अपनी माँओं के पास लगातार बाँ-बाँ करते आ जाते हैं और वे एक साथ उनके चारों ओर उछलने-कूदने लगते हैं, उसी तरह मेरे रोते हुए साथी मुझे देखते ही मेरे चारों तरफ़ इकट्ठे हो गए। उनके मन को ऐसा लगा कि वे अपने प्रिय देश ही पहुँच गए हैं : अपना पथरीला इथाका नगर, जहाँ वे पैदा हुए और पले-बढ़े थे।

"तब रोते हुए ही वे मुझसे मर्मस्पर्शी स्वर में बोले : 'ओ ज़्यूस-सम्भूत राजा तुम्हें लौट आया देख हमे वही सुख मिला है जो सुख अपने वतन इथाका लौट जाने पर

मिलता। जो हो, मगर अब हमें अपने बाक़ी साथियों के सर्वनाश के बारे में बताओ।'

''वे ऐसा बोले लेकिन मैंने उन्हें मृदुल शब्दों में उत्तर दिया : 'देखो, सबसे पहले हम जहाज़ को खींचकर तट पर लगा दें और सामान और जहाज़ के उपकरण लेकर गुफाओं में रख दें। उसके बाद तुम लोग मेरे साथ चलने को तैयार हो जाओ ताकि अपने साथियों को सर्सी के माया महल में खाते-पीते देख लो जहाँ उनके लिए भोज्य एवं पेय पदार्थों का अक्षय भंडार है।'

''मैंने यह कहा और वे तुरन्त मेरा कहना मान गए। एक यूरीलोकस ही ऐसा था जिसने मेरे साथियों को रोक लेने की कोशिश की। वह पुंखित स्वर में उनसे बोला :

'' 'हम अभागे कहाँ जा रहे हैं? सर्सी के महल जाकर अपना विनाश करा लेने पर तुम क्यों तुले हुए हो? वह हमें ज़रूर सूअर या भेड़िया या सिंह बना देगी और ज़बरदस्ती अपने विशाल घर की रखवाली कराएगी, बहुत कुछ वैसा ही जैसा साइक्लॉप्स ने किया था जब हमारे साथी उसकी कन्दरा के भीतरी भाग में चले गए थे। उनके संग दुस्साहसी ओडिसियस भी गया था जिसकी मूर्खता से वे विनष्ट हो गए।'

''वह यद्यपि मेरा निकट सम्बन्धी था, तो भी एक मन यह हुआ कि बलिष्ठ जाँघ के बग़ल से मैं अपनी लम्बी तलवार खींचकर उसका मस्तक काटकर धूल में डाल दूँ। लेकिन साथियों ने चारों तरफ़ से यह कहकर मुझे शान्त कर दिया :

'' 'ज़्यूस-सम्भूत राजा, अगर तुम्हारी सहमति हो, तो वह जहाज़ के पास ही रह जाए और इसकी रक्षा करे। बाक़ी हम सबको तुम अपने निर्देशन में सर्सी के जादुई महल ले चलो।'

''यह कहकर वे जहाज़ और समुद्र-तट से चल पड़े। बल्कि यूरीलोकस भी अवतली पोत के पास नहीं रह पाया और हमारे संग हो लिया। मेरी भयंकर डपट से वह डर गया था।

''इस बीच सर्सी अपने महल में मेरे शेष साथियों को ख़ूब जतन से नहलाने और जैतून के तेल का भरपूर लेप कर देने के बाद छोटी आस्तीन के चोगे और ऊनी चादर पहना चुकी थी। वहाँ पहुँचकर हमने देखा कि वे सब बड़े ठाठ से महल में खाना खा रहे हैं। दोनों तरफ़ के साथी एक-दूसरे को आमने-सामने देख और पहचानकर रोने और विलपने लगे जिससे सारा भवन प्रतिध्वनित हो उठा। तब लावण्यमयी देवी मेरे समीप आकर बोली :

'' 'ओ ओडिसियस, अब यह ज़ोर-ज़ोर से रोना-धोना बन्द करो तुम लोग। मुझे ख़ूब मालूम है कि मछलियों से भरे सागर में तुम कितना कष्ट भोग चुके हो और भूमि पर नृशंस मनुष्यों द्वारा तुम्हारा कितना भारी अनिष्ट किया जा चुका है। ख़ैर, आओ, अब तुम इतना खाओ-पियो कि तुम्हें फिर वही शक्ति मिल जाए जो

पहले-पहल अपना वतन पथरीला इथाका छोड़ते समय थी। लेकिन अब तुम लोग तन से पस्त और मन से निराश हो गए हो और सफ़र में झेली गई मुसीबतें भूल नहीं पाते हो। लगातार दुख और क्लेश सहते-सहते तुम्हारे दिलों से ख़ुशी मनाने की इच्छा काफ़ूर हो गई है।'

''उसने ऐसा कहा और हमारे गर्वीले साथियों ने उसकी यह राय मान ली। अतः हम रोज़-रोज़ करके पूरे एक साल तक वहाँ खाते और मधुर मदिरा पीते रहे। लेकिन जब मास पर मास बीतकर एक वर्ष पूरा हो गया और ऋतुओं के प्रत्यावर्तन से दिवस की अवधि लम्बी होने लगी, तब मेरे साथियों ने मुझसे एकान्त में कहा :

'' 'ओ हमारे भले नायक, विधि के विधान के अनुसार यदि तुम्हारा बचना और अपने वतन और विशाल घर पहुँच जाना निश्चित है, तब तो समय आ गया है कि तुम अब स्वदेश का स्मरण करो।'

''उनकी यह सम्मति मेरा गर्वीला मन मान गया। इसलिए उस दिन सूरज के डूब जाने तक हम बैठकर भरपूर मांस और मधुर मद्य लेते रहे। परन्तु सूर्यास्त हो जाने पर जब अन्धकार छा गया, तब वे मन्दच्छाय महल में सो गए।

''उधर जब मैं सर्सी की सुन्दर शय्या पर गया, तो उसके घुटने थामकर आतुर शब्दों में अनुनय करते हुए मैंने उससे कहा : 'सर्सी, घर भेजने में सहायता करने का तुमने जो वादा किया था मुझसे, उसे पूरा करने का समय आ गया है। अब मैं जाने को व्यग्र हूँ और मेरे साथी भी उतावले हो रहे हैं। संयोगवश जब तुम हमारे पास नहीं होती हो, तब वे रो-कलप कर मेरी ज़ान खा जाते हैं।'

''मेरे ऐसा कहने पर कमनीय देवी ने झट उत्तर दिया : 'ओ नानाविध चतुर ओडिसियस, तुम अपनी इच्छा के विरुद्ध मेरे घर में एकदम मत ठहरो। लेकिन पहले तुम्हें एक और यात्रा करनी होगी। तुम्हें हेडीज़ और भयंकर पर्सेफनी के निवास-स्थान जाना पड़ेगा और वहाँ थीब्ज़-निवासी टायरेसियस की प्रेतात्मा से राय-विचार करना होगा। चूँकि पर्सेफनी ने उस अन्धे भविष्यद्रष्टा को विचारणा-शक्ति दे रखी है, इसलिए मृत्यु के बाद भी केवल उसकी ही प्रज्ञा सुस्थिर है। शेष प्रेतात्माएँ छाया के रूप में इधर-उधर डोलती फिरती हैं।

''उसके ऐसा कहते ही मेरा दिल हताशा से टूट गया और मैं पलंग पर बैठकर रोने लगा। मुझे लगा कि जीवित रहना और सूर्य का प्रकाश देखना अब व्यर्थ है। जीभर रोने और छटपटाने के बाद मैंने उसे उत्तर दिया : 'लेकिन उस रास्ते का निर्देशन, ओ सर्सी, कौन करेगा? आज तक कोई मनुष्य किसी जहाज़ से मृत्यु लोक नहीं गया है।'

''यही कहा मैंने। इस पर मनोहर देवी ने झट उत्तर दिया : 'ओ ओडिसियस, किसी मार्गदर्शक के अभाव की चिन्ता से तुम जहाज़ पर ही मत पड़े रह जाओ। बल्कि

मस्तूल खड़ा करके सफ़ेद पालों को तान दो और जहाज़ पर बैठ जाओ। उत्तर पवन के मन्द झोंके तुम्हारे जलयान को आगे ले चलेंगे। जब तुम पोत से ओकिएनस की धारा पार कर जाओगे, तब तुम्हें वीरान तटभूमि और पर्सेफनी का कुंज मिलेगा जिसमें लम्बे-लम्बे पहाड़ी पीपल और असमय फल त्याग देनेवाले बैत के वृक्ष उगे हैं। वहीं गम्भीर भँवरोंवाले ओकिएनस के तट से जहाज़ लगाकर तुम पैदल ही हेडीज़ के आर्द्र भवन की ओर चल देना। उसके समीप एक शिलाखंड के चतुर्दिक पायरीफ्लेगिथौन (धधकती आग की नदी) और स्टिक्स नदी (घृणा की सरिता) की एक शाखा कोकाइटस (आँसू की विलपती नदी) भीषण गर्जना के साथ मिलकर आगे ऐकेरौन (दुख-सन्ताप की नदी) में जा गिरती है। तदनन्तर, ओ नायक, तुम वही करना जो मैं कह रही हूँ। आगे बढ़कर एक हाथ लम्बा और एक हाथ चौड़ा गड्ढा खोद लेना। उस गड्ढे के चारों ओर घूमकर समग्र मृतकों का तर्पण करना; पहले दूध और मधु के मिश्रण का, उसके बाद मधुर मद्य का और तीसरी बार जल का। ऊपर से तब श्वेत जौ छिड़क देना। उसके पश्चात शक्तिहीन प्रेतात्माओं से बहुविध विनती करना और यह संकल्प लेना कि इथाका वापस जाने पर तुम्हारे पास जो सर्वोत्तम अनब्यायी बछिया होगी, उसकी तुम अपने घर में बलि चढ़ाओगे और बहुमूल्य वस्तुओं से एक चिता सजाओगे और तुम्हारे रेवड़ में जो सबसे अच्छा और पूर्णतः काला मेढ़ा होगा, उसकी तुम केवल टायरेसियस के लिए बिलकुल अलग से बलि दोगे। दीप्तमान प्रेतात्माओं के समुदाय से विनती कर लेने के उपरान्त तुम एक मेढ़े और एक काली भेड़ी की बलि देना। उसके सिर एरिबस की ओर मोड़ देना और स्वयं अपना सिर पीछे घुमाकर नदी की तरफ़ देखना। इस पर मृतकों की अनेक प्रेतात्माएँ तुम्हारे सन्निकट आ जाएँगी। तब अपने साथियों को जोरदार आवाज़ में आदेश देना कि तुम्हारे तीक्ष्ण खड्ग से निहत पड़े दोनों मेषों को तुरन्त खलियाकर वे अग्नि को अर्पित कर दें और देवताओं अर्थात शक्तिवन्त हेडीज़ एवं भयानक पर्सेफनी से प्रार्थना करें। इधर तुम अपनी जाँघ के बग़ल से तेज तलवार खींचकर बैठ जाना और किसी भी शक्तिहीन प्रेतात्मा को रक्त के समीप तब तक मत आने देना जब तक टायरेसियस से तुम्हारा संवाद न हो जाए। ओ जननायक, वह भविष्यद्रष्टा शीघ्र तुम्हारे पास आ जाएगा। वह तुम्हें बता देगा कि तुम्हारा कौन-सा रास्ता होगा और उसकी दूरी क्या होगी और मकरालय को लाँघ कर तुम कैसे घर वापस पहुँचोगे।'

"उसके ऐसा बोलते न बोलते कनक परिधान धारण किए उषा प्रकट हो गई। तब सर्सी ने मुझे लम्बा अँगरखा और छोटी आस्तीन का चोगा पहना दिया और स्वयं बड़ा-सा चमकीला चोगा धारण कर लिया जो हलका और सुन्दर था। कमर से सोने की मनोहर करधनी बाँधकर उसने अपने मस्तक पर अवगुंठन डाल लिया। लेकिन मैं महल के अन्य भागों में घूम गया और हर किसी के पास खड़े होकर प्रेरक शब्दों

से अपने सारे साथियों को जगा दिया :

“ ‘अब मत सोये रहो और मधुर निद्रा का परित्याग कर दो। हमें चल देना चाहिए क्योंकि उस महीयसी सर्सी ने मुझे सब कुछ बता दिया है।’

“मैंने ऐसा कहा और मेरे साथी मेरी बात मान गए। लेकिन वहाँ से भी मैं अपना पूरा दल सुरक्षित नहीं ले जा पाया। हमारे बीच सबसे कम उम्र का व्यक्ति एलपिनौर था जो संग्राम में उतनी वीरता नहीं दिखाता था और बुद्धि भी उसकी कमज़ोर थी। उसने मदिरा अधिक पी ली थी, इसलिए ठंडी बयार पाने के ख़याल से वह अन्य साथियों से अलग जाकर सर्सी के माया महल की छत पर सो गया था। जब उसके कान में लोगों के बोलने और इधर-उधर चलने की आवाज़ पड़ी, तो वह हड़बड़ाकर उछल खड़ा हुआ और लम्बी सीढ़ी से नीचे उतरना भूलकर छत से सीधे नीचे सिर के बल गिर गया। उसकी गरदन रीढ़ के पास से टूट गई और उसकी आत्मा हेडीज़ के घर चली गई।

“जब मेरे साथी चल दिए, तब मैंने उनसे कहा : ‘तुम लोग ऐसा समझ रहे हो कि हम अपने प्यारे वतन जा रहे हैं। मगर सर्सी ने हमें एक दूसरे मार्ग से जाने को कहा है और वह मार्ग है—हेडीज़ और भयानक पर्सेफनी के निवास का, जहाँ हमें थीब्ज़-निवासी टायरेसियस की प्रेतात्मा को ढूँढ़ निकालने का प्रयास करना है।’

“मेरा यह बोलना था कि उनका हृदय विदीर्ण हो गया। वे जहाँ थे वहीं धरती पर बैठ गए और रोने और अपने बाल नोंचने लगे। लेकिन रोने से कोई लाभ नहीं हुआ।

“जब हम ख़ूब अश्रुपात करते हुए दुखित मन समुद्र-तट पर लगे जलयान की ओर जा रहे थे, उसी बीच सर्सी आगे जाकर जहाज़ के समीप एक मेढ़ा और एक काली मेढ़ी बाँध चुकी थी। वह हमारे बग़ल से हमारे जाने बिना धीरे से आगे निकल गई थी। यदि किसी देवता की इच्छा न हो, तो उसका आना-जाना कौन लक्षित कर सकता है?

प्रेतात्माओं के लोक में ओडिसियस

“जब हम सिन्धु-तट पर लगे अपने जलयान तक पहुँच गए, तब सबसे पहले उसे खींचकर दिव्य लवणाब्धि में उतार दिया और उस पर मस्तूल और पाल रख देने के बाद भेड़ों को भी चढ़ा दिया। आख़िर में हम भी दुखी मन ख़ूब अश्रुपात करते हुए उस पर सवार हो गए। तब भयानक किन्तु मनुष्य की भाषा बोलनेवाली वेणीयुक्ता सर्सी देवी ने काले अगवाड़वाले उस जहाज़ के पीछे उत्तम मार्गदर्शक के रूप में अनुकूल हवा भेज दी जिससे पाल फूल उठे। समूचे जहाज़ में सारे उपकरण यथास्थान लगाकर हम बैठ गए, जबकि हवा और सुक्कान के सहारे हमारा जलयान आगे बढ़ चला। समुद्र में चलते समय सारे दिन उसके पाल पूरी तरह तने रहे। अन्त में सूर्यास्त हो गया और समस्त पथों पर अँधेरा उतर आया।

“जलयान गम्भीर धार ओकिएनस पहुँच गया, पृथ्वी का अन्तिम छोर। वहीं सिमेरियनों का देश और नगर है जो मेघ और कुहरे से ढँका रहता है। वहाँ भास्कर की किरणें कभी नहीं पहुँचतीं, न तो उस समय जब वह तारायण में ऊपर की ओर बढ़ता है और न उस घड़ी जब वह नभोमंडल से धरित्री की ओर उतरता है। वहाँ के अभागे मर्त्यों के ऊपर निरन्तर भयानक रात्रि छाई रहती है। वहीं हम पहुँच गए और जहाज़ किनारे लगाकर भेड़ों को उतार लिया। तब ओकिएनस की धारा के किनारे-किनारे चलते हुए हम सर्सी द्वारा निर्दिष्ट स्थान पर आ गए।

“वहाँ पेरिमिडीज़ और यूरीलोकस बलिपशुओं को कसकर पकड़े रहे। लेकिन मैंने अपनी जाँघ के पास से तीक्ष्ण तलवार निकालकर एक हाथ लम्बा और एक हाथ चौड़ा गड्ढा खोदकर उसके चारों ओर समस्त मृतकों का तर्पण किया, पहला दूध और मधु के मिश्रण का, उसके बाद मधुर आसव और तीसरा जल का। सबके ऊपर श्वेत जौ छिड़ककर मैंने शक्तिहीन प्रेतात्माओं से यह वचन देते हुए अनेक भाँति आतुर विनती की कि जब मैं इथाका लौट जाऊँगा तो मेरे पास जो सर्वोत्तम अनब्यायी बछिया होगी, उसकी अपने घर में बलि चढ़ाऊँगा और बहुमूल्य वस्तुओं से एक चिता सजाऊँगा और मेरे रेवड़ में जो सबसे अच्छा और पूर्णतः काला मेढ़ा होगा, उसकी केवल टायरेसियस के लिए बिलकुल अलग से बलि दूँगा। इस तरह जब मैं प्रेतात्माओं के

समुदाय की विनती करके संकल्प ले चुका, तब भेड़ों को लेकर गड्ढे के ऊपर उनकी गरदनें काट दीं और गाढ़ा लाल रक्त बह चला। देखते-देखते मृतकों की प्रेतात्माएँ एरिबस के नीचे से आकर एकत्र हो गईं। नवविवाहित स्त्रियाँ, कुँआरे युवक, बहुत वर्षों तक भाँति-भाँति के कष्ट झेले हुए वृद्ध पुरुष, अब भी मन में असमय मृत्यु की दारुण व्यथा लिए सुकुमार लड़कियाँ, कांस्य अनीयुक्त कुन्त से घायल अनेकानेक योद्धा जिनके शरीर पर रक्तरंजित कवच अब भी लगे हुए थे–उन सबकी प्रेतात्माएँ हर दिशा से आकर उस गड्ढे के चारों ओर जमा हो गईं। उनकी संख्या बड़ी थी और वे विचित्र ढंग से चीख़ रही थीं। मैं तो भय से पीला पड़ गया। तब मैंने साथियों को आज्ञा दी कि वे मेरी निदारुण तलवार से निहत भेड़ों को खलियाकर अग्नि को सौंप दें और देवताओं अर्थात शक्तिवन्त हेडीज़ और भयानक पर्सेफनी की विनती करें। लेकिन मैं अपनी जाँघ के बग़ल से खड्ग खींचकर वहाँ बैठ गया और शक्तिहीन प्रेतात्माओं को रक्त के समीप जाने से उस घड़ी तक रोके रहा, जब तक टायरेसियस से मेरा संवाद हो नहीं गया।

"सबसे पहले मेरे साथी एलपिनौर की प्रेतात्मा आगे आई। वह अभी तक विशाल धरती में गाड़ा नहीं गया था। हमें एक अन्य अत्यावश्यक कार्य में लग जाना पड़ा, इसलिए हम सर्सी के महल में उसका मृत शरीर अनरोया, अनगाड़ा छोड़ आए थे। उसे देखते ही मैं रो पड़ा और उसके लिए मेरे हृदय में करुणा उमड़ आई। उससे मैं अनायास बोल उठा : 'एलपिनौर, तू नीचे इस धुन्ध और अन्धकार में किस तरह चला आया है? जहाज़ से मेरे आने के पहले ही तू पाँव पैदल अधिक तेज चलकर यहाँ आ गया है।'

"मैंने ऐसा कहा और उसने कराहते हुए उत्तर दिया : 'ओ ओडिसियस, किसी देवता के द्वारा दी गई सजा और बेहिसाब मदिरा पीने के चलते मेरा विनाश हुआ है। जब मैं सर्सी के महल की छत पर सोया हुआ था तो लम्बी सीढ़ी से नीचे उतरने का मुझे ध्यान ही न रहा और मैं छत से सिर के बल सीधे नीचे गिर गया। मेरी गरदन रीढ़ के पास से टूट गई और मेरी आत्मा हेडीज़ के घर चली आई। परन्तु अब मैं तुमसे उन सबके नाम विनती करता हूँ जिन्हें हम पीछे छोड़ आए हैं और हमारे संग नहीं हैं–तुम्हारी पत्नी, तुम्हारे पिता, जिसने बालपन में तुम्हारा लालन-पालन किया और टेलेमेकस, जिसे तुम अपने घर में अकेला छोड़ आए हो। मैं जानता हूँ कि हेडीज़ के इस घर से लौटने पर तुम अपना जलयान ईईया द्वीप पर अवश्य रोकोगे। ओ स्वामी, तुमसे मेरी विनती है कि उस क्षण मुझे ज़रूर याद करना। यहाँ से लौटने के बाद तुम मुझे अनरोया और अनगाड़ा छोड़ एकदम मत चले जाना और मेरे कारण तुम्हें कहीं देवताओं का कोपभाजन न बनना पड़े। नहीं, जितने भी मेरे हथियार हैं उनके साथ मुझे वहाँ जला देना और मटमैले सिन्धु के तट पर मेरा समाधि-स्तूप खड़ा

कर देना, एक अभागे की समाधि, ताकि भविष्य में भी लोग मेरी कथा जान सकें। मेरे लिए इतना ज़रूर कर देना और उस स्तूप पर मेरा वह चप्पू खड़ा रोप देना जिसे मैं अपने जीवन-काल में साथियों के बग़ल में बैठकर चलाया करता था।'

''उसने ऐसा कहा जिस पर मैंने उत्तर दिया : 'ओ अभागे, तुम्हारे लिए मैं यह सब विधिवत अवश्य करूँगा।'

''हम दोनों इस तरह विषादपूर्ण वार्तालाप कर रहे थे। एक ओर मैं रक्त के ऊपर तलवार ताने बैठा था और दूसरी ओर मेरे मित्र की प्रेतात्मा बैठकर अपनी सारी कथा कह रही थी।

''तब मेरी माता वीर औटोलीकस की बेटी ऐंटीक्लिया की प्रेतात्मा आ गई। जब मैं उसे छोड़कर पवित्र इलियस गया, तो उस समय वह जीवित थी। उसे देखते ही मैं रोने लगा और मेरा हृदय करुणा से भर गया। लेकिन कठिन व्यथा के बावजूद मैं उसे रक्त के समीप आने से तब तक रोके रहा, जब तक टायरेसियस से मेरी बात नहीं हो गई।

''तुरन्त ही थीब्ज़-निवासी टायरेसियस की प्रेतात्मा हाथ में कनकदंड लिए आ गई। वह मुझे पहचान गई और बोली : 'ओ ओडिसियस! सूर्य का प्रकाश छोड़कर, ओ अभागे, मृतकों को देखने यहाँ इस हर्षहीन देश में क्यों चले आए हो? अस्तु, इस गड्ढे से तुम हट जाओ और खड्ग को म्यान में डाल दो ताकि मैं रक्तपान करके तुम्हारे बारे में सही भविष्यवाणी कर सकूँ।'

''उसने यह कहा और मैंने अपनी रजतजटित तलवार म्यान में रख दी। गहरे लाल लहू का पान कर लेने के बाद ही वह महान भविष्यद्रष्टा मुझसे बोला : 'ओ यशस्वी ओडिसियस, तुम घर वापस जाने के बारे में जानना चाहते हो और घर लौटना हमेशा सुखद होता है, लेकिन एक देवता तुम्हारा लौटना कठिन कर देगा। मेरा मतलब भूकम्पक से है जिसकी नज़र से बचकर तुम आगे नहीं जा पाओगे। उसके प्यारे बेटे को तुमने अन्धा बना दिया था, इसलिए वह तुम पर क्रुद्ध हो गया था और अपने दिल में अब भी तुम्हारे प्रति रोष बनाए हुए है। इसके बावजूद तुम और तुम्हारे साथी घोर संकट झेलते हुए घर पहुँच जाएँगे, लेकिन इसके लिए तुम्हें स्वयं अपने और अपने साथियों के ऊपर उस घड़ी से कठोर संयम बनाए रखना होगा, जिस घड़ी से तुम्हारा जलयान गहरा नीला सागर पीछे छोड़ थ्रिनेसिया (सिसली) द्वीप के समीप आने लगेगा और तुम्हें सर्वद्रष्टा और सर्वश्रोता सूर्यदेवता की गाएँ और उत्कृष्ट भेंड़ें चरती दिखाई देने लगेंगी। घर लौटने का ख़याल रखते हुए यदि उनका कोई नुकसान नहीं करोगे, तब तुम अब भी इथाका पहुँच सकते हो मगर भारी कष्ट झेलकर ही। लेकिन यदि तुम लोग उन्हें क्षति पहुँचाओगे, तब मेरी भविष्यवाणी है कि तुम्हारा जलयान और तुम्हारे साथी नेस्तनाबूद हो जाएँगे। अगर तुम स्वयं बच भी गए, तो तुम सारे साथी

खोकर किसी विदेशी जहाज़ से बड़ी बुरी हालत में देर से लौटोगे और घर अपना विपदाग्रस्त पाओगे जहाँ अभी उद्धत लोग तुम्हारी दिव्य जीवनसंगिनी से प्रणयनिवेदन करने और प्रणयोपहार देने के बहाने तुम्हारा धन निगलते जा रहे हैं। तो भी मैं कहता हूँ कि तुम वहाँ जाकर उनके उत्पात का बदला लोगे। जब तुम प्रणयनिवेदकों को छल या तेज खड्ग से मौत के घाट उतार दोगे, तब एक सुडौल चप्पू लेकर निकल पड़ना। चलते-चलते तुम ऐसे लोगों के बीच पहुँच जाओगे जो न तो समुद्र के बारे में कुछ जानते हैं और न नमक डालकर कुछ खाते हैं। उन्हें गहरे लाल रंग के अगवाड़वाले जहाज़ और जहाज़ के लिए पंख का काम करनेवाले सुडौल चप्पू का कोई ज्ञान नहीं है। एक स्पष्ट संकेत उनके सम्बन्ध में बता देता हूँ जो तुम्हारी नज़र से बच नहीं सकता। तुम्हें जिस दिन ऐसा राही मिल जाए जो तुम्हारे बलिष्ठ कन्धों पर पड़ी हुई वस्तु को ओसौनी करनेवाला उपकरण समझ बैठे, तब तुम अपना सन्तुलित चप्पू वहीं धरती पर गाड़ देना और समुद्राधिपति पॉसायडन को एक मेष, एक साँड़ और एक सूअर जो सूअरियों के साथ जोड़ खाता है, की उत्कृष्ट बलि भेंट करना। उसके बाद घर लौट आना और विस्तीर्ण व्योम में निवास करनेवाले अमरों में से प्रत्येक को यथोचित क्रम से पवित्र बलि विधिवत अर्पित करना। मौत तुम्हारी समुद्र से आएगी और अत्यन्त मृदुल रूप में तब आएगी जब तुम सुख-शान्तिमय वृद्धावस्था से जीर्ण हो जाओगे और तुम्हारे चतुर्दिक तुम्हारे लोग धन्य-धान्य से परिपूर्ण होंगे। यही मेरी भविष्यवाणी है और सच्ची है।'

''उसने ऐसा कहा। तब मैं उससे बोला : 'टायरेसियस, भाग्य के ये सारे धागे निस्सन्देह स्वयं देवताओं ने काते हैं। लेकिन सुनो, अब मुझे एक दूसरी बात बताओ और साफ़ शब्दों में समझाओ। मैं यहाँ अपनी मृत माँ की प्रेतात्मा को देख रहा हूँ। मगर वह रक्त के पास मौन बैठी है और अपने बेटे को न तो देखने और न उससे बात करने की कोशिश करती है। राजन, यह बताओ कि वह कैसे जान पाएगी कि मैं कौन हूँ?'

''मेरा ऐसा कहना था कि उसने झट उत्तर दिया : 'यह बड़ी आसान चीज़ है और मैं तुम्हें समझा देता हूँ। इन प्रेतात्माओं में से जिसे तुम लहू के पास जाने दोगे, वह तुमसे सच बोलेगी। लेकिन यदि किसी को रोक दोगे, तो वह फिर अपनी जगह लौट जाएगी।' ओजस्वी टायरेसियस की प्रेतात्मा भविष्यवाणी करने के बाद ही हेडीज़ के घर के अन्दर लौट गई। परन्तु मैं वहाँ तब तक डटा रहा, जब तक मेरी माता नज़दीक आकर गाढ़े लाल रक्त का पान नहीं कर चुकी। मुझे वह झट पहचान गई और रो-रोकर पुंखित शब्दों में बोली :

'' 'मेरे प्यारे बच्चे, जीवितावस्था में ही तुम धुन्ध और अन्धकार के नीचे कैसे चले आए हो? किसी ज़िन्दा आदमी के लिए ऐसी जगहें देख पाना बड़ा मुश्किल है,

क्योंकि हमारे-तुम्हारे बीच बड़ी-बड़ी नदियाँ और पानी की भयानक धाराएँ हैं। सबसे पहले तो ओकिएनस है जिसे कोई आदमी पैदल कभी पार कर ही नहीं सकता। केवल सुनिर्मित पोत से उसे पार किया जा सकता है। क्या तुम ट्रॉय से चलकर काफ़ी दिनों तक भटकने के बाद अपने लोगों के साथ जहाज़ से अभी-अभी यहाँ आए हो? क्या तुम्हें अब तक इथाका पहुँचकर महल में अपनी पत्नी को देखने का मौक़ा नहीं मिल पाया है?'

"उसने ऐसा कहा और मैंने उसे जवाब दिया : 'ओ माँ, मैं नीचे हेडीज़ के घर आया हूँ थीब्ज़-निवास टायरेसियस की प्रेतात्मा से निर्देश पाने की ज़रूरत से मजबूर होकर। अब तक मैं न तो अकीया (ग्रीस) के तट के समीप जा पाया हूँ और न स्वदेश की भूमि पर पाँव रख पाया हूँ। मैं तो उस दिन से ही कष्ट भोगता फिर रहा हूँ, जिस दिन ट्रोजनों के विरुद्ध संग्राम में भाग लेने महायोद्धा ऐगमेमनन के संग उत्कृष्ट अश्वोंवाले इलियस की ओर पहले-पहल रवाना हुआ था। जो हो, मगर अब यह सब बताओ और साफ़-साफ़ बताओ। नरान्तकारी मृत्यु के वशीभूत होकर तुम्हारा नाश किस प्रकार हआ? क्या वह लम्बी बीमारी से हुआ अथवा धनुर्धारिणी आर्टिमिस ने आकर अपने हलके बाणों से तुम्हारा वध कर दिया? मेरे पिता और बेटे के बारे में बताओ जिन्हें मैं अपने पीछे छोड़ आया था। क्या मेरी प्रतिष्ठा अब भी उनके ही हाथ में है या लोगों के यह कहने पर कि अब मैं वापस नहीं आऊँगा, वह किसी अन्य व्यक्ति द्वारा हथिया ली गई है? मेरी पाणिगृहीता पत्नी के बारे में बताओ कि वह किस मनःस्थिति में है और आगे क्या करना चाहती है? क्या वह बेटे के साथ रहकर मेरी सम्पत्ति सुरक्षित रखे हुई है अथवा अपने मनोनुकूल किसी सर्वोत्तम यवन से ब्याह कर चुकी है?'

"मैंने ऐसा कहा और मेरी महीयसी माता ने मुझे तुरन्त उत्तर दिया : 'वह तुम्हारे घर में सचमुच बड़े धैर्य से रहती है। रातें उसकी हमेशा बड़ी मुश्किल से कटती हैं और दिन उसके आँसू में बीतते हैं। तुम्हारी धवल प्रतिष्ठा दूसरा कोई व्यक्ति अब तक नहीं हथिया पाया है और तुम्हारी भूसम्पदा टेलेमेकस शान्ति से अपने क़ब्ज़े में रखे हुए है। सहभोजों में वह शामिल होता रहता है, जैसा कि किसी न्यायकर्ता के वास्ते उचित है, क्योंकि सारे लोग उसे आमन्त्रित करते रहते हैं। तुम्हारा बाप अपने चक पर रहता है और नगर कभी नहीं आता। वह किसी बिस्तर, ऊनी चादर या चमकीले कम्बल पर नहीं सोता और फटे-पुराने कपड़े पहने रहता है। लेकिन गर्मी और समृद्धशाली पतझड़ के मौसम में अपना बिछावन द्राक्षोद्यान की टेकरी के आसपास ज़मीन पर गिरे पत्तों से कहीं भी बना लेता है। तुम्हारे लौट आने की विकल प्रतीक्षा में वह इसी दीन-हीन दशा में वहाँ पड़ा रहता है और दिन ब दिन उसकी पीड़ा बढ़ती जाती है। वृद्धावस्था का बोझ भी उसके ऊपर बढ़ता जाता है। मेरी भी मौत

इसी हालत में हुई और मैं भी अपनी नियति को प्राप्त हो गई। न तो तेज आँखोंवाली धनुर्धारिणी देवी ने मेरे घर आकर अपने हलके बाणों से मेरा अन्त किया है और न मुझे कोई ऐसी बीमारी हुई जो प्रायः कष्ट से घुला-घुलाकर प्राण को शरीर से अलग कर देती है। नहीं, वह तो तुम और तुम्हारे प्रेम, सहानुभूति एवं बुद्धिमत्ता से पूर्ण व्यवहार को लेकर मेरे मन में जो हूक थी, ओ ओडिसियस, उसने ही मुझे मधुर जीवन से अलग कर दिया।'

''उसने ऐसा कहा जिससे संवेगाकुल होकर मैंने मृत माता की प्रेतात्मा को गले लगा लेना चाहा। गले लगा लेने की मंशा से मैं तीन बार उसकी ओर लपका और तीनों बार वह मेरी बाँहो के बीच से छाया वा स्वप्न की नाईं सरक गई। हर बार मेरे मन में तीक्ष्ण से तीक्ष्णतर वेदना उठती गई। अन्त में मैं उससे मर्मभेदी शब्दों में ज़ोर से बोल उठा :

'' 'ओ माँ, मेरे पास तुम स्थिर क्यों नहीं रह पाती हो? मैं तुम्हें गले लगा लेने को आतुर हूँ ताकि हेडीज़ में भी हम एक-दूसरे को बाँहों में लेकर जीभर रो लें। क्या यह केवल एक छाया है जिसे विकट देवी पर्सेफनी ने मेरे दुख और आँसू बढ़ा देने के आशय से मेरे निकट भेज दिया है?'

''मैंने ऐसा कहा जिस पर मेरी महीयसी जननी ने चट उत्तर दिया : 'आह, मनुष्यों के बीच सबसे बदनसीब मेरे लाल! ज़्यूस-पुत्री पर्सेफनी तुम्हें बिलकुल नहीं छल रही है, बल्कि मृत्यु के बाद सभी मरणशील मनुष्यों के साथ ऐसा ही होता है। जब श्वेत हड्डियों को छोड़कर प्राण निकल जाते हैं, तब नसें मांस और हड्डियों को बाँधकर नहीं रख पातीं और धधकती अग्नि की महाशक्ति उन सबको मिटा देती है और आत्मा सपने की भाँति उड़कर इधर-उधर मँडराने लगती है। लेकिन अब तुम शीघ्र से शीघ्र सूर्य के प्रकाश की ओर लौट जाओ। हाँ, मगर तुमने जो सब यहाँ देखा है, उसे याद रखना ताकि यहाँ से जाने के बाद तुम अपनी भार्या से सारा वृत्तान्त सुना सको।'

''हम दोनों के बीच यही वार्तालाप हुआ। तभी विकट देवी पर्सेफनी ने महिलाओं को भेज दिया जो शक्तिवन्त पुरुषों की पत्नियाँ और बेटियाँ थीं। गाढ़े लाल रक्त के चारों ओर उनकी भीड़ जमा हो गई। तब मैंने इस सवाल पर विचार किया कि उनमें से प्रत्येक से प्रश्न कैसे किया जाए। मुझे जो सर्वोत्तम युक्ति सूझी, वह यह थी। मैंने अपनी पुष्ट जाँघ के पास से लम्बी तलवार खींचकर उन्हें एक साथ गाढ़ा लाल लहू पीने से रोक दिया। इस पर वे बारी-बारी से आगे आने लगीं। मैं भी बारी-बारी पूछता गया और हर कोई अपने कुल-गोत्र के बारे में बताती गई।

''सबसे पहले मैंने उच्चकुलसम्भूता टायरो को देखा। उसने बताया कि वह प्रतापी सैलमोनियस की आत्मजा और ईयोलस-पुत्र क्रीथियस की जीवनसंगिनी है।

उसे नद देवता एनीपियस से प्रेम हो गया जो कि पृथ्वी पर बहनेवाले नदों में सबसे सुन्दर है। वह उसकी कमनीय धारा के समीप बराबर विचरण करने लगी। एक दिन ऐसा हुआ कि धरती का आलिंगन और उसे कम्पायमान करनेवाला देवता उसी दिव्य नद का रूप धारण कर उसकी भँवरदार धारा के मुहाने पर उस तरुणी के संग लेट गया। पहाड़ के समान ऊपर उठकर एक श्यामल लहर ने कुंचित होकर देवता और मर्त्य रमणी को ढँक दिया। तब देवता ने उसके गुप्तांग पर लगी मेखला खोल दी और उसे निद्रित कर दिया। रतिक्रिया के बाद उसका हाथ थामकर उससे बोला :

''ललने, हमारे इस प्रेम से तुम्हें हर्षित होना चाहिए। चूँकि अमरों का आलिंगन कभी निष्फल नहीं होता, इसलिए साल लगते न लगते तुम दो तेजस्वी बच्चों को जन्म दोगी, जिन्हें ख़ूब जतन और स्नेह से पालना-पोसना। लेकिन अब तुम घर लौट जाओ मगर अपनी ज़ुबान पर क़ाबू रखना और यह बात तुम किसी से मत कहना। वरना अच्छी तरह देख लो कि मैं भूकम्पक पॉसायडन हूँ।'

''उसके बाद उसने तरंगित अम्बुधि में झट डुबकी मार दी। टायरो के गर्भ रह गया और उसने पीलियेस और नेलियस को जन्म दिया जो उम्र पाकर पराक्रमी पुरुष हुए तथा ज़्यूस के विश्वस्त अनुचरों के रूप में जाने गए। मेषधनी पीलियेस विस्तीर्ण ईयोलकस में रहता था, जबकि नेलियस रेतीले पायलस का निवासी था। नारियों में रानी उस टायरो से क्रीथियस के और भी पुत्र हुए–ईसौन, फेरीज़ तथा रथी एमिथेऔन।

''टायरो के बाद मेरी मुलाक़ात एसोपस-तनया ऐंटिओपी से हुई जिसे ज़्यूस की बाँहों में सोने का गर्व था। उसके ऐमफियन तथा जीथस नामक दो बेटे हुए जिन्होंने सात द्वारोंवाले थीब्ज़ नगर की नींव डाली। वे बड़े शक्तिशाली थे, तो भी विस्तृत थीब्ज़ में घेरे के बिना नहीं रह सकते थे। इसलिए उन्होंने उसके चतुर्दिक दीवार खड़ी कर दी।

''उसके बाद मैंने ऐमफिट्रियन की पत्नी ऐल्कमेनी को देखा जो सर्वशक्तिमान ज़्यूस की बाँहों में सोई थी। उसने ही नरशार्दूल समरधीर हेराक्लीज़ को उत्पन्न किया था। तदुपरान्त मेरी भेंट दर्पशाली क्रियौन की बेटी मेगैरा से हुई, जिसका पत्नी के रूप में वरण किया था ऐमफिट्रियन के बलवान एवं अदम्य पुत्र हेराक्लीज़ ने।

''तब मैंने देखा ईडिपस की माता लावण्यमयी एपिकैस्टी को जो अपने ही बेटे से अनजाने में विवाह करके भयंकर दुष्कृत्य कर बैठी थी। पिता की हत्या करके ईडिपस ने माँ से ही विवाह कर लिया। देवाताओं ने यह बात लोगों के बीच अविलम्ब प्रकाशित कर दी। ईडिपस को प्राणघाती दंड देने के आशय से उन्होंने ऐसा किया कि पश्चात्ताप की पीड़ा भोगते हुए वह रमणीक थीब्ज़ में कैडमेयनों के शासक के

रूप में जीवित रहा, परन्तु घोर सन्ताप के मारे उसकी माँ ऊँची छत की शहतीर से फन्दा बाँधकर झूल गई और उस घर में जा पहुँची जिसके द्वारों का अभिरक्षक शक्तिवन्त हेडीज़ हुआ करता है। वह अपने पीछे ईडिपस को वे सारे दुख और क्लेश छोड़ गई जो जननी के अभिशाप से किसी को भी भोगने पड़ते हैं।

''तब मेरी नज़र सर्वाधिक रूपवन्ती क्लोरिस पर पड़ी। बहुत पहले की बात है, उसके सौन्दर्य के कारण ही नेलियस ने अनगिनत प्रणयोपहार देकर उससे विवाह किया था। वह ईएसस-तनय ऐमफियन की सबसे छोटी कन्या थी और ऐमफियन मायनियनों के औरकोमीनस नगर का शक्तिशाली शासक था। इस तरह वह पायलस की रानी हुई और उससे उसके पति को नेस्टर, क्रोमियस तथा प्रतापशाली पेरिक्लीमेनस नामक तेजस्वी पुत्र और पीरो नाम की बड़ी ही सुन्दर पुत्री हुई जिसकी आश्चर्यचकित कर देनेवाली सुन्दरता के चलते पास-पड़ोस के सभी युवक उसके प्रणयी बन बैठे। किन्तु नेलियस अपनी बेटी का हाथ उसी युवक को देना चाहता था जो फाइलेकी से बलवान ईफिक्लस की वक्र सींगोंवाली प्रशस्तमाथ गायों को भगा दे। उन गायों को भगाना मुश्किल काम था। और कोई तो नहीं मगर पराक्रमी भविष्यवक्ता (मेलैम्पस नाम था उसका) उन्हें खदेड़ देने को तैयार हो गया। परन्तु दैवी दुर्योग ऐसा दारुण हुआ कि दुर्दम ग्वालों ने उसे पकड़ लिया और पाश में बड़ी निर्दयता से बाँधकर क़ैद कर लिया। लेकिन जब दिन बीतकर मास और मास बीतकर एक साल पूरा हो गया और फिर वही ऋतु घूमकर आ गई, तब कहीं जाकर बलवान ईफिक्लस ने उसे मुक्त किया। मगर उसने ऐसा करने के पहले उससे सारी भविष्यवाणी करवा ली। इस तरह ज़्यूस की इच्छा पूरी हुई।

''तदनन्तर मैंने लीडा को देखा, टिनडेरियस की विख्यात शय्यासंगिनी। टिनडेरियस के लीडा से दो शूरवीर पुत्र हुए, अश्वदमक केस्टर तथा मुक्केबाज़ पोलिड्यूकीज़। वे दोनों जीवनदायिनी धरा के नीचे होते हुए भी ज़्यूस-कृपा से जीवित हैं। बारी-बारी से दोनों एक दिन ज़िन्दा रहते और दूसरे दिन मर जाते हैं और देवताओं के समान प्रतिष्ठा पाते हैं।

''इफिमीडिया को मैंने उसके बाद देखा। वह एलोयस की पत्नी थी और सगर्व कहा करती थी कि वह पॉसायडन के संग सोई है। उसने देवतुल्य ओटस तथा सुविख्यात एफिएल्टीज़ नामक दो बेटों को जन्म दिया लेकिन दोनों अल्पायु हुए। वे इस अन्नदात्री पृथ्वी पर सबसे लम्बे व्यक्ति हुए और अप्रतिम ऑरायन को छोड़कर सबसे सुन्दर। नौ वर्ष की अवस्था में ही वे बढ़कर छत्तीस हाथ लम्बे (चौवन फुट) और नौ हाथ चौड़े (साढ़े तेरह फुट) हो गए। उन्होंने ही ओलिम्पस पहुँचकर स्वयं अमरों को तुमुल संग्राम छेड़ देने की धमकी दी थी। ओलिम्पस पर ओस्सा पर्वत और ओस्सा पर झूमते पादपों से भरे पीलियन पर्वत को रखकर उन्होंने व्योम तक रास्ता

बना देने का प्रयास किया था। यदि वे पूर्ण पुरुषत्व को प्राप्त हो जाते, तो इस कार्य में उन्हें सफलता मिल जाती। लेकिन इसके पहले कि उनकी कनपटियों के नीचे मसें भीगकर आगे ठुड्डी तक पहुँचकर चढ़ती जवानी के साथ काली हो जातीं, वे दोनों सुन्दर अलकोंवाली लीटो से उत्पन्न ज़्यूस के पुत्र (अपोलो) के द्वारा मार डाले गए।

"तब मेरी भेंट फीड्रा और प्रौक्रिस तथा रूपवती एरियैडनी से हुई जो मायावी मायनॉस की बेटी थी। एक बार की बात है, थीसियस उसे क्रीट से भगाकर पवित्र एथेंस की पहाड़ी की ओर लिए जा रहा था। लेकिन उसका आनन्द वह नहीं ले पाया। क्योंकि ऐसा कर पाता, उसके पहले ही डायोनायसस के साक्ष्य पर आर्टिमिस ने एरियैडनी का डाइया नामक द्वीप पर वध कर दिया।

"तदनन्तर मैं मायरा और क्लीमेनी और उस घृणित एरीफायली से मिला जिसने रिश्वत में खरा सोना लेकर अपने प्रिय स्वामी को झाँसा देकर मौत के हवाले कर दिया था। परन्तु जितने नायकों की पत्नियों और बेटियों से मेरी उस समय मुलाक़ात हुई, उन सबके नाम और उनके बारे में मैं नहीं बता सकता, क्योंकि तब उसके पहले अमृतनिशा बीत जाएगी। नहीं, मैं चाहे तीव्रगामी पोत पर अपने साथियों के पास लौट जाऊँ या यहाँ रहूँ, मेरे सोने का अब समय हो गया है और जहाँ तक मेरे प्रस्थान का प्रश्न है, वह तो देवताओं और तुम लोगों के हाथ में है।"

ओडिसियस ने ऐसा कहा और मन्दच्छाय विशाल कक्ष में उपस्थित समस्त लोगों पर पूर्ण शान्ति छा गई। वे निस्तब्ध सम्मोहित बैठे रहे। तब श्वेतबाहु एरिटी उनके बीच सबसे पहले बोली : "फेयेशियनो, इस व्यक्ति की शक्ल-सूरत और अक़्लमन्दी के बारे में तुम क्या सोचते हो? वह मेरा अतिथि ज़रूर है किन्तु इस सम्मान में तुम सभी सहभागी बनो। इसलिए यहाँ से इसकी विदाई में जल्दबाज़ी मत करो और ऐसे आदमी को जो इतना ज़रूरतमन्द है, उपहार देने में कोई कमी मत करो। देवताओं की कृपा से तुम्हारे घर धन-दौलत से भरपूर हैं।"

उसके बाद बूढ़ा सरदार एकेनियस बोला, जो फेयेशियनों के बीच उम्र में सबसे बड़ा था : "देखो मित्रो, हमारी बुद्धिमती रानी का कहना अविवेकपूर्ण नहीं है और न हमारे विचार से भिन्न है। इसलिए उसके कथनानुसार ही तुम लोग काम करो। तो भी यहाँ ऐलसिनोअस पर ही कहना और करना निर्भर करता है।"

इस पर ऐलसिनोअस ने उसे उत्तर दिया : "हाँ, चप्पू चलाने में निपुण फेयेशियनों के शासक के रूप में मैं जब तक जीवित हूँ, तब तक रानी जो कहती है, वही होगा। लौटने को लाख उताहुल होते हुए भी हमारे इस अभ्यागत को कल तक रुकना होगा। तब तक मैं इसे देने के लिए उपहार पूरे कर लूँगा। इसे घर भेजने का भार तो यहाँ के सभी लोगों पर है, किन्तु इस देश के अधिपति होने के नाते मेरे ऊपर यह अधिक है।"

तब ओडिसियस ने उसे जवाब दिया : "ओ परम यशस्वी मेरे स्वामी ऐलसिनोअस, यदि तुम मुझे उत्कृष्ट उपहार देकर घर पहुँचाने की बात करते हो, तब मैं यहाँ एक साल तक रह जाने को तैयार हूँ। अधिक से अधिक वस्तुएँ लेकर अपने प्रिय देश जाना मेरे हित में और भी अच्छा होगा, क्योंकि इथाका पहुँचने पर मुझे जो लोग देखेंगे, प्यार और सम्मान से देखेंगे।"

उत्तर में ऐलसिनोअस उससे बोला : "ओडिसियस, हमने तुम्हें जैसा देखा है, उससे तुम धूर्त और कपटी नहीं मालूम पड़ते हो। गोकि निगूढ़ धरती से ऐसे लोगों की भारी फ़सल पैदा होती है जो झूठी कहानियाँ इस तरह गढ़ देते हैं कि उनकी सच्चाई जान पाना सम्भव नहीं होता। लेकिन शब्द तुम्हारे प्रभावशाली हैं और तुममें विवेक है और समस्त यवनों के साथ-साथ अपनी घोर विपत्तियों की कथा तुमने उसी निपुणता से कही है, जिस निपुणता से कोई चारण गाकर कहता है। परन्तु मुझे अब यह सच-सच बताना कि हेडीज़ में क्या तुमने अपने उन देवतुल्य साथियों में से किसी को देखा जो तुम्हारे संग इलियस गए और वहाँ काम आ गए? देखो, कह नहीं सकता कि कितनी मगर रात अभी काफ़ी बाक़ी है और इस महल में सोने का अभी समय भी नहीं हुआ है। इसलिए मुझे उन अद्‌भुत कृत्यों के बारे में बताओ। अगर तुम इस महल में रुककर अपनी विपदाओं की कहानी आगे बढ़ाने को तैयार हो, तब मैं दीप्त उषा के आने तक जगा रह सकता हूँ।"

नानाविध चतुर ओडिसियस ने उसे उत्तर दिया : "ओ परम यशस्वी मेरे स्वामी ऐलसिनोअस, लम्बी कहानी कहने के लिए भी समय है और सोने के लिए भी समय है। यदि अब भी सुनने को उत्सुक हो, तो मैं अपनी ओर से तुम्हें पहले से भी करुण चीज़ें सुनाने से बाज़ नहीं आऊँगा, अपने उन साथियों की मुसीबतों के बारे में जो ट्रोजनों के भयंकर तुमुलकारी संग्राम से तो बच निकले मगर बाद में घर लौटते-लौटते एक दुराचारिणी औरत के संकल्प से विनष्ट हो गए।

"जब साध्वी पर्सेफनी ने महिलाओं की प्रेतात्माओं को इधर-उधर हटा दिया, तब ऐट्रियस-तनय ऐगमेमनन की दुखी प्रेतात्मा आई। उसके चारों ओर उन लोगों की प्रेतात्माएँ थीं जो ईजिस्थस के भवन में उसके साथ मार डाले गए थे। गाढ़ा लाल रक्त पीते ही वह मुझे पहचान गई और धाड़ मारकर रोते और ख़ूब आँसू बहाते हुए उसने मुझे छूने की मंशा से अपने हाथ आगे बढ़ा दिए। लेकिन ऐसा वह कर नहीं पाई, क्योंकि उसमें अब दृढ़ रहने और अंगसंचालन करने की वह शक्ति नहीं थी जो उसके फुरतीले तन-बदन में पहले हुआ करती थी।

"उसे देख मैं रोने लगा और करुणार्द्र होकर मर्मभेदी शब्दों में बोल उठा : 'ओ ऐट्रियस के परम यशस्वी पुत्र नरपति ऐगमेमनन, यह बताओ कि सर्वान्तकारी मृत्यु ने तुम्हें किस तरह अभिभूत किया? क्या पॉसायडन ने प्रतिकूल हवाओं के विकट

झोंके उठाकर जहाज़ों के बीच तुम्हें समाप्त कर दिया? या भूमि पर तुम्हारी हत्या शत्रुओं ने उस घड़ी कर दी जब तुम उनके मवेशियों और भेड़ों के विशाल झुंडों को हाँके लिए जा रहे थे अथवा किसी नगर और वहाँ की औरतों को हथिया लेने की ख़ातिर लड़ाई कर रहे थे?'

"मैंने ऐसा कहा और उसने मुझे तुरन्त उत्तर दिया : 'ओ ओडिसियस, न तो पॉसायडन ने प्रतिकूल हवाओं के विकट झोंके उठाकर मेरे जहाज़ों के बीच मुझे समाप्त किया और न शत्रुओं ने भूमि पर मेरी हत्या की। वह तो ईजिस्थस था जिसने भोज में अपने घर आमन्त्रित कर मेरी घृणित पत्नी के सहयोग से मुझे मारकर उसी तरह मौत के हवाले कर दिया जिस तरह कोई आदमी साँड़ को गोशाले में मार डालता है। जिस प्रकार किसी धनी और प्रभावशाली सामन्त के घर विवाह-भोज या सहभोज अथवा क़बीले के मद्यपान के अवसर पर चमकीले दाँतोंवाले सूअर मारे जाते हैं, उसी प्रकार मैं बड़ी बेरहमी से मार दिया गया और एक-एक कर मेरे साथियों का भी उसी प्रकार निर्दयतापूर्वक वध कर दिया गया। आज से पहले तुम भी किसी द्वन्द्वयुद्ध या उग्र संग्राम में अनेक लोगों का वध देख चुके हो, लेकिन विशाल कक्ष में मिश्रणपात्र और खाद्य सामग्रियों से लदी मेज़ों के चारों तरफ़ पड़े हम लोगों तथा समूचे फ़र्श पर फैले ख़ून को देखकर तुम्हें बेहद दुख होता। मगर सबसे दर्दनाक मुझे प्रायेम की बेटी केसैंड्रा की चीख़ सुनाई पड़ी जिसकी हत्या उस विश्वासघातिनी क्लाइटिमनेस्ट्रा ने मेरे बग़ल में कर दी। उस क्षण तलवार मेरे शरीर में घुसी थी और दम तोड़ते समय मैंने अपने हाथ ऊपर उठाने का प्रयास किया किन्तु वे ज़मीन पर गिर पड़े। तब भी उस बेहया औरत को हाथ बढ़ाकर मेरी पलकें और मुँह बन्द कर देने की इच्छा नहीं हुई और वहाँ से टर गई। जिस तरह उसने अपने ब्याहता पति को ख़त्म कर देने की योजना बनाकर इतना घृणित कार्य कर डाला, इससे तो यही सच मालूम पड़ता है कि जो औरत दुष्टता पर उतर आती है, उससे बढ़कर क्रूर और निर्लज्ज मनुष्य दूसरा कोई नहीं हो सकता। मैंने सोचा था कि घर पहुँचने पर मेरे बच्चे और दास मेरा ज़ोरदार स्वागत करेंगे मगर उसने अपनी अधमता की गहराई का परिचय देकर न केवल अपने को बल्कि समस्त नारी जाति को कलंकित कर दिया है और यह कलंक इस जाति पर, यहाँ तक कि सच्ची महिलाओं पर भी, हमेशा बना रहेगा।'

"वह ऐसा बोला लेकिन मैंने उसे उत्तर दिया : 'हाय, ऐट्रियस की सन्तान के प्रति अपना अपरिमित विद्वेष दूर-दूर तक गर्जना करनेवाला ज़्यूस अवश्य बहुत पहले से ही औरतों के माध्यम से प्रकट करता आया है। हेलेन की ख़ातिर हममें से बहुत सारे नष्ट हो गए और अब जबकि तुम बहुत दूर थे, क्लाइटिमनेस्ट्रा ने तुमसे विश्वासघात किया है।'

''मैंने यह कहा और उसने झट उत्तर दिया : 'इसलिए तुम भी अब अपनी भार्या के प्रति बहुत उदारता मत बरतना। अपनी कोई बात उसे पूर्णतः मत बताना अपितु कुछ बताना और कुछ छुपा रखना। इसका मतलब यह नहीं है कि तुम भी, ओ ओडिसियस, अपनी पत्नी के हाथों मार दिए जाओगे, क्योंकि तुम्हारी शय्याशायिनी अर्थात आइकेरियस की बुद्धिमती बेटी पिनेलपी हर तरह से बड़ी विवेकशील है और उसका हर विचार पवित्र होता है। जब हमने युद्ध के लिए प्रयाण किया था, तो उस समय वह नवपरिणीता ही थी और उसकी गोद में नन्हा-सा एक बालक था जो अब सयाने लोगों के साथ उठता-बैठता होगा। वह कितना खुशकिस्मत है कि उसका प्यारा बाप वापस आकर उसे देखेगा और वह बाप को अपनी छाती से लगा लेगा जोकि स्वाभाविक और उचित शिष्टाचार है। मगर जहाँ तक मेरी पत्नी का प्रश्न है, तो उसने मुझे मेरे बेटे को जीभर देखने तक नहीं दिया बल्कि उसके पहले ही मेरी हत्या कर दी, मैं जो उसका स्वामी था। मैं एक और राय दूँगा जिसे तुम हृदयंगम कर लो। जब तुम अपनी प्यारी पितृभूमि पहुँच जाना, तब जहाज़ को तट से खुले ढंग से नहीं, वरन गुप्त ढंग से ही लगाना, क्योंकि औरतों पर से अब विश्वास उठ गया है। लेकिन सुनो, अब यह ठीक-ठीक बताओ कि क्या तुमने मेरे बेटे के बारे में सुना है कि वह अब भी जीवित है और शायद औरकोमीनस या रेतीले पायलस अथवा विस्तीर्ण स्पार्टा में सम्भवतः मेनिलेयस के साथ रह रहा है? तेजस्वी ऑरेस्टीज़ धरती पर जहाँ कहीं भी हो, किन्तु वह अब तक नष्ट नहीं हुआ है।'

''वह यही बोला और मैंने उसे उत्तर दिया : 'ऐट्रियस-तनय, इतना कठोर प्रश्न मुझसे क्यों पूछ रहे हो? वह ज़िन्दा है या मर गया, इसका मुझे कोई पता नहीं है। उड़ती ख़बरों के बारे में बात करना ठीक नहीं है।'

''हम दोनों दुखी मन खड़े होकर इस तरह विषादयुक्त वार्तालाप करते रहे और हमारी आँखों से आँसू झरते रहे। तब मेरे सामने पीलियस-तनय एकिलीज़, पेट्रोक्लस, बलवान ऐंटीलोकस एवं ऐजैक्स, जोकि यवनों के बीच रूपाकृति में प्रतापी एकिलीज़ के बाद सबसे सुन्दर माना जाता था, की प्रेतात्माएँ आ गईं। चंचल चरण ईएकस-नन्दन (एकिलीज़) की प्रेतात्मा ने मुझे पहचान लिया और मुझसे विलपकर पुंखित शब्दों में कहा : 'ओ ज़्यूस-सम्भूत लेयरटीज़ के दुस्साहसी एवं अनेकविध चतुर पुत्र ओडिसियस, अब इससे भी कठिन कौन-सा नया काम कर डालने की बात सोच रहे हो? पाताल में हेडीज़ के घर आने का तुमने साहस कैसे किया है जहाँ संज्ञाशून्य मृतक यानी मृत्यु को प्राप्त मनुष्यों की प्रेतात्माएँ निवास करती हैं?'

''वह ऐसा बोला जिस पर मैंने उसे जवाब दिया : 'ओ सबसे शक्तिशाली यवन पीलियस-पुत्र एकिलीज़, मैं टायरेसियस से यह जानने यहाँ आया हूँ कि बीहड़ इथाका

लौटना मेरे लिए कैसे सम्भव होगा? अपनी ज़मीन पर पाँव रखने की बात तो दूर, मैं अब तक यवनभूमि के नज़दीक भी नहीं जा पाया हूँ, अपितु अब भी मुसीबतों से घिरा हुआ हूँ। जहाँ तक तुम्हारा सवाल है, एकिलीज़, तो तुम सबसे भाग्यशाली व्यक्ति साबित हुए हो और आगे भी तुम्हारे समान भाग्यशाली दूसरा कोई नहीं होगा। पहले जब तुम जीवित थे, हम तुम्हें देवताओं के समान सम्मान देते थे और अब तुम यहाँ मृतकों के शक्तिशाली राजा हो। इसलिए, ओ एकिलीज़, तुम्हें अपनी मृत्यु से व्यथित बिलकुल नहीं होना चाहिए।'

''मेरे ऐसा कहने पर उसने मुझे सीधा उत्तर दिया : 'आह, महायोद्धा ओडिसियस, मृत्यु को सुखकर मत बताओ मुझसे। मैं धरती पर जीविका के अल्प साधनवाले किसी भूमिहीन मनुष्य का श्रमिक होना अधिक पसन्द करूँगा बजाय इसके कि सभी प्राणहीन मृतकों का शासक बनूँ। ख़ैर, अब तुम मेरे ओजस्वी बेटे के बारे में बताओ कि क्या मेरे बाद वह नायक के रूप में लड़ाई में भाग लेने गया या नहीं? उदारमना पीलियस के सम्बन्ध में यदि कुछ मालूम है, तो वह भी बताओ कि क्या मरमिडौनों के द्वारा वह अब भी सम्पूजित है अथवा बुढ़ापे से लाचार हो जाने पर उसका हेलैस और फ़थाया के निवासी तिरस्कार करते हैं? पहले मैं इतना बलशाली था कि विस्तीर्ण ट्रॉय में शत्रुदल के बड़े-बड़े योद्धाओं का वध करके यवनों की भारी सहायता की थी, किन्तु अब मैं सूर्य के प्रकाश में अपने बाप की हिफ़ाज़त कर पाने में असमर्थ हूँ। हा, क्या ही अच्छा होता यदि एक घड़ी के लिए ही सही, मैं पहले की तरह पिता के घर होता और उसे कष्ट देने और यथोचित सम्मान से वंचित करनेवालों को अपने अजेय बाहुबल का मज़ा चखा देता।'

''उसने ऐसा कहा और मैंने उसे उत्तर दिया : 'उदारमना पीलियस की सचमुच कोई ख़बर नहीं है मुझे। लेकिन तुम्हारे प्रिय पुत्र नियोपटोलिमस के सम्बन्ध में, जैसा कि तुम पूछ रहे हो, सब कुछ बताऊँगा, क्योंकि स्काइरौस से मैं खुद उसे अपने पोत से ले गया था यवनों की सेना में शामिल कराने। ट्रॉय नगर के बाहर हम जब भी युद्ध-परिषद की बैठक करते थे, तो वह हमेशा सबसे पहले बोलता था और उसके शब्द कभी असंगत नहीं होते थे, केवल मैं और देवतुल्य नेस्टर उससे बीस पड़ते थे। इतना ही नहीं, हम यवन जब ट्रॉय के मैदान में संग्राम करते थे, तो वह योद्धाओं के जमाव या रेल-पेल में ठहरा नहीं रहता था बल्कि दौड़कर हम सबसे बहुत आगे निकल जाता था और अपने शौर्य के आगे किसी को कुछ नहीं समझता था। यवनों की तरफ़ से भयंकर लड़ाई करते हुए उसने इतने सारे वैरी योद्धाओं का वध किया कि मैं उनकी संख्या और नाम नहीं गिना सकता। आह, मगर मुझे अभी टेलेफस-पुत्र योद्धा यूरीपायलस का स्मरण हो रहा है कि नियोपटोलिमस ने किस तरह अपनी तलवार से उसे तथा उसके इर्दगिर्द उसके दल के अनेक सेटीयनों को मार गिराया

और एक औरत के रिश्वत ले लेने के कारण ही ऐसा हुआ।[1] उनके बीच पराक्रमी मेमनौन के बाद सबसे आकर्षक व्यक्तित्व उसी का था। पुनः जब हम चुनिन्दा यवन योद्धा एपियस के बनाए घोड़े में बैठने जा रहे थे और वे सारे योद्धा मेरी ही अगुआई में थे और मेरे ही आदेश से उस उत्तम घातपात्र का कपाट खोलना और बन्द करना था, तब बाक़ी सभी यवन राजा और पार्षद अपने-अपने आँसू पोंछने लगे और उनके अंग-प्रत्यंग काँपने लगे। लेकिन मैंने तुम्हारे बेटे का सुन्दर चेहरा एक बार भी पीला पड़ते नहीं देखा और न उसने अपने गालों पर से कभी आँसू ही पोंछे। बल्कि वह घोड़े से निकल पड़ने के लिए मुझसे बार-बार चिरौरी करता और ट्रोजनों को क्षति पहुँचाने की आकुलता में अपनी तलवार की मूठ और कांस्यअनीयुक्त वज़नी कुन्त पर हाथ फेरता रहा। जब हमने प्रायेम का उच्चस्थ नगर ध्वस्त कर दिया, तब वह लूट में अपने हिस्से का माल और उत्कृष्ट पारितोषिक लेकर बिना कोई चोट-घाव खाए जहाज़ पर सवार हो गया। उसे न तो भाला लगा और न द्वन्द्वयुद्ध में ही घायल हुआ, हालाँकि लड़ाई में ऐसा संयोग बहुत होता है क्योंकि एरीज़ के युद्धोन्माद का कोई अनुक्रम तो होता नहीं है।'

"मेरे मुँह से अपने पुत्र की यह कीर्तिगाथा सुनकर ईएकसवंशी चपलपाद एकिलीज़ की प्रेतात्मा प्रफुल्लित हो उठी और लम्बे कदमों से पारिजात पुष्पों से भरे मैदान होकर चली गई।

"लेकिन दिवंगत हुए बाक़ी मृतकों की प्रेतात्माएँ वहाँ खड़ी रहीं और उनमें से प्रत्येक अपने प्रियजनों के सम्बन्ध में जिज्ञासा करने लगी। केवल टेलामॉन-पुत्र ऐजैक्स की प्रेतात्मा अलग खड़ी थी, क्योंकि वह मुझ पर अब भी इसलिए क्रुद्ध थी कि मैंने उसे एकिलीज़ के हथियारों के लिए बेड़े के समीप हुई प्रतियोगिता में परास्त कर दिया था। एकिलीज़ की महीयसी माता ने वे हथियार पारितोषिक के रूप में ही रख छोड़े थे और एथीनी तथा बन्दी ट्रोजन निर्णायक बने थे। क्या ही उत्तम होता यदि मैं विजयी न होकर ऐसे पुरस्कार से वंचित हो जाता! उन्हीं आयुधों के चलते वीरवर ऐजैक्स को दफ़न होना पड़ा। वही ऐजैक्स जिसका यवनों के बीच सुन्दरता और रणकौशल में पराक्रमी पीलियस-तनय को छोड़कर और कोई नमूना नहीं था। उससे मैं सान्त्वना-भरे शब्दों में बोला :

"ओ प्रतापी टेलामॉन के पुत्र ऐजैक्स, मरने के बाद भी क्या तुम मेरे ऊपर उन आयुधों के कारण हुए अपने क्रोध को भूल नहीं पाए हो? देवताओं ने उन्हीं हथियारों को यवनों के दुख का कारण इस रूप में बना दिया कि तुम्हारे पतन से उनकी शक्ति का स्तम्भ ही ढह गया और हम यवनों को एकिलीज़ को लेकर जितना शोक है, उतना

1. यूरीपायलस की माँ ऐस्टायोकी थी। शुरू में उसने अपने बेटे को युद्ध में नहीं जाने दिया किन्तु प्रायेम द्वारा सोने की अंगूरलता देने के बाद मान गई।

ही शोक तुम्हें लेकर है। नहीं, यह सब ज़्यूस के करने से ही हुआ है, क्योंकि वह यवन कुन्तधरों की सेना के प्रति अपार विद्वेष से भरा हुआ था और तुम्हारा अन्त भी उसने ही किया था। ख़ैर, अब इधर आ जाओ मेरे नायक, ताकि मैं जो कहूँ, उसे तुम सुन लो। तुम अपने रोष एवं अहंकार को वश में करो।'

''मैंने यही कहा और उसकी प्रेतात्मा बग़ैर कोई उत्तर दिए अन्य दिवंगत एवं मरे हुए लोगों की प्रेतात्माओं के पीछे एरिबस चली गई। रुष्ट होते हुए भी उसकी प्रेतात्मा मुझसे बोल सकती या मैं ही उससे बोल सकता था। लेकिन मेरा मन तो और-और दिवंगत लोगों की प्रेतात्माओं को देखने पर लगा था।

''वहाँ तब मैंने ज़्यूस के प्रतापी पुत्र मायनॉस को स्वर्ण दंड लिए तथा अपने सिंहासन से मृतकों को सजा देते हुए देखा। हेडीज़ के विशाल द्वारवाले सौध में उस राजा के चारों ओर वे बैठे या खड़े थे और उससे अन्तिम निर्णय के बारे में पूछ रहे थे।

''उसके बाद मैंने विशालकाय ऑरायन (मृगशिरा) को पारिजात पुष्पों के मैदान में जंगली जानवरों की प्रेतात्माओं को हाँकते देखा; वे ही जानवर, जिनको उसने जनशून्य पहाड़ियों में (पृथ्वी पर) मार दिया था। हाथ में वह काँसे की शक्तिशाली गदा लिए हुए था जो कभी खंडित नहीं होनेवाली थी।

''मेरी नज़र तब महिमामंडित पृथ्वी के पुत्र टायटियस पर पड़ी। वह भूमि पर सवा दो एकड़ रकबे में पसरा पड़ा था और दोनों तरफ़ से एक-एक गीध यकृत पर चोंच मारते-मारते उसके पेट का भीतरी भाग भेद चुके थे। मगर वह अपने हाथों से उन्हें भगाता नहीं था; इसलिए कि ज़्यूस की शय्याशायिनी तेजवन्ती लीटो जब पैनोपियस की मनोरम वाटिका होकर पायथो जा रही थी तो टायटियस ने उसके ऊपर प्रहार कर दिया था।

''इनके अतिरिक्त मैंने टैंटलस को देखा जो दारुण पीड़ा भोग रहा था। वह एक तालाब में खड़ा था जहाँ पानी उसकी ठुड्डी तक पहुँचता था। प्यासा होने की वजह से वह पानी पीने का भरपूर प्रयास करता था, लेकिन पानी तक पहुँच नहीं पाता था। प्यास बुझाने की आकुलता में वह बूढ़ा जब भी झुकता कि पानी नीचे खिसककर ग़ायब हो जाता और उसके पैरों के तले काली धरती दिखने लगती थी। ऐसा इसलिए कि हर बार कोई देवता पानी सुखा देता था। यही नहीं, उसके ऊपर लहराते ऊँचे पेड़ों से फल लटकते होते—चिकने फलों से लदे नाशपाती, अनार, सेब, मधुर अंजीर एवं पुष्पित जैतून के पेड़। मगर वह बूढ़ा फल पकड़ने को जब भी हाथ बढ़ाता, तो हवा उन्हें श्यामल मेघों की ओर उछाल देती थी।

''तब मैंने सिसिफस को अपने हाथों से एक विकट पाषाण-खंड ठेलने के क्रम में घोर यंत्रणा पाते देखा। वह उसे अपने हाथ-पाँव से धकेलकर ऊपर की ओर

पहाड़ी की चोटी पर ले जाने की कोशिश कर रहा था। हर बार जब वह उसे धकेलकर शीर्ष पर डाल देने को होता कि भार के कारण वह निठुर पाषाण-खंड पीछे की ओर मुड़ जाता और एक बार फिर लुढ़ककर नीचे मैदान में आ जाता। इसलिए उसे हाँफ-हाँफकर फिर से ज़ोर लगाना पड़ता था। उसके पूरे बदन से पसीना तड़-तड़ बह रहा था। उसके सिर के ऊपर धूल उड़ रही थी।

"उसके बाद मुझे महाबलशाली हेराक्लीज़ दिखाई पड़ा, ऐसा कहूँ कि उसकी प्रेतात्मा को देखा।[1] अमरों के बीच तो वह स्वयं भोज का आनन्द लेता रहता है और उसकी बीवी है सुन्दर गुल्फोंवाली हीबी, सर्वशक्तिमान ज़्यूस एवं स्वर्ण पादुकाओंवाली हेरा की बेटी। हेडीज़ में उसके चारों तरफ़ मृतकों का कोलाहल उसी तरह सुनाई पड़ता था, जिस तरह भय से इधर-उधर भागते पक्षियों का सुनाई पड़ता है। कालरात्रि की भाँति वह खुले हुए धनुष की प्रत्यंचा पर बाण चढ़ाकर चारों ओर भयानक रूप से इस प्रकार देख रहा था मानो वह तीर छोड़ने ही वाला है। उसके सीने पर सोने का डरावना पट्टा बँधा था, तलवार का परतला, जिस पर भालुओं, जंगली सूअरों और चमकीली आँखोंवाले सिंहों तथा युद्धों, झगड़ों और मनुष्यों के ख़ून एवं हत्या के चित्र बड़े ही विचित्र ढंग से उरेहे गए थे। नहीं, जिस किसी कलाकार के दिमाग़ में यह परतला बनाने की युक्ति आई और उसने बना डाला है, वह ऐसा परतला दोबारा फिर कभी न बनाए! हेराक्लीज़ ने देखते ही मुझे पहचान लिया और शोकार्त होकर पुंखित शब्दों में बोला :

" 'ओ ओडिसियस! हाय हतभागे, क्या तुम्हें भी वैसा ही कष्टमय जीवन जीना पड़ता है, जैसा मुझे सूरज के प्रकाश के नीचे रहते समय जीना पड़ा था? मेरा जनक स्वयं ज़्यूस था, तो भी मुझे बेहिसाब मुश्किलों का सामना करना पड़ा था। मुझसे हीन व्यक्ति ने मुझे अनेक भयंकर कार्य करने को मजबूर कर दिया था। एक बार तो उसने मुझे यहाँ भेज दिया यमलोक का कुत्ता ले आने। मेरे लिए इससे अधिक सख़्त काम वह सोच नहीं सकता था शायद। मैं हेडीज़ के घर से वह कुत्ता उठाकर ऊपर धरती पर ले गया। मेरा रास्ता सुगम कर दिया था हरमीज़ ने और एथीनी ने।'

"इतना बोलकर वह पुनः हेडीज़ के घर लौट गया। लेकिन उसके बाद भी मैं इस आशा से डटा रहा कि बहुत पहले दिवंगत हुए महायोद्धाओं में से शायद और

---

1. ऐसा कहा जाता है कि चिता में जल जाने के बाद हेराक्लीज़ में जो अंश उसके पिता ज़्यूस का था, वह अमर हो गया और नवजीवन प्राप्त कर एथीनी के संरक्षण में ओलिम्पस पहुँच गया। वहाँ वह एक देवता के रूप में अधिष्ठित हुआ। मनुष्य का अंश प्रेतात्मा बनकर हेडीज़ चला आया जहाँ वह द्वारपाल के रूप में रहने लगा।

कोई आ जाए। हाँ, मैं पुराने ज़माने के और भी महायोद्धाओं को देख लेता जिन्हें देखने को मैं उत्सुक था, ख़ासकर देवपुत्र प्रतापी थीसियस तथा पिरिथोअस को। मगर उसके पहले ही मृतकों की भारी भीड़ भयावह रूप से रोर करती हुई वहाँ एकत्र हो गई और मैं इस भय से पीला पड़ गया कि विकट देवी पर्सेफनी हेडीज़ से कहीं विकराल दैत्य गौरगन का मस्तक न भेज दे।

"मैं सीधे अपने जहाज़ लौट आया और साथियों से यान पर सवार होकर लंगर के रस्से खोल देने को कहा। वे फुरती से पोत पर चढ़ गए और कगरों पर बैठ गए। जहाज़ को पानी की उत्ताल लहरें ओकिएनस की धार पर ले चलीं। पहले तो हमें उसे खेना पड़ा किन्तु बाद में अनुकूल हवा का सहारा मिल गया।"

सिला और कैरिबडिस : सूर्यदेव के मवेशी

"जब हमारा जहाज़ ओकिएनस नद की धारा पीछे छोड़कर विशाल सागर की लहरों पर आ गया और आगे चलकर ईईया द्वीप पहुँच गया जहाँ उषा का निवास और नृत्य-स्थल है और जहाँ सूरज उगता है, तब वहाँ रुककर हमने जलयान को बालू पर लगा दिया और स्वयं सागर-तट पर उतर गए। वहीं हमें बड़ी गहरी नींद आ गई और उद्दीप्त उषा के आने तक सोये रहे।

"जैसे ही उषा का आगमन हुआ कि मैंने साथियों को सर्सी के घर से मृत एलपिनौर का शव लाने भेज दिया। जल्दी-जल्दी लकड़ी के टुकड़े काटकर हमने दुखी मन से ख़ूब आँसू बहाते हुए उसका अन्तिम संस्कार उस स्थान पर कर दिया, जहाँ भूनासिका समुद्र में सबसे दूर तक जाती थी। मृतक के साथ उसके हथियारों को भी अग्निसात कर देने के बाद हमने एक समाधि-स्तूप खड़ा कर दिया और पत्थर का एक टुकड़ा खींचकर उसके ऊपर स्मारक-स्वरूप रख दिया। अन्त में उस स्तूप के शीर्ष पर उसका सन्तुलित चप्पू खड़ा रोप दिया।

"यह सब काम हमने क्रमबद्ध तरीक़े से कर लिया। उधर सर्सी को हेडीज़ से हमारा लौट आना अज्ञात न रहा। पहन-ओढ़कर वह तुरन्त हमारे पास आ गई। उसके साथ उसकी दासियाँ भरपूर मांस एवं रोटियाँ तथा लाल आबदार सुरा लेती आईं। रूपवती देवी हमारे बीच खड़ी होकर हमसे बोली :

"तुम सब इतने दुस्साहसी निकले कि जीवित ही हेडीज़ के घर चले गए। इस प्रकार तुम लोग मृत्यु को दो बार प्राप्त होगे जबकि बाक़ी सारे मनुष्य केवल एक बार मरते हैं। आओ, अब तुम लोग दिनभर खाओ-पियो और सवेरा होते ही जहाज़ से चल दो। रास्ते के बारे में मैं स्वयं तुम्हें बता दूँगी और उसकी हर चीज़ साफ़-साफ़ समझा दूँगी ताकि जल या थल, कहीं किसी निदारुण कपट-योजना के चलते तुम्हें कोई शारीरिक या मानसिक कष्ट न झेलना पड़े।

"उसने ऐसा कहा और हमारे स्वाभिमानी हृदय ने उसे मान लिया। सो, हम उस घड़ी से लेकर सूरज के अस्त हो जाने तक सारे दिन भरपूर मांस खाते और मधुर मदिरा पीते रहे। सूर्यास्त के बाद अन्धकार छा जाने पर मेरे साथी जहाज़ के लंगर

के रस्सों के पास सो गए लेकिन सर्सी ने मेरा हाथ थामकर मुझे साथियों से अलग ले जाकर बिठा दिया और स्वयं ही मेरे चरणों के समीप बैठ गई। तब वह बोली कि मैं उसे अपना सारा यात्रा-वृत्तान्त सुना दूँ। मैंने भी उसे आदि से अन्त तक सब कुछ सिलसिलेवार सुना दिया। आख़िर महीयसी सर्सी बोली :

" 'बहुत अच्छा! यह सब तो हो गया लेकिन अब मेरी बात ख़ूब ध्यान से सुनो। हालाँकि स्वयं देवता ही तुम्हें इसका स्मरण करा देगा। सबसे पहले तुम सायरनों के समीप पहुँचोगे। वे अपने समीप आ जानेवाले सभी लोगों को सम्मोहित कर लेती हैं। यदि कोई आदमी अनजाने बहुत निकट जाकर सायरनों का सुरीला संगीत सुन लेता है, तो वह लौटकर अपनी पत्नी या बच्चों के पास फिर कभी नहीं जाता है और न उसके वापस आने का वे कभी कोई आनन्द उठा पाते हैं। उसे सायरन अपने सुश्राव्य संगीत से मोहित कर लेती हैं। सायरन बहनें घास के मैदान में बैठी रहती हैं जहाँ चारों तरफ़ मनुष्यों की नष्ट-भ्रष्ट हड्डियों का अम्बार लगा होता है और हड्डियों पर के चमड़े सड़ते रहते हैं। लेकिन तुम जहाज़ को आगे बढ़ा ले जाना और साथियों के कानों में मुलायम मोम गूँधकर डाल देना ताकि वह संगीत कोई सुन नहीं पाए। परन्तु बहुत सम्भव है, तुम खुद वह संगीत सुनने को आतुर हो जाओ। इसलिए अपने लोगों को आदेश दे देना कि वे तुम्हें जलयान के मस्तूल के अड़वाल पर सीधा खड़ा करके बाँध दें और रस्सी के दोनों छोर मस्तूल से कस दें। इस तरह तुम सायरनों की आवाज़ आनन्दपूर्वक सुन सकोगे। यदि बन्धन-मुक्त कर देने के लिए तुम साथियों से चिरौरी करोगे और हुक्म के तौर पर कहोगे, तब वे और रस्सियाँ लेकर तुम्हें अधिक ज़ोर से बाँध देंगे। जब वे जहाज़ को सायरनों की पहुँच के बाहर बढ़ा ले जाएँगे, तब तुम्हें दो रास्ते मिलेंगे। दोनों में से कौन-सा रास्ता पकड़ना होगा, उसका निर्णय तो तुम ख़ुद करोगे। उसके बारे में मैं पूरी तरह नहीं कहूँगी, लेकिन दोनों मार्गों का ज़िक्र अवश्य कर दूँगी। एक रास्ता उस ओर चला जाता है जहाँ ऊँचे खड़े शिलाखंड हैं जिनसे नीललोचना ऐम्फीट्रायटी (समुद्र) की विशाल लहरें गरज के साथ टकराती रहती हैं। यह जान लो कि महाभाग देवगण उन्हें भ्रमणशील चट्टान के नाम से अभिहित करते हैं। लेकिन उस मार्ग से कभी नभचर भी नहीं गुज़र सकते हैं, यहाँ तक कि पिता ज़्यूस को देवान्न ले जानेवाले भीरु कपोत भी नहीं। दो में से एक कपोत को खड़ी चट्टान अवश्य अपनी चपेट में ले लेती है। तब परम पिता एक और कपोत भेजकर संख्या पूरी कर देता है। मनुष्यों को लेकर उधर जानेवाला कोई भी जहाज़ कभी बचता नहीं है और वहाँ लोगों के शव और जहाज़ों के पटरे लहरों और विनाशक आग की प्रचंड लपटों के बीच उछलते रहते हैं। समुद्रगामी जलयानों में से केवल एक यान उस रास्ते गुज़र पाया है; आरगो नाम था उस जलयान का, जो ईईटीज़ (सर्सी का भाई) के प्रदेश से चला था। उसका नाम

आज भी सब लोगों को याद है। उसे भी लहरें विशाल चट्टान पर आसानी से पटक देतीं, किन्तु स्वयं हेरा ने जेसन के प्रति स्नेह के कारण उसे सही-सलामत आगे जाने दिया।

" 'दूसरा मार्ग उस ओर से निकलता है जिधर दो पाषाण-खंड पड़ते हैं। दोनों में से एक की नुकीली चोटी आसमान को छूती नज़र आती है और काले बादल उसे चारों तरफ़ से घेरे रहते हैं, वहाँ से वे कभी नहीं हटते। न तो ग्रीष्मकाल में और न पतझड़ के समय ही चोटी के चारों ओर का आकाश खुला होता है। वह पत्थर सीधा खड़ा और इतना चिकना है कि प्रमार्जित मालूम पड़ता है। इसलिए किसी भी मरणधर्मा मनुष्य के लिए, वह चाहे बीस भुजाओं और बीस पैरोंवाला क्यों न हो, उस पर पैर तक रख पाना सम्भव नहीं है, चढ़ने की तो बात दूर है। खड़ी चट्टान के बीचोबीच एक अँधेरी गुफा है जिसका रुख उत्तर-पश्चिम दिशा में तमसाच्छन्न एरिबस की ओर है। वीर ओडिसियस, तुम अपना अवतली पोत उसी के आगे से ले जाना। नीचे खड़े अवतली पोत से किसी शक्तिशाली पुरुष के धनुष से छोड़ा गया बाण भी उस विवर के अन्दर नहीं पहुँच सकता। उसी कन्दरा में सिला का निवास है और वह भयानक रूप से भौंकती रहती है। उसकी आवाज़ किसी नवजात पिल्ले की आवाज़ से अधिक ज़ोरदार नहीं है, पर वह राक्षसी बड़ी भयंकर है और उस मार्ग से मनुष्य तो मनुष्य, यदि कोई देवता भी गुजरे तो उसे देखकर वह प्रसन्न कदापि नहीं होगा। उसके सचमुच बारह पैर हैं जो नीचे की ओर झूलते रहते हैं; छह ख़ूब लम्बी-लम्बी गरदनें हैं, हर गरदन पर एक विकराल सिर है और हर सिर में दाँतों की तीन सघन पंक्तियाँ हैं जिनसे दारुण मृत्यु झाँकती रहती है। उसके शरीर का आधा भाग गुफा के भीतर धँसा रहता है, लेकिन अपने सिरों को वह उस ख़ौफ़नाक खोह के बाहर निकाले रहती है और वहाँ से सील, सूँस या गम्भीर स्वर से गर्जना करती ऐम्फीट्रायटी (समुद्र) में रहनेवाले बड़े-बड़े असंख्य जीवों में से किसी को भी पकड़ लेने के लिए पत्थर के चारों ओर झपट्टे मारती रहती है। उधर से जानेवाले जहाज़ी कभी ऐसी शेख़ी बघार ही नहीं सकते कि वे अपना जहाज़ लेकर वहाँ से बिलकुल निरापद भाग निकले हैं, क्योंकि काले अगवाड़वाले जहाज़ पर से सिला अपने प्रत्येक सिर से एक आदमी अवश्य झपट ले जाती है।

" 'दूसरा पाषाण-खंड, ओ ओडिसियस, तुम देखोगे कि पहले से छोटा और उसके समीप है। इतना समीप कि पहले से छोड़ा गया तीर उस पर पहुँच सकता है। उस पर पत्तों से भरा-पूरा अंजीर का एक बड़ा वृक्ष है। उसके ही नीचे विकराल कैरिबडिस सागर का श्यामल जल नीचे सुड़क लेती है। इस तरह दिन में तीन बार पानी बाहर फेंकती और तीन बार भयंकर ढंग से नीचे सुड़कती हैं। जिस घड़ी वह पानी नीचे खींचती है, उस घड़ी तुम वहाँ किसी भी हालत में मत रहना, नहीं तो

साक्षात भूकम्पक देवता भी तुम्हें बरबाद होने से नहीं बचा सकता। चौकस रहते हुए तुम बल्कि सिला के पाषाण-खंड के नज़दीक से ही अपना जहाज़ जितनी तेजी से हो सके, आगे बढ़ा ले जाना। असल में सबका एक साथ नाश हो जाने से तो अच्छा है कि तुम्हें अपने केवल छह लोगों के लिए ही शोक सन्तप्त होना पड़ेगा।'

''उसने ऐसा कहा। इस पर मैंने उसे उत्तर दिया : 'हाँ देवि, किन्तु मुझे यह ठीक-ठीक बताओ कि क्या कोई ऐसा उपाय है जिससे मैं भीषण कैरिबडिस से भी बच निकलूँ और जब सिला मेरे दल पर आक्रमण करे तो उससे भी प्रतिशोध ले लूँ?'

''मेरे ऐसा पूछने पर उस लावण्यमयी देवी ने मुझे जवाब दिया : 'देखो दुस्साहसी पुरुष, एक बार फिर तुम्हारे मन में युद्धकर्म करने और संकट झेलने की बात आ गई है। क्या तुम अमरों से भी हार मानने को तैयार नहीं हो? जहाँ तक उस सिला का सवाल है, तो वह कोई मरणशील नहीं अपितु दारुण, कठोर एवं कष्ट देनेवाली अमर-अनश्वर विपदा है। उससे लड़ना नहीं बल्कि भाग पराना ही सबसे अच्छा रास्ता है। उस शिलाखंड के समीप यदि हथियार उठाने के लिए ठहर जाओगे, तो मुझे पूरा शक है कि सदा की भाँति वह झपटकर बाहर निकल पड़ेगी और तुम लोगों पर हमला करके उसके जितने सिर हैं, उनसे तुम्हारे उतने ही साथियों को दबोच ले जाएगी। इसलिए पूरी शक्ति लगाकर अपना जहाज़ उधर से आगे बढ़ा ले जाना और जाकर क्रेटेइस से मिलना जिसने उसे मानवमात्र की विपत्ति के रूप में पैदा किया है। वह उसे दोबारा बाहर लपकने से मना कर देगी।'

'' 'उसके बाद तुम थ्रिनेसिया नामक द्वीप पहुँचोगे। वहाँ सूर्यदेव हीलियस की अनेक गाएँ और मोटी-ताज़ी भेड़ें चरती मिलेंगी—गायों के सात यूथ तथा हृष्टपुष्ट भेड़ों के भी सात रेवड़ और हर यूथ और रेवड़ में पचास-पचास चौपाये। वे जन्म और मृत्यु से परे हैं (अतः उनकी संख्या कभी बढ़ती-घटती नहीं है)। उनको चराने के लिए देवियाँ हैं फेथूसा और लैम्पेटी नामक सुकेशिनी अप्सराएँ, जिन्हें दिव्य नेईरा ने सूर्यदेव हाइपेरियन के संसर्ग से उत्पन्न किया था। जन्म देने और पालन-पोषण कर लेने के बाद उनकी महीयसी माता उन्हें लेकर सुदूर थ्रिनेसिया द्वीप चली आई ताकि वहाँ रहकर वे अपने पिता की भेड़ों और मोटी-ताज़ी गायों की देखभाल कर पाएँ। यदि तुम अपनी वापसी का ख़याल करके उनका कोई नुकसान नहीं करोगे, तब तुम लोग अब भी इथाका पहुँच सकते हो, मगर घोर कष्ट उठाकर ही। लेकिन अगर उन्हें क्षति पहुँचाओगे तब मेरी भविष्यवाणी है कि तुम्हारा जलयान और तुम्हारे साथी नष्ट हो जाएँगे और अगर स्वयं बच भी गए, तो तुम अपने सारे साथी खोकर बड़ी बुरी हालत में देर से घर लौटोगे।'

''उसके ऐसा कहते न कहते स्वर्ण सिंहासन पर आसीन उषा प्रकट हो गई। तब रूपवती देवी द्वीप के भीतरी भाग की ओर प्रस्थान कर गई। इधर मैंने जहाज़ जाकर

साथियों को जगा दिया और उन्हें यान पर सवार हो जाने और लंगर के रस्से खोल देने को कहा। वे झटपट जहाज़ पर चढ़कर कगरों पर बैठ गए और सुव्यवस्थित ढंग से अपनी-अपनी जगह लेकर चप्पुओं से समुद्र का मटमैला पानी तोड़ने लगे। तब भयंकर किन्तु मनुष्य की भाषा बोलनेवाली सर्सी ने जलयान के पीछे उत्तम मार्गदर्शक के रूप में अनुकूल हवा भेज दी जिससे पाल फूल उठे। हम पूरे जहाज़ में सारे उपकरणों को यथास्थान लगाकर बैठ गए, जबकि हवा और सुक्कान के सहारे हमारा जलपोत आगे चल पड़ा।

''उसके पश्चात ही मैं खिन्न मन से साथियों के बीच बोला : 'दोस्तो, सर्सी ने भविष्यवाणी के तौर पर मुझसे जो कुछ कहा है, उसे केवल एक या दो व्यक्तियों को बताना उचित नहीं है, इसलिए मैं सबके सामने वह सब प्रकट कर देता हूँ ताकि हमें पहले से ही मालूम रहे कि हम नष्ट हो जाएँगे अथवा मृत्यु और दुर्नियति से बच निकलेंगे। सबसे पहले उसने हमें विचित्र सायरनों के सुरीले संगीत और उनके फूलों-भरे मैदान से बचने को कहा है। उसने कहा है कि केवल मैं ही उनकी आवाज़ सुनूँ। इसलिए तुम लोग मुझे मस्तूल के अड़वाल पर सीधा खड़ा करके कठोर पाश से बाँध दो और रस्सी के दोनों छोर मस्तूल से कस दो ताकि मैं अपनी जगह हिल-डुल भी न पाऊँ। यदि मैं बन्धन-मुक्त कर देने के लिए तुमसे चिरौरी करूँ और हुक्म भी दूँ, तो और रस्सियाँ लेकर मुझे अधिक ज़ोर से बाँध देना।'

''इस तरह मैंने अपने दल के सदस्यों को समझा दिया। इस बीच अनुकूल हवा हमारे सन्तुलित जलयान को शीघ्र ही सायरनद्वय के द्वीप के समीप ले आई। तभी हवा एकबारगी थम गई, चारों ओर निस्तब्ध नीरवता छा गई और किसी देवता ने लहरों को शान्त कर दिया। मेरे साथियों ने उठकर पाल उतार लिए और उन्हें जहाज़ के खाव में रख दिया। तब वे चीड़ के चिकने चप्पुओं को लेकर बैठ गए और जहाज़ खेने लगे जिससे झाग उठने और पानी सफ़ेद दिखने लगा। इधर मैंने मोम का एक बड़ा-सा गोला लेकर उसे तीक्ष्ण खड्ग से छोटे-छोटे टुकड़ों में काट लिया और उन टुकड़ों को अपने मज़बूत हाथों से गूँधने लगा। मेरे शक्तिशाली हाथों के दबाव और हाइपेरियन-तनय महिमाशाली हीलियस[1] (सूर्य) की किरणों से मोम तुरन्त पिघल गया और उससे मैंने हर एक साथी के कान बन्द कर दिए। जहाँ तक मेरा सवाल था, तो साथियों ने जहाज़ में मुझे मस्तूल के अड़वाल से खड़ा करके बाँध दिया और रस्सी के दोनों छोर मस्तूल से कस दिए। फिर वे बैठ गए और चप्पुओं से सागर का मटमैला

1. ऐसा कहा जाता है कि हाइपेरियन नामक टाइटन और उसकी पत्नी थिआया से हीलियस (सूर्य), सिलीने (चन्द्रमा) और ईऔस या औरोरा (उषा) का जन्म हआ। कालक्रम से हीलियस और अपोलो एक माने जाने लगे और हाइपेरियन का प्रयोग सूर्य की एक उपाधि के रूप में किया जाने लगा।

पानी तोड़ने लगे। जब जलयान तीव्र गति से चलकर भूमि के पास श्रवणसीमा के भीतर पहुँच गया, तब सायरनों ने अपनी ओर तीक्ष्ण वेग से आ रहे यान को लक्षित कर लिया और वे सुरीले कंठ से गाने लगीं :

" 'इधर, इधर आओ, ओ कीर्तिशाली ओडिसियस! हमारा संगीत सुनने के लिए, यवनों के महान गौरव, यहाँ आकर अपना जहाज़ लगाओ। काले जहाज़ से इस रास्ते गुज़रनेवाला कोई भी व्यक्ति हमारे कंठ से निःसृत मधुर-मधुर संगीत सुने बिना आगे नहीं बढ़ा है, आज तक इसका मज़ा ले लेने और अधिक बुद्धिमान बन जाने के बाद ही वह अपनी राह लगता है। देखो कि यवनों और ट्रोजनों को ट्रॉय भूमि पर जो कष्ट दैवी इच्छा से उठाने पड़े, वे सब हमें मालूम है और यह भी मालूम हैं कि इस उर्वरा धारित्री पर आगे क्या होनेवाला है।'

"उन दोनों ने मधुर कंठ से इस तरह गाया और उसे सुनने को मेरा चित्त आकुल हो उठा। भौंह चढ़ाकर मैंने साथियों को इशारा किया कि वे मुझे खोल दें मगर चप्पुओं पर झुककर वे यान खेते रहे। तभी पेरिमिडीज़ और यूरीलोकस चट उठे और अतिरिक्त रस्सियाँ लेकर मुझे और ज़ोर से जकड़ दिया। जब हम उनके आगे से निकल गए तथा उनकी आवाज़ और संगीत का सुनाई पड़ना अब सम्भव न रहा, तब मेरे प्रिय साथियों ने तुरन्त अपने-अपने कानों से मेरे द्वारा डाला गया मोम बाहर निकाल लिया और मुझे बन्धन-मुक्त कर दिया।

"उस टापू से हम जैसे ही आगे बढ़े होंगे कि मुझे धुआँ और उत्ताल तरंग दिखाई पड़ने के साथ-साथ सागर की भीषण गर्जना सुनाई पड़ी। मेरे जहाज़ी इतने डर गए कि उनके हाथों से चप्पू छूटकर समुद्र में छपाक से गिर पड़े। चूँकि मेरे साथियों के हाथों से शुंडाकार चप्पू अब नहीं चल रहे थे, अतएव जलयान वहाँ खड़ा हो गया। मैं पूरे जहाज़ पर घूम गया और अपने लोगों में से हर एक के पास जा-जाकर कोमल शब्दों में उनके अन्दर उत्साह फूँकने का प्रयास करने लगा :

" 'दोस्तो, ऐसा नहीं है कि हम मुसीबतों से एकदम नावाक़िफ़ हैं। बल्कि जब साइक्लॉप्स ने हमें ज़बरदस्ती पकड़कर गुफा में बन्द कर दिया था, तब आज की तुलना में हम सचमुच अधिक बड़े संकट में फँस गए थे। तो भी वहाँ से मेरी बुद्धि, युक्ति और हिम्मत के बल पर हम सब निकल भागने में कामयाब हो गए थे और मैं समझता हूँ कि एक दिन यह जोखिम भी याद करने को हम ज़िन्दा रहेंगे। अतः मैं अभी जो कहता हूँ, हम वही करें। तुम लोग कगरों पर बैठकर चप्पुओं से सागर की उग्र तरंगों को तोड़ो, ज़्यूस कदाचित हमें इस आसन्न मृत्यु से बच निकलने का मौक़ा दे दे। ओ कर्णधार, जहाँ तक तुम्हारा प्रश्न है, तो मेरी राय से तुम्हें जो करना है, उसे तुम हृदयंगम कर लो, क्योंकि जलयान का कर्ण तुम्हीं सँभालते हो। जहाज़ को तुम इस धुएँ और भीषण लहर से दूर ही रखो। अपितु उधर जो

चट्टानें हैं, उनसे सटते हुए ही चलो। कहीं ऐसा न हो कि जब तक तुम सावधानी बरतो, उसके पहले ही जहाज़ दूसरी तरफ़ चल पड़े और तुम हमारा सर्वनाश कर डालो।'

"मैंने यह कहा और उन्होंने मेरा कहना झट मान लिया। सिला एक ऐसी विपदा थी जिससे कोई निबट नहीं सकता था, इसलिए उसके बारे में उन्हें कुछ बताना मैंने ठीक नहीं समझा, क्योंकि तब बहुत सम्भव था, वे डर के मारे खेना छोड़कर जहाज़ के खाव में दुबक जाते। ऐसा हुआ कि उसी समय मैं सर्सी के कठोर आदेश का पालन करना भूल गया। उसने मुझे हथियारबन्द होने से बिलकुल मना किया था, किन्तु मैंने भव्य वक्षस्त्राण धारण कर लिया और हाथों में दो लम्बे-लम्बे भाले लेकर गलही के नौपृष्ठ पर इस ख़याल से चला गया कि चट्टान पर रहनेवाली सिला, जो मेरे दल पर क़हर ढानेवाली थी, शायद पहले मुझे ही दिख जाए। लेकिन वह कहीं दिखी नहीं और धुन्ध में लिपटी चट्टान की ओर चारों तरफ़ नज़र गड़ाकर देखते-देखते मेरी आँखें थक गईं।

"इस तरह आतंक से भरकर हम उस सँकरे जलडमरूमध्य होकर अपना जहाज़ ले चले, क्योंकि एक ओर सिला थी, तो दूसरी ओर बलवती कैरिबडिस, जो सागर का खारा पानी भयानक ढंग से नीचे की ओर खींचती थी। जब वह पानी बाहर उगलती थी, तब धधकती आग पर चढ़े कड़ाह की भाँति वह नीचे से लेकर ऊपर तक उबल पड़ती थी और पानी की फुहारें ऊपर उड़कर दोनों खड़ी चट्टानों के शीर्ष पर पड़ने लगती थीं। उसी तरह जब वह नमकीन पानी नीचे सुड़कती थी, तब जलावर्त का अन्दरूनी भाग पूरा दिखने लगता था, पत्थरों से टकराती उसकी गर्जना की चारों ओर भयानक अनुगूँज होती थी और नीचे का काला रेतीला भूमितल दिखने लगता था। मेरे साथी तो त्रास से पीले पड़ गए। उसकी ओर देखते ही हमारे दिल में अपने सर्वनाश का डर समा गया। इसी बीच सिला अवतली पोत से मेरे दल के छह ऐसे लोगों को झपट ले गई जो सबसे बलवान और जिनके हाथ सबसे मज़बूत थे। जब मैंने साथियों को देखने के लिए वेगवान जहाज़ पर नज़र डाली, उसके पहले वे ऊपर उठा लिए गए थे और मैं केवल उनके हाथ-पैर ही लक्षित कर पाया। वे घोर पीड़ा से मेरा नाम लेकर ज़ोर-ज़ोर से चिल्ला रहे थे। मैं तो उनके मुँह से अपना नाम अन्तिम बार ही सुन रहा था। जब कोई मछुआ चारे से छोटी मछलियाँ फँसाने के लिए लम्बी बंसी लेकर भूनासिका पर बैठ जाता है और नीचे समुद्र में वासभूमि के साँड़ का सींग डालता है, तब उसके द्वारा तट पर एक-एक कर उछाल फेंकी गई मछलियाँ जिस तरह छटपटाती हैं, उसी तरह ऊपर खड़ी चट्टान की ओर ले जाए जा रहे मेरे साथी भी छटपटा रहे थे। वहाँ ले जाकर वह उन्हें अपने द्वार पर ही भकोसने

लगी, जबकि वे अपने हाथ मेरी ओर करके भयंकर मृत्यु-वेदना से चीख़ रहे थे। समुद्र-पथ का अन्वेषण करते हुए मैंने अनेक सारे दर्दनाक दृश्य देखे हैं, किन्तु यह सबसे दर्दनाक था।

''भ्रमणशील पाषाण-खंडों एवं भयानक कैरिबडिस और सिला से बच निकलने के बाद हम शीघ्र ही सूर्यदेव के मनोरम द्वीप आ गए। वहाँ सूर्यदेव हाइपेरियन की प्रशस्तमाथ उत्कृष्ट गाएँ और मोटी-ताज़ी भेड़ों के बहुत रेवड़ थे। मैं अभी काले जहाज़ पर समुद्र में ही था कि मुझे पशुशाला में बाँधी जा रही गायों का रँभाना और भेड़ों का मिमियाना सुनाई पड़ गया और उसी समय थीब्ज़ के अन्धे भविष्यद्रष्टा टायरेसियस और ईइया की सर्सी का कहना याद आ गया। दोनों ने मुझे कठोर निर्देश दिया था कि मैं सर्वोल्लासकारी सूर्य देवता के द्वीप से दूर ही रहूँ। तब मैं आकुल मन से अपने दल के बीच बोला :

'' 'मेरे साथियो, तुम लोग बड़ी बुरी हालत में हो, फिर भी मेरी बात सुनो ताकि मैं तुम्हें टायरेसियस और ईईया की सर्सी की भविष्यवाणियाँ कह सकूँ। दोनों ने मुझे सर्वोल्लासकारी सूर्यदेव के द्वीप से दूर ही रहने का कठोर निर्देश दिया था। उन्होंने कहा था कि हमारे ऊपर सबसे भारी विपत्ति वहीं आनेवाली है। इसलिए अपने जहाज़ को इस द्वीप से दूर ही रखते हुए आगे ले चलो।'

''मेरी इस उक्ति से उनका हृदय विदीर्ण हो गया और यूरीलोकस ने मुझे आक्रामक स्वर में चट उत्तर दिया :

''ओडिसियस, तुम कठोर और अतुलित बलशाली हो और तुम्हारे अंग कभी थकते नहीं है। अवश्य तुम लोहे के बने हो पूरे के पूरे। इसलिए श्रम एवं अनिद्रा से श्रान्त साथियों को तट पर नहीं उतरने दे रहे हो जहाँ हम अभी रात का सुस्वादु भोजन तैयार कर सकते हैं, समुद्र से घिरे इस द्वीप पर। लेकिन तत्काल हम जिस हालत में हैं और जिस तरह रात आने ही वाली है, उस हालत में भी तुम हमें यह द्वीप छोड़कर धुन्ध-भरे सागर में आँख मूँदकर भटकने को कह रहे हो। जहाज़ों को नष्ट करनेवाली तेज हवाएँ रात में ही उठती हैं। देवगण हम सबके स्वामी हैं, किन्तु दक्षिण अथवा तुमुलकारी पश्चिम पवन, दोनों ही उनके वश में नहीं हैं और दोनों ही जलयानों का प्रायः ध्वंस करते हैं। संयोग से यदि उनका झोंका अचानक आ जाए, तो सर्वनाश से कैसे कोई बच सकता है? नहीं, अभी हम अँधेरी रात के सामने झुक जाएँ और वेगवान पोत के बिलकुल पास ही भोजन तैयार करें। सवेरा होते ही जहाज़ पर चढ़कर फिर प्रशस्त सागर में चल पड़ेंगे।'

''यूरीलोकस यह बोला और मेरे बाक़ी साथियों ने उसका अनुमोदन कर दिया। मैं समझ गया कि कोई देवता ही हमारे अनिष्ट का उपाय कर रहा है। तब मैं पुंखित शब्दों में उससे बोला :

“ ‘यूरीलोकस, तुम सबके बीच अकेला पड़ जाने की वजह से मैं तुम्हारे आगे मजबूर हूँ। लेकिन देखो, तुम लोगों में से हर एक मेरे सम्मुख पक्की शपथ लो कि हमें यदि गायों का कोई यूथ या भेड़ों का कोई बड़ा रेवड़ मिल जाए, तो हम में से कोई आदमी प्राणघातिनी मूढ़ता के वशीभूत होकर किसी भेड़ या गाय की हत्या नहीं करेगा। हाँ, तुम सब सर्सी के दिए हुए भोज्य पदार्थ ही शान्तिपूर्वक खाओ।’

“मैंने ऐसा कहा और मेरे कथनानुसार उन्होंने अपने ऊपर नियन्त्रण रखने की फ़ौरन शपथ ले ली। जब वे विधिवत शपथ ले चुके, तब हमने जलयान को ले जाकर खोहनुमा बन्दरगाह में लगा दिया। नज़दीक ही वहाँ मीठे पानी का एक सोता भी था। मेरे साथियों ने जहाज़ से उतरकर रात का खाना कुशलता से तैयार कर लिया। लेकिन इच्छाभर खा-पी लेने के बाद वे उन प्रिय साथियों का स्मरण करके विलपने लगे जिन्हें सिला अवतली पोत से झपट ले जाकर भकोस गई थी। ऐसा हुआ कि रोते-रोते ही उन्हें गहरी नींद आ गई। जब रात का तीसरा पहर बीत गया और तारे मध्य आकाश को पार कर गए, तब अभ्रसंचयी ज़्यूस ने हमारे विरुद्ध हवा अशान्त कर भारी तेज आँधी भेज दी और मेघों से जल-थल को समान रूप से ढँक दिया। आसमान से घना अन्धकार तीव्र वेग से नीचे उतर आया। जब गुलाबी उँगलियोंवाली उषा का आगमन हो गया, तब हम जहाज़ को तट पर लाकर एक कोटर-सदृश गुफा में खींच ले गए। उस गुफा के सुन्दर सहन पर अप्सराएँ एकत्र होतीं और नृत्य करती थीं। वहीं मैंने साथियों की सभा बुलाई और उनसे कहा :

“ ‘साथियो, तीव्रगामी जलयान में जब तक खाने-पीने की चीज़ें हैं, तब तक हम उन चौपायों पर हाथ न डालें वरना कहीं हमारा अनिष्ट न हो जाए। ये गाएँ और मोटी-ताज़ी भेड़ों के ये रेवड़ उस भयानक देवता हीलियस के हैं जो सब कुछ देखता और सुनता है।’

“मैंने यही कहा और वे हठीले लोग मेरा कहना मान गए। तब पूरे एक मास तक दक्षिण पवन अविराम बहता रहा। दक्षिण और कभी-कभार पूर्व पवन को छोड़ कभी कोई दूसरी हवा नहीं चली।

“ऐसा हुआ कि जब तक मेरे साथियों के पास अन्न और लाल मदिरा रही, तब तक उन्होंने अपने को उन मवेशियों से दूर ही रखा, क्योंकि अपने जीवन की रक्षा करने की चिन्ता थी उन्हें। लेकिन जहाज़ पर जमा भोजन-सामग्री समाप्त हो जाने के बाद जब उनके पेट में आग लगी, तब वे ज़रूरत के मारे काँटेदार अँकुसियाँ लेकर शिकार की तलाश में इधर-उधर निकल पड़े—जो कुछ हाथ लग जाए, मछली या चिड़िया। तब अन्त में मैं टापू के भीतरी भाग की ओर देवताओं से विनती करने

चल दिया, उनमें से शायद कोई मुझे लौटने की युक्ति सुझा दे। साथियों से बचता जब मैं उनसे दूर निकल गया, तब एक ऐसे स्थान पर, जहाँ आँधी का कोई ज़ोर न था, मैं अपने हाथों को धोकर ओलिम्पसवासी सभी देवताओं की विनती करने लगा। मगर देवताओं ने मेरी पलकों पर नींद डाल दी और इसी बीच यूरीलोकस ने मेरे दल को अनिष्टकारी सुझाव दे डाला :

'' 'मेरे मित्रो, तुम्हारा हाल बड़ा बुरा है, तो भी मेरी बात सुनो। अभागे मनुष्यों के लिए किसी भी रूप में मृत्यु घृणित है, मगर सबसे दर्दनाक है भूख से मरकर दुर्नियति को प्राप्त होना। देखो, हम सूर्यदेव हीलियस की सबसे अच्छी गाएँ हाँक ले आएँ और विस्तीर्ण व्योम में निवसनेवाले मृत्युहीन देवताओं को बलि अर्पित कर दें। यदि हम अपने देश इथाका पहुँच जाने में अब भी सफल हो गए, तब सूर्यदेव हाइपेरियन के लिए फ़ौरन एक भव्य मन्दिर खड़ा कर देंगे और उसमें भरपूर उत्कृष्ट चढ़ावे रख छोड़ेंगे। परन्तु यदि वह अपनी दीर्घशृंग गायों के चलते क्रुद्ध होकर हमारा जहाज़ नष्ट कर देने का मन बना लेता है और अन्य देवता भी उसकी इस अच्छा का समर्थन कर देते हैं, तब तो मैं इस जनशून्य द्वीप पर तिल-तिल घुलकर मरने से समुद्र में एक बार गटाक से खारा पानी पीकर अपने जीवन का त्याग कर देना अधिक पसन्द करूँगा।'

''यूरीलोकस ने यही कहा और दल के शेष सदस्यों ने उसकी यह सम्मति स्वीकार कर ली। नज़दीक ही चरती सूर्य देवता की सर्वोत्तम गायों को वे हाँक ले आए। मोटी-ताज़ी प्रशस्तमाथ वे सुन्दर गाएँ जलयान से बहुत दूर नहीं थीं। तब उन गायों को घेरकर वे खड़े हो गए और चूँकि जहाज़ में सफ़ेद जौ के दाने नहीं थे, इसलिए लम्बे ओकवृक्ष के ताज़े पत्ते तोड़कर उन्होंने देवताओं की विनती की। विनती करने के बाद उन्होंने गायों की गरदनें काटकर उनको खलिया लिया, रानों से मांस के टुकड़े काटकर उन पर चरबी की दो तहें लपेट दीं और उन पर कच्चे मांस-खंड डाल दिए। उनके पास शुद्ध सुरा नहीं थी, सो उन्होंने आहुति पर जल ही डाला और आग में भीतरी अवयव भून लिए। जब रानों के टुकड़े पूरी तरह पक गए और भीतरी अवयवों को चखकर देख लिया, तब बाक़ी बचे मांस के टुकड़े कर उन्हें सीखचों में भोंक दिया। उसी पल मेरी पलकों पर से नींद चली गई और मैं पोत और समुद्र-तट की ओर तेजी से चल पड़ा। जलयान के नज़दीक आ जाने पर मुझे भूने जा रहे मांस की मीठी गन्ध लगी। ज़ोर से चीख़कर मैं अमरों को पुकार उठा :

'' 'हे पिता ज़्यूस एवं अन्य सभी महाभाग अमरो, मेरा विनाश करने के विचार से ही तुमने मुझे निष्ठुर निद्रा के वशीभूत कर दिया और मेरी अनुपस्थिति में इस बीच मेरे साथियों ने इतना बड़ा पापकर्म कर डालने का उपक्रम कर लिया।'

"तब अनुगवसना लैम्पेटी तेजी से जाकर सूर्यदेव हाइपेरियन को यह ख़बर दे आई कि हमने उसकी गायों की हत्या कर दी है। वह कुपित होकर अमरों से तुरन्त बोला :

"हे पिता ज़्यूस एवं अन्य सभी महाभाग अमरो, मेरी प्रार्थना है कि तुम सब लेयरटीज़-पुत्र ओडिसियस के साथियों से प्रतिशोध लो। उन्होंने मेरे उन मवेशियों को मार देने की धृष्टता की है, जिनसे मुझे नक्षत्रखचित आकाश में चढ़ते और फिर व्योम से पृथ्वी की ओर उतरते समय हमेशा आनन्द मिलता है। यदि वे मेरे मवेशियों के लिए पूरी क्षतिपूर्ति नहीं करते हैं, तब मैं यहाँ से हेडीज़ चला जाऊँगा और मृतकों को ही प्रकाश दूँगा।

"इस पर मेघसंचयी ज़्यूस ने उसे उत्तर दिया : 'हीलियस, तुम मृत्युरहित देवताओं तथा अन्नदायिनी धरा पर मरणधर्मा मनुष्यों के मध्य ही प्रकाशित रहो। जहाँ तक उन पापियों का प्रश्न है, तो मैं अपने चमकीले वज्र से उनके जलपोत पर प्रहार करके उसे मदिरघन समुद्र में चूर्ण-विचूर्ण कर दूँगा।'

"यह मैंने सुकेशवती कैलिप्सो से सुना था और कैलिप्सो मुझसे बोली थी कि उसने यह देवताओं के सन्देशवाहक हरमीज़ से सुना था।

"जब मैं समुद्र-तट पर अपने जहाज़ के पास आ गया, तब एक-एक करके सभी साथियों के आगे जाकर मैंने उन्हें डाँटा-फटकारा। लेकिन हम लोगों के पास अब कोई उपाय नहीं था, मवेशी तो मर-मरा चुके थे। उसके तुरन्त बाद ही देवगण मेरे दल को संकेत देने और चमत्कार दिखाने लगे। गायों की खालें सरकने लगीं, सीखचों से कच्चा मांस या भूना हुआ मांस चिल्लाने लगा और गायों के रँभाने की आवाज़ सुनाई पड़ने लगी।

"तदनन्तर छह दिनों तक मेरे प्रिय साथी हीलियस की हाँक ले आई गई सर्वोत्तम गायों का भोज मनाते रहे। लेकिन क्रॉनस-तनय ज़्यूस के द्वारा सातवाँ दिन जोड़ दिए जाने के साथ ही हवा और तेज तूफ़ान थम गया। उसके बाद ही हमने झटपट मस्तूल खड़ा करके सफ़ेद पाल तान दिए और जहाज़ पर चढ़कर विशाल सागर में चल पड़े।

"उस टापू को पीछे छोड़ देने के बाद हमें समुद्र और आसमान के अतिरिक्त कहीं कोई सूखी ज़मीन नहीं दिखी। तिस पर क्रॉनस-पुत्र ज़्यूस ने हमारे जलपोत के ऊपर काली घटा फैला दी और उसके नीचे समुद्र पर अँधेरा तिर आया। जहाज़ कुछ ही दूर आगे बढ़ा होगा कि सनसनाती हवा के साथ भीषण वेग से अचानक तूफ़ान उठ गया। हवा के झोंकों से मस्तूल के दो मोहररस्से टूट गए, मस्तूल पीछे की ओर गिर पड़ा और रस्से खाव में आ गिरे। यह देखो कि जलयान के पिछले भाग में बैठे कर्णधार के सिर पर मस्तूल आ गिरा जिससे उसकी खोपड़ी की सारी हड्डियाँ टूट

गईं। नौपृष्ठ से वह ग़ोताख़ोर की भाँति नीचे गिरा और उसकी निर्भीक आत्मा उसकी हड्डियों को छोड़कर चली गई। उसी समय ज़्यूस ने गर्जना करके पोत पर वज्र फेंका। ज़्यूस के वज्राघात से समूचा जहाज़ चक्कर काट गया। गन्धक से वह भर उठा और मेरे साथी यान के बाहर जा गिरे। वे मद्गु (जलाकाक) पक्षियों की तरह जहाज़ के इर्दगिर्द लहरों पर उतराने लगे; देवताओं ने उनका घर लौटना हमेशा के लिए निषिद्ध कर दिया।

''परन्तु मैं टूटे हुए जहाज़ पर अपनी जगह इधर-उधर तब तक बदलता रहा, जब तक समुद्री लहरों ने उसके पेंदे की मुख्य शहतीर से उसके दोनों तरफ़ के भाग तोड़कर अलग नहीं कर दिए। वह शहतीर अब उनके बग़ैर ही लहरों पर बहने लगी और उससे उसका मस्तूल भी टूटकर साफ़ अलग हो गया। उस पर पिछला रस्सा, जो वृषभ चर्म का बना था, आ गिरा। उसी से शहतीर और मस्तूल दोनों को एक साथ बाँधकर मैं उन पर बैठ गया और विनाशक हवा मुझे बहा ले चली।

''तदनन्तर प्रचंड वेग से चल रहा पश्चिम पवन थम ज़रूर गया, मगर शीघ्र ही मुझे संकट में डाल देने को दक्षिण पवन चलने लगा जिससे मैं समुद्र में फिर से पीछे की ओर घातक कैरिबडिस का रास्ता पकड़ने को मजबूर था। रातभर मैं बहता रहा लेकिन सूर्योदय होते-होते सिला के पाषाण-खंड और घातक कैरिबडिस के पास आ गया। ठीक उसी पल कैरिबडिस ने समुद्र का लोना पानी नीचे की ओर सुड़कना शुरू कर दिया। मैंने उछलकर ऊँचे अंजीर के वृक्ष को पकड़ लिया और उससे चमगादड़ की भाँति चिपक गया, क्योंकि वहाँ पाँव जमाने या खड़े होने की कोई सूरत नहीं थी; उस पेड़ की जड़ें काफ़ी नीचे तक फैली थीं और कैरिबडिस के ऊपर छाई उसकी लम्बी और विशाल डालें मेरी पहुँच के बिलकुल परे थीं। वहाँ मुझे दृढ़ता से तब तक चिपके रहना था, जब तक कैरिबडिस मस्तूल और शहतीर को ऊपर नहीं फेंक देती। मैं जैसा चाहता था, उससे काफ़ी देर के बाद वे लकड़ियाँ ऊपर आईं। किसी न्यायकर्ता के समीप युवकगण न्याय के लिए आते हैं और न्याय करते-करते अन्त में वह सभा छोड़कर जिस घड़ी शाम के भोजन के निमित्त चल देता है, उसी घड़ी वे लकड़ियाँ कैरिबडिस से निकलकर ऊपर दृष्टिगोचर हुईं। मैंने हाथ-पैर छोड़कर अपने को नीचे गिर जाने दिया और लम्बी लकड़ियों के एकदम क़रीब पानी में छपाक से आ गिरा। उन पर किसी तरह सवार होकर उन्हें हाथों से ताबड़तोड़ खेने लगा। ऐसा हुआ कि देवों और मानवों के ज़नक ने सिला की नज़र मेरे ऊपर नहीं पड़ने दी वरना सर्वनाश से कदापि नहीं बच पाता।

''उस समय से लेकर नौ दिनों तक मैं बहता रहा, पानी के ऊपर। दसवें दिन देवगण मुझे औजीजिया द्वीप के निकट ले आए। वहाँ वेणीयुक्ता कैलिप्सो रहती है,

जो है तो भयंकर देवी किन्तु बोलती है मानवी भाषा। उसने मेरा स्वागत और मेरे साथ सदयतापूर्ण व्यवहार किया और मेरी देखभाल की। लेकिन यह सब क्यों दोहराऊँ? इसके आगे की कहानी तो कल ही तुम्हारे महल में तुमसे और तुम्हारी उदार पत्नी से कह चुका हूँ। एक बार साफ़-साफ़ कह दी गई कथा दोहराना मुझे पसन्द नहीं।''

ओडिसियस का इथाका पहुँचना

ओडिसियस ने यही कहा। उधर धुँधले विशाल कक्ष में यहाँ से वहाँ तक सारे लोग एकदम निस्तब्ध बैठे थे—शान्त और मंत्रमुग्ध। कुछ देर के बाद ही ऐलसिनोअस उत्तर में उससे बोल पाया :

"ओडिसियस, सचमुच अनेक सारे कठिन कष्ट झेले हैं तुमने। लेकिन चूँकि अन्त में तुम कांस्य फ़र्शवाले मेरे इस ऊँचे महल में आ गए हो, इसलिए मुझे ऐसा लगता है कि घर पहुँच जाने के पहले तुम अपने मार्ग से कदापि नहीं भटकोगे। यहाँ उपस्थित बाक़ी तुम लोगों में से हर एक को, जो मेरे महल में हमेशा सरदारों की आबदार सुरा पीते और चारण को सुनते हो, मेरा यह आदेश है। फेयेशियनों के पार्षदों द्वारा इस अतिथि के वास्ते ले आए गए वस्त्र, सोने के आभूषण तथा अन्यान्य उपहार चिक्कण सन्दूक में रखे जा चुके हैं। परन्तु अब हम में से हर कोई उसे एक बड़ी तिपाई और एक बड़ा कड़ाह उपहार में प्रदान करे। बाद में हम इन चीज़ों को आम लोगों से वसूल कर अपनी क्षतिपूर्ति कर लेंगे, क्योंकि किसी एक व्यक्ति के लिए बिना प्रतिदान के केवल देना ही देना बड़ा मुश्किल होता है।"

ऐलसिनोअस ने ऐसा कहा और उसका यह कहना सबको प्रीतिकर लगा। तब वे अपने-अपने घर आराम करने चले गए। लेकिन जैसे ही गुलाबी उँगलियोंवाली उषा प्रकट हुई कि वे मनुष्य को हर्षित करनेवाले काँसे के उपहार लेकर जलयान की ओर तेजी से चल दिए। शक्तिवन्त राजा ऐलसिनोअस ने जहाज़ पर स्वयं घूम-घूमकर कगरों के नीचे तोहफ़े इस होशियारी से रखवा दिए कि चप्पू चलाने में जहाज़ियों को कोई दिक़्क़त न हो। तब वे ऐलसिनोअस के महल जाकर भोज की तैयारी करने लगे। राजा ऐलसिनोअस ने उनके लिए झंझामेघ के स्वामी क्रॉनस-तनय ज़्यूस को, जो सबका मालिक है, एक वृषभ की बलि दी। रानों के टुकड़े भून लेने के बाद उन लोगों ने उत्कृष्ट भोज का आनन्द लिया और तब लोकसम्मानित दिव्य गायक डीमोडोकस ने उनके बीच विपंची के सुर पर गायन किया। लेकिन ओडिसियस को तो घर लौटने की बेसब्री थी, सो वह चाहता था कि सूरज जल्द से जल्द डूब जाए। इसी कारण वह बारम्बार पीछे मुड़कर चमकते सूर्य की ओर देखता था। जिस तरह कोई आदमी

परस्पर सुसंहत हल एवं गहरे लाल रंग के दो बैलों से दिनभर बंजर ज़मीन जोतते-जोतते अन्त में शाम के भोजन के लिए बेताब हो जाता है और सूर्य के प्रकाश को तिरोहित होता देख ख़ुश हो उठता है कि थके पाँव ही सही, अब वह लौटकर ब्यालू कर पाएगा, उसी तरह सूरज का डूबना ओडिसियस को सुखद प्रतीत हुआ। तुरन्त वह चप्पू चलाने में माहिर फेयेशियनों के बीच, ख़ासकर ऐलसिनोअस को लक्ष्य करके, अपने मन की बात खोलता बोल उठा :

"ओ मेरे सम्मानित राजा ऐलसिनोअस, मद्यार्घ्य अर्पित करके अब मुझे यहाँ से सुरक्षित भेज दो। मैं भी तुम्हें अपनी विदाई का नमस्कार करता हूँ। मैं दिल से जो चाहता था, वह सब मुझे मिल गया है—मार्गरक्षक एवं प्रेमव्यंजक अनेकानेक उपहार। स्वर्गस्थ देवगण इन उपहारों से मुझे सुख दें और मैं अपने घर लौटकर अपनी अप्रतिम पत्नी तथा अपने बन्धु-बान्धवों को सकुशल पाऊँ। तुम लोग भी यहाँ रहते हुए अपनी-अपनी पत्नी और बच्चों को सुखी और प्रसन्न रखो। देवगण तुम्हें हर तरह की सम्पन्नता प्रदान करें और तुम्हारे लोगों पर किसी प्रकार की विपदा न आए।"

उसने ऐसा कहा और उचित कहा, इसलिए उन्होंने उसका अनुमोदन कर दिया और उसे विदा करने को तत्पर हो गए। तब श्रद्धास्पद राजा ऐलसिनोअस अपने अनुचर से बोला : "पौंटोनोअस, मिश्रणपात्र में मदिरा मिलाकर महल में प्रत्येक व्यक्ति को दे दो ताकि हम पिता ज़्यूस की विनती करके इस अभ्यागत को उसकी जन्मभूमि भेज सकें।"

उसके इस आदेश पर पौंटोनोअस ने मधुमधुर आसव का मिश्रण तैयार करके उसे बारी-बारी से सबको परोस दिया। उन लोगों ने बैठे ही बैठे उसे विशाल व्योम के निवासी महाभाग देवताओं को अर्पित किया। तदनन्तर वीर ओडिसियस उठा और एरिटी के करों में दो हत्थोंवाला चषक रखते हुए उससे भावभीने शब्दों में बोला :

"रानी, मैं तो अब यहाँ से जा रहा हूँ लेकिन तुम्हारे लिए मेरी यही कामना है कि तुम्हें बुढ़ापे और मृत्यु, जो मानव जाति की नियति है, तक सर्वदा सुख-समृद्धि की प्राप्ति होती रहे। तुम इस महल में अपने बच्चों एवं अपनी प्रजा और राजा ऐलसिनोअस के बीच आनन्द से रहो।"

इतना कहकर वीर ओडिसियस दहलीज़ लाँघकर बाहर निकल चला। राजा ऐलसिनोअस ने उसके साथ एक अनुचर कर दिया ताकि वह उसे सिन्धु-तट पर वेगवान पोत तक ले जाए। एरिटी ने भी उसके पीछे-पीछे दासियाँ भेज दीं; उनमें से एक दासी अभी-अभी धुला एक चोगा और एक अँगरखा, दूसरी मज़बूत सन्दूक और तीसरी खाद्य सामग्रियाँ एवं लाल सुरा लिए हुई थी। जब वे सागर-तट से लगे जहाज़ पर पहुँच गए, तब अनुभवी मार्गदर्शकों ने मदिरा, खाद्य सामग्रियाँ तथा अन्य वस्तुएँ लेकर तुरन्त अवतली पोत में रख दीं। ओडिसियस गहरी नींद सो सके, इस वास्ते

उन्होंने जलयान के पिछले भाग में नौपृष्ठ पर कम्बल और क्षौमास्तरण बिछा दिए। तब ओडिसियस भी जहाज़ पर चढ़ गया और चुपचाप लेट गया। उसके बाद ही जहाज़ी कगरों पर बैठ गए, हर कोई व्यवस्थित ढंग से अपनी-अपनी जगह और उन्होंने लंगर के पत्थर के छिद्र से रस्सा खोल दिया। जैसे ही पीछे मुड़कर उन्होंने चप्पुओं से सागर का पानी काटना शुरू किया कि ओडिसियस की पलकों पर गहरी नींद उतर आई। प्रगाढ़ और मधुर निद्रा, मृत्यु की भाँति निष्प्राण कर देनेवाली। जिस प्रकार एक साथ जुते चार घोड़े चाबुक के ज़ोर से ऊँची छलाँगें लगाते हुए तीव्र वेग से समतल मैदानी रास्ता तय करते हैं, उसी प्रकार उस जहाज़ का पिछला भाग लहरों पर उछालें मारता अपने निर्दिष्ट मार्ग पर निर्विघ्न चल पड़ा। उसके पीछे निनादित जलधि की उत्ताल तरंगें उद्वेलित होने लगीं। पक्षियों में सबसे तेज उड़नेवाला चक्रचारी बाज़ भी उसके वेग का साथ नहीं दे सकता था। इस भाँति वह जलपोत पयोनिधि की लहरें चीरता हुआ द्रुत गति से एक ऐसे पुरुष को लिए जा रहा था, जो देवताओं के सदृश बुद्धिशाली था और जो पूर्वकाल में हुए युद्धों में शत्रुओं तथा महोदधि की दारुण लहरों से बहुत कष्ट भोग चुका था। परन्तु अभी वह पहले भोगे हुए अपने सारे दुख-क्लेश भूलकर शान्ति से सोया था।

अन्ततः वह समुद्रगामी यान निर्दिष्ट द्वीप के समीप पहुँच गया और उस घड़ी पहुँचा, जब उषा के प्रकाश के आगमन का सूचक वह तारा उदित हुआ जो तारों के मध्य सर्वाधिक चमकीला है। इथाका के सागर-तट पर वृद्ध समुद्रदेव फौरकिस से सम्बन्धित एक बन्दरगाह है। उसके दोनों तरफ़ दो ऊँचे खड़े अन्तरीप समुद्र के भीतर चले गए हैं, जबकि बन्दरगाह की तरफ़ वे ढालू हैं, जिससे प्रबल हवाओं के द्वारा खुले समुद्र की ओर से लाई गई उत्ताल तरंगें उनसे टकराकर छिन्न-विच्छिन्न हो जाती हैं। इसलिए जब कोई जलयान उसके अन्दर लंगर-स्थान पर पहुँच जाता है, तो उसे बाँधने की भी ज़रूरत नहीं पड़ती। उस खाड़ीनुमा बन्दरगाह के शीर्ष पर दीर्घपर्णिल जैतून का एक वृक्ष है और उसके निकट ही नाईऐड नामक जलपरियों से जुड़ी एक मनोरम एवं मन्दच्छाय गुफा है। उसके अन्दर पत्थर के मिश्रणपात्र और मटके हैं और उनके अतिरिक्त वहाँ मधुमक्खियों के छत्ते भी हैं। कन्दरा में पत्थर के ही बड़े-बड़े करघे हैं, जिन पर अप्सराएँ बैंगनी रंग के नयनमुग्धकारी वस्त्र बुना करती हैं और वहाँ सदा प्रवाहित पानी के सोते भी हैं। उस गुहा में प्रवेश करने के लिए दो द्वार हैं—एक उत्तर की ओर है जिससे केवल मनुष्य ही अन्दर उतर सकते हैं। लेकिन दूसरा द्वार दक्षिण की ओर है जो केवल देवताओं के निमित्त है। उससे होकर कोई आदमी भीतर नहीं जा सकता। वह अविनश्वर देवताओं का मार्ग है।

उस जगह की पहले से जानकारी होने के कारण जहाज़ी अपना यान वहीं खे ले गए। पोतवाहों के भुजदंड के द्वारा प्रबल वेग से प्रचालित उस जलपोत का आधा

भाग तट पर जा चढ़ा। तदुपरान्त वे जलयान से उतरकर भूमि पर आ गए और सबसे पहले उन्होंने क्षौम की चादर और चमकीले कम्बल में लिपटे और गहरी नींद में सोये ओडिसियस को पोत से उठाकर सिकता तट पर लिटा दिया। तब उन्होंने वे सब सामान उतार लिए, जो फेयेशियन सरदारों ने ओडिसियस को घर विदा करते समय उदारमना एथीनी की कृपा से दिए थे। वे सब सामान उन्होंने रास्ते से दूर उस जैतून के तने की ओट में एक साथ इसलिए रख दिए कि ओडिसियस के जागने के पूर्व उधर से गुज़रनेवाला कोई व्यक्ति उनको कहीं चुरा न ले जाए। यह सब कर-कराकर वे लोग तो अपने घर की ओर लौट चले, लेकिन भूकम्पक देवता अपनी वह धमकी अब तक नहीं बिसरा था जो उसने देवतुल्य ओडिसियस को पहले कभी दी थी। अतएव उसने इस मामले में ज़्यूस की इच्छा जानने के ख़याल से उससे पूछा :

"हे तात ज़्यूस, अमरों के बीच मैं अब अपना गौरव और सम्मान खो दूँगा, क्योंकि मरणशील मनुष्य ही मेरा कोई सम्मान नहीं करते, यहाँ तक कि फेयेशियन भी नहीं, जिनके बारे में तुम जानते हो कि वे मेरी ही सन्तति हैं। सुनो, एक बार जब तुमने वचन दे दिया था और मस्तक नवाकर उसकी पुष्टि भी कर दी थी, तब मैं नहीं चाहता था कि ओडिसियस अपने घर बिलकुल ही न लौट पाए। किन्तु इतना अवश्य कहा था कि काफ़ी तकलीफ़ उठाने के बाद ही वह अपने वतन पहुँच पाएगा। परन्तु अब यह देख लो कि इन फेयेशियनों ने अपने क्षिप्र पोत में सोये ओडिसियस को समुद्र पार से लाकर इथाका में रख दिया है और उसे अकूत उपहार भी दे डाले हैं—भारी मात्रा में कांस्य एवं सुवर्ण तथा बुने हुए वस्त्रों का ख़ज़ाना ही समझो। यदि वह ट्रॉय से सही-सलामत लौटा होता, तो भी युद्ध में लूटे गए शत्रु के धन में से उसे अपने उचित अंश के रूप में इससे अधिक प्राप्त नहीं होता।"

इस पर ज़्यूस ने उसे उत्तर दिया : "ओ अमित प्रभुत्वशाली भूकम्पक, भला देखो कि यह तुम क्या बोल गए! किसी भी तरह देवगण तुम्हारा असम्मान नहीं करते। अपने बीच सबसे बड़े और उत्तम देवता का अनादर करना उनके लिए दुखदायी ही सिद्ध होगा। लेकिन जहाँ तक किसी मनुष्य की बात है, तो यदि वह अपनी शक्ति और धृष्टता के वशीभूत होकर तुम्हें अपमानित कर बैठता है, तब इसके लिए तुम उसे अवश्य दंडित करो और भविष्य में भी करो। अपने मन मुताबिक़ तुम्हें जो भी उचित लगे, तुम वही करो।"

तब पॉसायडन ने उसे जवाब दिया : "हे घनघटा के स्वामी, तुम जो कहते हो मैं वही करने को तत्पर हूँ। लेकिन मैं हमेशा तुम्हारे रोष का भय मानता और उससे बचता हूँ। तथापि अभी मेरी इच्छा धुन्ध-भरे सागर में मार्गरक्षण का काम करके वापस जा रहे फेयेशियनों के उस शानदार जहाज़ को नष्ट कर देने की है ताकि वे ऐसा

करने से बाज़ आना सीख लें और यात्रियों का मार्गरक्षण करना बन्द कर दें। उनका नगर भी मैं विशाल भूधर से घेर देना चाहता हूँ।''

अभ्रसंचयी ज़्यूस तब उससे बोला : ''मित्र, मेरी दृष्टि में जो करना सर्वोत्तम प्रतीत होता है उसे तुम जान लो। तेज गति से वापस आ रहे जलयान को लोग जिस समय नगर से देख रहे हों और जब वह तट के एकदम क़रीब आ जाए, तब तुम उसे पत्थर में परिणत कर देना, ऐसा कि वह पत्थर बिलकुल तीव्रगामी पोत मालूम पड़े और उसे देखकर लोग अचम्भा करें। तदनन्तर तुम उनकी पुरी विशाल पर्वत से आवेष्टित कर देना।''

यह सुनते ही भूकम्पक पॉसायडन स्कीरिया की ओर चल पड़ा जहाँ फेयेशियन रहते हैं। थोड़ी ही देर उसने वहाँ प्रतीक्षा की होगी कि सिन्धुगामी वह पोत द्रुत वेग से तट के समीप आ गया। तब भूकम्पक उसके सन्निकट जा पहुँचा और अपनी हथेली के एक ही आघात से उसे पाषाण में बदलकर समुद्र-तल में दृढ़ता से बिठा दिया। ऐसा करके वह उस जगह से चलते बना।

इस पर अपने जहाज़ों के लिए विख्यात एवं लम्बे चप्पुओंवाले फेयेशियन परस्पर पुंखित शब्दों में बोलने लगे। वे एक-दूसरे की ओर देख-देख यही कहते :

''हाय, घर की ओर तेज रफ़्तार से आ रहे हमारे जहाज़ को समुद्र में किसने रोक दिया है? अभी ही तो वह साफ़ दिखाई पड़ रहा था।''

वे इसी तरह बतिया रहे थे। मगर उन्हें मालूम नहीं हो पाया कि ऐसा कैसे हुआ। तब ऐलसिनोअस ने उन्हें सम्बोधित किया :

''यह सुनो कि मेरे पिता की बहुत पहले की गई भविष्यवाणी मुझे अभी याद आ रही है। वह कहता था कि हम चूँकि हर तरह के लोगों को अपने जहाज़ों से उनके घर सुरक्षित पहुँचा दिया करते हैं, इसलिए पॉसायडन हम पर क्षुब्ध रहता है। उसने कहा था कि एक दिन ऐसा होगा कि जब फेयेशियनों का एक शानदार जलयान किसी व्यक्ति को उसके घर सुरक्षित पहुँचाकर वापस आता रहेगा, तो धुन्ध-भरे सागर में वह देवता उस पर प्रहार करेगा और चारों ओर से हमारे नगर को विशाल पर्वत से बन्द कर देगा। वह बूढ़ा ऐसा ही बोलता था और अब देखो कि अभी वही सब घटित हो रहा है। किन्तु सुनो, हम तत्काल वही करें जो मैं कहता हूँ। अब से हमारे नगर में जो भी आदमी आए, उसे हम अपने जहाज़ से उसके घर सुरक्षित पहुँचाना बन्द कर दें और पॉसायडन को बारह चुनिन्दा वृषभों की बलि अर्पित करें। कदाचित उसकी दया हो जाए और वह हमारे नगर के चतुर्दिक विराट पर्वत का बाड़ा न डाले।''

उसकी इस उक्ति से आतंकित होकर उन्होंने साँड़ तैयार कर लिए और फेयेशियनों के नायक और पार्षद बलिवेदी के चारों ओर खड़े होकर स्वामी पॉसायडन से विनती करने लगे।

उसी समय भव्य व्यक्तित्ववाला ओडिसियस अपनी पितृभूमि पर जहाँ सोया था, वहाँ जाग उठा। लेकिन लम्बी अवधि तक दूर रहने के कारण वह उसे पहचान नहीं पाया। तिस पर एथीनी ने उसके चतुर्दिक इस उद्देश्य से कुहरा फैला दिया कि वह कौन है, इसका पता किसी को तब तक न चल पाए जब तक देवी उसे सारी आवश्यक बातों से अवगत न करा दे और प्रणयनिवेदकों को उनके अपराधों के लिए दंड न मिल जाए; उस घड़ी तक उसकी पत्नी, उसके सगे- सम्बन्धी तथा उसके नगरवासी उसे पहचान न पाएँ। इसलिए उस देश के स्वामी को ही वहाँ का सब कुछ अनचीन्हा लगा—भीतरी भाग की ओर जाते मार्ग, निरापद बन्दरगाह, खड़ी चट्टानें और हरे-भरे पेड़। इसलिए वह उछलकर खड़ा हो गया और अपनी जन्मभूमि को निहारने लगा। तब आह भरकर हथेलियों से अपनी दोनों जाँघें ठोककर विषाद-भरे स्वर में वह बोल उठा :

''हाय, मैं अभागा अब मर्त्यों के किस देश में आ गया हूँ? क्या पता कि यहाँ के निवासी निष्ठुर, बर्बर और अन्यायी हैं या दैवभीरु और मेहमाननवाज़ हैं? यह धनराशि कहाँ ले जाऊँ? बल्कि ख़ुद मैं ही किधर जाऊँ? बेहतर तो यही होता कि यह सारी दौलत जहाँ थी, वहीं फेयेशियनों के पास रह जाती और मैं शक्तिशाली राजाओं में से किसी ऐसे के यहाँ चला जाता जो मेरा स्वागत-सत्कार करके मुझे स्वदेश विदा कर देता। मगर अभी मुझे कुछ सूझ नहीं रहा है कि यह सम्पत्ति रखूँ तो कहाँ रखूँ। फिर भी इसे यहाँ छोड़कर हट भी नहीं सकता वरना इसे दूसरे लोग कहीं उड़ा न लें। हाय, आख़िर मुझे एक अनचीन्हे देश पहुँचाकर फेयेशियन नायकों और पार्षदों ने पूरी बुद्धिमानी और ईमानदारी का परिचय नहीं दिया है। सच्चाई तो यह है कि उन्होंने मुझे निर्मल नभ इथाका भेज देने का वचन दिया था, किन्तु उन्होंने वैसा नहीं किया है। शरणागतों का देवता ज़्यूस उन्हें दंडित करे, क्योंकि वह सम्पूर्ण मानवजाति पर अपनी दृष्टि रखता है और अपराधी से बदला लेता है। लेकिन ये सारी चीज़ें अभी यह जानने को गिन लूँ कि वे लोग इनमें से कोई सामान अपने अवतली पोत से ले तो नहीं गए हैं।''

इतना बोलकर वह सुन्दर तिपाइयों, कड़ाहों, सुवर्ण एवं रुचिरता से बुने परिधानों की गिनती करने लगा। उसने पाया कि उनमें से एक भी चीज़ ग़ायब नहीं हुई है। लेकिन तब वह स्वदेश की ख़ातिर खिन्न उत्कंठा से भर गया और ग़रज़ते सिन्धु के तट पर मर्मभेदी विलाप करता फिरने लगा। उसी समय एथीनी एक युवा चरवाहे के भेस में उसके नज़दीक आ गई। किसी तरुण राजकुमार के समान ही उसके हाव-भाव अत्यन्त भद्र एवं मृदुल थे। उसके कन्धों से बड़ा ही सुन्दर अँगरखा दो तहों में झूल रहा था, उसके उज्ज्वल चरणों से पादुकाएँ बँधी थीं और उसके हाथ में एक बरछा था। उसे देखते ही ओडिसियस बड़ा ख़ुश हुआ और उसके पास जाकर सटीक शब्दों में बोला :

"बन्धु, चूँकि इस देश में तुम पहले व्यक्ति हो जिससे मेरी भेंट हुई है, इसलिए मैं तुम्हारा अभिवादन करता हूँ और मेरा निवेदन है कि तुम मेरे साथ किसी बुरी नीयत से मत पेश आना। मैं तुम्हारे अभीष्ट घुटनों की शरण में आ गया हूँ, अतः तुम्हें एक देवता मानकर तुमसे विनती करता हूँ कि तुम मेरी इस धनराशि की रक्षा करो और मुझे भी सुरक्षा प्रदान करो। इतना ही नहीं, यह सब सही-सही बताओ ताकि मुझे पक्के तौर पर पूरी जानकारी मिल जाए। कौन यह देश है और किस जाति के लोग यहाँ बसते हैं? ये लोग कैसे हैं? मैं समझता हूँ कि अवश्य यह निर्मल आकाशवाला कोई टापू या किसी उर्वर महाद्वीप के ढालू सागर-तट का एक भाग है।"

इस पर एथीनी ने उसे उत्तर दिया : "ओ अजनबी, यदि इस भूमि के बारे में सच में ऐसा पूछ रहे हो, तब इससे यही मालूम पड़ता है कि तुम या तो मूर्ख हो या बहुत दूर से आए हो। नहीं, यह प्रदेश उतना गुमनाम नहीं जितना तुम्हारे सवाल से पता चलता है। बल्कि पूरब में जिधर सूरज उगता है और पश्चिम में जिधर उसके डूबने से अँधेरा आता है, दोनों ओर तक के क्षेत्रों के बहुत सारे निवासी इसे जानते हैं। यह ऊबड़-खाबड़ इलाक़ा ज़रूर है जो घोड़े हाँकने के लायक़ नहीं हैं और फैला और खुला हुआ भी नहीं है, तो भी अभावग्रस्त यह कतई नहीं हैं। हमेशा पर्याप्त वर्षा एवं ओस की ताज़गी होने से यहाँ बेहद अन्न पैदा होता है और मदिरा भी होती है। यहाँ गायों और बकरियों के लिए उत्तम चरागाहें हैं तथा यहाँ के वनों में विविध प्रकार के वृक्ष हैं। सिंचाई के लिए ताल-तलैए हैं जिनका पानी कभी सूखता नहीं है। इसलिए, ओ अजनबी, इथाका का नाम उस ट्रॉय भूमि तक पहुँच चुका है जिसके बारे में लोग कहते हैं कि वह अकीया (यूनान) से बहुत दूर है।"

उसकी ऐसी उक्ति से धीर-वीर ओडिसियस को खुशी हुई। चर्मधर ज़्यूस की पुत्री एथीनी के कथनानुसार स्वयं को अपनी भूमि पर पाकर वह हर्ष से भर उठा और उससे पुंखित शब्दों में बोला, किन्तु चतुर और प्रत्युत्पन्नमति होने की वजह से उसने सही बात नहीं बताई। बल्कि होंठों पर आ गया सच शब्द भी रोककर उसने उसे उत्तर दिया :

"इथाका के बारे में मैंने समुद्र के पार बहुत दूर विस्तीर्ण क्रीट में भी सुना है और अब मैं स्वयं अपने इस असबाब के साथ यहाँ आ गया हूँ। इतनी ही और दौलत अपने बच्चों के लिए छोड़कर मैं वहाँ से इसलिए भाग निकला कि मैंने ईडोमेनियस के प्रिय बेटे और्सीलोकस की हत्या कर दी थी। दौड़ाक वह बड़ा तेज था और विस्तृत क्रीट के सभी लोगों से वह तेज दौड़ता था। उसकी मंशा ट्रॉय की लूट का वह सब धन मुझसे छीन लेने की थी जिसे मैंने लड़ाइयों और सागर की भीषण लहरों की पीड़ा झेलकर हासिल किया था। ऐसा वह इसलिए करना चाहता था कि ट्रॉय में उसके बाप का सहचर सामन्त बनना नामंजूर करके मैंने अपने ही साथी सैनिकों का नायकत्व

किया था। इस तरह मैं अपने एक सहयोगी के साथ सड़क के किनारे घात लगाकर बैठ गया और जब वह देहाती क्षेत्र से अपने घर वापस आ रहा था, तब मैंने कांस्य अनीयुक्त भाले से उसे मार डाला। आसमान में रात का अँधेरा छाया था, सो कोई आदमी हमें देख नहीं पाया और मैंने गुपचुप उसकी जान ले ली। तेज भाले से उसकी हत्या करके मैं सीधे एक जहाज़ की ओर चला गया। वह जहाज़ शरीफ़ फिनीशियनों का था। उनसे निवेदन किया कि वे मुझे जहाज़ पर चढ़ाकर पायलस या एपियनों द्वारा शासित रमणीक एलिस उतार दें। लूट के माल में से उन्हें इतना दे डाला कि वे राज़ी हो गए। लेकिन बात ऐसी हुई कि हवा के ज़ोर के चलते उनका जलयान रास्ते से भटक गया। इससे वे बड़े क्षुब्ध हुए क्योंकि वे मुझे धोखा देना नहीं चाहते थे। उसके बाद तो हम भटकने लगे और भटकते हुए ही रात में यहाँ आ गए। जहाज़ को बड़ी कठिनाई से खेकर हमें बन्दरगाह में किसी तरह लाना पड़ा। हालाँकि भूख हमें ख़ूब लगी थी, मगर किसी को खाने का होश नहीं था। सो जहाज़ से उतरकर हम सब उसी हालत में तट पर लेट गए। थकान की वजह से मुझे तो गहरी नींद आ गई, परन्तु उन लोगों ने अवतली पोत से मेरे सामान उतारकर रेतीले तट पर उसी जगह रख दिए जहाँ मैं सोया हुआ था। ऐसा करने के बाद वे तो जहाज़ पर सवार होकर मनोरम साइडौन की ओर रवाना हो गए किन्तु मैं अपने मन में भारी पीड़ा लिए यहाँ छूट गया।''

उसके ऐसा कहने पर एथीनी मुसकराकर उसे अपने हाथ से सहलाने लगी और तुरन्त एक लम्बी, सुन्दर और उम्दा दस्तकारी में निपुण स्त्री का रूप धारण कर उससे सटीक शब्दों में बोली :

''आदमी तो आदमी, अगर कोई देवता भी किसी तरह के छल-बल में तुम्हारा सामना करे, तो उसे भी धूर्तता और चालबाजी का सहारा लेना होगा। ओ धृष्ट एवं कूटबुद्धि तथा छल-कपट से कभी तृप्त न होनेवाले पुरुष, चतुराई और कपटोक्ति के लिए तुम्हारे अन्तस्तल में इतना प्रेम है कि स्वदेश में भी तुम इनसे बाज नहीं आए! लेकिन देखो, अब हम यह बतियाना छोड़ दें क्योंकि हम दोनों ही धूर्तई में पारंगत हैं—युक्ति और वाक्पटुता में तुम मनुष्यों के बीच सर्वोपरि हो, जबकि समस्त देवताओं के बीच बुद्धिमत्ता और छलछन्द में मेरी प्रसिद्धि है। तो भी तुम मुझे अब तक पहचान नहीं पाए, मैं वही ज़्यूस-पुत्री पैलस एथीनी हूँ, तुम्हारे दुस्साहसिक कार्यों में हमेशा पास रहकर तुम्हारी रक्षा करनेवाली। अरे, मैंने ही तो सारे फेयेशियनों के मन में तुम्हारे प्रति प्रेम भर दिया था और अभी इधर इसलिए आ गई हूँ कि जब तुम घर रवाना हो रहे थे, तो मेरी ही इच्छा और प्रेरणा से उधर फेयेशियनों के द्वारा तुम्हें दिए गए ये सारे बहुमूल्य उपहार छुपा रखने की ख़ातिर तुम्हारे साथ मिलकर मैं कोई उपाय ढूँढ़ निकालूँ। यह भी कहने आई हूँ कि तुम्हें अपने ही सुनिर्मित महल में भारी संकटों

का सामना करना नियति-निश्चित है। ऐसा होना तय है, अतः तुम अपना हृदय कठोर कर लो और यहाँ के किसी भी मर्द या औरत से मत कहो कि तुम काफ़ी दिनों तक घूमने-भटकने के बाद अब वापस आ गए हो। बल्कि तुम्हें लोगों से मिलनेवाले भारी कष्ट और अपमान चुपचाप बर्दाश्त और क़बूल करने ही पड़ेंगे।'

तब अनेकविध चतुर ओडिसियस ने उसे उत्तर दिया : "देवि, तू मनचाहा रूप धारण कर लेती है अपना, इसलिए कोई मर्त्य, वह चाहे कितना ही बुद्धिमान क्यों न हो, जब तुझसे मिलता है तो उसके लिए बड़ा कठिन होता है तुझे पहचान पाना। किन्तु इतना मैं ज़रूर जानता हूँ कि हम यवन पुत्र जब तक ट्रॉय में युद्धरत रहे, तब तक मुझ पर तेरी कृपा बनी रही यानी यह पहले की बात है। लेकिन, प्रायेम का दुरारोह नगर ध्वस्त कर देने के बाद जब हम जहाज़ पर चढ़कर चल पड़े और एक देवता ने यवनों को तितर-बितर कर दिया, तब से मैंने, हे ज़्यूस कन्ये, तुझे कभी नहीं देखा और न मुझे संकट से उबारने तू मेरे जहाज़ पर कभी आती दिखी। नहीं, पीड़ित हृदय मैं सदा भटकता ही रहा। अन्त में जब मैं फेयेशियनों के उर्वर देश पहुँच गया और देवताओं ने मुझे अनिष्टों से मुक्त कर दिया, तब कहीं जाकर तूने अपने वचन से मुझे सांत्वना दी और उनके नगर स्वयं ले गई। परन्तु अब तेरे पिता के नाम पर तुझसे विनती है कि मुझे तू यह बता दे कि क्या मैं अपनी प्रिय पितृभूमि सचमुच आ गया हूँ, क्योंकि मुझे लग नहीं रहा है कि मैं निर्मल आकाश इथाका पहुँच गया हूँ, अपितु किसी दूसरे देश में भटक रहा हूँ और समझता हूँ कि मुझे हैरान और परेशान करने के लिए मज़ाक के तौर पर ही तू यह सब बोल रही है।"

तदनन्तर एथीनी ने उसे उत्तर दिया : "हाँ, तुम्हारे मन में सदैव ऐसे ही विचार भरे रहते हैं। यही कारण है कि मैं तुम्हें मुसीबत में कभी छोड़ नहीं सकती, कि तुम कितने दूरदर्शी और प्रत्युत्पन्नमति तथा बोलने में कितने शिष्ट और सावधान हो। इतना भटकने के बाद यदि कोई दूसरा व्यक्ति वापस आया होता, तो वह पत्नी और बच्चों को देखने सीधे अपने घर बड़ी व्यग्रता से दौड़ गया होता, लेकिन एक तुम हो कि यह सब जानने-सुनने का कोई ध्यान ही नहीं है। पहले तुम अपनी पत्नी को पक्के तौर पर परख लेना चाहते हो जो कि बदस्तूर हमेशा घर में बैठी रहती है और जिसके लिए रात और दिन निरन्तर उदासी और आँसू में ही बीतते हैं। जहाँ तक मेरा सवाल है, तो मुझे कोई सन्देह नहीं था और मन में निश्चित जानती थी कि तुम अपने सारे साथी गँवाकर घर लौट आओगे। यह भी कह दूँ कि पॉसायडन उसी दिन तुम पर गुस्सा हो गया जिस दिन तुमने उसके प्यारे बेटे को अन्धा बना दिया और तब से उसने अपने मन में तुम्हारे प्रति रोष पाल लिया। परन्तु मैं अपने चाचा से झगड़ा मोल लेना नहीं चाहती थी। ख़ैर सुनो, अब मैं तुम्हें इथाका के ऐसे स्थल पहचनवा दूँ जिससे तुम्हें विश्वास हो जाए। देखो, यह वृद्ध समुद्रदेव फौरकिस का बन्दरगाह है और

बन्दरगाह के शीर्ष पर लम्बे पत्तोंवाला जैतून का यह पेड़ है। इसके पास ही नाईऐड नामक जलपरियों की मनोरम एवं मन्दच्छाय गुफा है। वह देखो, वहाँ वही मेहराबदार छतवाली खोह है जहाँ तुमने उन अप्सराओं को अनेक बार यथोचित पशुबलि विधिवत अर्पित की थी और वह रही वृक्षों से ढँकी नेरिटन पहाड़ी।''

यह बोलकर देवी ने कुहरा हटा दिया और सामने पूरा इलाक़ा झलक उठा। स्वयं को अपनी धरती पर पाकर ओडिसियस हर्षोत्फुल्ल हो गया और उसने वहाँ की अन्नदायिनी मिट्टी चूम ली। तुरन्त हाथ ऊपर उठाकर वह उन अप्सराओं से विनती करने लगा :

''ज़्यूस-पुत्री जलपरियो, तुम्हें पुनः देख पाने का विचार मैंने त्याग ही दिया था, किन्तु अभी तुम्हारा अभिवादन प्रेम-भरी विनती से कर रहा हूँ। लूट के माल देनेवाली ज़्यूस-तनया की कृपा से यदि मैं ज़िन्दा रह गया और मेरा दुलारा बेटा पूर्ण युवावस्था को प्राप्त हो गया, तब पहले की ही भाँति तुम्हें चढ़ावे अर्पित करूँगा।''

इस पर एथीनी उससे फिर बोली : ''हिम्मत मत हारो और इस बात को लेकर अपने मन में बिलकुल चिन्ता मत करो। लेकिन पहले हम अभी इस अद्भुत गुफा के गुप्त भाग में तुम्हारे सामान झटपट सरियाकर रख दें ताकि वे तुम्हारे वास्ते वहाँ सुरक्षित रहें। उसके बाद हम इस पर विचार करेंगे कि आगे कौन-सा रास्ता अख़्तियार करना सबसे अच्छा रहेगा।''

यह बोलकर देवी उस मन्दच्छाय गुफा में उपयुक्त गुप्त स्थान का पता करने दन से घुस गई। इस बीच ओडिसियस अपना ख़ज़ाना उठा ले आया जो उसे फेयेशियनों से मिला था—सोना, सख़्त काँसा और सुन्दर ढंग से बुने वस्त्र। वे सारी चीज़ें जब वह सहेजकर रख चुका, तब एथीनी ने विवर के द्वार पर एक प्रस्तर-खंड भली भाँति बिठा दिया। तदनन्तर वे दोनों उस पवित्र जैतून की जड़ के समीप बैठकर इस समस्या पर विचार करने लगे कि उद्धत प्रणययाचकों को मौत के हवाले किस तरह किया जाए। एथीनी ही पहले बोली :

''ओ ज़्यूस-सम्भूत लेयरटीज़ के नानाविध चतुर पुत्र ओडिसियस, अब यह सोचो कि उन निर्लज्ज प्रणयप्रार्थियों पर तुम किस तरह हाथ डालोगे। तीन वर्षों से वे तुम्हारे महल पर अधिकार जमाए हुए हैं और देवी-सरीखी तुम्हारी पत्नी से प्रणययाचना और उसे प्रणयोपहार देने की बात करते आ रहे हैं। लेकिन उसका हृदय तो तुम्हारे लौट आने की प्रतीक्षा में सर्वदा तड़पता रहता है, हालाँकि वह सबको आशा देती और सन्देश भेजती रहती है और वचन भी प्रत्येक को देती रहती है। मगर मन उसका हर पल कहीं और लगा होता है।''

इस पर ओडिसियस उससे बोला : ''उफ़, अगर तू एक-एक चीज़ सम्यक ढंग से मुझे बता नहीं देती तो, देवि, मैं भी ऐट्रियस-सुत ऐगमेमनन के समान ही अपने

महल में अवश्य नष्ट हो जाता। लेकिन देख, अब तू कोई ऐसी तरक़ीब सोच निकाल जिससे मैं उनसे बदला ले सकूँ। तू स्वयं मेरे पास रहकर मुझमें वही शक्ति और साहस भरती रह जो तूने हम लोगों में ट्रॉय का उज्ज्वल किरीट उतारते समय भर दिया था। हे दीप्ताक्षी देवांगने, तू यदि उसी उग्र आतुरता से एक बार फिर मेरी मदद करेगी, तो मैं तीन सौ शत्रुओं के विरुद्ध भी लड़ सकता हूँ; बस तेरी कृपा और सहायता मिल जाए, हे बलवती देवि!''

तब दीप्त नेत्रोंवाली देवी एथीनी ने उसे जवाब दिया : ''जब हम वह काम शुरू कर देंगे, तब मैं निश्चय ही तुम्हारे पास रहूँगी और तुम्हें भूल जाने का तो प्रश्न ही नहीं होगा। मैं समझती हूँ कि तुम्हारा धन भकोसनेवाले प्रणययाचकों में से बहुतों के ख़ून और भेजे से तुम्हारा विशाल फ़र्श गन्दा हो जाएगा। सुनो, लेकिन मैं कुछ ऐसा कर दूँगी कि कोई तुम्हें पहचान नहीं पाएगा। तुम्हारे फुरतीले अंगों की सुन्दर त्वचा पर झुर्रियाँ डाल दूँगी, तुम्हारे मस्तक के स्वर्णिम बाल ग़ायब कर दूँगी और तुम्हें लिबास इतना गन्दा पहना दूँगी कि किसी को वैसे वस्त्र में देखकर लोग घृणा से भर जाते हैं। पहले बड़े ख़ूबसूरत रहे तुम्हारे नेत्रों की ज्योति इस तरह मन्द कर दूँगी कि सारे प्रणययाचकों, यहाँ तक कि तुम्हारी पत्नी और पुत्र जिनको तुम महल में छोड़ गए थे, की नज़र में तुम बिलकुल अशोभन लगोगे। सबसे पहले तुम उस शूकर-संरक्षक के पास जाना जो तुम्हारे सूअरों की देखभाल करता है। पहले की भाँति वह अब भी तुम्हारे प्रति वफ़ादार और अनुरक्त है और तुम्हारे बेटे और एकनिष्ठ पिनेलोपी पर उसका स्नेह है। उसे तुम कोरैक्स के पथरीले टीले के नज़दीक एरिथूज़ा नामक पानी के सोते के पास चरते सूअरों के बीच पाओगे। वहाँ वे सूअर ख़ूब ओक फल खाते और गहरे सोते का पानी पीते हैं जिससे वे मोटे और चरबीदार हो जाते हैं। तुम वहीं जाकर ठहर जाना और उस शूकर-संरक्षक के साथ बैठकर सारी जानकारी ले लेना। तब तक, ओ ओडिसियस, मैं तुम्हारे दुलारे बेटे टेलेमेकस को बुला लाने रूपवती नारियों के लिए प्रसिद्ध स्पार्टा चली जाती हूँ। वह विशाल लेकिडेमौन-स्थित मेनिलेयस के घर तुम्हारा समाचार जानने गया है कि तुम अब तक ज़िन्दा हो या नहीं।''

इस पर ओडिसियस बोला : ''जब तू सब कुछ जानती है, तब तूने उसे (टेलेमेकस को) क्यों नहीं बताया? क्या मेरी तरह वह भी अनुर्वर सागर में उधर ही भटकता और कष्ट पाता रहे और इधर दूसरे लोग उसकी सम्पत्ति भकोसते रहें?''

तदनन्तर दीप्ताक्षी एथीनी देवी ने उसे उत्तर दिया : ''नहीं, उसके लिए तुम अपने मन में चिन्ता एकदम मत करो। बल्कि उसे मैं ही अपने निर्देशन में वहाँ ले गई थी ताकि वहाँ जाने से उसका सुयश हो। सुनो, उसे कोई तकलीफ़ नहीं है अपितु ऐट्रियस-पुत्र मेनिलेयस के महल में आराम से बैठा है और उसके आगे उपभोग की अपार वस्तुएँ पड़ी हुई हैं। इधर जहाज़ में युवकगण घात में बैठे हैं और स्वदेश लौटने

के पहले उसे मार डालने को उताहुल हैं। परन्तु मैं समझती हूँ कि ऐसा कभी नहीं होगा। बल्कि उसके पहले ही तुम्हारी सम्पत्ति भकोसनेवाले प्रणययाचकों में से बहुतों को धरती अपने अन्दर ढँक लेगी।''

यह कहकर एथीनी ने अपनी छड़ी से उसे छू दिया। उसने उसके फुरतीले अंगों की सुन्दर त्वचा सिकुड़ा दी, उसके सिर से सुनहले केश हटा दिए, उसका बाह्य शरीर वृद्ध के समान जराजीर्ण कर दिया, पहले बड़े मनोहर रहे उसके दोनों नेत्रों की ज्योति मन्द कर दी, उसके वस्त्र गन्दे, फटे-पुराने और धुएँ से काले पड़ गए निकृष्ट चोगे और अँगरखे में बदल दिए और उसके बदन पर अन्त में उसने तेज दौड़नेवाले बारहसिंगे की बड़ी किन्तु बिना रोएँ की खाल डाल दी। एक लाठी थमाने के साथ-साथ उसे एक मैला-कुचैला झोला भी दे दिया जो कि छिद्रों से भरा था और लटकाने के लिए जिसमें एक डोरी लगी थी।

यह सब कर लेने के बाद वे दोनों एक-दूसरे से अलग हो गए। एथीनी मनोरम लेकिडेमौन से ओडिसियस का बेटा ले आने चली गई।

ओडिसियस और शूकर-संरक्षक यूमियस

लेकिन इधर ओडिसियस भी बन्दरगाह से चल दिया। उसने वही ऊबड़-खाबड़ रास्ता पकड़ा जो पेड़-पौधों से भरे मैदानी इलाक़े और ऊँची पहाड़ियों से होता हुआ वहाँ तक जाता था जहाँ एथीनी के कथानानुसार उसकी भेंट सूअर के चरवाहे से होनेवाली थी, उसी शूकर-संरक्षक से जो वीर ओडिसियस के दासों में सबसे विश्वस्त था और जो उसकी सम्पत्ति का सबसे अधिक ध्यान रखता था।

जब ओडिसियस वहाँ पहुँचा तो उसने शूकरपाल को उसके घर के अगले भाग में बैठे देखा। उस घर का अहाता शूकरपाल ने काफ़ी सुन्दर, लम्बा-चौड़ा और ऊँचा बनाया था और उसके चारों तरफ़ की ज़मीन दूर तक खुली हुई थी। जब उसका मालिक बाहर चला गया, तब उसने अपनी मालकिन और बूढ़े लेयरटीज़ को जनाए बिना उसे सूअरों के लिए ख़ुद बना लिया था। उसने खोद लाए गए पत्थर के टुकड़ों से उसे बनाया था और उसके ऊपर नख की कँटीली डालियों का बाड़ा भी डाल दिया था। उसके बाहर यहाँ से वहाँ तक दोनों तरफ़ उसने बडे-बड़े खूँटे ख़ूब सटा-सटाकर गाड़ दिए थे जिनको उसने ओक के मोटे-मोटे तने बीच से फाड़-फाड़कर तैयार किया था। रात में सूअरों को रखने के वास्ते प्रांगण में उसने एक-दूसरे के बिलकुल पास-पास बारह खोभार बना दिए थे। प्रत्येक खोभार में बच्चे देनेवाली पचास सूअरियाँ बन्द की जाती थीं। लेकिन सूअर बाहर ही सोते थे जिनकी संख्या काफ़ी घट गई थी। चूँकि शूकर-संरक्षक को देवतुल्य प्रणययाचकों के भोज के लिए मोटे-ताज़े सूअरों में से सर्वोत्तम को चुनकर हमेशा भेजना पड़ा था, इसलिए वे कम होते जा रहे थे और अब कुल तीन सौ साठ ही बचे थे। उनके पास जंगली जानवरों की तरह ख़ूँख़्वार चार कुत्ते हर समय पड़े रहते थे जिन्हें उस निपुण शूकर-संरक्षक ने पाला-पोसा था। उस घड़ी वह शूकर-संरक्षक भूरे रंग का सुन्दर वृषभ चर्म काटकर अपने पैरों पर चप्पल के जोड़े बिठा रहा था, जबकि उसके तीन आदमी सूअरों के झुंड लेकर इधर-उधर चले गए थे। लेकिन चौथे को उसने उद्धत प्रणयप्रार्थियों के लिए ज़बरन एक सूअर लेकर नगर भेज दिया था ताकि वे सूअर मारकर उसके मांस से अपने को परितृप्त कर सकें।

उसी समय शोर मचानेवाले उन कुत्तों ने ओडिसियस को अचानक देख लिया और ज़ोर-ज़ोर से भौंकते हुए उसकी ओर दौड़ पड़े। लेकिन ओडिसियस ने स्वयं बैठ जाने और अपने हाथ का डंडा ज़मीन पर डाल देने की होशियारी की। इस तरह अपनी ही निवास-भूमि पर वह बुरी तरह घायल हो जाता परन्तु उसी वक़्त शूकर-संरक्षक चमड़ा छोड़कर घर के बाहरी दरवाज़े से तेजी से निकला और उन कुत्तों के पीछे दौड़ा। डाँट-डपट और पत्थर फेंक-फेंककर उन्हें इधर-उधर भगा देने के बाद वह अपने ही मालिक से बोला :

"बुड्ढे, मौत की शक्ल में कुत्ते अभी तुम्हारे बिलकुल नज़दीक पहुँच चुके थे। इस तरह तुम मुझे कलंकित कर देते। अरे, देवगण मुझे पहले से ही बहुत सारे दुख-सन्ताप दिए हुए हैं। यहाँ मैं अपने देवतुल्य स्वामी के लिए इतना दुखी और खिन्न रहता हूँ, तो भी दूसरे लोग खाएँ, इसके लिए मुझे सूअरों को पालकर मोटा-ताजा करना पड़ता है। इसके विपरीत सच्चाई यह है कि यदि वह संयोगवश अब भी जीवित है और सूर्य का प्रकाश देख रहा है, तो भोजन की तलाश में वह विचित्र भाषा बोलनेवाले लोगों के किसी देश व नगर में भटकता फिरता होगा। ख़ैर, ओ बुड्ढे, मेरे साथ अब उस झोंपड़े में चलो और खा-पीकर परितृप्त हो जाने के बाद अपनी कहानी सुनाना कि तुम कहाँ के निवासी हो और कितने दुख और कष्ट झेल चुके हो।"

यह कहकर सूअर का वह निष्कपट चरवाहा उसे साथ लेकर झोंपड़े के अन्दर दाख़िल हो गया। उसने ख़ूब घास-पत्ते बिछाकर उस पर रोयेंदार जंगली बकरे के उस बड़े और मुलायम चमड़े को फैला दिया जिसका इस्तेमाल वह अपने सोने के लिए गद्दे के रूप में करता था। ओडिसियस को उसने उसी पर बिठाया। चरवाहे द्वारा की गई ऐसी आवभगत से उसे बड़ी ख़ुशी हुई और वह उससे बोला :

"ओ अजनबी, जिस हार्दिकता से तुमने मेरा स्वागत किया है इसके लिए ज़्यूस एवं अन्य अमरगण तुम्हारी सबसे प्यारी इच्छा पूरी करें।"

तब, ओ शूकर-संरक्षक यूमियस, तूने उसे यही जवाब दिया : "नहीं, मेरे अतिथि, मैं किसी भी अभ्यागत का तिरस्कार करना पाप समझता हूँ, भले ही वह तुमसे भी गया-बीता आदमी क्यों न हो। आख़िर सारे अतिथि और भिखारी ज़्यूस के भेजे होते हैं और मेरे समान दासों से मिला क्षुद्र उपहार भी उनके वास्ते क़ीमती इसलिए होता है कि गुलामों को हमेशा मालिक का भय बना रहता है और वे अपने मन से कुछ भी नहीं दे सकते, वैसी हालत में तो और नहीं जब उनके स्वामी युवा होते हैं जैसे मेरे हैं। लेकिन सच तो यह है कि देवताओं ने मेरे मालिक को, जो मुझे दिल से चाहता और प्यार करता था, घर लौट आने से रोक दिया है। जब कोई रहमदिल मालिक अपने गुलाम की कड़ी मेहनत और उसके काम में देवता द्वारा दी गई मनचाही बरकत से ख़ुश हो जाता है, तो वह उसे घर, ज़मीन का टुकड़ा और सुन्दर बीवी दे देता है,

उसी तरह मेरा स्वामी अगर यहाँ रहता और महल में ही बूढ़ा हुआ होता तो वह भी मुझे ये सब चीज़ें इनाम के तौर पर देता, क्योंकि मैं जिस काम पर तैनात हूँ, उसमें देवता वैसी मनचाही बरकत दे रहा है। लेकिन वह तो ख़त्म हो चुका है और क्या ही अच्छा होता अगर उसके साथ ही हेलेन के वंश-परिवार के सारे सदस्य भी पूरी तरह ख़त्म हो गए होते, क्योंकि उसकी ही ख़ातिर बहुत सारे योद्धाओं को धूल चाटनी पड़ी है। मेरा स्वामी भी ऐगमेमनन को प्रतिशोध दिलाने के सिलसिले में ट्रोजनों से लड़ने उत्तम घोड़ों के लिए प्रसिद्ध इलियस नगर चला गया था।''

इतना कहकर उसने कमरबन्द से अपना अँगरखा झट बाँध लिया और खोभार की ओर चला गया जहाँ सूअरों के झुंड बन्द पड़े थे। वहाँ से वह दो सूअरों को ले आया और दोनों की बलि देकर उन्हें आग में झुलसाया। तब उनके टुकड़े करके उसने उन्हें सींखचों में घुसेड़ दिया। जब उसने सभी टुकड़े भली भाँति पका लिए और सींखचों में वे अभी पूरी तरह गर्म ही थे, तभी उनको लाकर उसने ओडिसियस के आगे रख दिया और उन पर मोतिया जौ का आटा छिड़क दिया। उसके बाद वह लबलब की लकड़ी के बने प्याले में मधुमधुर मदिरा घोलकर स्वयं ओडिसियस के सामने बैठ गया और उससे खाना शुरू करने का आग्रह करते हुए बोला :

''ओ आगन्तुक, अब तुम यही खाओ जो गुलाम दे पाते हैं यानी सूअर के दुधमुँहे बच्चे का मांस। मोटे-ताज़े चरबीदार सूअरों का भक्षण तो प्रणयप्रार्थी करते हैं जिनके हृदय में न तो दैवी कोप का कोई अपडर है और न किसी प्रकार की दया-मया। लेकिन अवश्य ही महाभाग देवगण दुष्ट एवं निष्ठुर कर्म पसन्द नहीं करते वरन वे नेक और न्यायपूर्ण आचरण करनेवाले मनुष्यों का आदर और सम्मान करते हैं। विदेशी समुद्र-तट पर उतरकर ज़्यूस के अनुग्रह से लूट के माल से जहाज़ भरकर अपने घर की ओर चल देनेवाले निर्दयी लुटेरों के भी मन में देवताओं के रोष का भारी ख़ौफ़ होता है। मगर ये लोग जिस ग़लत तरीक़े से प्रणययाचना कर रहे हैं और अपने घर नहीं जाकर बड़े आराम से हमारी चीज़ें बरबाद करने की गुस्ताख़ी कर रहे हैं और यह सब छोड़ देने का कभी नाम भी नहीं लेते, इससे तुम समझ लो कि इन्हें किसी स्रोत से, बहुत मुमकिन है किसी देवता की वाणी से ही, हमारे मालिक के दारुण अन्त का समाचार मिल गया है। ज़्यूस के द्वारा आनीत हर दिन और हर रात वे एक या दो नहीं बल्कि अधिक जानवर मारकर खाते और बेहिसाब शराब खींचते और उसे बेरहमी से बरबाद करते हैं। मेरे मालिक के पास विशाल सम्पदा थी, इतनी कि कूतना सम्भव नहीं है। उसके पास जितनी दौलत थी, उतनी दौलत न तो इथाका और न समस्त मुख्यभूमि के किसी सरदार के पास थी। बल्कि बीस सरदारों के पास भी कुल मिलाकर उतना धन नहीं था। मैं तुम्हें उसका पूरा ब्यौरा ही दे दूँ। मुख्यभूमि पर गायों के बारह यूथ, भेड़ों के उतने ही रेवड़, सूअरों के उतने ही झुंड तथा घुमन्तू छागों के

उतने ही गल्ले उसके अपने और विदेशी चरवाहे चराया करते हैं। यहाँ भी इस टापू की सीमा पर घुमन्तू बकरों के कुल ग्यारह गल्ले विश्वस्त चरवाहे अपनी निगरानी में चराते हैं। इनमें से प्रत्येक चरवाहे को हर रोज़ मोटे-ताज़े बकरों में से जो सबसे बढ़िया दिखता है, उसे हाँककर प्रणययाचकों के पास ले जाना होता है। जहाँ तक मेरा सवाल है, तो मैं इन सूअरों को पालता और इनकी देखभाल करता हूँ और प्रत्येक दिन इनमें जो मुझे अच्छा जँचता है, उसे प्रणयप्रार्थियों के यहाँ भेज देता हूँ।''

यह सब वह कहता गया किन्तु ओडिसियस बिना कुछ बोले बड़ी आतुरता से लगातार मांस खाता और मदिरा पीता रहा और अपने मन में प्रणययाचकों के विनाश के बीज बोने के बारे में गुनता भी रहा। जब वह खाना खा चुका और उसकी आत्मा परितृप्त हो गई, तब चरवाहे ने अपना वही प्याला, जिससे वह स्वयं पीता था, आसव से लबालब भरकर उसे थमा दिया। प्याले को बड़ी प्रसन्नता से ग्रहण करके ओडिसियस ने सटीक शब्दों में उससे पूछा :

''मित्र, कौन वह आदमी था जिसने तुम्हें धन देकर खरीदा और जिसके बारे में कहते हो कि वह अत्यन्त धनवान और शक्तिशाली व्यक्ति था? तुम्हारा कहना है कि वह ऐगमेमनन को प्रतिशोध दिलाने के सिलसिले में काम आ गया। तुम उसका नाम बताओ ताकि तुम्हारे बयान से हो सकता है कि मैं उसकी पहचान कर लूँ क्योंकि घूमना-भटकना मेरा दूर-दूर तक हुआ है। तो भी मैं समझता हूँ कि यह केवल ज़्यूस और अन्य अमरगण ही जानते होंगे कि मैंने उसे कहीं देखा है और उसका कोई समाचार दे सकता हूँ।''

तब मनुष्यों में श्रेष्ठ उस शूकरसंरक्षी ने उसे उत्तर दिया : ''बूढ़े, ओडिसियस की ख़बर लेकर घूमता-फिरता यहाँ आनेवाला कोई व्यक्ति उसकी पत्नी और प्यारे बेटे को यक़ीन दिला पाने में कामयाब नहीं हो सकता। ऐसे आवारागर्द लोग, जिन्हें ठहरने और खाने-पीने की ज़रूरत होती है, आसानी से झूठ बोलते हैं और सच कहने की उन्हें तनिक परवाह नहीं होती है। ऐसा कोई भी आदमी इथाका की इस धरती पर डोलता-भटकता आ जाता है और मेरी मालकिन के पास जाकर झूठ-फूस कहानी कह देता है। उससे वह प्रेमपूर्वक मिलती और उसका आदर-सत्कार करती है। उसकी कहानी सुनकर वह सारी बातें खोद-खोद कर पूछती है। इस बीच वेदनाविद्ध उसकी आँखों से आँसू गिरने लगते हैं, जैसा कि हर उस स्त्री के साथ होता है जिसका पति दूर देश में मर-खप जाता है। ओ बुड्ढे, यदि पहनने के लिए चोगा और अँगरखा लेना चाहते हो, तो तुम भी झटपट एक कहानी गढ़ देना। लेकिन जहाँ तक ओडिसियस का सवाल है, तो उसके प्राण अब तक शरीर छोड़कर निकल गए होंगे और वेगवान पक्षी एवं कुत्ते हड्डियों से उसका चमड़ा निश्चय ही अलग कर चुके होंगे। या नहीं तो समुद्र में मछलियाँ उसे खा गई होंगी और उसकी अस्थियाँ किसी सागर-तट पर

बालू के ढेर में दबी पड़ी होंगी। इस तरह वह स्वयं तो दूर कहीं जाकर मर गया है, लेकिन अपने प्रियजनों की ख़ातिर केवल सन्ताप छोड़ गया है, अपने सभी प्रियजनों की ख़ातिर, किन्तु मेरी ख़ातिर सबसे अधिक। मैं चाहे जहाँ कहीं चला जाऊँ, भले ही अपने माँ-बाप के घर क्यो न लौट जाऊँ जहाँ मैं पैदा हुआ और जिनके हाथों मेरा पालन-पोषण हुआ, लेकिन मुझे वैसा सदय और मेहरबान मालिक दूसरा कोई नहीं मिलेगा। अपने माता-पिता के लिए भी मैं उतना दुखी नहीं रहता, हालाँकि पितृभूमि जाकर उन्हें अपनी आँखों से देख लेने को लालायित रहता हूँ, परन्तु गुमशुदा ओडिसियस को देखने के लिए मेरी बेचैनी सबसे ज़्यादा है। ओ अजनबी, यहाँ वह नहीं है फिर भी उसका नाम श्रद्धा और सम्भ्रम से लेता हूँ, क्योंकि मुझे वह बेहद प्यार करता और मानता था और उसके दिल में मेरे लिए चिन्ता रहती थी। यद्यपि वह बहुत दूर है यहाँ से, तो भी मैं उसे ही अपना पूज्य स्वामी समझता हूँ।''

इस पर ओडिसियस ने उसे उत्तर दिया : ''मेरे मित्र, चूँकि तुम कहते हो कि वह अब वापस कभी नहीं आएगा और चूँकि तुम उसकी वापसी से पूरा इनकार करते हो और तुम्हारे मन में यह धारणा घर कर गई है, इसलिए तुम्हें हलके तौर पर नहीं बल्कि शपथपूर्वक कहूँगा कि ओडिसियस अवश्य लौट आएगा। ऐसा शुभ समाचार सुनाने के एवज़ में मुझे इनाम देना होगा और वह इनाम होगा मेरे पहनने को बढ़िया पोशाक—लम्बा चोगा और अँगरखा। लेकिन तुम यह मुझे उस समय देना जब वह यहाँ अपने घर लौट आएगा। उसके पहले मैं इसे स्वीकार भी नहीं करूँगा, हालाँकि इसकी मुझे सख़्त ज़रूरत है। मेरी नज़र में वह आदमी हेडीज़ के दरवाज़े के समान घृणास्पद होता है जो ग़रीबी के दबाव में आकर झूठ बोलता है। अभी देवताओं में ज़्यूस तथा अतिथि-सत्कार की यह मेज़ एवं यशस्वी ओडिसियस के अग्निस्थान जहाँ मैं आया हूँ को साक्षी रख शपथ लेकर कहता हूँ कि मैं जो बताने जा रहा हूँ, वह घटित होकर रहेगा। निश्चय ही ओडिसियस इसी वर्ष यहाँ आ जाएगा, कृष्णपक्ष के बीतते-बीतते शुक्लपक्ष के नए चाँद के आने तक वह घर लौट आएगा और उसकी पत्नी और तेजस्वी बेटे को जो लोग यहाँ अपमानित कर रहे हैं, उनसे वह प्रतिशोध लेकर रहेगा।''

तब, ओ शूकर-संरक्षक यूमियस, तूने यही उत्तर दिया : ''बूढ़े, इस शुभ समाचार के लिए तुम्हें यह इनाम नहीं मिलेगा मुझसे, क्योंकि ओडिसियस कभी घर वापस नहीं आएगा। बल्कि तुम शान्ति से मदिरा पियो और हम अपने विचार दूसरी ओर मोड़ दें। जब भी कोई आदमी मेरे सच्चे मालिक की चर्चा छेड़ देता है, तो मेरा अन्तस्तल सचमुच दुख से भर जाता है। इसलिए तुम उसकी याद मत दिलाओ। परन्तु जहाँ तक तुम्हारी शपथ का सवाल है, हम उसे भूल ही जाएँ। फिर भी, अहा, क्या ही अच्छा होता अगर ओडिसियस चला आता, जैसा कि मैं चाहता हूँ और पिनेलपी, बूढ़ा

लेयरटीज़ और देवतुल्य टेलेमेकस चाहते हैं! लेकिन अब मैं बड़ा दुखी और बेचैन रहता हूँ। ओडिसियस से पैदा हुआ जो लड़का है टेलेमेकस, उसको लेकर। जब देवताओं ने उसे नए बिरवे की भाँति बढ़ने दिया और मैंने समझा कि वह मनुष्यों के बीच रूपाकृति में अपने प्रिय पिता से थोड़ा भी कम तेजवन्त नहीं होगा, तब किसी देवता या किसी मनुष्य ने उसकी मति मार दी और वह अपने बाप का समाचार पाने पायर स चला गया। उसकी ही ख़ातिर अब ये उद्दंड प्रणययाचक घात लगाए बैठे हैं कि जब वह घर लौटे, तो इथाका से देवतुल्य आरसीसियस का वंश समूल नष्ट कर दिया जाए, उसका नाम ही मिटा दिया जाए। ख़ैर, अब हम उसकी चर्चा बन्द करें, वह चाहे धर दबोचा जाएगा या क्रॉनस-तनय हाथ बढ़ाकर उसकी रक्षा कर लेगा। अब, ओ बूढ़े, तुम अपनी विपत्तियाँ बताओ और मेरे सवालों का सही-सही जवाब दो जिससे कि मुझे पक्की जानकारी मिले। तुम कौन हो और कहाँ से आए हो? नगर तुम्हारा कौन है और तुम्हारे माँ-बाप कहाँ के निवासी हैं? यह बताओ कि तुम किस तरह के जहाज़ से आए और जहाज़ी तुम्हें इथाका क्यों और कैसे ले आए? उन्होंने अपना क्या परिचय दिया? यह सब इसलिए पूछ रहा हूँ कि मेरे जानते तुम यहाँ किसी भी हालत में पाँव पैदल नहीं आए हो।''

इस पर ओडिसियस ने उसे उत्तर दिया : ''हाँ, अब मैं तुम्हें सब कुछ ज़रूर साफ़-साफ़ बता दूँगा। मान लो कि हमें काफ़ी अरसे के लिए भोजन और मधुर मदिरा का पूरा इन्तज़ाम हो जाता है और बाक़ी लोग अपने-अपने काम से बाहर चले जाते हैं। तब मैं तुम्हारे झोंपड़े के एकान्त में अपनी कहानी सुनाना शुरू करूँ और एक साल तक सुनाता रहूँ, फिर भी मैं अपनी सारी व्यथाओं और विपदाओं का पूरा-पूरा वर्णन नहीं कर सकता जो कि दैवी इच्छा से मेरे ऊपर आई हैं।

''मैं बता दूँ कि मेरी पैदाइश विशाल क्रीट में हुई है और मैं एक समृद्ध व्यक्ति का बेटा हूँ। उसके और अनेक बेटे थे जो उसकी ब्याहता पत्नी से पैदा हुए थे और उसके घर में पले-बढ़े थे, किन्तु जिस माता ने मुझे जन्म दिया वह एक खरीदी हुई रखैल थी। जिसके रक्त से मैं अपने को उत्पन्न हुआ मानता हूँ, उस हाइलैक्स-सुत केस्टर ने मुझे अपने वैध पुत्रों से ज़रा भी कम स्नेह-सम्मान नहीं दिया। उस समय वह पूरे क्रीट के निवासियों के बीच अपनी सुख-सम्पदा एवं तेजस्वी पुत्रों की ख़ातिर एक देवता के समान सम्पूजित था। लेकिन अन्ततः मृत्यु उसे हेडीज़ के घर ले गई। तब उसके दम्भी बेटों ने गुट्टी निकालकर उसका धन आपस में बाँट लिया। परन्तु मुझको उन्होंने केवल एक मकान और धन का बहुत ही कम हिस्सा दिया। चूँकि मैं मूर्ख और कायर नहीं था, इसलिए मुझे अपने गुणों के बल पर पत्नी के रूप में एक बड़े ही ऐश्वर्यशाली घराने की लड़की मिल गई। लेकिन मुसीबतों ने मुझे इस क़दर पूरा घेर लिया है कि मेरी वह सब शक्ति अब चली गई है, फिर भी खूँटियाँ देखकर

तुम फ़सल का अन्दाज़ तो लगा ही सकते हो। पहले एरीज़ एवं एथीनी ने मुझे योद्धाओं के व्यूह तोड़ डालने का भरपूर बल और साहस दे रखा था। दुश्मन के विनाश का मंसूबा बना लेने के बाद जब मैं सर्वोत्तम लड़ाके साथ लेकर घात में बैठ जाता था, तब अपने बेख़ौफ़ मन में मौत की कोई परवाह किए बग़ैर सबसे आगे कूदकर शत्रुओं में से जो भाग नहीं पाता था, उसे जा पकड़ता और भाले से मौत के घाट उतार देता था। लड़ाई करने में ऐसा ही था मैं। मेरा जी खेती में नहीं लगता था और घर-गृहस्थी में भी नहीं लगता था जिससे बच्चे शूरवीर बनते हैं। मुझे तो चप्पुओं से युक्त जलयान, युद्ध, तीर और चमचमाते भाले ही भाते थे, ख़तरनाक चीज़ें, जिन्हें देखकर दूसरे लोग भय से काँप जाते हैं। मेरे ख़याल में देवता द्वारा मेरे अन्दर ऐसे कामों के प्रति रुचि भर देने के कारण ही वे मुझे रुचते थे। यही वजह है कि भिन्न-भिन्न लोगों को भिन्न-भिन्न कामों में आनन्द मिलता है। यवन पुत्रों के ट्रॉयभूमि पर चरण रखने के पहले मैं योद्धाओं और तीव्रगामी जलपोतों का नेतृत्व करता हुआ विदेशियों पर नौ बार आक्रमण कर चुका था। उससे मुझे भारी दौलत हाथ लगी थी। लूट लाई गई चीज़ों में जो मुझे अच्छी लगती थी, उन्हें मैं अपने लिए पहले चुन लेता था। गुट्टी डालने पर मुझे उसके बाद और भी धन मिलता था। इस तरह मेरा घर जल्द ही सम्पदा-सम्पन्न हो गया और क्रीटवासियों के बीच मैं भय और सम्मान का पात्र बन गया।

"लेकिन दूर-दूर तक गर्जना करनेवाले ज़्यूस ने जब उस घृणास्पद पथ को प्रशस्त कर दिया जिस पर चलकर अनेकानेक योद्धाओं को प्राण गँवाने पड़े, तब लोगों ने मुझसे और प्रतापी ईडोमेनियस से आग्रह किया कि हम दोनों अपने नेतृत्व में बेड़ा इलियस ले चलें। इनकार करने का कोई उपाय भी नहीं था क्योंकि दबाव उनका बड़ा भारी था। हम यवन पुत्र वहाँ नौ साल तक युद्ध करते रहे। दसवें साल कहीं जाकर हम प्रायेम का नगर ध्वस्त करने में सफल हुए। तब हम अपने जहाज़ों से घर लौट चले, मगर एक देवता ने यवनों को तितर-बितर कर दिया और स्वयं प्रज्ञावान ज़्यूस ने मुझ अभागे के विरुद्ध अनिष्ट की योजना तैयार कर दी। बस एक माह ही तो मैं अपनी ब्याहता पत्नी और बच्चों तथा अपने धन का सुख ले पाया था कि मेरा मन ख़ूब अच्छे ढंग से जहाज़ तैयार करके अपने देवसदृश संगियों को लेकर मिस्र की ओर चल देने को बेचैन हो उठा। मैंने कुल नौ जलयान सजा लिए और पोतवाह भी शीघ्र इकट्ठे कर लिए। छह दिनों तक मेरे विश्वस्त जहाज़ी साथी भोज मनाते रहे। उन्हें मैंने अनेक पशु दे दिए ताकि उन पशुओं को देवताओं को अर्पित करके वे ख़ुद ही भोज की तैयारी कर लें। सातवें दिन जब तेज और अनुकूल हवा चलने लगी, हम जहाज़ों पर सवार होकर विस्तीर्ण क्रीट से रवाना हो गए। हमारी गति इतनी सहज थी मानो हम किसी नदी की धारा के साथ चल रहे हों और हमारा एक भी

जहाज़ क्षतिग्रस्त नहीं हुआ। हम पूर्णतः स्वस्थ एवं सुरक्षित बैठे रहे, जबकि हवा और हमारे निर्यामक जलयानों को निर्दिष्ट पथ पर आगे ले जाते रहे।

"पाँचवें दिन हम सुरम्य धार नील नदी (ईजिप्टस) पहुँच गए। मैंने वक्र पोत नील नदी में ही लगा दिए। उसके बाद अपने विश्वस्त साथियों को आदेश दिया कि उनमें से अधिकांश बेड़े के ही पास रहकर उसकी रक्षा करें और कुछ गुप्तचर के रूप में ऊँची जगहों पर जाकर वहाँ से उस प्रदेश का मुआयना कर आएँ। लेकिन मेरे साथी अपने दम-खम के आवेग में तुरन्त उच्छृंखल हो उठे और मिस्रवासियों के हरे-भरे खेत उजाड़ने, बच्चों और औरतों को उठा ले आने और मर्दों की हत्या करने लगे। उनकी चीख़-पुकार तुरन्त नगरवासियों तक पहुँच गई जिसे सुनकर नगरवासी पौ फटते न फटते वहाँ आ धमके और पूरा मैदानी इलाक़ा पैदल सैनिकों, रथियों एवं कांस्यायुधों की चमक से भर उठा। लेकिन वज्रप्रक्षेपक ज़्यूस ने मेरे लोगों के बीच ऐसा भयंकर संत्रास फैला दिया कि किसी के पास दुश्मन का मुक़ाबला करने का साहस ही नहीं रहा; ख़तरों से हम बुरी तरह घिर गए। हममें से बहुतों को मिस्रवासियों ने तलवार से मार डाला। बाक़ी को वे जीवित पकड़ ले गए ताकि उनसे बेगार करा सकें। परन्तु जहाँ तक मेरा सवाल था तो स्वयं ज़्यूस ने मेरे मन में एक विचार पैदा कर दिया, हालाँकि मैं अगर मिस्र में ही मर जाता तो वह बेहतर होता, क्योंकि दुख अभी मेरा और स्वागत करनेवाला था। अपने माथे पर लगा सुनिर्मित शिरस्त्राण और कन्धों से लगी ढाल उतारकर और हाथ में का भाला फेंककर मैं राजा के रथ के आगे दौड़कर पहुँच गया और झट उसके घुटने पकड़कर चूमने लगा। मेरे ऊपर उसे दया आ गई। उसने मेरी जान बख़्श दी और मुझ रोते हुए को रथ में बिठाकर अपने महल ले चला। मिस्रवासी मेरे ऊपर घोर रूप से क्रुद्ध थे ही, सो उनमें से अनेक सारे अपने ऐशनिर्मित भालों से प्रहार कर मुझे मार देने को उतावले थे। मगर राजा ने सबको दूर ही रखा, क्योंकि अतिथियों के रक्षक एवं ऐसे बुरे काम से सबसे पहले अप्रसन्न हो जानेवाले देवता ज़्यूस के अमर्ष का उसे ध्यान था।

"इस तरह मैं उनके राजा के साथ वहाँ पूरे सात वर्ष रहा और मिस्रवासियों के बीच धनी बन बैठा, क्योंकि वे सभी मुझे उपहार दिया करते थे। यथासमय जब आठवाँ साल शुरू हुआ, तब वहाँ एक बड़ा भारी धूर्त और लोभी फिनीशियन आ पहुँचा जो धोखा देने का आदी था और बहुत सारे लोगों को नुकसान में डाल चुका था। चालाकी से उसने मुझे अपने वश में कर लिया और वहाँ से मुझे फिनीशिया ले गया जहाँ उसका घर और धन-सम्पदा थी। उसके संग मैं वहाँ पूरे एक साल रहा। इस भाँति जब दिन और मास बीतते-बीतते एक वर्ष पूरा हुआ और ऋतुओं का एक चक्र पूरा हो गया, तब उसने मुझे यह झाँसा देकर लीबिया जानेवाले एक समुद्रगामी जलयान पर बिठा दिया कि मुझको उसके साथ माल लेकर वहाँ जाना है। लेकिन

उसकी असली मंशा थी--मुझे वहाँ बेचकर भारी रक़म हासिल करना। मुझे शक तो हो गया मगर उसके साथ जहाज़ पर जाने के अलावा मेरे पास और कोई चारा भी नहीं था। जहाज़ तेज व माफिक उत्तर हवा पाकर क्रीट के आगे से समुद्र के बीचोबीच चला जा रहा था, लेकिन ज़्यूस जहाज़ियों की बरबादी की तरकीब निकालने में लगा था। जब हम क्रीट छोड़कर आगे बढ़े और समुद्र और आसमान के सिवा कहीं कोई ज़मीन दिखाई नहीं पड़ने लगी, तब क्रॉनस के बेटे ने पोत के ऊपर काली घटा का एक टुकड़ा लाकर स्थिर कर दिया जिससे उसके नीचे गम्भीर सागर पर अँधेरा छा गया। तभी ज़्यूस ने गर्जना की और जहाज़ पर वज्र मारा। ज़्यूस के वज्राघात से पूरा जलयान नाच गया और गन्धक के धुएँ से भर उठा। सारे पोतवाह जहाज़ के बाहर जा गिरे । वे उस जहाज़ के चारों ओर जलकाक की नाईं लहरों पर उतराने लगे और इस तरह देवता ने उन्हें घर कभी नहीं लौटने दिया। जहाँ तक मेरा प्रश्न था, तो संकट की उस घड़ी में ज़्यूस ने स्वयं मेरे हाथों में जहाज़ का विशाल मस्तूल थमा दिया जिससे कि मैं विनाश से एक बार फिर बच निकलूँ। मैं उसी मस्तूल से चिपक गया और प्रचंड वायु मुझे आगे ले चली। नौ दिनों तक मैं बहता रहा। मगर दसवें दिन जब रात की अँधियाली छा गई, तब एक महातरंग मुझे लुढ़काती-पुढ़काती थेस्प्रोटियनों की भूमि के समीप ले आई। वहाँ थेस्प्रोटियनों के राजा फिडौन ने मेरा स्वागत किया और किसी प्रकार के हरजाने की माँग नहीं की, क्योंकि उसके प्यारे बेटे की ही नज़र मेरे ऊपर सबसे पहले पड़ी थी जब मैं थकान और ठंड से बेहोश पड़ा था। वह मुझे ख़ुद उठाकर अपने घर ले चला और पिता के महल में ले जाकर लिबास के तौर पर चोगा और अँगरखा पहना दिया।

"वहाँ मुझे ओडिसियस के बारे में सुनने को मिला। स्वयं राजा ने बताया कि उसने उसकी आवभगत उस समय की थी जब वह अपने देश लौट रहा था। उसने मुझे वह सारी सम्पत्ति दिखाई जो ओडिसियस ने उसके महल में जमा कर रखी थी--काँसा, सोना और पिटवाँ लोहा। उसकी दौलत इतनी ज़्यादा थी कि उसके बाद दस पीढ़ियों तक उसकी सन्तति को वह सही में पूरी पड़ती। राजा ने कहा कि ओडिसियस अभी डोडोना गया हुआ है। इतनी लम्बी अवधि तक बाहर रहने के बाद उसे इथाका किस तरह लौटना चाहिए, खुले या गुप्त रूप से, इस सम्बन्ध में वह डोडोना के पर्णयुक्त ऊँचे दैवी ओकवृक्ष के माध्यम से ज़्यूस की इच्छा जानने गया है। इतना ही नहीं, उसने महल में मद्यार्घ्य अर्पित करते समय मेरी उपस्थिति में शपथपूर्वक कहा कि ओडिसियस को उसकी प्रिय जन्मभूमि ले जाने के वास्ते जहाज़ समुद्र में उतार दिया गया है और सभी जहाज़ी तैयार बैठे हैं। लेकिन उसने मुझे पहले ही वहाँ से विदा कर दिया, क्योंकि संयोग से उसी समय थेस्प्रोटियनों का एक जलयान अन्नसम्पन्न ड्यूलिकियम के लिए खुल रहा था। उसने अपने आदमियों को हुक्म

दिया कि वे मुझे वहाँ के राजा एकैस्टस के पास सकुशल पहुँचा दें। लेकिन मुझे तबाह कर देना ही उन्हें अधिक रुचा ताकि मैं दुख और पीड़ा में और भी गहरा डूब जाऊँ। जब समुद्रगामी पोत भूमि से बहुत दूर चला आया, तब उन्होंने मुझे ग़ुलाम बना देने की दिशा में पहला क़दम उठाया। मेरी पोशाक, चोगा और अँगरखा, उतारकर उन्होंने मुझे फटा-पुराना चोगा और अँगरखा पहना दिया। यही जर्जर पहनावा जिसे तुम अभी देख रहे हो। शाम होते-होते वे स्वच्छ आकाशवाले इथाका पहुँच गए जहाँ की भूमि कृषि योग्य है। उन्होंने मुझे उस पोत में बटी हुई रस्सियों से बुरी तरह बाँधकर छोड़ दिया और स्वयं तट पर उतर गए और तट पर ही जल्दी-जल्दी रात का भोजन करने लगे। इस बीच स्वयं देवताओं ने मेरे बन्धन आसानी से खोल दिए। तब मैंने अपने फटे-पुराने वस्त्र सिर से लपेट लिए और चिकनी लदान पटरी से सरककर समुद्र की सतह पर छाती के बल आ गया। दोनो हाथ ताबड़तोड़ चलाकर मैं तैरने लगा और बहुत जल्द पानी के बाहर और उन लोगों से बहुत दूर निकल आया। तब एक ऐसी जगह चला गया जहाँ हरी-भरी झाड़ियाँ थीं और उनके बीच दुबककर लेट गया। कुछ देर बाद वे लोग चीख़-पुकार कर मुझे ढूँढ़ने लगे मगर जब उन्हें यह लगा कि आगे खोजना बेकार होगा, वे अपने पोत पर लौट गए। मुझे तो स्वयं देवताओं ने ही आसानी से छुपाया है और एक बुद्धिमान व्यक्ति के घर ला छोड़ा है। इससे यही मालूम पड़ता है कि मेरी किस्मत में अब भी मुझे ज़िन्दा रहना बदा है।''

तब ओ शूकरपालक यूमियस, तूने उसे यही उत्तर दिया : ''हाय अभागे अतिथि, तुमने अपने कष्टों और भटकनों का बयान करके मेरे दिल को बुरी तरह झकझोर दिया है। लेकिन मुझे ऐसा लगता है कि तुम्हारी सारी बातें सच नहीं हैं और ओडिसियस के मुतल्लिक़ तुमने जो कुछ कहा है, उसे मानने को मैं बिलकुल तैयार नहीं हूँ। ऐसी बुरी हालत में पड़े हुए तुम्हारे समान आदमी को इस तरह झूठ बोलने से क्या मिलेगा? ख़ुद ही मैं अपने मालिक के घर लौटने के बारे में भली भाँति जानता हूँ कि सारे के सारे देवता उससे कितनी घृणा करते थे, क्योंकि उन्होंने न तो उसे ट्रोजनों के बीच मौत दी और न ही युद्ध का लच्छा समेट लेने के बाद उसे साथियों की बाँहों में मरने दिया। अगर ऐसा हुआ होता, तो सारी यवन सेना मिलकर उसके लिए समाधि-स्तूप बना देती जिससे उसके बेटे को बाद में भी उसकी भारी कीर्ति का लाभ मिलता। परन्तु उसके साथ वह सब कुछ नहीं हुआ है, बल्कि उसे तो वात्याचुड़ैलें शर्मनाक ढंग से उड़ा ले गई हैं। जहाँ तक मेरा सवाल है, तो मैं सूअरों के ही साथ रहता हूँ, दुनिया से दूर, और नगर जाने का संयोग तभी बनता है जब ओडिसियस का कोई समाचार मिलने पर बुद्धिमती पिनेलपी मुझे बुला भेजती है। तब समाचार लानेवाले को घेरकर सभी बैठ जाते और उससे ख़ूब गहरे सवाल करते हैं, वे सभी जो बहुत दिनों से ग़ैरहाज़िर अपने मालिक के लिए दुखी होते हैं और वे भी जो उनके

धन का भोग बिना कुछ दिए करते हैं। मगर जिस दिन ईटोलिया के एक व्यक्ति ने अपनी कहानी कहकर मुझे ठग लिया, उस दिन से मैं ओडिसियस को लेकर पूछना-ताछना एकदम पसन्द नहीं करता। वह अपने किसी आदमी की हत्या करके दूर-दराज़ के मुल्कों में काफ़ी घूमने-भटकने के बाद मेरे निवास-स्थान पर आ गया और मैंने उसका बड़े प्रेम से स्वागत-सत्कार किया। उसने बताया कि वह मेरे मालिक को क्रीटवासियों के बीच ईडोमेनियस के महल में देख चुका है जहाँ वह तूफ़ान से क्षतिग्रस्त अपने जहाज़ों की मरम्मत करने में लगा था। उसने कहा कि वह यानी ओडिसियस गर्मी या कटनी के मौसम तक घर आ जाएगा और अपने साथियों के साथ काफ़ी दौलत लेता आएगा। चूँकि तुम दैवी प्रेरणा से ही मेरे पास आए हो, इसलिए, ओ अनेकविध सन्तप्त वृद्ध पुरुष, तुम भी झूठी बातों से मेरी कृपा पाने या मुझे खुश करने की कोशिश मत करो। ऐसा करने से मैं तुम्हारा कभी आदर या ख़याल नहीं करूँगा। मैं तो बस अतिथियों के रक्षक देवता ज़्यूस के भय और तुम पर दया के कारण ही ऐसा करूँगा।''

इस पर ओडिसियस ने उसे जवाब दिया : ''सचमुच तुम्हारा मन किसी चीज़ पर विश्वास नहीं करता। यह इसी से पता चलता है कि शपथपूर्वक कहने पर भी मैं तुम्हें विश्वास दिला पाने में सफल नहीं हो पाया हूँ या तुम मेरे ऊपर यक़ीन नहीं कर पाए हो। लेकिन देखो, अब हम ओलिम्पसवासी देवताओं को साक्षी रख आपस में इकरार कर लें कि अगर तुम्हारा मालिक घर लौट आएगा, तो तुम मुझे लिबास के तौर पर चोगा और अँगरखा पहना देना और ड्यूलिकियम भेज देना जहाँ मैं रहना चाहता हूँ; लेकिन अगर मेरे कथनानुसार तुम्हारा मालिक नहीं लौटता है, तो तुम अपने ग़ुलामों को हुक्म दे देना कि वे मुझे किसी ऊँची पहाड़ी से नीचे फेंक दें ताकि दूसरे भिखारी ऐसी वंचना करते समय चौकस रहें।''

तब उस श्रेष्ठ शूकरसंरक्षी ने उसे उत्तर दिया : ''हाँ मेरे अभ्यात, बहुत ख़ूब! पहले तुम्हें अपने झोंपड़े में बुलाकर तुम्हारा स्वागत-सत्कार करूँ और तब मारकर तुम्हारे क़ीमती प्राण हर लूँ जिससे कि लोगों के बीच अभी और भविष्य में भी मैं यश और ऐश्वर्य दोनों भरपूर प्राप्त करूँ। उसके बाद तो मैं कितने आत्मविश्वास से क्रॉनस-तनय ज़्यूस की विनती करूँगा! ख़ैर, अब ब्यालू करने का समय हो रहा है और मेरे संगी भी आ ही चले। हम झोंपड़े में रात का स्वादिष्ट खाना झटपट तैयार कर लेंगे।''

वे दोनों आपस में इस तरह बतिया ही रहे थे कि सूअरों को लिए-दिए चरवाहे आ गए। सूअरों को उन चरवाहों ने रातभर के लिए खोभारों में बन्द कर दिया। बन्द किए जाते समय वे सूअर ख़ूब ज़ोर-ज़ोर से घुरघुरा रहे थे। तब उस सम्मान्य शूकर-संरक्षक ने अपने लोगों को बुलाकर कहा :

"सबसे बढ़िया सूअर ले आओ। उसे मैं दूर देश से आए अपने इस मेहमान की ख़ातिर मारूँगा। इसका थोड़ा फ़ायदा हम भी उठा लें। इसलिए कि सफ़ेद दाँतोंवाले इन सूअरों पर हम इतनी मेहनत करते हैं और इनके लिए इतनी परेशानी झेलते हैं मगर हमारी मेहनत का फल दूसरे लोग कुछ दिए बग़ैर भकोस जाते हैं"

इतना कहकर वह तेज कुल्हाड़े से लकड़ी फाड़ने लगा। तभी दूसरे लोग पाँच साल का एक मोटा-ताजा सूअर ले आए और उसे अग्निस्थान पर बाँध दिया। सही समझवाला वह शूकर-संरक्षक अमरों को भूला नहीं था, इसलिए बलि देने के पहले उसने उस सूअर के माथे पर के कड़े बाल काटकर आग में डाल दिए और बुद्धिमान ओडिसियस घर लौट आए, इसके लिए सभी देवताओं से विनती की। तब वह तनकर खड़ा हो गया और लकड़ी फाड़ते समय ओक का जो कुन्दा उसने छोड़ दिया था, उसी से सूअर पर प्रहार किया। सूअर अचेत होकर गिर पड़ा। और लोगों ने उसकी गरदन काटकर उसे झुलसा दिया और झटपट उसके टुकड़े कर दिए। शूकर-संरक्षक ने देवताओं के प्रथम चढ़ावे के रूप में उसके सभी अंगों से मांस के कच्चे टुकड़े लेकर भरपूर चरबी में लपेट लिए और उन पर जौ का आटा छिड़ककर उन्हें अग्नि को समर्पित कर दिया। उसके लोगों ने बाक़ी मांस की बोटियाँ कर लीं और उन्हें सींखचों में गाँथकर पकाने लगे। जब टुकड़े अच्छी तरह पक गए, तब उनको सींखचों से निकालकर काठ के एक कठौते में रख दिया। अन्त में शूकर-संरक्षक भोजन का बख़रा लगाने उठा। वह भोजन-सामग्रियों का हमेशा उचित बखरा लगाता था। उसने कुल सात हिस्से किए सब चीज़ों के। एक हिस्सा उसने विनती करके अप्सराओं एवं माया-पुत्र हरमीज़ के अग्राशन के तौर पर अलग रख दिया। बाक़ी भाग उसने हर एक के बीच बाँट दिए। ओडिसियस को सूअर का धड़ देकर उसने उसके प्रति सम्मान जताया जिससे उसका मालिक बड़ा ख़ुश हुआ। तब ओडिसियस उससे बोला :

"यूमियस, तात ज़्यूस तुम्हें उतना ही चाहे जितना मैं तुम्हें चाहने लगा हूँ। यही देखो कि मैं इतनी बुरी हालत में हूँ, तो भी तुम मुझे सबसे अच्छा भाग देकर मेरा सम्मान कर रहे हो।"

इस पर, ओ शूकर-संरक्षक, तूने उसे यही उत्तर दिया : "ओ भाग्यहीन अभ्यागत, यहाँ जो कुछ है उसे खाकर तुम आनन्द उठा लो। देवता अपनी ही मरज़ी से एक चीज़ देता है, तो दूसरी छीन लेता है। वह कुछ भी कर सकता है।"

यह बोलकर उसने शाश्वत देवताओं के पवित्र अग्राशन अग्नि को अर्पित कर दिए और अर्घ्य-स्वरूप दाहक सुरा उड़ेल दी। उसके बाद चषक नगर-विध्वंसक ओडिसियस के हाथों में देकर वह भोजन करने अपनी जगह पर बैठ गया। तदनन्तर मेसौलियस ने उन्हें गेहूँ की रोटियाँ परोस दीं। मालिक के चले जाने के बाद मेसौलियस को यूमियस ने ख़ुद अपना धन देकर टैफियनों से खरीदा था, मालकिन या बूढ़े

लेयरटीज़ को जनाए बिना। इस प्रकार वे अपने-अपने आगे परोसे गए सुस्वादु भोजन पर हाथ साफ़ करने लगे। जब वे जीभर खा-पी चुके, तब मेसौलियस खाने-पीने की बची हुई चीज़ें उठा ले गया। रोटी एवं मांस से परितृप्त हो जाने के बाद वे सोने की तैयारी करने लगे।

तब ऐसा हुआ कि जो रात आई वह बड़ी ख़राब रही। चन्द्रमा के नहीं होने से चारों ओर अँधेरा तो था ही, तिस पर ज़्यूस सारी रात पानी बरसाता रहा और वर्षाकारी पश्चिम पवन ज़ोर-ज़ोर से चलता रहा। यह देखकर कि शूकरपाल उसका इतना ख़याल कर रहा है, ओडिसियस ने उसके चरित्र की जाँच कर लेना उचित समझा। इसी मक़सद से उसने उनके बीच यह सवाल रखा कि क्या शूकर-संरक्षक उसे अपना चोगा उतारकर उसे दे सकता है या अपने किसी आदमी से ही ऐसा करने को कह सकता है या नहीं?

''ओ यूमियस और उसके साथियो, अब यह सुन ही लो। मैं अपने दिल की एक इच्छा को लेकर एक कहानी कहता हूँ जो मुझसे मदिरा मजबूरन कहवा रही है। मदिरा जो बुद्धि हर लेती है व अक़्लमन्दों को भी यूँ ही गाने और मन्द-मन्द मुसकराने को प्रेरित कर देती है, उन्हें नाच उठने और जो नहीं बोलना चाहिए वह भी बोल देने को बाध्य कर देती है। तो भी चूँकि मैंने बोलना शुरू कर दिया है, इसलिए कुछ भी नहीं छुपाऊँगा। आह, मैं उस दिन के ही समान जवान होता और मेरी शक्ति उतनी ही दृढ़ रहती, जिस दिन हम ट्रॉय के क़िले के नीचे घात में बैठने गए थे! नायक थे—ओडिसियस और ऐट्रियस-पुत्र मेनिलेयस। उन्होंने हुक्म दिया कि तीसरे नायक के तौर पर मैं भी चलूँ। जब हम नगर की ऊँची खड़ी दीवार के समीप पहुँच गए, तब नरकटों से भरे दलदली इलाक़े की ओर जाकर हम दुर्ग के नीचे घनी झाड़ियों के बीच कवच और हथियार धारण किए हुए ही दुबककर बैठ गए। मगर यह सुनो कि उसी वक़्त उत्तर हवा थम गई जिससे वह रात पाला लिए बुरी उतरी। हमारे ऊपर तुषार के समान अत्यन्त ठंडी बर्फ़ गिरने लगी, परत दर परत, और हमारी ढालों पर गहरी बर्फ़ जम गई। बाक़ी योद्धाओं के पास तो चोगे और अँगरखे थे, सो वे अपनी-अपनी ढाल से कन्धे ढँककर आराम से सो गए। लेकिन एक मैं था कि चलते समय अपना चोगा साथियों के ही पास छोड़ देने की नासमझी कर बैठा था। मुझे ऐसी ठंड का कोई अनुमान ही नहीं था, इसलिए केवल ढाल और सदरी लेकर आ गया था। परन्तु जब रात का तीसरा पहर बीत गया और तारे नीचे की ओर खिसकने लगे, तब मैंने बग़ल में लेटे ओडिसियस को केहुनी से टोंचा और अपनी बात बताई जिस पर उसने तुरन्त कान दिया :

''ओ ओडिसियस, देखो कि मैं अब सचमुच ज़िन्दा नहीं रह पाऊँगा। चोगे के बिना मैं ठंड से मरा जा रहा हूँ। किसी देवता ने मात्र अँगरखा पहनकर यहाँ चले आने की मुझे ग़लत राय दे दी और अब मेरा बच पाना मुश्किल है।'

"मेरा ऐसा बोलना था कि उसके दिमाग़ में एक युक्ति कौंध गई जो कि मंत्रणा और लड़ाई, दोनों के अनुभवी उस पुरुष के उपयुक्त थी। मुझसे वह धीमी आवाज़ में बोला : 'चुप हो जा वरना कोई दूसरा यवन तेरी बात सुन लेगा,' उसके साथ ही अपना सिर केहुनी के बल ऊपर उठाकर उसने कहा : 'साथियो, यह सुन लो कि अभी मैं सोया हुआ था तो मुझे देवताओं के यहाँ से एक स्वप्न आया। देखो, हम बेड़े से बहुत दूर चले आए हैं, इसलिए इस अवस्था में अच्छा तो यही होगा कि इस घड़ी कोई आदमी सेनापति ऐट्रियस-पुत्र ऐगमेमनन के पास जाकर उसे यहाँ की हालत से अवगत करा दे; वह बेड़े से सैनिकों की बड़ी टुकड़ी ही शायद यहाँ भेज दें।'

"उसके ऐसा बोलते ही ऐंड्रीमौन का बेटा थोएस चट खड़ा हो गया और बैंगनी रंग का अपना चोगा उतार फेंक बेड़े की ओर भागा। इधर मैं उसके परिधान में आनन्द से लेट गया और उषा के आ जाने तक सोया रहा। ओह, उस समय की भाँति आज भी मैं यौवनोत्फुल्ल रहता और मेरी शक्ति दृढ़ होती! तब इस पशुशाला का भी कोई पासी दयावश एवं एक वीर योद्धा के प्रति आदर की भावना से मुझे चादर दे देता। लेकिन अभी स्थिति यह है कि मेरे हीन वस्त्रों के कारण वे मेरा अनादर और तिरस्कार कर रहे हैं।"

तब, ओ शूकरपाल यूमियस, तूने यही उत्तर दिया : "वृद्ध महोदय, तुमने जो कहानी कही है, वह बड़ी अच्छी है और जो कुछ कहा है वह ग़लत नहीं है। इससे तुम्हें लाभ भी होगा। आज रात तुम्हें ओढ़ने या दूसरी किसी ऐसी चीज़ की कमी नहीं होगी जिसकी मिलने की आशा कोई भी विपदाग्रस्त अतिथि अपने मेज़बान से करता है। लेकिन सवेरा होने पर तुम्हें अपने चिथड़ों में ही घूमना-फिरना होगा क्योंकि पहनने को यहाँ कोई फ़ाज़िल चोगा या अँगरखा नही है। हर आदमी के पास बस एक चोगा है। परन्तु जब ओडिसियस का लाड़ला बेटा आ जाएगा, तब वह स्वयं ही तुम्हें पहनने को चोगा और अँगरखा देगा और तुम जहाँ जाना चाहोगे वहाँ भेज देगा।"

यह बोलकर वह उछल खड़ा हुआ और अँगीठी के पास ओडिसियस का बिस्तर लगाकर उस पर भेड़ों और बकरों के चमड़े डाल दिए। ओडिसियस वहीं जाकर सो गया। यूमियस ने उसके ऊपर बड़ी-सी मोटी चादर डाल दी। यह वही चादर थी जिसे यूमियस भयानक तूफ़ान के आने पर ओढ़ने के प्रयोजन से रखे हुए था।

ओडिसियस वहाँ इस तरह सोया और उसके बग़ल में ही युवा श्रमिक भी सो गए। मगर शूकर-संरक्षक वहाँ सोने को तैयार नहीं हआ क्योंकि तब उसे सूअरों से दूर सोना पड़ता। इसलिए वह बाहर निकलने की तैयारी करने लगा। इससे ओडिसियस को ख़ुशी हुई कि मालिक के दूर होते हुए भी शूकर-संरक्षक को उसकी सम्पत्ति की इतनी चिन्ता है। सबसे पहले यूमियस ने अपने बलिष्ठ कन्धों से तलवार

लटका ली। तब उसने तेज हवा से अपने को बचाने के लिए शरीर पर ख़ूब मोटी चादर डालकर मोटे-ताज़े बकरे की एक विशाल रोयेंदार खाल भी उठा ली। कुत्तों एवं अवांछित लोगों को दूर रखने के निमित्त अन्त में एक बरछा भी ले लिया। तब वह निकला और सोने के वास्ते वहाँ चला गया जहाँ सफ़ेद दाँतोंवाले सूअर सो रहे थे। उसके सोने की वह ख़ास जगह आगे निकले हुए एक पाषाण-खंड के नीचे थी जहाँ उत्तरी हवा से बचाव होता था।

टेलेमेकस का इथाका लौट आना

इस बीच निःशंक ओडिसियस के तेजस्वी पुत्र को घर लौट चलने की याद दिलाने और शीघ्र वापस ले आने के उद्देश्य से पैलस एथीनी विशाल लेकिडेमौन जा पहुँची। वहाँ जाकर उसने देखा कि टेलेमेकस और तेजस्वी पिसीस्ट्राटस कीर्तिशाली मेनिलेयस के महल के बड़े दालान में लेटे हुए हैं। नेस्टर का बेटा सुखपूर्वक सोया हुआ था मगर टेलेमेकस को मीठी नींद अपने वश में नहीं ले पाई थी। बाप की चिन्ता से वह सारी दिव्य रात्रि जागता ही रहा था। सो एथीनी उसके पास जाकर खड़ी हो गई और उससे बोली :

"टेलेमेकस, तुम्हारे हक़ में घर से दूर घूमते रहना अब ठीक नहीं है। वह भी वैसी हालत में जब तुम अपनी सारी दौलत वहाँ असुरक्षित छोड़ आए हो और महल में ऐसे उद्धत लोग जमे हुए हैं जो तुम्हारी पूरी की पूरी सम्पत्ति एकदम भकोस जाएँ। तुम्हारा यह सफ़र इस तरह बिलकुल बेकार हो जाएगा। लेकिन सुनो, तुम अब भीषण युद्धनिनादी मेनिलेयस से कहो कि वह तुम्हें यथाशीघ्र विदा कर दे ताकि उदारमना माता से तुम्हारी भेंट घर पर ही हो जाए। उसके बाप-भाई पहले से ही कह रहे हैं कि वह यूरीमेकस से विवाह कर ले, क्योंकि प्रणययाचकों में सबसे अधिक उपहार वही दे रहा है और विवाहोपहार भी उसने काफ़ी बढ़ा दिए हैं। इसलिए सावधान रहना कि तुम्हें बताए बग़ैर तुम्हारी माँ महल से कोई बहुमूल्य वस्तु न ले जाए। औरत का स्वभाव तुम जानते हो कि किस तरह वह अपने वर्तमान पति का घर बढ़ता हुआ देखना चाहती है लेकिन मृत पति और उससे हुए बच्चों को बिलकुल भूल जाती है और उनके बारे में कुछ पूछना भी गवारा नहीं करती, हालाँकि उन्हें वह पहले ख़ूब प्यार करती थी। अब घर लौट जाओ और जाकर अपनी सारी सम्पत्ति उस दासी के हवाले कर दो जिसे तुम सबसे अच्छी समझते हो और ऐसा तब तक के लिए जब तक देवताओं की कृपा से तुम्हें मन के लायक़ कोई दुल्हन न मिल जाए। अभी एक और बात कहूँगी जिसे हृदयंगम कर लो। इथाका और पथरीले सेमौस के बीच पड़नेवाले जलडमरूमध्य में मुख्य-मुख्य प्रणययाचक इस पक्के इरादे से घात में बैठे हैं कि वे तुम्हें स्वदेश लौटने के पूर्व मौत के घाट उतार दें। लेकिन मेरे जानते ऐसा

कभी नहीं होगा, बल्कि तुम्हारा धन भकोसनेवाले प्रणयप्रार्थियों में से कुछ तो अवश्य उसके पहले धरती के अन्दर चले जाएँगे। अपना जलयान उन द्वीपों से दूर ही रखना और उसे दिन-रात लगातार चलाते रहना। अमरों में से जो तुम्हारा पोषण एवं रक्षण करता है, वह तुम्हारे पीछे अनुकूल हवा भेज देगा। इथाका का जो भी तट सबसे नज़दीक मिल जाए, तुम वहीं उतर जाना लेकिन अपने जहाज़ और सारे साथियों को नगर की ओर भेज देना। तुम्हारा पहला काम होगा उस शूकर-संरक्षक से मिलना, जो तुम्हारे प्रति हमेशा वफ़ादार और निष्ठावान रहा है। वहाँ रातभर विश्राम करना और तब अपने आने की ख़बर लेकर उसे पिनेलपी के यहाँ नगर भेज देना कि तुम सकुशल हो और पायलस से लौट आए हो।"

उसके बाद वह पुनः ओलिम्पस लौट गई। लेकिन टेलेमेकस एड़ी से टोंचकर नेस्टर के बेटे को मधुर निद्रा से जगाकर बोला :

"उठो, पिसीस्ट्राटस, उठो और ठोस खुरोंवाले घोड़े लाकर रथ में जोत दो। अब हमें तेजी से चल देना है।"

इस पर पिसीस्ट्राटस ने उससे कहा : "टेलेमेकस, चलने की हमें लाख व्यग्रता हो किन्तु इस अँधेरी रात में हम रथ किसी भी हालत में नहीं हाँक सकते। ख़ैर, अब उषा आनेवाली है, इसलिए थोड़ा रुक जाओ जिससे कि नामी कुन्तधर ऐट्रियस-पुत्र योद्धा मेनिलेयस तोहफ़े लाकर रथ में रख दे और मीठे भले बोल से हमें विदा कर दे। मेज़बान से मिला हार्दिक सम्मान कोई भी अतिथि आजीवन याद रखता है।"

उसके ऐसा कहने के थोड़ी ही देर बाद उषा का आगमन हो गया। तब मेनिलेयस सुन्दर वेणीवाली हेलेन के बग़ल से उठकर तुरन्त उनसे मिलने चला आया। उसे आते देख ओडिसियस का लाड़ला राजकुमार झटपट चमचमाता अँगरखा पहन और बलिष्ठ कन्धों पर बड़ी-सी चादर डाल दरवाज़े की ओर बढ़ा। इस तरह दिव्य ओडिसियस का प्रिय पुत्र टेलेमेकस मेनिलेयस के समीप जाकर उससे बोला :

"नृपति मेनिलेयस, अब मुझे अपने प्यारे वतन जाने दो। घर जाने को मेरा मन अब व्याकुल हो उठा है।"

इस पर मेनिलेयस ने उसे उत्तर दिया : "टेलेमेकस, तुम लौटने को आतुर हो, इसलिए तुम्हें यहाँ लम्बे काल तक नहीं रोकूँगा। मैं तो बल्कि ऐसे आदमी को दोषी मानता हूँ जो मेज़बान के रूप में अपने अतिथि से अत्यधिक प्यार या घृणा करने लगता है। किसी भी चीज़ में मात्रा और सीमा का होना ही उचित होता है। वह व्यक्ति दोनों हालत में ग़लती करता है, उस समय भी जब कोई जाने की जल्दबाज़ी में है तो उसे रोक रखता है। मेज़बान को चाहिए कि जो अभ्यागत मौजूद है, उसका वह दिल से स्वागत करे और जो जाना चाहे उसे विदा कर दे। लेकिन जहाँ तक

तुम्हारा प्रश्न है, तो तुम्हें यहाँ उस घड़ी तक रुकना पड़ेगा जब तक मैं तुम्हारे वास्ते उत्कृष्ट उपहार लाकर रथ में न रख दूँ और उन्हें तुम अपनी आँखों से देख न लो और मैं परिचारिकाओं को महल के भरे-पूरे भंडार से सामान लेकर दोपहर का भोजन तैयार कर देने का आदेश न दे दूँ। यह तो हमारे लिए शोभा-सम्मान तथा तुम्हारे लिए लाभ की बात होगी कि इस विशाल और असीम पृथ्वी पर यात्रा आरम्भ करने के पूर्व तुम भली भाँति खाना खा लो। यदि तुम्हारी इच्छा हेलैस और आरगौस के अन्य भागों की मेरे साथ सैर करने की हो, तो मैं स्वयं घोड़े जोतकर तुम्हें वहाँ के जनाकीर्ण नगर ले जाऊँगा। खाली हाथ हमें कोई नहीं विदा करेगा बल्कि उपहार स्वरूप कुछ न कुछ अवश्य देगा—काँसे की सुन्दर तिपाई वा कड़ाह या खच्चरों का जोड़ा अथवा सोने का चषक।"

तब टेलेमेकस ने उसे जवाब दिया : "ओ नरपति मेनिलेयस, मेरा मन अब तुरन्त घर लौट जाने का है, क्योंकि चलते समय मैंने किसी से भी नहीं कहा कि मेरी अनुपस्थिति में वह मेरी धन-सम्पदा की देखभाल करे। मैं यह हरगिज़ नहीं चाहूँगा कि अपने देवतुल्य पिता की खोज में स्वयं बरबाद हो जाऊँ अथवा मेरे महल से कोई मूल्यवान पैतृक वस्तु ही ग़ायब हो जाए।"

तब हुआ यह कि उसके ऐसा कहते ही मेनिलेयस ने अपनी भार्या और दासियों को बुलाकर आज्ञा दी कि वे भरे-पूरे भंडार से सामान लेकर महल में दोपहर का भोजन तैयार करने में जुट जाएँ। तब उसके पास बोईथोअस का बेटा इटियोनियस आ पहुँचा। वह क़रीब ही रहता था और अभी बिस्तर से उठा था। प्रचंड समरनिनादी मेनिलेयस ने उसे आग जलाकर गोश्त भून लेने को कहा। इस आज्ञा का उसने अविलम्ब पालन किया। तब राजा सुवासित कोषागार के भीतर उतर गया। वह अकेला नहीं गया। उसके साथ हेलेन और मेगापेन्थीज़ भी गए। जब वे उस जगह पहुँचे जहाँ बहुमूल्य वस्तुएँ रखी हुई थीं, तब ऐट्रियस-तनय ने दो हत्थोंवाला चषक ले लिया और अपने बेटे मेगापेन्थीज से चाँदी का एक मिश्रणपात्र उठा लेने को कहा। उधर हेलेन सन्दूकों के आगे जाकर खड़ी हो गई। उन सन्दूकों में अद्भुत रूप से सुन्दर वे वस्त्र रखे हुए थे जिन पर उसके ही द्वारा सूई से कढ़ाई के काम किए गए थे। शुभांगी हेलेन ने एक ऐसा ही परिधान बाहर निकाल लिया जो विशाल था और जिस पर सबसे चित्ताकर्षक कढ़ाई की गई थी। वह तारे की नाईं दमक रहा था और बाक़ी सब वस्त्रों के नीचे रखा हुआ था। उसके बाद ही वे महल होते हुए पुनः टेलेमेकस के समीप लौट आए। तब स्वर्णकेशी मेनिलेयस उससे बोला :

"टेलेमेकस, हेरापति ज़्यूस तुम्हें तुम्हारी इच्छानुसार घर वापस पहुँचा दे। जहाँ तक उपहारों का सवाल है, तो मेरे महल में जितनी भी मूल्यवान वस्तुएँ हैं, उनमें से मैं तुम्हें वही दूँगा जो सबसे मूल्यवान और सबसे सुन्दर हैं। मैं तुम्हें एक सुनिर्मित

मिश्रण-पात्र दूँगा जोकि पूरे का पूरा चाँदी का बना है और जिसका ऊपरी किनारा सोने से परिसज्जित। स्वयं हेफ़ीस्टस ने उसे बनाया है। साइडौन के राजा महायोद्धा फीडिमस ने मुझे यह उस समय दिया था जब मैं यहाँ लौटते वक़्त उसके महल में ठहरा था। यह चषक तुम्हें प्रदान करने से मुझे बड़ी ख़ुशी होगी।'

ऐसा कहकर ऐट्रियस के महायोद्धा पुत्र ने दो हत्थोंवाला वह प्याला उसके करों में सौंप दिया। तभी बलवान मेगापेन्थीज़ ने चाँदी का चमचमाता मिश्रण-पात्र लाकर उसके आगे प्रस्तुत कर दिया। इधर रूपवती हेलेन, जो अपने हाथों में वह परिधान लिए हुई थी, उससे बोली :

"यह लो, प्यारे बच्चे! मैं भी तुम्हें यह उपहार दे रही हूँ, इस हेलेन के हाथ की निशानी। यह तुम्हारे सबसे अभिलषित दिन अर्थात तुम्हारे विवाह के दिन तुम्हारी दुल्हन की ख़ातिर दे रही हूँ। तब तक के लिए इसे अपनी प्यारी माँ के कमरे में रख छोड़ना। तुम अब अपने भव्य महल और स्वदेश ख़ुशी-ख़ुशी पहुँचो, यही मेरी कामना है।"

इसके साथ ही उसने उसके हाथों में वह परिधान सौंप दिया और टेलेमेकस ने उसे सहर्ष स्वीकार कर लिया। राजकुमार पिसीस्ट्राटस ने उपहारों को ले जाकर रथ के सन्दूक में रख दिया। उन्हें देखकर वह विस्मय से भर उठा। तब मेनिलेयस उन दोनों को महल के अन्दर ले गया। जब वे दोनों आसन्दियों पर बैठ गए, तब एक परिचारिका हाथ धुलाने सोने की सुन्दर झारी में पानी ले आई और उसे चाँदी की चिलमची में उड़ेलकर उनके हाथ धुला दिए। उसके बाद वह एक चिक्कण मेज़ खींच लाई और उसको उनके आगे लगा दिया। विश्वस्त भंडारपालिका गेहूँ की रोटियाँ तथा उसके पास खाने-पीने की और जो भी उत्तम वस्तुएँ थीं, उनको भरपूर मात्रा में बेहिचक लाकर उनके आगे मेज़ पर परोस गई। बोईथोअस के लड़के ने गोश्त बग़ल में ही काट-काटकर उनके बीच परोसा और मेनिलेयस के बेटे ने मदिरा ढाली। इस प्रकार वे तब अपने सामने प्रस्तुत सुस्वादु व्यंजनों पर हाथ साफ़ करने लगे। जब वे दोनों जीभर खा-पी चुके, तब टेलेमेकस और पिसीस्ट्राटस घोड़े जोतकर उस अलंकृत रथ पर आरूढ़ हो गए और उसे महल के द्वार और गूँजनेवाले द्वारमंडप के सामने से हाँक ले चले। उनके पीछे ऐट्रियस-तनय मेनिलेयस दाहिने हाथ में सोने के प्याले में मधुमधुर आसव लेकर चला ताकि उनके प्रस्थान कर जाने के पूर्व वह मद्यार्घ्य अर्पित कर सके। वह अश्वों के आगे खड़ा होकर दोनों युवकों के प्रति शुभकामना व्यक्त करते हुए बोला :

"विदा का मेरा नमस्कार, ओ नवयुवको! तुम दोनों नरपति नेस्टर से मेरा अभिवादन कह देना, क्योंकि जब हम यवन पुत्र ट्रॉय-भूमि पर संग्राम कर रहे थे तो वह मेरे ऊपर सचमुच पिता के समान सदय और कृपालु रहता था।"

इस पर टेलेमेकस ने उसे उत्तर दिया : "हाँ, ओ ज़्यूस-सम्भूत भूपति, वहाँ पहुँचकर हम उसे यह सब अवश्य सुना देंगे जो तुम कह रहे हो। लेकिन क्या ही अच्छा होता अगर इथाका लौटने पर ओडिसियस से मेरी भेंट घर पर ही हो जाती और उसे भी यह सब ज़रूर सुना देता कि मैं अभी तुमसे किस तरह इतना सारा स्नेह-प्रेम एवं इतने सारे उत्कृष्ट तथा बहुमूल्य उपहार पाकर विदा ले रहा हूँ।"

अभी वह बोल ही रहा था कि उसके दाहिने पार्श्व से एक गरुड़ महल के प्रांगण से अपने चंगुल में एक पालतू उजला हंस लेकर ऊपर की ओर उड़ा। मर्द-औरत सभी उसके पीछे शोर मचाते हुए दौड़े। लेकिन वह पक्षी उनके समीप आकर पुनः दाहिनी ओर रथ के सामने से उड़ता हुआ दूर चला गया। उसे देखकर वहाँ मौजूद सारे लोग ख़ूब ख़ुश हुए और उनके दिल को बड़ा सुकून मिला। तब उनके बीच सबसे पहले नेस्टर-सुत पिसीस्ट्राटस बोला :

"ओ ज़्यूस-सम्भूत नृपति मेनिलेयस, तनिक ग़ौर करो इस बात पर कि देवता ने यह संकेत हम दोनों को अथवा केवल तुमको दिया है।"

उसके ऐसा बोलने पर एरीज़प्रिय मेनिलेयस सोचने लगा कि इस संकेत की किस तरह व्याख्या की जाए कि वह सही उतरे। लेकिन दीर्घवसना हेलेन बीच में ही बोल उठी :

"सुनो, मैं वही भविष्यवाणी करूँगी जिसे करने को अमरगण मेरा मन प्रवृत्त कर रहे हैं और मुझे ऐसा भासित होता है कि यह घटित होकर रहेगी। जिस तरह यह गरुड़ पहाड़ में पैदा हुआ है और वहाँ इसके सम्बन्धी रहते हैं और यह जिस तरह हंस को यहाँ से झपट ले गया है जो घर में पला-बढ़ा था, उसी तरह बहुत संकट झेलने और काफ़ी दिनों तक भटकने के बाद ओडिसियस अवश्य घर लौट आएगा और प्रतिशोध लेगा। अपितु सम्भावना तो अधिक इसी बात की है कि वह घर आ चुका है और सारे प्रणयप्रार्थियों के विनाश के बीज बो रहा है।"

इस पर टेलेमेकस ने उसे उत्तर दिया : "ज़ोर-ज़ोर से गर्जना करने वाले हेरापति ज़्यूस की कृपा से ऐसा ही घटित हो। तब मैं अपने सुदूर घर पर भी तुम्हारा नाम एक देवता के रूप में श्रद्धा से लिया करूँगा।"

यह कहकर उसने दोनों घोड़ों को चाबुक लगाया और वे नगर का रास्ता आतुरता से पारकर बाहर मैदान की ओर तीव्र गति से दौड़ चले। इस तरह वे दिनभर अपनी गरदन पर का जुआ हिलाते रहे। अन्ततः सूरज डूब गया और सारे पथों पर अन्धकार छा गया। तब तक वे ऐलफीयस के वंशधर औरटीलोकस के पुत्र डायोक्लीज़ के फेरी स्थित घर पर पहुँच गए। वहाँ वे रात्रि-विश्राम के लिए रुक गए और डायोक्लीज़ ने अतिथि के योग्य उनका सत्कार किया।

जैसे ही गुलाबी उँगलियोंवाली उषा का आगमन हुआ कि घोड़े जोतकर वे अलंकृत रथ पर आसीन हो गए। शीघ्र ही वे गूँजनेवाला द्वारमंडप पीछे छोड़ मुख्य

द्वार से बाहर निकल गए। पिसीस्ट्राटस ने चाबुक से घोड़े छुए नहीं कि वे बेहिचक आगे उड़ चले। उसके तुरन्त बाद वे पायलस के ऊँचे दुर्ग के नज़दीक पहुँच गए। तब टेलेमेकस ने नेस्टर के बेटे से कहा :

"ओ नेस्टर-तनय, क्या तुम अभी शपथ लोगे कि जो मैं कहूँ तुम वही करोगे? हम एक-दूसरे के मित्र होने का दावा इसलिए करते हैं कि हम दोनों के पिता के बीच बहुत पहले से ही मैत्री है। इतना ही नहीं, हम दोनों एक ही वयस के हैं और इस सफ़र से हमारे बीच का प्रेम और भी प्रगाढ़ होगा। ओ ज़्यूस के वंशज, मेरा अभी यही कहना है कि तुम मुझे सीधे मेरे जहाज़ के सामने छोड़ दो, आगे मत ले जाओ। वरना यह बूढ़ा स्नेहवश मुझे अपने घर में कहीं रोक न ले जबकि मेरी इच्छा अब यहाँ ठहरने की बिलकुल नहीं है। हर हालत में मैं अभी घर तुरन्त चल देना चाहता हूँ।"

उसका यह कथन सुनकर नेस्टर का बेटा अपने मन में विचार करने लगा कि ऐसा करने की प्रतिज्ञा करके उसे वह ठीक-ठीक कैसे अंजाम देगा। विचार करने पर उसे यही रास्ता सबसे अच्छा जँचा और उसने अपने घोड़े सागर-तट पर लगे तीव्रग्रामी जलयान की ओर मोड़ दिए। वहाँ जाकर उसने उम्दा तोहफ़े जहाज़ के पिछले भाग में सँभालकर रख दिए, मेनिलेयस के दिए हुए वस्त्र एवं सुवर्ण। तब वह टेलेमेकस से आग्रह करते हुए पुंखित शब्दों में बोला :

"मैं घर जाकर उस बूढ़े को यह ख़बर दूँ, उसके पहले तुम जहाज़ पर सवार हो जाने की जल्दबाज़ी करो और जहाज़ियों से भी ऐसा ही करने को कहो। मैं अच्छी तरह जानता हूँ कि ज़िद्दी होने की वजह से वह तुम्हें जाने नहीं देगा प्रत्युत स्वयं यहाँ आ धमकेगा और तुम्हें घर चलने को कहेगा। मुझे ख़ूब मालूम है कि वह तुम्हें अपने संग ले जाए बग़ैर यहाँ से नहीं लौटेगा। नहीं तो वह बिगड़ पड़ेगा, तुम चाहे लाख माफ़ी चाहो या बहाना बनाओ।"

ऐसा कहकर वह सुन्दर अयालोंवाले अपने घोड़े पायलियनों के नगर की ओर लौटा ले चला और शीघ्र महल पहुँच गया। इधर टेलेमेकस ने पोतवाहों को बुलाकर यह आदेश दिया :

"साथियो, इस जहाज़ के सारे उपकरण यथास्थान लगा दो और इस पर सवार होकर हम यहाँ से तेजी से चल दें।"

यह आदेश सुनते ही उन्होंने उसका फुरती से पालन किया। वे सीधे जलयान पर जाकर उसके कगरों पर बैठ गए।

इस तरह जब टेलेमेकस जहाज़ के दुम्बाल के निकट एथीनी की विनती करने और उसे मांसाहुति अर्पित करने में व्यस्त था, तभी उसके पास दूर देश का एक आदमी आ गया। वह भविष्यद्रष्टा था और था मेलैम्पस का वंशज। किन्तु अपने ही किसी व्यक्ति की हत्या कर देने के कारण वह आरगौस से भागा आ रहा था। पुराने

ज़माने में मेलैम्पस मेषों की भूमि पायलस का धनी निवासी हुआ करता था और पायलियनों के बीच उसका भव्य मकान था। लेकिन बाद में निर्भीक एवं मनुष्यों में सबसे गर्वीले नेलियस के कारण उसे अपना देश छोड़कर अजनबियों के प्रदेश ज़ाना पड़ा और नेलियस ने उसकी सारी सम्पत्ति पूरे एक वर्ष अपने कब्ज़े में ज़बरन रख ली। नेलियस की बेटी पीरो तथा दारुण आघात करनेवाली देवी एरीनीज़ के द्वारा मति मार दिए जाने के चलते मेलैम्पस को उस अवधिभर फाइलेकस के महल में कठिन पाश में आबद्ध होकर भयानक पीड़ा सहनी पड़ी। अन्त में वह विनाश से बच निकला और उसने राजा नेलियस के इस गर्हित कार्य का बदला ऐसे लिया कि वह न केवल फाइलेकी से रँभाती हुई गायों को पायलस हाँक ले आया बल्कि उसकी कुँआरी बेटी पीरो को घर लाकर अपने भाई से ब्याह दिया। जहाँ तक स्वयं उसका सवाल था, तो वह अश्वों की चरागाहों से पूर्ण आरगौस चला गया, दूसरे लोगों के देश, जहाँ रहना और बहुत यवनों पर शासन करना असल में उसके भाग्य में बदा था। वहाँ उसने ब्याह करके अपने लिए ऊँचा महल बनवाया और उसे ऐंटीफेटीज़ और मैंटियस नामक दो बलवान पुत्र हुए। कालक्रम से ऐंटीफेटीज़ ने निःशंक ओईक्लीज़ और ओईक्लीज़ ने उस ऐम्फ़ीऐरेयस को उत्पन्न किया जो कि सेनानायक हुआ और जिसे चर्मधर ज़्यूस एवं अपोलो हर प्रकार से मानते थे। तो भी वह बुढ़ापे की दहलीज़ तक पहुँच नहीं पाया। उसके पहले ही वह थीब्ज़ में एक औरत के द्वारा रिश्वत ले लिए जाने के कारण मर गया। उसके ऐल्कमेयन और ऐम्फीलोकस नामक दो बेटे हुए। उधर मैंटियस के भी पोलीफिडीज़ एवं क्लीटस नामक दो बेटे हुए। तब हुआ यह कि सुन्दर होने से क्लीटस को स्वर्ण सिंहासनासीना उषा झपटकर ऊपर ले गई ताकि वह अमरों के मध्य रहे, लेकिन ऐम्फीऐरेयस के मरने के बाद पोलीफिडीज़ को अपोलो ने मर्त्यों में सबसे श्रेष्ठ भविष्यद्रष्टा बना दिया। वह अपने पिता मैंटियस से झगड़कर हायपिरिसिया जा बसा और वहीं लोगों के बीच भविष्यवाणी करने लगा।

उसी पोलीफिडीज़ का बेटा, जिसका नाम थीयोक्लायमीनस था, टेलेमेकस के निकट आकर खड़ा हो गया। उसने जब देखा कि वह जलपोत के सामने देवता को मद्यार्घ्य अर्पित कर रहा है और उसकी विनती कर रहा है, तब वह पुंखित शब्दों में उससे बोला :

"मित्र, चूँकि मैं तुम्हें इस स्थान पर मांसाहुति देते देख रहा हूँ, इसलिए तुम्हारे इन चढ़ावों और जिस देवता को ये चढ़ावे चढ़ा रहे हो, उस देवता और तब स्वयं तुम्हारे मस्तक और तुम्हारे साथियों के नाम की शपथ देकर तुमसे प्रार्थना करता हूँ कि मेरे प्रश्नों के तुम सही उत्तर दो और कुछ मत छुपाओ। तुम कौन और कहाँ से आए हो? तुम्हारा नगर कौन-सा है और तुम्हारे माँ-बाप कौन हैं?"

तब टेलेमेकस ने उसे बताया, "हाँ आगन्तुक, मैं तुम्हें सब कुछ सच-सच बता दूँगा। जन्मना मैं इथाका का हूँ और मेरा बाप ओडिसियस है जो कि निश्चित ही कभी

जीवित था और निश्चय ही मैं उसका बेटा हूँ। किन्तु अब उसका दुखद अन्त हो चुका है। इसलिए एक जहाज़ से अपने साथियों को लेकर बहुत दिनों से लापता अपने पिता के बारे में यहाँ जानने आया हूँ।''

इस पर देवतुल्य थीयोक्लायमीनस उससे फिर बोला : ''अपने ही एक सम्बन्धी की हत्या कर देने की वजह से मैं भी अपना देश छोड़कर चला आया हूँ। उस निहत व्यक्ति के बहुत सारे भाई-बन्धु अश्वों की चरागाहों से पूर्ण आरगौस में रहते हैं और बड़े प्रभुत्वशाली यवन हैं। उनके हाथों मृत्यु और गर्हित नियति से बचने की ख़ातिर मैं अभी भगोड़ा बना हुआ हूँ। मैं समझता हूँ कि अभी पृथ्वी पर भटकते फिरना ही मेरे भाग्य में बदा है। तुमसे एक असहाय भगोड़े के रूप में विनती करता हूँ कि तुम मुझे अपने जहाज़ पर ले लो, नहीं तो वे मुझे ज़रूर मार देंगे। पूरा विश्वास है मुझे कि वे मेरा पीछा कर रहे हैं।''

उसे बुद्धिमान टेलेमेकस ने उत्तर दिया : ''अगर तुम चाहते हो तो मैं अपने सुडौल जहाज़ से तुम्हें किसी हालत में नहीं भगाऊँगा। मेरी तो इच्छा है कि तुम हमारे साथ इथाका चलो जहाँ हम तुम्हारा सत्कार उन सब चीज़ों से करेंगे जो हमारे पास उपलब्ध हैं।''

यह कहकर उसने उसका कांस्य कुन्त लेकर वक्र पोत के नौपृष्ठ पर डाल दिया और स्वयं समुद्रगामी यान पर सवार हो गया। वह जहाज़ के पिछले भाग में जाकर बैठ गया और थीयोक्लायमीनस को अपने बग़ल में बिठा लिया। उसके जहाज़ियों ने लंगर के रस्से खोल दिए। उनसे टेलेमेकस ने उपकरण सँभाल लेने को कहा और उन्होंने चट उसकी आज्ञा मान ली। इस तरह उन्होंने चीड़ के पेड़ से बनने मस्तूल को खड़ा करके चौखटे में डाल दिया और उसे मोहररस्सों से मज़बूती से बाँधकर वृषभचर्म के बटे रस्सों से सफ़ेद पालों को ऊपर तान दिया। दीप्ताक्षी एथीनी ने खुले आसमान से अनुकूल पवन को उनके पास भीषण वेग से भेज दिया ताकि खारे सागर में जलयान अपना रास्ता जल्द तय कर ले। इस भाँति वे क्रूनी और सुन्दर जलसोतों वाले कैलकिस को पार कर गए।

तदनन्तर सूर्यास्त हो गया और सारे पथ अन्धकार में डूब गए। ज़्यूस द्वारा भेजी गई माफिक हवा से वह जहाज़ तेज चलकर फेई और आगे एपियनों के अधीन मनोरम एलिस के सामने से निकल गया। वहाँ से टेलेमेकस अपना जहाज़ पुनः उस कटे-फटे विषम द्वीप की ओर ले चला जहाँ उसे बिलकुल बच निकलने या विनष्ट हो जाने का भय था।

इस बीच ओडिसियस और ईमानदार शूकर-संरक्षक झोंपड़े में रात का खाना खा रहे थे। उनके संग बैठकर अन्य लोग भी खा रहे थे। जब वे खा-पीकर पूरी तरह परितृप्त हो गए, तब उनके बीच ओडिसियस यह जानने के उद्देश्य से बोला कि क्या

शूकर-संरक्षक आगे भी उसका सत्कार इसी प्रेम से करेगा और उसे पशुशाला में टिके रहने को कहेगा अथवा नगर की ओर चला देगा :

"यूमियस और उसके साथियो, तुम लोग मेरी यह बात ज़रा सुन लो। चूँकि तुम्हारे ऊपर भार बनना नहीं चाहता इसलिए मैं भीख माँगने सवेरे नगर जाना चाहता हूँ। अब मुझे सही राय दो और मुझे वहाँ ले जाने को एक विश्वस्त मार्गदर्शक साथ कर दो। लेकिन नगर में अकेले ही इधर-उधर इस आशा से घूमूँगा कि शायद कोई मुझे एक प्याला पानी और एक टुकड़ा रोटी दे दे। हाँ, मैं देवतुल्य ओडिसियस के महल जाऊँगा और बुद्धिमती पिनेलपी को यह सब समाचार दे आऊँगा। उन लम्पट प्रणययाचकों के पास भी जाऊँगा। चूँकि उनके पास अपार खाद्य पदार्थ हैं, इसलिए वे मुझे सम्भवतः भरपेट खाना ही खिला दें। मुझसे वे जो भी काम लेना चाहेंगे, वह ख़ूब अच्छे तौर पर जल्द कर दूँगा। सुनो, मैं बता दूँ। ध्यान से सुनो। मनुष्य के सारे कार्यकलाप को कीर्ति एवं महत्ता प्रदान करनेवाले सन्देशवाहक हरमीज़ की मेरे ऊपर ऐसी कृपा है कि नौकर के रूप में काम करने में दूसरा कोई आदमी मेरी बराबरी नहीं कर सकता यानी वे सभी कार्य जो छोटे तबके के लोग बड़ों के लिए किया करते हैं, जैसे ठीक से आग जलाना, जलावन की लकड़ी फाड़ना, मांस काटना और भूनना तथा मदिरा परोसना।"

इस पर खिन्न होकर, ओ शूकर-संरक्षक यूमियस, तूने उसको कहा : "आह मेरे मेहमान, तुम्हारे दिमाग़ में यह ख़याल कैसे आया है? जिन प्रणययाचकों की उग्रता और उद्दंडता की बात फ़ौलादी आसमान तक पहुँच रही है, अगर तुम उनकी भीड़ में जाना चाह रहे हो, तब इसका मतलब यही है कि तुम अपने को बिलकुल बरबाद कर देने पर तुले हुए हो। उनके नौकर-चाकर तुम्हारे समान नहीं हैं। उनके सेवक जवान हैं; वे भड़कीले ढंग के लम्बे अँगरखे और चोगे पहने और माथे पर तेल लगाए रहते हैं और उनके चेहरे सुन्दर हैं। भोजन की उनकी चमचमाती मेज़ें रोटी, मांस और मदिरा से लदी रहती हैं। नहीं, तुम यहीं रहो। तुम्हारे यहाँ रहने से कोई परेशान नहीं होगा, न मैं और न मेरा कोई साथी। बल्कि जब ओडिसियस का दुलारा बेटा आ जाएगा, तब वह स्वयं ही तुम्हें पहनने को अँगरखा और छोटी आस्तीन का चोगा दे देगा और तुम आगे जहाँ जाना चाहोगे, तुम्हें वहाँ भेज देगा।"

तब धीर-वीर ओडिसियस ने उसे उत्तर दिया : "ओह यूमियस, पिता ज़्यूस का तुम पर इतना ही प्रेम हो जाता जितना मेरा तुम पर हो गया है, क्योंकि तुमने मुझे भटकने और भारी पीड़ा भोगने से उबार लिया है! मरणधर्मा मानव के लिए इधर-उधर बौखते फिरने से बुरा दूसरा कुछ नहीं होता। तो भी पापी पेट के चलते उसे भटकने और दारुण दुख और कष्ट सहने को मजबूर हो जाना पड़ता है। लेकिन सुनो, चूँकि

तुम कहते हो कि अब मैं यहाँ तुम्हारे मालिक के आ जाने तक रुक जाऊँ, इसलिए तुम मुझे इस बीच देवतुल्य ओडिसियस के माँ-बाप के बारे में बताओ जिन्हें वह उस समय छोड़कर चला गया था जब वे बुढ़ापे की दहलीज़ पर पहुँच चुके थे। क्या वे सूरज की रोशनी के तले अब भी जीवित हैं अथवा मरकर हेडीज़ के घर चले गए हैं?"

इस पर उस नरश्रेष्ठ शूकरपाल ने उसे कहा : "मेरे अतिथि, तुम्हें अभी सब कुछ साफ़-साफ़ बता ही देता हूँ। लेयरटीज़ अब भी ज़िन्दा है मगर ज़्यूस से हमेशा यही विनती करता रहता है कि अपने ही घर में शान्ति से रहते हुए शरीर त्यागकर उसके प्राण निकलें। दूर चले गए अपने बेटे और विवाहिता पत्नी, जो बुद्धिमती महिला थी, को लेकर वह बेहद दुखी रहता है। सबसे अधिक व्यथा उसे पत्नी की मृत्यु से हुई है जिसके कारण वह असमय बूढ़ा हो गया है। वह औरत अपने प्रतापी पुत्र के शोक से ही मरी और उसका अन्त बड़ा ही अवसादपूर्ण हुआ। मैं तो यही चाहूँगा कि यहाँ रहनेवाला कोई भी व्यक्ति, जो वाचा और कर्मणा मेरा मित्र है, उस तरह न मरे! वह दुखिया जब तक जीवित रही, मैं उसके बारे में पूछता और जानकारी हासिल करता रहा जिससे मुझे ख़ुशी होती थी। आख़िर उसने ही तो अपनी दीर्घवसना सुन्दर बेटी क्टीमेनी के साथ-साथ मुझे भी पाला-पोसा था। वह उसकी सबसे छोटी सन्तान थी और उसके ही संग उसने मेरा लालन-पालन किया था और मुझे उससे शायद ही कभी कम मान दिया था। जब हम दोनों आनन्दप्रद युवावस्था को प्राप्त हुए, तब वह दुल्हन बनकर सामी चली गई। उसे भारी दहेज मिला था। लेकिन मेरी मालकिन ऐंटीक्लिया ने मुझे ख़ूब बढ़िया चोगा और अँगरखा पहनाकर तथा पैरों में चप्पलें देकर खेत पर भेज दिया। तो भी उसके दिल में मेरे लिए प्यार घटा नहीं बल्कि बढ़ ही गया। अब इसकी कमी महसूस करता हूँ। फिर भी जो काम मैं करता हूँ उसमें महाभाग देवगण बरकत देते हैं। मैंने इसी सम्पत्ति से खाया-पिया और इसी से सम्मान्य अतिथियों को भी दिया है। लेकिन जब से उसके घर पर आफ़त बनकर ये लम्पट प्रणययाचक आ पड़े हैं, तब से मैंने अपनी स्वामिनी का न तो कोई मधुर शब्द सुना है और न कभी उसके किसी कृपाशील कृत्य से मुझे कोई सुख ही मिला है। उसके नौकर-चाकर बहुत चाहते हैं कि पहले की तरह वे उससे बात करें, हालचाल जानें, खाएँ-पिएँ और अपने साथ कोई छोटी-सी भी चीज़ खेत पर ले जाएँ। यह सब किसी दास का मन ख़ुश करनेवाली चीज़ साबित होती है।"

तदनन्तर ओडिसियस ने उसे उत्तर दिया : "ओह यूमियस, कैसे तुम्हें बिलकुल छुटपन में ही अपने वतन और माँ-बाप को छोड़कर इतनी दूर आ जाना पड़ा! सुनो, अब तुम मेरे इन प्रश्नों के सही-सही उत्तर दो। जिस विस्तीर्ण पथवाले जनसंकुल नगर में तुम्हारे पिता और आदरणीया माता का निवास था, क्या वह लूट लिया और ध्वस्त कर दिया गया? या जब तुम अपनी गाय-भेड़ों के साथ अकेले थे, तब दुश्मन की

नज़र तुम पर जा पड़ी और वे तुम्हें जहाज़ से यहाँ लाकर इस मालिक के घर ऊँचे दाम पर बेच गए?''

इस पर शूकर-संरक्षक ने उसे जवाब दिया : ''अभ्यागत, चूँकि तुम मुझसे यह सब पूछ रहे हो, इसलिए शान्तिपूर्वक ध्यान से सुनते और आराम से बैठे-बैठे मदिरा का आनन्द लेते रहो। देखो, आजकल रातें इतनी लम्बी हुआ करती हैं कि सोने और कहानी का रस लेने के लिए काफ़ी समय मिल जाता है। वक़्त के पहले तुम्हें सोना नहीं चाहिए; अधिक सोने से भी थकान आ जाती है। जहाँ तक बाक़ी लोगों का सवाल है, तो जिसे इच्छा और ज़रूरत हो वह जाकर सो जाए और पौ फटते ही नाश्ता करके मालिक के सूअर लेकर बाहर निकल जाए। लेकिन हम दोनों झोंपड़े में खाएँगे-पिएँगे और एक-दूसरे से अपने-अपने दुख-सन्तापों के संस्मरण सुनाकर आनन्दित होंगे क्योंकि जो आदमी दूर-दूर तक भटक और भारी कष्ट झेल चुका है, कुछ दिनों के बाद उन कष्टों को भी याद करके वह सुख ही पाता है। अतः अभी मैं वह सब बताऊँगा जिसके बारे में तुम जानना चाहते हो।

''एक टापू है सायरिया जिसके बारे में शायद सुना हो तुमने। वह औरटींजिया के ऊपर उस जगह है जहाँ सूरज के आवर्तन-बिन्दु पड़ते हैं अर्थात अयनकाल में जहाँ सूरज डूबता दिखाई पड़ता है। वहाँ आबादी घनी नहीं है किन्तु भूमि अच्छी है और गेहूँ तथा अंगूर के प्राचुर्य के साथ-साथ भेड़ों और गायों का बाहुल्य है। वहाँ कभी अकाल का प्रवेश नहीं होता और न क्षुद्र मर्त्यों को कोई घृणित रोग ही पकड़ता है। लेकिन जब वहाँ के निवासी बूढ़े हो जाते हैं, तब आर्टिमिस के साथ रजत चापधारी अपोलो आता है और कोमल बाणों से प्रहार करके उन्हें मार देता है। उस द्वीप पर दो नगर हैं और सम्पूर्ण क्षेत्र उन्हीं दो नगरों के बीच बँटा हुआ है। दोनों ही नगरों का शासक मेरा बाप औरमीनस-पुत्र क्टीसियस था जो कि अमरों के समान प्रतीत होता था।

''वहाँ एक बार फिनीशिया के कुछ लोग आए। जहाज़ी के रूप में वहाँ के लोग बड़े प्रसिद्ध हैं, किन्तु लोभी और मक्कार भी वे कम नहीं होते। वे जहाज़ में तरह-तरह की लुभावनी चीज़ें भर लाए थे। अब यह सुनो कि मेरे बाप के महल में फिनीशिया की एक औरत रहती थी जो लम्बी और सुन्दर तथा उत्कृष्ट हस्तकला में निपुण थी। धूर्त फिनीशियनों ने उसी औरत को फुसला लिया। सबसे पहले, एक दिन जब वह कपड़े धो रही थी, एक फिनीशियन उसे प्रेमालिंगन में लेकर अवतली पोत के नज़दीक लेट गया। प्रेम ऐसी चीज़ है कि कोई भी नारी चाहे कितनी ही सच्चरित्र क्यों न हो, उसके धोखे में आ जाती है। तब उसने उससे पूछा कि वह कौन है और कहाँ से आई है? इस पर वह मेरे पिता के ऊँचे महल की ओर झट इशारा करके बोली : 'मुझे गर्व है इस बात का कि मैं साइडौन की हूँ जहाँ काँसे की बहुलता है और बेटी

मैं एरिबैस की हूँ जो कि सचमुच बड़ा धनी है। मगर समुद्री डाकू टैफियनों के हाथ मैं उस समय लग गई जब मैं खेतों से लौट रही थी और वे मुझे पकड़कर यहाँ ले आए। यहाँ उन्होंने मुझे उस व्यक्ति के हाथों भारी दाम पर बेच दिया।'

"इस पर उस आदमी ने, जो उसके संग गुप्त रूप से सोया था, उत्तर दिया : 'यह बताओ कि क्या तुम हमारे साथ घर चल सकती हो ताकि तुम अपने माँ-बाप का विशाल भवन और स्वयं उनको भी फिर देख लोगी? वे अब भी जीवित हैं और दौलत के लिए मशहूर हैं।'

"उस औरत ने उसे जवाब दिया : 'अगर तुम जहाज़ी लोग मुझे घर सुरक्षित पहुँचा देने की पक्की सौगन्ध लो तब ऐसा हो सकता है।'

"उसके ऐसा बोलने पर उन्होंने उसके कथनानुसार वैसी ही शपथ ले ली। जब वे विधिवत शपथ ले चुके, तब वह औरत उनसे फिर बोली :

" 'अब से तुम सभी चुप्पी साध लो। यदि संयोगवश तुम लोगों में से किसी को मैं गली या पानी के सोते के पास मिल जाऊँ, तो वह मुझसे मत बोले और मेरा अभिवादन तो बिलकुल न करे। वरना यहाँ का कोई आदमी महल जाकर बूढ़े राजा से कुछ कह देगा और वह शक करके मुझे तकलीफ़देह बन्धन में डाल देगा और तुम सबों को भी ख़त्म कर देने का उपाय करने लगेगा। बल्कि यह सारा मामला अपने मन में गुप्त ही रखो और देश ले जाने के लिए माल की खरीद जल्दी-जल्दी कर लो। जब सारा माल जहाज़ पर लद जाए, तब महल में मेरे पास तुरन्त सन्देश भेज दो। तब जो भी सोना हाथ लग पाएगा, उसे लेकर मैं आ जाऊँगी। हाँ, मैं अपने सफ़र के किराए के एवज़ में एक और चीज़ खुशी-खुशी दूँगी। महल में मेरे मालिक का एक बच्चा है जिसकी धाय मैं ही हूँ। वह बड़ा चंचल है और मेरे साथ बाहर निकल भागता है। उसको भी मैं जहाज़ पर ले आऊँगी। उसे ले जाकर विदेशियों के बीच जहाँ भी बेचोगे, उसकी तुम्हें बहुत ज़्यादा क़ीमत मिलेगी।'

"वह यह कहकर भव्य महल लौट गई। वे लोग हमारे बीच पूरे एक साल तक रहे और मालों की अदला-बदली करके उन्होंने अपने जलपोत में ख़ूब धन इकट्ठा कर लिया। जब लदाई पूरी हो गई और उनका जलयान खुलने को हुआ, तब उन्होंने एक सन्देशवाहक यह ख़बर लेकर उस औरत के पास भेजा। मेरे बाप के महल में वहाँ से एक आदमी आया जो ठगी और धूर्तई में पूरा पारंगत था। वह सोने का एक हार लिए हुए था जिसके बीच-बीच में कहरुबे के मनके पड़े थे। जब मेरी महीयसी माँ और महल की दासियाँ उलट-पलटकर वह हार देख रही थीं और मोल-भाव कर रही थीं, उसी बीच उसने उस औरत को चुपचाप इशारा कर दिया। यह करके वह जहाज़ की ओर चलते बना, लेकिन वह स्त्री मेरा हाथ थामकर महल से निकल पड़ी। महल के बाहरी दालान में उसकी नज़र मेज़ों और प्यालों पर पड़ गई। वे मेज़ और

प्याले उन अतिथियों के निमित्त प्रयोग में लाए गए थे जो मेरे पिता के आश्रित थे। वहाँ से उठकर वे लोग उस स्थान पर जा चुके थे जहाँ नगर-निवासी बैठकर आपस में बहस किया करते थे। वह औरत झट तीन चषक अपने सीने में छुपाकर बाहर निकल गई। मैं भोलेपन में उसके पीछे चला गया। तभी सूरज डूब गया और सारे मगों पर अँधेरा उतर आया। हम तेजी से चलकर उत्तम बन्दरगाह तक पहुँच गए। वहाँ फिनीशियनों का तेज जहाज़ लगा हुआ था। तब वे जहाज़ पर सवार हो गए और हम दोनों को भी साथ ले लिया और जलमार्ग से चल पड़े। ज़्यूस ने हमें अनुकूल हवा भी भेज दी। छह दिनों तक हम दिन-रात लगातार चलते रहे। लेकिन जब क्रॉनस-तनय ज़्यूस सातवाँ दिन ले आया, तब धुनर्धारिणी आर्टिमिस ने उस औरत को बाण मार दिया और वह औरत जहाज़ के खाव में उसी तरह गिर पड़ी जिस तरह अबाबील समुद्र में डुबकी लगाती है। उन लोगों ने उसे पानी में सीलों और मछलियों का शिकार बन जाने को फेंक दिया। लेकिन मैं बेहद दुखी और बेहद अकेला रह गया। तब हवा और लहरों के सहारे वे आगे बढ़े और अन्त में इथाका पहुँचे। यहाँ लेयरटीज़ ने धन देकर मुझे खरीद लिया। इस तरह मैं इस भूमि को देख पाया।''

ज़्यूस के वंशज ओडिसियस ने तब उसे उत्तर दिया : ''यूमियस, तुमने अपने कष्टों के वर्णन से मेरा अन्तर्मन सचमुच बड़ा आलोड़ित कर दिया है। फिर भी ज़्यूस ने तुम्हें अशुभ के साथ-साथ शुभ भी दिया है क्योंकि इतनी परेशानियाँ उठाने के बाद तुम एक ऐसे दयालु पुरुष के घर आ गए जो तुम्हें खाना-पीना देने का पूरा ख़याल रखता है और तुम अच्छे ढंग से रहते हो। लेकिन मैं तो अब भी जनसंकुल नगरों की खाक छानता फिर रहा हूँ। इस दरमियान यहाँ आ गया हूँ।''

वे आपस में इसी तरह बातें करते-करते अन्त में सो गए। मगर वे अधिक नहीं बल्कि कुछ ही समय तक सो पाए होंगे कि कनकासना उषा का आगमन हो गया। इस बीच टेलेमेकस के भी साथी तट तक आ गए। उन्होंने पाल समेटकर मस्तूल को झटपट उतार लिया और जहाज़ खेकर लंगर डालने की जगह पर ले गए। तब लंगर का पत्थर गिराकर उन्होंने दुम्बाल के रस्से मज़बूती से बाँध दिए और समुद्र-तट पर उतर गए। उसके बाद उन्होंने दिन का भोजन तैयार किया और दाहक सुरा मिला ली। जब वे जीभर खा-पी चुके, तब उनके बीच सबसे पहले टेलेमेकस ही बोला :

''तुम लोग अब यह जहाज़ खेकर नगर ले जाओ। मैं अपने खेत और चरवाहे देखने जाऊँगा। उन्हें देख लेने के बाद ही शाम तक नगर लौटूँगा। तुम्हें इस यात्रा का पारिश्रमिक सवेरे दूँगा, मांस और मधुर मदिरा का उम्दा भोज।''

इस पर थीयोक्लायमीनस ने उससे पूछा : ''प्यारे बच्चे, मैं लेकिन कहाँ जाऊँ? पथरीले इथाका के सरदारों में से मुझे किसके घर जाना चाहिए? क्या मैं सीधे तुम्हारे महल तुम्हारी माँ के पास चला जाऊँ?''

टेलेमेकस ने उसे यही उत्तर दिया : "यदि परिस्थिति भिन्न होती तो कहता कि तुम मेरे घर चले जाओ। वहाँ अतिथियों के आदर-सत्कार के लिए किसी चीज़ की कमी नहीं है। लेकिन अभी वहाँ जाना तुम्हारे हक़ में बड़ा बुरा होगा, क्योंकि इस घड़ी मैं स्वयं वहाँ नहीं होऊँगा और न मेरी माँ तुम्हें देख पाएगी। वह महल में प्रणयप्रार्थियों के सामने बहुत ही कम होती है। वह तो उनसे दूर रहकर अपने ऊपरवाले कमरे में कपड़े बुनती रहती है। इस हालत में एक ही आदमी ऐसा है जिसके बारे में मैं कहूँगा कि तुम उसके घर जा सकते हो। वह व्यक्ति है अक़्लमन्द पॉलीबस का प्रख्यात पुत्र यूरीमेकस। उसे इथाका के नागरिक आजक़ल एक देवता का सम्मान देते हैं और उनके बीच है भी वह हर तरह से श्रेष्ठतम पुरुष। मेरी माँ से विवाह करने को सर्वाधिक इच्छुक भी वही है और ओडिसियस की प्रभुता प्राप्त करना चाहता है। तो भी व्योमवासी ओलिम्पसपति ज़्यूस ही यह जानता है कि वह उनके विवाह के पूर्व प्रणययाचकों का बुरा अन्त करेगा या नहीं।"

उसके ऐसा बोलते ही उसके दाहिनी तरफ़ एक पक्षी ऊपर की ओर उड़ा। वह बाज़ था, अपोलो का सन्देशवाहक। उसके चंगुल में एक पंडुक था और वह उसके पंख नोंच-नोंचकर नीचे जहाज़ और टेलेमेकस के बीच ज़मीन पर गिराता जा रहा था। यह देख थीयोक्लायमीनस टेलेमेकस को उसके साथियों से अलग ले गया और उसका हाथ थामकर उससे बोला :

"टेलेमेकस, अवश्य ही वह पक्षी देवता की इच्छा के बिना दाहिनी ओर नहीं उड़ा है। उसे देखते ही मैं जान गया कि वह सगुनिया पक्षी है। इथाका का दूसरा कोई घर तुम्हारे घर से अधिक राजसी नहीं है अपितु परमाधिकार हमेशा तुम्हारा ही रहेगा।"

इस पर टेलेमेकस ने उसे उत्तर दिया : "अहा महोदय, कितना अच्छा होता यदि यह उक्ति सच साबित हो जाती! तब तुम्हें मेरी उदारता का पता फ़ौरन लग जाता और मेरे हाथ से अनेकानेक उपहार पा जाते जिससे कि कोई भी व्यक्ति मिलने पर तुम्हें धन्य कह उठता।"

तदनन्तर वह अपने विश्वस्त साथी पिरीयस से बोला : "ओ क्लायटियस-पुत्र पिरीयस, मेरे संग पायलस जानेवाले साथियों में तुम्हीं मेरा कहना सबसे अधिक मानते रहे हो, इसलिए मेरा अभी यही आग्रह है कि इस अभ्यागत को तुम अपने घर ले जाओ और मेरे आ जाने तक इसका आदर के साथ प्रेमपूर्वक सत्कार करो।"

यह सुनकर जाने-माने कुन्तधर पिरीयस ने उसे जवाब दिया : "टेलेमेकस, तुम अगर यहाँ देर तक भी ठहर जाओगे, तो भी मैं इस आदमी का अवश्य आदर-सत्कार करूँगा और इसे अतिथि के योग्य किसी भी वस्तु का अभाव नहीं होगा।"

पिरीयस इतना कहकर जहाज़ पर चढ़ गया और जहाज़ियों को भी सवार होकर रस्से खोल देने की आज्ञा दे दी। वे तुरन्त सवार हो गए और कगरों पर जा बैठे।

टेलेमेकस ने अपने पैरों से सुन्दर चप्पलों को बाँध जहाज़ के नौतल पर से तीक्ष्ण कांस्य अनी से युक्त अपना शक्तिशाली भाला उठा लिया। तब जहाज़ियों ने दुम्बाल के रस्से खोल दिए और जहाज़ को ठेलकर तट से उतार लिया और उसे नगर की ओर ले चले, जैसा कि राजा ओडिसियस के पुत्र टेलेमेकस ने कहा था। लेकिन खुद टेलेमेकस वहाँ से पैदल ही आगे तेजी से चल पड़ा। इस तरह चलकर वह अपने खेत पर बनी पशुशाला पहुँच गया जहाँ उसके अनगिनत सूअर रहते थे और उन सूअरों के बीच अपने मालिकों के प्रति वफ़ादार वह योग्य शूकर-संरक्षक सोया करता था।

ओडिसियस और टेलेमेकस

इस बीच ओडिसियस और शूकर-संरक्षक आग जलाकर झोंपड़े के अन्दर सुबह का नाश्ता तैयार करने में लग गए। सवेरा हो चुका था और सूअरों के झुंड लेकर चरवाहे बाहर भेज दिए गए थे। उधर टेलेमेकस झोंपड़े के नज़दीक आ गया। लेकिन भौंकनेवाले कुत्ते उसे देख भौंकने के बदले उसके चारों तरफ़ लुरियाने लगे। बलवान ओडिसियस का ध्यान कुत्तों के लुरियाने पर चला गया और उसके कान में पाँवों की आहट भी आ पड़ी। तब वह यूमियस से तुरन्त पुंखित शब्दों में बोला :

"यूमियस, ज़रूर तुम्हारा कोई मित्र या परिचित व्यक्ति शीघ्र यहाँ आ जाएगा क्योंकि कुत्ते भौंकने के बदले लुरिया रहे हैं और मुझे उसकी पदचाप भी सुनाई पड़ रही है।"

वह अभी पूरा बोल भी नहीं पाया था कि उसका दुलारा बेटा दरवाज़े पर आकर खड़ा हो गया। विस्मय के मारे सूअर का संरक्षक उछल पड़ा और उसके हाथों से वे पात्र गिर पड़े, जिनमें वह आबदार सुरा मिला रहा था। सीधे अपने मालिक के पास जाकर उसने उसका माथा, उसकी दोनों आँखें और उसके दोनों हाथ चूम लिए; उसके गालों पर आनन्द के आँसू ढरकने लगे। जब किसी स्नेहिल बाप का बेटा नौ साल के बाद दूर देश से वापस घर लौटता है, उसका एकमात्र लाड़ला बेटा जिसके लिए उसे भारी कष्ट उठाना पड़ा है, तब वह अपने बेटे का जिस तरह विह्वल स्नेहालिंगन से स्वागत करता है, वैसे ही उस भले शूकर-संरक्षक ने टेलेमेकस का स्वागत उसे अपनी बाँहों में भरकर और उसके सारे अंगों को चूमकर किया। उसे यही लगा मानो टेलेमेकस मौत के मुँह से लौट आया है। ज़ोर-ज़ोर से रोते हुए वह उससे मार्मिक शब्दों में बोला :

"तुम लौट आए, ओ टेलेमेकस, मेरे नेत्रों की सुखद ज्योति! जब तुम जहाज़ से पायलस चले गए, तो मुझे लगा कि मैं तुम्हें फिर कभी नहीं देख पाऊँगा। किन्तु देखो, मेरे प्यार बच्चे, तुम तुरन्त भीतर चलो, क्योंकि तुम दूर से अभी-अभी आए हो, इसलिए मैं तुम्हें अपने घर में अच्छी तरह देखकर ख़ुश हो लूँ। वैसे भी तो तुम नगर में ही रहते हो और अपने खेतों और चरवाहों को देखने बहुत कम ही आते

हो। ऐसा मालूम पड़ता है कि तुम्हें दुष्ट प्रणययाचकों की भीड़ देखना ही अधिक रुचता है।''

इस पर टेलेमेकस ने उसे उत्तर दिया : ''तुम जैसा कह रहे हो, तात, वैसा ही होगा। मैं तुम्हारे ही सबब से इधर आ गया हूँ जिससे कि मैं तुम्हें अपनी आँखों से देख भी लूँ और तुम्हारे मुँह से यह जान भी लूँ कि माँ मेरी अब भी महल में है अथवा किसी दूसरे व्यक्ति ने उससे विवाह कर लिया है और शायद ओडिसियस का पलंग बिना बिछावन के पड़ा है और उस पर मकड़ी के घिनौने जाले बुरी तरह छा गए हैं।''

उस नरश्रेष्ठ शूकरपाल ने उसे उत्तर दिया : ''सचमुच बड़ी धीरता से वह तुम्हारे ही महल में रहती है, किन्तु उसके लिए रात और दिन तो दुख और आँसू में ही बीतते हैं।''

उसने यह कहकर उसका कांस्य कुन्त थाम लिया और टेलेमेकस पत्थर की दहलीज़ पार करके अन्दर चला गया। जब वह नज़दीक आ गया, तब उसका बाप ओडिसियस उसे अपनी जगह देने को खड़ा हो गया। लेकिन टेलेमेकस ने उसे ख़ुद ही रोक दिया और कहा :

''ओ अजनबी, तुम अपनी जगह बैठे रहो। हम इस पशुशाला में कोई दूसरा आसन पा लेंगे। यहाँ एक आदमी है जो हमारे लिए जगह बना देगा।''

उसके ऐसा कहने पर ओडिसियस लौटकर अपने स्थान पर बैठ गया। शूकर-संरक्षक ने टेलेमेकस के लिए ज़मीन पर झाड़ी की हरी टहनियाँ डालकर ऊपर से एक ऊर्णावरण बिछा दिया। ओडिसियस का लाड़ला बेटा उसी पर बैठ गया। उसके पश्चात शूकर-संरक्षक ने उनके आगे तश्तरियों में पिछले दिन के भोजन से उबरे गोश्त की भूनी हुई बोटियाँ परोस दीं। उसने टोकरियों में चटपट गेहूँ की रोटियाँ भर दीं और लबलब की लकड़ी से बने कटोरे में मधुमधुर मदिरा मिलाकर वह स्वयं राजा ओडिसियस के सामने बैठ गया। तदनन्तर वे अपने आगे प्रस्तुत स्वादिष्ट व्यंजनों पर हाथ साफ़ करने लगे। जब वे जीभर खा-पी चुके, तब टेलेमेकस ने उस शूकर-संरक्षक से पूछा :

''तात, यह अतिथि तुम्हारे पास कहाँ से आया है? जहाज़ी इसे इथाका किस तरह ले आए और वे लोग कौन थे? मैं समझता हूँ कि यह किसी भी हालत में पाँव पयादे यहाँ तक नहीं आया है?''

तब, ओ शूकर-संरक्षक यूमियस, तूने उसे यह उत्तर दिया : ''हाँ मेरे बेटे, मैं अभी तुम्हें सब कुछ सच-सच बता देता हूँ। यह अपना जन्म क्रीट में हुआ बताता है और मर्त्यों के बहुत नगरों में घूम-भटक चुका है। देवता द्वारा इसके भाग्य का धागा इसी तरह काता गया है। लेकिन अभी यह थेस्प्रोटियनों के जहाज़ से भागकर मेरी पशुशाला

में आ गया है। अब इसे तुम्हारे हवाले कर दूँगा। इसके साथ तुम अपनी मरज़ी से पेश आओ। अपने को यह तुम्हारी शरण में आया कहता है।''

इस पर टेलेमेकस ने उसे उत्तर दिया : ''यूमियस, तुम्हारे इस बयान से मैं मर्माहत हो उठा हूँ। अपने घर में इस अभ्यागत का मैं किस तरह स्वागत करूँगा? कच्ची उम्र का मैं स्वयं हूँ और यदि कोई मुझसे बिना वजह झगड़ने आ जाए, तो उससे अपनी रक्षा कर सकूँगा, इसका मुझे अपने बाहुबल पर भरोसा नहीं है। मेरी माँ का मन भी इस दुबिधा में पड़ा हुआ है कि क्या वह अपने पति की शय्या और लोगों के मत का आदर करके मेरे साथ रह जाए और घर की देखरेख करे अथवा उस यवन प्रणययाचक के संग तुरन्त चली जाए जो उनके बीच सर्वोत्तम हो और सबसे अधिक प्रणयोपहार देकर उसे राज़ी कर ले? परन्तु सुनो, जहाँ तक तुम्हारे दरवाज़े पर आ गए इस मेहमान का सवाल है, तो मैं अच्छी पोशाक के तौर पर इसे चोगा और अँगरखा पहना दूँगा। इसे दोधारी तलवार और पैरों के चप्पल भी दे दूँगा। तब यह आगे जहाँ जाना चाहेगा, मैं इसे वहाँ भेज दूँगा। या नहीं तो यदि तुम्हारी इच्छा हो तो तुम इसे पशुशाला में ही रोक रखो और इसकी देखभाल करो। इसके लिए पहनावे और भोजन सामग्रियाँ यहीं भिजवा दूँगा ताकि यह तुम्हारे और तुम्हारे साथियों के ऊपर भार न बने। लेकिन इसे प्रणयप्रार्थियों के बीच हरगिज़ नहीं जाने दूँगा, क्योंकि उनकी उद्दंडता बेलगाम हो चुकी है और अगर वे इसके साथ कोई बदसलूकी कर बैठेंगे, तो मुझे बेहद तकलीफ़ होगी। कोई कितना ही शक्तिशाली क्यों न हो मगर उस एक व्यक्ति के लिए बड़ा मुश्किल है इतने सारे लोगों का विरोध कर पाना तिस पर वे बलवान भी बहुत अधिक हैं।''

तब ओडिसियस ने उसे जवाब दिया : ''मित्र, निश्चय ही अब मेरा कुछ कहना मुनासिब होगा। सचमुच मुझे बड़ा सदमा पहुँचा है तुमसे यह सुनकर कि ये प्राणययाचक महल में बड़ा अत्याचार करते हैं, वह भी तुम्हारे समान भद्र पुरुष की मौजूदगी में। यह बताओ कि क्या तुम उनके अत्याचार स्वेच्छा से बर्दाश्त करते हो या किसी देवता की वाणी के तहत सारे क्षेत्र के निवासी तुमसे नफरत करते हैं? अथवा, क्या इसमें तुम्हारे भाई-बन्धुओं का दोष है, क्योंकि बड़ी से बड़ी लड़ाई में भी कोई आदमी अपने भाई-बन्धुओं पर भरोसा करता है? अहा, मैं यदि तुम्हारी तरह तरुण होता, हालाँकि मन-मिज़ाज से अब भी हूँ, और महायोद्धा ओडिसियस का बेटा या स्वयं ओडिसियस ही होता, तब मैं लेयरटीज़-तनय ओडिसियस के महल जाकर सब के सब प्रणययाचकों के विनाश का कारण बन जाता और अगर नहीं बन पाता तो किसी भी अजनबी को गरदन से मेरा सिर फ़ौरन उड़ा देने का अख़्तियार होता! संख्या में अधिक होने की वजह से अगर वे मुझे यानी मुझ अकेले को पराभूत कर देते, तो मैं निश्चय ही अपने महल में मार दिया जाना अधिक पसन्द करता, न कि

ऐसे घिनौने दृश्यों को लगातार देखते रहना कि किस तरह वे मेरे मेहमानों को ज़लील करते हैं, किस तरह मेरे आलीशान महल में दासियों को शर्मनाक तरीक़े से घसीटते हैं, किस तरह मेरी शराब बरबाद करते हैं और किस तरह मेरी भोजन-सामग्रियों का बेकार और अन्धाधुन्ध भक्षण करते हैं और तिस पर तुर्रा यह कि ऐसे दुराचारों का कोई अन्त भी होता नहीं दिखता।''

तदनन्तर टेलेमेकस ने उसे उत्तर दिया : ''हाँ अजनबी, मैं अभी सब कुछ स्पष्ट बता देता हूँ। लोगों को मुझसे कोई शिकायत नहीं है और न वे मुझसे घृणा करते हैं। भाई-बन्धुओं को दोषी ठहराने का भी कोई कारण नहीं है मेरे पास, उन भाई-बन्धुओं को जिन पर कोई आदमी बड़ी से बड़ी लड़ाई में भी भरोसा करता है। ऐसा है कि क्रॉनस-तनय हमारे वंश की हर पीढ़ी में केवल एक सन्तान देता रहा है। आरसीसियस के एक ही बेटा लेयरटीज़ और लेयरटीज़ के एक ही बेटा ओडिसियस हुआ और ओडिसियस के एक ही बेटा मैं हुआ। लेकिन वह मुझे महल में छोड़कर चला गया और मुझसे उसे कोई सुख नहीं मिला। इस हालत में महल में अभी असंख्य दुश्मन भरे हैं, क्योंकि ड्यूलिकियम, सामी और जेकिन्थस नामक द्वीपों और पथरीले इथाका के जितने भी प्रभुत्वशाली सरदार हैं, वे सब मेरी माँ से प्रणय-निवेदन करते और मेरा घर बरबाद करते हैं। जहाँ तक मेरी माँ का हाल है, तो उसे पुनर्विवाह से नफ़रत है, मगर उसे बेलाग न कहने का साहस नहीं है और न इस बखेड़े का अन्त ही कर डालती है। अतः वे मेरा घर खाए और क्षीण करते जा रहे हैं। इस प्रकार वे बहुत जल्द मेरा भी ख़ातमा कर देंगे। जो भी हो, किन्तु ये सारी चीज़ें निश्चय ही देवताओं के अंक में अवस्थित हैं। तात यूमियस, तुम अभी जल्दी जाकर एकनिष्ठ पिनेलपी से बोल दो कि मैं सुरक्षित हूँ और पायलस से लौट आया हूँ लेकिन फ़िलहाल यहीं रहूँगा। यह सन्देश केवल उसे ही देना और तुरन्त यहीं लौट आना। उसे छोड़ बाक़ी किसी यवन को यह बात मालूम न होने पाए क्योंकि उनमें से बहुत सारे मेरे विनाश की योजना बनाने में लगे हैं।''

तब, ओ शूकर-संरक्षक यूमियस, तूने उसे उत्तर दिया : ''मैं तुम्हारी बात समझ रहा हूँ और उस पर पूरा ध्यान दे रहा हूँ। यह सब तुम एक समझदार व्यक्ति से कह रहे हो। लेकिन अब मुझे यह स्पष्ट बताओ कि क्या मैं यह सन्देश लेकर उसी रास्ते हतभाग्य लेयरटीज़ से भी मिलता जाऊँ? वह हालाँकि ओडिसियस के लिए हमेशा व्यथित रहता है, फिर भी हाल-हाल तक वह जब इच्छा हुई अपनी खेती-बाड़ी देख आता था और दासों के साथ अपने घर में खाता-पीता था। मगर जिस दिन तुम जहाज़ से पायलस गए हो, उस दिन से, जैसा कि लोग कहते हैं, वह पहले की तरह न तो खा-पी रहा है और न अपने खेतों को ही देखने गया है। रोता-विलपता शोकाकुल बैठा रहता है। हड्डियों पर का मांस सूख गया है उसका।''

इस पर टेलेमेकस ने उसे उत्तर दिया : ''यह बड़े दुख की बात है। लेकिन दुख के बावजूद हम उसे अभी ज्यों का त्यों छोड़ दें। यदि नाशवान मनुष्य की कोई इच्छा चाहने पर पूरी हो जाती हो, तो मैं अन्य किसी भी चीज़ के पहले अपने पिता की वापसी के दिन की चाहना करूँगा। नहीं, तुम यह सन्देश देकर सीधे लौट आओ और लेयरटीज़ की खोज में खेतों की ओर मत निकल जाना। परन्तु मेरी माँ से बोल देना कि वह अपनी बूढ़ी भंडारपालिका को गुप्त रूप से वहाँ यथाशीघ्र भेज दे, क्योंकि वह उस बूढ़े के पास ख़बर ले जाने लायक़ है।''

यह बोलकर शूकर-संरक्षक को उसने जाने के लिए उद्यत कर दिया। शूकर-संरक्षक ने चप्पलों को लेकर अपने पैरों के नीचे बाँध लिया और नगर की ओर चल दिया। जब एथीनी ने देखा कि शूकरपाल पशुशाला से जा चुका है, तब वह एक लम्बी, सुन्दर और उत्कृष्ट हस्तशिल्प में निपुण औरत के रूप में वहाँ चली आई। वह झोंपड़े के द्वार पर आकर ओडिसियस के समक्ष प्रत्यक्ष खड़ी हो गई। मगर ऐसा हुआ कि टेलेमेकस उसे न तो देख और न कुछ अनुभव ही कर पाया क्योंकि हर आदमी के सामने देवता प्रत्यक्ष नहीं होते। परन्तु ओडिसियस ने उसे देख लिया और कुत्ते भी डर के मारे भौंकने के बदले कूँ-कूँ करते पशुशाला से दूर भाग गए। तब देवी ने अपनी भौंहों से इशारा किया जिसे वीरवर ओडिसियस ताड़ गया। वह झोंपड़े से निकलकर बाहर चला आया और प्रांगण की बड़ी दीवार पारकर देवी के सामने खड़ा हो गया। तब एथीनी उससे बोली :

''ओ ओडिसियस, अब वह समय आ गया है जब तुम अपने बेटे को सच्चाई से अवगत करा दो, कुछ मत छुपाओ ताकि इसके पहले कि तुम लोकविश्रुत नगर जाओ, तुम दोनों मिलकर प्रणययाचकों की मृत्यु और विनाश की तरकीब निकाल सको। मैं भी तुमसे अधिक देर तक दूर नहीं रहूँगी। संग्राम के लिए एकदम उत्सुक हूँ।''

यह कहकर एथीनी ने उसे अपनी कनक छड़ी से छू दिया। सबसे पहले उसके शरीर पर स्वच्छ चोगा और अँगरखा डाल देने के बाद उसने उसके बदन की आकृति और उसके बल और तेज को बढ़ा दिया। उसका कांस्यवर्ण पुनः लौट आया, उसके गाल भर गए और उसकी ठुड्डी के चारों ओर काली घनी दाढ़ी फैल गई। यह सब कर-कराकर देवी वहाँ से विदा हो गई, किन्तु ओडिसियस झोंपड़े के अन्दर चला गया। उसे देखकर उसका दुलारा बेटा विस्मित हो उठा और आँखें इस डर से फेर लीं कि वह कोई देवता तो नहीं है। उसे वह पुंखित शब्दों में सम्बोधित करते हुए बोला :

''ओ अभ्यागत, कुछ ही पल पूर्व तुम जैसे थे, अब मुझे बिलकुल भिन्न दिख रहे हो। तुम्हारे तन पर के वस्त्र बदल गए हैं और तुम्हारी त्वचा का रंग अब वही

नहीं रहा। निश्चय ही तुम कोई व्योम-निवासी देवता हो। अब तुम सदय हो जाओ ताकि हम तुम्हें उपयुक्त बलि और सुनिर्मित स्वर्णोपहार अर्पित कर सकें। मेरी केवल यही विनती है कि तुम हम पर दया करो।''

ओडिसियस ने तब उसे उत्तर दिया : ''देखो, मैं कोई देवता नहीं हूँ। क्यों तुम मुझे अमर समझ रहो हो? मैं तुम्हारा बाप हूँ। वही, जिसके लिए तुम्हें दारुण रूप से शोक-सन्तप्त होकर बहुत कष्ट भोगने और लोगों के अत्याचार सहने पड़े हैं।''

यह कहकर उसने अपने लाड़ले को चूम लिया। इसके पहले तक वह अपने आँसू दृढ़ता से रोके हुए था लेकिन अब वे उसके गालों पर से ढरककर ज़मीन पर गिरने लगे। तो भी मगर टेलेमेकस को यक़ीन नहीं हुआ कि यही उसका बाप है, इसलिए वह उत्तर में बोला :

''तुम मेरे पिता ओडिसियस नहीं हो। बल्कि कोई देवता ही मुझे अधिकाधिक दुख देकर रुलाने और विलपाने के लिए मेरे साथ छलावा कर रहा है। जब तक कोई देवता खुद ही उसके पास न आ जाए, तब तक कोई भी मर्त्य सिर्फ़ अपनी युक्ति से ऐसा नहीं कर सकता। देवता महज़ अपनी इच्छा से उसे सहज ही बूढ़ा या जवान बना देता है। कुछ ही देर पहले तुम बूढ़े थे और फटे-पुराने कपड़े पहने हुए थे। लेकिन अब विस्तीर्ण व्योम में निवसनेवाले देवताओं के समान दिख रहे हो।''

इस पर उसे ओडिसियस ने उत्तर दिया :

''टेलेमेकस, तुम्हारा बाप घर लौट आया है, इसको लेकर तुम्हें अत्यधिक विस्मित या चमत्कृत होने की ज़रूरत नहीं है। यह निश्चित जान लो कि अब कोई दूसरा ओडिसियस यहाँ कभी नहीं आएगा। जैसा कि तुम मुझे देख रहे हो, मैं वही ओडिसियस हूँ और अनेक कष्ट झेलने और अनेक जगह भटकने के बाद बीसवें साल अपने वतन आ गया हूँ। देखो, लूट के माल देनेवाली एथीनी ने ही मुझे बदल दिया है। चूँकि उसे ऐसी शक्ति प्राप्त है, इसलिए वह अपनी मरज़ी से मुझे इस क्षण भिखारी, तो दूसरे क्षण सुन्दर परिधान धारण किए युवक के रूप में परिवर्तित कर देती है। विस्तीर्ण व्योम में रहनेवाले देवों के लिए किसी मरणधर्मा मनुष्य को प्रतापवन्त अथवा प्रतापहीन कर देना सरल होता है।''

यह बोलकर वह फिर बैठ गया। परन्तु टेलेमेकस अपने महान पिता के गले लगकर रोने और अश्रुपात करने लगा। तब दोनों के ही मन में विलाप करने की इच्छा उमड़ पड़ी। वे भावावेग में आकर ज़ोर-ज़ोर से उसी तरह बेधड़क रुदन करने लगे, जिस तरह समुद्री गरुड़ या वक्र चंगुलवाले गीध आदि पक्षी उस घड़ी ज़ोर-ज़ोर से चीख़ने-चिल्लाने लगते हैं जब गाँव के लोग उनके अजातपक्ष बच्चों को घोंसलों से निकाल ले जाते हैं। उनकी आँखों से उसी तरह सकरुण अश्रु झड़ने लगे। यदि टेलेमेकस बीच में अचानक यह न बोल उठता, तो वे दोनों सूर्य की किरणें तिरोहित हो जाने के बाद भी रोते रहते :

"प्रिय पिता, आख़िर जहाज़ी तुम्हें किस प्रकार के जलयान से इथाका ले आए और वे कौन थे? मेरे जानते तुम यहाँ पैदल नहीं आए हो।"

तब ओडिसियस ने उसे उत्तर दिया : "हाँ बच्चे, मैं तुम्हें सब कुछ सच-सच बताता हूँ। जहाज़ी के रूप में प्रसिद्ध फेयेशियन ही मुझे यहाँ ले आए। वे अपने यहाँ आए किसी भी मनुष्य को उसके देश पहुँचा देते हैं। मैं तो उनके तीव्रगामी पोत में सोया हुआ था जब वे समुद्री मार्ग से मुझे इथाका ले आए और यहाँ उतारकर रख गए। शानदार उपहार के रूप में उन्होंने मुझे भारी मात्रा में कांस्य, सुवर्ण एवं बुने हुए परिधान दिए हैं। दैवी कृपा से यह सारी निधि एक गुफा में सुरक्षित पड़ी है। उसके बाद मैं एथीनी के आदेश से अभी यहाँ इसलिए आया हूँ कि शत्रुओं के वध के बारे में हम दोनों मंत्रणा कर सकें। अतः अब तुम मुझे प्रणयप्रार्थियों की संख्या और उनके सम्बन्ध में बताओ। मैं उनकी संख्या के साथ-साथ पक्के तौर पर यह भी जान लेना चाहता हूँ कि आदमी वे किस तरह के हैं। तभी मैं अपने बलवान मन में सोच-विचार करके इस मामले में यह फ़ैसला ले सकता हूँ कि क्या केवल हम दोनों ही बग़ैर किसी बाहरी सहायता के उनका सामना करने में सक्षम होंगे अथवा दूसरों की मदद लेनी होगी।"

इस पर टेलेमेकस ने उसे जवाब दियाः "तात, सचमुच मैंने तुम्हारी ख्याति बुद्धि और भुजबल दोनों के प्रयोग करनेवाले योद्धा के रूप में सुनी है। लेकिन तुम जो अभी कह रहे हो, वह बहुत अधिक है और मुझे विस्मय हो रहा है। सिर्फ़ दो आदमी उतने सारे लोगों से लड़ाई ठान दें, ऐसा सम्भव नहीं है, तिस पर जब सब के सब बलशाली हैं। प्रणययाचकों की संख्या केवल दस या बीस नहीं बल्कि इससे कई गुनी अधिक है। बस, ज़रा ठहर जाओ और उनकी सही संख्या जान ही लो। ड्यूलिकियम के पचास-दो बावन चुने हुए युवक हैं और उनके साथ छह-छह सेवक भी रहते हैं। सामी के बीस-चार चौबीस और जेकिन्थस के बीस तरुण यवन हैं, जबकि ख़ास इथाका के पूरे बारह सर्वोत्तम युवक हैं और उनके साथ सन्देशवाहक मीडौन और एक दिव्य चारण और दो दक्ष मांस-परिवेषक हैं। यदि हम उनका सामना महल के अन्दर करते हैं, तब तुम समझ लो कि तुम्हारा यहाँ आकर उन लोगों से अत्याचार का बदला लेना हमारे लिए कहीं भारी दुख और विनाश में न बदल जाए। यूँ अगर याद न हो तो दिमाग़ लड़ाकर एक ऐसे सहायक का स्मरण करो जो हमारी मदद दिलोजान से करे।"

परन्तु ओडिसियस ने उसको कहा : "अच्छा तो अब मैं अपनी बात कह देता हूँ और इसे ध्यान से सुनकर हृदयंगम कर लो। इस पर विचार करो कि क्या एथीनी और पिता ज़्यूस दोनों की समवेत सहायता हम दोनों को पूरी नहीं पड़ेगी अथवा किसी अन्य सहायक की खोज करूँ?"

तब बुद्धिमन्त टेलेमेकस ने कहा : "जिन दो के नाम तुम ले रहे हो, वे यद्यपि रहते तो ऊपर बादलों के बीच हैं, तथापि मददगार वे सचमुच शक्तिशाली हैं और अधिकार उनका सारे मर्त्यों पर है।"

तदनन्तर ओडिसियस उससे बोला : "जब मेरे महल में हमारे और प्रणययाचकों के बीच एरीज़ (यानी युद्ध) का शक्ति-परीक्षण होगा, तब वे दोनों (एथीनी एवं ज़्यूस) अपने को तुमुल संग्राम से अधिक देर तक दूर नहीं रख पाएँगे। लेकिन फ़िलहाल तुम सवेरे पौ फटते ही घर चले जाओ और वहाँ जाकर उद्धत प्रणयप्रार्थियों के साथ हो जाओ। जहाँ तक मेरा सवाल है, तो मैं उसके बाद दिन में एक दीन-हीन बूढ़े भिखारी के रूप में नगर आऊँगा। मुझे शूकर-संरक्षक वहाँ ले जाएगा। यदि वे महल में मेरा अपमान करेंगे, तो तुम्हें दृढ़ता से अपने मन को क़ाबू में रखना होगा, मेरे ऊपर वे चाहे कोई भी अत्याचार क्यों न करें। अगर वे टाँग पकड़कर मुझे घसीटते हुए महल के बाहर कर दें और मेरे ऊपर कुछ भी फेंकें और मुझे मारें, तब भी तुम सब्र से यह सब केवल देखते रहना और हो सके तो कोमल शब्दों में उन्हें ऐसी ग़लती करने से महज़ मना करना। लेकिन वे तुम्हारे कहने पर तनिक कान न देंगे, क्योंकि उनका अन्त नज़दीक आ गया है। मेरी एक और चीज़ अच्छी तरह याद कर लो। कूटयुक्ति की देवी एथीनी जब मेरे दिमाग़ में वह काम कर डालने की बात ला देगी, तब मैं सिर हिलाकर तुम्हें संकेत दूँगा जिसे देख तुम महल के सारे हथियार लेकर ऊपरी मंज़िलवाले भंडारगृह में गुप्त रूप से जमा कर देना, एक-एक कर सभी हरबे-हथियार। उन हथियारों को नहीं देखकर जब प्रणययाचक कुछ पूछें, तो तुम इन्हीं मृदुल शब्दों से उन्हें भरमा देना :

" 'उनको मैंने धुएँ से हटाकर अलग रख दिया है, क्योंकि वे वैसे नहीं रह गए थे जैसे उस समय थे जब बहुत पहले ओडिसियस उनको छोड़कर ट्रॉय चला गया था। आग का धुआँ जहाँ तक पहुँचा है, वहाँ तक के सारे हथियार बिलकुल ख़राब हो चुके हैं। लेकिन इनको लेकर क्रॉनस-तनय ने मेरे मन में इससे भी बड़ी चिन्ता यह डाल दी है कि चूँकि लोहे का हथियार किसी भी आदमी को अपनी ओर खींच लेता है, इसलिए शराब के नशे में चूर हो जाने पर संयोग से यदि तुम लोगों के बीच झगड़ा शुरू हो जाए, तो तुम लोग एक-दूसरे को घायल कर दोगे और इस तरह भोज तथा प्रणययाचना दोनों का अपमान होगा।'

"लेकिन केवल हम दोनों के वास्ते दो तलवार, दो भाले और हाथ में ठीक से आ जानेवाली दो वृषभचर्म-निर्मित ढाल ऐसी जगह रख देना जहाँ से हम उन्हें लपककर उठा सकें। उसके बाद तो पैलस एथीनी और प्रज्ञावान ज़्यूस प्रणययाचकों को विभ्रान्त कर ही देंगे। मैं एक और बात बताता हूँ जिसे हृदयंगम कर लो। यदि तुम सच में मेरे पुत्र हो और हमारे वंश के हो, तब किसी को भी यह बात मालूम न

हो कि ओडिसियस घर लौट आया है—न लेयरटीज़, न शूकर-संरक्षक, न महल के किसी व्यक्ति और न स्वयं पिनेलपी को। हम दोनों महल की औरतों के मनोभाव भी जान लें। हाँ, इसके अतिरिक्त हम दासों में से भी कुछ की जाँच करके यह जान लें कि उनमें से कौन-कौन हम दोनों का दिल से सम्मान करते और डर मानते हैं और कौन ऐसे हैं जो हमारी कोई परवाह नहीं करते और तुम्हारे जैसे भद्र व्यक्ति का भी आदर नहीं करते।''

उसके तेजवन्त बेटे ने मगर एक शंका उठाते हुए कहा : ''ओ तात, मेरा ख़याल है कि शीघ्र ही तुम्हें मेरे स्वभावगत तेज और पौरुष का परिचय मिल जाएगा। इच्छाशक्ति की भी मुझमें कोई कमी नहीं है। मुझे ऐसा नहीं लगता कि तुम्हारी इस तरकीब से हम दोनों को कोई फ़ायदा होगा, इसलिए मैं तुमसे पुनः विचार कर लेने को कहता हूँ। खेतों पर घूम-घूमकर हर आदमी की जाँच करते फिरने में तुम्हारा बहुत समय व्यर्थ खर्च हो जाएगा, जबकि प्रणययाचक महल में आराम से बैठकर तुम्हारा धन इस तरह बेधड़क खाए जा रहे हैं कि उसका कोई हिसाब नहीं है। अतः मेरी राय है कि तुम औरतों के बीच जाकर यह पता करो कि उनमें से कौन तुम्हारा तिरस्कार करती हैं और कौन निर्दोष हैं। लेकिन दासों के बारे में मैं कहूँगा कि हम उनकी परीक्षा पशुशालाओं में नहीं करें। यह काम हम बाद में उस वक़्त करेंगे जब तुम्हें ज़्यूस का कोई संकेत मिल जाए।''

वे दोनों परस्पर इस तरह वार्तालाप में संलग्न थे, उधर पायलस से टेलेमेकस और उसके साथियों को ले आनेवाला जलयान इथाका के तट से लग रहा था। जब वह गहरे बन्दरगाह में आ गया, तब उस जहाज़ को उन्होंने तट पर चढ़ा दिया और उसके उपकरण कर्त्तव्यनिष्ठ अनुचर उठाकर ले चले। उत्तम उपहारों को उन्होंने सीधे क्लायटियस के घर पहुँचा दिया। तुरन्त ही उन्होंने सन्देशवाहक को ओडिसियस के महल में पिनेलपी को यह ख़बर दे देने के वास्ते भेज दिया कि टेलेमेकस चक पर है और उसने जहाज़ नगर ले जाने को कहा है। ऐसा उन्होंने इस कारण से किया कि महीयसी रानी घबराकर कहीं रोने न लगे। संयोगवश यही एक ख़बर लेकर रानी के पास जा रहे सन्देशवाहक और विश्वस्त शूकर-संरक्षक, दोनों की आपस में मुलाक़ात हो गई। जब वे राजा के महल पहुँचे, तो दासियों से घिरी रानी से सन्देशवाहक बोला : ''हे रानी, तुम्हारा बेटा पायलस से लौट आया है।''

लेकिन शूकर-संरक्षक ने पिनेलपी के एकदम नज़दीक जाकर उसे वह सब कुछ कह दिया जो उसके लाड़ले ने कहने का आदेश दिया था। इस प्रकार आदेशानुसार सब कुछ कह देने के पश्चात वह महल और महल का अहाता पीछे छोड़ सूअरों की ओर चल दिया।

मगर प्रणयप्रार्थी दुखी और उदास हो गए। महल से वे तुरन्त निकल पड़े और प्रांगण की बड़ी दीवार पारकर सदर फाटक के बाहर सभा करने लगे। पॉलीबस का बेटा यूरीमेकस ही उनके बीच सबसे पहले बोला :

''दोस्तो, इस सफ़र से टेलेमेकस ने एक बड़ा काम शान से कर दिखाया है, हालाँकि हमने कहा था कि वह इसे कभी नहीं कर पाएगा। लेकिन देखो, अब हम अपना सबसे अच्छा पोत समुद्र में उतार दें और पोतवाहों को बुलाकर कह दें कि वे हमारे मित्रों के पास सीधे जाकर उन्हें तेजी से यहाँ लौट आने को बोल दें।''

वह अभी बोल ही रहा था कि ऐम्फीनोमस ने अपनी जगह से पीछे मुड़कर देखा। उसने देखा कि जहाज़ गहरे बन्दरगाह में आ गया है और जहाज़ी पालें उतारकर चप्पुओं को सँभाल रहे हैं। मन्द मुसकान के साथ वह अपने साथियों के बीच बोला :

''नहीं, हमें अब कोई ख़बर भेजने की ज़रूरत नहीं है। देखो, वे यहाँ आ चुके हैं। या तो किसी देवता ने उन्हें असलियत बता दी है या ख़ुद ही उन्होंने टेलेमेकस का जहाज़ गुजरते हुए देख लिया है और उसे पकड़ नहीं पाए हैं।''

उसके ऐसा बोलते ही वे उठकर सागर-तट पर चले गए। जहाज़ियों ने फुरती से जहाज़ खींचकर किनारे चढ़ा दिया और गर्वीले अनुचर उपकरणों को लेकर चल पड़े। प्रणययाचक एक साथ सभा-स्थल पर चले आए और युवकों अथवा वृद्धों में से किसी दूसरे व्यक्ति को उन्होंने अपने संग बैठने नहीं दिया। तब यूपेईथीज़-पुत्र ऐंटीनोअस उनके बीच बोला :

''अब यह देखो कि देवताओं ने इस आदमी को विनाश से किस तरह बचा लिया है! हमारे टोहियों के दल बारी-बारी से दिनभर तूफ़ानी अन्तरीप पर यहाँ से वहाँ तक बैठे रहे और सूर्यास्त के बाद तट पर हमने एक भी रात आराम नहीं किया, अपितु टेलेमेकस की ताक में हम अपने तीव्रगामी पोत से दीप्त उषा के आ जाने तक गम्भीर सागर पर सन्तरण करते रहे ताकि उसे वहीं पकड़कर तत्क्षण मौत के घाट उतार सकें। परन्तु इस बीच किसी देवता ने उसे घर पहुँचा दिया है। इसलिए हमें टेलेमेकस को बेरहमी से यहीं मार देने की तरकीब करनी चाहिए। हम उसे हाथ से नहीं निकल जाने दें वरना मुझे ऐसा लगता है कि उसके जीवित रहते हमारा यह काम एकदम नहीं हो पाएगा। वह स्वयं चतुर और बुद्धि-प्रयोग में कुशल तो है ही, लोग भी अब किसी विषय में हमारा समर्थन नहीं करते। अतः इसके पूर्व कि वह समस्त यवनों की सभा बुलाए, हमें यह काम हर हालत में कर डालना चाहिए। मैं सोचता हूँ कि अब वह बैठा नहीं रहेगा बल्कि क्रोध से भरकर उनके बीच खड़ा हो जाएगा और उन्हें बताएगा कि किस तरह हमने उसे मार देने की योजना बनाई थी, परन्तु हम उसे पकड़ नहीं पाए। जनसमुदाय हमारे दुष्कृत्यों के बारे में सुनकर हमारी तसदीक़ कभी नहीं करेगा। मुझे तो डर इस बात का है कि लोग हिंसा पर उतारू होकर हमें

कहीं यहाँ से खदेड़ न दें। तब हमें भागकर अनजाने लोगों के देश जाना पड़ेगा। नहीं, हम पहले ही सक्रिय हो जाएँ और उसे नगर से दूर खेतों या सड़क पर ही जा पकड़ें। तब उसकी धन-सम्पदा हथियाकर अपने बीच उचित ढंग से बाँट लें। लेकिन उसका महल उसकी माँ और माँ से विवाह करनेवाले को दे दें। अगर मेरी यह युक्ति सही नहीं जँचती और चाहते हो कि वह ज़िन्दा रहे और अपने पूर्वजों की सारी सम्पत्ति का मालिक बन जाए, तब हम जो एकत्र होकर उसकी समस्त उत्कृष्ट वस्तुओं के भंडार को खा रहे हैं, वह बन्द कर दें। बल्कि अब प्रत्येक प्रणययाचक को चाहिए कि वह अपने घर से ही प्रणयोपहार लेकर पिनेलपी को राज़ी करने का प्रयास करे। इस तरह पिनेलपी उस पुरुष से शादी कर ले जो उसे सबसे अधिक तोहफ़े दे और सौभाग्य जिसका साथ दे।''

वह ऐसा बोला किन्तु वे सब चुप ही बैठे रहे। तब ऐम्फीनोमस उनके बीच बोला। राजा नाइसस का प्रतापी पुत्र और एरीटिऐस का पौत्र था वह। गेहूँ एवं चरागाहों से सम्पन्न ड्यूलिकियम से आए प्रणययाचकों का अगुआ वही था। सारे प्रणयप्रार्थियों में उसके ही शब्द पिनेलपी को सबसे प्रियकर थे, क्योंकि आदमी वह समझ-बूझ वाला था। भले के विचार से ही वह उनके बीच सम्भाषण करने को उठा :

''मित्रो, कम से कम मैं तो टेलेमेकस की हत्या के पक्ष में नहीं हूँ, क्योंकि राजवंश के किसी सदस्य की हत्या करना भयावह चीज़ है। नहीं, हमें सबसे पहले देवताओं की इच्छा जानने का प्रयत्न करना चाहिए। यदि सर्वशक्तिमान ज़्यूस की वाणी से स्वीकृति मिल जाती है, तो मैं स्वयं उसका वध करूँगा और बाक़ी लोगों से सहायता करने को कहूँगा। मगर यदि दैवी इच्छा इसे रोक देने की हो, तब तुम लोगों को इस काम से हाथ खींच लेने को कहूँगा।''

ऐम्फीनोमस ने ऐसा ही कहा और उसके इस मन्तव्य से सबको ख़ुशी हुई। तब वे तुरन्त उठ गए और ओडिसियस के महल में जाकर चमचमाते आसनों पर बैठ गए।

तभी पिनेलपी के मन में एक नया संकल्प आया कि वह उन उद्धत एवं अत्याचारी प्रणययाचकों के पास जाकर स्वयं ही उनका सामना करे, क्योंकि अनुचर मीडौन ने उनकी मंत्रणा सुन ली थी और पिनेलपी से जाकर कह दिया था कि उसके बेटे को वे महल में ही ख़त्म कर देना चाहते हैं। अतः वह दासियों के साथ बाहरी कक्ष में चली आई। गरिमामयी वह महिला प्रणयप्रार्थियों के समक्ष जाकर सुनिर्मित छत के स्तम्भ के समीप खड़ी हो गई और अपने चेहरे पर अवगुंठन डाल ऐंटीनोअस को डपटने लगी :

''ओ ऐंटीनोअस, तुम बड़े धृष्ट षड्यंत्रकारी हो। तो भी लोग कहते हैं कि मंत्रणा और वाक्पटुता में तुम अपनी उम्र के पुरुषों के बीच समस्त इथाका में सर्वश्रेष्ठ हो।

नहीं, मुझे तुम ऐसे बिलकुल नहीं दिखते। पागल, क्यों तुम टेलेमेकस की जान ले लेने की योजना बनाते हो और शरणागतों पर ज़्यूस की दृष्टि रहती है, यह जानते हुए भी उनके प्रति अपने कर्त्तव्यों का पालन क्यों नहीं करते हो? शरणागतों एवं शरणदाताओं का एक-दूसरे के विरुद्ध षड्यंत्र रचना अधमतापूर्ण कार्य है। क्या तुम्हें उस अवसर का ज्ञान नहीं है जब तुम्हारा बाप जनरोष से डरकर इस घर में एक शरणार्थी के रूप में भागा-भागा आया था? वे लोग उस पर इस कारण बहुत क्रुद्ध हो उठे थे कि उसने हमारे मित्र थ्रेस्प्रोटियनों को तंग करनेवाले समुद्री डाकू टैफियनों का साथ दे दिया था। वे तुम्हारे बाप की हत्या करके उसकी विशाल एवं भरपूर सम्पत्ति हड़प लेना चाहते थे। परन्तु ओडिसियस ने उन्हें रोककर नियन्त्रित किया यद्यपि वे बड़े उतावले हो रहे थे। उसी ओडिसियस के घर को तुम अब बिना किसी हरजाने के खाए जा रहे हो और उसकी पत्नी से प्रणयनिवेदन करते और उसके बेटे की हत्या कर देना चाहते हो। इस तरह तुम मुझे भारी कष्ट दे रहे हो। लेकिन अब मैं तुम्हें यह सब बन्द कर देने का आदेश देती हूँ और बाक़ी लोगों को भी ऐसा ही करने का हुक्म देती हूँ।''

इस पर पॉलीबस-पुत्र यूरीमेकस ने उसे उत्तर दिया : ''आइकेरियस-पुत्री बुद्धिमती पिनेलपी, तुम कोई डर मत मानो और अपने मन से यह सब चिन्ता निकाल दो। जब तक मैं जीवित हूँ और पृथ्वी पर प्रकाश देख रहा हूँ, तब तक आज का और आगे जन्म लेनेवाला कोई व्यक्ति तुम्हारे बेटे टेलेमेकस पर हाथ नहीं डाल सकेगा। मैं यह घोषणा करूँगा और यह अवश्य होकर रहेगा—ऐसा करनेवाले का गहरा लाल रक्त मेरे कुन्त के चतुर्दिक बह चलेगा, क्योंकि पुरभेत्ता ओडिसियस ने मुझे सचमुच अनेक बार अपने घुटनों पर बिठाकर भूने हुए मांस के टुकड़े मेरे हाथों में दिए हैं और मेरे होंठों से लाल मदिरा लगाई है। इसी वास्ते सारे लोगों में टेलेमेकस मुझे सबसे प्यारा है और मेरा कहना है कि वह मौत से तनिक न डरे, कम से कम प्रणययाचकों से तो हरगिज़ नहीं। हाँ, यह अलग बात है कि दैवी निर्णय से कोई बच नहीं सकता।''

यह बोलकर उसने उसे सांत्वना तो दी मगर असलियत यही थी कि वह खुद ही टेलेमेकस की तबाही की योजना बनाने में लगा हुआ था।

उसके बाद पिनेलपी अपने दमकते हुए ऊपरी प्रकोष्ठ में लौट गई और लौटकर अपने प्रिय पति ओडिसियस की ख़ातिर विलाप करने लगी। जब तक चमकीली आँखोंवाली एथीनी ने उसकी पलकों पर मीठी नींद नहीं फैला दी तब तक वह विलपती रही।

उधर विश्वस्त शूकर-संरक्षक शाम में जब ओडिसियस और उसके बेटे के पास लौटा, तो देखा कि वे एक साल के सूअर की बलि देकर रात का भोजन तैयार कर

चुके हैं। इस बीच एथीनी लेयरटीज़-तनय ओडिसियस के समीप आ गई थी और उसे अपनी छड़ी से छूकर पुनः बूढ़ा बना दिया था और फटे-पुराने कपड़े पहना दिए थे जिससे कि शूकर-संरक्षक उसे देखकर पहचान न जाए और यह बात मन में गुप्त न रख एकनिष्ठ पिनेलपी से जाकर कहीं कह न दे।

तदनन्तर पहले टेलेमेकस ही शूकर-संरक्षक से बोला : "आ गए, भले यूमियस! नगर की क्या ख़बर है? क्या उद्धत प्रणयप्रार्थी घात-स्थान से लौट आए या पहले की तरह अभी भी उसी जगह पर मेरी वापसी की बाट जोह रहे हैं?"

इस पर, ओ शूकरपाल यूमियस, तूने यही जवाब दिया : "नगर में घूमकर इस बात के बारे में पूछने और पता करने में मैंने कोई दिलचस्पी नहीं ली। जब मैंने सन्देश दे दिया, तब मेरे मन में हुआ कि मैं यहाँ से यथाशीघ्र लौट जाऊँ। तुम्हारे दल के एक तेज सन्देशवाहक की भेंट मुझसे हो गई। पहले उसी अनुचर ने तुम्हारी माँ को वह ख़बर दे दी। मैं एक और चीज़ जानता हूँ जिसे अपनी आँखों से देखा है। जब मैं जा रहा था, तो हरमीज़ की पहाड़ी के पास पहुँचने पर जहाँ सड़क नगर से ऊँची है, देखा कि एक वेगवान पोत हमारे बन्दरगाह में घुस रहा है। उस पर अनेक लोग सवार थे और वह ढालों और दोधारे भालों से लदा था। मैंने सोचा कि वे प्रणययाचक हैं किन्तु निश्चयपूर्वक कुछ नहीं कह सकता।"

उसका यह बयान सुनकर शक्तिशाली राजकुमार टेलेमेकस मुसकरा उठा। एक नज़र उसने अपने बाप को देखा मगर शूकर-संरक्षक से आँख चुरा ली। जब उनका काम ख़त्म हो गया और रात का भोजन तैयार हो गया तब वे खाने बैठे। उस सहभोज में किसी को कोई कमी न रही। खा-पीकर परितृप्त हो जाने के बाद उनका ध्यान आराम करने पर गया और उन्हें निद्रा का वरदान मिल गया।

भिखारी के भेस में ओडिसियस

जैसे ही गुलाबी उँगलियोंवाली उषा की प्रथम किरणें चमक उठीं, वैसे ही देवतुल्य ओडिसियस के प्रिय पुत्र टेलेमेकस ने नगर जाने के लिए पैरों के नीचे सुन्दर चप्पल बाँध लिए और मुट्ठी में ठीक से आ जानेवाला अपना शक्तिशाली भाला उठा लिया। तब वह शूकर-संरक्षक से बोला :

"तात, मैं दरअसल नगर जा रहा हूँ ताकि मेरी माँ मुझे देख ले। वरना मुझे लगता है कि वह जब तक मेरा मुँह नहीं देख लेगी, तब तक वह दारुण रूप से रोती और अश्रुपूर्ण विलाप करती रहेगी। अब मैं तुम्हें यह आदेश देता हूँ : इस अभागे अजनबी को नगर ले जाना। वहाँ यह अपने भोजन की भीख माँगेगा और जिसे इच्छा होगी वह इसे एक कौर रोटी और एक प्याला पानी दे देगा। जहाँ तक मेरा सवाल है, तो मेरा मन इतना दुखी है कि मैं अपने पास आनेवाले हर अतिथि की देखभाल नहीं कर सकता। यदि अभ्यागत को मेरे इस कथन से गुस्सा आता है,तो यह इसका ही दुर्भाग्य होगा। ख़ैर, मुझे तो सच बोलना ही भाता है।"

अनेकविध चतुर ओडिसियस ने इस पर उत्तर दिया : "यहाँ रहने की मेरी भी वैसी कोई इच्छा नहीं है, मेरे दोस्त! किसी भिखारी के लिए भोजन की भीख गाँव से नगर में माँगना ज़्यादा अच्छा होता है। वहाँ जिसे इच्छा होगी वह मुझे दे देगा। अब मेरी अवस्था पशुशाला में रहने की नहीं रही जहाँ हर बात में मालिक का हुक्म मानना पड़ता है। इसलिए तुम जाओ। लेकिन जब मैं आग ताप लूँगा और धूप में गर्मी आ जाएगी, तब यह आदमी, जिसे तुमने आज्ञा दी है, मुझे ले जाएगा। ऐसा है कि मेरे ये कपड़े बड़े फटे-पुराने हैं जिससे मुझे सवेरे का पाला लग जाने का भय है और तुम कहते हो कि नगर भी दूर है।"

उसके ऐसा कहने के बाद टेलेमेकस पशुशाला से तेज कदमों से निकल पड़ा। प्रणययाचकों का अनिष्ट कैसे किया जाए, इसके बारे में वह सोचता जा रहा था। जब वह सुअवस्थित महल पहुँच गया, तब ऊँचे स्तम्भ से अपना भाला उठँगाकर वह पत्थर की दहलीज़ लाँघकर अन्दर चला गया।

सबसे पहले उसकी धाय यूरीक्लिया ने उसे देखा। वह नक़्क़ाशीदार कुर्सियों पर ऊर्णावरण बिछा रही थी। उसे देख वह रोने लगी और तुरन्त उसके समीप आ

गई। धीर ओडिसियस की बाक़ी सब दासियाँ आकर उसके चारों ओर जमा हो गईं और उन्होंने उसके माथे और कन्धों को प्यार से चूमा। तभी आर्टिमिस अथवा कनकमयी एफ्रोडायटी के समान दिखनेवाली बुद्धिमती पिनेलपी कक्ष से निकलकर वहाँ आ गई और अपने लाड़ले को बाँहों में भरकर रोने लगी। उसने उसके माथे और उसकी दोनों मनोहर आँखों को चूम लिया। तब वह रो-रोकर उससे पुंखित शब्दों में बोली :

"टेलेमेकस, तुम मेरे पास लौट आए, मेरी आँखों की सुखद ज्योति! मेरे नहीं चाहने के बावजूद जब तुम गुप्त रूप से अपने प्रिय पिता का पता लगाने जहाज़ से पायलस चले गए, तब सोच लिया था कि मैं अब तुम्हें कभी नहीं देख पाऊँगी। अब यह बताओ कि उसका पता करने में तुम्हें कितनी सफलता मिली है?"

इस पर चतुर टेलेमेकस ने उसे जवाब दिया : "मैं अभी निपट मौत से बचकर आया हूँ, इसलिए, माँ, तुम मेरे मन में विलपने का भाव मत जगाओ और न मेरा हृदय क्षुब्ध करो। बल्कि अब तुम जल से स्नान करके अपने शरीर पर स्वच्छ वस्त्र धारण कर लो और परिचारिकाओं के संग अपने ऊपरी प्रकोष्ठ में जाकर इस आशा में समस्त देवताओं को यथायोग्य पवित्र बलि विधिवत अर्पित करने की शपथ लो कि ज़्यूस कदाचित हमारा प्रतिशोध ले लेना स्वीकार कर ले। मैं अभी एक अभ्यागत को यहाँ ले आने सभा-स्थल जाऊँगा। जब मैं पायलस से लौट रहा था तो वह मेरे साथ हो लिया। मैंने अपने साथियों के संग उसे आगे भेज दिया था और पिरीयस से कह दिया था कि मेरे लौट आने तक वह उसे ले जाकर प्रेम और आदर से अपने घर रखे।"

वह ऐसा बोला किन्तु पिनेलपी ने कोई उत्तर नहीं दिया। उसने स्नान करके स्वच्छ परिधान धारण कर लिया और तब समस्त देवताओं को यथायोग्य पवित्र बलि विधिवत अर्पित करने की शपथ ले ली ताकि ज़्यूस कदाचित प्रतिशोध दिला देना स्वीकार कर ले।

उधर टेलेमेकस महल से निकलकर बाहर चला गया। वह हाथ में कुन्त लिये हुए था और उसके संग दो तेज कुत्ते थे। एथीनी ने उस पर ऐसी अद्भुत शोभा बिखेर दी थी कि उसे आते देख सारे लोग विस्मित हो उठे। उद्धत प्रणययाचक उसके चारों ओर इकट्ठे हो गए। उनके होंठों पर तो उसके लिए शुभ शब्द ही थे किन्तु उनके अन्तर्मन में उसके प्रति दुर्भावना ही थी। वह प्रणयप्रार्थियों की भारी भीड़ से अपने को बचाते हुए उधर जाकर बैठ गया जहाँ उसके घर के पुराने मित्र मेंटौर, ऐंटीफस और हेलिथरसीज़ बैठे थे। उन्होंने उससे हर चीज़ के बारे में पूछा। तदनन्तर प्रसिद्ध कुन्तधर पिरीयस उसके अतिथि को साथ लिए नगर के रास्ते सभा-स्थल पर आ पहुँचा। टेलेमेकस अधिक देर तक उससे दूर नहीं रह पाया और उसके पास चला

गया। पहले पिरीयस ही बोला : "टेलेमेकस, तुम अपनी नौकरानियों से कह दो कि वे मेरे घर जल्दी चली जाएँ ताकि मेनिलेयस द्वारा दिए गए उपहार मैं तुम्हारे महल भेज दूँ।"

इस पर सावधान टेलेमेकस ने उसे उत्तर दिया : "पिरीयस, हमें नहीं मालूम कि इन सब चीज़ों की अन्तिम परिणति क्या होगी? यदि ये उद्धत प्रणययाचक महल में मेरी हत्या छल से करके मेरे पिता की सारी सम्पत्ति आपस में बाँट लेते हैं, तब मैं यही चाहूँगा कि मेरे ये उपहार प्रणययाचकों में से कोई भोग नहीं पाए। बल्कि इन्हें तुम्हीं अपने पास रखो और इनका उपभोग करो। लेकिन अगर मैं उनकी नियति-निश्चित मृत्यु के बीज बोने में सफल हो जाता हूँ, तब तुम सहर्ष ये तोहफ़े मेरे महल में ले आना और मैं इन्हें ग्रहण कर लूँगा।"

यह कहकर उस पथश्रान्त अतिथि को वह अपने महल ले आया। जब वे महल में दाख़िल हो गए, तब उन्होंने अपने चोगे उतारकर कुर्सियों और ऊँची आसन्दियों पर डाल दिए और चमचमाते स्नानागारों में जाकर स्नान कर लिया। इस तरह जब परिचारिकाओं ने उन्हें नहलाने और जैतून के तेल से अभ्यंजित कर देने के बाद मोटे चोगे और अँगरखे पहना दिए, तब वे हम्माम से निकलकर आसनों पर जा बैठे। तदपुरान्त परिचारिका हाथ धुलाने के लिए सोने की सुन्दर झारी में पानी ले आई और उसे चाँदी की चिलमची में उड़ेलकर उनके हाथ धुला दिए। उसके बाद वह एक चमचमाती मेज़ खींच ले आई और उसे उनके आगे लगा दिया। तब विश्वस्त भंडारपालिका गेहूँ की रोटियाँ और उसके पास जो कुछ उत्कृष्ट भोज्य पदार्थ थे, उनको लाकर भरपूर मात्रा में उनके आगे उदारता से परोस गई। उधर टेलेमेकस की माँ उनके ठीक सामने एक खम्भे से सटी कुर्सी पर बैठ गई और ऊन का बारीक धागा कातने लगी। वे दोनों अपने आगे परोसे गए सुस्वादु व्यंजनों पर हाथ साफ़ करने लगे। जब वे जीभर खा-पी चुके तब पहले पिनेलपी ही उनसे बोली :

"टेलेमेकस, असल में मैं तो ऊपरी प्रकोष्ठ में जाकर अपने उसी बिछावन पर लेट जाऊँगी जोकि ऐट्रियस-पुत्रों के संग ओडिसियस के इलियस चले जाने के बाद मेरे विलाप का स्थान बन गया है और जो मेरे अश्रुजल से सर्वदा भीगा रहता है। तो भी, इसके पहले कि प्रणययाचक इस महल में पुनः आ धमकें, तुम्हें अपने पिता की वापसी के बारे में मिली कदाचित किसी सूचना से मुझे साफ़-साफ़ अवगत करा देने की कोई परवाह नहीं है।"

तब टेलेमेकस ने उसे उत्तर दिया : "हाँ माँ, अभी तुम्हें सब कुछ सच-सच बता देता हूँ। हम लोग पायलस में प्रजापालक नेस्टर के पास गए। उसने अपने ऊँचे भवन में मेरा स्वागत किया। मेरा सत्कार उसने उसी उत्साह और स्नेह से किया, जिस तरह कोई बाप अनेक वर्षों तक दूसरे देशों में घूमने के बाद अभी-अभी लौटे अपने बेटे

का करता है। उसने और उसके यशस्वी बेटों ने मेरे साथ वैसा ही व्यवहार किया। फिर भी उसने कहा कि इस पृथ्वी पर किसी भी व्यक्ति से धैर्यवान ओडिसियस के ज़िन्दा रहने या मर जाने के सम्बन्ध में उसने कुछ नहीं सुना है। लेकिन उसने सुसंहत रथ एवं घोड़े देकर मुझे सुप्रसिद्ध कुन्तधर ऐट्रियस-तनय मेनिलेयस के यहाँ भेज दिया। वहाँ मैंने आरगौस की हेलेन को देखा जिसकी ख़ातिर यवनों और ट्रोजनों को दैवी इच्छा से अपार कष्ट झेलने पड़े। तब भीषण युद्धनिनादी मेनिलेयस ने मुझसे सीधे पूछा कि मैं किस प्रयोजन से रमणीक लेकिडेमौन आया हूँ। मैंने उसे सब कुछ सही-सही बता दिया। इस पर वह उत्तर में बोला :

" 'सचमुच धिक्कार है उन घृणित कायरों को, जो एक वीर पुरुष की शय्या पर सोना चाहते हैं! जब कोई हिरनी अपने नवजात दुधमुँहे बच्चों को किसी शक्तिशाली सिंह की माँद में सुलाकर स्वयं पर्वतपृष्ठों एवं घासवाली घाटियों की ओर चरने निकल जाती है और इस बीच वह सिंह अपनी माँद में लौट आता है, तब वह उन दोनों मृगशावकों को जिस निष्ठुरता से मार डालता है, उसी निष्ठुरता से ओडिसियस भी उन प्रणययाचकों को मार डालेगा। हे पिता ज़्यूस, हे एथीनी और अपोलो, तू सब ऐसा कर कि ओडिसियस उसी शक्ति से उन लोगों पर टूट पड़े जिस शक्ति से वह एक बार मनोरम लेस्बौस में चुनौती पाकर उठ खड़ा हुआ था और मल्लयुद्ध में फायलोमेलेईडीज़ को उठाकर बड़े ज़ोर से पटक दिया था। इस पर सारे यवन ख़ूब ख़ुश हुए थे। क्या ही अच्छा होता यदि उसी बल से भरपूर ओडिसियस प्रणययाचकों को भेंटता! तब वे सब आनन-फानन मौत के घाट उतार दिए जाते और विवाह का कड़वा मज़ा चख लेते! लेकिन तुम जो बात इतनी आतुरता से पूछ रहे हो, उसका उत्तर देने में मैं सत्य से नहीं टलूँगा और न तुम्हें छलूँगा ही। वृद्ध समुद्रदेव के अमोघ मुख से जो सब मैंने सुना है, वह मैं तुमसे एक भी शब्द छुपाए या दबाए बिना कह डालूँगा। उसने बताया था कि ओडिसियस को उसने एक टापू पर कैलिप्सो नामक अप्सरा के घर बड़ी बुरी हालत में देखा है। वह अप्सरा उसे वहाँ ज़बरदस्ती रोके हुई है। वह अपने देश नहीं लौट सकता, क्योंकि उसके पास चप्पुओं से युक्त कोई जहाज़ नहीं है और न कोई साथी है जो उसे सागर के प्रशस्त वक्ष को पार कर ले आए।' ऐट्रियस के विख्यात कुन्तधर पुत्र मेनिलेयस ने ऐसा ही कहा। यह सब करने के बाद मैं घर रवाना हो गया। अमरों ने अनुकूल हवा भेज दी और मुझे तेज गति से मेरे प्रिय वतन पहुँचा दिया।"

उसके ऐसा बोलते ही रानी का अन्तर्मन आलोड़ित हो उठा। उनके बीच तब थीयोक्लायमीनस बोला :

"लेयरटीज़-तनय ओडिसियस की सम्मानिता पत्नी, मेनिलेयस को वास्तव में सही ज्ञान नहीं है। लेकिन तुम मेरा कथन ध्यान से सुनो क्योंकि तुमसे एकदम सच्ची

भविष्यवाणी करूँगा और कुछ भी नहीं छुपाऊँगा। देवताओं में सर्वप्रथम ज़्यूस और इस आतिथ्यकारी मेज़ तथा वीर ओडिसियस का अग्निस्थान जहाँ मैं आया हूँ, इन सबको साक्षी रख मैं कहता हूँ कि ओडिसियस निस्सन्देह अभी स्वदेश में मौजूद है। घूमता-ठहरता वह प्रणययाचकों के दुष्कर्मों की जानकारी ले रहा है और उन सबके निमित्त अनिष्ट के बीज बो रहा है। कगरित जलयान पर से मैंने एक पक्षी के माध्यम से जो शकुन लक्षित किया था, वह बिलकुल स्पष्ट था और वह टेलेमेकस को बता भी दिया था।''

इस पर पिनेलपी बोली : ''अहा मेरे अभ्यागत, तुम्हारा यह कहना सत्य सिद्ध हो जाए तो कितना अच्छा हो! तब तुम्हें मेरी उदारता का पता तुरन्त लग जाएगा और मुझसे तुम इतने उपहार पा लोगे कि कोई भी व्यक्ति मिलने पर तुम्हें धन्य कह उठेगा।''

आपस में वे इसी तरह वार्तालाप कर रहे थे लेकिन उसी बीच घमंड से फूले प्रणययाचक ओडिसियस के महल के आगे चौरस ज़मीन पर आकर चकती और भाला फेंकने का आनन्द लेने में जुट गए। लेकिन जब शाम को भोजन का समय हो गया और अनुभवी चरवाहे चारों ओर के मैदानों से चौपायों के झुंड घर की ओर हाँक ले आने लगे, तब मीडौन उनसे बोला । वही उनका सबसे चहेता नौकर था और भोज के वक़्त हमेशा उनके साथ रहता था :

''युवक नायको, तुम लोग जीभर खेलकूद कर चुके हो, इसलिए अब महल के अन्दर चलो ताकि हम खाने की तैयारी करें। समय पर भोजन कर लेना कोई बुरी चीज़ नहीं है।''

उसके ऐसा कहने पर वे उठकर चल दिए और इस तरह उसकी राय मान ली। जब वे आलीशान महल में दाख़िल हो गए, तब उन्होंने अपने चोगे उतारकर कुर्सियों और ऊँची आसन्दियों पर डाल दिए। तदनन्तर उन्होंने विशाल-विशाल भेड़ों, बकरों तथा मोटे-ताज़े सूअरों और उनके साथ झुंड से लाई गई एक बछिया की बलि चढ़ाकर भोज की तैयारी कर ली।

उस बीच ओडिसियस और शूकर-संरक्षक कृषिक्षेत्र से नगर जाने को तैयार हो चुके थे। तब पहले नररत्न शूकर-संरक्षक ही बोला :

''ओ अभ्यागत, मैं जानता हूँ कि तुम आज ही नगर जाने को उद्यत हो और मेरे मालिक ने भी यही हुक्म दिया है। लेकिन मेरी इच्छा थी कि तुम यहीं रहकर पशुशाला की देखभाल करते। पर मैं उसका आदर करता और भय मानता हूँ। नहीं तो बाद में वह मुझे डाँटेगा और मालिकों की डपट बड़ी भयानक होती है। ख़ैर, अब हम चल ही दें क्योंकि, देखो, दिन काफ़ी उठ चुका है और तुम तुरन्त शाम को ठंड महसूस करने लगोगे।''

इस पर अनेकविध चतुर ओडिसियस ने उसे जवाब दिया : "मैं यह सब बूझ रहा हूँ क्योंकि तुम एक समझदार व्यक्ति से बात कर रहे हो। सुनो, अब हमें चल देना चाहिए और अन्त तक तुम्हें मेरा मार्गदर्शन करना होगा। हाँ, अगर तुम्हारे पास काट-छीलकर तैयार किया हुआ कोई डंडा हो तो वह मुझे सहारे के लिए दे दो। तुमने ही तो कहा था कि रास्ता सचमुच दुर्गम है।"

यह कहकर उसने बटी हुई रस्सी लगा झोला अपने कन्धों से लटका लिया जो कि जीर्ण-शीर्ण और छिद्रों से भरा हुआ था। यूमियस ने उसे मन-माफिक एक डंडा भी दे दिया। इस तरह वे दोनों चल पड़े, किन्तु कुत्तों एवं चरवाहों को पशुशाला की रखवाली करने के लिए पीछे छोड़ गए। मालिक को लेकर शूकर-संरक्षक नगर की ओर चला लेकिन उसका मालिक दीन-हीन भिखारी के रूप में था और डंडे के सहारे चल रहा था। उसके बदन पर के कपड़े फटे-पुराने थे। बीहड़ रास्ते से चलकर वे नगर के पास उस जगह पहुँच गए जहाँ पानी का एक सुन्दर-सा सोता था। उसके चारों ओर कंडाल बना था जिससे नगर के लोग पानी लेते थे। उसे इथैकस, नेरिटस तथा पौलिक्टर ने बनवाया था। उसके चारों ओर वृत्ताकार ढंग से पहाड़ी पीपल के अनेक पेड़ थे जो पानी के ही नज़दीक उगते हैं। ठंडे पानी का वह झरना एक ऊँची चट्टान से नीचे गिरता था। उस चट्टान के शीर्ष पर एक वेदी बनी थी अप्सराओं की, जिस पर उधर से गुजरनेवाले सभी लोग चढ़ावे चढ़ाते थे। उसी जगह उन दोनों को डोलियस का बेटा मेलैनथियस मिल गया जो प्रणययाचकों के भोज के वास्ते झुंड के चुने हुए बकरे लिए जा रहा था। उसके साथ दो चरवाहे भी थे। जैसे ही उसकी नज़र उन दोनों पर पड़ी कि वह अभद्र एवं भयंकर शब्दों में उनका सम्बोधन करके बोलने लगा जिससे ओडिसियस का हृदय क्षुब्ध हो गया :

"अब यह देख कि सचमुच एक नीच दूसरे नीच को अपने साथ लिए जा रहा है। ऐसा क्यों न हो जब ईश्वर ही समान वस्तुओं को एक साथ कर देता है। अरे नीच शूकर-संरक्षक, यह बता कि इस घृणित और दावत का मज़ा किरकिरा करनेवाले भुक्खड़ भिखारी को तू किधर लिए जा रहा है? यह तो अनेक दरवाज़ों पर खड़े होकर और पीठ रगड़कर तलवार या कड़ाह नहीं बल्कि मांस के चन्द टुकड़ों की भीख माँगनेवाला आदमी है। अगर तू इसे पशुशाला की निगरानी और बाड़े की सफ़ाई करने तथा मेमनों के वास्ते हरा चारा जुटाने के लिए मुझे दे देगा, तो यह छेने का पानी पीकर अपनी जाँघें मोटी कर लेगा। लेकिन चूँकि यह केवल बुरी चीज़ें करने का आदी हो चुका है, इसलिए यह खेती-बारी का कोई काम तो करेगा नहीं बल्कि इधर-उधर लुक-छिपकर अपने कभी न भरनेवाले पेट की ख़ातिर भीख माँगता फिरेगा। मैं अब तुझसे यह खोलकर कह देता हूँ और मेरा यह कहना सच साबित होगा कि अगर यह कभी राजा ओडिसियस के महल में चला गया, तो वहाँ मौजूद सरदार महल में ही

इसे पीटने लगेंगे और उनके हाथों से फेंकी गई तिपाइयाँ इसके सिर के चारों ओर लहराने और इसकी पसलियों पर टूटने लगेंगी।"

इतना बोलकर वह आगे बढ़ा मगर ओडिसियस के कूल्हे पर पलटकर एक लात जमा देने की मूर्खता कर बैठा। लेकिन ओडिसियस को वह रास्ते से डिगा नहीं पाया और ओडिसियस अपनी जगह अविचल खड़ा रहकर मन ही मन विचारने लगा कि क्या वह झपटकर डंडे से उसकी जान ले ले अथवा उसे दबोचकर ऊपर उठा ले और ज़मीन पर पटककर उसका माथा फोड़ डाले। तो भी उसने मन कड़ा करके इसे बर्दाश्त कर लिया और अपना संयम नहीं छोड़ा। शूकर-संरक्षक ने मैलेनथियस पर आँख गड़ाकर उसे डाँटा और हाथ उठाकर ज़ोर से विनती करने लगा :

"झरने की अप्सराओ, ज़्यूस-पुत्रियो, यदि ओडिसियस ने कभी तुम्हारी बलि-वेदियों पर भेड़ों और बकरों की रानों की आहुति मोटी चरबी में लपेटकर दी है, तो मेरी यह विनती क़बूल करो। ऐसा करो कि मेरा वह मालिक किसी देवता के मार्गदर्शन में घर लौट आए। तब वह तेरा सारा घमंड झाड़कर रख देगा जिससे भरकर तू नगर में हमेशा अकड़ा फिरता है, जबकि दुष्ट चरवाहे पशुकुल को बरबाद करते रहते हैं।"

इस पर बकरी का चरवाहा मेलैन थियस बोला : "भला सुनो कि यह बदमाश कुत्ता अब क्या बक रहा है! एक दिन मैं काले कगरित पोत पर चढ़ाकर इसे इथाका से दूर ले जाऊँगा और इस तरह वह मुझे वहाँ काफ़ी धन दिला सकेगा। क्या ही बढ़िया होता अगर रजत चापधारी अपोलो टेलेमेकस को आज ही महल में मार गिराता या प्रणयप्रार्थी ही उसकी हत्या कर देते! यह उसी निश्चितता से हो जाता जिस निश्चितता से ओडिसियस के लौट आने की आशा किसी दूर देश में लुप्त हो चुकी है।"

इतना कहकर उसने उन्हें वहाँ छोड़ दिया, जबकि वे धीरे-धीरे फिर आगे बढ़े। वह लेकिन लम्बे डगों से आगे निकल गया और ख़ूब तेजी से चलकर राजा के महल जा पहुँचा। वह सीधे अन्दर चला गया और जाकर प्रणययाचकों के बीच यूरीमेकस के सामने बैठ गया जोकि उसे सबसे अधिक मानता था। तब खाना परोसनेवालों ने उसके हिस्से का मांस और विश्वस्त भंडारपालिका ने गेहूँ की रोटियाँ लाकर उसके आगे परोस दीं। उधर ओडिसियस और विश्वस्त शूकर-संरक्षक भी महल के नज़दीक आकर रुक गए। वे महल के इतने क़रीब पहुँच चुके थे कि वहाँ उन्हें अवतली विपंचिका का स्वर सुनाई पड़ने लगा। ऐसा था कि प्रणययाचकों के बीच गाने के लिए फेमियस स्वरसंघात शुरू कर चुका था। तब ओडिसियस ने सूअर के चरवाहे का हाथ थामकर कहा :

"यूमियस, यह सुन्दर भवन निश्चय ही ओडिसियस का है, क्योंकि अनेक सारे भवनों के बीच भी इसे आसानी से देखा और पहचाना जा सकता है। यहाँ घर पर

घर बने हैं। इसके प्रांगण के चतुर्दिक दाँतेदार फ़सील चतुराई से बनाई गई है और सुरक्षा के लिए दोहरे दरवाज़े लगे हैं। कोई भी आदमी इसे दूस नहीं सकता। मैं यह भी गौर कर रहा हूँ कि महल के अन्दर बहुत लोग भोज मना रहे हैं, क्योंकि वहाँ से चरबी की गन्ध बाहर आ रही है। उसके साथ ही विपंचिका की ध्वनि भी सुनाई पड़ रही है जिसे सुरों ने भोज की सहचरी बनाया है।''

इस पर, ओ शूकर-संरक्षक यूमियस, तूने यही उत्तर दिया : ''समझदार होने की वजह से तुमने यह सब सरलता से जान लिया है। लेकिन सुनो, अब आगे क्या-क्या करना है, इसके बारे में हमें राय-विचार कर लेना चाहिए। इस भव्य महल में या तो पहले तुम जाकर प्रणय-निवेदकों की भीड़ में शामिल हो जाओ और मैं यहीं रुकता हूँ, या यदि चाहो तो तुम यहीं रहो और मैं आगे जाता हूँ। मगर अधिक देर तक संकल्प-विकल्प मत करते रहो, वरना कोई तुम्हें बाहर देखकर तुम्हारे ऊपर अस्त्र न चला बैठे या तुम्हारी पिटाई ही न कर डाले। मैं तुम्हें सचेत किए देता हूँ कि इस बात का तुम अवश्य ध्यान रखना।''

तब ओडिसियस ने कहा : ''मैं यह सब बूझ रहा हूँ क्योंकि तुम एक समझदार व्यक्ति से बात कर रहे हो। लेकिन आगे तुम्हीं जाओ। मैं यहीं ठहर जाता हूँ, क्योंकि चोट और हथियारों की मार मैं ख़ूब बर्दाश्त कर चुका हूँ। लहरें और लड़ाइयाँ झेलते-झेलते मेरा दिल एकदम कठोर हो गया है। अब एक पीड़ा और सही। मगर असलियत यही है कि इस पापी पेट की भूख कोई आदमी दबा नहीं सकता। इसके कारण मनुष्य नाना प्रकार के दुख सहता है और इसके कारण कगरित जहाज़ बनाए जाते हैं जो अश्रान्त सिन्धु को पारकर शत्रुओं के ऊपर विपत्ति के रूप में जा पड़ते हैं।''

आपस में वे दोनों यही बतिया रहे थे कि उसी बीच वहाँ पड़े एक शिकारी कुत्ते ने सिर उठाकर अपने दोनों कान खड़े कर लिए। आरगौस नाम का यही वह कुत्ता था जिसे दृढ़चित्त ओडिसियस ने बहुत पहले स्वयं अपने हाथों पाला-पोसा था। इसके पहले कि इससे उसे कोई आनन्द मिल पाता, वह इलियस चला गया। शुरू में युवजन इसे जंगली बकरों, हिरनों एवं खरहों के शिकार में ले जाया करते थे। लेकिन मालिक के नहीं रहने से अब यह महल के फाटक के सामने खच्चरों और गाय-बकरियों के लीद-गोबर के ढेर पर पड़ा रहता था और वहाँ तब तक पड़ा रहता था, जब तक ओडिसियस के दास उस गन्दगी को उठाकर उसके विशाल खेतों में खाद के रूप में डाल नहीं आते थे। आरगौस नाम का वही कुत्ता वहाँ लेटा था और उसका बदन कीड़ों से भरा था। उस हालत में भी जब उसे मालूम हो गया कि उसका मालिक उसके पास खड़ा है, तो उसने दुम हिलाई और अपने दोनों कान नीचे गिरा दिए। मगर उसमें अब इतनी ताक़त नहीं थी कि वह अपने स्वामी के और निकट आ जाता। इस पर

ओडिसियस ने नज़र घुमाकर अपने आँसू इस तरह पोंछ लिए और यूमियस से झट एक प्रश्न पूछ लिया कि यूमियस को इस सम्बन्ध में कुछ भी पता न हो पाया :

"यूमियस, इस शिकारी कुत्ते का लीद-गोबर में यहाँ पड़े रहना अवश्य ही विस्मयकारी है। डील-डौल में यह बड़ा ही ख़ूबसूरत है, लेकिन मुझे नहीं मालूम कि ख़ूबसूरती के साथ इसमें तेज गति कितनी है या यह केवल उन कुत्तों के समान है जिन्हें उनके मालिक दिखावे के लिए तड़क-भड़क से रखते हैं।"

तदनन्तर, ओ शूकर-संरक्षक यूमियस, तूने उत्तर दिया : "यह कुत्ता असल में एक ऐसे व्यक्ति का है जो किसी दूर देश में मर चुका है। जिस समय ओडिसियस इसे छोड़कर ट्रॉय जा रहा था, उस समय यह देखने और शिकार का पीछा करने की चतुराई में जैसा था, आज यदि यह वैसा ही हो जाता तो इसकी तेजी और ताक़त देख तुम हैरान रह जाते। जब यह खदेड़ना शुरू करता था, तो कोई जानवर वन के गहरे से गहरे भाग में भी भागकर इससे बच नहीं पाता था। शिकार ढूँढ़ निकालने में भी यह सबसे तेज था। लेकिन अभी इसकी दशा बुरी है। इसका मालिक मुल्क से दूर कहीं मर-खप गया है और महल की लापरवाह औरतें कोई ख़याल नहीं करतीं इसका। बल्कि मालिक के नहीं रहने पर नौकर जैसा चाहिए वैसा काम नहीं करते। ऐसा है कि जिस दिन कोई आदमी ग़ुलाम बन जाता है, उसी दिन गर्जना करनेवाला ज़्यूस उसकी क्षमता आधी कर देता है।"

यह कहकर वह आलीशान भवन के अन्दर चला गया और सीधे विशाल कक्ष में जाकर गर्वोद्धत प्रणययाचकों के दल में शामिल हो गया। इधर आरगौस के ऊपर भयावह मृत्यु की नियति आ पड़ी, लेकिन उसके पहले बीसवें साल में ही सही उसे अपने मालिक को पुनः देख लेने का मौक़ा मिल गया।

आगे तब ऐसा हुआ कि विशाल कक्ष में प्रवेश कर रहे शूकर-संरक्षक पर सबसे पहले देवतुल्य टेलेमेकस की नज़र जा पड़ी और उसने तुरन्त इशारे से उसे अपने पास बुला लिया। यूमियस ने चारों ओर देखकर पास ही पड़ी एक तिपाई ले ली। यह वही तिपाई थी जिस पर मांस-परिवेषक उस घड़ी बैठा करता था जब दालान में भोजन करते वक़्त प्रणयप्रार्थियों को उसे मांस काट-काटकर परोसना पड़ता था। वही तिपाई उठाकर यूमियस ने टेलेमेकस की मेज़ के समीप उसके सम्मुख लगा दी और उस पर वह बैठ गया। एक अनुचर ने मांस का एक भाग और टोकरे से गेहूँ की रोटियाँ लेकर उसके आगे परोस दीं।

उसके जाने के बाद ही ओडिसियस फटे-पुराने कपड़े पहने दीन-हीन बूढ़े भिखारी के भेस में डंडा टेकता महल के अन्दर प्रवेश कर गया। द्वारमार्ग से भीतर जाकर वह ऐश की लकड़ी से बनी दहलीज़ पर एक खम्भे से उठँगकर बैठ गया। सरू की लकड़ी का वह खम्भा बहुत पहले किसी बढ़ाई ने निपणुता से छीलकर सीधा तैयार किया

था। टेलेमेकस ने शूकर-संरक्षक को पास बुलाकर सुन्दर टोकरे से एक समूची रोटी और भर-बकोटा मांस लेकर देते हुए कहा :

''यह लेकर उस अजनबी को दे आओ और उसे कह दो कि वह ख़ुद एक-एक कर सभी प्रणययाचकों के पास जाकर उनसे भीख माँगे। ज़रूरतमन्द आदमी को शर्म करना वाजिब नहीं है।''

उसकी यह बात सुनकर शूकरपाल उस अजनबी के पास गया और उसके सामने खड़े होकर पुंखित शब्दों में बोला :

''ओ अतिथि, टेलेमेकस ने तुम्हें यह दिया है। उसने कहा है कि तुम ख़ुद एक-एक कर सभी प्रणययाचकों के पास जाकर उनसे भीख माँगो। ज़रूरतमन्द आदमी को शर्म करना वाजिब नहीं है।''

इस पर ओडिसियस ने उसे उत्तर दिया : ''हे राजा ज़्यूस, टेलेमेकस को तू मनुष्यों के बीच सौभाग्यशाली बना दे और उसके दिल की सारी कामनाएँ पूरी कर दे।''

यह कहकर उसने दोनों हाथों से खाने की चीज़ें लेकर अपने पैरों के आगे लटक रहे फटे-पुराने झोले में डाल दीं। उसके बाद वह खाने लगा और विशाल कक्ष में चारण के गाते रहने तक खाता रहा। जब वह खा चुका और दिव्य चारण का गायन समाप्त हो गया, तब प्रणययाचक सारे महल में शोर-गुल करने लगे। इधर एथीनी समीप आकर ओडिसियस को प्रेरित कर गई कि वह प्रणयप्रार्थियों के बीच घूम-घूमकर रोटी के टुकड़े जमा करे और यह भी जान ले कि उनमें से कौन अच्छे और कौन बुरे हैं। तो भी वह उनमें से किसी को भी विनाश से बचा लेने को तत्पर नहीं हुई थी। सो, ओडिसियस दाहिनी ओर से शुरू करके प्रत्येक व्यक्ति से माँगने लगा। वह अपना हाथ चारों तरफ़ इस प्रकार फैलाता था मानो वह कोई पुराना भिक्षुक हो। वे दयावश उसे कुछ न कुछ देने लगे, साथ ही उस पर अचम्भित होकर आपस में एक-दूसरे से पूछने भी लगे कि आख़िर वह कौन है और कहाँ से आया है?

अन्त में बकरी का चरवाहा मेलैनथियस उनके बीच बोला :

''तेजस्विनी रानी के प्रणययाचको, इस अजनबी के बारे में मुझसे सुनो क्योंकि मैं इसे पहले ही देख चुका हूँ। असल में सूअर का चरवाहा इसे यहाँ ले आया है। लेकिन मैं इसके सम्बन्ध में पक्के तौर पर नहीं जानता कि यह पैदा कहाँ हुआ है?''

उसने ऐसा कहा मगर ऐंटीनोअस ने सूअर के चरवाहे को डपटते हुए कहा : ''अरे बदनाम शूकर-संरक्षक, इस आदमी को तू नगर क्यों ले आया है? क्या हमारे यहाँ पहले से ही घिनौने और भोज का मज़ा किरकिरा कर देनेवाले आवारागर्द लोगों की कोई कमी है? क्या तू यह बात हलकी समझता है कि वे यहाँ इकट्ठे होकर तेरे मालिक की दौलत भकोसते हैं तिस पर इस शख़्स को बुला लाया है?''

इस पर, ओ शूकर-संरक्षक यूमियस, तूने उसे यही जवाब दिया : ''ऐंटीनोअस, भले ही तुम कुलीन हो मगर तुम्हारे ये शब्द उपयुक्त नहीं है। क्या कोई व्यक्ति स्वेच्छा से किसी अजनबी को बाहर से बुलाकर उसका सत्कार करता है जब तक कि वह लोगों के लिए उपयोगी किसी शिल्पकला में दक्ष न हो, जैसे वह कोई भविष्यवक्ता या चिकित्सक या पोतशिल्पी या नहीं तो देवतुल्य चारण ही हो जो अपने गायन से सबको आनन्दित कर दे? बल्कि ये सब ऐसे लोग हैं जिनका स्वागत इस विस्तृत धरती पर हर जगह होता है। लेकिन किसी कंगाल को कोई शख़्स खिलाने और अपनी सम्पत्ति बरबाद कराने के लिए नहीं बुला लाएगा। प्रणय-निवेदकों में से तुम्हीं ओडिसियस के नौकरों के साथ सबसे अधिक कठोरता से पेश आते हो। मगर सुनो, मैं इन सब चीज़ों की तनिक परवाह नहीं करता जब तक महल में मेरी मालकिन एकनिष्ठ पिनेलपी और देवतुल्य टेलेमेकस हैं।''

तब टेलेमेकस ने पहले उससे कहा : ''चुप हो जाओ, यूमियस! मेरी विनती है कि तुम ऐंटीनोअस से ज़्यादा बहस मत करो क्योंकि वह बेहूदे ढंग से बोलकर किसी को भी गुस्सा कर देता है और दूसरों को भी ऐसा करने को भड़का देता है।''

उसके बाद वह ऐंटीनोअस से चुटीले लहज़े में बोला : ''ऐंटीनोअस, तुम मेरा सचमुच बड़ा ख़याल रखते हो जैसे कोई बाप अपने बेटे का रखता है। यह इसी से मालूम होता है कि तुम मुझे इस अतिथि को कठोरता से डाँटकर महल से भगा देने को कहते हो। भगवान न करे कि ऐसा कभी हो! तुम भी इसे कुछ दे दो। मुझे जलन नहीं होगी इससे, बल्कि मैं ही तुमसे ऐसा करने को कहता हूँ। इस सम्बन्ध में न तो मेरी माँ और न राजा ओडिसियस के महल की किसी दासी की इच्छा की परवाह करो। मगर सच्चाई यह है कि तुम्हारे मन में ऐसा कोई विचार नहीं है क्योंकि किसी दूसरे को देने के बदले तुम स्वयं ही खा लेने को उतावले हो।''

इस पर ऐंटीनोअस ने उसे जवाब दिया : ''ओ गुस्सैल और शेख़ीबाज़ टेलेमेकस, यह तुम क्या बोल गए? अगर सभी प्रणययाचक मेरे जितना इस अजनबी को दे दें, तो यह तीन महीने तक इस महल के पास नहीं फटकेगा।''

ऐसा कहकर उसने वही पायदान थाम लिया जिस पर खाते समय वह अपने सुन्दर पैर रखे हुए था और जो मेज़ के नीचे पड़ा हुआ था। वहाँ से उसने उसे दिखा दिया परन्तु बाक़ी लोगों ने ओडिसियस को कुछ न कुछ देकर उसका थैला मांस और रोटी से भर दिया। अब ओडिसियस बिना कोई क्षति उठाए यवनों की मनःस्थिति की जाँच करके महल की दहलीज़ की ओर लौट जानेवाला था कि ऐंटीनोअस के आगे रुककर उससे बोला :

''दोस्त, मुझे कुछ दे दो, इसलिए कि तुम मुझे यवनों के बीच सबसे नीच नहीं बल्कि सबसे कुलीन, एक राजा ही मालूम पड़ते हो। अतः उचित यही है कि तुम मुझे

और लोगों से ज़्यादा भोजन-सामग्री दे दो। इस तरह मैं तुम्हारा यश विशाल धरती पर चारों तरफ़ फैला दूँगा। मेरा भी कभी अपना मकान था जनसंकुल क्षेत्र में, एक धनी आदमी का ऐश्वर्यशाली भवन। उन दिनों मेरे यहाँ जो कोई जिस किसी ज़रूरत से घूमता-भटकता आ जाता, उसे मैं हमेशा कुछ दे ही देता था। मेरे पास अनगिनत दास और बाक़ी वे सब चीज़ें काफ़ी थीं जिन्हें पाकर लोग अच्छे ढंग से रहते और धनी के रूप में यशस्वी होते हैं। लेकिन क्रॉनस-तनय ज़्यूस ने मुझे बरबाद कर दिया। अवश्य उसकी यही इच्छा थी। उसने मुझे दूर-दूर तक धावा करनेवाले समुद्री डाकुओं के साथ मिस्र जाने को प्रेरित कर दिया। वह एक लम्बा सफ़र था और मेरी तबाही का कारण बन गया। मैंने वक्र पोत ईजिप्टस नदी में ही लगा दिए। तब असल में हुआ यह कि मैंने अपने विश्वस्त साथियों में से अधिकांश को जहाज़ों के पास रहकर उनकी हिफ़ाज़त करने का हुक्म दे दिया और कुछ को गुप्तचर के रूप में ऊँची जगहों से उस इलाक़े का मुआयना कर आने को भेज दिया। लेकिन मेरे जहाज़ी अपने दम-खम के आवेग में आकर उच्छृंखल हो उठे और मिस्रवासियों के ख़ूब हरे-भरे खेतों को बरबाद करने, उनकी औरतों और बच्चों को उठा ले आने और मर्दों का क़त्ल करने लगे। उनकी चीख़-पुकार तुरन्त नगर तक पहुँच गई जिसे सुनकर नगरवासी पौ फटते न फटते वहाँ आ धमके और सारा मैदानी इलाक़ा पदातिकों, रथियों तथा कांस्यायुधों की चमक से भर उठा। लेकिन वज्रप्रक्षेपक ज़्यूस ने मेरे लोगों के बीच ऐसा भयंकर संत्रास फैला दिया कि किसी के पास दुश्मन का मुक़ाबला करने का साहस ही नहीं रहा; ख़तरों से हम बुरी तरह घिर गए। हममें से बहुतों को मिस्रवासियों ने तलवार से मार डाला। बाक़ी को वे ज़िन्दा पकड़ ले गए ताकि उनसे बेगार करा सकें। लेकिन मुझको उन्होंने अपने एक मित्र के हवाले कर दिया कि वह मुझे साइप्रस ले जाए। उनके उस मित्र का नाम था ड्मीटर। वह ईएसस का बेटा और साइप्रस का शक्तिशाली शासक था। वहाँ से, देखो, मैं अब यहाँ पहुँचा हूँ और भारी मुसीबत में हूँ।''

तब ऐंटीनोअस ने उसे उत्तर दिया : ''हमारा भोज बरबाद करने को कौन देवता यह मुसीबत ले आया है? तुम निडर और बेहया भिखारी हो, इसलिए मेरी मेज़ से दूर कक्ष के बीच जाकर खड़े हो जाओ वरना तुम अभी मिस्र और साइप्रस पहुँचकर वहाँ का कड़वा मज़ा चख लोगे। तुम एक-एककर सबके पास चले जाते हो और वे तुम्हें अन्धाधुन्ध दे देते हैं। दूसरे की सम्पत्ति देने में वे कोई रोक या संकोच अनुभव नहीं करते क्योंकि उनमें से हर एक के पास काफ़ी है।''

इस पर पीछे हटकर अनेक भाँति चतुर ओडिसियस उससे बोला : ''भला देखो कि सुन्दर चेहरे के बावजूद तुम्हारे पास सुन्दर विचार नहीं है। तुम अभी दूसरे की मेज़ पर बैठे हो जहाँ देने को तुम्हारे पास काफ़ी है, फिर भी तुम्हारा दिल मुझे एक

टुकड़ा रोटी भी देने को तैयार नहीं है। जब ऐसी हालत है तब तुम अपने भंडार से किसी याचक को एक चुटकी नमक भी नहीं दोगे।''

उसका यह कहना था कि ऐंटीनोअस आग बबूला हो गया और उसे ख़ौफ़नाक नज़र से देखते हुए पुंखित शब्दों में बोला :

''तुम मेरी ही लानत-मलामत करते हो, इसलिए मैं समझता हूँ कि तुम महल से सही-सलामत नहीं जा पाओगे।''

यह बोलते न बोलते उसने पायदान उठाकर ओडिसियस की पीठ पर ठीक दाहिने पखुरे के ऊपर दे मारा। लेकिन ओडिसियस पाषाणवत अडिग खड़ा रहा। ऐंटीनोअस के प्रहार से वह डगमगाया तक नहीं बल्कि चुपचाप अपना सिर हिलाता मन ही मन उसके अनिष्ट की योजना बनाता रहा। तब वह दहलीज़ पर लौट गया। वहाँ अपना भरा हुआ झोला नीचे रख वह बैठ गया और प्रणयप्रार्थियों के बीच बोला :

''ओ तेजस्विनी रानी के प्रणययाचको, मेरा अन्तर्मन मुझे जो कुछ बोलने को कह रहा है, उसे तुम लोग सुन लो। जब कोई आदमी मवेशी या सफ़ेद भेड़-जैसी अपनी दौलत के वास्ते लड़ाई करने के दरमियान चोट खा जाता है, तो उसे शारीरिक या मानसिक पीड़ा का ख़याल नहीं होता। लेकिन अभी मुझे ऐंटीनोअस ने मेरे घृणित उदर के लिए मारा है, इस पापी पेट की ख़ातिर जो कि मनुष्यों के ऊपर अनेक कष्ट और संकट ले आता है। आह, यदि भिखारियों पर वास्तव में ध्यान देनेवाले देवता और उनके लिए प्रतिशोध लेनेवाली देवियाँ हैं, तो ऐंटीनोअस अपने विवाह के पहले अवश्य मर जाए!''

इस पर यूपेईथीज़ के बेटे ऐंटीनोअस ने उसे जवाब दिया : ''ओ अजनबी, तुम चुप बैठकर खाना खाओ अथवा यहाँ से अन्यत्र चले जाओ। नहीं तो ये युवक तुम्हारी इस उक्ति लिए हाथ या टाँग पकड़कर पूरे महल में घसीटेंगे और तुम्हारा सारा चमड़ा छील डालेंगे।''

उसने ऐसा कहा मगर इस पर वे सब बड़े रुष्ट हुए। उन गर्वीले युवकों में से यह या वह इस तरह बोल उठा :

''ऐंटीनोअस, इस अभागे भिखारी को पीटकर तुमने अच्छा नहीं किया। यह यदि स्वर्ग से आया हुआ कोई देवता है, तब तो तुम्हारा अन्त निश्चित है। अरे, दूर देश के अजनबी बन जाते हैं ये देवगण और नाना रूप धारण करके नगर-नगर घूमते और इस तरह मनुष्यों के अच्छे और बुरे कार्य देखते फिरते हैं।''

प्रणययाचक ऐसा ही बोलने लगे, किन्तु ऐंटीनोअस ने उनकी इस चेतावनी पर कोई कान नहीं दिया। टेलेमेकस ने अपनी आँखों से धरती पर एक बूँद भी अश्रुजल गिराए बग़ैर इस पिटाई से हुए दारुण क्लेश को मन में ही फूलने को छोड़ दिया। वह चुपचाप केवल मस्तक हिलाकर बदला लेने के बारे में मन ही मन सोचता रहा।

उधर जब पिनेलपी को महल में किसी अभ्यागत की पिटाई की ख़बर मिली, तो वह परिचारिकाओं के बीच बोल उठी : "ओह, क्या ही अच्छा होता, ऐंटीनोअस, अगर तुम्हें भी स्वयं सुप्रसिद्ध धनुर्धर अपोलो इसी तरह पीट बैठता!"

इस पर भंडारपालिका यूरीनोमी बोली : "ओह, हमारी प्रार्थनाएँ मान ली जातीं! तब इनमें से एक भी व्यक्ति कल सुन्दर सिंहासन पर आरूढ़ उषा के आने तक जीवित नहीं रह पाता।"

तदुपरान्त पिनेलपी ने उसे उत्तर दिया : "धाय, हमारे ख़िलाफ़ हमेशा अनिष्ट की योजना बनाते रहने के कारण वे सब के सब हमारे दुश्मन हैं, लेकिन उनमें सबसे बुरा ऐंटीनोअस है। वह बिलकुल काली मौत के समान है। एक अभागा आगन्तुक आवश्यकतावश महल में घूम-घूमकर लोगों से भीख माँग रहा है। बाक़ी सब लोगों ने तो कुछ न कुछ देकर उसका झोला भर दिया है, मगर ऐंटीनोअस ने उसके दाहिने पखुरे पर पायदान फेंककर उसे मारा है।"

इधर वह अपने कमरे में बैठकर परिचारिकाओं से इस तरह बात कर रही थी, उधर ओडिसियस खाना खा रहा था। पिनेलपी शूकर-संरक्षक को बुलवाकर उससे बोली :

"ओ भले यूमियस, तुम जाकर उस अभ्यागत से यहाँ आ जाने को कह दो। मैं उसका अभिवादन कर उससे पूछना चाहती हूँ कि क्या उसने दृढ़हृदय ओडिसियस का संयोगवश कोई समाचार सुना है या हो सकता है कि उसने उसे अपनी आँखों से देखा ही हो? वह दूर-दूर तक घूमा हुआ आदमी जान पड़ता है।"

इस पर, ओ शूकरपाल यूमियस, तूने यही उत्तर दिया : "आह, रानी! क्या ही अच्छा होता अगर यवन शान्त हो जाते! वह ऐसी बातें बता रहा है जिन्हें सुनकर तुम्हारा मन सम्मोहित हो जाएगा। जहाज़ से भागकर जब वह मेरे यहाँ आया, तो मैंने उसे तीन दिन और तीन रात अपने साथ पशुशाला में रखा, तो भी वह अपनी व्यथा-कथा समाप्त नहीं कर पाया। यह ठीक उसी तरह था, जिस तरह कोई शख़्स उस गायक को मुग्ध होकर देखता रह जाता है जिसे देवताओं ने नश्वर मनुष्य को आनन्दविह्वल कर देनेवाले गीतों का गायन करना सिखाया है; वह जब भी गाता है, लोग उसे सुनने को सदा उत्सुक और तत्पर रहते हैं। पशुशाला में मेरे पास बैठकर उसने मुझे उसी भाँति मोहित कर लिया था। अपने को वह ओडिसियस और उसके परिवार का मित्र बताता है और निवासी अपने को क्रीट का कहता है जहाँ मायनॉस जाति के लोग रहते हैं। वहीं से वह लगातार घूमता-भटकता और रास्ते में तरह-तरह के कष्ट उठाता अभी-अभी यहाँ आया है। दावे के साथ कहता है कि उसे ख़बर मिली है कि ओडिसियस नज़दीक ही थ्रेस्प्रोटियनों के उपजाऊ प्रदेश में है और ज़िन्दा है और काफ़ी धन लेकर आ रहा है।"

तब पिनेलपी ने उसे जवाब दिया : "तुम जाकर उसे यहाँ बुला ले आओ। मैं उससे रूबरू बात करना चाहती हूँ। जहाँ तक अन्य लोगों का सवाल है, तो चूँकि उनका दिल ख़ुशी से भरा है, इसलिए उन्हें द्वारमार्ग पर अथवा महल में ही बैठकर कुलेल करने दो। उनका अपना धन तो उनके घरों में अछूता पड़ा है, खाने-पीने की चीज़ें और मधुर मदिरा, जिनका उपभोग उनके नौकर करते हैं। लेकिन ख़ुद वे सब हमारे महल में रोज़-रोज़ साँड़ों, भेड़ों और मोटे-ताज़े बकरों की बलि देकर मौज मनाते और आबदार मदिरा बेतहाशा पीते हैं। इस तरह देखो कि हमारा विशाल धन बरबाद होता जा रहा है। वजह इसकी यही है कि इस घर को बरबादी से बचाने के लिए यहाँ ओडिसियस के समान कोई मर्द नहीं है। ओह, अगर ओडिसियस अपने मुल्क लौट आता, तो वह और उसका बेटा दोनों मिलकर एकदम बदला ले लेते इन लोगों के अत्याचार का।"

उसने ऐसा कहा। तभी टेलेमेकस ने इतने ज़ोर से छींक दिया कि सारा कक्ष आश्चर्यजनक रूप से गूँज उठा। पिनेलपी हँस पड़ी। वह तुरन्त यूमियस से पुंखित शब्दों में बोली :

"जाओ और जाकर अभ्यागत को मेरे पास बुला ले आओ। क्या तुमने मेरे लड़के की छींक पर ध्यान नहीं दिया जो कि मेरे सम्पूर्ण उद्गार पर ईश्वर-कृपा होने की स्वीकृति थी? इसलिए एक-एक कर सारे प्रणयप्रार्थियों पर निपट मृत्यु अवश्य आएगी। मृत्यु और नियति से कोई नहीं बच पाएगा। मेरी एक और बात याद कर लो। यदि मुझे यह महसूस हो गया कि वह सब कुछ ठीक बता रहा है, तब मैं उसे अँगरखा और लम्बा चोगा पहनाऊँगी, शानदार पोशाक।"

उसका यह कहना सुन लेने के बाद शूकरपाल उस अजनबी के पास चला गया और उसके आगे खड़ा होकर पुंखित शब्दों में बोला :

"ओ तात अतिथि, टेलेमेकस की माँ बुद्धिमती पिनेलपी तुम्हें बुला रही है। वह हालाँकि पहले ही काफ़ी क्लेश पा चुकी है, तो भी वह अपने पति के बारे में जानने को उत्सुक है। अगर उसे मालूम पड़ेगा कि तुम सब कुछ सच बतला रहे हो, तब वह तुम्हें अँगरखा और लम्बा चोगा पहना देगी जिनकी तुम्हें बेहद ज़रूरत है। यह भी कि तुम सारे इलाक़े में घूम-घूमकर भोजन की भीख माँग पाओगे। लोग अपनी इच्छानुसार तुम्हें भीख दे देंगे और इस तरह तुम अपना पेट भर लोगे।"

ओडिसियस ने इस पर उसे उत्तर दिया : "यूमियस, मैं ओडिसियस के बारे में सब कुछ जानता हूँ। चूँकि हमने सारे दुख एक साथ सहे हैं, इसलिए आइकेरियस की बेटी बुद्धिमती पिनेलपी को जल्द ही सारी बातें सच-सच बता दूँगा। लेकिन मैं हृदयहीन प्रणययाचकों की भीड़ के सामने जाने से डरता हूँ। वे इतने अत्याचारी और उच्छृंखल हो गए हैं कि उनकी बदनामी लौह नभ तक पहुँच रही है। अभी-अभी जब

मैं महल में घूम रहा था, तो इस आदमी ने मेरी पिटाई कर दी जिससे मुझे बड़ी पीड़ा हुई है, जबकि मैं बिलकुल निर्दोष था। मगर टेलेमेकस या किसी दूसरे व्यक्ति ने मुझे बचाने का कोई प्रयास नहीं किया। इसलिए भले ही पिनेलपी लाख उत्सुक हो, मगर उसे कह दो कि वह सूर्यास्त हो जाने तक अपने कमरे में मेरा इन्तज़ार करे। उसके बाद ही वह अपने पति के लौट आने की तारीख़ के बारे में मुझसे पूछ सकेगी। चूँकि सबसे पहले तुमसे यह कह चुका हूँ, इसलिए तुम जानते हो और अभी देख ही रहे हो कि मेरा पहनावा कितना ख़स्ताहाल है। अतः वह मुझे आग के पास ही बिठाएगी।''

उसने ऐसा ही कहा जिसे सुन लेने के बाद शूकर-संरक्षक वहाँ से चल दिया। जैसे ही वह दहलीज़ के पार गया कि पिनेलपी उससे बोली :

''उसे नहीं ले आए, यूमियस? क्या मंशा है उस भिखारी की? क्या वह किसी शख़्स से बेहद डरता है या महल में रुकने से लजाता है? भिखारी को शर्म करना वाजिब नहीं है।''

ओ शूकर-संरक्षक यूमियस, तूने उसे यह उत्तर दिया : ''वह सही कहता है और दूसरे लोग भी उसकी तसदीक़ करेंगे कि वह उद्धत व्यक्तियों के हिंसात्मक आचरण से बचना चाहता है। लेकिन तुमसे वह सूर्यास्त हो जाने तक इन्तज़ार करने को कहा है। तुम्हारे लिए भी, रानी, इस आगन्तुक से एकान्त में ही बोलना और उसकी बात सुनना बेहतर होगा।''

इस पर पिनेलपी ने उसे जवाब दिया : ''यह अजनबी बेवकूफ़ नहीं है। आगे क्या होनेवाला है, इसका इसे पूरा अनुमान है। मेरी समझ से सारे मर्त्यों में इन प्रणययाचकों के समान उद्दंड और अविवेकी दूसरा कोई नहीं होगा।''

रानी ने यही कहा। शूकर-संरक्षक यह सब कह-सुन लेने के बाद वहाँ से प्रणय-निवेदकों की भीड़ में चला गया और सीधे टेलेमेकस से अचूक शब्दों में बोला। वह टेलेमेकस के सिर के पास अपना सिर ले जाकर इस तरह बोला कि दूसरा कोई व्यक्ति सुन नहीं पाए :

''मित्र, मैं अब तुम्हारे सूअरों और वहाँ की बाक़ी चीज़ों की देखभाल करने जा रहा हूँ जो कि मेरी और तुम्हारी जीविका है। लेकिन यहाँ की चीज़ों की देखरेख तुम सँभालो। तो भी सबसे पहले तुम अपनी सुरक्षा का ध्यान रखो और इतनी सावधानी ज़रूर बरतो कि तुम्हारा कोई अनिष्ट न होने पाए, क्योंकि यवनों में ऐसे अनेक हैं जो तुम्हारे विनाश की तरकीब में लगे हैं। परन्तु ऐसा हो कि हमें कोई नुकसान पहुँचे, उसके पहले ज़्यूस उनका अन्त कर दे!''

इस पर टेलेमेकस उससे बोला : ''ऐसा ही होगा, तात! लेकिन तुम खाना खाकर जाओ। सेवेरे फिर आ जाना और काटने को अच्छे जानवर लेते आना। यहाँ की सारी चीज़ों की देखभाल मेरे और अमरों के जिम्मे है।''

उसने यह कहा और शूकर-संरक्षक चमचमाती कुर्सी पर फिर बैठ गया। जब वह जीभर खा-पी चुका, तब भोज मनानेवालों से भरा महल और उसका अहाता पीछे छोड़ वह सूअरों की ओर चल दिया। चूँकि संध्या होने जा रही थी, अतएव वे नृत्य-संगीत का आनन्द लेने में मग्न थे।

राजमहल में भिखारी ओडिसियस

ऐसा हुआ कि उसी समय एक साधारण भिखारी वहाँ आ गया जो कि इथाका नगर में घूम-घूमकर भीख माँगा करता था। सब लोग उसे भुक्खड़ पेटू के रूप में जानते थे। खाता-पीता वह बेहिसाब था और देखने में भी भारी-भरकम था परन्तु उसके पास बल और साहस दोनों का अभाव था। उसका नाम ऐरनीयस था और यह नाम उसकी आदरणीया माता ने उसे जन्म के समय दिया था। लेकिन सारे युवक उसे इरस नाम से पुकारते थे, क्योंकि किसी के कहने पर वह सन्देश ले जाने और ले आने का काम कर दिया करता था। अभी वही वहाँ आ गया और उसने ओडिसियस को उसके ही घर से भगा देना चाहा। इसी मंशा से वह गालियाँ देता हुआ उससे चुभते शब्दों में बोला :

"अबे बुड्ढे, दरवाज़े पर से हट जा वरना जल्द ही तुझे पैर पकड़कर यहाँ से घसीटकर हटा दिया जाएगा। क्या तू देख नहीं रहा है कि सारे लोग मुझे आँख मारकर इशारा कर रहे हैं कि मैं तुझे घसीटकर हटा दूँ तो भी मुझे ऐसा करने में शर्मिन्दगी मालूम पड़ती है। तू बल्कि उठ ही जा, नहीं तो हमारा झगड़ा बढ़कर कहीं मुक्का-मुक्की तक न पहुँच जाए।"

इस पर आँख तरेरकर ओडिसियस ने उसे उत्तर दिया : "महाशय, मैं अपनी किसी बोली और हरकत से तुम्हारा कोई नुकसान नहीं कर रहा हूँ। अगर कोई शख़्स तुम्हें भीख दे और उसकी मात्रा काफ़ी हो, तब भी मुझे कोई जलन नहीं होगी। यह दरवाज़ा हम दोनों के लिए काफ़ी बड़ा है और तुम्हें दूसरों की दौलत को लेकर ईर्ष्या करने की ज़रूरत नहीं है। तुम मुझे इधर-उधर भटकनेवाले आदमी मालूम पड़ते हो, जैसा कि मैं हूँ। जहाँ तक धन मिलने का सवाल है, तो वह हमें देवगण ही दे सकते है। मगर घूँसेबाज़ी के लिए मुझे अधिक मत उत्तेजित करो वरना मेरा गुस्सा भड़क उठेगा और बूढ़ा होते हुए भी मैं तुम्हारी छाती और होंठ ख़ून से ख़राब कर दूँगा। इस तरह कल मुझे ज्यादा सुकून मिलेगा क्योंकि मेरे विचार से तुम लेयरटीज़-पुत्र ओडिसियस के महल में दोबारा नहीं आओगे।"

यह सुनते ही भिखारी इरस क्रुद्ध होकर उससे बोला : "अब भला देख लो कि यह गन्दा भुक्खड़ किस तरह अँगीठी की देखभाल करनेवाली औरत की तरह बक रहा

है। लेकिन मैं इसे सज़ा देने का उपाय ढूँढ़ निकालूँगा। बेतरह पीटकर मैं इसके जबड़ों से सभी दाँत तोड़कर ज़मीन पर उसी तरह बिखेर दूँगा जिस तरह फ़सल बरबाद करनेवाली सूअरी के दाँत तोड़ दिए जाते हैं।[1] अब तू कमर कस ले ताकि ये सारे लोग भी लड़ाई में हमारा तेज देख ही लें। लेकिन अपने से कम उम्र के व्यक्ति से तू कैसे लड़ेगा?''

उन दोनों ने इस तरह एक-दूसरे का रोष चिक्कण दहलीज़ पर लगे ऊँचे दरवाज़े के सामने तीव्र रूप से लहका दिया। शक्तिशाली राजकुमार ऐंटीनोअस को दोनों का झगड़ना सुनकर मीठी हँसी आ गई और वह प्रणययाचकों से बोला :

''मित्रो, ऐसा तो पहले कभी नहीं हुआ है। देवताओं ने बड़ा बढ़िया खेल इस महल में ला दिया है। वह अनजबी और इरस एक-दूसरे को मुक्का-मुक्की के लिए ललकार रहे हैं। आओ, हम उनके बीच जल्द भिड़न्त करवा दें।''

उसका यह कहना था कि वे सब हँसते हुए उछल पड़े और फटेहाल भिखारियों के चारों तरफ़ जमा हो गए। तब यूपेईथीज का बेटा ऐंटीनोअस उनके बीच बोला : ''दर्पीले प्रणययाचको, मेरी बात सुनो। मैं एक और चीज़ कहूँगा। रात के भोजन के वास्ते हमने बकरे के पेट के भीतरी अवयव ख़ून और चरबी से भरकर आग पर रख छोड़े हैं। इन दोनों में से जो जीतेगा और अपने को बेहतर साबित कर देगा, वह शान से खड़ा होकर उन अवयवों में से इच्छानुकूल अपना भाग ले लेगा। इतना ही नहीं, वह हमारे भोज में हमेशा शिरकत करेगा और हम किसी दूसरे भिखारी को अपने बीच टपने और भीख माँगने नहीं देंगे।''

ऐंटीनोअस का यह कहना उन्हें अच्छा लगा। तब अनेकविध चतुर ओडिसियस उनके बीच चालाकी से बोला :

''दोस्तो, मुसीबत का मारा एक बूढ़ा आदमी अपने से कम उम्र के व्यक्ति से किसी तरह भी नहीं लड़ सकता। लेकिन पेट की ज़रूरत मुझे इतना लाचार कर देती है, यह दुष्ट पेट कि मैं घूँसे-थप्पड़ खाने को भी तैयार रहता हूँ। मगर अभी तुम सब पक्की शपथ ले लो ताकि इरस की मदद करने के ख़याल से कोई व्यक्ति मुझे ग़लत ढंग से ज़बरदस्त मुक्का न मार बैठे और इस तरह बल-प्रयोग करके इसके हाथों मुझे परास्त हो जाने को मजबूर न कर दे।''

उसने ऐसा कहा और उसके कहने के अनुरूप उन लोगों ने उस पर आघात नहीं करने की शपथ ले ली। जब वे सब विधिवत शपथ ले चुके, तब राजकुमार टेलेमेकस उनके बीच फिर बोला :

''ओ अभ्यागत, यदि तुम्हारा ओज और साहस इस आदमी को मार भगाने के लिए तुम्हें प्रेरित कर रहा है, तब तुम यवनों में से किसी दूसरे का भय मत

1. प्राचीन साइप्रस में किसानों को उनकी फ़सल बरबाद करनेवाले सूअरों के दाँत उखाड़ लेने का कानूनी अधिकार प्राप्त था।

करो, क्योंकि तुम पर प्रहार करनेवाले को अनेक लोगों से लड़ना पड़ेगा। तुम्हारा मेज़बान मैं हूँ और दो बुद्धिमान राजकुमार ऐंटीनोअस तथा यूरीमेकस मेरे पक्ष में हैं।''

उसकी इस उक्ति का सबने समर्थन किया। तब ओडिसियस ने अपने चीथड़े कमर से बाँध लिए जिससे उसकी सुन्दर एवं विशाल जाँघें दिखाई पड़ने लगीं और उसके चौड़े कन्धे, उसका सीना और बलवान हाथ लोगों की दृष्टि में आ गए। तभी एथीनी ने समीप आकर उस प्रजापालक का डीलडौल बढ़ा दिया। इस पर प्रणययाचकों को बड़ा भारी अचम्भा हुआ और वे एक-दूसरे की ओर देखते हुए आपस में यही कहने लगे :

''बहुत जल्द इरस इरस नहीं रह जाएगा। उस बुड्ढे ने चीथड़ों के अन्दर से जैसी जाँघें दिखाई हैं, उनको देखकर तो यही लगता है कि इरस ने अपनी तबाही ख़ुद ही न्योत लाई है।''

वे लोग ऐसा ही बोलने लगे। इरस का मन बुरी तरह हिल गया। तो भी अनुचरों ने उसकी कमर कस दी और उसे ज़बरदस्ती आगे ले चले। वह बहुत डरा हुआ था, इतना कि उसके शरीर पर का मांस तक काँप रहा था। तब ऐंटीनोअस ने उसे फटकारते हुए कहा : ''अबे गँवार, तू अगर इस बूढ़े और मुसीबतों से पस्त हुए शख़्स के सामने काँपता और बेहद डरा हुआ है, तब तो तेरा अभी यहाँ नहीं रहना ही अच्छा हुआ होता बल्कि तेरी पैदाइश ही नहीं हुई होती। मगर तुझसे मैं साफ़ कह देता हूँ और ऐसा होकर रहेगा। यदि यह व्यक्ति तुझे दबोचकर परास्त कर देगा, तब मैं तुझे जहाज़ में डालकर मुख्यभूमि भेज दूँगा राजा एकिटस के पास, जो लोगों के हाथ-पैर काटकर अपंग कर देता है। वह निष्ठुर कांस्य करवाल से तेरे नाक-कान काटकर और मर्मांगों को निकालकर तुझे कच्चा फाड़ डालने के लिए कुत्तों के आगे फेंक देगा।''

उसके ऐसा बोलने से इरस के अंग-प्रत्यंग और ज़्यादा ज़ोर से काँपने लगे। तो भी वह घेरे के अन्दर ले जाया गया। वहाँ दोनों ने अपने-अपने हाथ ऊपर उठा लिए। तब धीर-वीर ओडिसियस सोचने लगा कि क्या वह उसके ऊपर इस तरह प्रहार कर दे कि उसके प्राण शरीर से निकल जाएँ और वह वहीं धराशायी हो जाए अथवा हलकी चोट करके उसे ज़मीन पर पसार दे। विचार करने पर उसे दूसरा रास्ता ही बेहतर मालूम पड़ा। इससे यवनों को उसकी पहचान को लेकर कोई सन्देह करने का मौक़ा भी नहीं मिलेगा। तब हुआ यह कि जब उन्होंने अपने हाथ ऊपर उठा लिए, तब इरस ने ओडिसियस के दाहिने कन्धे पर चोट की, परन्तु ओडिसियस ने उसके कान के नीचे गरदन पर प्रहार किया जिससे उसकी हड्डियाँ चूर्ण होकर अन्दर धँस गईं और उसके मुँह से तुरन्त ख़ून वेग से निकलने लगा। कराहते हुए वह धूल में

गिर पड़ा और दाँत किटकिटाकर धरती पर पैर पटकने लगा। मगर दर्पीले प्रणययाचक हाथ उठा-उठाकर हँसी के मारे मरने लगे। तब ओडिसियस उसे टाँग पकड़कर द्वारमार्ग से घसीटते हुए प्रांगण और द्वारमंडप के दरवाज़े तक ले गया। वहाँ उसने उसे अहाते की दीवार के सहारे बिठा दिया और उसके हाथ में उसका डंडा थमाते हुए पुंखित शब्दों में बोला :

"अब यहीं बैठ और सूअर तथा कुत्ते भगाता रह। तू जिस दयनीय स्थिति में है, उसमें रहकर तुझे भिखारियों और अजनबियों पर प्रभुत्व नहीं जमाना चाहिए। वरना इससे भी भयंकर फेरे में पड़ जाएगा।"

यह बोलकर उसने डोरी लगा अपना फटा-पुराना छुद्र झोला कन्धों से लटका लिया और लौटकर पुनः दहलीज़ पर बैठ गया। प्रणययाचक भी मीठी हँसी हँसते हुए महल में लौट चले और उसे शाबासी देते हुए बोलेः

"ओ अजनबी, यह देखकर कि तुमने उस भारी लोभी का इस इलाक़े में भीख माँगना बन्द कर दिया है, ज़्यूस एवं अन्य अमरगण तुम्हारी सबसे प्रिय इच्छा और तुम्हारी सभी मनोकामनाएँ पूरी करें। शीघ्र ही हम उसे मनुष्यों के अंगभंग करनेवाले राजा एकिटस के यहाँ मुख्यभूमि ले जाएँगे।"

वे ऐसा बोले और उनके शब्दों में निहित शुभ सगुन से ओडिसियस को प्रसन्नता हुई। ऐंटीनोअस ने विशाल बकरे के पेट का भीतरी अवयव ही उसके आगे परोस दिया जो ख़ून-चरबी से भरा हुआ था। ऐम्फीनोमस ने टोकरे से दो रोटियाँ उठाकर उसके सामने रख दीं और सुरा से भरा स्वर्ण चषक देते हुए बोला : "ओ आदरणीय अभ्यागत, मेरी शुभकामनाएँ तुम्हारे साथ हैं। भविष्य में तुम्हें सुख प्राप्त हो यद्यपि अभी तुम बहुत कष्ट की गिरफ्त में हो।"

तब बहुविध चतुर ओडिसियस ने उसे उत्तर दिया : "ऐम्फीनोमस, तुम मुझे बड़े बुद्धिमान व्यक्ति मालूम पड़ते हो। तुम्हारा पिता ड्यूलिकियम-निवासी नाइसस भी ऐसा ही पुरुष था। उसकी मैं ख़ूब तारीफ़ सुनता था कि धनवान होने के साथ-साथ वह गुणवान भी था। तुम उसके ही आत्मज कहे जाते हो और शिष्ट जान पड़ते हो। इसलिए मैं तुमसे कुछ अर्ज़ करूँगा। इसे ध्यान से सुनो। पृथ्वी पर साँस लेने और चलनेवाले तथा उसके द्वारा पोषित जितने भी प्राणी हैं, उनमें मनुष्य सबसे कमज़ोर है। देखो, जब तक देवगण उसे समृद्धि देते हैं, जब तक उसके अंगों में फुरती रहती है, तब तक वह यही समझता है कि आगे उसका कभी अनिष्ट नहीं होगा। लेकिन जब महाभाग देवगण उसके पास दुख भेज देते हैं, तब वह उसे धैर्यपूर्वक सहता है और ऐसा उसे करना ही पड़ता है। धरती पर निवसनेवाले मानवों के मनोभाव देवों एवं मनुष्यों के पिता द्वारा लाए गए दिवस के समान होते हैं अर्थात दिन के समान ही मनुष्यों के मनोभाव परिवर्तनशील होते हैं। अजी, मैं भी

कभी अपने ऐश्वर्य के लिए जाना जाता था और अपने पिता एवं बन्धु-बान्धवों पर भरोसा करके मैंने शक्ति और प्रभुत्व के ज़ोम में अनेक कार्य ऐसे कर डाले जो अविवेकपूर्ण थे। अतः किसी आदमी को कभी भी उच्छृंखल नहीं होना चाहिए और सुरगण उसे जो उपहार प्रदान करें, उसको वह चुपचाप अंगीकार कर ले। यहाँ अभी मैं देखता हूँ कि प्रणययाचक वैसे ही अन्यायपूर्ण काम कर रहे हैं। वे एक ऐसे पुरुष की सम्पत्ति को नष्ट और उसकी पत्नी को कलंकित कर रहे हैं जो मेरे जानते अपने देश और मित्रों से अधिक देर तक दूर नहीं रहेगा बल्कि वह बहुत नज़दीक आ चुका है। लेकिन जहाँ तक तुम्हारा प्रश्न है, तो मेरी यही कामना है कि कोई देवता तुम्हें यहाँ से हटाकर तुम्हारे घर ले जाए और जब वह व्यक्ति अपने प्यारे वतन को लौटे, तो उससे तुम्हारी भेंट न होने पाए! ऐसा इसलिए कि मेरे ख़याल से जब वह अपनी छत के नीचे आ जाएगा, तो वह और प्रणययाचक बग़ैर रक्तपात के एक-दूसरे से अलग नहीं होंगे।''

इतना कहकर उसने मद्यार्घ्य अर्पित किया और मधुमधुर आसव पी लेने के बाद उसने चषक पुनः राजकुमार को सौंप दिया। लेकिन ऐम्फीनोमस उदास हो गया और सिर झुकाए महल के अन्दर लौट गया, क्योंकि उसे अनिष्ट का पूर्वाभास हो गया। तो भी वह अपनी नियति से नहीं बच पाया; एथीनी ने टेलेमेकस के हाथों भाले से मार दिए जाने के निमित्त उसे भी जाल में फाँस दिया था। इस तरह वह लौटकर अपने उसी ऊँचे आसन पर बैठ गया जहाँ से उठकर वह गया था।

तदुपरान्त एथीनी ने आइकेरियस की बुद्धिमती बेटी पिनेलपी के दिमाग़ में यह विचार भर दिया कि वह प्रणययाचकों के सामने उपस्थित हो जाए जिससे उनका हृदय आशा से स्पन्दित हो उठे और अपने पति एवं पुत्र की नज़र में वह पहले से अधिक सम्मान पा सके। अतएव वह यूँ ही मुसकराकर धाय से बोली :

''यूरीनोमी, ये प्रणययाचक घृणा के पात्र हैं, तो भी मेरे मन में अभी इनके सामने अपने आपको प्रस्तुत करने की इच्छा जाग पड़ी है, हालाँकि पहले कभी ऐसी इच्छा हुई ही नहीं थी। बेटे को भी एक लाभदायक राय दूँगी कि वह इन धृष्ट प्रणययाचकों के संग हमेशा न रहे जो प्रत्यक्ष में बोलते तो मित्रता की बात हैं, किन्तु परोक्ष में उसके विरुद्ध षड्यन्त्र रचते हैं।''

इस पर भंडारपालिका यूरीनोमी उससे बोली : ''अरी मेरी बच्ची, यह सब तुमने ठीक कहा है। अब जाओ और जाकर अपने बेटे से यह बात कह दो। उससे मत छुपाओ। लेकिन पहले नहा-धो लो और अपना चेहरा तेल से अभ्यंजित कर लो। आँसू से पूरी तरह गँदला चेहरा लेकर मत जाओ। जाना तो तुम्हें चाहिए ही, क्योंकि बिना रुके लगातार शोकाकुल रहना अच्छा नहीं है। यही समझ लो कि तुम्हारे बेटे की उम्र तुम्हारी बात सुनने लायक़ हो गई है। अमरों से सबसे पहले तुम्हारी विनती

इसी चीज़ के लिए होती थी कि तुम उसकी ठुड्डी पर दाढ़ी जल्द से जल्द देख सको।''

पिनेलपी ने तब उसे उत्तर दिया : ''यूरीनोमी, मेरे ऊपर तुम्हारा स्नेह है, किन्तु मुझसे नहाने-धोने और चेहरा तेल से अभ्यंजित कर लेने को मत कहो। मेरा सौन्दर्य तो ओलिम्पस-निवासी देवताओं ने उसी दिन नष्ट कर दिया जिस दिन यहाँ से ओडिसियस अवतली पोतों से चला गया। लेकिन तुम औटोनोई और हिप्पोडेमिया से आ जाने को कह दो ताकि वे बाहरी कक्ष में मेरे पास रहें। मर्दों के बीच अकेली जाने में मुझे लाज लगती है।''

उसके ऐसा कहते ही वह बूढ़ी महिला महल में उन औरतों को यह सन्देश देने चली गई जिससे कि वे दोनों जल्द आ जाएँ।

दीप्ताक्षी एथीनी देवी का ध्यान तब एक और उपाय करने पर चला गया। उसने आइकेरियस की बेटी के ऊपर मधुर निद्रा डाल दी। पिनेलपी जिस पलंग पर आराम कर रही थी उसी पर लेट गई और नींद में उसके सारे अंग शिथिल हो गए। इस बीच सुन्दर देवी उसे स्वर्गिक उपहारों से संवलित करने लगी ताकि उसे देखकर सारे यवन अचरज में पड़ जाएँ। सबसे पहले उसने उसके मनोहर आनन का परिमार्जन उसी अमृतोपम अनुलेप को चुपड़कर किया जिसे लगाकर मंजुल मुकुट धारण करनेवाली सिथीरिया अर्थात ऐफ्रोडायटी लालित्य एवं चारुता की देवियों के मोहक नृत्य में भाग लेने जाया करती है। देखने में उसने उसका डील-डौल भव्य और ऊँचा तथा त्वचा उसकी अभी-अभी चीरे गए गजदन्त के समान श्वेत कर दी। यह करके वह सुन्दर देवी वहाँ से चली गई। तब धवलबाहु परिचारिकाएँ अपने कमरे से निकलकर आपस में बतियाती-बतराती वहाँ आ गईं जिससे पिनेलपी की मीठी नींद टूट गई। वह हाथों से अपने गाल मलती हुई बोली :

''इतने दुख में भी कितनी कोमल निद्रा आ गई थी मुझे! क्या ही अच्छा होता यदि इसी क्षण पवित्र आर्टिमिस मुझे इतनी ही कोमल मृत्यु दे देती! तब मेरा जीवन पति के अनेक गुणों के व्यर्थ स्मरण से उत्पन्न मनोव्यथा में नहीं छीजता, मेरा पति जो यवनों के बीच बेजोड़ था।''

यह कहकर वह ऊपरी मंज़िल-स्थित अपने चमचमाते कक्ष से नीचे उतर आई। वह अकेली नहीं थी। उसके संग दो परिचारिकाएँ भी थीं। जब वह सुन्दर महिला प्रणययाचकों के समीप पहुँच गई, तब वह सुनिर्मित छत के खम्भे के बग़ल में जाकर खड़ी हो गई। उसने अपने मुँह के आगे चमकीला अवगुंठन खींच लिया और उसके दोनों तरफ़ एक-एक परिचारिका खड़ी हो गई। उसे देखते ही प्रणयप्रार्थियों के अंग-अंग शिथिल पड़ गए और हृदय उनका कामातुर हो उठा। उनमें से हर कोई यही विनती करने लगा कि उसकी वह अंकशायिनी हो जाए। लेकिन वह अपने प्रिय पुत्र टेलेमेकस से बोली :

"टेलेमेकस, न तो तुम्हारी बुद्धि और न विवेकशक्ति पहले के समान दृढ़ है। जब तुम छोटे थे, तो तुम्हारी बुद्धि अधिक तीक्ष्ण और चतुराई से भरी थी। अब तुम बढ़कर बड़े और सयाने हो गए हो। कोई भी अजनबी तुम्हारे रूप एवं क़द-काठी को देखकर बेहिचक तुम्हें किसी ऐश्वर्यवान व्यक्ति का बेटा समझ लेगा। लेकिन तुम्हारी बुद्धि और विवेकशक्ति पहलेवाली नहीं रही। इस महल में अभी जो कुछ हुआ है, इसी को देख लो कि तुमने अपने अतिथि के साथ हुआ दुर्व्यवहार किस तरह बर्दाश्त कर लिया है। अभी क्या हाल होता अगर इस निष्ठुर व्यवहार से हमारे महल में आराम से बैठे इस अभ्यागत का कोई गहरा नुकसान हो जाता? तब तो लोगों की नज़र में तुम्हीं कलंक और अपयश के भागी बन जाते।"

इस पर टेलेमेकस ने उसे उत्तर दिया : "माँ, इस मामले को लेकर हुए तुम्हारे रोष का मैं बुरा नहीं मानता। इसके पहले तो मैं बच्चा ही था, किन्तु अब मुझे हर भली-बुरी चीज़ का ज्ञान और समझदारी है। लेकिन मैं सारी बातें विवेकपूर्ण ढंग से कर पाने में इसलिए सक्षम नहीं हो पाता हूँ कि बुरी नीयतवाले ये लोग दोनों तरफ़ रहकर मेरी इच्छाशक्ति कुंठित कर देते हैं। सहायक भी मेरा कोई नहीं है। फिर भी यह जान लो कि इरस और इस अतिथि के बीच हुई लड़ाई का नतीजा प्रणय-निवेदकों के मनोनुकूल नहीं हुआ, बल्कि अभ्यागत ने अपने को उससे अधिक शक्तिशाली सिद्ध कर दिखाया। हे पिता ज़्यूस और एथीनी तथा अपोलो, मेरी तो यही इच्छा थी कि ये प्रणययाचक अभी उसी तरह परास्त हो जाते और उनमें से कुछ प्रांगण और कुछ इस महल में उसी तरह सिर हिलाते रहते और उनके सारे अंग-प्रत्यंग शिथिल पड़ जाते, जिस तरह अभी वहाँ प्रांगण के बाहरी फाटक पर बैठा इरस मदमस्त व्यक्ति की भाँति सिर हिला रहा है। वह अपने पैरों पर सीधा खड़ा नहीं हो सकता और न घर ही लौट सकता है, जहाँ उसे चला जाना चाहिए। उसके अंग-अंग ढीले पड़ गए हैं।"

वे दोनों परस्पर इस तरह बातें कर रहे थे कि यूरीमेकस पिनेलपी से बोल उठा :

"आइकेरियस-पुत्री बुद्धिमती पिनेलपी, चूँकि बाहरी रूप-लावण्य एवं देहयष्टि तथा भीतरी बुद्धि कौशल में तुम अन्य सभी औरतों से बढ़ी-चढ़ी हो, इसलिए यदि ईएसियन आरगौस[1] के सारे यवन तुम्हें देख लें, तो कल सवेरे से ही तुम्हारे महल में और अधिक संख्या में प्रणययाचक भोज में शामिल होने लगेंगे।"

उसे तब पिनेलपी ने उत्तर दिया : "यूरीमेकस, रूपाकृति में मेरी श्रेष्ठता तो देवताओं ने उसी दिन नष्ट कर दी, जिस दिन यवन इलियस रवाना हुए और उनके संग मेरा पति ओडिसियस चला गया। यदि वह लौट आता और मेरे इस जीवन की देखभाल करने लगता, तब मेरी ख्याति और बढ़ जाती, उत्कृष्टतर ख्याति! लेकिन अभी मैं कष्ट में हूँ; किसी देवता ने मेरे ऊपर बहुत सारे दुख ला छोड़े हैं। आह, जब

---

1. आरगौस के एक आदि राजा ईएसस के नाम पर ईएसियन आरगौस।

मेरा शौहर देश छोड़कर जाने लगा, तब वह मेरे दाहिने हाथ की कलाई पकड़कर मुझसे बोला :

" 'प्रिये, मैं समझता हूँ कि ट्रॉय से शक्तिशाली जंघाकवच धारण किए यवनों में से सभी सुरक्षित नहीं लौटेंगे। लोग कहते हैं कि ट्रोजन भी भाला फेंकने, तीर चलाने और तेजी से रथ हाँकनेवाले अच्छे लड़ाके हैं और यही चीज़ें बराबरी की कठोर लड़ाई का फ़ैसला तुरन्त कर देती हैं। इसलिए मैं नहीं जानता कि देवता मुझे लौटा ले आएगा अथवा मैं वहाँ ट्रॉयभूमि पर काम आ जाऊँगा। इस कारण तुम यहाँ की सभी चीज़ों की देखरेख सँभाल लो। महल में मेरे माँ-बाप का ध्यान आज के समान ही रखना, बल्कि मेरे दूर रहने की वजह से ज़्यादा रखना। लेकिन जब यह देखना कि मेरे बेटे के दाढ़ी-मूँछ निकल आई है, तब तुम मनचाहे व्यक्ति से शादी करके यह महल छोड़ देना।'

"उसने यही कहा था और अब यही घटित हो रहा है। वह रात ज़रूर आएगी जब मुझ अभागिन का घिनौना विवाह हो जाएगा। ज़्यूस ने मेरा सारा सुख छीन लिया है। लेकिन एक और मुसीबत आ पड़ी है जिससे मैं अत्यन्त दुखी और सन्तप्त रहती हूँ। वह तुम प्रणययाचकों के तौर-तरीक़ों को लेकर है। ऐसे तौर-तरीक़े इसके पहले कभी नहीं अपनाए जाते थे। दस्तूर तो यही रहा है कि धनी बाप की बेटी किसी कुलीन महिला से जितने भी व्यक्ति प्रणयनिवेदन करते और इसके लिए आपस में होड़ लगाते हैं, वे खुद ही उस होनेवाली दुल्हन के इष्टमित्रों के भोज के लिए अपने साथ मवेशी और मोटी-ताज़ी भेड़ें ले आते हैं और उस महिला को उत्कृष्ट उपहार देते हैं। वे दूसरे की सम्पत्ति हरजाना दिए बग़ैर नहीं भकोसते।"

उसकी इस उक्ति से ओडिसियस को खुशी हुई, क्योंकि वह देख रहा था कि पिनेलपी किस तरह अपने प्रलोभक शब्दों से प्रणययाचकों को छलकर उनसे उपहार लेने का उपक्रम कर रही है, जबकि उसका ध्यान दूसरी चीज़ों पर केन्द्रित है।

इस पर यूपेईथीज़-पुत्र ऐंटीनोअस ने उसे जवाब दिया : "ओ आइकेरियस-पुत्री पिनेलपी, यदि यवनों में से कोई यहाँ उपहार लाना चाहे तो तुम उन्हें अवश्य ग्रहण कर लेना। उपहार अस्वीकारना उचित नहीं होता। लेकिन जहाँ तक हमारा सवाल है तो जब तक तुम यवनों में जो सर्वोत्तम हो उससे शादी नहीं कर लोगी, तब तक हम यहाँ से नहीं टलेंगे और न अपने-अपने देश लौटेंगे।"

ऐंटीनोअस ने ऐसा कहा और उसका यह कहना उन लोगों को अच्छा लगा। तब उनमें से हर किसी ने तोहफ़े ले आने को अपना-अपना अनुचर भेज दिया। ऐंटीनोअस के निमित्त उसका अनुचर एक विशाल, सुन्दर एवं ख़ूब बेल-बूटेदार चोगा ले आया जिसमें मुड़े हुए बकसुओं के साथ कुल बारह रत्नजड़ित स्वर्ण सूचिकाएँ लगी हुई थीं। यूरीमेकस का अनुचर उसके वास्ते तुरन्त सोने का एक हार ले आया जो विचित्र ढंग से बना था और जिसमें कहरुबे के मनके लगे थे; वह सूर्य की भाँति चमक रहा था।

यूरीडेमस का अनुचर उसके हेतु एक जोड़ा कर्णफूल ले आया जिसमें तीन-तीन झुमके लगे थे। उनसे अतीव शोभा टपक रही थी। पौलिक्टर के बेटे राजकुमार पीसैंडर के घर से उसका अनुचर एक कंठा ले आया जो कि बेहद ख़ूबसूरत जड़ाऊ आभूषण था। इसी तरह बाक़ी सभी यवनों में से हर कोई कुछ न कुछ सुन्दर उपहार ले आया। लेकिन महीयसी रानी तब अपने ऊपरी प्रकोष्ठ को लौट गई। उसके संग परिचारिकाएँ भी वे सब लुभावने तोहफ़े उठाकर चली गईं।

परन्तु प्रणयप्रार्थी नृत्य और आनन्ददायी संगीत का मज़ा लेने में मशगूल हो गए और संध्या हो जाने तक लेते रहे। जब शाम हो गई और अँधेरा छा गया, तब कहीं जाकर उनका आमोद-प्रमोद थमा। महल में रोशनी के लिए उन्होंने तुरन्त तीन अँगीठियाँ जुटा दीं और ईंधन के रूप में उन पर कुल्हाड़े से अभी-अभी फाड़ी गई काफ़ी दिन की पकी और सख़्त लकड़ियाँ डाल दीं। उन अँगीठियों के बीच-बीच उन्होंने चीड़ की लकड़ी की पट्टियाँ मशाल के तौर पर रख दीं जिनकी लौ जलाए रखने में ओडिसियस की दासियाँ बारी-बारी से जुट गईं। तब राजा ओडिसियस ही उन दासियों से बोला :

"ओ बहुत समय से अनुपस्थित स्वामी की दासियो, तुम सब अपनी महीयसी रानी के कक्ष में चली जाओ और उसके पास बैठकर धागे कातो या हाथ से रुई धुनो और उसे ख़ुश रखो। मैं यहाँ इन लोगों के वास्ते लौ जलाए रखूँगा। यदि वे उषा के आने तक बैठे रहेंगे, तब भी मैं यहाँ डटा रहूँगा। वे मुझसे अधिक देर तक नहीं बैठ पाएँगे। बर्दाश्त करने की मुझमें बड़ी क्षमता है।"

उसने ऐसा कहा लेकिन दासियाँ हँसने और एक-दूसरे को देखने लगीं। तभी सुन्दर गालोंवाली मेलैन्थो ने उसे बड़े बुरे ढंग से डपट दिया। मेलैन्थो का बाप था डोलियस, किन्तु उसे पाला-पोसा था पिनेलपी ने अपनी ही बच्ची के समान और उसकी ख़ुशी के वास्ते खिलौने दे-देकर पूरा स्नेह जताया था। फिर भी उसके दिल में पिनेलपी की ख़ातिर कोई हमदर्दी नहीं थी। असल में वह यूरीमेकस को प्यार करती और उसके साथ सोती थी। उसी ने ओडिसियस को भर्त्सनापूर्ण शब्दों में झिड़की दी :

"अबे नीच मेहमान, ज़रूर तेरा माथा ख़राब हो गया है, क्योंकि सोने के लिए किसी लोहारख़ाना या सार्वजनिक वासा नहीं जाकर तू यहाँ इतने सामन्तों के बीच ठहरकर बहुत ढिठाई से बक-बक करता है और तेरे मन में कोई डर भी नहीं है। शराब ने अवश्य तेरी बुद्धि हर ली है या शुरू से ही तेरा दिमाग़ इसी तरह का है। इसी से तू अंड-बंड बकता है। क्या भिखारी इरस को पीट देने की ख़ुशी में सब कुछ भूल चुका है? होशियार रह वरना इरस से कोई ज़्यादा ताक़तवर शख़्स अपने मज़बूत हाथों से तेरी खोपड़ी तोड़ डालने को अभी ही खड़ा हो जाएगा और तुझे लहूलुहान कर इस महल के बाहर भेज देगा।"

इस पर ओडिसियस ने उसे रोष से देखते हुए कहा : "अरी निर्लज्ज, अगर तू यही बोलती है, तो मैं अभी जाकर टेलेमेकस से कह देता हूँ। वह तुरन्त तेरा अंग-अंग काट डालेगा।"

उसने ऐसा कहा और उसका यह कहना सही मान लेने की वजह से उन औरतों के अंग-प्रत्यंग भय से काँपने लगे और वे महल के भीतरी भाग की ओर भाग चलीं। लेकिन ओडिसियस अँगीठियाँ जलाए रखने के इन्तज़ाम में लग गया और वहाँ उपस्थित सभी प्रणययाचकों की हरकतें ध्यान से देखने लगा। साथ ही वह मन में वैसे संकल्पों के बारे में सोचने लगा जिन्हें किसी भी हालत में अधूरा नहीं छोड़ना था।

परन्तु एथीनी उद्धत प्रणययाचकों को ओडिसियस का तीखा अपमान करने से किसी भी तरह बरजना नहीं चाहती थी ताकि ओडिसियस के हृदय में पीड़ा और गहराई तक धँस जाए। अतः पॉलीबस-सुत यूरीमेकस उनके बीच ओडिसियस का उपहास करने लगा जिससे उसके साथियों को बड़ा मज़ा मिला :

"विख्यात रानी के प्रणययाचको, मेरे मन की एक बात ध्यान से सुनो। यह अजनबी ओडिसियस के महल में देवों की इच्छा के विपरीत नहीं आया है। मेरे कहने का मतलब यही है कि यह रोशनी उसके माथे से ही फैल रही है, क्योंकि उस पर एक भी बाल नहीं है। नहीं, बिलकुल नहीं है।"

उसके बाद उसने नगरविध्वंसक ओडिसियस को सम्बोधित करते हुए कहा : "अजनबी, यदि मैं तुम्हें अपने दूर-दराज़ के खेत पर काम करने को रख लूँ तो क्या तुम यह मज़दूरी करना चाहोगे? मज़दूरी तुम्हें निश्चित मिलेगी और तुम्हें वहाँ बाँध के वास्ते पत्थर जमा करना होगा और इमारती लकड़ी के वास्ते लम्बे पेड़ लगाने होंगे। मैं तुम्हें भोजन भरपूर दूँगा, कपड़े पहनाऊँगा और पैरों के लिए चप्पलें दूँगा। लेकिन चूँकि तुमने केवल बुरे काम करना सीखा है, इसलिए तुम कोई काम नहीं कर पाओगे। लिहाज़ा तुम हमेशा अतृप्त रहनेवाले अपने पेट भरने की ग़रज़ से पूरे इलाक़े में भीख माँगते फिरना ज़्यादा पसन्द करोगे।"

इस पर ओडिसियस ने उसे जवाब दिया : "यूरीमेकस, मेरी तो यही इच्छा थी कि हम दोनों के बीच काम करने की स्पर्धा वसन्त ऋतु में हो जाती जब दिन बढ़ने लगता है! वह स्पर्धा बहुत दूर तक फैले घास के मैदान में होती। हम दोनों के पास एक-एक टेढ़ी हँसिया रहती और घास भी ख़ूब उगी रहती। लिहाज़ा, उसे काटने में हम शाम तक एक-दूसरे की परीक्षा ले पाते, वह भी भूखे रहकर। या नहीं तो बैलों से हल चलाकर ही देख लेते–पिंगलवर्ण विशाल बैलों से, जो सबसे अच्छे होते और दोनों भली भाँति खिलाए-पिलाए और समान उम्र के होते और पालो खींचने में समान शक्ति एवं अथक बल से युक्त होते। खेत वह चार एकड़ का होता और उसकी

मिट्टी ऐसी होती कि हल के नीचे आसानी से आ जाती। तब तुम देखते कि मैं शुरू से आख़िर तक सीधा कूँड़ काट पाता हूँ या नहीं। अथवा मैं चाहता हूँ कि क्रॉनस-तनय किसी भाँति आज ही लड़ाई भड़का दे और मुझे एक ढाल, कनपटियों तक ठीक से आ जानेवाला एक कांस्य शिरस्त्राण तथा दो भाले मिल जाएँ। तब तुम मुझे संग्राम की अगली पंक्ति में देखते और मेरे पेट को लेकर इस तरह न तो बोलते और न ताने मारते। नहीं, तुम बेहद अशिष्ट हो और तुम्हारा हृदय कठोर है। चूँकि तुम बहुत कम लोगों से मिलते हो और वे लोग कमज़ोर हैं, इसलिए अपने को श्रेष्ठ और शक्तिशाली व्यक्ति मान बैठे हो। आह, अगर ओडिसियस अपने वतन लौट आता, तब तुम द्वारमार्ग से भागते नज़र आते और वहाँ जो काफ़ी चौड़ा द्वार है, वह भी तुम्हें बिलकुल सँकरा मालूम पड़ता।''

उसने ऐसा कहा जिससे यूरीमेकस का ग़ुस्सा बहुत बढ़ गया। वह उसे रोषपूर्ण नेत्रों से देखते हुए पुंखित शब्दों में बोला :

''आह नीच, इतने सारे श्रेष्ठ पुरुषों के बीच तुम जिस ढिठाई से बक-बककर रहे हो और तुम्हारे मन में कोई डर भी नहीं है, तो इसके लिए मैं तुम्हें जल्द नुकसान पहुँचाऊँगा। ज़रूर मदिरा के चलते तुम्हारी अक़्ल गुम हो गई है या नहीं तो हमेशा से तुम्हारी बुद्धि ऐसी ही रही है। इसी से तुम अनाप-शनाप बकते हो। क्या भिखारी इरस को पीट देने की ख़ुशी में सब कुछ भूल चुके हो?''

यह बोलते हुए उसने एक पादपीठ उठा लिया। लेकिन ओडिसियस डर के मारे ड्यूलिकियम-निवासी ऐम्फीनोमस के घुटनों के नीचे बैठ गया। इस तरह यूरीमेकस ने उसके बदले पानपात्र-वाहक के दाहिने हाथ पर चोट कर दी जिससे पात्र झनझनाकर ज़मीन पर गिर गया और पात्र-वाहक कराहते हुए पीछे की ओर धूल में गिर पड़ा। समूचे मन्दच्छाय कक्ष में प्रणयप्रार्थी शोरगुल करने और एक-दूसरे को देखते हुए आपस में यही कहने लगे :

''क्या ही अच्छा होता यदि यह अजनबी घूमते-घामते यहाँ पहुँचने से पहले कहीं और मर गया होता और हमारे बीच यह सब हंगामा न खड़ा हुआ होता! अभी स्थिति यही है कि इन भिखारियों को लेकर हम झगड़ रहे हैं। फलस्वरूप उत्कृष्ट भोज का मज़ा हम नहीं ले पाएँगे। बुरी बातें बढ़ती ही जाती हैं।''

तब उनके बीच टेलेमेकस बोला : ''महाशयो, तुम लोग पागल हो गए हो। तुम्हारी दशा देख यही लगता है कि तुम लोग हद से ज़्यादा खा-पी चुके हो। अवश्य कोई देवता तुम्हें बहका रहा है। तुम सभी अच्छी तरह भोजन कर चुके हो, इसलिए अब अपने-अपने घर जाओ और इच्छानुरूप आराम करो। जहाँ तक मेरा सवाल है, तो मैं किसी को नहीं भगाऊँगा।''

उसने ऐसा कहा। टेलेमेकस की इस निर्भीक उक्ति पर उन्होंने आश्चर्य से भरकर

अपने-अपने होंठ काट लिए। तब एरीटिऐस-पुत्र राजा नाइसस के बेटे राजकुमार ऐम्फीनोमस ने उन्हें सम्बोधित करते हुए कहा :

"साथियो, जब उचित बात कही गई है, तब इसे कोई व्यक्ति नहीं काटेगा और न उस पर खिसिआएगा। अत्र इस अभ्यागत या राजा ओडिसियस के महल के किसी दास के साथ कोई दुर्व्यवहार एकदम मत करो। बल्कि देखो, अब पानपात्र-वाहक को चाहिए कि वह प्रत्येक प्याले में चढ़ावे के तौर पर मदिरा की कतिपय बूँदें बारी-बारी से डाल दे ताकि हम देवता को अर्घ्य देकर सोने के लिए अपने-अपने घर चले जाएँ। जहाँ तक इस अतिथि का प्रश्न है, तो इसे हम ओडिसियस के महल में टेलेमेकस के जिम्मे छोड़ दें क्योंकि यह उसके ही घर आया है।"

उसने ऐसा कहा और उसका यह कहना सबको अच्छा लगा। तब सामन्त म्यूलियस ने उनके लिए मिश्रणपात्र में मदिरा घोल दी। ड्यूलिकियम से आया हुआ यह अनुचर एम्फीनोमस का सहचर सामन्त था। एक-एक कर सबके सामने जाकर उसने मदिरा ढाल दी और तब वे महाभाग देवताओं को अर्घ्य देकर मधुमधुर आसव का पान करने लगे। जब वे अर्घ्य देकर जीभर सुरापान कर चुके, तब वे अपने-अपने घर सोने चले गए।

रानी और भिखारी : धाय यूरीक्लिया और ओडिसियस

इस तरह राजा ओडिसियस महल में ही रह गया। एथीनी की सहायता से प्रणयप्रार्थियों के वध की योजना के क्रम में उसने टेलेमेकस से सीधे और साफ़ तौर पर कहा:

"टेलेमेकस, हम एक-एक कर सारे हथियार हटाकर उन लोगों की पहुँच के परे अवश्य रख दें। प्रणययाचक उनको नहीं देखकर जब तुमसे पूछें तो तुम इन्हीं कोमल शब्दों से उन्हें भरमा देना :

" 'उनको मैंने धुएँ से हटाकर अलग रख दिया है, क्योंकि वे वैसे नहीं रह गए थे जैसे उस समय थे, जब बहुत पहले ओडिसियस उनको छोड़कर ट्रॉय चला गया था। आग का धुआँ जहाँ तक पहुँचा है, वहाँ तक के सारे हथियार बिलकुल ख़राब हो चुके हैं। लेकिन इनको लेकर एक देवता ने मेरे मन में इससे भी बड़ी चिन्ता यह डाल दी है कि चूँकि लोहे का हथियार किसी भी आदमी को अपनी ओर खींच लेता है, इसलिए शराब के नशे में चूर हो जाने पर संयोग से यदि तुम लोगों के बीच झगड़ा शुरू हो जाए, तो तुम लोग एक-दूसरे को घायल कर दोगे और इस तरह भोज और प्रणययाचना दोनों का अपमान होगा।' "

उसने ऐसा कहा और टेलेमेकस ने प्रिय पिता की बात ध्यान से सुनकर धाय यूरीक्लिया को पास बुलाकर कहा :

"अन्ने, देखो, औरतों को तुम उनके कमरों में तब तक के लिए बन्द रखो जब तक कि मैं अपने पिता के बाँके हथियार शस्त्रागार में रख नहीं दूँ। ये हथियार महल में किसी देखभाल के बग़ैर उस दिन से धुएँ के बीच पड़े-पड़े मलिन होते जा रहे हैं, जिस दिन मेरा बाप यहाँ से चला गया। तब मैं निरा बालक था। अब मैं उन्हें ऐसी जगह रख देना चाहता हूँ जहाँ आग का धुआँ पहुँच नहीं पाए।"

इस पर उसकी भली धाय यूरीक्लिया ने उसे उत्तर दिया : "हाय मेरे बच्चे, मैं यही चाहती थी कि इस घर की देखभाल और इसकी सम्पत्ति की रक्षा करने की चिन्ता तुम्हारे मन में कभी तो आ जाए। देखो, चूँकि तुम नहीं चाहते हो कि जो परिचारिकाएँ रोशनी दिखा सकती थीं वे तुम्हारे साथ जाएँ, इसलिए तुम्हारे लिए रोशनी लेकर कौन जाएगा?"

तब अक़्लमन्द टेलेमेकस उससे बोला : ''यहाँ जो अभ्यागत है वह ले जाएगा। जो मेरा अन्न खाता है उसे मैं यहाँ यूँ ही नहीं बैठने दूँगा, भले ही वह दूर से क्यों न आया हो।''

उसने ऐसा कहा और यूरीक्लिया ने बिना कोई उत्तर दिए भव्य कक्षों के दरवाज़े बन्द कर दिए। तब ओडिसियस और उसका तेजस्वी पुत्र, दोनों झट खड़े हो गए और शिरस्त्राणों, गुल्लेदार ढालों और तेज अनीयुक्त भालों को उठा-उठाकर शस्त्रागार में रखने लगे। उनके आगे-आगे पैलस एथीनी सोने का दीप लिए चल रही थी जिससे बड़ी सुहावनी ज्योति निकल रही थी। इस पर टेलेमेकस ने अपने पिता से तुरन्त पूछा :

''तात, मैं जो वस्तु अपनी आँखों से देख रहा हूँ, वह निश्चय ही आश्चर्य में डाल देनेवाली है। कम से कम मुझे तो ऐसा ही प्रतीत होता है कि महल की दीवारें, छत की विशाल शहतीरें, चीड़ की बनी आड़ी कड़ियाँ और लम्बे-लम्बे खम्भे आग की ज्वाला के समान दमक रहे हैं। विस्तीर्ण नभ में निवास करनेवाले देवताओं में से ही कोई अवश्य अन्दर विराज रहा है।''

इस पर ओडिसियस ने उसे जवाब दिया : ''चुप ही रहो और अपने विचार नियन्त्रित रख कोई सवाल मत करो। देखो, ओलिम्पस-निवासी देवताओं का यही तरीक़ा है। मगर तुम अब जाकर सो जाओ और मैं यहीं रह जाता हूँ जिससे कि मैं दासियों और तुम्हारी माँ से प्रश्न करके और भी जानकारी हासिल कर लूँ। वह भी दुखी होकर मुझसे एक-एक कर सारी चीज़ों के बारे में पूछेगी।''

वह ऐसा बोला और टेलेमेकस जलती हुई मशालों की रोशनी में विशाल कक्ष को पारकर अपने कमरे में सोने चला गया। यह वही कमरा था जिसमें वह मधुर निद्रा के वशीभूत हो जाने पर पहले भी सोया करता था। अभी वह उसी में जाकर दीप्त उषा के आने तक सो गया। परन्तु ओडिसियस महल के गलियारे में ही रुक गया जहाँ वह एथीनी की सहायता से प्रणययाचकों की हत्या की योजना बनाने लगा।

उसके बाद ऐसा हुआ कि उसी समय पिनेलपी अपने कक्ष से निकलकर बाहर आ गई। वह आर्टिमिस वा कनकाभ ऐफ्रोडायटी के समान दिख रही थी। उसके लिए परिचारिकाओं ने एक ख़ास कुर्सी लाकर अँगीठी के पास उस जगह रख दी जहाँ वह बैठा करती थी। चाँदी एवं गजदन्त से जटित उस कुर्सी को इकमेलियस ने पूर्व काल में कभी बड़े ही सुन्दर ढंग से बनाया था। उसने पादपीठ को कुर्सी से जोड़कर उसका अभिन्न अंग बना दिया था। एक विशाल ऊर्णावरण उस कुर्सी पर डाल दिया जाता था। पिनेलपी उसी पर आकर बैठ गई। उसके बाद जनानख़ाने से परिचारिकाएँ वहाँ आ गईं और जूठन एवं मेज़ों के साथ-साथ उन प्यालों को उठा ले जाने लगीं जिनसे उद्धत प्रणययाचक मदिरा पी रहे थे। रोशनी और गर्मी के वास्ते

उन्होंने पहले के अंगारे हटाकर सहन पर रख छोड़े और अँगीठियों पर लकड़ी के ताजे कुन्दे डाल दिए।

तब मेलैन्थो दूसरी बार ओडिसियस को खरी-खोटी सुनाने लगी : "अरे अजनबी, इस महल का रात में चक्कर लगाने और औरतों को ताकने-झाँकने के बाद अब तू क्या यहाँ भी हमें तंग करेगा? बल्कि, रे नीच, तू बाहर चला जा और तूने जो खाया-पिया है यहाँ, उसके लिए तुझे एहसानमन्द होना चाहिए। नहीं तो तेरी पिटाई मशाल से ही होगी और तू महल के बाहर कर दिया जाएगा।"

इस पर ओडिसियस ने उसे रोष से देखते हुए कहा : "भली औरत, यह बता कि तू क्यों इतनी क्रुद्ध होकर मुझ पर पिल पड़ी है? क्या इसलिए कि मैं गन्दा हूँ, मेरे शरीर पर कपड़े फटे-पुराने हैं और ज़रूरत के मारे सारे इलाक़े में भीख माँगता फिरता हूँ? भिखारियों और आवारागर्द लोगों का तो यही तरीक़ा होता है। मेरा भी कभी अपना मकान था जनसंकुल क्षेत्र में, एक धनी व्यक्ति का ऐश्वर्यशाली भवन। उन दिनों मेरे यहाँ जो कोई जिस किसी ज़रूरत से घूमता-भटकता आ जाता, उसे मैं हमेशा कुछ न कुछ दे ही देता था। मेरे पास अनगिनत दास और बाक़ी वे सब चीज़ें काफ़ी थीं जिन्हें पाकर लोग अच्छे ढंग से रहते और धनी के रूप में यशस्वी होते हैं। लेकिन क्रॉनस-तनय ज़्यूस ने मुझे बरबाद कर दिया। अवश्य उसकी यही इच्छा थी। इसलिए, ऐ औरत, तू ख़बरदार हो जा, वरना चमक-दमक से भरी जिन सारी चीज़ों को पाकर तू अभी दासियों के बीच सबसे अच्छी बनी बैठी है उनसे एक दिन तुझे कहीं हाथ न धोना पड़े। बहुत मुमकिन है, तेरी मालकिन चिढ़कर तेरे ऊपर गुस्सा हो जाए या ओडिसियस ही घर लौट आए, क्योंकि ऐसी आशा तो अब भी बनी हुई है। अगर वह नष्ट भी हो गया हो और अब कभी न लौटे, जैसा कि तू मान चुकी है तो भी अपोलो की कृपा से उसके ही समान उसका बेटा टेलेमेकस है, जिसकी नज़र से महल की औरतों में से किसी के द्वारा की गई कोई भी उच्छृंखलता बच नहीं सकती, इसलिए कि अब वह उस उम्र का नहीं है कि ऐसी चीज़ें लक्षित न कर पाए।"

वह यही बोला जिसे सुनकर पिनेलपी ने उस परिचारिका को डाँटा और कहा :

"अरी उद्दंड और बेशर्म औरत, यह जान ले कि तेरी भारी बदचलनी मुझसे छिपी नहीं है और यह तेरे सिर ज़रूर आ पड़ेगी! मेरे मुँह से यह सुन लेने की वजह से तू अच्छी तरह जानती थी कि मैं अपने पति को लेकर गहरी पीड़ा के कारण इस अभ्यागत को यहाँ महल में बुलाकर उससे उसके बारे में पूछना चाहती थी।"

इसके साथ ही वह भंडारपालिका यूरीनोमी से भी बोली : "यूरीनोमी, ऊर्णावरण डालकर एक कुर्सी यहाँ ले आ ताकि यह अभ्यागत उस पर बैठकर मुझसे बात कर सके और मेरी सुन सके। मैं उससे सारा हाल जानना चाहती हूँ।"

उसके ऐसा कहते ही यूरीनोमी झट एक चमचमाती कुर्सी ले आई और उस पर ऊर्णावरण डाल दिया। तब धीर-वीर ओडिसियस वहाँ बैठ गया। सतर्क पिनेलपी ही पहले बोली :

"अभ्यागत, तुमसे मैं पहले यही पूछूँगी कि तुम कौन हो और कहाँ से आए हो? तुम्हारा नगर कहाँ है और तुम्हारे जननी-जनक कौन हैं?"

इस पर परम विचक्षण ओडिसियस ने उसे उत्तर दिया : "रानी, इस विशाल संसार में एक भी मर्त्य ऐसा नहीं होगा जो तुममें कोई दोष पा सके। इसलिए देखो, तुम्हारा यश विस्तीर्ण नभ में उस निष्कलंक राजा के यश के समान फैल रहा है जो देवभीरु है और जो जनसंकुल शक्तिशाली राज्य पर न्यायपूर्वक शासन करता है। उसके सुखद नेतृत्व में काली मिट्टी जौ-गेहूँ पैदा करती है, वृक्ष फलों से लदे होते हैं, मेषियाँ निश्चित रूप से बच्चे देती हैं और सागर भरपूर मछलियाँ देता है। प्रजा उसके मातहत फलती-फूलती है। अतः अभी अपने सौध में मुझसे इन सब चीज़ों के बारे में पूछो। मगर मेरे वंश और जन्मभूमि के सम्बन्ध में कुछ मत पूछो। नहीं तो मेरे हृदय को तुम अधिकाधिक पीड़ा से भर दोगी। मैं अनेक तरह से दुखी एवं विकल व्यक्ति हूँ। दूसरी बात यह भी कि पराये घर में बैठकर मेरा रोना-धोना उचित नहीं होगा। अनवरत शोक करना सदैव अनिष्टकर होता है। मुझे भय है कि तुम्हारी कोई दासी या स्वयं तुम्हीं मुझसे खीजकर कहीं यह न कह दे कि मदोन्मत्त होने की वजह से ही मैं आँसू बहा रहा हूँ।"

तब बुद्धिमती पिनेलपी ने उसे उत्तर दिया : "अभ्यागत, रूपाकृति में मेरी श्रेष्ठता तो देवताओं ने उसी दिन नष्ट कर दी जिस दिन यवन इलियस रवाना हुए और उनके संग मेरा पति ओडिसियस चला गया। यदि वह लौट आता और मेरे इस जीवन की देखभाल करने लगता, तब मेरी ख्याति और बढ़ जाती और वह उत्कृष्टतर होती। लेकिन अभी मैं कष्ट में हूँ; किसी देवता ने मेरे ऊपर अनेक दुख ला छोड़े हैं। जितने भी सामन्त जिनका शासन ड्यूलिकियम तथा सामी और वृक्षों से भरे जेकिन्थस नामक द्वीपों पर है और वे भी जो निर्मल आकाश इथाका के इर्दगिर्द रहते हैं, ये सब मेरी इच्छा के विपरीत मुझसे प्रणयनिवेदन करते और मेरा घर बरबाद करते हैं। इसलिए न तो अभ्यागतों और भिखारियों और न ही जनकार्य से आए सन्देशवाहकों तक पर कोई ध्यान दे पाती हूँ। मैं केवल ओडिसियस के लौट आने की उत्कट लालसा में अपना हृदय गलाती जाती हूँ। इस बीच ये प्रणययाचक मेरे शीघ्र विवाह के लिए दबाव डालते हैं और मैं वंचना का सूत बुनती हूँ। सबसे पहले मेरे मन में एक देवता ने यह विचार दिया कि मैं अपने कमरे में एक कारचोब पर बारीक बानों का ख़ूब विशाल कपड़ा डालकर उस पर गुलकारी करने लगूँ। मैं प्रणययाचकों से सीधे बोली : 'ओ मेरे युवा प्रणयप्रार्थियों, चूँकि राजा ओडिसियस का अब अन्त हो चुका है, इसलिए

तुम लोग मुझसे विवाह कर लेने को आतुर हो। लेकिन जब तक मैं यह कफ़न बुनकर तैयार नहीं कर लेती, तब तक तुम लोग धैर्य से प्रतीक्षा करो। मैं नहीं चाहती कि इसके धागे यूँ ही नष्ट हो जाएँ। यह वृद्धनायक लेयरटीज़ का कफ़न है जिसे मैं उस दिन के लिए तैयार कर रही हूँ जब वह नाशकारी मृत्यु द्वारा धराशायी कर दिया जाएगा, मृत्यु जो अन्त में सबको धराशायी कर देती है। इस तरह इस देश की कोई यवन औरत मुझे यह कहकर दोष नहीं देगी कि जिस पुरुष के पास इतनी दौलत थी, वह बिना किसी कफ़न के दफ़न कर दिया गया।'

"मैंने यही कहा और इसे उनके गर्वीले मन ने मान लिया। इस तरह दिन में मैं वह विशाल वस्त्र बुनती और रात में मशाल की रोशनी में उसे खोल देती। तीन वर्षों तक इस चीज़ को चतुराई से छुपाए रख यवनों को छलती रही। लेकिन जब दिन पूरे होकर मास और मास क्षीण होकर ऋतुओं में बदलते गए और इस तरह चौथा साल शुरू हो गया, तब ऐसा हुआ कि निर्लज्ज एवं लापरवाह दासियों की मदद से प्रणययाचकों ने औचक आकर मुझे पकड़ लिया और ज़ोर-ज़ोर से डाँटा-धमकाया। तब मुझे अपनी इच्छा के विरुद्ध ज़बरदस्ती वह कपड़ा पूरा करना पड़ा। अब स्थिति ऐसी है कि न तो मैं विवाह से बच सकती हूँ और न कोई दूसरी युक्ति ही सोच पाती हूँ। मेरे माँ-बाप भी मुझे शादी के लिए दबा रहे हैं और मेरा बेटा प्रणयप्रार्थियों द्वारा उसकी सम्पत्ति भकोसे जाने के कारण खीजा हुआ है, क्योंकि अब वह इन चीज़ों पर ध्यान देने लगा है। अब वह बालिग़ हो चुका है और ऐसे किसी घर की देखभाल करने में पूरा समर्थ है जिसे ज़्यूस प्रतिष्ठा देने की कृपा करता है। ख़ैर, जो भी हो, मगर तुम उस वंश का परिचय दो जिसमें तुम पैदा हुए हो, क्योंकि ऐसा हो ही नहीं सकता कि तुम ओक अथवा पत्थर से उत्पन्न हुए हो, जैसा कि पुरानी कहानियों में वर्णित है।"

तत्पश्चात अनेकविध चतुर ओडिसियस ने उसे उत्तर दिया : "ओ लेयरटीज़-तनय ओडिसियस की सम्मानिता पत्नी, क्या तुम मेरे वंश के बारे में पूछने से बाज़ नहीं आओगी? अच्छा तो मैं तुम्हें बता ही देता हूँ, यद्यपि मुझे अभी जितनी पीड़ा है, तुम मुझे इससे कहीं अधिक पीड़ा में अवश्य डाल दोगी। मेरे समान हर उस व्यक्ति के साथ ऐसा ही होता है जो लम्बी अवधि तक अपने देश से दूर मनुष्यों के बहुत सारे नगरों में घोर कष्ट पाता हुआ भटकता फिरता है। फिर भी मैं वह सब बताऊँगा जो तुम पूछती और जानना चाहती हो। मदिरघन समुद्र में क्रीट नाम का एक सुन्दर और ऐश्वर्यशाली देश है जो चारों ओर से पानी से घिरा हुआ है। वहाँ नब्बे नगर हैं और असंख्य लोग रहते हैं। लेकिन वे सब एक नहीं बल्कि विभिन्न भाषाएँ बोलते हैं। वहाँ यवन निवास करते हैं और निवास करते हैं क्रीट के मूल निवासी वीर क्रीटन, सिडोनियन, तीन क़बीलों में बँटे डोरियन तथा प्रतापी पेलैज़गियन। वहाँ के नगरों में

एक नगर है क्नोसस। मायनॉस नौ वर्ष की अवस्था में ही वहाँ का शासक बन गया। वह परम प्रतापी ज़्यूस के साथ विचार-विमर्श किया करता था। वही मेरे पिता वीर ड्यूकेलियन का पिता था। ड्यूकेलियन के मैं और राजा ईडोमेनियस दो पुत्र हुए। ईडोमेनियस अपने चंचुदार पोतों से ऐट्रियस के बेटों के साथ इलियस चला गया। मैं ईथौन के नाम से जाना जाता हूँ और दोनों में छोटा हूँ। ईडोमेनियस पहले पैदा हुआ और श्रेष्ठतर भी था मुझसे। वहीं मेरी भेंट ओडिसियस से हुई थी और मैंने उसे अतिथि-उपहार दिए थे। वह इलियस जा रहा था किन्तु हवा के ज़ोर के कारण मैलीया के आगे अपने रास्ते से भटक गया और क्रीट आ पहुँचा। इस तरह उसने अपने जहाज़ एमनीसस के बन्दरगाह में लगा दिए जिसके समीप एलीथिया की गुफा है। उस बन्दरगाह में प्रवेश करना कठिन होता है, तो भी वह तूफ़ान से किसी तरह बच गया। वह तुरन्त नगर आ गया और ईडोमेनियस से मिलने की इच्छा प्रकट की। उसने कहा कि वह उसका प्रिय और सम्मानित मित्र है। लेकिन ईडोमेनियस तो दस या ग्यारह दिन पहले ही चंचुदार पोतों से इलियस रवाना हो चुका था। तब मैं उसे अपने महल ले गया और वहाँ के परिपूर्ण भंडार से सामान लेकर उसका प्रेम और उदारता से स्वागत-सत्कार किया। इसके अतिरिक्त उसके साथ जा रहे लोगों को मैंने लोकभंडार से जौ का आटा और आबदार सुरा तथा बलि चढ़ाने को साँड़ दिए ताकि वे पूरी तरह परितृप्त हो जाएँ। उत्तर से उठी आँधी के चलते उन प्रतापी यवनों को वहाँ बारह दिनों तक रुकना पड़ा। निस्सन्देह किसी क्रुद्ध देवता ने वह आँधी ला दी थी और वह इतनी ज़ोरदार थी कि वे तट पर खड़े तक नहीं हो सकते थे। तेरहवें दिन जब तूफ़ान शान्त हुआ, तब कहीं जाकर वे लंगर उठा पाए।''

इस भाँति उसने सच लगनेवाली अनेक झूठी कहानियाँ सुना दीं जिन्हें सुनकर पिनेलपी रोने लगी और उसका चेहरा पिघल उठा (अर्थात भीग गया)। जिस तरह पश्चिम पवन द्वारा बिखेर और पूर्व पवन द्वारा गला दिए जाने पर पर्वत की ऊँचाइयों पर बर्फ़ पिघल जाती है और उसके पिघलने से नदियों की धाराएँ उफना उठती हैं, उसी तरह अपने पति के लिए शोकाकुल होकर रोने से उसके सुन्दर कपोल पिघल उठे। हालाँकि वास्तविकता यह थी कि उसका स्वामी उस घड़ी उसके समीप ही बैठा था। पत्नी को विलपते देख ओडिसियस का हृदय भर आया, परन्तु पलकों के बीच उसने अपनी आँखें स्थिर रखीं मानो वे सींग या लोहा हों और बड़ी सावधानी से अपने आँसू छुपा लिए। जब पिनेलपी जीभर अश्रुपात व रोदन कर चुकी, तब उत्तर में उससे बोली :

''अतिथि, तुम मित्र ही हो तो भी मैं तुम्हारी परीक्षा लेना और यह जानना चाहती हूँ कि क्या तुमने अपने महल में मेरे पति और उसके देवतुल्य साथियों का सचमुच स्वागत-सत्कार किया था, जैसा कि तुम्हारा कहना है? मुझे बताओ कि वह

अपने शरीर पर कैसे वस्त्र पहने हुए था और स्वयं किस तरह का व्यक्ति था? उसके संग गए लोगों के बारे में मुझे बताओ।''

इस पर ओडिसियस का उसे यही उत्तर था : ''रानी, बात ऐसी है कि वह क़रीब बीस साल पहले मेरे मुल्क पहुँचा और वहाँ से रुख़सत हुआ था। इतने लम्बे समय तक अलग रहने के कारण किसी के लिए यह सब याद रखना मुश्किल है। तो भी तुम्हें उसके बारे में स्मृति-चित्र के आधार पर कुछ बताता हूँ। वीर ओडिसियस बैंगनी रंग का दो तहोंवाला मोटा चोगा पहने हुए था जिसमें दो कोषों के साथ सोने का बकसुआ लगा था और उस बकसुए पर एक विचित्र तस्वीर बनी थी : एक शिकारी कुत्ता अपने अगले पंजों में एक चितकबरा हिरनौटा लिए हुए था और उस छटपटाते हुए हिरनौटे पर आँख गड़ाए हुए था। सभी लोग उस कलाकारी पर आश्चर्य करने लगे कि सोने का बना होने पर भी वह कुत्ता किस तरह मृगशावक पर आँख गड़ाए और उसका गला दबोचे हुए था और हिरनौटा किस तरह दर्द से पैर ऐंठ रहा था और भागने की कोशिश कर रहा था। इतना ही नहीं, मैंने ओडिसियस के बदन पर अँगरखा भी देखा था। उसमें वही चमक थी जो चमक सूखे प्याज के छिलके में होती है और चिकना भी वह उतना ही था। कान्ति उसकी सूर्य के समान थी। उसे बहुत औरतों ने देखा और सचमुच अचम्भा किया था। एक बात और कहूँगा जिस पर तुम विचार करो। मैं कह नहीं सकता कि ओडिसियस यह सब घर से ही पहनकर आया था या उसके किसी साथी ने जलयान पर सवार हो जाने के बाद उसे दिया था अथवा संयोगवश किसी अतिथि-मित्र ने दिया था, क्योंकि प्यारा वह बहुतों का था। यवनों में एकदम थोड़े ही ऐसे थे जो उसकी बराबरी कर सकते थे। मैंने भी उसे एक कांस्य तलवार, दो तहोंवाला बैंगनी रंग का एक चोगा और एक झालरदार अँगरखा दिया था और पूरे सम्मान के साथ कगरयुक्त पोत पर रुख़सत किया था। यही नहीं, उसके साथ एक सहचर सामन्त भी था जो उम्र में उससे थोड़ा बड़ा था। उसके बारे में भी तुम्हें बता देता हूँ। उसके कन्धे आगे की ओर झुके हुए, उसकी त्वचा का रंग श्यामल और उसके बाल घुँघराले थे। नाम उसका यूरिबेटीज़ था। ओडिसियस अपने साथियों में सबसे अधिक सम्मान उसका ही करता था क्योंकि सारी बातों में दोनों के विचार मिलते थे।''

उसने ऐसा कहकर पिनेलपी के मन में रोने की इच्छा और भी आलोड़ित कर दी, क्योंकि उसके द्वारा दिए गए अचूक प्रमाणों से वह ख़ूब परिचित थी। जीभर रो-धो लेने के बाद वह उससे बोली :

''ओ अभ्यागत, अब तक तुम दया के ही पात्र थे परन्तु अब से तुम इस महल में मेरे मित्र के रूप में जाने जाओगे, सम्मानित मित्र के रूप में, क्योंकि, जैसा कि तुम कहते हो, मैंने ही उसे वे वस्त्र अपने भंडारगृह से लाकर दिए थे और उनकी

तहें मैंने स्वयं लगाई थीं। उसके चोगे पर वह चमचमाता बकसुआ मैंने ही लगा दिया था ताकि उसकी शोभा बढ़ जाए। लेकिन मेरा पति अपने प्रिय वतन कभी नहीं लौटेगा कि मैं उसका स्वागत कर पाऊँगी। किसी अशुभ घड़ी में ही वह अवतली पोत पर सवार होकर चल दिया था उस अनिष्टकारी इलियस के लिए, जिसका मैं कभी नाम तक नही लेना चाहती।"

तब ओडिसियस ने उसे उत्तर दिया : "ओ लेयरटीज़-तनय ओडिसियस की सम्मानिता पत्नी, स्वामी के लिए रो-रोकर तुम अपना सुन्दर मुखड़ा अब और मत बिगाड़ो और न अपना मन ही ख़राब करो। यह मत समझो कि मैं इसे तुम्हारा कोई दोष मानता हूँ। कोई भी औरत अपने विवाहित पति के मर जाने पर, जिसके लिए उसने प्रेमवश बच्चे जने हैं, रोती-पीटती है, भले ही वह ओडिसियस के मुक़ाबले का पुरुष एकदम न हो। ओडिसियस के बारे में तो कहा जाता है कि वह देवताओं के समान था। बल्कि रोना बन्द करके तुम मेरी बात ध्यान से सुनो। मैं तुम्हें बिलकुल सच्ची बात बताऊँगा और कुछ भी नहीं छुपाऊँगा। हाल ही में सुना है कि वह जीवित है और घर वापस आ रहा है। वह नज़दीक ही थेस्प्रोटियनों के धनी मुल्क में है और अपने साथ बहुत सारे बहुमूल्य सामान, जिन्हें उसने समूचे प्रदेश से माँग-माँगकर जमा किया है, ले आ रहा है। लेकिन थ्रिनेसिया से आते समय वह अपने अवतली पोत एवं प्रिय साथियों को मदिरघन समुद्र में खो चुका है। उस पर ज़्यूस और सूर्यदेव हीलियस के कुपित हो जाने से ही ऐसा हुआ, क्योंकि उसके साथियों ने हीलियस के मवेशियों का वध कर दिया था। अतः वे सब उफनते सागर में नष्ट हो गए परन्तु उसने जहाज़ के पेंदे की शहतीर पकड़ ली और लहरों ने उसे फेयेशियनों की भूमि पर डाल दिया। फेयेशियन अपने को देवताओं का सम्बन्धी मानते हैं। उन्होंने उसका हृदय से स्वागत-सत्कार किया मानो वह कोई देवता हो और उसे अनेक उपहार दिए। उसको उन्होंने सकुशल घर पहुँचा देना चाहा और इस तरह वह यहाँ बहुत पहले आ गया होता मगर उसने विस्तृत धरती पर घूम-घूमकर और भी दौलत जमा कर लेना अधिक लाभकारी समझा। इस तरह ओडिसियस अनेकानेक उपयोगी उपायों के ज्ञान में नश्वर मनुष्यों के बीच सचमुच सर्वोपरि है और कोई भी व्यक्ति इसमें उसका मुक़ाबला नहीं कर सकता। मुझे थेस्प्रोटियनों के राजा फिडौन ने ऐसा ही कहा था। इतना ही नहीं, उसने मेरी उपस्थिति में महल में मद्यार्घ्य अर्पित करते समय कहा था कि जहाज़ समुद्र में उतार दिया गया है और उसके पोतवाह ओडिसियस को उसके प्रिय वतन ले जाने को प्रस्तुत हो चुके हैं। लेकिन फिडौन ने ओडिसियस के पहले मुझे भेज दिया, क्योंकि संयोग से उस समय थेस्प्रोटियनों का एक जलयान अन्नधनी ड्यूलिकियम के लिए खुल रहा था। उसने मुझे वह सारा धन दिखाया

जो ओडिसियस इकट्ठा कर चुका था। वह राजा के महल में इतनी अधिक मूल्यवान सम्पत्ति जमा किए हुए था कि वह उसकी सच में दस पीढ़ियों तक की सन्तति को खिलाने के लिए पर्याप्त होती। उसने बताया कि ओडिसियस डोडोना गया हुआ है, पर्णयुक्त ऊँचे दैवी ओकवृक्ष से ज़्यूस की मंशा जानने कि इतने लम्बे समय तक बाहर रहने के बाद वह अपने मुल्क कैसे लौटे, खुले तौर पर या चोरी-छिपे?

''इस प्रकार, जैसा कि मैं तुम्हें कहता हूँ, वह सुरक्षित है और जल्द आ पहुँचेगा। वह बहुत नज़दीक है और अपने बन्धु-बान्धवों एवं अपने देश से बहुत देर तक दूर नहीं रहेगा। बल्कि मैं तो इस सम्बन्ध में तुम्हें शपथपूर्वक कहूँगा। सर्वप्रथम देवताओं में सर्वोच्च और सर्वश्रेष्ठ ज़्यूस और वीर ओडिसियस का अग्निस्थान जहाँ मैं आया हूँ, दोनों साक्षी होंगे कि मैं तुमसे जो कहूँगा वह अवश्य घटित होगा। पुराने चन्द्रमा के क्षीण और नए चन्द्रमा के उदित होते-होते इसी साल ओडिसियस यहाँ अवश्य आ जाएगा।''

इस पर पिनेलपी उससे बोली : ''आह अभ्यागत, क्या ही अच्छा होता यदि तुम्हारा यह कथन सत्य सिद्ध हो जाता! तब मेरी उदारता का तुम्हें तुरन्त पता लग जाता और तुम मेरे हाथ से अनेकानेक उपहार पा जाते ताकि कोई भी व्यक्ति मिलने पर तुम्हें धन्य कह उठता। लेकिन भविष्य के बारे में मेरा दिल जो कहता है, वह यही है और यह होकर रहेगा, कि ओडिसियस लौटकर अब कभी घर नहीं आएगा और न यहाँ से तुम्हें मार्गरक्षण ही प्राप्त होगा, क्योंकि इस घर में अब ओडिसियस के समान मालिक नहीं है। उसका कभी होना जितना निश्चित है, उतना ही निश्चित यह भी है कि पूज्य अतिथियों का स्वागत करनेवाला और उन्हें घर वापस पहुँचा देनेवाला उसके जैसा व्यक्ति सारे मनुष्यों में दूसरा कोई नहीं था। मगर अब, ओ परिचारिकाओ, इस व्यक्ति के पैर धोकर इसके लिए खाट लगा दो–बिछावन, चादर और चमकदार कम्बल–ताकि वह कनकासना उषा के आने तक गरमाकर आराम से सो सके। तड़के इसे स्नान कराकर तैलाभ्यंजित कर देना जिससे कि वह कक्ष में टेलेमेकस के बग़ल में आसन ग्रहण कर महल में भोजन का सुख ले पाए। जो कोई प्रणययाचक इस अतिथि को तंग करेगा या तकलीफ़ देगा, उसके लिए ऐसा करना बड़ा बुरा होगा और वह चाहे कितना ही रंज क्यों न हो, उसे तब यहाँ कोई लाभ नहीं मिलेगा। ओ अभ्यागत, यदि तुम इस बेतरतीब और घटिया वस्त्र पहनकर मेरे महल में बैठकर खाना खाओगे, तो तुम मेरे बारे में कैसे जान पाओगे कि बुद्धिचातुर्य और लाभकारी युक्तियाँ सोच निकालने में मैं सभी औरतों को मात देती हूँ? मनुष्य अल्पजीवी होता है और यदि कोई आदमी कर्मणा कठोर है और मनसा भी कठोर है, तब उसके जीते जी ही सारे लोग विनती करते

हैं कि उसे कोई अनिष्ट हो जाए और उसके मर जाने पर उसकी निन्दा करते हैं। लेकिन अगर कोई व्यक्ति मन से दयालु है और कर्म से भी दयालु है, तब उसे अभ्यागतगण उसका सुयश सम्पूर्ण पृथ्वी पर सर्वत्र फैला देते और बहुत सारे लोग उसे उदारमना कहने लगते हैं।''

उसे उत्तर देते हुए ओडिसियस बोला : ''ओ लेयरटीज़-तनय ओडिसियस की सम्मानिता पत्नी, ये चादर और कम्बल मेरे लिए उसी दिन घृणास्पद हो उठे हैं, जिस दिन मैं क्रीट के हिममंडित पर्वतों को पहले-पहल पीछे छोड़ लम्बे चप्पुओंवाले जहाज़ से समुद्र-यात्रा पर निकल पड़ा था। बल्कि मैं अभी उसी तरह लेटूँगा जिस तरह पहले सारी रात जागते हुए ही लेटा करता था। अनेक रातें मैं ग़लीज़ बिछावन पर पड़े-पड़े प्रभापूर्ण सिंहासनवाली उषा की प्रतीक्षा में काट चुका हूँ। पैर धुलाने में मुझे अब कोई आनन्द नहीं मिलता। इसलिए इस महल में काम करनेवाली औरतों में से कोई भी मेरे पैरों का स्पर्श नहीं करेगी। हाँ, अगर संयोग से यहाँ कोई ऐसी विश्वस्त बूढ़ी परिचारिका है जो मेरे ही समान दुख उठा चुकी है, तो वह मेरे पाँव छू सकती है। मुझे कोई एतराज़ नहीं होगा।''

तब पिनेलपी ने उसे जवाब दिया : ''प्रिय अभ्यागत, मेरे घर अतिथि तो बहुत आए हैं, दूर-दूर से। किन्तु तुम्हारे समान विवेकशील एवं स्वागत योग्य अतिथि अब तक एक भी नहीं आया है, क्योंकि तुम उचित और न्याययुक्त वचन बोलते हो। मेरे यहाँ एक समझदार बूढ़ी औरत है। उसने मेरे भाग्यहीन पति को उसी दिन से मनोयोगपूर्वक पाला-पोसा था जिस दिन उसकी माँ ने उसे जन्म दिया था और उस औरत ने उसे अपने हाथों में ले लिया था। उम्र के चलते वह कमज़ोर ज़रूर हो गई है, तो भी वही तुम्हारे पैर पखार देगी। देखो यूरीक्लिया, अब तुम उठकर इस व्यक्ति के पैर धो दो। यह तुम्हारे मालिक की ही उम्र का है और संयोग से इसके पैर और हाथ भी वैसे ही हैं जैसे ओडिसियस के अब तक हो गए होंगे, क्योंकि दुख से लोग असमय वृद्ध हो जाते हैं।''

उसने ऐसा कहा जिस पर उस वृद्धा के गर्म आँसू ढरक पड़े। हाथों से अपना चेहरा ढँककर वह बिलख पड़ी :

''हाय मेरे बच्चे! मैं अभी तुम्हारी सेवा कर पाने में कितनी असमर्थ हूँ। ज़्यूस मनुष्यों में सबसे अधिक घृणा निश्चित रूप से तुमसे ही करता था यद्यपि तुम दैवभीरु थे। इस विनती के साथ कि तुम स्निग्ध वृद्धावस्था तक पहुँच सको और अपने बेटे को पाल-पोसकर प्रतापी पुरुष के तौर पर बड़ा कर सको, तुमने वज्रधर ज़्यूस को चरबीदार जाँघों के जितने टुकड़े होम किए थे, उतने कभी किसी मर्त्य ने नहीं किए थे और न किसी ने विधिवत उतनी उत्तम पवित्र बलियाँ ही अर्पित की थीं। लेकिन देखो कि उसने केवल तुम्हारी वापसी के दिन का आना पूर्णतः रोका है। मैं समझती हूँ कि जिस तरह यहाँ की ये सब निर्लज्ज औरतें तुम्हारा उपहास कर रही हैं, उसी

तरह जब वह दूरस्थ और अनजाने देश में किसी व्यक्ति के भव्य मकान पर पहुँचता होगा, तो वहाँ की औरतें भी उसका मज़ाक़ उड़ाती होंगी। उनके ही अपमानजनक व्यवहार एवं व्यंग्य से बचने की ख़ातिर तुम उनसे अपने पैर धुलवाने को तैयार नहीं हो। चूँकि मैं यह काम करने को इच्छुक हूँ, इसलिए आइकेरियस की समझदार बेटी पिनेलपी ने मुझे यह काम सौंप दिया है। अतः मैं पिनेलपी के निमित्त और तुम्हारे निमित्त तुम्हारे पाँव अवश्य पखार दूँगी। वैसे भी मेरा हृदय तुम्हारे प्रति करुणा से आलोड़ित हो उठा है। देखो, मैं अभी जो कहूँगी उसे तुम ध्यान से सुनो। इसके पहले पथश्रान्त अतिथि यहाँ बहुत आए हैं; लेकिन मेरा यही कहना है कि रूप, वाणी और पाँवों को लेकर तुम्हारे और ओडिसियस के बीच अद्भुत समानता है। उतनी समानता मैंने किसी दूसरे अभ्यागत में आज तक नहीं देखी है।''

इस पर ओडिसियस ने उसे कहा : ''वृद्धे! जो लोग हम दोनों को देख चुके हैं, वे सब यही कहते हैं कि हम दोनों में बेहद एकरूपता है और मुझे देखकर तुम भी यही कह रही हो।''

उसने ऐसा उत्तर दिया। तब वह वृद्धा चमचमाती कूँड़ी ले आई जिसका प्रयोग वह अतिथियों के पैर धोने के वास्ते किया करती थी। उसमें काफ़ी ठंडा पानी डालने के बाद उसने गर्म पानी मिला दिया। ओडिसियस अँगीठी के पास बैठा था। लेकिन उसने अचानक अपना मुँह घुमाकर अँधेरे की ओर कर लिया, क्योंकि तत्क्षण उसके मन में यह डर पैदा हो गया कि बुढ़िया हाथ लगाने पर उसके शरीर पर का एक ख़ास निशान कहीं पहचान न ले और इस तरह असलियत का कहीं ख़ुलासा न हो जाए। तो भी वह जैसे ही अपने मालिक के पाँव धोने लगी कि घाव के उस दाग़ को वह तत्क्षण पहचान गई। यह वही दाग़ था जो ओडिसियस को एक जंगली सूअर के सफ़ेद दाँत से बहुत पहले उस समय लगा था जब वह औटोलीकस और उसके बेटों से मिलने पारनेसस गया था। गरिमाशाली औटोलीकस उसका नाना था और चोरी करने तथा शपथ लेने की बारीकी में सारे लोगों को मात करता था। यह प्रवीणता उसे एक देवता यानी स्वयं हरमीज़ से इसलिए प्राप्त हुई थी कि हरमीज़ को वह मेषियों एवं बकरियों के बच्चों की मनपसन्द रानें बलि के रूप में होम किया करता था। यही कारण था कि वह उसका हमेशा सहर्ष साथ देता था। एक बार जब औटोलीकस उर्वर इथाका आया, तो उसे मालूम हुआ कि हाल ही उसे एक नाती हुआ है। जब वह रात का भोजन समाप्त कर रहा था, तो यूरीक्लिया उस बच्चे को उसकी गोद में रखकर बोली : ''औटोलीकस, तुम स्वयं अपने इस नाती का नामकरण कर दो। यह बहुत देवासेवा से उत्पन्न बालक है।''

उसे औटोलीकस ने उत्तर दिया : ''मेरे बेटी-दामाद, तुम दोनों इसे वही नाम दे दो जो मैं बताता हूँ। यह देखते हुए कि इस फलदायिनी धरती पर के बहुत सारे

नर-नारियों से रुष्ट होकर मैं यहाँ आया हूँ, इस बच्चे का नाम ओडिसियस अर्थात 'रोष का शिशु' ही रख दो। जब यह बढ़कर बालिग़ होगा और अपनी माँ के सगे-सम्बन्धियों के विख्यात घर जाएगा, जहाँ मेरी सम्पत्ति है, तब मैं इसे अपनी सम्पत्ति से ऐसे तोहफ़े देकर रुख़सत करूँगा कि यह ख़ुश हो जाएगा।''

यही कारण था कि समय आने पर ओडिसियस उन उत्कृष्ट उपहारों को लेने वहाँ गया औटोलीकस और उसके पुत्रों ने उसका हाथ थामकर मधुर शब्दों में स्वागत किया और उसकी नानी ऐम्फीथिया ने छाती से लगाकर उसका माथा और उसकी दोनों दीप्त आँखें चूम लीं। तब औटोलीकस ने अपने यशस्वी बेटों से भोजन तैयार करने को कहा और वे उसकी आज्ञानुसार तुरन्त पाँच वर्ष का एक साँड़ ले आए और उन्होंने उसे चटपट खलियाकर तैयार कर लिया। उसके सारे अंग काटकर अलग कर लेने के बाद उन्होंने होशियारी से उनके छोटे-छोटे टुकड़े कर लिए और उन टुकड़ों को सींखचों में डालकर सावधानी से भून लिया और सबके आगे परोस दिया। इस तरह वे सारे दिन सूरज के डूब जाने तक खाने-पीने का आनन्द लेते रहे और हर कोई पूरा-पूरा अंश पाकर परितृप्त हो गया, लेकिन सूर्यास्त हो जाने के बाद जब अँधेरा छा गया, तब वे विश्राम करने लेट गए और उन्हें निद्रा का वरदान मिल गया।

जैसे ही उषा का आगमन हुआ कि वे शिकार करने निकले; शिकारी कुत्ते एवं औटोलीकस के बेटे और उनके साथ पराक्रमी ओडिसियस भी हो लिया। इस भाँति वे पारनेसस के वनाच्छादित दुरारोह पर्वत पर चढ़ चले और शीघ्र ही वायुझकोरित घाटियों में पहुँच गए। ओकिएनस की मन्द गम्भीर धारा से निकल आए दिनकर की किरणें खेतों पर अभी-अभी पड़ने लगी थीं कि हँकवे वृक्षों से भरी एक तंग घाटी में पहुँच गए। शिकार सूँघते हुए कुत्ते उनके आगे-आगे दौड़ते जा रहे थे और कुत्तों के एकदम पीछे औटोलीकस के बेटे जा रहे थे जिनके बीच शौर्यशाली ओडिसियस एक लम्बा भाला घुमाता जा रहा था। वहीं एक विशाल जंगली वराह झाड़ियों के बीच बैठा था। वे झाड़ियाँ इतनी सघन थीं कि उनके अन्दर न तो कभी आर्द्र हवा के प्रबल झोंके जा पाते थे, न प्रचंड प्रभाकर की किरणें प्रवेश कर पाती थीं और न वर्षा का जल ही घुस पाता था। इतना घना था उस बनैले सूअर का निवास और उसके भीतर झड़े हुए पत्ते भी ख़ूब पड़े थे। जब उस सूअर को शिकार के लिए धँसते चले आ रहे मनुष्यों और कुत्तों की आवाज़ सुनाई पड़ी तो वह अपनी माँद से झट बाहर आ गया और आत्मरक्षा में उन पर वार करने के लिए सामने आकर खड़ा हो गया। उसकी पीठ के बाल खड़े हो गए थे और उसकी आँखों से आग की ज्वाला निकल रही थी। उसे मार डालने को व्यग्र ओडिसियस ही अपने बलवान हाथ में भाला ऊपर उठाकर उस पर सबसे पहले झपटा। लेकिन सूअर उससे अधिक फुरतीला निकला। उसने बग़ल से उसके घुटने के थोड़ा ऊपर आक्रमण करके अपने दाँत से मांस को फाड़कर लम्बा घाव कर दिया, किन्तु

दाँत उसकी हड्डी को नहीं छू पाया। तब ओडिसियस ने पक्का निशाना लेकर उसके दाहिने कन्धे पर वार किया और चमचमाते भाले की नोक साफ़ अन्दर चली गई। वह सूअर एक चीख़ के साथ धूल में गिर पड़ा और उसके प्राण निकल गए। तब औटोलीकस के प्यारे बेटों में से कुछ मृत सूअर को सँभालने में लग गए और बाक़ी ने ओडिसियस का घाव निपुणता से बाँधकर गाढ़े लाल रक्त का बहना टोने का मंत्र पढ़कर बन्द कर दिया और शीघ्र ही वे अपने पिता के घर लौट आए। उसके बाद जब औटोलीकस और उसके बेटे ओडिसियस को पूरी तरह चंगा कर चुके, तब उन्होंने उसे बड़े ही उत्कृष्ट उपहार देकर हँसी-ख़ुशी वापस उसके स्वदेश इथाका भेज दिया। उसे लौट आया देख उसके पिता और सम्मानिता माता को प्रसन्नता हुई और उन्होंने उससे सारा हालचाल और उस घाव के बारे में पूछा। उसने उन्हें सब वृत्तान्त सही-सही बता दिया कि जब वह पारनेसस के पहाड़ों में औटोलीकस के बेटों के साथ शिकार करने गया, तो कैसे एक बनैले सूअर ने अपने चमकीले दाँत से उसे घायल कर दिया।

ऐसा हुआ कि जब वह बूढ़ी धाय ओडिसियस की उस दाग़दार जाँघ पर हाथ घुमाने लगी तो उसने छूते ही उस दाग़ को पहचान लिया और पैर को औचक छोड़ दिया। पाँव कूँड़ी में गिर गया जिससे काँसे का वह बर्तन झनझनाता हुआ उलट गया और उसका सारा पानी छलककर सहन पर फैल गया। इस पर यूरीक्लिया का मन एक साथ ख़ुशी और पीड़ा की गिरफ़्त में आ गया, उसकी आँखों में आँसू भर आए और उसका कंठ अवरुद्ध हो गया। वह ओडिसियस की ठुड्डी छूकर बोली :

''तुम निस्सन्देह ओडिसियस हो, मेरे लाल! लेकिन तुम्हारे सारे बदन पर हाथ फेरने के बाद ही मैं पहचान पाई कि तुम्हीं मेरे मालिक हो।''

इतना बोलकर उसने पिनेलपी की ओर यह बताने के उद्देश्य से देखा कि उसके घर में यह जो व्यक्ति है, यही उसका पति है। चूँकि एथीनी ने पिनेलपी का ख़याल दूसरी चीज़ों की तरफ़ कर दिया था, इसलिए वह उससे आँख नहीं मिला पाई और न उस पर कोई ध्यान ही दे पाई। तभी ओडिसियस ने दाहिने हाथ से बुढ़िया का टेंटुआ पकड़कर दबा दिया और दूसरे हाथ से उसे अपनी ओर खींचकर आहिस्ते से बोला :

''माँ, क्या तू मुझे बरबाद कर देने पर तुली है? तूने ही तो अपनी छाती से लगाकर मेरा पालन-पोषण किया था और मैं बहुत दुख और क्लेश झेलकर बीसवें साल अभी-अभी स्वदेश लौटा हूँ। चूँकि मुझे तू पहचान गई है और देवता ने यह भेद तेरे ऊपर प्रकट कर दिया है, इसलिए तू एकदम चुप रह और हर हालत में महल के किसी दूसरे आदमी को यह चीज़ मालूम न होने पाए। अगर ऐसा नहीं हुआ तो मैं जो तुझसे कहता हूँ, वह घटित होकर रहेगा। तू हालाँकि मेरी धाय है, फिर भी यदि देवगण मेरे हाथों उद्धत प्रणयप्रार्थियों का पराभव करा देंगे तो मैं अपने महल की अन्य दासियों के साथ-साथ तेरी भी हत्या कर डालूँगा।''

इस पर बुद्धिमती यूरीक्लिया ने उत्तर दिया : ''मेरे बच्चे, तुम्हारे मुँह से यह कैसी बात निकली है? तुम जानते हो कि मेरा मन कितना दृढ़ और अटल है। मैं कठोर पत्थर या लोहे की भाँति अपनी ज़ुबान सख़्ती से बन्द रखूँगी। एक बात और सुन लो और इसे याद रखो। यदि देवगण तुम्हारे हाथों उद्धत प्रणयप्रार्थियों का पराभव करा देते हैं, तब मैं महल की औरतों के बारे में तुम्हें सब कुछ बता दूँगी कि उनमें से कौन तुम्हारे प्रति निष्ठाहीन और कौन निर्दोष है।''

तब नानाविध चतुर ओडिसियस ने उसे कहा : ''धन्ये, उनके बारे में तू क्यों बोलेगी? बोलने की कोई ज़रूरत नहीं है तुझे। मैं ख़ुद उनका अच्छी तरह निरीक्षण करूँगा और हर एक के बारे में जान लूँगा। बल्कि इन सब चीज़ों के बारे में अब तू कुछ मत कह और सारा मामला देवताओं पर छोड़ दे।''

उसने ऐसा कहा। तब वह बूढ़ी औरत उसके पैर के वास्ते पानी लाने कमरे के बाहर चली गई क्योंकि पहले का पानी गिर चुका था। इस प्रकार उसने ओडिसियस के पैर धोकर उसे जैतून के तेल से भली भाँति अभ्यंजित कर दिया। तदनन्तर ओडिसियस ने अपने को गर्म रखने के ख़याल से कुर्सी आग के और नज़दीक खींच ली और उस दाग़ को चीथड़े से ढँक लिया। तब पिनेलपी ही उससे पहले बोली :

''अभ्यागत, मैं तुमसे एक और बात पूछने की धृष्टता करूँगी, छोटी-सी बात क्योंकि अब विश्राम का समय हो रहा है यानी वैसे लोगों के लिए भी जो बुरी तरह चिन्ताग्रस्त होते हुए भी सोने का सुख उठा लेते हैं। लेकिन देवता ने तो मुझे इतना दुख दिया है जिसकी कोई सीमा नहीं है। मेरा जीवन शोक एवं अवसाद से भरा है। हालाँकि दिन तो मैं घर के काम-काज और दासियों के कार्य की निगरानी में काट लेती हूँ, मगर जब रात आती है और सारे लोग निद्रा के वशीभूत हो जाते हैं, तब मैं पलंग पर लेट जाती हूँ और मेरे व्याकुल मन को उग्र चिन्ताएँ चारों ओर से घेरकर और भी व्याकुल कर देती हैं। जिस तरह नव वसन्त में पैंडेरियस की बेटी ईडौन अर्थात हरित वन की भूरी बुलबुल वृक्षों के पत्रसमूह के बीच बैठकर मधुर कंठ से गाती और दर्दीले स्वर के अनेक लोच एवं उतार-चढ़ाव के साथ ईटिलस के निमित्त अपने हृदय का शोक व्यक्त करती है, राजा जीथस से उत्पन्न अपने उस लाड़ले बेटे ईटिलस के निमित्त जिसको उसने भूल से स्वयं अपने ही हाथों तलवार से मार दिया था,[1] उसकी ही स्वर लहरियों की तरह मेरा आकुल मन संशय से कभी इधर कभी उधर डोलता रहता है, कि क्या मैं पति की शय्या और लोकाभिमत का सम्मान करके

1. पैंडेरियस की बेटी ईडौन के एक ही सन्तान थी, बेटा ईटिलस। लेकिन ईडौन की निकट सम्बन्धी नायोबी सात बेटे और सात बेटियों की माँ थी। एक दिन ईर्ष्यावश क्रोध में आकर उसने नायोबी के सबसे बड़े बेटे को मार देना चाहा किन्तु भूल से वह अपने ही बेटे ईटिलस की हत्या कर बैठी। तब ज़्यूस ने ईडौन को भूरी बुलबुल में परिणत कर दिया ताकि वह अपने लाड़ले की खातिर दर्दीले स्वर में हमेशा के लिए गाती रहे।

अपने बेटे के साथ रह जाऊँ और अपनी सम्पदा, अपने गुलाम, अपने ऊँचे विशाल सौध, ये सारी चीज़ें सुरक्षित रख लूँ अथवा उस यवन के संग चली जाऊँ जो सर्वोत्तम हो और अकूत प्रणयोपहार देकर इस महल में मुझे राज़ी कर ले? आगे यह देखो कि जब तक मेरा बेटा छोटा और नासमझ था, तब तक उसने मुझे फिर से शादी करके पति का यह घर छोड़कर जाने नहीं दिया। लेकिन अब जबकि वह बढ़कर पूर्ण युवावस्था को प्राप्त हो गया है, तो मुझसे विनती करता है कि मैं यह महल छोड़कर चली जाऊँ, क्योंकि उसकी आँखों के सामने यवन जिस तरह उसकी सम्पत्ति का भक्षण कर रहे हैं, इससे वह परेशान है। ख़ैर, अब तुम मेरा एक स्वप्न सुन लो और इसकी व्याख्या कर दो। मेरे महल में बीस हंस हैं जो पानी से निकलकर गेहूँ खाते हैं। उन्हें देखकर मेरा मन ख़ुश हो जाता है। लेकिन सपने में मैंने देखा कि पहाड़ की ओर से एक वक्र चोंचवाला गरुड़ तेजी से आया और आकर उसने उन हंसों को उनकी गरदनें तोड़कर मार डाला। महल के प्रांगण में हंसों के ढेर पड़ गए और वह गरुड़ ऊपर उज्ज्वल नभ की ओर उड़ गया। यह देखकर मैं रोने-विलपने लगी, यद्यपि यह सब स्वप्न में हो रहा था। गरुड़ द्वारा हंसों को मार दिए जाने के कारण जब मैं बुरी तरह रोने लगी तो सुन्दर जूड़ोंवाली यवन महिलाएँ मेरे चारों तरफ़ जमा हो गईं। परन्तु वह गरुड़ लौट आया और बाहर निकली हुई छत की एक शहतीर पर बैठ गया। उसने मनुष्य की भाषा में बोलकर मेरा रोना बन्द कर दिया। वह बोला : 'ओ प्रसिद्ध आइकेरियस की बेटी, साहस रखो। यह कोई स्वप्न नहीं बल्कि उस बात का सच्चा आभास है जो तुम्हारे साथ घटित होकर रहेगी। ये हंस प्रणययाचक हैं और मैं जो पहले गरुड़ था अब पुनः घर लौट आया तुम्हारा पति हूँ और मैं सभी प्रणययाचकों को बेरहमी से मार डालूँगा।' उसके ऐसा बोलते ही मीठी नींद मुझे छोड़कर चली गई और जब मैंने नज़र घुमाकर चारों तरफ़ देखा, तो पाया कि वे हंस उसी कूँड़ पर गेहूँ के दाने चुग रहे हैं जहाँ वे हमेशा चुगते थे।''

इस पर ओडिसियस ने उसे जवाब दिया : ''रानी, किसी के लिए इस स्वप्न की कोई दूसरी व्याख्या कर पाना सम्भव नहीं है, क्योंकि स्वयं ओडिसियस ने तुम्हें कहा है कि वह इसे कैसे सच्चाई में परिणत करेगा। जहाँ तक प्रणयप्रार्थियों का प्रश्न है, तो उनके बारे में भविष्यवाणी स्पष्ट है कि उन सबों का संहार निश्चित है। उनमें से एक भी व्यक्ति मृत्यु और विनाश से नहीं बचेगा।''

तब पिनेलपी उससे बोली : ''अतिथि, स्वप्न सच में गूढ़ होते हैं और कठिन है उनकी सच्चाई जान पाना। उनकी सारी चीज़ें मनुष्यों के लिए सही उतरती भी नहीं हैं। असार सपनों के दो द्वार होते हैं—एक सींग का बना होता है, दूसरा गजदन्त का। जो सपने चीरे हुए गजदन्त के द्वार से निकलते हैं, वे लोगों को छलते हैं यानी उनमें देखी-सुनी वस्तुएँ पूरी नहीं होतीं। लेकिन मर्त्यों में से जो कोई चिकने सींग के द्वार

से आए हुए सपने देखता है, वे सपने सच सिद्ध होते हैं। किन्तु मुझे ऐसा लगता है कि मेरा वह विचित्र स्वप्न वहाँ यानी चिकने सींग के द्वार से नहीं आया था। अगर आया होता तब तो वह सचमुच मेरे और मेरे लड़के के लिए सुखदायी होता। मैं एक बात और कहूँगी जिसे तुम हृदयंगम कर लो। देखो, अब वह गर्हित सुबह आनेवाली है जब मैं ओडिसियस के घर से बिछुड़ जाऊँगी। शीघ्र ही मैं कुठारों की प्रतियोगिता आयोजित करने की घोषणा करूँगी। उन कुठारों को ओडिसियस महल के प्रांगण में एक पंक्ति में उसी तरह जमाता था जिस तरह जहाज़ बनाते समय टेकनियों को जमाते हैं, कुल बारह कुल्हाड़े, और उनसे दूर हटकर वह तीर इस तरह छोड़ता था कि तीर उन सबके बीच से होता हुआ निकल जाता था।[1] अब मैं प्रणययाचकों से इसी स्पर्धा में भाग लेने को कहूँगी। जो कोई अपने हाथों में ओडिसियस का यह धनुष लेकर इसकी प्रत्यंचा सबसे आसानी से चढ़ा देगा और उन बारह कुल्हाड़ों से होकर तीर छोड़ देगा, उसके ही संग मैं यह घर छोड़कर चली जाऊँगी, यही घर जहाँ परिणीता के रूप में मैं कभी आई थी, इतना सुन्दर और धनधान्य से परिपूर्ण घर, ऐसा घर जिसे स्वप्न में भी नहीं भुला पाऊँगी।''

इस पर ओडिसियस ने उसे उत्तर दिया : ''ओ लेयरटीज़-तनय ओडिसियस की सम्मानिता पत्नी, अपने महल में तुम इस प्रतियोगिता का आयोजन करने में अब तनिक विलम्ब मत करो और मुझसे यह जान लो कि ये लोग जब तक इस चमचमाते धनुष को चढ़ाएँगे और कुल्हाड़ों के माथों से तीर पार कर पाएँगे, उसके पहले बहुविध विचक्षण ओडिसियस यहाँ आ धमकेगा।''

तदपुरान्त पिनेलपी ने उसे जवाब दिया : ''अभ्यागत, अगर तुम मेरे संग महल में बैठकर मुझे अब भी सांत्वना देना चाहोगे, तो मेरी पलकों पर नींद नहीं उतरेगी। लेकिन मनुष्य कभी सोए ही नहीं, ऐसा एकदम सम्भव नहीं है। इस अन्नदायिनी धरा पर मर्त्यों के निमित्त अमरों ने हर वस्तु का एक समय निश्चित कर दिया है। जो हो, मगर अब मैं ऊपरी मंज़िल-स्थित अपने कक्ष में चली जाऊँगी और अपनी उसी शय्या पर पड़ रहूँगी जो मेरे लिए उस दिन से ही विलाप की शय्या बन चुकी है और मेरे अश्रुजल से सदा भीगी रहती है जिस दिन ओडिसियस रवाना हो गया था उस अनिष्टकारी इलियस के लिए जिसका मैं कभी नाम तक नहीं लेना चाहती। मैं तो

---

1. ऐसा समझा जाता है कि प्रांगण के कच्चे फ़र्श पर मिट्टी खोदकर बारह कुल्हाड़े एक क़तार से जमा दिए जाते थे। वे उसी तरह दिखते थे जिस तरह जहाज़ बनाते समय खड़ी की गई टेकनियाँ दिखती हैं जिन पर जहाज़ के पेटे की शहतीर रखी जाती है। कुठारों के माथे धातु के बने होते थे और प्रत्येक माथे में छेद छोड़ दिया जाता था। इस तरह के कुठार मायसीनी से मिले हैं। निपुण तीरंदाज तीर इस तरह चलाता था कि वह तीर एक पंक्ति में लगे कुल्हाड़ों के छेदों से होकर निकल जाता था।

वहीं लेट जाऊँगी, किन्तु तुम इस महल में कहीं भी जाकर सो जाओ। या तो तुम स्वयं फ़र्श पर कोई बिछौना डाल लो या नौकरानियाँ ही तुम्हारे लिए डाल दें।"

यह कहकर पिनेलपी अपने चमचमाते ऊपरी कक्ष में चली गईं। वह अकेली नहीं गई। उसके साथ उसकी परिचारिकाएँ भी चली गईं। जब वह परिचारिकाओं के संग ऊपरी कक्ष में पहुँच गई, तब वह अपने प्रिय पति ओडिसियस के लिए विलाप करने लगी और तब तक करती रही जब तक एथीनी ने उसकी पलकों पर मधुर निद्रा नहीं डाल दी।

ओडिसियस का अपमान

उधर ओडिसियस सोने के लिए महल के द्वारमंडप में जाकर लेट गया। उसने ज़मीन पर साँड़ की कच्ची खाल बिछा दी और उसके ऊपर अनेक चमड़े उन भेड़ों के डाल दिए जिन्हें मारकर प्रणययाचक खा जाने के आदी थे। जब वह लेट गया, तो यूरीनोमी ने उसे एक चादर ओढ़ा दी। वहाँ लेटे-लेटे ओडिसियस प्रणयप्रार्थियों का अनिष्ट कैसे किया जाए, इसके बारे में विचार करने लगा। इससे उसे नींद नहीं आई। उसी बीच महल के ज़नानख़ाने से वे औरतें, जो कुछ दिनों से प्रणययाचकों के साथ सोने लगी थीं, आपस में हँसी-मज़ाक करती बाहर आने लगीं। इस पर ओडिसियस का हृदय क्षुब्ध हो उठा और वह अपने मन में इस बात पर विचार करने लगा कि क्या वह झपटकर उनमें से एक-एक को मार डाले अथवा उन्हें उद्धत प्रणयप्रार्थियों के संग अन्तिम बार सो लेने दे? क्रोध से वह मन ही मन गुर्राने लगा। जब कोई कुतिया किसी अनजान आदमी को देखती है, तो वह अपने बच्चों को छिपाकर गुर्राती हुई खड़ी हो जाती है और उस आदमी पर झपटने को आतुर हो उठती है, उसी तरह ओडिसियस का अन्तर्मन उनके कुकर्मों पर क्रुद्ध होकर गुर्रा उठा। लेकिन उसने छाती ठोंकते हुए अपने आपको दुतकारा :

"रे मन, यह सब तू सहन कर! बल्कि तू तो इससे भी बुरी अवस्था से गुज़र चुका है जिस दिन साइक्लॉप्स बेहद रोष से भरकर तेरे दल के बलिष्ठ लोगों को निगल गया था। तू मान बैठा था कि अब मौत निश्चित है, तो भी यह सब उस घड़ी तक धैर्यपूर्वक सहता रहा, जब तक तेरी चतुराई ने तेरे लिए गुफा से बाहर निकल आने का रास्ता पा नहीं लिया।"

उसने अपने मन को डपटते हुए ऐसा ही कहा और उसका मन यह सब दृढ़ता से बर्दाश्त करने को नियन्त्रित और स्थिर हो गया। तो भी ओडिसियस बेचैनी से कभी इधर कभी उधर करवटें बदलता रहा। जब कोई व्यक्ति मवेशी का ख़ून और चरबी भरा आमाशय धधकती आग में डालता है, तो जल्दी पका लेने की इच्छा से उसे जिस तरह इधर-उधर उलटता-पलटता है, उसी तरह ओडिसियस भी यह सब सोचता हुआ उद्विग्नता से करवटें बदल रहा था कि किस तरह वह अकेले ही इतने सारे बेशर्म

प्रणययाचकों पर आक्रमण कर पाएगा। उसी समय व्योम से मानवी के रूप में एथीनी उसके समीप आ गई। वह उसके सिरहाने खड़ी होकर उससे बोली :

"ओ सबसे भाग्यहीन मनुष्य, तुम अब फिर क्यों जाग रहे हो? देखो, यही तुम्हारा घर है और इसी के भीतर तुम्हारी पत्नी है और तुम्हारा बच्चा है, जिसके समान बेटा होना हर कोई चाहता है।"

इस पर ओडिसियस ने उसे उत्तर दिया : "हाँ देवि, तुमने यह उचित कहा है। परन्तु मेरा मन इस बात पर विचार करने में थोड़ा व्यस्त है कि मैं इन बेशर्म प्रणयप्रार्थियों पर किस तरह आक्रमण कर सकूँगा जबकि मैं बिलकुल अकेला हूँ और वे महल में हमेशा दल बाँधकर रहते हैं। मगर इससे भी दुस्तर बात यह है जिसे लेकर मेरा हृदय चिन्तामग्न है : तुम्हारी और ज़्यूस की इच्छा से यदि उन्हें मौत के घाट उतार भी दूँ, तो प्रतिशोध से बचने के लिए मैं भागकर कहाँ जाऊँगा? मेरी विनती है कि तुम इस पर विचार करो।"

एथीनी ने तब उसे जवाब दिया : "ओ संशयालु, अधिकांश आदमी अपने किसी ऐसे मित्र पर विश्वास रखते हैं जो मरणशील होने के साथ-साथ मुझसे कमज़ोर होता है और मेरे समान चतुर भी नहीं होता। लेकिन मैं तो एक देवी हूँ और सभी विपत्तियों में हमेशा तुम्हारी रक्षा करती हूँ। मैं तुमसे स्पष्ट कहूँगी कि यदि संग्राम में पचास मर्त्य भी हमें मार डालने को आतुर होकर दल बाँधकर घेर लें, तो भी तुम उनके मवेशी और भेड़ हाँक ले जाओगे। मगर अब सो जाओ। सारी रात जागकर बिता देने से भी क्लान्ति होती है। विपत्तियों से तुम शीघ्र ही उबर जाओगे।"

यह बोलकर उसने उसकी पलकों पर निद्रा डाल दी और तब वह सुन्दर देवी ओलिम्पस लौट गई।

इधर नींद ने ओडिसियस के मन की चिन्ताएँ दूर कर दीं और उसके अंग-प्रत्यंग तनावरहित कर दिए, उधर उसकी साध्वी पत्नी जाग गई और अपनी कोमल शय्या पर बैठकर रोने लगी। जीभर रो लेने के बाद उस कमनीय महिला ने सबसे पहले आर्टिमिस से विनती की :

"हे ज़्यूस की बलवती पुत्री आर्टिमिस, क्या ही अच्छा होता यदि तू अभी इसी घड़ी मेरी छाती में अपना तीर जमा देती! या नहीं तो चक्रवात मुझे उसी तरह उड़ा ले जाता और अन्धकारपूर्ण रास्ते से ले जाकर वहाँ फेंक देता जहाँ ओकिएनस का अधःप्रवाह समुद्र से मिलता है, जिस तरह बवंडर पैंडेरियस[1] की बेटियों को उड़ा ले गया था। देवताओं ने उसके माँ-बाप की हत्या कर दी और वे कुमारिकाएँ अपने घर में अनाथ रह गईं। परन्तु रूपवती ऐफ्रोडायटी ने उनका पालन पनीर, मधुर शहद एवं

1. अध्याय 19 में वर्णित पैंडेरियस से भिन्न।

स्वादिष्ट मदिरा से किया; हेरा ने उन्हें अन्य सभी नारियों से अधिक सौन्दर्य एवं बुद्धिमत्ता प्रदान की; अक्षतयोनि आर्टिमिस ने उन्हें देहयष्टि दी और एथीनी ने उन्हें सभी ख्यात हस्तकलाओं में प्रवीणता सिखाई। ऐसा हुआ कि एक दिन लावण्यमयी ऐफ्रोडायटी उन कुमारिकाओं के सुखद विवाह के निमित्त वज्रधर ज़्यूस से विनती करने ओलिम्पस गई, क्योंकि मरणधर्मा मनुष्यों के भाग्य में कितना सुख और कितना दुख बदा है, ज़्यूस यह सब भली भाँति जानता है। इसी बीच वात्याचुड़ैलें उन कुँआरियों को उड़ा ले गईं और ले जाकर उन्हें प्रतिशोध की घृणित देवियों को उनकी दासियाँ बन जाने के हेतु सौंप दिया। क्या ही अच्छा होता यदि ओलिम्पस-निवासी देवगण मुझे भी उसी तरह लोगों की नज़र से हमेशा के लिए ओझल कर देते अथवा सुन्दर वेणीवाली आर्टिमिस बाण मारकर मेरी हत्या कर देती ताकि मैं अपने अन्तश्चक्षुओं में ओडिसियस की छवि रख निरानन्द धरती के नीचे चली जाती और इस तरह किसी निकृष्ट व्यक्ति को आनन्दित कर पाने से एकदम बच जाती! कोई-कोई दुख ऐसा होता है जिसे बर्दाश्त कर लिया जाता है, जैसे कोई व्यक्ति जब हृदय की कठिन पीड़ा से आक्रान्त हो जाता है तो वह पूरे दिन रोता-काँदता है, किन्तु रात में उसे नींद आ जाती है और जब नींद उसकी पलकों को एक बार ढँक लेती है, तब वह अच्छी-बुरी सारी चीज़ें भूल जाता है। लेकिन जहाँ तक मेरा प्रश्न है, तो कोई देवता ही मुझे दुखाने को बुरे स्वप्न भेज देता है। इसी रात की बात है, मेरे स्वामी के समान एक आदमी, उसी रूप में जिस रूप में वह सेना के साथ यहाँ से गया था, मेरे बग़ल में सोया था। यह देख मेरा मन हर्ष से भर गया क्योंकि मैं इसे स्वप्न नहीं बल्कि सत्य समझ बैठी।''

उसने यह कहा। तुरन्त ही कनकासना उषा का आगमन हो गया। उधर ओडिसियस ने पिनेलपी का रोना सुन लिया। तब वह विचारों में डूब गया। उसे ऐसा लगा कि वह उसे पहचान गई है और अभी उसके सिरहाने खड़ी है। तदनन्तर उसने चादर और भेड़ों के चमड़े, जिन पर वह सोया हुआ था, उठाकर कक्ष में पड़ी एक कुर्सी पर डाल दिए और साँड़ की खाल उठाकर दरवाज़े के बाहर रख दी। उसके बाद हाथ ऊपर उठाकर ज़्यूस से विनती की :

''हे पिता ज़्यूस, इतने दिनों तक कठिन कष्ट देने के बाद यदि तुम देवगण मेरे ऊपर अनुकूल होकर मुझे जल-थल मार्गों से मेरे देश ले आए हो, तब मेरी यही प्रार्थना है कि महल के अन्दर जो लोग जाग गए हैं, उनमें से कोई मेरे लिए शुभ शकुनद्योतक शब्द बोले और बाहर भी, हे ज़्यूस, तेरे द्वारा भेजा गया कोई शुभ संकेत मुझे दिख जाए।''

उसने यही विनती की और प्रज्ञावान ज़्यूस ने उसकी सुन ली। उसने तुरन्त प्रभापूर्ण ओलिम्पस अर्थात ऊपर बादलों के बीच से गर्जना की। इससे ओडिसियस

प्रफुल्लित हो उठा। तब महल के भीतर चक्की चला रही एक औरत शकुन के तौर पर कुछ बोली। वह बिलकुल क़रीब थी और उस जगह राजा की चक्कियाँ लगी थीं। उन चक्कियों को कुल बारह औरतें चलाकर मनुष्य का जीवनाधार जौ और गेहूँ का आटा तैयार करती थीं। उस समय बाक़ी सब औरतें सो रही थीं क्योंकि वे अपने-अपने हिस्से का अनाज पीस चुकी थीं, किन्तु उनमें सबसे कमज़ोर होने की वजह से केवल एक ऐसी थी जो अपना काम तब तक पूरा नहीं कर पाई थी। जाँता रोककर वही कुछ बोली जो उसके मालिक के लिए शुभ शकुनसूचक था :

"हे देवों और मानवों के शासक तात ज़्यूस, तूने तारों-भरे आकाश से घोर गर्जना की है जबकि कहीं कोई मेघ दिखाई नहीं पड़ रहा है। अवश्य तू किसी मर्त्य को कोई संकेत दे रहा है। मैं अभागी भी कुछ अर्ज़ करूँ तो उसे तुरन्त पूरा कर दे! ऐसा कर कि ये प्रणययाचक आज के दिन ओडिसियस के महल में अन्तिम बार ही भोज का आनन्द ले पाएँ! इन लोगों ने जौ का आटा तैयार कराने में मुझसे इतनी सख़्त मेहनत ली है कि मेरा हाड़-हाड़ थककर चूर हो गया है। आज का उनका खाना आख़िरी साबित कर!"

उसने ऐसा कहा और वीर ओडिसियस शकुनसूचक उक्ति एवं ज़्यूस की गर्जना सुनकर हर्षित हुआ। उसे विश्वास हो गया कि अब वह दुष्टों से बदला लेने में अवश्य सफल होगा।

तब तक राजा ओडिसियस के भव्य महल की अन्य औरतें एकत्र होकर अँगीठियों की कभी ठंडी न होनेवाली आग पुनः प्रज्वलित करने लगी थीं। उधर देवतुल्य टेलेमेकस बिछावन से उठ गया। उसने पहले वस्त्र धारण किया और तब कन्धों से तेज तलवार लटका ली। तदपुरान्त अपने चमचमाते पैरों से सुन्दर पादुकाएँ बाँध लीं और आख़िर में तीक्ष्ण कांस्य अनीयुक्त अपना शक्तिशाली भाला थामकर वह दरवाज़े पर आकर खड़ा हो गया। वहीं से वह यूरीक्लिया से बोला :

"प्रिय अन्ने, क्या तुमने भोजन एवं बिस्तर से हमारे इस अतिथि का महल में सम्मान किया है अथवा वह उपेक्षित पड़ा हुआ है? मेरी माँ बुद्धिमती है, तो भी उसका आचरण ऐसा होता है कि कभी तो वह किसी अयोग्य मर्त्य का ख़ूब बढ़िया स्वागत करती है और कभी अच्छे को बिना किसी स्वागत-सम्मान के लौटा देती है।"

इस पर यूरीक्लिया ने उसे गम्भीरतापूर्वक जवाब दिया : "नहीं, मेरे बच्चे, इस बात को लेकर तुम उसे कोई दोष मत दो। वह बिलकुल निर्दोष है। जितनी देर तक इच्छा हुई, उतनी देर तक वहाँ बैठकर वह अभ्यागत मदिरापान करता रहा। तुम्हारी माँ ने खाने के बारे में पूछा तो उसने कहा कि उसे अब एकदम भूख नहीं है। इतना ही नहीं, जब आराम करने और सोने का समय हो गया, तब उसने नौकरानियों से उसका बिस्तर लगा देने को कहा। लेकिन अपने को पूरी तरह अभागा एवं विपदाग्रस्त

मान बैठे उस आदमी ने पलंग पर कम्बल के नीचे सोने से इनकार कर दिया। वह द्वारमंडप में साँड़ के एक कच्चे चमड़े और भेड़ों की खालों पर सोया। हमने उसे एक चादर ओढ़ा दी।''

यूरीक्लिया ने ऐसा कहा और हाथ में कुन्त लिए टेलेमेकस विशाल कक्ष पार करके बाहर चला गया। उसके साथ दो तेज कुत्ते भी थे। वह यवनों से मिलने सभा-स्थल की ओर चल पड़ा। परन्तु पीसेनौर-पुत्र औप्स की बेटी कर्त्तव्यनिष्ठ यूरीक्लिया ने परिचारिकाओं को पुकारकर आज्ञा दी :

''तुम सब यहाँ आ जाओ। तुममें से कुछ लग-भिड़कर सहन की सफ़ाई करके उस पर पानी का छिड़काव कर दो और सुन्दर ढंग से बनी कुर्सियों पर बैंगनी रंग के आस्तरण बिछा दो। तुममें से कुछ मिलकर सारी मेज़ें पोंछ दो और मिश्रणपात्रों एवं दो हत्थोंवाले ख़ूबसूरत प्यालों को साफ़ कर दो। बाक़ी जल्दी जाकर सोते से पानी ले आओ। प्रणययाचक अधिक देर तक महल के बाहर नहीं रहेंगे। वे शीघ्र यहाँ आ धमकेंगे क्योंकि आज के भोज में सारे लोग शरीक होंगे।''

उसने ऐसा कहा और उसकी यह आज्ञा पाते ही वे उसका पालन करने में जुट गईं। उनमें से बीस दासियाँ गहरे पानीवाले सोते पर चली गईं और बाक़ी महल के कामों में निपुणता से लग गईं।

उसके बाद यवनों के सेवक आ गए। आते ही उन्होंने अभ्यस्त हाथों से ईंधन की लकड़ियाँ अच्छी तरह काट दीं। तब तक सोते से औरतें लौट आईं। उनके तुरन्त बाद शूकर-संरक्षक अपने झुंड के सबसे मोटे-ताज़े तीन सूअरों को लेकर उनके बीच आ गया। उन सूअरों को उसने विशाल प्रांगण में चरने के लिए छोड़ दिया और ख़ुद ओडिसियस से शिष्टता से पूछा :

''अभ्यागत, क्या यवन अब तुम्हारे प्रति अधिक सम्मान दिखाते हैं या पहले की भाँति महल में तुम्हारा अपमान करते हैं?''

इस पर ओडिसियस ने उसे उत्तर दिया : ''आह यूमियस, क्या ही अच्छा होता यदि देवगण इन्हें किसी दूसरे व्यक्ति के घर में ग़लत एवं अन्यायपूर्ण हरकतें करने और दुष्टतापूर्ण योजनाएँ बनाने के लिए सज़ा दे देते! इनके यहाँ तो शर्म नाम की कोई चीज़ है ही नहीं।''

वे एक-दूसरे से इस तरह बतिया रहे थे कि अजापालक मेलैनथियस उनके पास आ पहुँचा। वह प्रणयप्रार्थियों की दावत के लिए अपने झुंड के सबसे अच्छे बकरे लेकर आ रहा था। उसके पीछे दो चरवाहे भी आ रहे थे। गूँजनेवालो द्वारमंडप में बकरे बाँधकर वह ओडिसियस से व्यंग्य-भरे शब्दों में बोला :

''अजनबी, क्या तू अब यहाँ इस महल में भी लोगों से भीख माँगकर हमारी जान खाएगा और यहाँ से कभी नहीं टलेगा? भीख माँगने में तू शिष्टता की सीमा

लाँघ चुका है, इसलिए मैं समझता हूँ कि बिना मुक्का-मुक्की के हम दोनों एक-दूसरे से अलग नहीं होंगे। दूसरे यवनों के यहाँ भी दावतें होती हैं।''

उसने ऐसा कहा मगर बहुविध चतुर ओडिसियस ने कोई उत्तर नहीं दिया बल्कि चुपचाप अपना सिर हिलाता और मन की गहराई में अनिष्टकारी बातें सोचता रहा।

उसी वक़्त वहाँ तीसरा आदमी आ गया जिसका नाम फिलोटियस था और जो कुशल पशुपालक था। वह प्रणययाचकों के लिए एक बहिला बछिया और मोटे-ताज़े बकरे लेकर आया था। वे मुख्यभूमि से उसी मल्लाह द्वारा इस पार ले आए गए थे जो औरों को भी ले आता है। फिलोटियस ने पशुओं को गूँजनेवाले द्वारमंडप में होशियारी से बाँध दिया और शूकर-संरक्षक के पास जाकर उससे पूछने लगा :

''शूकर-संरक्षक, हमारे महल में यह नवागन्तुक कौन है? वह अपने को किस वंश का बताताहै? कौन उसके परिजन हैं और उसकी जन्मभूमि कहाँ है? अभागा तो वह है ही लेकिन देखने में किसी राजा के समान मालूम पड़ता है। जिनके हिस्से में देवगण दुख का धागा कात देते हैं, यहाँ तक कि राजाओं के हिस्से में भी, वे लोग दूर-दूर तक भटकते और कष्ट भोगते हैं।''

ऐसा कहकर वह ओडिसियस के निकट आ गया और स्वागत में अपना दाहिना हाथ उसकी ओर बढ़ाते हुए उससे पुंखित शब्दों में बोला :

''अभिवादन है, ओ तात अभ्यागत! आनेवाले दिन तुम्हारे लिए सुखमय हों, यद्यपि तुम अभी अनेक दुखों से घिरे हुए हो। हे पिता ज़्यूस, सबसे निर्मम देवता तू ही है। मनुष्यों को उत्पन्न तू ही करता है, किन्तु उन पर दया बिलकुल नहीं करता और उनको विपत्ति और कठिन पीड़ा देता रहता है। जैसे ही तुम पर मेरी नज़र पड़ी कि मुझे पसीना आ गया और मेरी आँखों में अब भी आँसू हैं, क्योंकि मुझे ओडिसियस की याद आ गई। यदि वह संयोग से अब भी जीवित और सूर्य का प्रकाश देखने में सक्षम होगा, तो मुझे लगता है कि वह भी इसी तरह चीथड़ों में लोगों के बीच बौखता फिरता होगा। लेकिन यदि वह पहले ही मर गया है और हेडीज़ के घर में है, तब मुझे अनुपम ओडिसियस के लिए बेहद शोक है। जब मैं बिलकुल छोकरा ही था कि उसने मुझे केफ़लीनियनों[1] के प्रदेश में अपने मवेशियों का रखवाला बना दिया था। आज उन मवेशियों की संख्या अन्न की बालियों की भाँति बढ़कर अनगिनत हो गई है; किसी भी मर्त्य की प्रशस्तमाथ गायों की नस्ल कभी इतनी नहीं बढ़ सकती थी। लेकिन अब मुझे पराए लोगों के हुक्म से इन मवेशियों को हाँककर यहाँ ले आना पड़ता है ताकि वे इनका भक्षण कर सकें। वे इस घर के उत्तराधिकारी

---

1. केफ़लीनिया असल में एक बड़ा टापू है इथाका के बग़ल में, मगर केफ़लीनियन का अर्थ उन सारे लोगों से है जो इन द्वीपों (केफ़लीनिया, सामी, जेकिन्थस आदि) और मुख्यभूमि पर ओडिसियस के अधीन थे।

की न तो तनिक परवाह करते और न दैवी कोप का ही उन्हें कोई भय है। अब तो वे बस बहुत काल से अनुपस्थित हमारे स्वामी की सम्पत्ति आपस में बाँट लेने को आतुर रहते हैं। मेरे मन में आजकल यह बात हमेशा नाचती रहती है : जब राजा का बेटा ज़िन्दा है, तब मवेशियों और अपनी सब चीज़ों के साथ मेरा यहाँ से टरकर किसी दूसरे देश में अजनबियों के बीच चला जाना सचमुच बुरा होगा; परन्तु इससे भी बुरा है यहाँ सन्ताप में रहकर पराए लोगों के पशुओं की मजबूरन देखभाल करना। अरे, हालत अब बर्दाश्त से बाहर हो चुकी है, इसलिए मैं बहुत पहले यहाँ से भागकर किसी दूसरे शक्तिशाली राजा की शरण में चला गया होता। किन्तु मेरे मन में अपने अभागे स्वामी को लेकर अब भी यह विचार बना हुआ है कि वह शायद किसी असम्भावित स्थान से यहाँ आ जाएगा और प्रणयप्रार्थियों को महल से खदेड़ देगा।''

इस पर ओडिसियस उससे बोला : ''ओ गोपालक, चूँकि तुम दुष्ट और मूर्ख व्यक्ति नहीं मालूम पड़ते और मैं स्वयं देख रहा हूँ कि तुम समझदार हो, अतएव मैं तुम्हें एक बात कहूँगा और यह मैं पक्की सौगन्ध लेकर कहूँगा। देवताओं में ज़्यूस और उसके बाद आतिथ्यकारी मेज़ एवं उदार ओडिसियस का अग्निस्थान, जहाँ मैं आया हूँ, इन सबको साक्षी रख मेरा यह कहना है कि जब तक तुम यहाँ ठहरोगे, उसी बीच ओडिसियस वापस आ जाएगा और यदि तुम्हारी इच्छा हो, तो यहाँ प्रभुत्व जमाए प्रणययाचकों की हत्या तुम अपनी आँखों से देख लोगे।''

तब उस गोपालक ने उत्तर दिया : ''अहा अभ्यागत, क्या ही अच्छा होता अगर क्रॉनस-तनय तुम्हारी यह उक्ति पूरी कर देता! तब तुम देख लेते कि मुझमें कितनी शक्ति है और इस शक्ति के अनुरूप मेरे ये हाथ कितना कर पाते हैं।''

उसी तरह यूमियस ने भी ओडिसियस की घर वापसी के निमित्त सभी देवताओं से विनती की।

वे आपस में इसी तरह बातें कर रहे थे, किन्तु प्रणययाचक उस समय टेलेमेकस की हत्या का षड्यंत्र रच रहे थे। तभी अचानक उनके दाहिनी ओर एक पक्षी यानी ऊँचाई पर उड़नेवाला गरुड़ अपने चंगुल में एक भयत्रस्त पंडुक दबोचे हुए प्रकट हो गया। उसे देख ऐम्फीनोमस उन सबों के बीच बोल उठा :

''मित्रो, यह योजना हमारी इच्छा के अनुरूप नहीं चल पाएगी, टेलेमेकस के वध की योजना। बल्कि हम भोज की ही बात सोचें।''

ऐम्फीनोमस ने ऐसा कहा और उसका यह कहना उन्हें स्वीकार हुआ। वे ओडिसियस के महल में चले आए और अपने-अपने चोगे कुर्सियों और ऊँची आसन्दियों पर रखकर भारी-भरकम भेड़ों, मोटे-ताज़े बकरों और चरबीदार सूअरों तथा झुंड से लाई गई एक बछिया को काटने में लग गए। तब उन्होंने उनके भीतरी अंग भूनकर सबको परोस दिए और चषकों में मदिरा मिला दी। शूकर-संरक्षक ने हर एक

को प्याला थमा दिया। कुशल पशुपालक फिलोटियस ने सुन्दर टोकरों में गेहूँ की रोटियाँ लेकर उन्हें परोस दीं और मेलैनथियस ने मदिरा ढाल दी। इस प्रकार वे अपने आगे प्रस्तुत सुस्वादु व्यंजनों पर हाथ साफ़ करने लगे।

लेकिन टेलेमेकस ने ओडिसियस को महल के अन्दर पत्थर की दहलीज़ के नज़दीक चालाकी से बिठा दिया और उसके वास्ते एक साधारण तिपाई और एक छोटी मेज़ रख दी। उसके आगे पशुओं के भीतरी अंगों का मांस और सोने के प्याले में मदिरा प्रस्तुत कर देने के बाद वह उससे बोला :

"तुम इनके बीच यहाँ बैठकर मदिरा पियो। मैं समस्त प्रणययाचकों के अपशब्दों एवं घूँसे-थप्पड़ों से तुम्हारी रक्षा ज़रूर करूँगा, क्योंकि यह कोई सराय नहीं बल्कि ओडिसियस का घर है जिसे उसने मेरे लिए अर्जित किया है। जहाँ तक तुम लोगों का प्रश्न है, प्रणयप्रार्थियो, तो तुम सब अपने दिमाग़ से झिड़की और लप्पड़-थप्पड़ का विचार निकाल दो ताकि कोई झगड़ा-झंझट न हो।"

उसने ऐसा कहा और उन सबों ने टेलेमेकस की इस साहसपूर्ण उक्ति पर आश्चर्य से अपने-अपने होंठ काट लिए। तब यूपेईथीज़ का बेटा ऐंटीनोअस उनके बीच बोला :

"टेलेमेकस ने हमें खुलेआम धमकी दी है जिसे सहन कर पाना कठिन है। तो भी, यवनो, हम उसकी बात मान लें। ऐसा है कि क्रॉनस-तनय ज़्यूस ने हमारी योजना में बाधा डाल दी है, वरना प्रभावशाली वक्ता होते हुए भी उसे हम इस महल में शान्त कर देते।"

ऐंटीनोअस के इस कथन पर टेलेमेकस ने कोई ध्यान नहीं दिया। उधर नगर में अग्रदूत देवताओं के पवित्र बलिपशुओं को ले जा रहे थे और लम्बी ज़ुल्फ़ोंवाले यवन धनुर्धर अपोलो देवता के छायादार उपवन में एकत्र हो रहे थे।

महल में उपस्थित लोगों ने पशुओं के बाहरी अंगों का गोश्त भूनकर सीखचों से निकाल लिया और उसे सबके बीच बाँटकर उत्तम भोज का आनन्द लेने लगे। परोसनेवालों ने ओडिसियस के आगे भोजन का उतना भाग परोस दिया जितना उन्हें भी मिला था, क्योंकि राजा ओडिसियस के प्रिय पुत्र टेलेमेकस ने ऐसा ही आदेश दिया था।

परन्तु एथीनी उद्धत प्रणययाचकों को ओडिसियस का तीखा अपमान करने से बिलकुल नहीं रोकना चाहती थी ताकि उसके दिल में पीड़ा और भी गहराई तक धँस जाए। प्रणयप्रार्थियों के बीच एक बड़ा ही उच्छृंखल व्यक्ति था क्टीसिपस, जो सामी का निवासी था। निस्सन्देह वह अपने अपार धन पर गुमान करके बहुत समय से ग़ैरहाज़िर ओडिसियस की पत्नी से प्रणयनिवेदन करने में लगा हुआ था। यही वह शख़्स था जो प्रणय-निवेदकों के बीच बोल उठा :

"ओ अभिमानी प्रणययाचको, मैं जो कहने जा रहा हूँ उसे तुम सब सुनो। अब तक यह अभ्यागत भोजन का यथायोग्य अंश पाता रहा है, समान अंश। टेलेमेकस

के अतिथियों को यथोचित भाग से वंचित करना न तो अच्छा है और न न्याययुक्त, अतिथि के रूप में उसके घर चाहे जो कोई आ जाए। इसलिए देखो, मैं भी इसे एक आतिथ्योपहार दूँगा ताकि वह भी बदले में देवतुल्य ओडिसियस के घर की स्नान करानेवाली सेविका या किसी और दासी को उपहार दे सकता है।''

यह कहकर उसने टोकरी में पहले से पड़ा गाय का एक खुर उठा लिया और उसे ख़ूब ज़ोर से फेंका। लेकिन ओडिसियस ने सिर झट एक ओर झुकाकर अपने को उससे बचा लिया। गाय का खुर सुनिर्मित दीवार से जा टकराया। ओडिसियस मन ही मन मुसकाया, बिलकुल कटु और कुटिल मुसकान। तब टेलेमेकस ने क्टीसिपस को डपटते हुए कहा :

''क्टीसिपस, तुम इस अभ्यागत को चोट नहीं पहुँचा पाए। तुमने जो चीज़ फेंकी थी उससे उसने अपने को स्वयं ही बचा लिया है। तुम्हारे हक़ में यह अच्छा हुआ कि तुम निशाना चूक गए वरना मैं तेज भाला तुम्हारे शरीर के आर-पार कर देता और तुम्हारा बाप तुम्हारे लिए यहाँ विवाह-भोज की जगह मृत्यु-भोज का इन्तज़ाम करता! इसलिए मेरी चेतावनी है कि कोई शख़्स मेरे इस महल में उच्छृंखल काम न करे, क्योंकि इसके पहले मैं नादान बच्चा था, लेकिन अब मुझमें इतनी समझदारी हो गई है कि मैं भले-बुरे का फ़र्क़ कर सकता हूँ। तो भी चूँकि एक आदमी के लिए बहुत लोगों को रोक पाना कठिन होता है, इसलिए मुझे अपनी आँखों के सामने भेड़ों की व्यर्थ हत्या और मदिरा एवं खाद्य पदार्थों का अपव्यय बर्दाश्त करना पड़ता है। मगर देखो, अब तुम लोग दुष्टतावश मेरा नुकसान करने का प्रयास मत करो। तुम सब यदि मुझे, हाँ मुझे, तलवार से मार देने पर तुल ही गए हो, तो यह भी मुझे मंज़ूर है। इस आलीशान महल में मेहमानों के साथ अभद्र व्यवहार किए जाने और मर्दों द्वारा नौकरानियों के अनुचित ढंग से घसीटे जाने जैसी शर्मनाक हरकतें लगातार देखते रहने से तो मर जाना ही बेहतर होगा।''

उसने ऐसा कहा और वे सब मौन स्तब्ध हो गए। लेकिन अन्त में उनके बीच डेमैस्टर-पुत्र एजिलेयस ही बोला :

''मित्रो, कोई भी व्यक्ति उचित बात सुनकर गुस्सा नहीं होगा, वितंडा नहीं खड़ा करेगा। राजा ओडिसियस के महल में इस अभ्यागत और दास-दासियों में से किसी के साथ तुम लोग बुरा बरताव करना एकदम बन्द करो। स्वयं टेलेमेकस और उसकी माँ को मैं शालीन सलाह देना चाहूँगा। शायद उन्हें यह पसन्द भी आ जाए। जब तक तुम दोनों के दिल में बुद्धिमान ओडिसियस के घर लौट आने की आशा बनी हुई थी, तब तक उसके लिए प्रतीक्षा करने और महल में प्रणययाचकों को नियंत्रण में रखने के लिए किसी के पास तुम्हें दोषी ठहराने का कोई आधार नहीं था। मगर अब यह बात साफ़ है कि वह कभी नहीं लौटेगा। इसलिए तुम

अपनी माँ के पास जाकर बैठो और उसे स्पष्ट कहो कि जो कोई पुरुष उसे सर्वोत्तम जँचे और सबसे अधिक प्रणयोपहार दे, उसके साथ वह अवश्य विवाह कर ले। तब तुम उत्तराधिकार में मिली अपने पिता की सम्पत्ति का सानन्द उपभोग कर पाओगे और शान्तिपूर्वक खा-पी सकोगे, जबकि तुम्हारी माँ किसी दूसरे घर की स्वामिनी होगी।''

इस पर विवेकवान टेलेमेकस ने उत्तर दिया : ''नहीं एजिलेयस, मैं ज़्यूस और इथाका से बहुत दूर कहीं समाप्त हो चुके अथवा भटक रहे अपने पिता के दुर्भाग्य की सौगन्ध लेकर कहता हूँ कि माँ के पुनर्विवाह में किसी तरह की बाधा नहीं डाल रहा हूँ। अपितु उसे मन के लायक़ किसी व्यक्ति से विवाह कर लेने को कहता हूँ। इसके अतिरिक्त उसे अकूत उपहार भी देने को तैयार हूँ। लेकिन मेरे लिए एकदम शर्म की बात होगी कि मैं उसे उसकी इच्छा के विरुद्ध महल से ज़बरदस्ती भगा दूँ। ईश्वर न करे कि ऐसा कभी घटित हो।''

टेलेमेकस के ऐसा कहते ही एथीनी ने प्रणययाचकों की बुद्धि विभ्रान्त कर दी जिससे वे बिना रुके निरन्तर हँसने लगे। उन्हें ऐसा लगा कि वे दूसरे के होंठों से हँस रहे हैं और जो मांस खा रहे हैं उस पर ख़ून के छींटे पड़े हैं। उनकी आँखों में आँसू भर आए और उनका मन रोने-रोने को हो गया। तब उनके बीच थीयोक्लायमीनस बोला :

''हाय अभागे, तुम्हारे ऊपर यह कैसी विपदा आ पड़ी है? तुम्हारे सिर, चेहरे और घुटने अन्धकार में डूबे हुए हैं; सारा वातावरण विषाद से भरा हुआ है और सबके गाल आँसुओं से भीगे हुए हैं। दीवारों और छत की सुन्दर शहतीरों पर ख़ून के छींटे पड़े हुए हैं; नीचे अन्धकारपूर्ण एरिबस की ओर जाती हुई प्रेतात्माओं से द्वारमंडप और प्रांगण भरे हुए हैं; आकाश से सूर्य लुप्त हो गया है और सारे संसार के ऊपर घातक कुहरा छाया हुआ है।''[1]

उसने ऐसा कहा, किन्तु वे सब उस पर सोल्लास हँस पड़े। तब उनके बीच पहले पॉलीबस का बेटा यूरीमेकस बोला :

''किसी दूसरे देश से हाल ही आए इस अभ्यागत का दिमाग़ ख़राब हो गया है। युवको, चूँकि इसे यहाँ रात का अन्धकार दिखाई पड़ता है, इसलिए तुम लोग इसे महल से निकालकर बाहर ले जाओ ताकि यह सभा-स्थल पर चला जाए।''

इस पर थीयोक्लायमीनस ने उसे उत्तर दिया : ''यूरीमेकस, तुम मुझे रास्ता दिखाओ, इसकी कोई ज़रूरत नहीं। मेरे पास आँख, कान और दो पैर हैं और है

---

1. यहाँ वर्णित ये लक्षण विभिन्न जातियों के बीच प्रचलित रहे हैं जिन्हें हम गाथाओं और लोककाव्यों में पाते हैं और जो आसन्न मृत्यु और विनाश के सूचक माने गए हैं। शेक्सपियर ने भी अपने कई नाटकों विशेषकर **जूलियस सीज़र** में कुछ ऐसा ही वर्णन किया है।

सुस्थिर बुद्धि, जो किसी भी तरह घटिया नहीं है। इनके सहारे मैं ख़ुद इस महल से बाहर चला जाऊँगा, क्योंकि मैं देख रहा हूँ कि तुम सबके ऊपर विपत्ति आ रही है। इस विपदा से एक भी प्रणययाचक बच या निकल नहीं पाएगा, तुम सब जो राजा ओडिसियस के महल में दूसरे लोगों को बेइज़्ज़त करते और दुष्टतापूर्ण हरकतें करने की योजनाएँ बनाते हो।''

यह कहकर थीयोक्लायमीनस शानदार महल से बाहर आ गया और पिरीयस के पास चला गया जिसने उसका सहर्ष स्वागत किया। तब प्रणययाचक टेलेमेकस को क्रुद्ध कर देने की मंशा से एक-दूसरे को देख-देखकर उसके अतिथियों पर हँसने लगे। उद्दंड युवकों में से कोई-कोई ऐसा ही बोलने लगा :

''टेलेमेकस, अतिथियों के मामले में तुम सबसे अभागे निकले। यही देखो कि तुमने इसके समान घिनौने और आवारागर्द शख़्स को अपने यहाँ रख लिया है जिसे हमेशा भोजन और मदिरा चाहिए मगर जो मेहनत का कोई काम करना नहीं जानता। वह इस धरती का केवल भार बना हुआ है। यह जो दूसरा आदमी है, वह हमारे बीच खड़ा होकर सिर्फ़ भविष्यवाणी करता है। अगर मेरी सलाह मानो तो हम इन अभ्यागतों को जहाज़ में डालकर सिसिलियनों[1] के यहाँ भेज दें जिससे तुम्हें अच्छा दाम मिल जाएगा।''

प्रणयनिवेदकों ने ऐसा ही कहा मगर टेलेमेकस ने उनके बोलने पर कोई ध्यान नहीं दिया। वह तो चुपचाप अपने बाप पर इस अपेक्षा से नज़र गड़ाए हुए था कि ओडिसियस उन बेशर्म प्रणयप्रार्थियों पर कब आक्रमण शुरू करता है।

उस घड़ी पिनेलपी अपनी सुन्दर कुर्सी पर उन लोगों के ठीक सामने कुछ ही दूरी पर बैठी थी और कक्ष के प्रत्येक व्यक्ति की बातें सुन रही थी। प्रणययाचकों ने उस मोदमय वातावरण के बीच अनेक पशुओं को मारकर अपना खाना तैयार कर लिया था, लज़ीज़ और भरपूर खाना। लेकिन उसके बाद जल्द ही एक देवी और एक बलवान पुरुष के द्वारा उनके लिए जो भोजन परोसा जानेवाला था, उससे बेलज़्ज़त भोजन की कल्पना नहीं की जा सकती थी क्योंकि जघन्य कर्म कर डालने की ओर पहले प्रणययाचक ही प्रवृत्त हुए थे।

---

1. सिसली का पुराना नाम सिकेनिया भी था।

धनुष-परीक्षा

और तब एथीनी ने पिनेलपी के दिमाग़ में प्रणयप्रार्थियों के सामने धनुष और भूरे लोहे के कुल्हाड़े प्रस्तुत कर देने का विचार ला दिया जिससे उनके बीच प्रतिस्पर्धा के साथ-साथ उनके विनाश की भी शुरुआत हो जाए। वह लम्बी सीढ़ी चढ़कर अपने कमरे में गई और वहाँ उसने अपने मज़बूत हाथ में मुड़ी हुई सुन्दर चाबी ले ली। काँसे की उस चाबी की बेंट हाथी दाँत की बनी थी। परिचारिकाओं को साथ लेकर पिनेलपी महल के अन्तिम भाग में स्थित कोषागार में चली गई जहाँ उसके पति की कुछ बहुमूल्य चीज़ें संचित थीं—काँसा, सोना और पिटवाँ लोहा। वहीं अन्तर्वक्रित धनुष और तरकश भी पड़े थे। तरकश बहुत सारे मारक तीरों से भरा था। वे ओडिसियस को उपहार में एक मित्र से प्राप्त हुए थे। उस मित्र से उसकी भेंट संयोगवश लेकिडेमौन में हुई थी और उसका नाम था ईफिटस, यूरिटस का देवतुल्य पुत्र। वे दोनों एक-दूसरे से मेसिनी में चतुर औरटीलोकस के घर मिले थे। एक बार की बात है कि वहाँ के सारे लोग ओडिसियस के देनदार हो गए और वही वसूल करने उसे वहाँ जाना पड़ा। मेसिनी के निवासी तीन सौ भेड़ें उनके चरवाहों के साथ जहाज़ में डालकर इथाका से ले गए थे। उनके ही सन्धान में ओडिसियस दूत के रूप में अपने पिता एवं अन्य पार्षदों द्वारा वहाँ उतनी दूर भेजा गया। उस समय वह छोकरा ही था। उधर ईफिटस की बारह घोड़ियाँ, जिन्हें वह नस्ल के लिए पाले हुए था, दूध पीते हृष्ट-पुष्ट बछेड़ों के साथ खो गई थीं। उनकी खोज में वह भी वहाँ आ पहुँचा। बाद में उन्हीं के कारण उसे अपनी जान से हाथ धोना पड़ा। हुआ यह कि उनकी खोज करने के क्रम में वह ज़्यूस-पुत्र निर्भीक हेराक्लीज़, जो दुस्साहसिक कार्य करने का आदी था, के यहाँ चला गया। ईफिटस यद्यपि हेराक्लीज़ के घर में अतिथि था, तो भी उसकी उसने दुष्टतावश हत्या कर दी। उसने न तो दैवी कोप और न उस मेज़ की परवाह की जो उसने भोजन के निमित्त उसके आगे लगवाई थी। खाना खा लेने के तुरन्त बाद ही उसने ईफिटस को मारकर उसकी मज़बूत खुरोंवाली घोड़ियाँ अपने महल में रख लीं। उन्हीं घोड़ियों की खोज के सिलसिले में ईफिटस की भेंट ओडिसियस से हुई थी और उसने ओडिसियस को उसी धनुष का उपहार दिया था। उस धनुष को

महायोद्धा यूरिटस हमेशा धारण करता था और मरने के बाद अपने विशाल प्रासाद में उसे अपने बेटे के निमित्त छोड़ गया था। ओडिसियस ने भी ईफिटस को तीक्ष्ण तलवार और शक्तिशाली कुन्त देकर मधुर मैत्री की शुरुआत की थी। लेकिन उनके बीच अतिथि-मित्र के रूप में मैत्री प्रगाढ़ नहीं हो पाई, क्योंकि उसके पहले ही ईफिटस को हेराक्लीज़ ने मार दिया, उसी ईफिटस को, जिसने ओडिसियस को वह धनुष दिया था। परन्तु वीर ओडिसियस जहाज़ से लड़ाइयों में जाते समय वह कमान अपने साथ कभी नहीं ले गया। उसे वह राजभवन में अपने प्रिय मित्र की यादगार के रूप में रखे हुए था और अपने राज्य के अन्दर ही उसे लेकर चलता था।

तो रानी कोषागार पहुँच गई। उसने अपने क़दम दहलीज़ पर रखे। वह दहलीज़ ओक की लकड़ी से बनी थी। उसे बढ़ई ने बहुत पहले बसूले से कुशलतापूर्वक चिकना बनाया था और उसके बाजुओं को सीधा बिठा देने के बाद उन पर चमचमाते पल्ले भली भाँति लगा दिए थे। पिनेलपी ने दरवाज़े के हत्थे से चमड़े की पट्टी हटाकर चाबी डाल और उसे अचूक निशाने से घुसेड़कर अन्दर की सिटकनियाँ पीछे धकेल दीं।[1] जिस तरह घास के मैदान में चरता हुआ साँड़ डकराता है, उसी तरह चाबी से धकेले जाने पर सुन्दर दरवाज़े के दोनों पल्ले ज़ोर से कड़कड़ा उठे और रानी के सामने तड़ाक से खुल गए। तब वह पाँव बढ़ाकर ऊँचे फ़र्श पर चढ़ गई जहाँ सन्दूक पड़े थे। उनमें सुगन्धित परिधान सँजोकर रखे हुए थे। वहाँ से हाथ बढ़ाकर उसने चमचमाते खोल में पड़े उस धनुष को खूँटी से उतार लिया। उसी जगह वह नीचे बैठ गई और खोल को घुटनों पर रख ज़ोर-ज़ोर से रोने और पति का चाप बाहर निकालने लगी। जब वह जीभर रो-विलप चुकी, तब हाथों में अन्तर्वक्रित धनुष और अनेक मारक बाणों से भरा तूणीर लेकर कक्ष में उपस्थित दर्पीले प्रणयप्रार्थियों के दल की ओर चल पड़ी। उसके संग उसकी परिचारिकाएँ भी एक सन्दूक उठाकर चल पड़ीं जिसमें उनके मालिक के काँसे-लोहे के बहुत सारे युद्धोपकरण भरे थे। जब वह ख़ूबसूरत औरत प्रणययाचकों के पास पहुँची, तो वह अपने चेहरे के आगे चमकीला अवगुंठन डालकर विशाल छत को सँभाले खम्भे के बग़ल में खड़ी हो गई। उसके दोनों ओर उसकी विश्वस्त परिचारिकाएँ अपनी-अपनी जगह खड़ी हो गईं। तब उसने तुरन्त प्रणयप्रार्थियों के सामने अपनी बात रखी :

"उद्धत प्रणययाचको, मेरा कहना सुनो। जब से इस घर का मालिक यहाँ से चला गया है और उसके गए बहुत दिन हो भी गए हैं, तब से तुम लोग बेरोक-टोक

---

1. दरवाज़े के पीछे बेंड़ या सिटकनी होती थी जिससे चमड़े की पट्टी या तस्मा लगा रहता था। वह पट्टी दरवाज़े में किए गए छेद से बाहर की ओर निकली होती थी। जब दरवाज़ा बाहर से बन्द कर दिया जाता था, तो वह पट्टी खींचकर सिटकनी या बेंड़ को उसके आधान में कसना पड़ता था। वह पट्टी या तस्मा तब एक अँकुसी या हत्थे से बाँध दी जाती थी। दरवाज़ा बाहर से खोलने के लिए पहले वह पट्टी हटा चाबी को छेद में डालकर इतने ज़ोर से धकेलना पड़ता था कि सिटकनी पीछे की ओर खुल जाए।

निरन्तर खाने-पीने के लिए इस घर पर आ पड़े हो और तुम्हारे पास इसके अलावा और कोई बहाना नहीं है कि तुम विवाह करके मुझे पत्नी बना लेना चाहते हो। ख़ैर, मेरे प्रणयप्रार्थियों, अब तुम्हारे सामने जो पारितोषिक है, उसे तुम सब देख ही रहे हो (अर्थात पिनेलपी)। मैं तुम्हारे सामने राजा ओडिसियस का विशाल धनुष रख दूँगी। जो कोई अपने हाथों से उसकी प्रत्यंचा सबसे आसानी से चढ़ा देगा और उन बारह कुल्हाड़ों से होकर तीर छोड़ देगा, उसके ही संग मैं यह घर छोड़कर चली जाऊँगी, यही घर जहाँ परिणीता के रूप में मैं कभी आई थी, इतना सुन्दर और धनधान्य से परिपूर्ण घर, ऐसा घर जिसे स्वप्न में भी नहीं भुला पाऊँगी।''

उसने ऐसा कहकर विश्वस्त शूकर-संरक्षक यूमियस को आदेश दिया कि वह धनुष एवं भूरे लोहे के कुल्हाड़े लाकर प्रणयप्रार्थियों के निमित्त रख दे। आँखों में आँसू भरकर यूमियस ने उनको लाकर रख दिया। दूसरी ओर गोपालक भी मालिक के धनुष पर नज़र पड़ते ही रोने लगा। इस पर ऐंटीनोअस ने उन्हें सम्बोधित करते हुए डपट पिलाई :

''मूर्ख देहातियो, तुम लोग एक दिन से अधिक की बात कभी सोचते ही नहीं हो। रानी अपने प्रिय पति को खोकर पहले से ही दुखी है, अब तुम दोनों अभागे रो-रोकर उसका हृदय क्यों और पीड़ित कर रहे हो? इस धनुष को प्रणययाचकों के बीच पीड़ाजनक प्रतिस्पर्धा के लिए यहीं छोड़कर तुम दोनों चुपचाप बैठकर खाओ-पियो या बाहर जाकर रोओ-धोओ। यहाँ जितने लोग मौजूद हैं, उनमें कोई भी ओडिसियस के समान नहीं है। इसलिए मैं समझता हूँ कि इस चमचमाते धनुष को चढ़ा पाना आसान नहीं होगा। ओडिसियस को मैंने स्वयं देखा था। हालाँकि उस समय मैं निरा बालक था, तो भी मुझे उसका पूरा स्मरण है।''

उसने ऐसा कह तो दिया मगर उसके दिल में पूरी आशा थी कि वह धनुष चढ़ाकर एक ही तीर से लोहे के सारे मत्थे बेध देगा। परन्तु सच्चाई यह थी कि सबसे पहले उसे ही वीर ओडिसियस के बाण का मज़ा चखना था, वही ओडिसियस जिसे वह कुछ ही देर पहले इसी महल में बैठकर अपमानित कर रहा था और अपने साथियों को भी ऐसा करने को उकसा रहा था।

उसके पश्चात टेलेमेकस उनके बीच बोला : ''अब यह देखो कि क्रॉनस-तनय ज़्यूस ने सचमुच मेरी मति मार दी है! माँ मेरी बुद्धिमती होकर भी यह घोषणा करती है कि इस घर को छोड़कर वह किसी दूसरे पुरुष के साथ चली जाएगी और एक मैं हूँ कि इस पर बेवकूफ़ की तरह हँस रहा हूँ और ख़ुश हो रहा हूँ। अब, ओ प्रणयप्रार्थियो, तुम देख ही रहे हो कि पारितोषिक के रूप में तुम्हारे सामने जो महिला है उसके समान पूरे यवन देश में अभी एक भी महिला नहीं है; इथाका में तो नहीं है, यहाँ तक कि पायलस और आरगौस तथा मायसीनी से लेकर अल्पज्ञात मुख्यभूमि तक कोई नहीं है। बल्कि यह बात तुम्हें ख़ुद मालूम है। मुझे अपनी माँ की तारीफ़

करने की क्या ज़रूरत है? पहले हम यह देख ही लें कि परिणाम क्या होता है, इसलिए तुम लोग किसी तरह की बहानेबाज़ी करके देर मत करो और चाप चढ़ाने से अधिक समय तक मत कतराओ। अरे हाँ, मैं भी इस धनुष-परीक्षा में भाग लूँगा। अगर मैं इसे चढ़ा देता हूँ और लोहे के कुल्हाड़े बेध देता हूँ और तब अगर मेरी सम्मानिता जननी यह महल छोड़कर किसी दूसरे पुरुष के संग चली जाती है, तो मुझे कोई दुख नहीं मानना चाहिए। उसके बाद मैं अपने पिता के युद्धोपकरणों को धारण करने में समर्थ होकर यहाँ रहूँगा।"

ऐसा बोलने के साथ ही उसने अपनी पीठ पर से लाल रंग का चोगा उतारकर फेंक दिया और पूरा सीधा खड़ा होकर कन्धों से तीखा खड्ग उतारकर रख दिया। तत्पश्चात उसने एक अच्छा गहरा गड्ढा खोदा और उसमें कुल्हाड़े जमा दिए। वह गड्ढा इतना लम्बा था कि उसमें सारे कुठार आ गए और जाँच करके उसने देख लिया कि वे सब एक सीध में हैं। तब पाँवों से उसने चारों तरफ़ से मिट्टी दबा दी। जिस सुव्यवस्थित ढंग से उसने कुल्हाड़ों को जमाया उसे देखकर वहाँ उपस्थित सभी दर्शक हैरत में पड़ गए, हालाँकि उसने यह काम पहले कभी नहीं देखा था। तब वह दहलीज़ के पास जाकर खड़ा हो गया और चाप की प्रत्यंचा चढ़ाने का प्रयास करने लगा। उसे चढ़ा देने की उत्कट इच्छा से प्रेरित होकर उसने धनुष को तीन बार खींचा और तीनों बार उसका प्रयत्न विफल रहा। फिर भी उसके मन से चाप चढ़ाकर तीर से लोहे के कुल्हाड़े बेध देने की आशा गई नहीं। चौथी बार जब भरपूर शक्ति लगाकर उसे चढ़ाने लगा और वह कदाचित सफल भी हो जाता कि ओडिसियस ने सिर हिलाकर उसे चेतावनी दी और लाख आतुर होते हुए भी उसे ऐसा करने से रोक दिया। तब टेलेमेकस उनके बीच बोला :

"हाय, मैं आजीवन डरपोक और दुर्बल ही बना रहूँगा। अथवा यह भी हो सकता है कि अभी मेरी उम्र कम है और अब तक अपने बल पर उतना विश्वास नहीं हो पाया है कि मैं अपने को ऐसे आदमी से बचा पाऊँ जो मुझ पर अकारण क्रुद्ध हो जाए। लेकिन देखो, तुम लोगों में से जो मुझसे अधिक ताक़तवर हैं, वे कमान पर ज़ोर आजमाएँ और इस तरह हम यह प्रतियोगिता समाप्त करें।"

यह कहकर उसने धनुष को धरती पर चूलदार चिक्कण किवाड़ से टिकाकर रख दिया और तीव्रगामी तीर को चाप की सुन्दर कोटि से टिका दिया। तदनन्तर वह जिस ऊँचे आसन से उठकर आया था, पुनः उसी पर जाकर बैठ गया।

तदुपरान्त यूपेईथीज़ का बेटा ऐंटीनोअस उनके बीच बोला : "मेरे साथियो, तुम सब बाईं ओर यानी जिधर से मदिरा परोसी जाती है उधर से एक-एक कर उठो।"

ऐंटीनोअस ने ऐसा कहा और यह उन्हें ठीक लगा। सबसे पहले ईनौप्स-पुत्र लीयोडीज़ उठा। वह बलिपुरोहित था उनका और हमेशा विशाल कक्ष के उस छोर पर

बैठा करता था जहाँ सुन्दर मिश्रणपात्र रखा जाता था। प्रणयप्रार्थियों में केवल वही था जो उनके दुष्कृत्यों से घृणा करता और उन पर रुष्ट रहता था। सबसे पहले उसी ने धनुष और तीव्रगामी बाण को उठाया। उनको लेकर वह दहलीज़ के पास जाकर खड़ा हो गया और धनुष की आज़माइश करने लगा मगर उसे चढ़ा नहीं पाया। बल्कि इसके पहले कि वह ऐसा कर पाता, उसके अनभ्यस्त कोमल हाथ थक गए। तब वह प्रणययाचकों से बोला :

"मित्रो, मैं सचमुच इसे नहीं झुका सकता। कोई दूसरा इसे ले ले। आह, इसके चलते हमारे अनेक वीर तेज एवं साहस से निश्चय ही हाथ धो बैठेंगे। जिस पारितोषिक को पाने की उम्मीद में हम दिन-प्रतिदिन एकत्र होते हैं, उसमें असफल हो जाने के कारण हमारे लिए अब जीवित रहने से मर जाना ही श्रेयस्कर होगा। अभी बहुत प्रणययाचक ऐसे हैं जो ओडिसियस की शय्यासंगिनी से विवाह करने की आशा और इच्छा रखते हैं। लेकिन उनमें से जो कोई एक बार इस चाप की परीक्षा करके इसका फल जान लेगा, उसे चाहिए कि वह सुवसनित यवन नारियों में से किसी अन्य को उपहार देकर प्रणयनिवेदन द्वारा जीतने का प्रयास करे। वैसी अवस्था में पिनेलपी को भी चाहिए कि वह उस व्यक्ति से विवाह कर ले जो उसे सबसे अधिक उपहार दे और जो नियतिनिश्चित हो।"

ऐसा बोलकर उसने कमान को धरती पर चूलदार चिक्कण किवाड़ से टिकाकर रख दिया और तीव्रगामी तीर को धनुष की सुन्दर कोटि से टिका दिया। तब वह जिस ऊँचे आसन से उठकर आया था, पुनः उसी पर जाकर बैठ गया।

लेकिन ऐंटीनोअस ने उसे डपटते हुए कहा : "लियोडीज़, तुम्हारे मुँह से कैसी कठोर एवं भयंकर बात निकली है? मुझे यह सुनकर गुस्सा आ रहा है कि इस धनुष के कारण हमारे वीरों को तेज एवं साहस से हाथ धोना पड़ेगा और यह इसलिए कि तुम इसकी डोर नहीं चढ़ा पाए। मैं तुम्हें कह देता हूँ कि तुम्हारी सम्मानिता जननी ने तुम्हें इतनी कम शक्ति के साथ उत्पन्न किया है कि तुम धनुष चढ़ाकर बाण नहीं चला सकते। लेकिन दूसरे गर्वीले प्रणययाचक इसे अविलम्ब चढ़ा देंगे।"

ऐसा बोलकर उसने अजापाल मेलैनथियस को हुक्म देते हुए कहा : "इधर सुनो, मेलैनथियस, विशाल कक्ष में तुम आग जला दो और उसके पास बड़ा आसन लगाकर उस पर ऊर्णावरण डाल दो। महल के अन्दर चरबी का जो बड़ा-सा टुकड़ा रखा हुआ है, उसे ले आओ ताकि हम युवकगण चरबी रगड़कर कमान को लचीला बना दें और उसकी आज़माइश करके यह प्रतियोगिता समाप्त कर दें।"

उसके ऐसा कहते ही मेलैनथियस ने हमेशा सँजोकर रखी हुई आग जला दी और वहाँ आसन लगाकर उस पर उर्णावरण डाल दिया। तब वह अन्दर से चरबी का बड़ा-सा टुकड़ा ले आया। युवकों ने उसे चाप पर रगड़ा और चाप की प्रत्यंचा चढ़ाने

का प्रयास किया, किन्तु उतनी ताक़त एकदम ही न रहने की वजह से उसे चढ़ा नहीं पाए। लेकिन ऐंटीनोअस और यूरीमेकस, जो कि प्रणययाचकों के अगुए थे और उनके बीच सबसे शक्तिशाली थे, तब भी ज़ोर आजमाने में जुटे रहे।

इस बीच ओडिसियस के गोपालक और शूकर-संरक्षक एक साथ महल से निकलकर बाहर चले गए। स्वयं ओडिसियस भी उनके पीछे हो लिया। जब वे द्वार और प्रांगण पार करके बाहर आ गए, तब वह उन दोनों से आहिस्ता बोला :

"ओ गोपालक, और तू भी, ओ शूकर-संरक्षक, मैं कुछ कहना चाहता हूँ। यह मैं तुम दोनों से कहूँ या अपने मन में ही गुप्त रखूँ? नहीं, मेरा जी कहता है कि यह कह ही डालूँ। यदि ओडिसियस किसी अनजान जगह से यहाँ अचानक आ जाए, कोई देवता ही उसे ले आए, तब तुम दोनों उसका किस तरह साथ दोगे? क्या तुम ओडिसियस या प्रणययाचकों की सहायता करोगे? तुम्हारा मन जो कहे वही सच-सच बताना।"

इस पर गोपालक ने उसे उत्तर दिया : "हे तात ज़्यूस, क्या ही अच्छा होता यदि तू मेरी यह कामना पूरी कर देता : अहा, वह व्यक्ति किसी देवता के मार्गनिर्देशन में लौट आता! तब तुम्हें मालूम हो जाता कि मुझमें कितना बल है और उसके अनुरूप मेरी भुजाएँ क्या कर पाती हैं।"

उसी तरह यूमियस ने भी सब देवताओं से विनती की कि बुद्धिमान ओडिसियस घर लौट आए।

जब वह पक्के तौर पर उन दोनों के मन का सच्चा भाव जान गया, तब वह उनसे बोला :

"देखो, मैं घर लौट आया हूँ, सचमुच मैं। बहुत दारुण कष्ट झेलकर बीसवें साल अपने वतन वापस आ गया हूँ। मुझे मालूम है कि मेरे जितने भी दास हैं, उनमें तुम्हीं दोनों मेरे लौट आने की कामना करते हो। मेरे पुनः घर आगमन के लिए बाक़ी किसी को भी ऐसी प्रार्थना करते नहीं सुना है। इसलिए भविष्य में तुम दोनों के वास्ते मैं निश्चित तौर पर क्या करूँगा, यह भी बता देता हूँ। यदि गर्वीले प्रणययाचकों को देवता मेरे हाथों पराभूत करा देता है, तब मैं तुम दोनों की शादी करा दूँगा और सम्पत्ति देकर अपने महल के निकट तुम्हारे लिए मकान बनवा दूँगा। उसके बाद से तुम दोनों मेरी नज़र में टेलेमेकस के मित्र और भाई के समान होगे। परन्तु देखो, इससे भी महत्त्वपूर्ण बात यह है कि मैं तुम्हें अपने बारे में पक्का सबूत दे दूँ ताकि तुम मुझे ओडिसियस के रूप में असंदिग्ध रूप से पहचान लो और तुम्हारे मन में अडिग विश्वास हो जाए। यानी घाव का वह निशान जो मुझे जंगली सूअर के सफ़ेद दाँत से उस समय हुआ था जब मैं बहुत पहले औटोलीकस के बेटों के साथ पारनेसस गया था।"

यह कहकर उसने उस असाधारण निशान पर से चीथड़ा हटा लिया। उन दोनों ने जब उसे अच्छी तरह देखभाल कर पहचान लिया, तब वे ओडिसियस को अपनी बाँहों में लेकर रोने लगे और बड़े प्यार से उसके माथे और कन्धों को चूम लिया। उसी तरह ओडिसियस ने भी उनके सिर और हाथ चूम लिए। अगर स्वयं ओडिसियस ने यह कहकर उन्हें रोक नहीं दिया होता, तो वे सूर्यास्त होने तक रोते रह जाते :

''अब रोना-बिलखना बन्द करो वरना यदि महल से कोई आकर हमें देख लेगा, तो यह ख़बर अन्दर भी जना देगा। इसलिए हम एक साथ नहीं बल्कि एक-एक कर भीतर चलें। मैं पहले जाता हूँ। तुम दोनों उसके बाद आना। आगे हमें क्या करना होगा, यह भी हम आपस में अभी ही समझ लें। जितने भी गर्वीले प्रणयप्रार्थी हैं, वे यह नहीं चाहेंगे कि धनुष और तरकश मुझे भी दिए जाएँ। उस हालत में, ओ विश्वस्त यूमियस, तुम विशाल कक्ष से धनुष लाकर मेरे हाथ में रख देना और औरतों से कह देना कि वे अपने कमरे के दरवाज़े बेड़ों से कसकर बन्द रखें। उनमें से किसी को यदि हमारी तरफ़ से पुरुषों के कराहने या हल्ला करने की आवाज़ सुनाई पड़े, तो उनसे कह देना कि वे भागकर बाहर न आएँ बल्कि जहाँ की तहाँ चुपचाप काम करती रहें। लेकिन, ओ मित्र फिलोटियस, मैं तुम्हें अहाते के बाहरी फाटक की बेंड़ लगाकर उसे तुरन्त रस्सी से बाँध देने का काम सौंपता हूँ।''

यह कहकर वह शानदार महल के अन्दर चला गया और जिस आसन से उठा था, उसी पर जाकर बैठ गया। उसके बाद राजा ओडिसियस के वे दोनों दास भी भीतर चले आए।

इधर यूरीमेकस आग की लपटों के आगे धनुष को उलट-पुलटकर सेंक रहा था। फिर भी वह उसकी डोर चढ़ा पाने में विफल रहा। इससे उसका दृप्त हृदय आकुल हो उठा और वह क्षुब्ध होकर उन सबसे चिल्लाकर बोला :

''अभी देखो कि मुझे स्वयं अपने और तुम सबके लिए सचमुच मलाल है। विवाह को लेकर मुझे दुख ज़रूर है किन्तु शोक नहीं, क्योंकि सागर से घिरे इथाका एवं अन्य नगरों में दूसरी बहुत यवन नारियाँ मिल जाएँगी। मैं शोक विह्वल इसलिए हूँ कि शक्ति में हम देवतुल्य ओडिसियस से इतने कम हैं कि उसका चाप हम चढ़ा तक नहीं सकते। हम पर लगा यह कलंक आनेवाली पीढ़ियाँ भी याद करेंगी।''

इस पर यूपेईथीज़-पुत्र ऐंटीनोअस ने उत्तर दिया : ''यूरीमेकस, हरगिज़ ऐसा नहीं होगा और तुम भी इसे ख़ूब जानते हो, क्योंकि आज समूचे देश में धनुर्धर देवता (अपोलो) के सम्मान में उत्सव हो रहा है, पवित्र उत्सव। इस दशा में कौन ऐसा व्यक्ति है जो धनुष चढ़ाएगा? नहीं, इसे चुपचाप अलग रख दो और जहाँ तक कुल्हाड़ों का सवाल है, तो वे अभी जिस तरह गड़े हैं, उन्हें उसी तरह छोड़ देने में क्या हर्ज है? मैं समझता हूँ कि कोई भी आदमी लेयरटीज़-पुत्र ओडिसियस के महल

में घुसकर इन्हें नहीं उठा ले जाएगा। बल्कि देखो, अब पानपात्र-वाहक को चाहिए कि वह प्यालों में कतिपय बूँदें डाल दे ताकि हम देवताओं को मद्यार्पण करके वक्र धनुष को रख दें। मेलैनथियस को कह दें कि उसके पास बकरों के जो झुंड हैं, उनमें से सर्वोत्तम बकरे चुनकर कल सवेरे लेता आए जिससे कि हम धनुर्धर अपोलो की बलिवेदी पर उनकी रानों के टुकड़े अर्पित कर सकें और इस तरह धनुष की प्रत्यंचा चढ़ाने का प्रयास करके यह मुक़ाबला ख़त्म कर सकें।"

ऐंटीनोअस ने ऐसा कहा और उसका यह कहना सबको रुचा। भृत्यों ने उसके हाथ पानी से धुला दिए। सेवकों ने मदिरा से मिश्रणपात्र लबालब भर दिए और कतिपय बूँदें देवताओं के लिए डालने के बाद उन्होंने सभी प्यालों में मदिरा परोस दी। जब वे मद्यार्पण करके जीभर पी चुके, तब बहुविध चतुर ओडिसियस उन सबके बीच चालाकी से बोला :

"ओ विख्यात रानी के प्रणययाचको, मैं जो कहना चाहता हूँ, उसे तुम सब सुनो। मैं विनती करता हूँ ख़ासकर यूरीमेकस से और उसके साथी देवतुल्य ऐंटीनोअस से, जिसने उचित सलाह दी है कि तुम लोग आज धनुष चढ़ाने का प्रयास त्यागकर यह प्रश्न देवताओं पर ही छोड़ दो; कल देवता जिसे चाहेगा उसे विजयश्री प्रदान करेगा। लेकिन इस बीच मुझे यह चमचमाता धनुष दे दो जिससे कि तुम्हारी उपस्थिति में मैं अपने बल और कौशल का प्रदर्शन कर सकूँ और यह जान सकूँ कि क्या मुझमें अब भी वही शक्ति मौजूद है जो मेरे फुरतीले बदन में पहले कभी हुआ करती थी अथवा भटकते रहने और भोजन की कमी की वजह से वह अब तक क्षीण हो चुकी है?"

उसका ऐसा बोलना था कि वे सब बेहद रोष से भर उठे क्योंकि उन्हें यह डर हो गया कि उस चिक्कण चाप की प्रत्यंचा वह कहीं चढ़ा न दे। ऐंटीनोअस ने उसे फटकारते हुए कहा :

"अरे नीच अभ्यागत, तुम्हें अक़्ल नहीं है। नहीं, बिलकुल नहीं है। क्या तुम हमारी श्रेष्ठ संगति में आराम से भोजन करने और भोज में अपना यथोचित अंश पाने और हमारे भाषण एवं वार्तालाप सुनने से सन्तुष्ट नहीं हो? यह जान लो कि किसी याचक और अभ्यागत को हम अपना सम्भाषण नहीं सुनने देते। यह तो मदिरा है जिसने तुम्हें पगला दिया है, मधुमधुर मदिरा जो औरों को भी बरबाद कर देती है, उन सबको, जो इसे भारी मात्रा में और बेहिसाब पीते हैं। यह मदिरा ही थी जिसने यूरीटियन-जैसे प्रतापी सेंटौर[1] की मति उस घड़ी मार दी जब वह लेपिथों (थेसैली के निवासी) के बीच वीर पिरिथोअस के महल में आ गया था। पिरिथोअस के घर में जब मदिरा से उसका दिमाग़ ख़राब हो गया, तब उन्मत्त होकर उसने वहाँ अनेक

1. एक जंगली जाति। उनके मुँह और वक्ष मनुष्य के समान परन्तु शरीर के नीचे का भाग अश्व के समान बताया गया है।

दुष्कृत्य कर डाले। इस पर वहाँ के वीर क्षुब्ध हो उठे। उन्होंने झपटकर निष्ठुर तलवार से उसके नाक-कान काट डाले और उसे घसीटकर फाटक के बाहर कर दिया। पाप के लिए दंड पाकर नशे में धुत यूरीटियन वहाँ से अपनी राह लगा। मनुष्यों और सेंटौरों के बीच दुश्मनी का प्रारम्भ वहीं से हुआ, परन्तु सबसे पहले यूरीटियन को ही मदहोश होने के कारण कष्ट भोगना पड़ा। इसलिए मेरा कहना है कि अगर तुम यह धनुष चढ़ाओगे तो तुम्हारी भी वैसी ही भारी दुर्गति होगी, क्योंकि तब हमारे इलाक़े में एक भी आदमी तुम्हारे प्रति कोई दया नहीं दिखाएगा। बल्कि हम तुम्हें जहाज़ में डालकर एकिटस के पास भेज देंगे जो लोगों को हाथ-पैर काटकर अपंग कर देता है। उसके यहाँ से जीवित बच भागना तुम्हारे लिए कभी सम्भव नहीं होगा। नहीं, ऐसी दशा में तुम चुपचाप बैठकर मदिरा पियो और अपने से कम उम्र के लोगों से होड़ लेने की कोशिश मत करो।''

इस पर बुद्धिमती पिनेलपी ने उसे उत्तर दिया : ''ऐंटीनोअस, टेलेमेकस के घर आए किसी अतिथि को उसके मुनासिब हक़ से वंचित करना न तो शोभनीय है और न न्यायोचित, वह चाहे कैसा ही व्यक्ति क्यों न हो। यदि इस अजनबी को अपने बाहुबल पर इतना भरोसा है कि वह ओडिसियस के महान चाप की प्रत्यंचा चढ़ा देगा, तब क्या समझते हो कि वह मुझे अपने घर ले जाएगा और अपनी पत्नी बना लेगा? बल्कि मुझे तो प्रतीत होता है कि खुद उसके मन में ऐसी कोई आकांक्षा नहीं है। अतः तुममें से किसी को भी इस बात को लेकर अभी भोज का मज़ा लेते समय क्षुब्ध नहीं होना चाहिए। निश्चय ही ऐसा करना अनुचित होगा।''

तब पॉलीबस-तनय यूरीमेकस ने उसे जवाब दिया : ''ओ आइकेरियस की बुद्धिमती बेटी पिनेलपी, ऐसा नहीं है कि हम सोचते हों कि वह व्यक्ति तुम्हें अपने घर ले जाएगा। हम तो ऐसा सोच ही नहीं सकते। हम किन्तु नर-नारियों की इस बात से डरते हैं कि कोई नीच यवन कहीं यह न कह बैठे : 'एक महायोद्धा की पत्नी से सचमुच कितने कमज़ोर लोग प्रणयनिवेदन कर रहे हैं जो उसके चिक्कण धनुष को चढ़ा तक नहीं सकते। लेकिन भटककर आ पहुँचे एक भिखारी ने उसका चाप आसानी से चढ़ा दिया और कुल्हाड़ों के लौह मस्तकों को बाण से बेध दिया।' वे इस तरह बोलेंगे जिससे हमारा अपमान होगा।''

तदनन्तर पिनेलपी ने उसे पुनः उत्तर दिया : ''यूरीमेकस, जो लोग किसी सरदार के घर को लांछित और खा-पीकर बरबाद करते हैं, देश में उनका सुयश कभी हो ही नहीं सकता। तब फिर तुम इस बात को अपमानसूचक क्यो मानते हो? यह अजनबी तो पूरा लम्बा और शरीर इसका सुगंठित है और अपने को सम्भ्रान्त पिता का पुत्र बताता है। इसलिए तुम इसे चिक्कण धनुष दे दो। हम देखें कि इसका नतीजा क्या होता है? इस सम्बन्ध में मैं अपना निश्चय भी सुना देती हूँ और इसका पालन

अवश्य किया जाएगा। यदि वह धनुष की डोर चढ़ा देगा और अपोलो उसे कीर्ति प्रदान कर देगा, तब मैं उसे शानदार अँगरखा और लम्बा चोगा पहनाऊँगी, कुत्तों एवं मनुष्यों से रक्षा के वास्ते उसे तेज बरछा और दोधारी तलवार तथा पाँवों से बाँधने के लिए चप्पलें दूँगी। उसके बाद मैं उसे यहाँ से विदा कर दूँगी और वह जहाँ चाहे वहाँ चला जाएगा।''

इस पर टेलेमेकस ने उससे कहा : ''ओ माँ, जहाँ तक इस धनुष का सवाल है, तो यह मैं जिसे चाहूँ उसे दूँ या नहीं दूँ, ऐसा अधिकार मुझसे अधिक किसी दूसरे यवन को नहीं है–नहीं, पथरीले इथाका तथा अश्वों की चरागाहों से पूर्ण एलिस की ओर जितने भी टापू हैं, उनमें रहनेवाले किसी भी सामन्त को ऐसा अधिकार नहीं है। अगर यह चाप इस अजनबी को इस ख़याल से दे दूँ कि वह इसे अपने साथ हमेशा के लिए यहाँ से ले जाए, तो उनमें से कोई व्यक्ति मेरे इस फ़ैसले की अवहेलना नहीं कर पाएगा। ख़ैर, पर अब तुम अपने कमरे में लौटकर करघे-तकुए आदि घरेलू कामों में लग जाओ और नौकरानियों से भी अपने-अपने काम में लग जाने को कह दो। इस धनुष का सम्बन्ध मर्दों से ही है, मुझसे तो ख़ासतौर पर, क्योंकि मैं इस घर का स्वामी हूँ।''

विस्मित पिनेलपी अपने कक्ष लौट गई, क्योंकि बेटे की विवेकपूर्ण बात का उसके दिल पर गहरा असर पड़ा। परिचारिकाओं के संग वह ऊपरी कमरे में चली गई। वहाँ जाकर वह प्रिय पति के लिए ज़ोर-ज़ोर से रोने लगी और तब तक रोती रही जब तक कि दीप्ताक्षी एथीनी ने उसकी पलकों पर मधुर निद्रा नहीं डाल दी।

उस बीच योग्य शूकर-संरक्षक वक्र धनुष को लेकर जा रहा था कि महल में सभी प्रणययाचक उस पर चिल्ला उठे। उनमें से एक उद्धत युवक ऐसा ही बोला : ''अरे नीच और सनकी शूकरपाल, इस वक्र धनुष को किधर लिए जा रहा है? देख, अगर अपोलो एवं अन्य अमरों की हम पर कृपा हो गई, तो तेरे द्वारा पाले गए तेरे ही तेज कुत्ते लोगों से दूर बिलकुल अकेले में तुझे सूअरों के समीप जल्द ही भकोस डालेंगे।''

वे ऐसा ही बोलने लगे। चूँकि राजभवन में बहुत सारे लोग उस पर एक साथ चीख़ उठे, इसलिए भयभीत होकर उसने धनुष को उसी जगह रख दिया जहाँ वह खड़ा था। तब दूसरी ओर से टेलेमेकस धमकी-भरे स्वर में ज़ोर से बोला :

''ओ तात, धनुष को उठाकर इधर ले आओ। अनेक मालिकों की आज्ञा मानने की वजह से तुम्हें जल्द ही पछताना पड़ेगा। वरना मैं तुम्हें यहाँ से खदेड़ दूँगा और पत्थर मारते हुए तुम्हें पशुशाला तक पहुँचा दूँगा। उम्र में तुमसे मैं भले ही छोटा हूँ मगर शक्ति मुझमें तुमसे अधिक है। क्या ही अच्छा होता अगर महल में एकत्र सभी प्रणयप्रार्थियों से मैं बाहुबल में उतना ही अधिक पड़ता। तब उनमें से बहुतों को इस राजभवन से बुरी दशा में उनके घर भेज देता क्योंकि वे हमारे विरुद्ध दुष्टतापूर्ण

षड्यंत्र रचते रहते हैं।''

उसने ऐसा कहा और प्रणययाचक उस पर हँस पड़े। एक मीठी हँसी, जिससे टेलेमेकस के प्रति उनका जो गुस्सा था वह नरम पड़ गया। तब शूकर-संरक्षक ने उस धनुष को उठा लिया और कक्ष से होता हुआ ओडिसियस के समीप जा पहुँचा। उसके हाथ में धनुष सौंप देने के बाद उसने यूरीक्लिया को भीतरी कक्ष से बुलाकर कहा :

''चतुर यूरीक्लिया, टेलेमेकस ने तुझे हुक्म दिया है कि तू जनानख़ाने के सुसंहत किवाड़ बन्द कर ले और अगर औरतें हमारे कक्ष से मर्दों का कराहना या हल्ला मचाना सुन लेती हैं, तो भी किसी को इधर हरगिज़ मत आने दे। जो जहाँ है उसे वहीं चुपचाप रहकर अपने काम में व्यस्त रहने को कह दे।''

उसने ऐसा कहा किन्तु बोलना चाहकर भी यूरीक्लिया कुछ बोल नहीं पाई। उसने सुन्दर ढंग से बने भीतरी कक्षों के दरवाज़े बन्द कर दिए।

उधर फिलोटियस महल से चुपचाप निकला और फुरती से जाकर परकोटेदार अहाते के बाहरी दरवाज़े बेंड़ लगाकर बन्द कर दिए। द्वारमंडप में पड़े पपीरस के पौधों से बने जहाज़ के रस्से से दरवाज़े कसकर लगा देने के बाद वह महल के अन्दर आ गया। तब जिस तिपाई से उठा था उस पर आकर बैठ गया और ओडिसियस की गतिविधियों पर नज़र रखने लगा। तब तक धनुष ओडिसियस के हाथों में पहुँच चुका था और उसे वह उलट-पुलटकर देख रहा था। उसे कभी इधर तो कभी उधर दबाकर वह यह जानने की कोशिश कर रहा था कि धारणकर्ता की अनुपस्थिति में कीड़े कहीं उसके दोनों छोर खा तो नहीं गए हैं। इस पर कोई प्रणययाचक बग़ल के साथी की ओर देखकर ऐसा ही बोल उठा :

''नज़र इसकी सचमुच तेज है और धनुष के बारे में चतुर मालूम पड़ता है! यह दुष्ट भिखमंगा धनुष को जिस तरह इधर-उधर घुमा रहा है, इससे यही मालूम होता है कि इसके घर पर ऐसा ही धनुष है या ऐसा ही ख़ुद बना लेना चाहता है।''

उद्धत युवकों में से दूसरा बोला : ''अहा, ऐसा करने से इसे उसी अनुपात में लाभ मिल जाता जिस अनुपात में इसके पास इस धनुष की डोर चढ़ा देने की क्षमता है।''

प्रणययाचक इसी प्रकार बकबक कर रहे थे। लेकिन इधर अनेकविध चतुर ओडिसियस ने विशाल धनुष को उठाकर हर तरफ़ से देख लेने के बाद उसकी प्रत्यंचा उसी सरलता से चढ़ा दी, जिस सरलता से कोई निष्णात गायक भेड़ की आँत से बनी लचीली तन्त्री को दोनों छोर से तानकर विपंची की नई खूँटी से बाँध देता है। उसे दाहिने हाथ में लेकर उसने प्रत्यंचा पर टंकार की। छूते ही डोरी मधुर स्वर में झंकृत हो उठी, किसी अबाबील के स्वर की तरह। मगर प्रणयाचकों के बीच भारी विषाद छा गया और उनके चेहरे का रंग बदल गया। उसी क्षण ज़्यूस ने ज़ोर से गर्जना करके

अपना संकेत भी दे दिया। इस पर धीर-वीर ओडिसियस का हृदय इस कारण पुलकित हो उठा कि कुटिलमना क्रॉनस के पुत्र ने उसे शुभ संकेत दिया है। उसने पास ही मेज़ पर यूँ ही पड़े एक तेज बाण को उठा लिया। बाक़ी तीर पोले तरकश में अटे पड़े थे जिनका मज़ा यवनों को जल्दी ही चखना था। उस बाण को लेकर उसने चाप के लस्तन यानी मध्यभाग पर रख दिया और उसका खाँचा पकड़कर डोरी को खींचा और जिस तिपाई पर वह बैठा था, वहीं से बैठे ही बैठे उसने निशाना साधकर बाण छोड़ दिया। तीर से एक भी कुल्हाड़े का छेद नहीं छूटा बल्कि कांस्यबोझिल वह तीर सबको बेलाग पार करता हुआ आख़िरी कुठार के छिद्र से बाहर निकल गया। तत्पश्चात ओडिसियस टेलेमेकस से बोला :

"टेलेमेकस, जो अतिथि तुम्हारे महल में बैठा है उसने तुम्हें शर्मिन्दा नहीं किया है। मुझसे निशाना एक भी नहीं चूका है और न चाप चढ़ाने में ज़्यादा मेहनत करनी पड़ी है, तिस पर मेरी शक्ति भी ज्यों की त्यों बनी हुई है। यह ज़रा भी कम नहीं हुई है, जैसा कि प्रणययाचक मुझे नीचा दिखाने के लिए तिरस्कारपूर्वक बोल रहे थे। लेकिन अब दिन की रोशनी रहते न रहते यवनों के ब्यालू की तैयारी कर लेने का समय हो गया है। उसके बाद गायन और विपंची का आनन्द अवश्य लेना चाहिए क्योंकि भोज की परिपूर्णता इन्हीं से होती है।"

यह कहकर उसने भौंह से इशारा किया। इस पर राजा ओडिसियस का लाड़ला बेटा टेलेमेकस तेज तलवार बाँधकर और मुट्ठी में भाला गहकर ऊँचे आसन के निकट अपने पिता के बग़ल में खड़ा हो गया, चमचमाते कांस्यायुधों से सुसज्जित।

ओडिसियस का प्रणययाचकों से प्रतिशोध

तभी अनेकविध चतुर ओडिसियस ने अपने बदन पर से चीथड़े उतार फेंके और धनुष एवं तीरों से भरा तरकश लेकर विशाल दहलीज़ पर कूदकर चला गया। तीक्ष्ण शायकों को ठीक अपने पैरों के आगे उड़ेल देने के बाद वह प्रणययाचकों से बोला :

"देखो, आख़िर यह पीड़ाजनक प्रतिस्पर्धा अब समाप्त हो गई है। इसके बाद मगर एक और निशाना बच गया है जिसे अब तक किसी ने नहीं बेधा है। देखना यह है कि इसे मैं बेध सकता हूँ या नहीं और इससे अपोलो मुझे कीर्ति प्रदान करता है या नहीं।"

यह कहकर उसने एक घातक तीर ऐंटीनोअस के ऊपर तान दिया। ऐंटीनोअस दो हत्थोंवाला एक सुन्दर स्वर्ण चषक उठाकर अपने होंठों से लगाने जा रहा था। यह देखो कि मदिरा पीने के निमित्त वह इसे थाम चुका था और उसके मन में मृत्यु की रंचमात्र भी आशंका नहीं थी। जब कोई शख़्स बहुत लोगों के साथ दावत में शामिल हो, तब वह कैसे यह बात सोच सकता है कि इतने सारे पुरुषों के बीच केवल एक व्यक्ति, वह व्यक्ति चाहे कितना ही शक्तिशाली क्यों न हो, उसके ऊपर गर्हित मृत्यु और काली नियति ले आएगा? लेकिन ओडिसियस ने निशाना लेकर उसकी श्वासनली पर आघात किया और तीर की नोक मुलायम गले के बिलकुल आर-पार हो गई। वह एक तरफ़ भहरा गया और प्याला उसके हाथ से गिर पड़ा। उसकी नाक से रक्त की मोटी धार फूट चली और उसने मेज़ को अचानक लात मारकर दूर धकेल दिया जिससे सारे भोज्य पदार्थ सहन पर जा गिरे और भूना हुआ मांस एवं रोटियाँ गन्दी हो गईं। जब प्रणययाचकों ने देखा कि वह गिर गया है, तो वे महल में हल्ला मचाने और डर के मारे ऊँचे आसनों से कूद-कूदकर भवन की सुनिर्मित दीवार पर चारों तरफ़ नज़र दौड़ाने लगे। लेकिन थामने के लिए उन्हें कहीं कोई ढाल या शक्तिशाली कुन्त दिखाई नहीं पड़ा। तब वे नाराज़ होकर ओडिसियस को खरी-खोटी सुनाने लगे :

"अरे अजनबी, लोगों पर तीर चलाकर तू अपने लिए काल बेसाह लाया है। किसी दूसरे मुक़ाबले में तू फिर कभी हिस्सा नहीं ले पाएगा। अब तेरा नाश निश्चित

है। अरे, चूँकि तूने अभी इथाका के सर्वश्रेष्ठ यवन की हत्या कर दी है, इसलिए गीध तुझे अवश्य यहीं भकोस जाएँगे।''

हर प्रणययाचक का ऐसा ही कहना था क्योंकि वे यही सोच रहे थे कि अभ्यागत ने उसे जान-बूझकर नहीं मारा है। मगर उन मूर्खों को मालूम नहीं था कि उनमें से हर एक के ऊपर मौत की डोर कस चुकी है। तब ओडिसियस उनको क्रुद्ध नेत्रों से देखते हुए बोला :

''अरे कुत्तो, तुम यह समझ बैठे थे कि मैं ट्रॉय से लौटकर फिर कभी अपने घर नहीं आऊँगा। इसी से तुम लोगों ने मेरा घर बरबाद किया, नौकरानियों को अपने साथ सोने को मजबूर किया और मेरे ज़िन्दा रहते मेरी पत्नी से चालाकी से प्रणयनिवेदन किया। न तो विशाल व्योम में निवसनेवाले देवताओं और न बाद में होनेवाले जनाक्रोश का तुम्हें कोई भय था। लेकिन अब एक-एक कर तुम सब पर मौत की डोर कस चुकी है।''

उसका ऐसा बोलना था कि ख़ौफ़ से वे सब पीले पड़ गए और हर कोई विनाश से बच भागने के इरादे से इधर-उधर देखने लगा। उनके बीच यूरीमेकस ही एक ऐसा व्यक्ति था जिसने ओडिसियस को जवाब दिया :

''सच में यदि तुम पुनः घर लौट आए इथाका-निवासी ओडिसियस हो, तब तो यवनों की करनी के बारे में तुम जो कह रहे हो, वह सब सही है–उनके द्वारा तुम्हारे भवन और देहाती क्षेत्रों में किए गए बहुत सारे दुष्कर्म। लेकिन उन सब दुष्कर्मों के लिए जो व्यक्ति उत्तरदायी है, वह तो अब मरा पड़ा है यानी ऐंटीनोअस। सब कुछ उसने ही शुरू किया था। मगर उसने यह सब विवाह करने की इच्छा और आवश्यकता से नहीं बल्कि किसी और मंशा से किया था, हालाँकि क्रॉनस-तनय ने उसे सफलता नहीं दी। वह तो तुम्हारे बेटे को घात लगाकर मार देने के बाद स्वयं समृद्ध इथाका प्रदेश का राजा बन जाना चाहता था। परन्तु अब वह मृत्यु का उचित दंड पाकर पड़ा हुआ है और तुम बाक़ी लागों की हत्या मत करो। आख़िर वे तुम्हारे ही लोग हैं। उसके बाद हम घूम-घूमकर सारे इलाक़े से इतना धन ले आएँगे कि तुम्हारे महल में हम जितना खा-पी चुके हैं, उसकी भरपाई हो जाएगी। प्रत्येक व्यक्ति प्रतिदान-स्वरूप बीस वृषभों के मूल्य का धन ले आएगा और क्षतिपूर्ति में तुम्हें इतना सोना और काँसा मिलेगा कि तुम्हारा दिल नरम पड़ जाएगा। तब तक तुम्हारे इस रोष के लिए हम तुम्हें कोई दोष नहीं देंगे।''

तब ओडिसियस ने उसे क्रोध से देखते हुए उत्तर दिया : ''यूरीमेकस, यदि तुम अपनी सारी पैतृक और स्वयं अर्जित सम्पत्ति और इसके अतिरिक्त चाहे जहाँ से भी जितना धन लाकर मुझे दे दोगे, तो भी मैं क़त्ल करने से तब तक हाथ नहीं खींचूँगा, जब तक ये प्रणययाचक अपने सारे अपराधों एवं अतिक्रमणों का पूरा-पूरा मूल्य नहीं

चुका देंगे। अब तुम्हारे आगे दो ही विकल्प हैं—या तो तुम सब मुझसे खुल्लमखुल्ला लड़ाई करो या भाग जाओ। शायद कोई शख़्स मृत्यु की नियति से अपने को बचा ले। परन्तु मैं सोचता हूँ कि कुछ ऐसे भी हैं जो निपट मृत्यु से एकदम नहीं बच पाएँगे।''

उसके ऐसा बोलते ही उनका दिल बैठ गया और पैर काँपने लगे। आख़िर यूरीमेकस ही उनके बीच पुनः बोला :

''दोस्तो, यह बात तय है कि यह शख़्स अपने अजेय हाथ नहीं रोकेगा। चूँकि वह अब चिक्कण धनुष और तरकश थाम चुका है, इसलिए देहरी के समतल फ़र्श से वह तीर चलाएगा और हम सबको मार डालेगा। ऐसी हालत में, देखो, हमें लड़ना ही होगा। तुम लोग अपनी-अपनी तलवार खींच लो और घातक तीरों से बचने के लिए मेज़ों को उठा लो। उसके बाद एक साथ हमला करके हम शायद उसे बरामदे और प्रवेशद्वार से भगा देने में कामयाब हो जाएँ। तब उसे खदेड़कर नगर ले जाएँ और वहाँ पहुँचकर तुरन्त हल्ला मचा दें। इस तरह वह जल्द ही अपना अन्तिम बाण छोड़ सकेगा।''

इतना कहकर उसने काँसे की दोधारी तलवार खींच ली और भयंकर निनाद करके ओडिसियस पर उछला। मगर उसी क्षण महाबली ओडिसियस ने उस पर बाण छोड़ दिया। तेज तीर उसकी छाती पर चूचुक के बग़ल में लगा और यकृत में गड़ गया। उसने हाथ से अपना खड्ग ज़मीन पर गिर जाने दिया और खुद मेज़ पर पसरकर छटपटाने लगा। मेज़ पर से भोज्य पदार्थों के साथ दो हत्थोंवाला चषक सहन पर जा गिरा। पीड़ा से तड़प-तड़पकर अन्त में वह कपाल के बल भूमि पर गिर गड़ा। उसने लात से मारकर कुर्सी उलट दी और आख़िरकार मृत्यु की धुन्ध उसकी आँखों पर छा गई।

तब ऐम्फीनोमस तीखी तलवार खिंचकर प्रतापी ओडिसियस पर फुरती से सीधे इस ख़याल से झपटा कि वह दरवाज़े से हट जाए। लेकिन टेलेमेकस उससे तेज निकला। उसने पीछे से कांस्य अनीयुक्त कुन्त चलाकर उसके दोनों कन्धों के बीच चोट कर दी और कुन्त को ठेलकर उसकी छाती के बाहर निकाल दिया। ऐम्फीनोमस धड़ाम से गिर पड़ा और उसका पूरा माथा ज़मीन से जा टकराया। तभी टेलेमेकस लम्बा भाला ऐम्फीनोमस के शरीर में गड़ा छोड़कर वहाँ से उछलकर हट गया, क्योंकि उसे पूरा भय हो गया कि भाले को झुककर बाहर निकालते समय कोई यवन झपटकर उस पर तलवार से कहीं वार न कर दे या बग़ल से तलवार न घुसेड़ दे। अतः वह भागकर झट अपने प्रिय पिता के निकट पहुँच गया और उसके पहलू में खड़ा होकर पुंखित शब्दों में उससे बोला :

''ओ तात, मैं अभी ही तुम्हारे लिए एक ढाल, दो भाले एवं तुम्हारी कनपटियों पर पूरी तरह बैठ जानेवाला एक कांस्य शिरस्त्राण ले आता हूँ। तब लौटकर मैं अपने

को शस्त्रसज्जित कर लूँगा। उसी तरह शूकर-संरक्षक तथा उस चरवाहे को भी हथियार दे दूँगा। भली भाँति हथियारबन्द हो जाना ही बेहतर है।"

इस पर ओडिसियस ने उसे उत्तर दिया : "जब तक मेरे पास अपनी रक्षा करने को तीर बचे हैं, तब तक तुम दौड़कर ये सब चीज़ें ले आओ। वरना वे लोग मुझे दरवाज़े से धकियाकर हटा देंगे क्योंकि मैं निपट अकेला हूँ।"

उसने ऐसा कहा और टेलेमेकस अपने पिता की आज्ञा मान उस कमरे में चला गया जहाँ उत्कृष्ट आयुध रखे हुए थे। वहाँ से उसने चार ढाल, आठ भाले और अश्वलोम की सघन कलगियों से युक्त चार कांस्य शिरस्त्राण निकाल लिए और उनको लेकर तुरन्त पिता के समीप आ गया। सबसे पहले उसने अपने शरीर को कांस्यायुधों से सज्जित किया। तदनन्तर उसी भाँति उन दासों ने भी उत्तम आयुध धारण कर लिए। उसके बाद दोनों दास चतुर एवं बुद्धिमान ओडिसियस के दाएँ-बाएँ खड़े हो गए।

ओडिसियस के पास जब तक अपनी रक्षा के निमित्त बाण मौजूद रहे, तब तक वह निशाना साधकर प्रणययाचकों को एक-एक कर महल में मारता रहा और वे तड़ातड़ एक-दूसरे पर गिरते गए। लेकिन जब उस धनुर्धर राजा के तीर समाप्त हो गए, तब उसने धनुष को सुनिर्मित कक्ष की चौखट के बाजू और प्रवेशद्वार की चमचमाती दीवार से टिका दिया। जहाँ तक स्वयं उसका प्रश्न था, तो उसने कन्धों से चार तहोंवाली ढाल बाँध ली और बलिष्ठ मस्तक पर सुन्दर ढंग से बना शिरस्त्राण धारण कर लिया जिस पर अश्वलोम की कलगी लगी थी। वह कलगी भयानक रूप से लहरा रही थी। तदुपरान्त उसने कांस्य अनीयुक्त दो शक्तिशाली कुन्त थाम लिए।

अब बात ऐसी थी कि सुरक्षित दीवार के पिछले भाग में एक दरवाज़ा था जो सहन से ऊँचा था और जिससे एक रास्ता बाहर की ओर गलियारे में निकलता था। वह रास्ता सुदृढ़ एवं विशाल कक्ष की दहलीज़ की सतह जितना ऊँचा था और वह मज़बूत किवाड़ों से बन्द होता था। इसलिए ओडिसियस ने विश्वस्त शूकर-संरक्षक को आदेश दिया कि वह उसके ही नज़दीक खड़ा रहकर उस रास्ते पर कड़ी नज़र रखे, क्योंकि उधर वही एकमात्र रास्ता था। तब एजिलेयस ने सभी प्रणययाचकों के सामने अपनी योजना रखते हुए कहा :

"साथियो, क्या कोई ऐसा आदमी नहीं है जो पिछले द्वार पर चढ़कर बाहर लोगों को ख़बर दे दे ताकि तुरन्त हल्ला-हंगामा शुरू जाए और इस तरह यह शख़्स अपना तीर आख़िरी बार ही छोड़ पाए?"

इस पर उसे अजापाल मेलैनथियस ने उत्तर दिया : "ओ एजिलेयस, ऐसा करना मुमकिन नहीं है, क्योंकि प्रांगण का फाटक बहुत नज़दीक है और गलियारे का

मुँह बड़ा सँकरा है। एक भी साहसी आदमी हम सबको वहाँ से दूर रख सकता है। लेकिन देखो, मुझे भीतर जाकर भंडारगृह से तुम्हारे लिए हथियार ले आने दो जिनके द्वारा तुम लोग अपनी रक्षा कर सकते हो। मैं समझता हूँ कि और कहीं नहीं बल्कि उसी कमरे में ओडिसियस और उसके बेटे ने सारे हथियार रख दिए हैं।''

यह कहकर बकरी का चरवाहा मेलैनथियस कक्ष की सीढ़ियाँ चढ़कर ओडिसियस के भंडारगृह में घुस गया। वहाँ से उसने बारह ढाल, उतने ही भाले और उतने ही अश्वलोम की सघन कलगी लगे कांस्य शिरस्त्राण उठा लिए और झटपट लाकर प्रणययाचकों को सौंप दिए। लेकिन जब ओडिसियस ने देखा कि वे ढाल धारण कर रहे हैं और लम्बे भाले भाँज रहे हैं, तब उसके पैर काँपने लगे और उसका दिल बैठ गया। उसने समझ लिया कि उसका काम अब बड़ा कठिन हो गया है। वह टेलेमेकस से झट पुंखित शब्दों में बोला :

''टेलेमेकस, हमारे ऊपर विकट लड़ाई आ पड़ी है। इसके पीछे निश्चय ही महल की किसी औरत या शायद खुद मेलैनथियस का हाथ हो।''

तब टेलेमेकस ने उसे जवाब दिया : ''तात, इसके लिए और कोई नहीं बल्कि स्वयं मैं दोषी हूँ, क्योंकि मैंने ही वे सख़्त किवाड़ खुले छोड़ दिए थे और किसी दुश्मन की नज़र मुझसे भी तेज साबित हुई है। लेकिन, ओ विश्वस्त यूमियस, अब तुम जाकर उस कक्ष का दरवाज़ा लगा दो और देखो कि यह काम क्या कोई औरत कर रही है या डोलियस का बेटा मेलैनथियस कर रहा है जैसा कि हमारा सन्देह है?''

वे आपस में यही बतिया रहे थे कि बकरी का चरवाहा मेलैनथियस चमचमाते हथियार लाने भंडारगृह की ओर फिर जाने लगा। परन्तु विश्वस्त शूकर-संरक्षक ने उसे देख लिया और नज़दीक खड़े ओडिसियस से तुरन्त कहा :

''ओ ओडिसियस, जिस दुष्ट पर हमारा शक था, वही अभी भंडारगृह की ओर जा रहा है। तुम मुझे स्पष्ट आदेश दो कि यदि मैं उससे ताक़तवर साबित होता हूँ, तो क्या मैं उसे जान से मार डालूँ या उसे पकड़कर यहाँ तुम्हारे पास ले आऊँ ताकि तुम्हारे घर में उसने जितने दुष्कृत्य किए हैं, उनके लिए उसे दंड भोगना पड़े?''

इस पर ओडिसियस ने उसे उत्तर दिया : ''ये उद्धत प्रणययाचक चाहे जितनी उग्रता क्यों न दिखाएँ, किन्तु मैं और टेलेमेकस इनको इसी विशाल कक्ष में रोक रखने में सक्षम होंगे। लेकिन तुम दोनों मिलकर मेलैनथियस के हाथ-पैर ऐंठकर पीछे बाँध देना और उसे भंडारगृह में डालकर भीतर से किवाड़ बन्द कर लेना। तब एक बटे हुए रस्से से उसका शरीर सख़्ती से बाँधकर ऊँचे खम्भे पर लटका देना और उसे खींचकर ऊपर शहतीरों तक ले जाना ताकि वह लम्बे समय तक वहाँ ज़िन्दा लटकता रहे और उसे भारी कष्ट भोगना पड़े।''

उसने जो कहा उसे ध्यान से सुनकर दोनों ने आज्ञा मान ली। इस तरह वे भंडारगृह पहुँच गए, लेकिन भंडारगृह के अन्दर अजापालक को उनका आना मालूम नहीं हो पाया। असल में उस समय वह भंडारगृह के भीतरी कोने में हथियार ढूँढ़ रहा था। वे दोनों किवाड़ की चौखट के दोनों तरफ़ ताक़ में खड़े हो गए। तब मेलैनथियस दरवाज़े से बाहर निकलने लगा। वह एक हाथ में अच्छा-सा शिरस्त्राण और दूसरे में विशाल ढाल लिये हुए था जो पुरानी और जंग लगी थी। वह ढाल वीर लेयरटीज़ की थी जिसे वह जवानी में धारण किया करता था किन्तु अब वह रख दी गई थी। उसकी पट्टियों की सीवन ढीली पड़ गई थी। मेलैनथियस ज्यों ही बाहर आया कि उन दोनों ने झपटकर उसे दबोच लिया और बाल पकड़कर घसीटते हुए अन्दर ले जाकर सहन पर पटक दिया। घबराहट से उसकी हालत ख़राब हो गई। ओडिसियस के कहने के मुताबिक उन दोनों ने उसके हाथ-पाँव पीछे ऐंठकर कठोर रस्सी से कसकर बाँध दिए। तब बटे हुए रस्से से उसका शरीर दृढ़तापूर्वक बाँधकर उसे ऊँचे खम्भे से लटका दिया और ऊपर खींचकर शहतीरों तक ले गए। उसके बाद, ओ यूमियस, तुम उसकी खिल्ली उड़ाते हुए बोले :

''मेलैनथियस, अब तुम सचमुच अपने मुनासिब मुलायम बिछावन पर पड़े-पड़े सारी रात पहरा देते रहोगे और जब कनकासना उषा ओकिएनस की धार से निकलेगी, और यह वही समय है जब तुम महल में प्रणययाचकों के भोजन के वास्ते बकरे हाँककर लाते हो, तब तुम उसे देखने से नहीं चूकोगे।''

इस प्रकार भीषण कष्टदायक पाश में आबद्ध मेलैनथियस को लटकता छोड़ वे दोनों हथियारबन्द हो गए और चमचमाते किवाड़ लगाकर ओडिसियस के पास लौट आए। अब वहाँ वे सभी भयंकर क्रोध से भरकर आमने-सामने खड़े थे—एक तरफ़ दहलीज़ पर केवल चार लड़ाके, जबकि दूसरी तरफ़ विशाल कक्ष में बहुत सारे लोग जो अच्छे योद्धा भी थे। लेकिन उसी क्षण उनके समीप ज़्यूस-तनया एथीनी आ गई; वह मेंटौर का रूप और वाणी धारण किए हुई थी। उसे देखते ही ओडिसियस पुलकित हो उठा और उससे बोला :

''मेंटौर, तुम अपने प्रिय मित्र को मत भूलो और हमें तबाही से बचाओ। तुम्हारी मदद मैंने हमेशा की है और तुम मेरी ही वयस के हो।''

मेंटौर को उसने सेनाओं को जगानेवाली एथीनी समझकर ही ऐसा कहा। लेकिन दूसरी ओर प्रणययाचक विशाल कक्ष में ज़ोर-ज़ोर से बोलने लगे। सबसे पहले डेमैस्टर का बेटा एजिलेयस एथीनी को डपटते हुए बोला :

''मेंटौर, ओडिसियस की बातों में आकर उसकी मदद और प्रणययाचकों से लड़ाई मत करो। हमारी मंशा यह सब करने की है और मैं समझता हूँ कि ऐसा होकर रहेगा अर्थात हम सब बाप-बेटे दोनों को मार डालेंगे, तब तुम जो सब यहाँ करना

चाहते हो, उसके लिए हम तुम्हारी भी हत्या कर देंगे और इस तरह तुम सिर देकर अपने दुष्कर्मों का मूल्य चुकाओगे। जब हम तलवार से तुम्हारी ताक़त छीन लेंगे, तब घर के अन्दर और बाहर खेतों में तुम्हारी जितनी सम्पत्ति है, उसे हम ओडिसियस की सम्पत्ति के साथ मिला देंगे और न तो तुम्हारे बेटों और न बेटियों को ही तुम्हारे घर में रहने देंगे और न तुम्हारी साध्वी पत्नी को इथाका नगर में स्वच्छन्द विचरण करने देंगे।''

उसने ऐसा कहा जिस पर एथीनी का जी भयंकर रूप से क्रुद्ध हो उठा। वह रोष-भरे शब्दों में ओडिसियस को डपटने लगी :

''ओडिसियस, तुममें वह अविरल शक्ति और साहस नहीं रहा, जो उस समय था जब तुमने उच्च कुल में उत्पन्न श्वेतबाहु हेलेन के निमित्त पूरे नौ वर्षों तक ट्रोजनों के विरुद्ध निरन्तर संग्राम किया था और विकट संघर्ष में अनेक सारे योद्धाओं को मार गिराया था और तुम्हारी युक्ति से ही प्रायेम के प्रशस्त पथोंवाले ट्रॉय नगर पर अधिकार कर लिया गया था। लेकिन जब तुम अपने घर और अपने अधिकार क्षेत्र में आ गए हो, तब तुम प्रणययाचकों का मुक़ाबला करते समय इस तरह क्यों विलप रहे हो मानो तुम्हारे अन्दर कोई साहस है ही नहीं? नहीं मित्र, इधर चले आओ और मेरे बग़ल में खड़े होकर मेरे करतब देखो कि एलकीमस-पुत्र मेंटौर अपने प्रति की गई भलाई का शत्रुओं के मध्य भी किस तरह प्रतिदान देता है।''

यह वह बोली। परन्तु उस घड़ी उसने उसे इतना बल नहीं दिया कि लड़ाई का रुख़ एकबारगी उसके पक्ष में हो जाए। वह आगे कुछ काल तक उसके और उसके तेजस्वी पुत्र के बल और साहस की परीक्षा लेती रही। जहाँ तक स्वयं उसका प्रश्न था, तो वह उड़कर अँधेरे कक्ष की छत की कड़ी पर चली गई और वहाँ एक अबाबील की शक्ल में बैठ गई।

उधर डेमैस्टर-पुत्र एजिलेयस के साथ-साथ यूरीनोमस, ऐम्फीमीडौन, डीमोपटोलिमस, पौलिक्टर-सुत पीसैंडर तथा बुद्धिमान पॉलीबस प्रणययाचकों को उत्साह दिलाने लगे। जो प्रणयप्रार्थी अभी जीवित थे और प्राणरक्षा के लिए संघर्ष कर रहे थे, उनके बीच वीरता में ये ही सर्वोत्तम थे। बाक़ी तो धनुष द्वारा तीरों की सघन वर्षा के पहले ही प्राण गँवा चुके थे। तब एजिलेयस ने उनके बीच अपनी युक्ति रखते हुए कहा :

''दोस्तो, अन्त में यह आदमी अपने अजेय हाथ अवश्य रोकेगा। देखो, अभी मेंटौर थोथी डींग मारने के बाद उसे छोड़कर खिसक गया है और वे प्रवेशद्वार पर अकेले रह गए हैं। इसलिए अब तुम सब एक साथ उन पर लम्बे भाले मत फेंको। बल्कि पहले तुममें से छह ही इस मंशा से फेंको कि ज़्यूस-कृपा से हम शायद ओडिसियस पर प्रहार करने में कामयाब हो जाएँ और यश के भागी बन जाएँ। उसके धराशायी हो जाने के बाद तो हमें बाक़ी लोगों की कोई चिन्ता नहीं रहेगी।''

उसने ऐसा कहा और छहों ने उग्रता से अपने भाले फेंके लेकिन एथीनी ने ऐसा किया कि सभी भाले बेमौक़े पड़े। एक ने सुदृढ़ कक्ष के दरवाज़े की चौखट को मारा, तो दूसरे ने मज़बूती से बन्द होनेवाले दरवाज़े और तीसरे ने कांस्य अनीवाला अपना विशाल ऐश कुन्त दीवार पर ही दे मारा। इस भाँति जब उन्होंने अपने को प्रणययाचकों के भालों से बचा लिया, तब धीर-वीर ओडिसियस उनसे बोला :

''मित्रो, मेरे ख़याल से अब हमें भी प्रणययाचकों की इस भीड़ पर भाला चलाना चाहिए। पहले इतने अत्याचार कर चुकनेवाले ये प्रणयप्रार्थी इस घड़ी हमें मार डालने पर उतारू हैं।''

उसने ऐसा कहा और उन्होंने ठोस निशाने लेकर तेज भाले फेंके। ओडिसियस ने डीमोपटोलिमस, टेलेमेकस ने यूरिऐडीज़, शूकर-संरक्षक ने इलेटस तथा गोपालक ने पीसैंडर को मार गिराया। इस प्रकार इतने प्रणययाचकों ने एक साथ विशाल फ़र्श को अपने दाँतों से बकोट लिया और बाक़ी कक्ष के पिछले भाग में खिसक गए। ओडिसियस और उसके तीनों सहयोगियों ने आगे झपटकर मृतकों के शरीर से भाले निकाल लिए।

तत्पश्चात प्रणययाचकों ने एक बार पुनः अपने भाले प्रचंडता से फेंके लेकिन एथीनी ने अधिकांश भाले बिचला दिए। एक ने सुदृढ़ कक्ष के दरवाज़े की चौखट को मारा, तो दूसरे ने मज़बूती से बन्द होनेवाले दरवाज़े और तीसरे ने कांस्य अनीवाला अपना विशाल ऐश कुन्त दीवार पर ही दे मारा। मगर ऐम्फीमीडौन का भाला टेलेमेकस की कलाई पर लगा किन्तु हलके ढंग से और उसकी कांस्य नोक चमड़े के ऊपरी भाग तक ही घाव कर पाई। क्टीसिपस ने लम्बे भाले से यूमियस के कन्धे का वह भाग खरोंच दिया जो ढाल के ऊपर था, लेकिन भाला ऊपर से होता हुआ ज़मीन पर जा गिरा। तब ओडिसियस और उसके लोगों ने प्रणयप्रार्थियों की भीड़ पर पुनः तेज भाले चलाए और इस बार भी नगरविध्वंसक ओडिसियस ने यूरीडेमस, टेलेमेकस ने ऐम्फीमीडौन और शूकर-संरक्षक ने पॉलीबस को मौत के हवाले कर दिया। अन्त में गोपालक ने क्टीसिपस के सीने में भाला मारकर शेख़ी बघारते हुए कहा :

''अरे पौलीथर्सीज़ के बदज़बान बेटे, अब तुम बढ़-चढ़कर बात करने की भूल कभी मत करना। बल्कि यह सब देवताओं के ऊपर छोड़ दो जो कि बहुत अधिक शक्तिशाली हैं। यह तोहफ़ा तुम्हें उस गोखुर के हरजाने के तौर पर मिल रहा है जिसे तुमने हाल ही राजा ओडिसियस को उस क्षण दिया था, जब वह इस महल में भीख माँगते हुए आया था।''

मोटी-ताज़ी गायों के चरवाहे ने ऐसा ही कहा। उसके बाद ओडिसियस ने आमने-सामने की लड़ाई में लम्बे भाले से एजिलेयस को घायल कर दिया और

टेलेमेकस ने यूईनौर के बेटे लीयोक्रीटस के ठीक पार्श्व भाग में बरछा मार दिया और बरछे की कांस्य नोंक साफ़ अन्दर धँसा दी जिससे वह औंधे मुँह गिर पड़ा। उसका कपाल धरती से जा टकराया। तब एथीनी ने ऊपर छत से अपना नरसंहारक चर्म उठा लिया जिससे प्रणययाचकों के मन में भारी ख़ौफ़ समा गया। वे घबराकर महल में इधर-उधर उसी तरह भागने लगे जिस तरह वसन्त ऋतु में दिन का बढ़ना शुरू हो जाने पर डाँसों के तेज गति से आ पड़ने के कारण गाएँ इधर-उधर भाग खड़ी होती हैं। जब वक्र नख और चोंचवाले गीध पहाड़ों की ओर से आकर छोटे-छोटे पखेरुओं पर झपट पड़ते हैं, तो वे भयभीत पखेरू जिस तरह ऊपर मेघों की तरफ़ से भागकर नीचे मैदानी इलाक़े में इधर-उधर बिखर जाते हैं, किन्तु गीध उन असुरक्षित एवं भाग पाने में असमर्थ चिड़ियों पर टूटकर उन्हें मार डालते हैं और लोग इस आखेट का मज़ा लेते हैं, उसी तरह वे चार व्यक्ति प्रणययाचकों पर प्रचंड आक्रमण कर उन्हें महल में अन्धाधुन्ध मार गिराने लगे। खोपड़ियों के टूटने से भयावह चीख़-पुकार होने लगी और पूरे फ़र्श पर ख़ून की धारा बह चली।

मगर लीयोडीज़ ने दौड़कर ओडिसियस के घुटने पकड़ लिए और अनुनय करते हुए पुंखित शब्दों में उससे कहा :

''ओडिसियस, मैं तुम्हारे घुटने पकड़कर विनती करता हूँ कि तुम मेरा सम्मान और मुझ पर रहम करो। मैं बता देता हूँ कि तुम्हारे महल में मैंने कभी किसी औरत से न तो कोई अश्लील बात कही है और न किसी के साथ कोई ग़लत काम ही किया है। बल्कि, जब भी अन्य प्रणययाचकों ने ऐसे ग़लत काम किए हैं तो मैंने उन्हें रोकने का प्रयास किया है। लेकिन उन्होंने मेरी बात की परवाह नहीं की और अनुचित काम करने से अपने को कभी नहीं रोका। अपने इन्हीं अनियन्त्रित दुष्कर्मों के चलते ये निर्दयतापूर्वक मारे गए हैं। मैं इनका महज़ भविष्यवक्ता हूँ और मैंने कोई दुष्कर्म नहीं किया है। तो भी मैं इनकी ही तरह मौत के हवाले कर दिया जाऊँगा। अतः यह सच है कि सत्कार्यों के लिए बाद में कोई कृतज्ञता नहीं मिलती।''

इस पर ओडिसियस ने उसे रोषपूर्वक देखते हुए कहा : ''तुम यदि सचमुच अपने को इनका भविष्यवक्ता कहते हो, तब तो तुम इस भवन में प्रायः यही प्रार्थना करते होंगे कि हँसी-खुशी पुनः लौट आने का सवाल मुझसे बहुत दूर ही रहे और इस प्रकार मेरी प्रिय पत्नी तुम्हारे संग चली जाए और तुम्हारे बच्चे पैदा करे। अतः दारुण मृत्यु से तुम बच नहीं पाओगे।''

यह कहकर उसने अपने शक्तिवन्त हाथ से तलवार उठा ली जो नज़दीक ही पड़ी थी। एजिलेयस जब क़त्ल कर दिया गया, तो उसके हाथ से छूटकर तलवार ज़मीन पर गिर गई थी। ओडिसियस ने उसी से लीयोडीज़ की गरदन पर भरपूर वार किया। वह अभी बोल ही रहा था कि उसका मस्तक धूल में गिर पड़ा।

उसी समय टरपीज़-पुत्र फेमियस निपट मृत्यु के बच निकलने का प्रयत्न कर रहा था। यह वही गायक था जिसे प्रणययाचकों के बीच ज़बरदस्ती गाना पड़ता था। हाथ में पटुस्वर विपंची लिए वह ऊँचे दरवाज़े के पास खड़ा था और इस द्वन्द्व में पड़ा था कि क्या वह विशाल कक्ष से खिसककर बाहरी प्रांगण में मनोरम ढंग से बनी महान ज़्यूस की उस बलिवेदी पर जाकर बैठ जाए जिस पर लेयरटीज़ और ओडिसियस ने वृषभों की अनेक रानों की आहुति दी थी अथवा आगे लपककर ओडिसियस के घुटनों से लिपट जाए और उससे आरज़ू-मिन्नत करे? आख़िर उसने अवतली विपंची को मिश्रणपात्र एवं रजतजटित ऊँची आसन्दी के बीच रख दिया और स्वयं तेजी से आगे लपककर ओडिसियस के घुटनों से लिपट गया और कम्पित स्वर में उससे विनती करने लगा :

"ओ ओडिसियस, मैं तुम्हारे घुटने पकड़कर विनती करता हूँ कि तुम मेरा आदर और मेरे ऊपर दया करो। चूँकि मैं देवताओं और मनुष्यों के आगे गायन करता हूँ, इसलिए यदि तुम मेरे समान गायक की हत्या कर दोगे, तो बाद में तुम्हें अवश्य दुख और पश्चात्ताप होगा। शिक्षित तो मैंने अपने को स्वयं ही किया है, किन्तु देवता ने मेरे अन्तस्तल में हर प्रकार का गायन आरोपित कर दिया है। मेरा मानना है कि जितना योग्य मैं किसी देवता के आगे गाने में हूँ, उतना ही योग्य मैं तुम्हारे आगे गाने में हूँ। इसलिए उतावली में आकर तुम मेरा शिरश्छेदन मत करो। तुम्हारा ही प्यारा बेटा टेलेमेकस इस बात की गवाही देगा कि मैं अपनी इच्छा या मंशा से तुम्हारे इस भवन में प्रणययाचकों के आगे गाने के लिए उनके भोज में शामिल नहीं होता था। वे संख्या में बहुत अधिक थे और मैं उनसे दुर्बल पड़ता था, अतः वे मुझे यहाँ ज़बरदस्ती ले आते थे।"

उसने ऐसा कहा और राजकुमार टेलेमेकस ने उसकी बात सुन ली। इस पर वह पास ही खड़े अपने पिता से चट बोला : "हाँ, हमें अनुचर मीडौन की भी जान बख़्श देनी चाहिए यदि संयोग से पहले ही फिलोटियस या शूकर-संरक्षक ने उसका वध न कर दिया हो अथवा महल में तुम्हारे क्रोधोन्माद की चपेट में न आ गया हो। जब मैं बालक था तो इस घर में वह हमेशा मेरी देखभाल किया करता था।"

उसने ऐसा कहा जिसे सावधान मीडौन ने सुन लिया। भयावह नियति से बचने के उद्देश्य से वह साँड़ की एक ताज़ी खाल ओढ़कर ऊँची कुर्सी के नीचे दुबका पड़ा था। इसलिए वह तुरन्त आसन के नीचे से निकलकर खड़ा हो गया और वृषभचर्म उतार फेंक वह आगे लपककर टेलेमेकस के घुटनों से लिपट गया। उससे अनुनय करते हुए उसने भयकम्पित शब्दों में कहा :

"मित्र, मैं यहाँ हूँ। तुम अपना हाथ रोको और बाप से भी कहो कि मेरे ऊपर तलवार नहीं चलाए। चूँकि प्रणययाचकों ने महल की उसकी सम्पत्ति नष्ट कर दी है

और मूर्खतावश तुम्हारा रंचमात्र भी सम्मान नहीं किया है, इसलिए वह उन पर बहुत क्रुद्ध है और उसकी शक्ति अभी दुर्निवार हो उठी है।''

इस पर अनेकविध चतुर ओडिसियस मुसकराकर उससे बोला : ''डरो मत, क्योंकि देखो, उसने तुम्हारी जान बचा ली है और तुम्हें मौत से छुटकारा दिला दिया है। इससे मन में यह बात समझ लेनी चाहिए और दूसरों से भी कहनी चाहिए कि दुष्कर्म से सत्कर्म करना कितना अधिक अच्छा होता है। लेकिन अब तुम और यह गायक, जो अनेक प्रकार के गीत गाता है, दोनों ही इस महल में हो रहे नरसंहार का स्थल छोड़कर बाहर चले जाओ और प्रांगण में जाकर तब तक बैठे रहो जब तक कि मैं वह सब नहीं कर लेता जो इस घर में करना ज़रूरी है।''

उसके ऐसा कहते ही वे दोनों महल से निकल गए और बाहर निकलकर ज़्यूस की बलिवेदी के समीप बैठ गए। लेकिन मृत्यु किसी भी क्षण आ सकती है, इस अपडर से वे हमेशा चारों ओर चौकन्नी नज़र से ताकने लगे। उधर ओडिसियस ने समूचा राजभवन यह जानने को छान डाला कि अब भी कोई प्रणययाचक ज़िन्दा है और मौत से बचने के लिए कहीं छुपा हुआ तो नहीं है। परन्तु उसने पाया कि एक-एक कर वे सब धूल और रक्त में पड़े हुए हैं; सारे के सारे उसी तरह पड़े हुए थे जिस तरह वे मछलियाँ जिन्हें मछुए मटमैले सागर से रन्ध्रयुक्त जाल के द्वारा पकड़कर खाड़ी-तट पर डालते जाते हैं और बालू पर उनका ढेर लग जाता है; वे खारे जल के लिए तड़पती हैं, किन्तु सूरज की तेज किरणें उनके प्राण हर लेती हैं। उस समय प्रणययाचक भी एक-दूसरे के ऊपर उसी तरह ढेर पड़े थे। तब नानाभाँति विचक्षण ओडिसियस ने टेलेमेकस से कहा :

''टेलेमेकस, तुम जाकर यूरीक्लिया को मेरे पास बुला लाओ। मैं उससे अपने मन की बात कहना ज़रूरी समझता हूँ।''

वह ऐसा बोला और प्रिय पिता की आज्ञा मान टेलेमेकस ने दरवाज़े पर दस्तक दी और धाय यूरीक्लिया से कहा :

''हमारे महल की सभी सेविकाओं की बूढ़ी अभिरक्षिके, तुम इधर आओ। देखो, मेरे पिता ने तुम्हें कुछ कहने को बुला भेजा है।''

उसने यही कहा किन्तु यूरीक्लिया कुछ बोल नहीं पाई। शानदार कक्ष का द्वार खोलकर वह बाहर आ गई और टेलेमेकस के पीछे चल पड़ी। उसने पाया कि ओडिसियस ख़ून और गन्दगी से लिथड़ा हुआ है और वह उसी तरह दिख रहा है जिस तरह कृषिक्षेत्र में बैल का भक्षण करके लौट रहा वह सिंह जिसकी छाती और दोनों जबड़े ख़ून से रँगे होते हैं और जो देखने में भयंकर मालूम पड़ता है; ओडिसियस के दोनों हाथ और पाँव उसी तरह रँगे हुए थे। लेकिन जब धन्या की नज़र इतने अधिक ख़ून और लाशों पर पड़ी और उसे लगा कि यह तो बड़ा भारी दुस्साहसिक कर्म कर

डाला गया है, तो वह ख़ुशी से भर उठी और उसके मुँह से ज़ोर की चीख़ निकलने ही जा रही थी कि ओडिसियस ने चट यह कहकर उसे रोक और उसके इस आवेग को स्तम्भित कर दिया :

"ऐ बूढ़ी दाई, ख़ुशी को मन में ही दबाकर अपने को संयमित रख और ज़ोर से मत चिल्ला। निहत लोगों के ऊपर शेख़ी बघारना अधमता है। अभी ये लोग दैवी इच्छा और अपने भयानक कर्मों के कारण ही नष्ट हुए हैं। इस धरती के मनुष्यों में से जो कोई अच्छा या बुरा व्यक्ति इनके पास आया, उसका इन्होंने कभी कोई सम्मान नहीं किया। इसलिए अपने ही अनियन्त्रित दुष्कर्मों के चलते इनका शर्मनाक अन्त हुआ है। ख़ैर, अब तू महल की औरतों के सम्बन्ध में बता कि उनमें से कौन-कौन मेरे प्रति निष्ठाहीन और कौन-कौन वफादार हैं?"

इस पर विश्वस्त धाय यूरीक्लिया ने उसे उत्तर दिया : "हाँ मेरे बच्चे, मैं तुम्हें अभी पूरी सच्चाई से अवगत करा देती हूँ। तुम्हारे महल में पचास दासियाँ हैं जिनको हमने घर के कामों में प्रशिक्षित किया है यानी ऊन धुनना और दासी के कर्त्तव्यों का निर्वहण करना। इनमें से कुल बारह के पाँव बेशर्मी के रास्ते पर हैं और ये न तो मेरी और न रानी पिनेलपी की कोई परवाह करती हैं। जहाँ तक टेलेमेकस का सवाल है, तो वह अब जवान हो चुका है। इसलिए उसकी माँ उसे महल की औरतों पर हुक्म चलाने से मना कर चुकी है। ख़ैर, अब तुम मुझे ऊपरवाले प्रकाशित कक्ष में जाने की आज्ञा दो ताकि यह ख़बर तुम्हारी पत्नी को दे आऊँ। उसे किसी देवता ने ही अभी नींद दे रखी है।"

तब ओडिसियस उससे बोला : "उसे अभी मत जगा। बल्कि जिन औरतों का चाल-चलन शर्मनाक रहा है, उन्हें यहाँ आ जाने का हुक्म दे दे।"

उसने ऐसा कहा और बूढ़ी अन्ना उसके इस आदेश के अनुसार औरतों को जल्दी ले आने महल के अन्दर चली गई। तब ओडिसियस ने टेलेमेकस, गोपालक एवं शूकर-संरक्षक को तुरन्त अपने पास बुलाकर कहा :

"तुम लोग शवों को अब फुरती से बाहर निकालना शुरू कर दो और औरतों से इस काम में मदद करने को कहो। तब सुन्दर कुर्सियों और मेज़ों को पानी और जलशोषणी से साफ़ कर दो। इस तरह जब सारा महल दुरुस्त हो जाए, तब उन औरतों को सुदृढ़ भवन के बाहर गुम्बदनुमा कक्ष और बाहरी प्रांगण की मज़बूत चारदीवारी के बीच ले जाओ और तलवारों से उनका वध करना शुरू कर दो। ऐसा तब तक करो जब तक कि एक-एक कर वे सब प्राण न त्याग दें और प्रणययाचकों के कहने में आकर उनके संग कभी उठाए गुप्त प्रेम का सारा आनन्द न भूल जाएँ।"

उसने यही कहा। तभी वे सब औरतें एक साथ झुंड में आ गईं। वे भयंकर रूप से रो और आँसू बहा रही थीं। सबसे पहले उन्होंने निहत लोगों के शव बाहर

निकालकर सुप्राचीरावृत प्रांगण के द्वारमंडप के नीचे एक-दूसरे से टिकाकर रख दिए। स्वयं ओडिसियस ने उन्हें यह काम शीघ्र कर डालने का आदेश दिया जिससे उन्हें लाशों को ज़बरन ढोना पड़ा। उसके बाद पानी और जलशोषणी से सुन्दर कुर्सियों और मेज़ों को साफ़ किया। टेलेमेकस, गोपालक तथा शूकर-संरक्षक ने कुदालों से महल का फर्श खुरचकर साफ़ कर दिया और सारी खुरचन औरतें बाहर फेंक आईं।

जब उन्होंने सम्पूर्ण महल को सुव्यवस्थित कर लिया, तब उन औरतों को वे भवन के बाहर ले चले। उनको वे गुम्बदनुमा कक्ष और बाहरी प्रांगण की मज़बूत चारदीवारी के बीच के संकीर्ण स्थान पर ले गए जहाँ से बच निकलना किसी से भी मुमकिन नहीं था। तब टेलेमेकस अपने साथियों से बोला :

''कभी कोई यह न कहे कि ऐसी औरतों की हत्या मैंने बेलाग कर दी। इन्होंने मुझे और मेरी माँ को कलंकित किया है और प्रणययाचकों की ये रखैल रही हैं।''

ऐसा कहकर उसने काले अगवाड़वाले जहाज़ के रस्से को एक विशाल खम्भे से बाँध दिया और उसके दूसरे छोर को ऊपर फेंककर गुम्बदनुमा कक्ष से लपेट दिया। उसने रस्सा इतनी ऊँचाई तक तान दिया कि किसी भी स्त्री के पैर उससे लटकने पर धरती तक नहीं पहुँच सकते थे। कभी ऐसा होता है कि लम्बे परोंवाले कस्तूरिका पंडुक जब बसेरा लेने जिस झाड़ी की ओर जाते हैं तो उस पर डाले गए फन्दे में वे फँस जाते हैं और विश्राम करने के स्थान पर उन्हें मौत मिल जाती है, उसी तरह उन औरतों के एक क़तार में करके उनकी गरदनों में फन्दे डाल दिए गए ताकि उनका अन्त बेहद कष्ट से हो। उनके पैर कुछ देर तक ऐंठते-छटपटाते रहे किन्तु ज़्यादा देर तक नहीं।

तब वे मेलैनथियस को दरवाज़े से निकालकर बाहर प्रांगण में ले आए और निष्ठुर खड्ग से उसके नाक-कान काट डाले। उसके गुप्तांग काटकर उन्होंने कुत्तों को कच्चा ही खा जाने को दे दिए। क्रोधान्ध होकर उन्होंने उसके हाथ-पाँव भी काट डाले।

उसके उपरान्त वे हाथ-पैर धोकर महल में ओडिसियस के समीप चले आए। इस तरह यह सारा काम पूरा हो गया। लेकिन ओडिसियस ने अपनी प्रिय धाय यूरीक्लिया से कहा : ''ओ बूढ़ी धाय, महल को शुद्ध करने के लिए गन्धक ले आ और मेरे पास आग भी ले आ। गन्धक सब प्रकार के प्रदूषण दूर कर देता है। तब पिनेलपी से कह कि वह परिचारिकाओं के संग यहाँ आ जाए और अन्य सभी सेविकाओं से भी यहाँ आ जाने को कह दे।''

इस पर यूरीक्लिया ने उत्तर दिया : ''हाँ मेरे बच्चे, तुमने यह ठीक कहा है। मगर देखो, तुम्हारे पहनने के लिए मुझे लम्बा अँगरखा और छोटी आस्तीन का चोगा ले

आने दो। तुम्हें अपने प्रशस्त कन्धे चीथड़ों से लपेटकर महल में इस तरह खड़ा नहीं रहना चाहिए। यह तुम्हें शोभा नहीं देता।''

तब ओडिसियस ने उसको कहा : ''मेरे लिए कक्ष में अभी सबसे पहले आग जला।''

उसने ऐसा कहा और प्रिय साविका यूरीक्लिया उसकी आज्ञा मान आग और गन्धक ले आई। ओडिसियस ने विशाल कक्ष, महल और प्रांगण को भली भाँति शुद्ध कर दिया।

तत्पश्चात बूढ़ी अन्ना ओडिसियस के शानदार महल के अन्दर औरतों को यह ख़बर देने और उन्हें जल्दी बुला ले आने चली गई। इस भाँति हाथों में मशालें लेकर वे सब ज़नानख़ाने से चली आईं और आकर ओडिसियस के चतुर्दिक एकत्र हो गईं और उसका मस्तक, उसके कन्धे, उसके हाथ पकड़-पकड़कर प्यार से चूमने लगीं। उन सबको देख और पहचान कर ओडिसियस का मन रोने और सुबकने की सुखद इच्छा से भर उठा।

ओडिसियस और पिनेलपी

तदनन्तर वह बूढ़ी धाय अपनी स्वामिनी से यह कहने कि उसका प्रिय पति घर में है, ऊपरी कक्ष की ओर ख़ूब हँसते हुए चल पड़ी। खुशी से उसके घुटने तेजी से चल रहे थे किन्तु पाँव थे कि लटपटा जाते थे। वह मालकिन के सिरहाने खड़ी होकर बोली :

"उठो पिनेलपी, मेरी प्यारी बच्ची! आँख खोलकर वह देखो जिसे देखने की तुम्हारे मन में प्रतिपल लालसा लगी रहती थी। ओडिसियस आ गया है। उसके आने में देर ज़रूर लगी है मगर अब वह घर पहुँच गया है और उन सारे उच्छृंखल प्रणयप्रार्थियों की हत्या कर चुका है जो उसका घर अशान्त रखते थे, उसकी दौलत बरबाद करते और उसके बेटे को सताते थे।"

इस पर बुद्धिमती पिनेलपी ने उसे उत्तर दिया : "प्यारी अन्ने, देवताओं ने तुम्हें विक्षिप्त कर दिया है, वे ही देवगण, जो बुद्धिमान को मूर्ख और मूर्ख को बुद्धिमान बना देते हैं। उन्होंने ही तुम्हारी मति मार दी है, यद्यपि अब तक तुम्हारा दिमाग़ बिलकुल ठीक था। मैं अभी मीठी नींद सोई थी; उसने मुझे अपने आगोश में लेकर मेरी पलकें बन्द कर दी थीं; तो भी तुमने ऐसी मूर्खतापूर्ण बात सुनाने के लिए मुझे क्यों जगा दिया मानो तुम मेरे दुख का मज़ाक उड़ाती हो? जिस दिन ओडिसियस मुझे छोड़कर अनिष्टकर इलियस नगर, जिसका मैं कभी नाम तक नहीं लेना चाहती, चला गया, उस दिन से लेकर आज तक मुझे इतनी गहरी नींद कभी नहीं आई थी। नहीं, अब तुम लौटकर ज़नानख़ाने चली जाओ। ऐसी ख़बर देने के वास्ते अगर यही कोई दूसरी नौकरानी आकर मुझे जगा देती, तो उसे सज़ा देकर सीधे ज़नानख़ाने भेज देती। मगर तुम्हारे बुढ़ापे ने अभी तुम्हें बचा लिया है।"

लेकिन विश्वस्त साविका यूरीक्लिया ने पुनः कहा : "मेरी प्यारी बच्ची, मैं तुम्हें चिढ़ा नहीं रही हूँ। ओडिसियस सचमुच यहाँ है। वह घर आ गया है, जैसा कि मैं तुम्हें कह चुकी हूँ। वह और कोई नहीं बल्कि वही आगन्तुक है जिसका इस महल में सबने अपमान किया था। महल में उसकी मौजूदगी का पता टेलेमेकस को बहुत पहले हो चुका था। लेकिन जब तक उसके बाप ने उद्धत प्रणययाचकों के अत्याचार

का बदला नहीं ले लिया, तब तक उसने उसका यह मनसूबा छुपाए रखने की अक़्लमन्दी की है।"

उसने यह कहा जिससे पिनेलपी हर्षोत्फुल्ल हो उठी। बिछावन से कूदकर उसने वृद्धा को अपनी बाँहों में भर लिया और पलकों पर से आँसू ढरकाती उससे अधीर शब्दों में बोली :

"सुनो प्रिय धाय, तुम जो कह रही हो कि वह वास्तव में घर लौट आया है, तो मेरी विनती है कि तुम मुझे सब कुछ सच-सच बताओ कि अकेला होते हुए भी उसने महल में हमेशा दल बाँधकर जमे रहनेवाले इतने सारे निर्लज्ज प्रणययाचकों पर कैसे हाथ साफ़ कर दिया है?"

इस पर यूरीक्लिया ने उसे जवाब दिया : "मैंने देखा तो नहीं है और न किसी ने मुझसे कुछ कहा ही है, लेकिन मरते हुए लोगों का कराहना मुझे ज़रूर सुनाई पड़ा है। हम औरतें तो सुन्दर ढंग से बने ज़नानख़ाने के भीतरी भाग में दहशत से दुबकी पड़ी थीं, जबकि कमरे के चूलदार किवाड़ मज़बूती से बन्द थे। अन्त में तुम्हारे बेटे ने मुझसे कमरे से बाहर आने को कहा क्योंकि इसके लिए उसके बाप ने उसे भेजा था। तब मैंने ओडिसियस को निहत लोगों के बीच खड़ा देखा और उसके चारों तरफ़ पक्के फ़र्श पर लाशें एक-दूसरी पर पड़ी थीं। उस दृश्य को देख तुम्हारा हृदय हर्ष से भर उठता कि ओडिसियस किस तरह एक सिंह की भाँति ख़ून और गन्दगी में लिथड़ा हुआ है। अभी सारे शव प्रांगण के द्वार के समीप ढेर पड़े हैं। लेकिन ओडिसियस अपना सुन्दर भवन गन्धक से शुद्ध कर रहा है और उसमे भारी आग जला रखी है। मुझे उसने ही तुम्हें बुला लाने को भेजा है। बल्कि तुम अभी मेरे साथ चलो ताकि इतने दुख और सन्ताप झेलने के बाद तुम दोनों के हृदय में आनन्द भर जाए। अब कहीं जाकर इतने दिनों की तुम्हारी यह मनोकामना पूरी हुई है—तुम्हारा पति घर जीवित लौट आया है और उसने महल में तुमको और अपने बेटे को सही-सलामत पाया है और उसका अनिष्ट करनेवाले जितने भी प्रणयप्रार्थी थे, एक-एक कर उन सबसे उसने अपने घर में प्रतिशोध ले लिया है।"

तब पिनेलपी उससे बोली : "प्रिय अन्ने, अभी उन लोगों पर हँस-हँस कर शेख़ी मत बघारो। तुम जानती हो कि उसे यहाँ महल में देख सबको कितना हर्ष होगा, सबसे अधिक मुझको और उसके बेटे को जो हम दोनों से उत्पन्न हुआ है। लेकिन जो बात तुम कह रही हो, वह सच नहीं है। बल्कि उद्धत प्रणययाचकों की भयंकर धृष्टता और अनियन्त्रित दुष्कर्मों से क्रुद्ध होकर ही अमरों में से किसी ने उनका वध कर दिया है। यह भी कि इस धरती के मनुष्यों में से जो कोई अच्छा या बुरा व्यक्ति इनके पास आया, उसका इन्होंने कभी कोई सम्मान नहीं किया। इसलिए अपने ही

अनियन्त्रित दुष्कर्मों के चलते इनका शर्मनाक अन्त हुआ है। परन्तु ओडिसियस तो घर वापसी का रास्ता खो चुका है, स्वयं भी वह यवन भूमि से बहुत दूर सदा के लिए खो चुका है।"

इस पर यूरीक्लिया ने उसे उत्तर दिया : "मेरी बच्ची, तुम्हारे मुँह से यह कैसी बात निकली है कि तुम्हारा पति जो अभी इस क्षण यहाँ अपने घर में है कभी वापस नहीं लौटेगा? तुम्हारा मन हमेशा अविश्वासी रहा है। बल्कि ठहरो, इसके अतिरिक्त मैं तुमसे एक पक्की पहचान बताती हूँ, घाव का वह निशान जो एक बनैले सूअर ने सफ़ेद दाँत से उसे कभी लगा दिया था। वह मैंने उसके पाँव धोते समय देख लिया था और यह तुम्हें बता भी देना चाहती थी। किन्तु इस सम्बन्ध में कुछ भी बोलने से उसने मेरे मुँह पर हाथ रखकर मुझे मना कर देने की बड़ी होशियारी की। अतः तुम मेरे संग चलो। इस पर अपनी जान की बाज़ी रखूँगी कि अगर मैं तुम्हें धोखा देती होऊँ, तो तुम मुझे अत्यन्त घिनौने ढंग से मार डालना।"

उससे तब पिनेलपी बोली : "प्रिय धाय, तुम कितनी ही समझदार क्यों न हो, किन्तु तुम्हारे लिए शाश्वत देवताओं का अभिप्राय समझ पाना कठिन है। तो भी हम बेटे के पास चलें ताकि निहत प्रणयप्रार्थियों और उन्हें मारनेवाले को मैं देख सकूँ।"

यह कहकर वह ऊपरी कक्ष से नीचे उतर चली। लेकिन उसके मन में यह द्वन्द्व होने लगा कि क्या उसे अलग खड़ी होकर अपने प्रिय पति से पूछताछ करनी चाहिए अथवा नज़दीक जाकर उससे लिपट जाना और उसके मस्तक और हाथों को चूम लेना चाहिए। मगर जब वह पत्थर की दहलीज़ लाँघकर कक्ष के अन्दर दाख़िल हुई, तो दहलीज़ के आगे से समकोण पर जाती हुई दीवार के समीप आग की रोशनी में ओडिसियस के सामने बैठ गई। ओडिसियस कोनेवाले एक लम्बे खम्भे के पास ज़मीन पर आँख गड़ाए बैठा था और इस बात की प्रतीक्षा कर रहा था कि उसकी रूपवती पत्नी जब उसे देखेगी, तो उससे क्या बोलेगी? लेकिन भ्रमित हो जाने के कारण वह बहुत देर तक मौन बैठी रही, क्योंकि जब उसे ख़ूब ध्यान से देखती तो वह ओडिसियस मालूम पड़ता था, किन्तु पहनावा निकृष्ट होने से दूसरे ही क्षण उसे वह वैसा दिखाई नहीं पड़ता था। तब टेलेमेकस ने उसे झिड़कते हुए कहा :

"ऐ माँ, ऐ कठोर कुमाता, क्यों तू मेरे पिता से इस तरह दूर बैठी है और क्यों नहीं उसके बग़ल में बैठकर उससे प्रश्न करती और उत्तर माँगती है? सारे संसार की कोई दूसरी औरत इतनी निष्ठुर नहीं हो जाएगी कि उन्नीस साल तक भयंकर कष्ट झेलने के बाद बीसवें साल जब उसका स्वामी स्वदेश वापस आ जाए और उसके

सामने उपस्थित हो, तो उससे वह दूर खड़ी रहे। मगर तेरा हृदय तो हमेशा से पत्थर के समान ही कठोर रहा है।''

इस पर सतर्क पिनेलपी ने उसे जवाब दिया : ''बेटे, मेरा चित्त व्याकुल हो उठा है और मुझमें न तो कुछ बोलने और न उससे कोई सवाल पूछने और न ही उसके सामने जाकर उसे भरपूर देखने की शक्ति रह गई है। लेकिन यदि यह सचमुच ओडिसियस ही है और घर लौट आया है, तब हम एक-दूसरे को निश्चयपूर्वक अवश्य पहचान लेंगे, क्योंकि हमारे बीच कुछ ऐसे चिह्न हैं जिन्हें केवल हम दोनों ही जानते हैं; बाक़ी लोगों से वे गुप्त हैं।''

उसके इस कथन पर अनुभव-धनी ओडिसियस मुसकरा उठा और टेलेमेकस से तुरन्त पुंखित शब्दों में बोला :

''टेलेमेकस, तुम अपनी माँ को मेरी परीक्षा लेने महल के अन्दर छोड़ दो। शीघ्र ही उसे मेरे बारे में अधिक ज्ञान हो जाएगा। चूँकि अभी मैं गन्दा हूँ और मेरा पहनावा क्षुद्र है, अतः वह मुझे सम्मान नहीं दे रही है और न मुझे वही व्यक्ति मानने को तैयार है। जहाँ तक हमारा प्रश्न है, तो हमें अवश्य यह विचार कर लेना चाहिए कि हमारे लिए अब कौन-सा क़दम उठाना सर्वोत्तम होगा। ऐसा है कि किसी भी देश में जब एक और केवल एक व्यक्ति की हत्या कर दी जाती है और वह निहत व्यक्ति बदला लेने के लिए अपने पीछे अधिक लोगों को नहीं छोड़ जाता, तब भी उसके हत्यारे को अपने देश और भाई-बन्धुओं को त्यागकर निर्वासित होना पड़ता है। लेकिन हमने तो नगर के आधार माने जाने वाले श्रेष्ठ इथाकाई युवकों का वध कर दिया है। इसी विषय पर मैं तुम्हें विचार करने को कहता हूँ।''

इस पर विचारवान टेलेमेकस ने उससे कहा : ''प्रिय तात, चूँकि लोग कहते हैं कि मनुष्यों के बीच सबसे अच्छे परामर्शदाता तुम्हीं हो और इस बात में कोई भी मर्त्य तुम्हारी समता नहीं कर सकता, अतः इस मामले पर तुम्हीं सोच-विचार कर लो। जहाँ तक हमारा सवाल है, तो हम पूरे मनोयोग से तुम्हारा साथ देंगे और मैं समझता हूँ कि हमारे पास जितनी शक्ति है, उसका भरपूर उपयोग करने में हम कोई कसर नहीं छोड़ेंगे।''

तब ओडिसियस ने उसे उत्तर दिया : ''जब ऐसी बात है तब तुम्हें वही उपाय बताऊँगा जो मुझे अभी सर्वोत्तम जँचता है। सबसे पहले स्नान करके अँगरखा धारण कर लो और महल की नौकरानियों से भी कह दो कि वे कपड़े पहन लें। तब दिव्य चारण को बोलो कि वह हाथ में पटुस्वर विपंची लेकर हमारे उल्लासपूर्ण नृत्य का इस तरह गति-निर्देश करे कि बाहर से जो भी व्यक्ति सुने, वह चाहे कोई राहगीर हो या हमारे बग़ल का निवासी, तो यह समझे कि यहाँ विवाह-भोज हो रहा

है। इस तरह हम बाहर वृक्षों से भरे अपने कृषिक्षेत्र पहुँच जाएँ। उसके पहले प्रणययाचकों की हत्या की ख़बर नगर में बिलकुल नहीं फैलने पाए। उसके बाद हम देखेंगे कि ओलिम्पस-निवासी ज़्यूस हमें कौन-सा मुफ़ीद उपाय सुझाता है।''

उसने ऐसा कहा और वे ध्यान से सुनकर वैसा ही करने को तत्पर हो गए। अतः सबसे पहले उन्होंने नहाकर अपना-अपना अँगरखा धारण किया और स्त्रियों ने भी अपने वस्त्र धारण कर लिए। तदनन्तर दिव्य चारण ने अवतली विपंची लेकर उन लोगों में मधुर गीत गाने और उद्दाम नृत्य करने की इच्छा जगा दी। इस भाँति समस्त विशाल भवन नृत्यनिमग्न पुरुषों एवं सुमेखलित महिलाओं के पदनिक्षेप से गूँजने लगा। इस ध्वनि को बाहर सुननेवालों में से कोई-कोई ऐसा ही कह उठता :

''अनेक प्रणय-निवेदकों में से अवश्य किसी ने रानी से विवाह कर लिया है। निष्ठुर तो वह थी ही, किन्तु अपने विवाहित पति का ऐश्वर्यशाली घर उसके लौट आने तक सँभाल रखने का धैर्य वह अन्ततः नहीं जुटा पाई।''

लोग तो ऐसा ही बोलते थे मगर वस्तुस्थिति से वे अनभिज्ञ थे। इस बीच भंडारपालिका यूरीनोमी ने विशाल हृदय ओडिसियस को महल में स्नान कराकर तैलाभ्यंजित कर दिया और सुन्दर अँगरखा और छोटी आस्तीन का चोगा पहना दिया। तभी एथीनी ने उसे सिर से लेकर पाँव तक अद्भुत रूपकान्ति से संवलित कर दिया। उसने ऐसा किया कि अब वह अधिक लम्बा और शक्तिशाली दिखने लगा और उसके माथे से घुँघराले बाल के गुच्छे सम्बुल (जलकुम्भी) के फूलों की तरह लटकने लगे। जब हेफ़ीस्टस एवं एथीनी द्वारा सब प्रकार के शिल्पों में प्रशिक्षित कोई निपुण शिल्पी चाँदी के बर्तन पर सोना मढ़ देता है, तो उसकी वह कलाकृति जिस तरह अतिशय मनोज्ञ हो उठती है, उसी तरह एथीनी ने ओडिसियस के मस्तक एवं कन्धों पर चारुता बिखेर दी और स्नानागार से वह अमरों के रूप में बाहर निकला। तब वह पत्नी के सामने उसी ऊँची कुर्सी पर बैठ गया जहाँ से उठकर वह गया था। आसन लेने के बाद वह पत्नी से बोला :

''ऐ विचित्र महिला, ओलिम्पसवासी देवताओं ने अन्य सभी औरतों की तुलना में तुम्हें सर्वाधिक कठोर हृदय दिया है। इस संसार की कोई दूसरी औरत इतनी निष्ठुर नहीं होगी कि उन्नीस साल तक भीषण कष्ट झेलने के बाद बीसवें साल जब उसका पति स्वदेश वापस आकर उसके सामने मौजूद हो, तो वह उससे दूर खड़ी रहे। बल्कि देखो धाय, चूँकि इसका दिल यक़ीनन लोहे के समान सख़्त है, इसलिए तुम मेरा बिस्तर उस जगह लगा दो जहाँ मैं बिलकुल अकेला सोऊँ।''

इस पर बुद्धिमती पिनेलपी उससे बोली : ''अजनबी, मुझे कोई दम्भ नहीं है और

न मैं तुम्हारा कोई तिरस्कार करती हूँ। भ्रमित भी बहुत अधिक नहीं हूँ। लेकिन मुझे तुम्हारा उस घड़ी का रूप अच्छी तरह याद है जब तुमने इथाका के दीर्घ चप्पुओंवाले जहाज़ से प्रस्थान किया था। तो भी, देखो यूरीक्लिया, तुम इसके वास्ते मज़बूत पलंग सुनिर्मित शयनागार के बाहर लगा दो। वही शयनागार जिसे इसने स्वयं बनाया है। वहीं इसके लिए मज़बूत पलंग से आओ और उस पर कम्बल, ऊर्णावरण और चमचमाती चादरों को डालकर बिछौना कर दो।''

यह बोलकर उसने पति की परीक्षा लेनी चाही परन्तु ओडिसियस अचानक गुस्सा हो गया और अपनी साध्वी पत्नी से बोला : ''वनिते, तुम्हारा यह कहना सच में कड़वा है। किसने मेरा पलंग हटाकर दूसरी जगह लगा दिया है? किसी भी व्यक्ति के लिए, वह चाहे कितना ही निपुण क्यों न हो, ऐसा कर पाना बड़ा कठिन है। केवल कोई देवता ही यहाँ उपस्थित होकर उसे आसानी से अन्यत्र लगा सकता है, क्योंकि उसकी इच्छामात्र से कोई भी कार्य सरल हो सकता है। समग्र मानव जाति के बीच ऐसा एक भी मर्त्य नहीं है, वह चाहे कितना ही शक्तिशाली युवक क्यों न हो, जो उस शय्या को उसकी जगह से सुगमता से हटा सकता है, क्योंकि उसके निर्माण में एक अद्‌भुत रहस्य है और उसे मैंने खुद अकेले ही बनाया था। उसके निर्माण में किसी दूसरे व्यक्ति का एकदम कोई हाथ नहीं था। प्रांगण के अन्दर पूर्णतः बढ़ा हुआ लम्बे-लम्बे पत्तोंवाला जैतून का एक तनेदार वृक्ष था जिसका धड़ खम्भे के समान मोटा था। उसी पेड़ के चारों ओर मैंने पत्थर के टुकड़े जोड़-जोड़कर शयनागार बनाना शुरू किया और जब वह बनकर तैयार हो गया, तब उसके ऊपर भली भाँति छत डाल दी और उसमें ठीक से लग जानेवाले चूलदार किवाड़ लगा दिए। तब मैंने लम्बे पत्तोंवाले उस जैतून की सभी शाखाएँ काट दीं और ख़ूब होशियारी से उसके धड़ को नीचे से लेकर ऊपर तक बसूले से छील-छालकर सीधी शक्ल दे दी। इस तरह उसे पलंग का पाया बना दिया। जहाँ-जहाँ छेद की ज़रूरत थी, वहाँ-वहाँ बरमे से छेद भी कर दिए। इस पाये से शुरू करके मैंने पूरा पलंग बना डाला और उस पर सोना, चाँदी और गजदन्त जड़कर उसे ख़ूबसूरत बना दिया। अन्त में उस पर वृषभचर्म की पट्टी कस दी जो चमकदार बैंगनी रंग की थी। यही वह रहस्य है जिसका भेद मैंने तुम्हें अभी बताया है। लेकिन, वनिते, मुझे नही मालूम कि वह पलंग अब भी अपने उसी स्थान पर दृढ़ता से क़ायम है अथवा किसी ने जैतून का वह धड़ नीचे से काटकर शय्या कहीं और लगा दी है।''

ओडिसियस ने यह कहा और उसके द्वारा दिए गए पक्के सबूत से अवगत होते ही पिनेलपी के घुटने शिथिल पड़ गए, हृदय उसका द्रवित हो उठा और वह रोने लगी। बेलाग दौड़कर वह ओडिसियस के गले लग गई और उसका माथा चूमकर बोली :

''मेरे ऊपर, ओडिसियस, गुस्सा मत करो। पहले हर मौक़े पर तुम हमेशा बाक़ी

सब लोगों से ज़्यादा अक़्लमन्द हुआ करते थे। हमें तो बस देवताओं ने ही दुख दिया है। उन्हें यह नहीं भाया कि हम दोनों साथ रहें और यौवन का आनन्द उठाते हुए बुढ़ापे की दहलीज़ तक पहुँच पाएँ। पहली नज़र में ही अगर मैंने तुम्हारा प्रेमपूर्ण स्वागत नहीं किया, तो इसके लिए तुम अब मेरे ऊपर क्रोध और क्षोभ मत करो। दुष्टता करनेवालों की कमी नहीं है, इसलिए मेरे जी में हमेशा यह डर बना रहता था कि कोई व्यक्ति बातें बनाकर मुझे कहीं ठग तो नहीं लेगा। आरगौस की ज़्यूस-तनया हेलेन को ही ले लो। अगर उसे यह मालूम होता कि युद्धप्रिय यवन पुत्र उसे पुनः स्वदेश उसके घर लौटा ले आएँगे, तो वह एक विदेशी के प्रेम में पड़कर उसके संग हरगिज़ नहीं सोई होती। ख़ैर, उसे तो एक देवता ने ही वैसा शर्मनाक काम कर डालने को उत्प्रेरित किया था; उस घड़ी के पहले उसके दिल में वैसी ग़लती करने का विचार नहीं आया था, जानलेवा वह ग़लती जिससे उसके और हमारे दुख की शुरुआत हुई थी। लेकिन हमारे पलंग के सारे रहस्य निर्भ्रान्त रूप से खोलकर तुमने मेरे हठीले हृदय का सन्देह दूर कर दिया है, क्योंकि उसके मुतल्लिक़ मैं, तुम और एक परिचारिका बस इतने ही लोग जानते हैं। बाक़ी किसी मरणशील मनुष्य को इसकी कोई जानकारी नहीं है। यह वही परिचारिका है, ऐक्टर की बेटी, जिसे मेरे पिता ने मुझे उस समय दिया था जब मैं यहाँ पहले-पहल आई थी और जो हमारे सुदृढ़ शयनागार की प्रतिहारी हुआ करती थी।''

उसने यह बोलकर ओडिसियस का हृदय द्रवित कर दिया और वह अपनी सच्ची पत्नी को बाँहों में लेकर रोने लगा। समुद्र में पॉसायडन द्वारा तूफ़ान एवं उत्ताल तरंगों में डालकर नष्ट कर दिए गए सुनिर्मित जलयान के जहाज़ियों में से जो थोड़े तैरकर अपनी जान बचा लेते हैं, उन्हें भूमि दृष्टिगत होते ही कितनी ख़ुशी होती है! वे तैरकर मटमैले सागर से निकल आते और भारी विपदा से उबरकर जब सूखी ज़मीन पर पाँव देते हैं, तो उनके हर्ष की कोई सीमा नहीं होती यद्यपि उनके बदन पर नमकीन पानी की परतें पड़ी होती हैं। पिनेलपी को भी अपने पति को देखकर वैसा ही सुख हुआ और वह उसके गले से अपनी श्वेत बाँहें हटाना ही नहीं चाहती थी। तब तक गुलाबी उँगलियोंवाली उषा के आगमन की घड़ी आ पहुँची और वह उन दोनों को रोते हुए लक्ष्य कर लेती। किन्तु दीप्ताक्षी एथीनी देवी की मंशा कुछ और थी। उसने रात्रि को पश्चिमी हद पर रोककर उसकी अवधि बढ़ा दी। दूसरी तरफ़ कनकासना उषा को ओकिएनस की धारा के समीप विरमा दिया। उसने उषा को उसके तेज घोड़े जोतने ही नहीं दिए, लैम्पस और फेइथन नामक उसके जराहीन घोड़े जो उसका वहन करते और मनुष्यों के लिए प्रकाश लाते हैं।

तत्पश्चात ओडिसियस अपनी पत्नी से बोला : ''प्रिये, अभी हमारे सारे कष्टों

का अन्त नहीं हुआ है। अभी मुझे बेहद भारी और कठिन कार्य करना है और उसे पूरा अंजाम देना है। ऐसी भविष्यवाणी टायरेसियस की प्रेतात्मा ने मुझसे उस दिन की थी जब मैं स्वयं अपने और अपने साथियों की घर वापसी के बारे में जानने हेडीज़ के भवन गया था। लेकिन, प्रिये, अब हम सोने चलें ताकि हमें मधुर निद्रा का आनन्द मिल सके।''

इस पर पिनेलपी उससे बोली : ''अब चूँकि देवगण तुम्हें अपने घर और वतन लौटा ले आए हैं, अतः तुम्हें जब इच्छा होगी, उसी पल पलंग लग जाएगा। लेकिन यह देखते हुए कि किसी देवता की प्रेरणा से तुमने स्वयं इसकी चर्चा की है और किसी देवता ने तुम्हारे मन में इसकी प्रेरणा दी है, तुम मुझे उस कठिन कार्य के सम्बन्ध में बताओ जो तुम्हें भविष्य में करना है। समय आने पर उसे जान ही जाऊँगी, किन्तु मैं समझती हूँ कि अभी उसे जान लेने में कोई बुराई नहीं है।''

तब ओडिसियस ने उसे उत्तर दिया : ''ओह, मुझसे यह सुन लेने को तुम अभी क्यों इतनी आतुर हो उठी हो? ख़ैर, मैं बिना कुछ छुपाए यह सब बता ही देता हूँ। मेरे ही समान तुम्हारा भी दिल इसे सुनकर ख़ुश नहीं होगा। टायरेसियस ने कहा था कि एक सुडौल चप्पू लेकर मुझे अनेक जनसंकुल नगरों से गुज़रना पड़ेगा। अन्ततः मैं एक ऐसे नगर पहुँच जाऊँगा जहाँ के बाशिन्दे समुद्र के बारे में कुछ भी नहीं जानते, बग़ैर नमक के खाना खाते और जिन्हें गहरे लाल रंग का अगवाड़वाले जहाज़ अथवा जहाज़ के लिए पंख के काम करनेवाले सुडौल चप्पुओं का कोई ज्ञान नहीं है। उस भविष्यवक्ता ने उनके बारे में एक लक्षण इंगित कर दिया था जिससे मैं उन्हें तुरन्त लक्षित कर लूँगा। यह तुम्हें अभी बता ही देता हूँ। एक दिन जब मुझे एक ऐसा राहगीर मिलेगा जो यह कहेगा कि मैं अपने बलिष्ठ कन्धे पर ओसौनी करनेवाला उपकरण लिए हुए हूँ, तब, जैसा कि उस भविष्यवक्ता ने कहा था, मुझे वह सुडौल चप्पू वहीं ज़मीन में गाड़कर खड़ा कर देना होगा और समुद्राधिपति पॉसायडन को उत्तम चढ़ावे चढ़ाने पड़ेंगे–एक मेढ़ा, एक साँड़ और एक सूअर, जो सूअरियों के साथ जोड़ खाता है। उसके बाद ही मुझे घर लौट जाना होगा और व्योमवासी अमरों को पवित्र पशुबलि विधिवत अर्पित करनी होगी, एक-एककर सब देवताओं को यथोचित क्रम से। मेरी मृत्यु समुद्र से आएगी; बड़ी मृदुल मृत्यु, जब मैं सुख-शान्तिमय वृद्धता से जीर्ण हो जाऊँगा और मेरे चतुदिक् मेरे लोग धन-धान्य से परिपूर्ण होंगे। उसने कहा था कि यही सब घटित होगा।''

तदुपरान्त बुद्धिमती पिनेलपी ने उसे कहा : ''यदि देवगण तुम्हें आनन्दमय बुढ़ापा देनेवाले हैं, तब तो ऐसी आशा की जा सकती है कि तुम विपत्तियों से त्राण पा जाओगे।''

इधर वे बातें करने में इस तरह मशगूल थे, उधर जलती हुई मशालों की रोशनी

में धाय और यूरीनोमी ने पलंग पर मुलायम आवरण बिछा दिए। जब वे व्यस्तता से सुदृढ़ पलंग पर बिछावन डाल चुकीं, तब बूढ़ी अन्ना अपने कमरे में सोने चली गई। किन्तु शयनकक्ष की प्रतिहारी यूरीनोमी हाथ में मशाल लेकर उन दोनों को शय्या तक पहुँचा देने को आगे-आगे चली। उन्हें शयन-कक्ष तक पहुँचा देने के पश्चात वह लौट गई। तब वे दोनों आनन्दपूर्वक अपने चिरपरिचित पलंग पर जा पहुँचे। उधर टेलेमेकस, गोपालक एवं शूकर-संरक्षक ने स्वयं नाचना बन्द कर दिया और औरतों को भी रोक दिया। तब वे तीनों मन्दकान्ति विशाल कक्ष में ही सोने के लिए लेट गए।

जब वे दोनों प्रेम का भरपूर आनन्द उठा चुके, तब एक-दूसरे से अपनी-अपनी आपबीती सुनाने और उसका मज़ा लेने लगे। रूपवती रानी ने महल में हुए अपने सारे दुख और कष्टों के बारे में बताया और कहा कि उसकी ख़ातिर विध्वंसकारी प्रणययाचकों का समूह किस तरह उसकी आँखों के सामने बहुत सारे जानवरों, मवेशियों और मोटी-ताज़ी भेड़ों को मार और मर्तबानों से ढेर सारी मदिरा निकाल चुका है। तब राजा ओडिसियस ने बयान किया कि किस तरह उसने दूसरों को दुख दिया और किस तरह उसे स्वयं दुख और कष्ट झेलने पड़े। यह सब सुनने में पिनेलपी को बड़ा मज़ा आया और उसकी पलकों पर मधुर निद्रा तब तक नहीं आई, जब तक ओडिसियस ने सारी कहानी कह नहीं दी।

ओडिसियस ने कहानी शुरू करते हुए कहा कि कीकोनीज़ों को सर करने के बाद वह किस तरह लोटसभक्षियों के उर्वर देश पहुँच गया, उसके बाद साइक्लॉप्स ने क्या किया और उसके बलवान साथियों को निर्ममता से खा जाने पर उसने साइक्लॉप्स से किस तरह बदला लिया; तब वह किस तरह ईयोलस के पास पहुँचा जिसने उसका सहर्ष स्वागत किया और उसे घर की ओर रवाना कर दिया। लेकिन उसके भाग्य में अभी अपने प्रिय देश पहुँचना बदा नहीं था। तूफ़ान ने उसे फिर धर दबोचा और जीव-भरे सागर में उसे रुलाते-विलपाते भटकाने लगा। उसने सुनाया कि तब वह किस तरह टेलीपायलस पहुँचा जहाँ लीस्ट्रायगोनियनों ने उसके जहाज़ तोड़ दिए और उसके सारे साथियों की हत्या कर दी। अकेले ओडिसियस अपने पोत के साथ भाग निकलने में सफल हो पाया। उसके बाद उसने सर्सी की सारी चालाकी और फरेबों के बारे में बताया और बताया कि किस तरह वह जलयान से टायरेसियस की प्रेतात्मा से राय-विचार करने हेडीज़ के सीलन-भरे घर गया और वहाँ उसने अपने सारे मित्रों को देखा और देखा अपनी माता को जिसने उसे जन्म दिया था और बचपन में उसका लालन-पालन किया था। तदनन्तर उसने कहा कि वह कैसे निरन्तर गाती हुई सायरनों की आवाज़ सुनने के उपरान्त उन भ्रमणशील चट्टानों और भयानक सिला एवं कैरिबडिस के समीप जा पहुँचा जिनके यहाँ से

कोई भी आदमी आज तक सही-सलामत नहीं लौट पाया है। तब उसने बयान किया कि किस तरह उसके साथियों ने सूर्यदेवता हीलियस के मवेशियों का वध कर दिया और किस तरह ज़्यूस ने उसके जलयान पर लहकते हुए वज्र से प्रहार किया जिससे उसके सभी विश्वस्त साथी एकबारगी समाप्त हो गए। दुर्नियति से केवल वही बच पाया। उसके बाद वह औजीजिया द्वीप और कैलिप्सो के यहाँ पहुँच गया जिसने उसे अपना पति बना लेने की उत्कट इच्छा से मेहराबदार गुफा में रखा और उसकी देखभाल की और कहा कि उसे वह जरा-मरण से सदा के लिए मुक्त कर देगी किन्तु उसके हृदय को वह जीत नहीं पाई। तत्पश्चात ओडिसियस बोला कि किस तरह वह काफ़ी परेशानियों के बाद फेयेशियनों के पास पहुँच गया जिन्होंने उसका एक देवता के समान दिल खोलकर स्वागत किया और उपहार के रूप में भरपूर कांस्य, सुवर्ण एवं परिधान देकर उसे जहाज़ से उसके प्रिय देश भेज दिया। इसके साथ ही उसकी कहानी ख़त्म हो गई और उसे तुरन्त नींद आ गई, नींद जो मनुष्य के तन की थकान और मन की चिन्ता मिटा देती है।

तभी एथीनी के मन में एक नया विचार आ गया। जब उसे लगा कि ओडिसियस का हृदय प्रेम और निद्रा से आप्यायित हो चुका है, तब उसने मनुष्य को प्रकाश देने के वास्ते कनकासना उषा को झट ओकिएनस से उठा दिया। ओडिसियस भी अपने आरामदायक बिस्तर से उठ गया और पत्नी को यह कार्यभार सौंपते हुए बोला :

''प्रिये, हम दोनों अब तक काफ़ी संकट झेल चुके हैं, मैं और तुम; तुम मेरे घर लौटने में होनेवाली बाधाओं के बारे में सोच-सोचकर आँसू बहाती हुई, उधर मैं लौटने को बेहद आतुर होते हुए भी ज़्यूस एवं अन्य देवताओं द्वारा वतन से दूर कष्टों से कसकर जकड़ दिए जाने पर। ऐसा है कि हम दोनों अपनी अभिलषित शय्या पर आ गए हैं, इसलिए अब तुम महल के अन्दर मेरी दौलत की देखरेख की फ़िक्र करो। परन्तु जहाँ तक उद्धत प्रणययाचकों द्वारा निहत भेड़ों का सवाल है, तो उनकी बहुत हद तक भरपाई इस तरह हो जाएगी कि अनेक सारी भेड़ें तो मैं स्वयं लूट ले आऊँगा और बाक़ी भेड़ें यवन देंगे ताकि मेरे सारे बाड़े भर जाएँ। लेकिन अब मुझे पेड़ों से भरे कृषिक्षेत्र जाना होगा अपने पिता को देखने, जो कि इतने लम्बे समय से मेरी ख़ातिर दुखी और विषण्ण है। प्रियतमे, तुम स्वयं अक्लमन्द हो, तो भी तुम्हें यह हिदायत दिए जा रहा हूँ। महल में मैंने प्रणयप्रार्थियों की जो हत्या की है, इसकी ख़बर पौ फटते-फटते चारों तरफ़ तुरन्त फैल जाएगी। इसलिए तुम परिचारिकाओं को लेकर ऊपरी कक्ष में चली जाओ और वहीं चुपचाप बैठी रहो। तुम्हें न तो किसी को देखना और न किसी से कुछ पूछना ही है।''

यह कहकर उसने अपने कन्धों से शक्तिशाली कवच बाँध लिया। तब

टेलेमेकस, गोपालक और शूकर-संरक्षक को जगाकर उसने आज्ञा दी कि वे सब भी अपने हाथों में लड़ाई के हथियार सँभाल लें। यह हुक्म मानकर उन्होंने अपने को कांस्यायुधों से सज्जित कर लिया और फाटकों को खोलकर बाहर निकल पड़े। ओडिसियस सबसे आगे चला। तब तक सारी धरती पर प्रकाश फैल चुका था, किन्तु एथीनी ने उन्हें अन्धकार से ढँक दिया और अपने मार्गदर्शन में उन्हें शीघ्रता से नगर के बाहर ले गई।

प्रणययाचकों की प्रेतात्माएँ : ओडिसियस और लेयरटीज़ : लड़ाई का अन्त

इस बीच किलेनियन[1] हरमीज़ ने प्रणययाचकों की प्रेतात्माओं को अपने समीप बुला लिया। उसके हाथ में सोने की वही सुन्दर छड़ी थी जिससे वह स्वेच्छा से मुनष्यों की आँखों में नींद डालता और निद्रित मनुष्यों को पुनः जगा देता है। उसी छड़ी से वह प्रेतात्माओं को जगाकर ले चला और वे गिलबिलाती-किचकिचाती उसके पीछे चल पड़ीं। किसी निगूढ़ गुफा के भीतरी भाग की चट्टानी छत से उलटे लटक रहे चमगादड़ों के समुदाय से जब कोई चमगादड़ नीचे गिर जाता है, तब वे जिस तरह गिलबिलाते-किचकिचाते हुए फुरती से इधर-उधर उड़ने लगते हैं, एक साथ जाती हुई प्रेतात्माएँ भी उसी तरह गिलबिला-किचकिचा रही थीं और सबका सहायक हरमीज़ उन्हें सीलन-भरे रास्ते से लिए जा रहा था। ओकिएनस की धाराएँ, सफ़ेद चट्टान, सूरज के फाटकों तथा सपनों के प्रदेश को पार करते हुए वे शीघ्र ही पारिजात पुष्पों से भरे उस मैदान में पहुँच गईं जहाँ शरीरहीन मनुष्यों की प्रेतात्माएँ छाया के रूप में रहती हैं। यहाँ उनकी भेंट पीलियस-तनय एकिलीज़ और उसके साथ पेट्रोक्लस, महायोद्धा ऐंटीलोकस तथा ऐजैक्स की प्रेतात्माओं से हुई। ऐजैक्स रूपाकृति में यवनों के बीच पीलियस के अनुपम पुत्र के बाद सबसे सुन्दर व्यक्ति था।

वे एकिलीज़ के इर्दगिर्द इस तरह इकट्ठी थीं कि उसी समय ऐट्रियस-तनय ऐगमेमनन की शोकमग्न प्रेतात्मा वहाँ आ गई। उसके चारों तरफ़ उन लोगों की प्रेतात्माएँ एकत्र हो गईं जो ईजिस्थस के महल में उसके साथ मार डाले और अपनी नियति को प्राप्त हो गए थे। पहले एकिलीज़ की प्रेतात्मा ही उससे बोली :

"ओ ऐट्रियस-पुत्र, हम सचमुच यह समझते थे कि वज्रधर ज़्यूस के तुम अन्य सभी वीरों से अधिक दुलारे हो, क्योंकि ट्रोजनों की भूमि पर जहाँ यवनों को घोर कष्ट उठाना पड़ा था तुम बहुत सारे बलवान योद्धाओं के अधिपति हुआ करते थे। लेकिन

---

1. आर्केडिया-स्थित किलेनी नामक पहाड़ी पर जन्म होने की वजह से हरमीज़ को किलेनियन कहा गया है।

यह देखो कि तुम्हारे पास मारक नियति बहुत पहले आ गई। वही नियति जिसे कोई मनुष्य एक बार जन्म लेने पर कभी टाल नहीं सकता। आह, क्या ही अच्छा होता यदि तुम ट्रोजनों के प्रदेश में ही मृत्यु और नियति को प्राप्त हो गए होते जहाँ तुम राजोचित सम्मान की पूर्णता पर थे! तब समग्र यवनवाहिनी द्वारा तुम्हारे निमित्त स्तूप का निर्माण किया गया होता और तुम अपने बेटे को भविष्य की ख़ातिर भारी यश दे गए होते। परन्तु तुम्हारे भाग्य में तो बड़ी दयनीय मृत्यु बदी थी।''

इस पर ऐट्रियस-सुवन की प्रेतात्मा ने उत्तर दिया : 'ओ पुत्र एकिलीज़, तुम खुशनसीब हो कि तुम आरगौस से दूर ट्रॉयभूमि पर मरे और तुम्हारे शव के हेतु लड़ाई करते हुए ट्रोजनों एवं यवनों के सर्वोत्तम बेटे तुम्हारे इर्दगिर्द धराशायी हुए। एक तुम थे कि धूल के बवंडर में भी रथ-घोड़ों से बेख़बर हमेशा की तरह उस क्षण बड़ी शान से पड़े रहे। बाक़ी हम सब पूरे दिन प्रयास करते रहे और यदि ज़्यूस ने भारी तूफ़ान भेजकर हमें रोक नहीं दिया होता, तो हम उस लड़ाई से अपने को विरत नहीं कर पाते। परन्तु जब हम तुम्हें रणक्षेत्र से उठाकर बेड़े तक ले आए, तब हमने अर्थी पर लिटाकर तुम्हारे सुन्दर शरीर को गुनगुने पानी एवं अनुलेप से स्वच्छ कर दिया और तुम्हारे चारों तरफ़ खड़े होकर यवनों ने गर्म-गर्म आँसू बहाए और बाल काट डाले। जब तुम्हारी माँ को यह समाचार मिला, तो वह तुरन्त अमर जलपरियों के संग अम्बुधि से निकलकर बाहर आ गई। सागर की सतह से विलक्षण विलाप का स्वर सुनाई पड़ने लगा जिससे सारे यवनों के अंग-प्रत्यंग भय से थर-थर काँपने लगे। वे सब कूद-कूदकर अवतली पोतों की ओर भाग गए होते अगर एक ऐसे पुरुष ने, जो प्राचीन जनश्रुतियों का ज्ञाता था, उन्हें रोक नहीं लिया होता, अर्थात नेस्टर, जिसकी राय हमेशा सर्वोत्तम होती थी। भले के विचार से ही वह उनके बीच बोला :

'' 'रुक जाओ, यवनो! मत भागो युवक यवन योद्धाओ! देखो, यह उसकी माँ है जो सिन्धु से अमर जलपरियों के संग यहाँ अपने मृत बेटे को देखने आ रही है।''

''उसने ऐसा कहा और भागते हुए वीर यवन रुक गए। तब तुम्हारे चतुर्दिक कारुणिक रूप से विलाप करती वृद्ध समुद्रदेव की बेटियाँ खड़ी हो गईं और उन्होंने तुम्हें अनश्वर वस्त्र पहना दिए। तब सभी नौ म्यूज़ों ने परस्पर उत्तर-प्रत्युत्तर की शैली में मधुर स्वर से शोकगीत गाना आरम्भ कर दिया। वह स्वर इतना हृदयवेधक था कि तुम्हें एक भी यवन ऐसा नहीं दिखाई पड़ता जो रो नहीं रहा था। इस प्रकार दिन-रात सत्रह दिवसों तक हम तुम्हारे निमित्त विलाप करते रहे, मर्त्य मानव और अमर्त्य देवगण। अठारहवें दिन हमने तुम्हारा शरीर अग्नि को समर्पित कर दिया और तुम्हारे चारों तरफ़ अनेक मोटी-ताज़ी भेड़ों एवं वक्रशृंग गायों की बलि दे दी। इस भाँति तुम दैवी परिधान में प्रचुर अनुलेप एवं मधुर मधु के साथ जलाए गए। जब

तुम अग्निसात हो रहे थे, तो अनेक सारे कवचित वीर यवनों में से कुछ पैदल और कुछ रथ पर सवार होकर तुम्हारी चिता की परिक्रमा करने लगे। उस समय भारी कोलाहल हुआ। लेकिन जब हेफ़ीस्टस की ज्वाला ने तुम्हें पूरी तरह भस्मीभूत कर दिया, तब सुबह में हमने तुम्हारी श्वेत अस्थियों को चुनकर, ओ एकिलीज़, शुद्ध आसव एवं अनुलेप में भली भाँति भिगो दिया। तुम्हारी माँ ने हमें सोने का दो हत्थोंवाला अस्थिकलश दिया जिसके बारे में उसने कहा कि वह डायोनायसस से प्राप्त उपहार है और उसे सुप्रसिद्ध शिल्पी हेफ़ीस्टस ने बनाया है। ओ महायोद्धा एकिलीज़, उसी में तुम्हारी और गतप्राण मेनिटियस-पुत्र पेट्रोक्लस की श्वेत हड्डियाँ एक साथ पड़ी हुई हैं। किन्तु जिस ऐंटीलोकस को तुम अपने साथियों में पेट्रोक्लस के बाद सबसे अधिक सम्मान देते थे, उसकी अस्थियाँ अलग पड़ी हुई हैं। तदुपरान्त हम अर्थात कुन्तधर यवनों की शक्तिशाली सेना ने विस्तीर्ण हेलिस्पौंट के अन्दर घुसी हुई भूनासिका पर उन अस्थियों के ऊपर इतना विशाल और मज़बूत समाधि-स्तूप बना दिया कि समुद्र में काफ़ी दूर से भी गुज़रते हुए न केवल आज के बल्कि भविष्य में भी पैदा होनेवाले लोग उसे देख सकें। तब तुम्हारी माँ ने देवताओं से भव्य पुरस्कार माँग ले आकर यवन वीरों के लिए प्रतियोगिता-स्थल पर रख दिए। जब तुम ज़िन्दा थे तब राजा की अन्त्येष्टि पर आयोजित होनेवाले खेलकूद प्रतियोगिताओं में तुमने बहुत सारे योद्धाओं को भाग लेते देखा होगा जिनमें युवकगण परिकरबद्ध होकर पुरस्कार जीतने को तैयार होते हैं। लेकिन रजतचरणा थेटिस देवी ने तुम्हारे सम्मान में वहाँ जो भव्य पुरस्कार उपस्थित किए, उन्हें देखकर तुम्हें बड़ा अचम्भा होता। असल में देवगण तुम्हें बहुत मानते थे। मरने के बाद भी तुम्हारा नाम लुप्त नहीं हुआ है, बल्कि तुम्हारा सुयश, ओ एकिलीज़, समस्त मानव जाति के बीच सदैव बना रहेगा। लेकिन जहाँ तक मेरा प्रश्न है, तो युद्ध के लच्छे समेट लेने के पश्चात मुझे कौन-सा सुख मिला है? जब मैं घर लौट आया, तो ज़्यूस ने ईजिस्थस और मेरी दुश्चरित्र पत्नी के हाथों मेरे गर्हित अन्त का षड्यंत्र रच दिया।"

वे दोनों परस्पर इस तरह वार्तालाप कर रहे थे कि ओडिसियस द्वारा निहत प्रणययाचकों की प्रेतात्माओं को लिए-दिए आरगसहन्ता सन्देशवाहक वहाँ आ पहुँचा। यह दृश्य देखकर वे दोनों हैरत में पड़ गए और सीधे उनकी ओर चले आए। ऐगमेमनन की प्रेतात्मा ने मेलैनियस के प्रतापी पुत्र ऐम्फीमीडौन को फ़ौरन पहचान लिया जिसने इथाका-स्थित अपने घर पर उसकी कभी मेज़बानी की थी। पहले ऐट्रियस-पुत्र ही उससे बोला : "ऐम्फीमीडौन, यह कैसी विपत्ति आ पड़ी है कि तुम सब धरती के नीचे इस अन्धकारमय लोक में एक साथ आ पहुँचे हो और यह भी कि तुम सब समान उम्र के चुनिन्दा लोग हो? ऐसा मालूम पड़ता है कि किसी ने एक नगर के सर्वोत्तम योद्धाओं को चुन-चुनकर जमा कर लिया है। क्या पॉसायडन

ने प्रतिकूल हवा और उत्ताल तरंगें जगाकर तुम्हारे जहाज़ों के साथ तुम लोगों को नष्ट कर दिया? अथवा, क्या दुश्मनों ने तुम सबको ज़मीन पर ही उस समय मार गिराया जब तुम लोग उनके मवेशियों और भेड़ों के विशाल झुंड को हाँककर लिए जा रहे थे या जब वे अपने नगर एवं औरतों की रक्षा में लड़ रहे थे? मेरे प्रश्न के उत्तर दो, क्योंकि मैं तुम्हारे परिवार का अतिथि मित्र हूँ। क्या तुम्हें वह दिन याद नहीं है जब मैं मेनिलेयस के साथ इथाका आया था और तुम्हारा अतिथि हुआ था? उस दिन मैं ओडिसियस से यह आरज़ू करने आया था कि वह अपने कगरित जलयान लेकर मेरे साथ इलियस चले । पुरभेत्ता ओडिसियस को राज़ी करने में हमें बड़ी कठिनाई हुई थी, इसलिए हम पूरे एक मास के बाद ही विशाल समुद्र के रास्ते लौट पाए थे।''

इस पर ऐम्फीमीडौन की प्रेतात्मा ने उसे उत्तर दिया : ''ओ ऐट्रियस के परम प्रतापी पुत्र राजराजेश्वर ऐगमेमनन, तुम्हारा यह सब कहना मुझे याद है। ओ ज़्यूस-सम्भूत, हमारा दुखद अन्त कैसे हुआ और हम मृत्यु को किस तरह प्राप्त हुए, यह पूरा वृत्तांत मैं भी अपनी ओर से तुम्हें साफ़ तौर पर कहूँगा। ओडिसियस को गए बहुत दिन हो गए थे। तब हम उसकी पत्नी से प्रणयनिवेदन करने लगे। लेकिन उसकी पत्नी थी कि न तो पुनर्विवाह, जिसे वह घृणित समझती थी, से साफ़ इनकार करती थी और न विवाह कर लेने का अन्तिम फ़ैसला ही करती थी। बल्कि वह तो हमारी मृत्यु और काली नियति के वास्ते योजना बना रही थी। उसकी एक छलपूर्ण योजना यही थी—अपने कमरे में वह एक कारचोब पर महीन बानों का ख़ूब विशाल कपड़ा डालकर उस पर गुलकारी करने लगी और हमसे सीधे बोली : 'ओ मेरे युवा प्रणययाचको, चूँकि राजा ओडिसियस का अब अन्त हो चुका है, इसलिए तुम लोग मुझसे विवाह कर लेने को आतुर हो। लेकिन जब तक मैं यह कफ़न बुनकर तैयार नहीं कर लेती, तब तक तुम लोग धैर्य से प्रतीक्षा करो। मैं नहीं चाहती कि इसके धागे यूँ ही नष्ट हो जाएँ। यह वृद्धनायक लेयरटीज़ का कफ़न है जिसे मैं उस दिन के वास्ते तैयार कर रही हूँ जब वह नाशकारी मृत्यु द्वारा धराशायी कर दिया जाएगा, मृत्यु जो अन्त में सबको धराशायी कर देती है। इस तरह इस देश की कोई यवन औरत मुझे यह कहकर दोष नहीं देगी कि जिस आदमी के पास इतनी दौलत थी, वह बिना किसी कफ़न के दफ़न कर दिया गया।'

''उसके इस कथन को हमने भद्रतावश मान लिया। वह दिन में उस विशाल वस्त्र को बुनती और रात में मशाल की रोशनी में उसे खोल डालती। पूरे तीन साल तक वह इस चीज़ को चालाकी से छुपाए रही और हम यवनों को छलती रही। लेकिन ऋतुओं के आवर्तन, मासों के ह्रास और दिवसों के बीतने के साथ जब चौथा साल शुरू हुआ, तब अन्ततः उसकी एक दासी ने, जो यह भेद जानती थी, हमें बता

दिया और हमने उसे वह अति सुन्दर वस्त्र उधेड़ते पकड़ लिया। भारी अनिच्छा से ही सही मगर उसे वह मजबूरन पूरा करना पड़ा। उस कपड़े को बुन लेने के बाद जब उसने धोकर हमें दिखाया, तो वह विशाल शवाच्छादन सूरज व चाँद के समान चमक उठा। लेकिन उसी घड़ी किसी क्रूर देवता ने न जाने कहाँ से ओडिसियस को इस देश की सीमा पर जहाँ शूकर-संरक्षक रहता था पहुँचा दिया। वहीं पर राजा ओडिसियस का लाड़ला बेटा भी रेतीले पायलस से अपने जहाज़ द्वारा यात्रा करते हुए आ पहुँचा। प्रणययाचकों को बुरी तरह मार डालने की योजना बनाकर वे दोनों सुप्रसिद्ध नगर में दाख़िल हो गए—ओडिसियस बाद में, लेकिन टेलेमेकस पहले आ गया। घटिया कपड़े पहने ओडिसियस को शूकर-संरक्षक ले आया। वह एक विपदाग्रस्त बूढ़े भिखारी के रूप में था, घृणित परिधान में लाठी टेकता हुआ। जब वह इस शक्ल में अचानक आ गया, तो हममें से कोई उसे पहचान नहीं पाया, यहाँ तक कि बड़े-बूढ़े भी नहीं। बल्कि हमने उसे गालियाँ दीं और उस पर भद्दी चीज़ें फेंककर प्रहार भी किया। तो भी वह कुछ देर के लिए दिल कड़ा करके अपने ही घर में चोटें और गालियाँ बर्दाश्त करता रहा। मगर आख़िर में जब वह चर्मधर ज़्यूस की इच्छा से सक्रिय हुआ, तो उसने टेलेमेकस की मदद से सारे अच्छे हथियार बटोरकर शस्त्रागार में रख दिए और सिटकनी लगा दी। तब उसने बड़ी चालाकी से अपनी पत्नी को कहा कि वह उसके धनुष और भूरे लोहे के कुल्हाड़े लाकर प्रणययाचकों के सामने प्रतिस्पर्धा के लिए प्रस्तुत कर दे। हम अभागों की मौत की शुरुआत यहीं से हुई। हममें से किसी को भी उस शक्तिशाली चाप की डोरी खींचकर चढ़ा पाने में सफलता नहीं मिली। बल्कि हमारी शक्ति बड़ी कम पड़ती थी। लेकिन जब वह विराट धनुष ओडिसियस को थमाया जाने लगा, तो हमने ज़ोर-ज़ोर से हल्ला मचाकर इसका विरोध किया और कहा कि उसकी लाख इच्छा के बावजूद धनुष उसे नहीं दिया जाए। एकमात्र टेलेमेकस ने उसका पक्ष लिया और उसे धनुष ले लेने को क़हा। तब उसने अपने हाथ में चाप ले लिया, उसी धीर-वीर ओडिसियस ने और उसकी प्रत्यंचा सुगमता से चढ़ाकर बाण को लोहे के कुल्हाड़ों से पार कर दिया। उसके बाद वह सीधे प्रवेशद्वार पर जाकर जम गया और चारों तरफ़ भयंकर रूप से देखते हुए तेज तीर बरसाने लगा। राजकुमार ऐंटीनोअस को मार गिराने के बाद वह बाक़ी लोगों पर संहारक बाण छोड़ने लगा। उसका निशाना सीधा होता था और प्रणयप्रार्थी एक-दूसरे पर तड़ातड़ गिरते जाते थे। यह साफ़ तौर पर मालूम हो गया कि कोई देवता ही उनका मददगार है, क्योंकि क्रोधोन्मत्त होकर वे विशाल कक्ष में प्रणययाचकों को झपट-झपटकर अन्धाधुन्ध मारे जा रहे थे। सिरों के फटने से भयंकर चीत्कार होने लगा और सहन पर ख़ून की धारा बह चली। इस तरह, ओ ऐगमेमनन, हम सब क़त्ल कर दिए गए और हमारे शव ओडिसियस के महल में अब

तक उपेक्षित पड़े हैं, क्योंकि हमारे बन्धु-बान्धव अपने-अपने घर पर हैं और उन्हें यह ख़बर मिली नहीं है। हमारे भाई-बन्धु ही तो हमारे घावों पर जमे काले रक्त को धोकर साफ़ करेंगे और शवों को अन्त्येष्टि के लिए तैयार करके विलाप करेंगे। मृतकों का इतना हक़ तो बनता ही है।''

तदनन्तर ऐट्रियस-पुत्र की प्रेतात्मा ने उससे कहा : ''अहा ओडिसियस, तू कितना ख़ुशनसीब है कि तुझे सभी सद्‌गुणों से सम्पन्न पत्नी मिली है! आइकेरियस की बेटी अनुपम पिनेलपी सद्‌विवेक का परिचय देते हुए कितनी अचल निष्ठा से अपने विवाहित पति ओडिसियस की याद सदा सँजोये रही है! अतएव उसके सुकृत का यश कभी नष्ट नहीं होगा और पृथ्वी पर मनुष्यों के सुनने के निमित्त स्वयं अमरगण पतिव्रता पिनेलपी के सम्मान में सुन्दर गीत की रचना कर डालेंगे। इसके विपरीत टिनडेरियस की बेटी (क्लाइटिमनेस्ट्रा) ने कुकर्म की योजना बनाकर अपने विवाहित पति की हत्या कर दी, इसलिए लोगों के बीच उसके लिए घृणास्पद गीत रचा जाएगा। उसने समस्त नारी जाति यहाँ तक कि साध्वियों को भी लांछित किया है।''

इस तरह पाताललोक-स्थित हेडीज़ के घर में उन दोनों प्रेतात्माओं के बीच वार्तालाप हुआ।

उधर ओडिसियस अपने लोगों के साथ नगर से चलकर शीघ्र ही लेयरटीज़ के उर्वर एवं सुव्यवस्थित चक पर पहुँच गया। यह चक लेयरटीज़ ने बहुत पहले अपने लिए काफ़ी मेहनत से हासिल किया था।[1] वहाँ उसका मकान था जिसके चारों तरफ़ बने झोंपड़ों में सेवक का काम करनेवाले उसके दास खाते-पीते, सोते और रहते थे और उसके आदेशानुसार काम करते थे। नगर से दूर चक पर स्थित उसके घर में सिसली की एक बुढ़िया रहती थी जो उसकी देखभाल ख़ूब मनोयोग से करती थी। वहाँ ओडिसियस ने अपने बेटे और सेवकों से कहा :

''तुम लोग अब इस सुरचित घर में आकर दोपहर के भोजन के इरादे से झटपट सर्वोत्तम सूअरों को मारो। लेकिन मैं अपने पिता की परीक्षा इस प्रयोजन से लेने जा रहा हूँ कि वह मुझे देखते ही पहचान पाता है या नहीं, क्योंकि मैं इतने दिनों से बाहर रहा हूँ।''

यह कहकर उसने अपने हथियार दासों को थमा दिए। वे तो तुरन्त घर के अन्दर चले गए, किन्तु ख़ुद ओडिसियस पिता की खोज में उर्वर द्राक्षोद्यान की ओर निकल पड़ा। जब वह विशाल बाग में पहुँचा, तो वहाँ उसे डोलियस और उसके बेटों तथा दासों में से कोई नहीं मिला। संयोगवश वे सब बाग का घेरा बनाने के इरादे

1. यह बंजर भूमि को प्रयासपूर्वक उपजाऊ बनाने के सन्दर्भ में हो अथवा यह भी सम्भव है कि यह ज़मीन लेयरटीज़ को युद्ध में सफलतापूर्वक भाग लेने की ख़ातिर पुरस्कार के रूप में मिली हो।

से बूढ़े डोलियस की अगुआई में पत्थर लाने चले गए थे। इसलिए उसने अपने बाप को अकेले ही सीढ़ीदार द्राक्षोद्यान में एक पौधे के चारों ओर मिट्टी गोड़ते देखा। वह घटिया अँगरखा पहने हुए था, गन्दा और पैबन्द लगा। काँटों से बचने के लिए वह अपनी टाँगों पर वृषभचर्म की पट्टियाँ बाँधे हुए था। वे भी पैबन्द लगी थीं। कँटीली झाड़ियों की वजह से वह हाथों में दस्ताने पहने हुए था। माथे पर उसके अजाचर्म की टोपी थी। यानी देखने से ही वह अब भी ग़मगीन मालूम पड़ता था। ज्यों ही धीर-वीर ओडिसियस की नज़र इस भाँति जरा जर्जर एवं भारी शोक में निमग्न पिता पर पड़ी कि वह नाशपाती के एक ऊँचे पेड़ के नीचे रुक गया और उसकी आँखों से आँसू ढरक पड़े। तब मन ही मन विचार करने लगा कि क्या वह पिता के गले लग जाए और उसे चूमकर सब कुछ बता दे कि कैसे वह स्वदेश लौट आया है अथवा उससे प्रश्न पूछकर उसकी परीक्षा ही कर ले। मन में सोच-विचार करने के बाद वह इसी निश्चय पर पहुँचा कि पहले उसकी मज़ाकिया लहज़े में जाँच कर लेना ही बेहतर होगा। इसी अभिप्राय से ओडिसियस सीधे उसके पास चला गया। लेयरटीज़ सिर झुकाए पौधे के इर्दगिर्द मिट्टी गोड़ रहा था कि उसका नामवर पुत्र उसके आगे खड़ा होकर बोला :

"ओ वृद्ध पुरुष, बागवानी करने में तुम्हारे पास निपुणता की कोई कमी नहीं है। देखो, हर चीज़ की तुम पूरी देखभाल करते हो। यहाँ इस भूमिखंड पर कुछ भी ऐसा नहीं है जो उपेक्षित दिखाई पड़ता है—वह चाहे कोई पौधा हो या अंजीर या जैतून या नाशपाती का पेड़ या अंगूर की लता या बीज की क्यारी हो। फिर भी एक बात ज़रूर कहूँगा जिसके लिए तुम नाराज़ मत होना। वह यह कि खुद तुम्हारी कोई देखभाल नहीं होती है। बुढ़ापे की तकलीफ़ तो तुम झेल ही रहे हो, साथ ही बुरी तरह उपेक्षित भी हो और घटिया कपड़े पहने हुए हो। इतना तय है कि तम्हारे मालिक की बेरुख़ी का कारण तुम्हारी शिथिलता नहीं है और यह भी कि डील-डौल और देखने-सुनने में तुम गुलाम बिलकुल नहीं मालूम पड़ते बल्कि कोई राजपुरुष ही प्रतीत होते हो जिसे स्नान और सुभोजन करने के बाद आरामदायक बिस्तर पर सोना चाहिए, जैसा कि बूढ़े लोग किया करते हैं। मगर देखो, अब तुम मेरे इस सवाल का सही और सीधा जवाब दो : तुम किसके दास हो और किसके बाग की निगरानी करते हो? तुम यह भी ठीक-ठीक बताओ ताकि मैं पक्के तौर पर जान सकूँ कि मैं अभी जहाँ आ पहुँचा हूँ, वह वास्तव में इथाका ही है, जैसा कि इधर आते समय रास्ते में कुछ ही देर पहले मिले एक शख़्स ने मुझे बताया है। लेकिन वह आदमी थोड़ा बेवकूफ़ जान पड़ा, क्योंकि उससे जब मैंने अपने एक मित्र के बारे में जानना चाहा कि क्या वह अब भी ज़िन्दा है या मरकर हेडीज़ के घर चला गया है, तो उसने न तो पूरा उत्तर देने और न मेरी बात सुनने की ज़हमत उठाई। मैं तुम्हें सब कुछ

बताता हूँ। इसे ध्यान से सुनो। कुछ दिन पहले मैंने अपने प्रिय देश में एक अतिथि का स्वागत-सत्कार किया था। वह हमारे घर अकस्मात आ पहुँचा था और हमारे यहाँ आनेवाले विदेशियों में वह सबसे प्रिय और आकर्षक अतिथि साबित हुआ था। वंशानुक्रम से उसने अपने को इथाका का निवासी बताया और कहा कि वह आरसीसियस-तनय लेयरटीज़ का पुत्र है। उसे मैं अपने घर ले आया और घर के भरे-पूरे भंडार से उसका जमकर हार्दिक स्वागत-सत्कार किया। अतिथि के योग्य उसे उपहार भी दिए–सात टैलेंट पिटवाँ सोना, चाँदी का एक फूलदार मिश्रण-पात्र, एक तहवाली बारह चादरें, उतने ही कम्बल, उतने ही सुन्दर अँगरखे तथा उतने ही चोगे। तिस पर उसे चार औरतें उसकी इच्छानुसार चुनकर दीं जोकि अत्यन्त रूपवती होने के साथ बारीक हस्तकलाओं में भी निपुण थीं।''

तब उसके पिता ने रोते हुए उसे उत्तर दिया : ''ओ अजनबी, तुम सचमुच उसी देश में पहुँच गए हो जिसके बारे में तुम पूछ रहे हो, किन्तु अब यह उच्छृंखल एवं दुराचारी लोगों के अधिकार में है। जहाँ तक तुम्हारे दिए गए तोहफ़ों का सवाल है, तो तुमने वे अनगिनत तोहफ़े व्यर्थ ही दिए। ऐसा इसलिए कि यदि आज उसे तुम इथाका की भूमि पर ज़िन्दा पाते, तो वह प्रतिदान-स्वरूप तुम्हारा भरपूर स्वागत करने के साथ-साथ विपुल उपहार देकर ही तुम्हें विदा करता, क्योंकि जो व्यक्ति पहले सुजनता दिखाता है, उसका ऐसा हक़ बनता है। लेकिन देखो, तुम मुझे यह सब बताओ और सही-सही बताओ। कितने साल हुए जब तुमने उस अभ्यागत का स्वागत किया था उस अभागे अभ्यागत का, जो मेरा ही बेटा था? अगर मुझे कोई बेटा हुआ करता था तो मेरा वह भाग्यहीन बेटा जिसे जन्मभूमि एवं बन्धुजनों से दूर गहरे समुद्र में मछलियाँ शायद अब तक खा गई होंगी या ज़मीन पर पशु-पक्षी अपना शिकार बना चुके होंगे। हम जो उसके जनक-जननी थे, उसकी ख़ातिर न तो रो पाए और न उसे दफ़्न करने को कफ़न ही दे पाए। उसकी परिणीता अर्थात एकनिष्ठ पिनेलपी, जिससे विवाह करने को युवकगण बहुमूल्य प्रणयोपहार देने के लिए प्रस्तुत रहते थे, अर्थी पर लिटाए गए अपने स्वामी के वास्ते विलप नहीं पाई और न उसकी आँखें बन्द कर पाई; ऐसा करना जबकि किसी मृतक के लिए सर्वथा योग्य एवं उचित होता है। मुझे यह सही-सही बताओ ताकि मैं पूरी तरह जान सकूँ : तुम कौन हो और कहाँ से आए हो? तुम्हारा नगर कहाँ है और तुम्हारे जनक-जननी कहाँ हैं? तुम्हें और तुम्हारे साथियों को यहाँ ले आनेवाला जहाज़ अभी कहाँ लंगर डाले हुए है? क्या तुम दूसरों के जलयान से यात्री के रूप में आए हो और वे तुम्हें तट पर उतारकर चले गए हैं?''

इस पर ओडिसियस ने उसे उत्तर दिया : ''अवश्य मैं तुम्हें अभी सब कुछ साफ़-साफ़ बता दूँगा। मैं एलिबैस (घुमक्कड़) से आ रहा हूँ जहाँ मेरा बड़ा ही

शानदार मकान है और मैं राजा पोलीपिमौन (पीड़ा) का पौत्र एवं एफीडैस (निष्ठुर) का पुत्र हूँ। स्वयं मेरा नाम एपिरीटस (संघर्षशील) है। लेकिन किसी देवता ने ही मुझे मेरी इच्छा के विपरीत सिकेनिया से भटकाकर यहाँ पहुँचा दिया है। मेरा जहाज़ नगर से दूर किन्तु कृषिक्षेत्र के समीप ही लगा हुआ है। जहाँ तक ओडिसियस का सवाल है, तो आज पाँचवाँ साल गुज़र रहा है जब वह मुझसे विदा लेकर मेरे देश से रवाना हुआ था। अभागा तो वह था ही, फिर भी चलते समय उसके दाहिने पार्श्व में सगुनिया पक्षी दिखाई पड़ गए थे। इसलिए मैंने उसे ख़ुशी-ख़ुशी विदा किया था और वह भी ख़ुशी-ख़ुशी रुख़सत हुआ था। उस क्षण हम दोनों के मन में यह आशा उत्पन्न हुई थी कि भविष्य में एक दिन हम मित्र के रूप में अवश्य मिलेंगे और एक-दूसरे को शानदार उपहार देंगे।''

उसने ऐसा कहा और उस बूढ़े के ऊपर दुख की मानो काली घटा आ पड़ी। वह लगातार कराहने और दोनों हाथों से काली धूल बकोट-बकोटकर अपने सिर के सफ़ेद बालों पर डालने लगा। प्रिय पिता को इस तरह देख ओडिसियस का हृदय आलोड़ित हो उठा और उसके नासारन्ध्रों से तीक्ष्ण पीड़ा तत्क्षण फूट पड़ी। उसने आगे लपककर उसे अपनी बाँहों में जकड़ लिया और उसे चूमकर बोला :

''ओ तात, इधर देखो मुझे, मैं वही व्यक्ति हूँ जिसके बारे में तुम पूछ रहे हो। बीसवें साल मैं स्वदेश लौट आया हूँ। लेकिन अब तुम रोना-विलपना बन्द करो, क्योंकि अभी जल्दबाज़ी करने की बड़ी ज़रूरत है और तुम्हें सब कुछ खोलकर बता भी देना है। मैंने महल में प्रणययाचकों की हत्या कर दी है और उनके द्वारा किए गए भयानक अन्याय और दुष्कर्मों का बदला ले लिया है!''

तब लेयरटीज़ ने उसे उत्तर दिया : ''सच में अगर तू घर लौट आया मेरा बेटा ओडिसियस है, तो कोई पक्का निशान दिखा सबूत के तौर पर ताकि मुझे पूरा यक़ीन हो जाए।''

इस पर ओडिसियस ने उससे कहा : ''पहले तुम अपनी आँखों से यह निशान देख लो। घाव का वही निशान जो मुझे पारनेसस में एक जंगली सूअर के सफ़ेद दाँत से लगा था। मैं वहाँ अपने नाना औटोलीकस के घर तुम्हारे और आदरणीया माता के कहने पर इसलिए गया था कि नाना ने मुझे उपहार देने का प्रतिज्ञापूर्वक वचन उस समय दिया था जब वह यहाँ आया था। प्रमाण के रूप में एक बात और सुनो। जब मैं छोटा था, तो एक बार तुम्हारे साथ इस सीढ़ीदार बगीचे में घूम रहा था और तुमसे कभी यह, तो कभी वह पेड़ माँगता जा रहा था। उस मौक़े पर तुमने मुझे इस बाग के जिन पेड़ों को दे दिया था, उन सबको मैं सही-सही बता दूँगा। हम इन्हीं सब वृक्षों से होकर गुज़र रहे थे और तुम प्रत्येक पेड़ का नाम बताते जा रहे थे। तुमने मुझे नाशपाती के तेरह, सेब के दस और अंजीर के चालीस पेड़ दिए थे और अंगूर

की पचास पंक्तियाँ देने को कहा था जिनकी डालियों पर सब तरह के गुच्छे थे और जो ज़्यूस द्वारा ऊपर से भेजी जानेवाली ऋतुओं के प्रभाव से अलग-अलग समय में अनवरत पकते रहते थे।''

ओडिसियस ने ऐसा कहा और उसके दिखाए पक्के चिह्न पहचानते ही उसके पिता के घुटने ढीले पड़ गए और उसका हृदय पसीज गया। उसने झट बाँहें फैलाकर अपने लाड़ले को आगोश में ले लेना चाहा, किन्तु उसके पहले ओडिसियस ने बेहोश हो रहे अपने बाप को थामकर अपने सीने से लगा लिया। जब उसे फिर होश आ गया और उसके कलेजे में साँस लौट आई, तब वह पुनः बोला :

''यदि अनियन्त्रित उद्दंडता के लिए प्रणययाचकों को सज़ा मिली है, तो उच्चस्थ ओलिम्पस पर, हे तात ज़्यूस, तुम देवताओं का प्रभुत्व वास्तव में अक्षुण्ण है। लेकिन मेरा मन अब इस कारण बुरी तरह घबरा रहा है कि इथाका के सारे निवासी किसी भी क्षण हमारे विरुद्ध सीधे यहाँ आ सकते हैं और केफलीनियनों के नगरों में दूत भेज देने की जल्दबाज़ी कर सकते हैं।''

तदनन्तर ओडिसियस ने उसे उत्तर दिया : ''हिम्मत मत हारो और न इन सब बातों को लेकर कोई चिन्ता करो। बल्कि हम बाग के नज़दीकवाले घर पर चल चलें जहाँ मैंने टेलेमेकस, गोपालक और शूकर-संरक्षक को पहले ही भेज दिया है ताकि वे हमारा भोजन जल्द से जल्द तैयार कर लें।''

इस वार्तालाप के पश्चात वे दोनों उस भव्य मकान की ओर चल पड़े। सुन्दर आवास पहुँच जाने पर उन्होंने पाया कि टेलेमेकस, गोपालक और शूकर-संरक्षक काफ़ी मांस काट रहे हैं और आबदार सुरा का मिश्रण तैयार कर रहे हैं। इस बीच सिसली की परिचारिका ने लेयरटीज़ को उसके कमरे में ही स्नान करा देने के बाद जैतून के तेल से अभ्यंजित कर दिया और उसे ढीला अँगरखा पहना दिया। उसी समय एथीनी ने आकर उस नरपाल के अंगों को बढ़ा दिया और देखने में उसे पहले से ज़्यादा ऊँचा और शक्तिशाली कर दिया। अतः जब वह स्नान करके बाहर आया, तो रूपाकार में उसे अमरों के सदृश देखकर स्वयं उसका बेटा आश्चर्यचकित रह गया। विस्मित शब्दों में वह बोल उठा :

''तात, निश्च ही शाश्वत देवताओं में से किसी ने तुम्हें देखने में पहले से अधिक लम्बा और रूपवान बना दिया है।''

तब बुद्धिमान लेयरटीज़ ने उसे जवाब दिया : ''हे तात ज़्यूस और एथीनी तथा अपोलो, क्या ही अच्छा होता यदि मुझमें वही शक्ति होती जो उस समय थी जब मैं केफलीनियनों के राजा के रूप में मुख्यभूमि के तट पर अवस्थित नेरिकस के सुदृढ़ कोट पर क़ब्ज़ा कर लेने में कामयाब हुआ था। आह, मुझमें अगर वही बल-विक्रम होता, तो कल मैं अपने कन्धों पर कवच डाल महल में तेरे पास खड़ा होता और

प्रणययाचकों को मार भगाता! तब मैं उनमें से बहुतों को राजभवन में धराशायी कर देता और तेरा अन्तस्तल हर्ष से भर उठता।"

वे दोनों एक-दूसरे से ऐसा ही बोले। बाक़ी लोग जब खाना तैयार करके अपना काम पूरा कर चुके, तब वे सब क़ायदे से कुर्सियों और ऊँचे आसनों पर बैठ गए। वे भोजन शुरू ही करनेवाले थे कि बूढ़ा डोलियस और उसके बेटे खेतों से लौट आए, काम से थके-माँदे। असल में उन्हें सिसली की बुढ़िया जाकर बुला ले आई थी। वह डोलियस के बेटों की माँ थी और उनके लिए खाना बनाती और बुढ़ापे की गिरफ़्त में आ चुके डोलियस की ख़ूब सेवा-टहल करती थी। उन लोगों ने जब ओडिसियस को देखा और मन ही मन समझ गए कि वह कौन है, तो वे अचरज के मारे कमरे के बीचोबीच ठिठक गए। परन्तु ओडिसियस ने उनको मृदुल शब्दों में सम्बोधित करते हुए कहा :

"बूढ़े, तुम लोग अचरज करना भूलकर खाने पर बैठ जाओ। हम भोजन शुरू कर देने को इच्छुक हैं मगर कमरे में तुम्हारे आने के इन्तज़ार में काफ़ी देर से हाथ बारे बैठे हैं।"

उसने ऐसा कहा और डोलियस बाँहें फैलाए उसकी ओर सीधे लपका और उसका हाथ थामकर उसकी कलाई चूमते हुए अचूक शब्दों में बोला :

"प्रिय स्वामी, तुम लौटकर हमारे पास आ गए हो। यही हमारी सबसे प्रबल कामना थी। तुम्हें पुनः देख पाने की आशा हम बिलकुल त्याग चुके थे। किन्तु स्वयं देवगण ही तुम्हें यहाँ वापस ले आए हैं। इसलिए तुम्हें मेरा अभिवादन और अनेकशः स्वागत और देवगण तुम्हें सुखी रखें! लेकिन मुझे यह सच-सच बताओ ताकि मुझे विश्वास हो जाए कि क्या पिनेलपी को निश्चित तौर पर मालूम हो चुका है कि तुम यहाँ लौट आए हो अथवा हम उसके पास कोई सन्देशवाहक भेज दें?"

इस पर ओडिसियस ने कहा : "बूढ़े, उसे पहले ही सब कुछ ज्ञात हो चुका है। तुम्हें कोई चिन्ता करने की ज़रूरत नहीं है।"

उसने ऐसा कहा और डोलियस अपनी चिक्कण आसन्दी पर जाकर बैठ गया। उसी तरह डोलियस के लड़कों ने भी यशस्वी ओडिसियस के चतुर्दिक खड़े होकर उसका अभिवादन किया और उससे हाथ मिलाया। तब वे अपने पिता डोलियस के बग़ल में तरतीब से बैठ गए।

इस तरह वे उस मकान में भोजन को लेकर व्यस्त थे, लेकिन सन्देशवाहिका अफ़वाह प्रणयप्रार्थियों की भयानक हत्या एवं दुर्नियति की ख़बर सारे नगर में तेजी से फैलाने लगी। यह समाचार फैलते ही चारों तरफ़ से रोते-कराहते लोग आ-आकर ओडिसियस के महल के सामने जमा होने लगे। उन्होंने अपने-अपने मृतक को महल से निकाल ले जाकर दफ़ना दिया। मगर जो मृतक दूसरे नगरों के थे, उनको उन्होंने

जलयानों में रख उनके नगर भेज देने के प्रयोजन से पोतवाहों के हवाले कर दिया। जहाँ तक स्वयं उन लोगों का सवाल था, तो वे सब दुखी मन से सभा-स्थल की ओर चल दिए। जब वे एकत्र हो गए और आपस में मिल-जुल चुके, तब यूपेईथीज़ उनके बीच बोलने को खड़ा हुआ। वह अपने बेटे ऐंटीनोअस को लेकर बड़ा दुखी था जिसकी वीर ओडिसियस ने सबसे पहले हत्या की थी। उसी बेटे के लिए रो-रोकर वह उनके बीच बोला :

''दोस्तो, इस आदमी के करते यवनों का बड़ा भारी अनिष्ट हुआ है। वह हमारे बहुत सारे वीर पुरुषों को अपने जहाज़ों से बाहर ले गया। उसके पोत नष्ट हो गए और उनके साथ वे वीर भी नष्ट हो गए। केफलीनियनों के जो श्रेष्ठ वीर बचे थे उनका उसने अभी घर वापस आते ही सफाया कर दिया है। अतः चलो, इसके पहले कि वह पायलस या एपियनों द्वारा शासित रमणीक एलिस की ओर न भाग जाए, हम उसके ख़िलाफ़ उठ खड़े हो जाएँ। नहीं तो इसके बाद हम कभी किसी को मुँह दिखाने लायक़ भी नहीं रह जाएँगे। अगर हम अपने बेटों और भाई-बन्धुओं के हत्यारों से बदला नहीं ले पाएँगे, तो हमारी आगे आनेवाली पीढ़ियाँ यह सुनकर हम पर थूकेंगी। कम से कम मेरे लिए तो ज़िन्दा रह पाना एकदम सुखद नहीं होगा। मेरे लिए तो बल्कि अभी ही मरकर मृतकों का साथ देना बेहतर होगा। हम जल्दी करें वरना हमसे ज़्यादा फुरती दिखाकर वे पहले ही समुद्र पार करके कहीं भाग न जाएँ।''

उसने रो-रोकर ऐसा कहा और सारे यवन करुणार्द्र हो उठे। तभी मीडौन और दिव्य चारण फेमियस नींद से जाग गए और ओडिसियस के महल से निकलकर उनके पास जा पहुँचे। वे दोनों भीड़ के बीच जाकर खड़े हो गए। उन्हें देख वहाँ हर एक को अचम्भा हुआ। तब मीडौन ने उनके बीच यह बोलने की बुद्धिमानी की :

''ओ इथाकावासियो, अभी मेरी यह बात सुनो। ओडिसियस ने सुनियोजित ढंग से यह सब कार्य निश्चय ही देवताओं की इच्छा के बग़ैर नहीं किया है। प्रत्युत मैंने तो स्वयं अपनी आँखों से एक अमर को ओडिसियस के बिलकुल बग़ल में खड़ा देखा जो सब प्रकार से मेंटौर के समान मालूम पड़ता था। वही अमर देवता कभी सामने प्रकट होकर ओडिसियस को प्रोत्साहन देता था, तो कभी विशाल कक्ष में वेगपूर्वक दौड़कर प्रणययाचकों को भयभीत कर देता था। प्रणययाचक थे कि एक-दूसरे पर तड़ातड़ गिरते जाते थे।''

उसके ऐसा बोलते ही वे सब त्रास से पीले पड़ गए। उनके बीच मेस्टौर का बेटा बूढ़ा सरदार हेलिथरसीज़ ही एक ऐसा व्यक्ति था जिसमें आगे-पीछे देख पाने की क्षमता थी। उसने ही भले के विचार से उनके बीच कहा :

''मैं जो बात कहने जा रहा हूँ, ओ इथाकावासियो, उसे ध्यान से सुनो। तुम्हारी कायरता के कारण, दोस्तो, यह सब घटित हुआ है, क्योंकि तुम लोगों ने न तो मेरी

और न नरपालक मेंटौर की राय के अनुसार अपने लड़कों को ग़लत काम करने से कभी रोका। यह मानकर कि राजा ओडिसियस अब कभी घर नहीं लौटेगा, उन्होंने अन्ध एवं अनियन्त्रित दुष्टतावश उसकी सम्पत्ति को नष्ट और उसकी अंकशायिनी के प्रति अभद्र व्यवहार करके बड़ा भारी दुष्कर्म कर डाला। इसलिए मेरे परामर्श के अनुसार तो यही निर्णय लेना और इसे मानना चाहिए कि हम ओडिसियस के विरुद्ध न जाएँ। वरना हममें से अनेक लोग अपने ऊपर खुद ही कहीं विनाश न बेसाह लाएँ।''

उसने ऐसा कहा। यद्यपि कुछ लोग वहाँ एक साथ बैठे रहे मगर आधे से अधिक लोग भीषण युद्ध निनाद करते हुए कूदकर खड़े हो गए, क्योंकि उसकी यह सम्मति उनके मन के मुताबिक़ नहीं थी। वे तो यूपेईथीज़ की राय के क़ायल थे। उसके बाद वे अपने-अपने हथियार लेने तेजी से दौड़ पड़े और इस तरह जब उन्होंने अपने को चमचमाते कांस्यायुधों से सज्जित कर लिया तब वे नगर के आगे खुले मैदान में एकत्र हो गए। यूपेईथीज़ ने ही उनका नेतृत्व करने की मूर्खता की, क्योंकि उसके मन में बेटे की हत्या का प्रतिशोध लेने की बात थी। किन्तु उसे तो ज़िन्दा लौटकर कभी आना नहीं बल्कि वहीं मृत्यु को प्राप्त हो जाना था।

उसी बीच एथीनी ने क्रॉनस-तनय ज़्यूस से कहा : ''हे हम सबके पिता, हे क्रॉनस-तनय, हे राजाओं के राजा, मेरा प्रश्न सुनकर मुझे यह बताओ कि तुम अपने मन में कौन-सी नीयत छुपाए हुए हो? क्या तुम दोनों विरोधी पक्षों के बीच भीषण युद्धघोष और घातक संग्राम अथवा मैत्री कराना चाहते हो?''

इस पर अभ्रसंचयी ज़्यूस ने उसे उत्तर दिया : ''मेरी बच्ची, इस सम्बन्ध में तुम क्यों मुझसे यह प्रश्न करती हो? क्या तुमने स्वयं यह योजना नहीं बनाई थी कि ओडिसियस वापस आकर इन लोगों से बदला लेगा? तुम अपनी इच्छानुसार ही कार्य करो, किन्तु जो रास्ता सर्वोत्तम है, वह मैं तुम्हें अवश्य बताऊँगा। अब चूँकि वीर ओडिसियस प्रणययाचकों से प्रतिशोध ले चुका है, अतः दोनों पक्षों का आपस में सन्धि का प्रतिज्ञापूर्वक इकरार कर लेने दो जिसके तहत ओडिसियस आजीवन उनका राजा बना रहेगा। साथ ही हम ऐसा करें कि वे लोग अपने बेटों एवं भाई-बन्धुओं के वध की बात बिलकुल भूल जाएँ और पहले की भाँति आपस में प्यार करें और उनके बीच भरपूर श्री एवं शान्ति बिराजे।''

ऐसा कहकर उसने एथीनी का उत्साह और भी बढ़ा दिया। वह ओलिम्पस के शिखरों से नीचे की ओर तीव्र वेग से झपट चली।

इधर इन लोगों ने जब इच्छानुसार सुस्वादु भोजन कर लिया, तब ओडिसियस इनसे बोला :

''कोई बाहर जाकर देख ले कि वे कहीं हमारे विरुद्ध नज़दीक तो नहीं आ गए हैं।''

उसने ऐसा कहा और उसके आदेश पर डोलियस का बेटा बाहरी दहलीज़ पर जाकर खड़ा हो गया। उसने देखा कि वे बिलकुल नज़दीक आ गए हैं। उत्तेजित होकर वह झट ओडिसियस से बोला : "वे एकदम पास आ गए हैं। हम फ़ौरन हथियार उठा लें।"

इस पर वे सब उठ खड़े हुए और हथियारबन्द हो गए—ओडिसियस और उसके साथी लेकर चार और छह बेटे डोलियस के। उनके साथ लेयरटीज़ एवं डोलियस को वृद्ध होते हुए भी शस्त्र गहने को मजबूर होना पड़ा। जब वे चमचमाते हथियारों से लैस हो गए, तब फाटक खोलकर वे ओडिसियस की अगुआई में बाहर निकल आए।

उसी क्षण ज़्यूस-पुत्री एथीनी मेंटौर के रूप में उनके पास आ गई। उसकी आवाज़ भी मेंटौर के समान थी। ओडिसियस उसे देखकर ख़ुश हो गया और फ़ौरन अपने लाड़ले टेलेमेकस से बोला :

"टेलेमेकस, अभी जब तुम लड़ाई के मैदान में जाओगे जहाँ श्रेष्ठ योद्धाओं की परीक्षा होती है, तब यह समझाने की ज़रूरत नहीं है कि तुम्हें अपने पूर्वजों के वंश को लज्जित नहीं करना है। शक्ति और साहस में हम सारे संसार में सर्वदा अग्रणी रहे हैं।"

इस पर विचारवान टेलेमेकस ने उसे उत्तर दिया : "अगर यही तुम्हारी इच्छा है, प्रिय तात, तब तुम मेरे बलावेग को देखकर अभी ही जान लोगे कि तुमने अपने जिस वंश का उल्लेख किया है, उसे मैं कलंकित नहीं करूँगा।"

उसके इस वचन से पुलकित होकर लेयरटीज़ ने कहा : "हे दयालु देवताओ, मेरे लिए आज का दिन कितना शुभ है! मैं सचमुच उल्लसित हूँ यह देखकर कि मेरा बेटा और मेरा पोता वीरता में एक-दूसरे से होड़ ले रहे हैं।"

तब दीप्ताक्षी एथीनी उसके बग़ल में आकर खड़ी हो गई और उससे बोली : "मेरे मित्रों में सबसे प्रिय आरसीसियस-तनय, सबसे पहले दीप्त नेत्रोंवाली कुमारिका और तब पिता ज़्यूस की विनती करके तुम अपना कुन्त सीधे ऊपर तानकर चलाओ।"

ऐसा कहकर पैलस एथीनी ने उसके अन्दर भारी बल का संचार कर दिया। तब लेयरटीज़ ने शक्तिवन्त ज़्यूस की बेटी की विनती करके झट अपना भाला ऊपर तानकर चला दिया जोकि यूपेईथीज़ के कपोलावरण लगे शिरस्त्राण पर जा लगा। भाले को शिरस्त्राण रोक नहीं पाया और भाला उसके अन्दर साफ़ घुस गया। यूपेईथीज़ धड़ाम से गिर पड़ा और उसके ऊपर उसके हथियार झनझना उठे। तदनन्तर ओडिसियस और उसका तेजस्वी बेटा अगली पंक्ति के लड़ाकों पर पिल पड़े और तलवारों तथा दोधारे भालों से प्रहार करने लगे। उस घड़ी यदि चर्मधर ज़्यूस की पुत्री एथीनी ने सारी भीड़ को ज़ोर से चिल्लाकर स्तम्भित नहीं कर दिया होता, तो उन

दो लड़ाकों के हाथों वे सब मौत के घाट उतार दिए जाते और लौटकर घर नहीं जा पाते :

"ओ इथाकावासियो, रोको यह भयानक लड़ाई और अब कोई रक्तपात किए बिना तुरन्त अलग हो जाओ।"

एथीनी ने ऐसा कहा और भय से वे सब पीले पड़ गए। देवी के मुख से यह वाणी निकली नहीं कि त्रास के मारे उनके हाथ से सारे हथियार छूटकर ज़मीन पर गिर पड़े और जान बचाने की उतावली में वे नगर की ओर लौट चले। तब धीर-वीर ओडिसियस ने विकट हुँकार किया और अपनी सारी शक्ति समेटकर आकाश में ऊँचा उड़नेवाले गरुड़ की भाँति उन पर झपट पड़ा। उसी क्षण क्रॉनस-तनय ने वज्रपात किया और वह वज्र शक्तिवन्त पिता की दीप्त नेत्रोंवाली पुत्री के चरणों के आगे आ गिरा। इस पर दीप्ताक्षी एथीनी ने ओडिसियस से कहा :

"ओ ज़्यूस-सम्भूत लेयरटीज़ के अनेकविध चतुर पुत्र ओडिसियस, अब तुम अपने को संयमित करो और यह क्रूर अन्तर्युद्ध बन्द करो। वरना क्रॉनस-तनय वज्रधर ज़्यूस तुम पर कहीं क्रुद्ध न हो जाए।"

एथीनी ने ऐसा कहा और ओडिसियस ने उसका यह आदेश प्रसन्नतापूर्वक मान लिया। तदनन्तर चर्मधर ज़्यूस की बेटी पैलस एथीनी ने दोनों पक्षों में विधिवत सन्धि करा दी, उसी एथीनी ने, जो मेंटौर का रूप धारण किए हुई थी और जिसकी वाणी भी मेंटौर के समान थी।

●●●